決定版

ちょっとしたことでうまくいく

発達障害の人のための完全ガイド

對馬陽一郎　安尾真美　村上由美

SE
SHOEISHA

はじめに

- 仕事時間中なのに集中できず、ついついネットで趣味の情報を見てしまう
- コミュニケーションが苦手で仕事の質問すら躊躇《ちゅうちょ》してしまい、勝手な判断で進めて失敗してしまう
- 片付けや時間管理がうまくできず、日々の生活に支障を来している

他人から見ると性格の問題としか思えない、自分の目から見ても心の弱さからきているように思えるこれらの行動。しかし、それはあなたの性格のせいでも心が弱いためでもなく、もしかすると「発達障害」という生まれつきの障害のせいかもしれません。

ＡＤＨＤ（注意欠陥・多動性障害）やＡＳＤ（自閉スペクトラム症）などの発達障害については、既に多くの優れた書籍が出版されています。そうしたハンデに悩む方々が、少しでもこの社会で生きやすくなるようにと、仕事や生活のヒントを記した書籍も多くあります。この本もそうした多くの本の中の1冊ですが、本書では特にスマホアプリを使ったものや100円ショップのアイテムでできるものなど、ちょっとした工夫で実践できる解決策を中心にしています。取り扱っている内容も、「仕事」「人間関係」「生活」「お金」と多岐にわたる「決定版」といえるものになっています。

本書では仕事や生活をうまく成り立たせていきたいという方に向けて、発達障害を持つ方やその傾向のある方が、仕事や暮らしで直面するさまざまな悩みの解決策について紹介しています。一般的な書籍では、「気を付けて」「見込みを立てて」などとさらっと書かれてしまっている部分。そこにこそ悩んでいるのにという人に、特に読んでいただきたいと思います。

発達障害やそれに近い悩みを持っている方が、仕事や生活の手前でつまずくことがなくなったりラクになっていったりすることで、本来持っている実力や知識を発揮されることを願っています。

2025年4月

特定非営利活動法人さらプロジェクト
對馬 陽一郎・安尾 真美

第4章 「物忘れ」が多いのを何とかしたい ——メモ取り編

第8章　コミュニケーションのビジネスマナーがわからない
――社会人としてのマナー―

第3部　生活編

第12章　発達障害は生活障害 ── 発達障害と日常生活の関係

第15章 コミュニケーションの問題を解決したい
――人間関係は究極の調整作業

第4部 お金編

第16章 発達障害と金銭の関係 ――お金の特徴と役割を知る

第17章 稼ぐときの「困った」を解決したい ――労働とお金の関係を考える

第18章 使うときの「困った」を解決したい ――お金の現実的な配分を決定する

第21章 増やすときの「困った」を解決したい ——資本主義のメリットを活用する

※本書は、既刊『ちょっとしたことでうまくいく 発達障害の人が上手に働くための本』『ちょっとしたことでうまくいく 発達障害の人が会社の人間関係で困らないための本』『ちょっとしたことでうまくいく 発達障害の人が上手に暮らすための本』『ちょっとしたことでうまくいく 発達障害の人が上手にお金と付き合うための本』を1冊に合本し、加筆修正したものです。

Point 1
発達障害の方が仕事や暮らしなどで直面するさまざまな悩みの事例を紹介しています。

パソコンのファイル整理ができない

対策

○ファイル名は「日付_種類」で統一
○フォルダー名は、可能なら仕事の種別。難しいなら、年度で分ける

事例

パソコンのファイルの整理ができない。気付けばデスクトップに大量のファイル

事務仕事なので、パソコンをよく使う。もちろん大量のファイルが出てくるのだが、同じパソコンを使っているうちにファイルがたまって、混沌とした状態になってしまった。

特にデスクトップがひどく、壁紙も見えないほどにぎっしりとアイコンが並んでしまっている状態。

お目当てのファイルもなかなか見付からないし何とか整理したいけれど、いちいちファイルを開いて確かめるのも時間がかかるし、何をどうしたらいいのかさっぱりわからない。

原因

ファイルやフォルダーの命名が得意でない

整理整頓が苦手なのは、部屋や机の上ばかりでなくパソコンの中も同様になる。特にデスクトップが散らかりがちなのは、**ファイルの「取りあえず」の置き場所として使われることが多いため**だ。しかし、発達障害の当事者にとっては、「取りあえず」の置き場所はそのまま恒久の置き場所になってしまう場合が少なくない。

また、ファイルやフォルダーの命名もあまり得意ではないので、その場で適当な名前にしてしまうことが多い。ひどい場合は「Book1.xlsx」とか「新しいフォルダー(2)」のようなファイルやフォルダーが並んでしまっている状態になる。名前に規則性がない

160

Point 2
どのような原因で事例の特性が出るかを、医学的にアプローチしています。

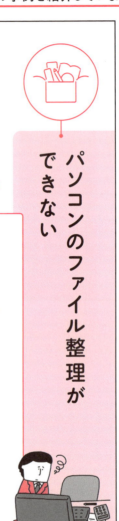

本書の特長

Point 3
医療的なアプローチではなく、現場の人が現場の仕事に対応するために編み出したやり方を解説しています。

ために、あとの検索や整理に苦労してしまうのだ。

解決法 ファイルやフォルダーの命名ルールを決めよう

会社によっては、ファイルの命名規則がはじめから決められていることも多い。クラウド化でデータの共有も進む今、それぞれが勝手にファイルの名前を決めていたら混乱を生んでしまうからだろう。

職場でルールがないとしても、**自分でルールを決めて守っておけば**自分でファイルを探すときはもちろん、同僚から見てもわかりやすくなる。

ファイルの命名は、「日付_種類」で

ファイルの名前を付けるルールとしては、**「日付_種類」**を基本としよう。たとえば、ワードで作った会議の議事録なら、「20250409_議事録.docx」といった名前に統一する。例はもちろん、2025年4月9日の会議の議事録の場合を表している。英数字や記号はすべて半角、区切りも必ず_（アンダーバー）と決めておく。月や日は2桁とし、ひと桁の日付であっても「0411」のように0を付けて2桁にそろえる。

こうしておけばファイルを名前順に並べたとき、きれいに日付順に並んでくれる。

パソコンのファイルには、もともと更新の日付も情報として残る。それでもあえて日付をファイル名に付けるのは、まずファイルの更新日＝仕事の処理日とは限らないからだ。

たとえば5月12日に会議をしたとしても、その議事録を作るのは

ファイル名を日付にすれば整理がしやすい

161

Point 4
発達障害支援の現場で生み出した「手前」のつまずきをなくしていくためのヒントが満載です。

発達障害の種類

本書では、ADHD／ADD（注意欠陥・多動性障害）、ASD（自閉スペクトラム症）、LD（学習障害）という代表的な発達障害に絞って対策を紹介しています。

発達障害についてそこまで詳しくなくても、「ADHD」とか「アスペルガー症候群」といった言葉は聞いたことがある人も多いでしょう。最近、雑誌やテレビでも取り上げられることの多くなった言葉です。

発達障害にもいろいろな種類がありますが、「ADHD」や「アスペルガー症候群」は、その発達障害の種類のひとつです。

ADHDとASD、ASDとLDなど、複数の発達障害の特徴が当てはまることもあります。この場合、医師から複数の発達障害の診断が下りる場合もあります。

発達障害の診断は難しく、専門医がさまざまな検査を行って慎重に判断するものです。発達障害の傾向があるからといって実際に障害があると診断できるものではなく、自己判断はもちろん、専門家以外の人が見て判断できるものでもありません。

発達障害自体、まだまだ研究が進められている段階で、ADHDやASDといった名称も、これから変化するかもしれません。映画などで描かれたことで知られるようになった「アスペルガー症候群」についても、現在の診断ではASDの中に吸収されています。

それぞれの障害について、次ページで簡単に特徴と特性を並べています。なお、これらの特徴と特性は一般的なもので、実際には人それぞれで違いがあることを先にお断りしておきます。仮に全部の特徴と特性に当てはまったとしてもその障害であるとは限りませんし、診断が出ている人でも当てはまらないものもあります。

ADHD/ADD
（注意欠陥・多動性障害）

特徴

不注意で気が散りやすく、何かを思い付くと衝動的に行動してしまいます。一方でやらなければならないことになかなか手を着けられない、先延ばし傾向も特徴のひとつです。なお、ADDは多動性がない以外はADHDと同じ特徴です。

特性

- 仕事に集中できず、頻繁に休憩したりネットを見たりしてしまう
- 人の話に集中できず、しばしばよそ見をしたり聞き逃したりしてしまう
- 衝動的に思い付きを口にしたり、実行したりして仕事や人間関係に悪影響を与えてしまう
- 長期的な仕事になかなか手が着かず、締切り間際になるまで取り組めない
- 時間を守れなかったり、時間の見込みを立てて行動したりするのが苦手
- ケアレスミスや忘れ物が多い
- 生活リズムが崩れやすく、規則正しい生活を自力で送ることが苦手
- 家事など、一度に複数の用事をこなすことが苦手
- いいと思ったら即行動するため、衝動買いなど計画外の行動が多い
- 作業していても気になることがあると途中でも他のことを始めてしまう
- 次々と思い付いたことを話してしまい、うっかり失言してしまう
- 計画を立てることが苦手なので家計簿や積立貯金が続かない
- 税金や公共料金などの支払日を忘れてしまう
- 確定申告の手続きなど、面倒な作業を先延ばししてしまう
- 起業や投資といった話も面白いと思うとリスクを顧みずに始めてしまう

ASD
（自閉スペクトラム症）

特徴

自閉症・高機能自閉症・アスペルガー症候群などを含めた障害の総称です。PDD（広汎性発達障害）と呼ばれていたものと、ほぼ同じ意味になります。

特性

- 何かに集中しすぎて別の大切な用事や約束を忘れる、あるいは無視してしまう
- 年相応の社会性がなく、他人との衝突が多い
- 同僚や上司との距離感がわからず、良い関係を築けない
- コミュニケーションを取ることが苦手で、必要以上に報連相が少なかったり、指示を受けても要点を捉えられなかったりする
- 客観的に自分を見ることが難しく、自分の身だしなみや言動に無頓着
- 複数の仕事や予定をうまく管理できず、約束を忘れたり締切りを破ったりしてしまう
- ネガティブな印象を与える言葉をそれと知らず使ってしまう
- 数字だと伝わるが、暑い／寒いといった感覚的な情報だとうまく処理できない
- 完璧にこだわる一方で、思い通りにできないと突然放棄してしまう
- 他の人と違う箇所に着目するため、状況を適切に認識したり他者に伝えたりできない
- 好きなものにこだわり、生活に困っても趣味などにお金を使ってしまう
- 予算を厳格に守ろうとし、突然の出費による予算オーバーなどに慌ててしまう
- 家計簿などを完璧に付けようとし、うまくいかないと突然放棄してしまう
- 「お金は汚い」「投資は絶対危険」といった極端な思考に陥りやすい
- セールスなどの勧誘をうまく断れない

LD
（学習障害）

特徴

他の面では問題がないにもかかわらず、ある特定のことだけが極端に苦手になる障害です。何が苦手になるかは人によって異なります。読めなかったり書けなかったりする理由や程度はそれぞれ違いますが、「読めない」「書けない」というくくりで同じ障害として分類されています。

特性

- 字をうまく読めない。黙読はできても声に出して読めない場合や、字そのものをうまく認識できない場合など、人によって違いがある
- 字をうまく書けない。字を書くのに非常に時間がかかる。左右が反転したり部首の配置がバラバラになり、字の形が崩れたりしてしまう。隣に正しい字を置いて書き写すだけでも、困難な場合もある
- 計算がうまくできない。数字や記号をうまく認識できなかったり、2つの数字を並べてもどちらが大きいか判断できなかったりする
- 契約書の規約文といった複雑な表現の文章だと意味を読み取れないことがある（ディスレクシア）
- メモを取ることが苦手（ディスレクシア）
- 寸法を測ってそこに適切なものをどう配置するかを数字から判断することが苦手（計算LD）
- 役所への届出など細かい手続きが必要な書類作成が苦手（ディスレクシア）
- 料理のレシピなどを見て配合を計算することが苦手（計算LD）
- 予算を立てる、家計簿を付けるといったお金の管理が苦手（計算LD）
- とっさに計算してお釣りのないように小銭を用意することが苦手（計算LD）
- 夕飯の材料費にいくらくらい必要かといった見積りが苦手（計算LD）
- グラム当たりの価格差といった計算や比較が苦手（計算LD）

※なお、DCDは本書では紹介していません

DCD
（発達性協調運動障害）

特徴

先に述べた3つの障害に合併しやすく、生活面で支障が出やすい発達障害です。年齢や知的発達などに比べて協調運動（複数の動作をまとめて1つの運動をすることを指す。3歳以降の日常生活動作はほぼすべて協調運動）が著しく苦手な状態です。粗大運動だと自転車に乗る、階段を昇り降りする、微細運動だとボタンをかける、箸を操作するといった動作が挙げられます。

特性

- 小さなものを操作しづらい（ひもを結ぶ、小銭を出し入れする、箸を操作する）
- 複数の動作を同時にできない（電話をしながらメモを取る、火加減を見ながら調理する）
- 機械の操作や乗り物の運転が苦手
- 身の回りの動作に時間がかかる（紙を折る、服を畳む、コードを束ねる、ボタンをとめる、髪を縛る、化粧をする）
- マナーの悪い人と誤解されることがある
- ATMのボタンや小銭など、小さなものを操作しづらい
- レジの金額を見ながらお金を準備するといった複数の動作を同時にできない

第1部
仕事編

第1章

「先延ばし癖」を何とかしたい

先延ばし・集中力対策

ギリギリになるまでやる気が出ない。どうしても仕事に集中できずに、サボってしまう。発達障害のこの特性は、社会人としては致命的にやっかいだ。そんな悩みの解決には、自分の脳の癖を知って対応しよう。

12

仕事の締切りが守れない

対策

- ○締切りまであと何日か。カウントダウン方式でタスク管理
- ○自分で細かく締切りを設定し、人と約束することで意識付け

事例

やらなければならない仕事をつい先送り。まだ時間があるさ……と思っているうちに、大変なことに

「この仕事、頼める?」「はい、やります!」といつも愛想よく応えるのだが、仕事を引き受けては「あとでやろう」とついつい先送り。そのまま忘れてしまって、締切りが過ぎてから「あの仕事どうなった?」と聞かれて、「あっ!」となってしまう。

締切りを忘れていなくても、何となく「まだ大丈夫」と思ってしまい、切羽詰まるまで手を着けられない。毎週出す週報さえ、上司に催促されてようやく出している始末。信頼が完全になくなってしまうのも、もう時間の問題だ。何とかしたいと思うけれど、いざやろうとしても思うように体が動かない。

原因

ADHDの先延ばし傾向

先延ばし傾向はADHDに現れやすい傾向のひとつである。これは、ADHDの特徴である**衝動性**(思い付いたことに真っ先に手を出してしまう)や**不注意**(気が散りやすい)などに原因があると考えられている。また、最近ADHDには脳の時間処理に問題があることもわかってきた。

理性では重要だとわかっていても、興味があることや目の前の刺激的なことに優先して取り組んでしまう。

また、**先の見通しをうまく立てられないこと**や、**時間感覚への乏しさ**も先送り癖に大きく影響して

いる。締切日自体は認識していても、そこに至る計画や段取りが立てられない。あと何日、何時間という認識も薄いため、本当にギリギリになるまで追い詰められていることに気付けない。

たとえば、「12時までにやっておいて」と言われても、急げばいいのかゆっくりしていいのか判断が付かなかったりする。このことは日付単位でも同じで、「締切りは来月の4日です」などと言われても自分にどの程度時間が与えられているのか、うまく実感できないのだ。

ADHDに多いのが、追い詰められると急に力を発揮して、集中して一夜漬けで何とかしてしまうタイプだ。しかし、これによって「追い詰められればできる」という誤った成功体験が根付き、余計に締切り間際まで仕事を進めない習慣が付いてしまうこともあるので、好ましくない。

解決法 時間感覚を自分に実感できるものにする

基本的には、自分なりに計画や段取りが立てられるようになるのが一番。しかし、それはすぐにできるようになるものではなく、それができないからみんな悩んでいる。

ここでは、**ADHDの人にも時間感覚を実感させやすくし、タスクの優先度を上昇させる方法**を考えていこう。

カウントダウン方式でタスク管理

締切日自体は認識しているのに、どうもギリギリまで動けない。その原因のひとつには、ADHDの時間感覚の弱さがある。締切日は知っていても、残された時

間について実感が湧かないのだ。

　しかし、たとえば「締切りまであと1時間です」「締切りまであと3日です」などと言ってもらうと、残された時間が実感しやすくなる。追い詰められるとやる気が出てくるのは、「1時間」や「3日」がＡＤＨＤの人にとっても実感しやすい時間だからだ。

　そこでおすすめしたいのが、フリーウェアの**「インフォメーション」**というスケジュール管理ソフトだ（スマホ用にも、カウントダウンタイプのタスク管理アプリはいろいろ出ている。代表的なものとしてアイフォーン専用だが「DateClips」がある）。

　インフォメーションは、タスクごとに「あと〇日」という表示でスケジュールを教えてくれる管理ソフトだ。

　タスクの1つひとつに休日や祝日を入れる／入れないといった詳細な設定が可能で、毎週・毎月・毎年といった定期的な仕事についても登録ができる。

　スタートアップへの登録も行ってくれるので、パソコンを起動すれば自動で立ち上がるようにも設定できる。

　終わったタスクについてもしばらくの間は表示してくれるので、締切りを過ぎてしまっている仕事も忘れずに管理できるようになっている。

　おすすめの使い方としては仕事関係のタスクだけでなく、公共料金や家賃の払込日、プライベートの約束の日など決まっている予定をすべて入れていくことだ。

　仕事とプライベートのタスクを別々に管理していると、片方を忘れて予定を入れてしまうことが必ず出てくる。ＡＤＨＤの人にとって、タスクは**一元管理**が基本なのだ。

おすすめのスケジュール管理ソフト

インフォメーション

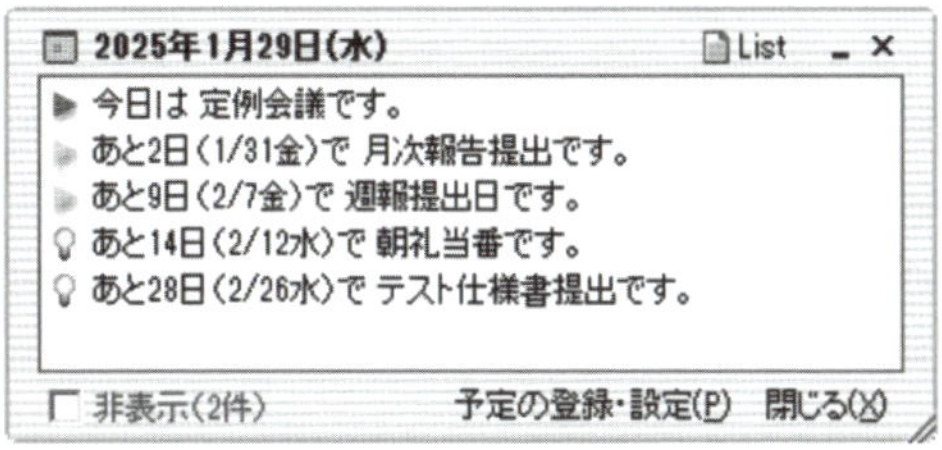

- タスクごとに「あと○日」という表示でスケジュールを教えてくれる管理ソフト
- タスクの1つひとつに休日や祝日を入れる／入れないといった詳細な設定が可能で、毎週・毎月・毎年といった定期的な仕事についても登録ができる
- スタートアップへの登録も行ってくれるので、パソコンを起動すれば自動で立ち上がるようにも設定できる
- 終わったタスクについてもしばらくの間は表示してくれるので、締切りを過ぎてしまっている仕事も忘れずに管理できる
- 仕事関係のタスクだけでなく、公共料金や家賃の払込日、プライベートの約束の日など決まっている予定をすべて入れていくのが良い

DateClips

- iPhone用のカウントダウンタイプのタスク管理アプリ
- カレンダーやリマインダーへの登録ができる

12

長期の仕事になかなか取りかかれない

対策

○自ら締切りを設定して公言してしまう

事例

大事な仕事なのはわかっているのに、体が拒絶しやる気が出ない

1年がかりの大きなプロジェクトを任された。自分にとっては大きなチャンスだ。環境は十分に整えてもらったし、あとは取りかかるだけ……のはずなんだけど。

なぜかやる気が出なくて、終わった仕事の書類整理とかどうでもいいことばかりやってしまう。これではまずいとわかっているし、何とか取りかかろうとするが、いざ始めようとすると頭が真っ白になって働いてくれない。

今日などは無理に始めようとした途端、強烈な眠気に襲われ危うく仕事中に居眠りするところだった。いったいどうしたらいいんだろう。

原因

段取り下手が先延ばし傾向を強化する

ADHDに多い先延ばし傾向は、長期的で大がかりな仕事ほど出やすくなる。前節で挙げた時間感覚の弱さもさることながら、**大きな仕事を細かいタスクに分けて段取りを立てるのが苦手**なため、具体的な行動のイメージが浮かばないことも原因のひとつだ。

仕事のタスク分けが苦手なのは、ASDにも共通する悩みだ。ASDの場合、相談することが苦手という特徴も加わって、さらに自分自身を追い込んでしまうことが多い。

眠気を感じてしまうのは、理性では「やらなくてはまずい」とアクセルを踏んでいても、本心のほうで興味を持てずにいるからだ。
これも、具体的にイメージができる作業に落とし込むことで**「わかる→できる」**と感じさせて、自分の興味を惹きつけることができる。

解決法　まず手を着けることを決めて、それに集中する環境を作る

先延ばし癖のあるADHDは、期日に余裕があるときはどうしても仕事へのエネルギーが湧いてこない。一方で締切り間際になると、常人以上の集中力を発揮するのも特徴だ。これが本人にとっては、「本気になればできる」と思ってしまうことの拠り所となり、先延ばし癖に拍車をかける一因にもなっている。これまでは何とかなってきた、という経験則が先延ばしの習慣を強化させているのである。

Column

発達障害の診断を受けるには？

発達障害で障害者手帳を取得するにしろ、あるいは他の公的サービスを利用するにしろ、まずは医師の診断が必要になることが多い。

発達障害の診断は精神科で行うが、実は精神科であればどこでも診断が受けられるわけではない。現在のところ診断ができるのは、一部の精神科のみだ。発達障害の診断は非常に難しく、専門医による慎重な判断を要する。そして、発達障害は最近になってようやく認知されてきたため、まだ専門医の数が十分ではない状況なのだ。特に成人の発達障害の診断ができる病院は、数が限られる。

最寄りの診断ができる病院については、発達障害者支援センターで尋ねてみよう。「診断をしたい」と相談すれば、近隣の診断可能な病院について情報をくれるはずだ。

診断時には知能検査が行われるほか、幼少時からのことについて、さまざまな観点から質問を受けることになる。母子手帳や小学校時代の通信簿などが残っていれば、用意しておくと良い。「家族の話を聞きたい」と言われることもあるので、できる限り協力を得られるようにしておこう。

他人を巻き込んで締切りを設定し、自らを追い込む

追い詰められたときのエネルギーは、いつでも自由自在に発揮できるわけではない。しかし、追い詰められている状況は、ある程度自分自身で作り出せる。

一番単純な方法は、**自ら締切りを設定して周囲に公言してしまうこと**だ。公言する相手は、上司や同僚、顧客など、多いほど良い。多忙な上司や顧客にアポイントを取り、たとえば「○月○日に見積書をお持ちしますのでご確認をお願いします」などと約束してしまえば、さらに効果は高くなる。

もちろん、大きな仕事の場合は早めに締切りを設定して公言するだけでは解決にはならない。どうしても締切りは先のことになってしまい、新たな締切りに対してまた先延ばしが出てしまう。

この場合は、**小さなゴールを設定して締切りを作っていく**。どの程度の期間になるかは仕事の内容にもよるが、危機感を発揮させることを目的とするならば1日から1週間間隔で締切りを設定していくべきだろう。

まず仕事の中から、今真っ先に手を着ける必要があることをピックアップする。必要な資料を読みきることとか、企画書を作ることか、とにかくはじめに着手すべきことを1つだけ選ぶ。全体を見てスケジューリングまでする必要はない。スケジュールを立てているうちに、また先延ばしが出るからだ。もしスケジュールの提出が必要なら、それを最初のゴールにすると良いだろう。

小さなゴールを1つ選んだら、締切りを設定する。自分がその仕事だけに集中して頑張れば、何日でできる仕事だろうか？ 1日でできる仕事か、3日くらいはかかりそうか。頑張っても1週間より長くかかりそうな仕事ならば、ゴールをさらに小さくする必要がある。たとえば、「企画書の第1章だけを完成させる」などだ。

ゴールと締切りを決めたら、すぐに上司や顧客に連絡する。「□△案件について企画書を確認していただきたいと思います。○月○日前後のご都合の良い日時に、お時間をいただけますでしょうか」といった具合だ。約束をしてしまえば、もうあとには引けなくなる。

大事なポイントは、**締切りは可能な限り近い日時で設定すること**だ。近ければ近いほど残りの時間がリアルに感じられ、追い詰められたときの精神状態を作り出せる。また、できれば、休日を挟まないように設定する。休日を入れてしまうと、「いざとなれば休みの日にやればいい」と自分に余裕を与えてしまい、危機感を鈍らせてしまうからである。

締切りを設定する手順

STEP 1 真っ先にやるべきことをピックアップ

- 全体を見てスケジューリングまでしなくても良い

STEP 2 締切りを設定する

- 1週間以上かかる仕事は、細分化してゴールを設定する
- 締切りはできる限り近い日時にする
- 休日を挟まないようにする

STEP 3 上司や顧客に連絡する

- 公言する相手は多ければ多いほど良い
- 約束をすれば、さらに効果がアップする

12

仕事に集中できない（聴覚編）

対策

○自分に適した耳栓で、不要な音は遮断しよう

事例

エアコンや車の音、周囲の雑談が気になって集中できない

他の人には気にならない音が、どうしても気になってしまう。

エアコンや外の道路の、ゴーッという音。電話の声や、キーボードをたたく音。今日は向かいの席の同僚が風邪をひいているようで、しきりに鼻をすする音もやかましい。

誰も気にしていないようだから私も気にしないふりをしているけれど、どうしてみんなこの状況で仕事ができるんだろう。「仕事が遅い」とよく言われるけれど、静かな図書館や自分の部屋ならもっと集中できるのに、納得がいかない。

原因

周りの音がすべて意識に入ってくる聴覚過敏

ADHDやASDを持つ人は、**頭に入ってくる情報の取捨選択が苦手**といわれている。

人の脳には、雑多な情報の中から自動的に必要なものだけを拾い出してくる機能がある。飲み屋の騒がしい店内でそれぞれのグループが不自由なく会話できているのは、自分の話し相手の声だけを脳がピックアップしてくれているからだ。

しかし、ADHDやASDを持つ人は、この機能がうまく働かないことがある。聴覚過敏と診断される人は、取捨選択がうまくできず周囲のあらゆる音を拾ってしまう。

電話で相手の言葉をうまく聞き

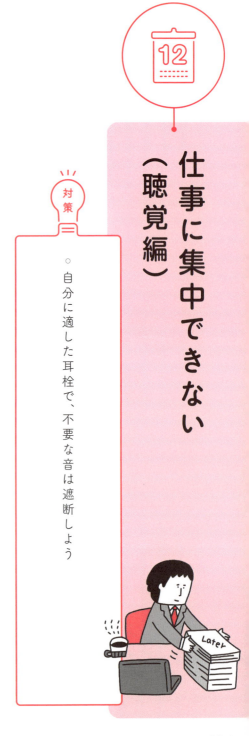

取れなかったり、エアコンの音にイライラしてしまったりするとしたら、この聴覚過敏の可能性が高い。不要な音まですべて意識してしまうので、聞きたい音の内容が判別できなくなってしまっているのだ。

聴覚過敏は、自分でも気付いていない場合がある。「音の聞き分け」という点では自覚はなくても、なぜか職場で集中できなかったり、人混みでは疲れやすくなったりするという形で現れることもある。

これは、本来音を選別するのが苦手な脳が、不得意なことをするためにフル稼働している状態といえる。

解決法　雑音カットの方法を考えよう

「音の選別」という点で自覚のない人でも、職場で集中できない・人混みで疲れやすいという自覚のある人は一度以降に挙げる方法を試してみてほしい。この方法を試すことで少しでもラクになったなら、これまで仕事の邪魔をしていたのは周りの雑音だったことになる。

音の取捨選択はみんな無意識のうちにやっていることで、努力や精神力の成果ではない。そのため、克服することを考えるよりは、音の問題はうまく道具を使って解決し、仕事に努力を傾けるほうが効率的だ。

自分に適した耳栓を探そう

耳栓にはいろいろな種類があり、それぞれ着け心地や遮音性が異なる。「昔使ったことがあったけれど、耳が痛くて止めてしまった」という人も、いろいろな商品

Column

主治医は自分の理解者

診断を受け、専門の主治医を獲得する一番のメリットは、自分の理解者が得られることだ。自分の努力不足や性格の問題ではなく、できないことを障害として受け止めた上でアドバイスをもらうことができる。

必ずしも受けられるものではないが、条件が合えばADHDなどに効果のある服薬を処方してもらえる場合もある。「コンサータ」や「ストラテラ」といったADHD治療薬は、相性が合えばADHDの不注意や衝動性、多動などに効果があるといわれている。ただ体質に合わない場合もあるので、必ず医師の指示に従って服用しなければならない。

を試して自分に合った耳栓を探してみてほしい。

耳栓はドラッグストアや100円ショップ、ホームセンターなどで販売されている。しかし、多くの種類の中から選ぶのならネット通販が手っ取り早い。アマゾンや楽天のほか、アスクルやモノタロウといった業務用品の通販サイトには多種多様なものがそろっている。

耳栓は商品によって性能も異なり、低音域の生活騒音を消して人の声を通りやすくしているものや、逆に中〜高音域を消して人の声を遮断するタイプもある。もちろん、全域を幅広くカバーするタイプも販売されている。自分が困っている音に合わせて、「耳栓　高音域」のように検索して探すと良い。

オフィスで気になる騒音は主に低〜中音域と思われるので、そこに強いタイプの耳栓が良いだろう。

おすすめは、キングジムの**「デジタル耳せん」**だ。これはノイズキャンセリングイヤホンと同じ仕組みで、集中力を損いやすい低音域の音だけをカットしてくれる電子式の耳栓だ。エアコンの音、外の車の走行音、少し離れたところにいる人のザワザワとした話し声などをきれいに消してくれる。

騒がしいという認識のなかった職場でも、一度「デジタル耳せん」を試してみるとかなり静かになる実感がある。耳栓を外してみると、「今までこんなにたくさんの音に囲まれていたのか」と驚かされるほどだ。

近くの人の声や電話の音はそのまま通してくれるので、これらが聞こえずに困ることもない。

欠点としては、逆に人や電話の声が気になるタイプの人には意味がないことだ。また、お試しで買うには5480円+税とやや値が張ることだろうか。

音楽やイヤホンがOKな職場であれば、**ノイズキャンセリングのイヤホン**を使うことで同じ効果が得られる。仕事の邪魔にならない、集中しやすい音楽を入れておくと良いだろう。

アマゾンやモノタロウなどの通販サイトでは、Moldex社のお試しパックやサイレンシア社のバラエティパックが1000円以内の金額で販売されている。まずはこれを購入し、自分に合った耳栓を探しても良いかもしれない。

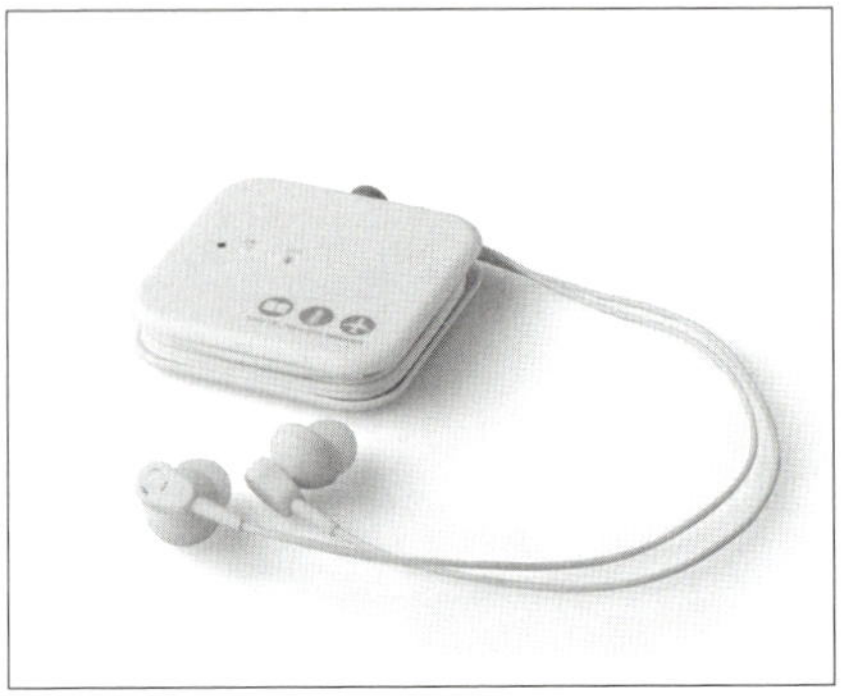

キングジムの「デジタル耳せん」は、低音域の音だけをカットしてくれる。
写真提供：キングジム

耳栓は自分が困っている音に合わせて選ぶ

オフィスで気になる騒音

低音域
エアコン、足音、隣室のテレビ音、
野外の車の走行音など

中音域
同室の人の声、野外の子どもの声、
電子音

耳栓はこれらの音に強いタイプを選ぶ

高音域
サイレン、金属音、楽器、
ジェット機

12

仕事に集中できない（視覚編）

対策

- パソコンのモニターは明るさを抑えて、目が疲れないように調整する
- 机の配置を換えられるなら、壁に面した席がベスト
- 視界を遮る工夫を考える
- 基本は、今やっている仕事の情報以外は何も視界に入らないようにしておくこと

事例

目が疲れやすいし、人の動きもいちいち気になる

パソコンで仕事をしていても、すぐに目が疲れてしまう。本当は少し照明を落としてほしいけれど、他の人は気になっていないみたいだし言いづらい。

人が横切るだけでいちいちその方向に視線を向けてしまうし、そうでなくても何となくいつも集中できない。自分は集中力がないんだろうか。

原因

気にしていないつもりでも、視界の中の無駄な情報に惑わされている

発達障害の特性である情報の取捨選択の弱さは、人によってその出方に違いがある。特に音の情報に弱ければ**聴覚過敏**になり、視覚の情報に弱ければ**視覚過敏**となる。

視覚過敏で代表的な症状としては、人より光をまぶしく感じてしまい目が疲れやすくなることが挙げられる。

また聴覚の場合と同様に、**視界内の無用な情報まで拾ってしまう**のも視覚過敏の特徴だ。視界を横切るさまざまな情報にいちいち反応してしまい、集中を阻害されてしまう。そのため目の前で人が動くたびに注意を向けてしまったり、机に散らばる余分な書類や道具に集中力を乱されたりする。

解決法

視覚への刺激の少ない環境を作ろう

壁に貼られた「健康週間」とい

ったポスターや、隣席にいて電話で怒鳴る同僚。職場には目にも耳にも、集中力を乱す刺激が多い。「集中しやすいように」と机にパーティションが付いたかと思えば、一転「情報共有の邪魔」とすべて取り払われてしまったりする。

　新卒の新入社員が毎年入ってくれば、席替えも行われることになる。

　オフィスという場所は、ADHDやASDを持つ人にとっては仕事をするには適さない場所だ。せっかく慣れ始めたと思ったら環境が変わって、集中できないまま、また1年を過ごすことになったりする。

　会社の方針に逆らうこともできないので、ここは自分なりに「静かな」環境を作る方法を考えてみよう。

モニターの明るさの調整法

パソコンの作業で目が疲れてしまう場合は、モニターの明るさを調節する。

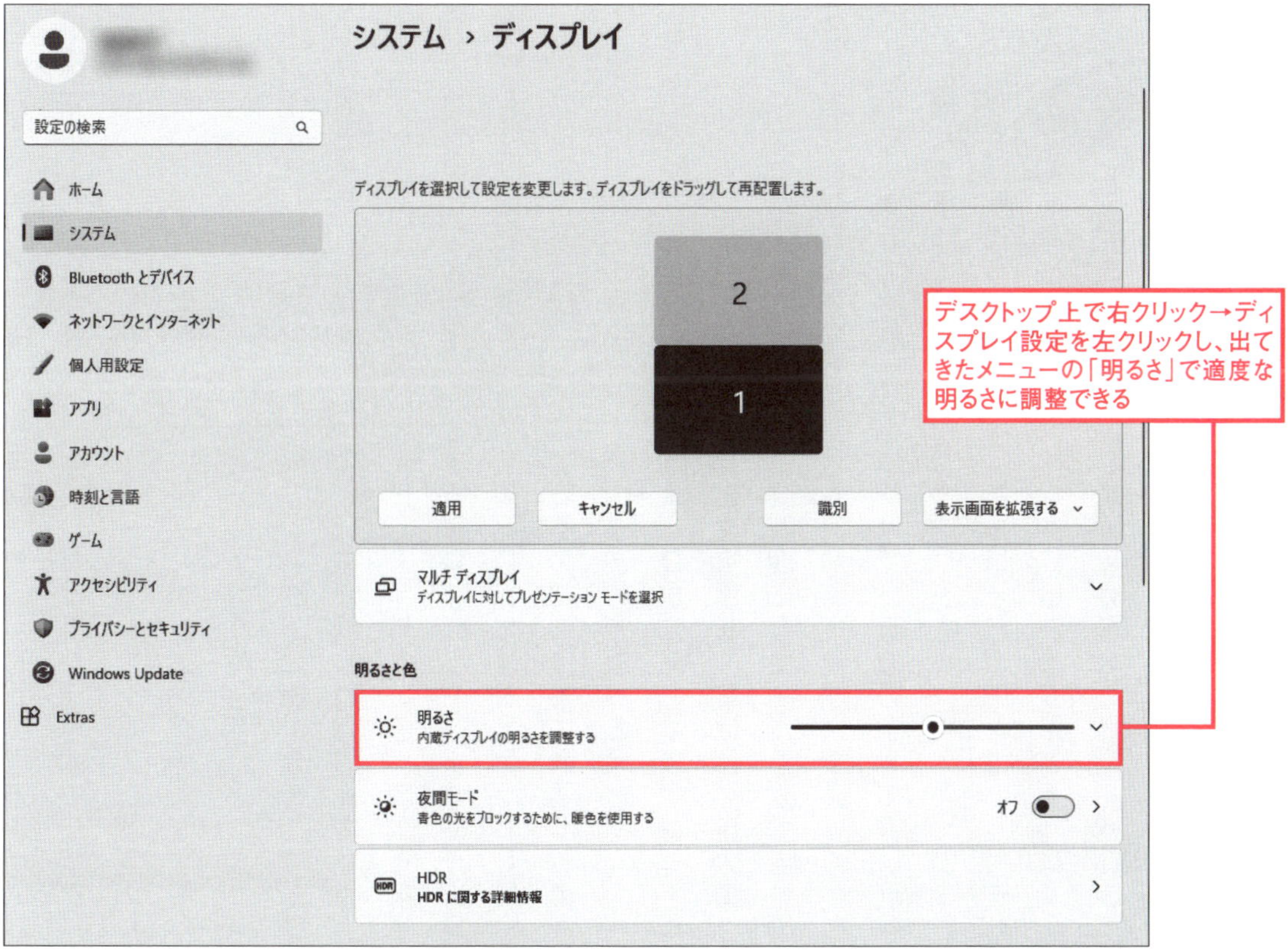

目に入ってくる情報をシンプルに

パーティションの設置、机の配置換え、個室……そうした配慮を職場に求めるのは、実際のところ難しい。

また、机の上をきれいに片付けておくことも重要だ。しかし、それも一朝一夕に身に付くものではないだろう。

即効性のある方法としては、机上で手軽に視界を制限してくれる遮蔽物を用意することだ。

ビジネス用品を取り扱っているところでは、**「卓上パーティション」**というものが販売されている。文字通り、机の上に据え置くためのパーティションだ。会社がパーティションを用意してくれない場合でも、これなら個人で購入して机の上に置いておける。

しかし、職場の方針としてパーティションを外しているのに、自分でそれを付けてしまうのは会社の方針に逆らっているようで気が進まない――そういう場合も考えられる。

そこで卓上パーティションほど露骨でなく、視界を遮れる道具を紹介したい。

たとえばパソコン用に、各社で**「遮光フード」**という商品が出されている。本来の役割としては、光が液晶モニターに当たって画面が見づらくなるのを防ぐためのものだ。

遮光フードはパソコンのモニターの周囲を覆ってくれるもので、パソコン周りの視界を隠してくれる。少し広めに周りを覆ってくれる商品を選ぶのが良いだろう。ノート用の遮光フードであれば、折り畳んでコンパクトに収納も可能になっている。

ナカバヤシという会社からは、**「ハウスタディ　学習パーティション」**という商品が販売されている。これは折り畳み式のデスクパーティションで、本来は個室のない子どもがリビングで勉強するために生まれた商品だ。

コンパクトに折り畳みできるので、仕事が終われば畳んでロッカーにしまっておける。書類を掲示する書類バサミや、よく使う道具を整理しておけるポケットも付いているので、仕事に必要なものをそのまま持ち運べる。

TODOリストやスケジュールなどを掲示しておけば、自分のタスク管理にも便利だろう。自分のスケジュール管理や、道具の整理に使っているものとして言い訳もたつ。

本来は子ども用とはいえ、デザイン的にはあまり子どもっぽくないのが助かるところだ。ベージュなど、落ち着いた色のものを選ぶのが良いだろう。

職場を視覚的刺激の少ない状態にする方法

モニターの明るさの調整

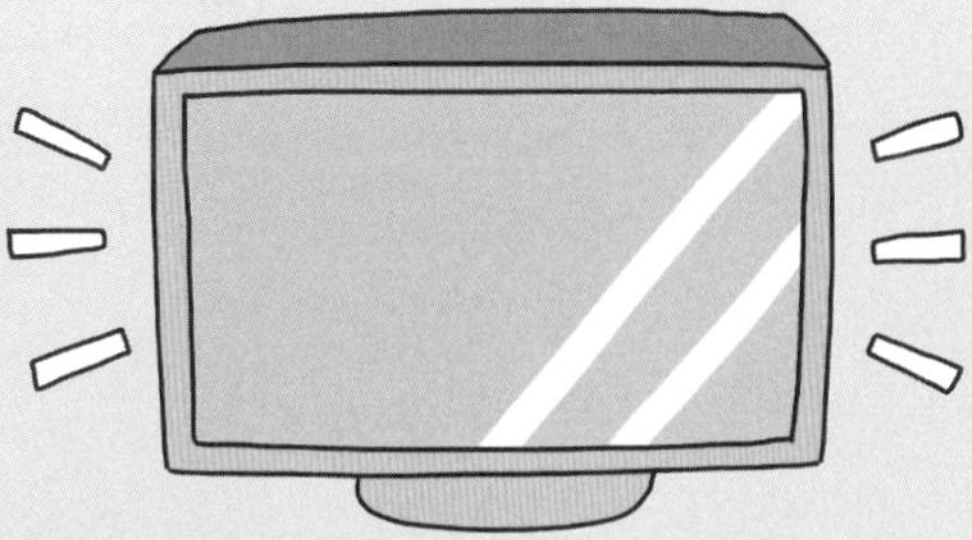

「画面の明るさ」や「プランの明るさの調整」で適度な明るさにできる。

遮光フード

本来の役割は光が液晶モニターに当たって画面が見づらくなるのを防ぐものだが、パソコン周りの視界を遮断してくれる。

ハウスタディ　学習パーティション

折り畳み式のデスクパーティションで、スケジュール管理や道具の整理としても利用できる。

卓上パーティション

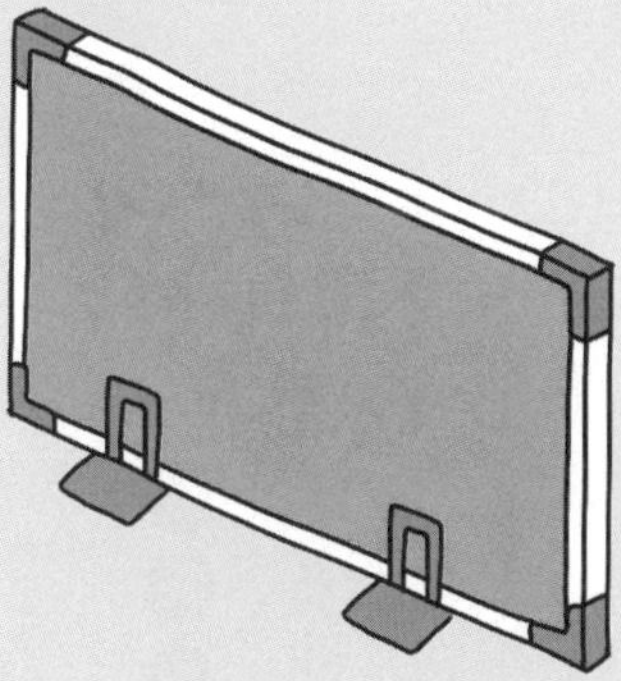

机の上に据え置くことができるパーティション。

12

仕事に集中できない（ADHD編）

対策

- 複数の仕事を準備し、飽きたら別の仕事にシフトする
- 時間ではなく進行で区切りを付けて休憩する
- 手遊び、音楽も有効な方法。「気が散る状態」に水抜きを作っておく

事例　仕事に集中できず、携帯を見たりよそ見をしたりしてしまう

仕事を始めても、10分も集中力がもたない。携帯を見たり、頻繁に席を立ってタバコ休憩に行ってしまい1日の仕事がまったく進んでいないなんてことも。

いつも締切り間際に焦ることになり、今度こそと反省するものの、いざ仕事にかかると気持ちが重くなって手が動かなくなってしまう。なんで自分はこうなんだろう。

原因　重要であっても好きでなければ集中し続けられない

興味のあることなら何時間でも続けられるのに、**興味のないことにはまったく集中できない**という特性はADHDの基本的な特徴としてよく挙げられる点だ。

本人はその仕事や勉強を忘れているわけではなく、優先してやらなければならない大事なことだとわかっている。わかっていてもできないので、悩む人が多い。

誰でも好きなことのほうが集中しやすいとは思うが、ADHDの場合は、それが極端に表れてしまう。誰でもそうだからこそ理解されにくく、「精神力が弱い」などと言われて余計に悩んでしまう。

解決法　自分の気の散りやすさを飼いならし、時には利用するやり方で

受験勉強をするとき、複数の科

目を用意しておいて1つのことに飽きたら別の教科に切り替える、という方法で勉強への集中を持続させるやり方を取る子どもがいる。

勉強が嫌いで集中力が続かない子どもの学習方法として、一定の頻度でその子にも絶対に解けそうな簡単な計算問題を入れてやる気を起こさせる方法もある。

ＡＤＨＤの気の散りやすさも、**本来は苦手な並行作業と組み合わせる**ことで有効活用ができる。

複数の仕事を用意して、飽きたら別の仕事に切替え

事務作業などは、たいてい常に複数の仕事を抱えている。こうした**複数の仕事をそれぞれすぐに始められるように準備しておき、1つの仕事に飽きたら別の仕事に切り替える**ことでトータルとして仕事が進むようにするのだ。

それぞれの仕事に必要な資料や書式は、あらかじめ全部そろえておく。別々の資料が混ざってゴチャゴチャになってしまわないように、**紙の資料はクリアファイルに入れて分けておく**と良いだろう。

パソコンであれば、それぞれの仕事に必要なファイルをあらかじめすべて立ち上げておく。ワードでの報告書作成に飽きたら、作成途中でもメール処理に切り替える。メールの返事を打っている途中で、ふと報告書に書く良い表現が思い付くこともある。そうしたら、すぐにワードに戻れば良い。

仕事は複数用意しておく

思い付いた部分を報告書に書き入れたら、すぐにメールに戻っても構わないのだ。

「ここまでやったら休憩」と決めて、細かい目標でモチベーション管理

仕事内容が基本的に1つだったり、急いで1つの仕事を仕上げなければならないこともある。

その場合には、仕事に区切りを付けることが重要だ。しかし、「1時間経ったら休憩」と時間単位で休憩のタイミングを決めておくと、結局その時間までダラダラしてしまい何もしないまま休憩時間ということになりがちだ。

そこで時間ではなく、**仕事の進捗で休憩時間を入れるようにする**。たとえば伝票処理なら、1時間くらいで終わる量に分けて付箋を挟み、「ここまで終わったら休憩」と決めておく。休憩時間のタバコやコーヒーがわかりやすいご褒美になって、モチベーションが保ちやすくなる。

職場がOKなら、音楽や手遊びも有効な方法

多動はADHDの特徴のひとつだが、逆にいえばそれが本人にとって落ち着くための手段になっていることは間違いない。立ち歩きをする子どもを落ち着かせるための手遊びグッズも商品化されているほどだ。大人であっても一定の刺激を得ることは集中力を持続させる効果がある。

とはいえ、音を立てる行動や貧乏ゆすりでは周囲に迷惑がかかる。また、あやとりなども仕事ができなくなって具合が悪い。

職場では机の下で、片手で扱える程度のものがちょうど良い。たとえば、握力を鍛えるための**「ハンドエクササイズボール」**というスポーツ用品がある。ゴムボールのようなものだが、バネのハンドグリップと違って音を立てない。

また、**「マッサージボール」「リフレクションボール」**と呼ばれる商品はハンドエクササイズボールにツボ押し用のトゲが付いたもので、握っていると適度な刺激が心地良い。マッサージグッズなので、職場にあっても周囲の理解も得やすいだろう。

ゴムボールの感触が合わないなら、**シリコン粘土**はどうだろうか。こちらは、おもちゃ売り場などに置かれていることが多い。手が汚れず、臭いもしないので周囲に迷惑をかけることもない。

ある程度自由が利く職場であれば、**ヘッドホンで音楽を聴きながら仕事をする**のも効果的だ。もちろんこの場合は上司の許可を得る、音漏れに気を付けるなどの配慮は必要になる。

仕事に集中できないを解決する工夫

手遊びグッズで気分転換

マッサージボール（リフレクションボール）

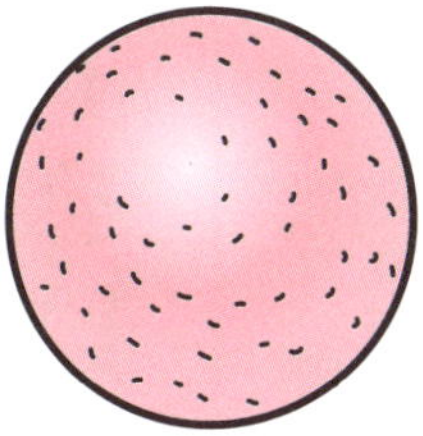

ハンドエクササイズボール

シリコン粘土

音楽を聴きながら仕事をする

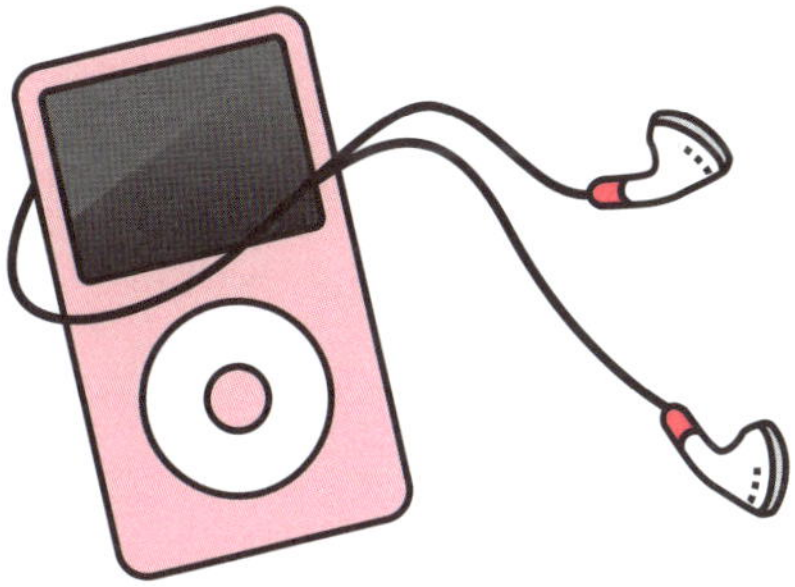

細かい目標を決める

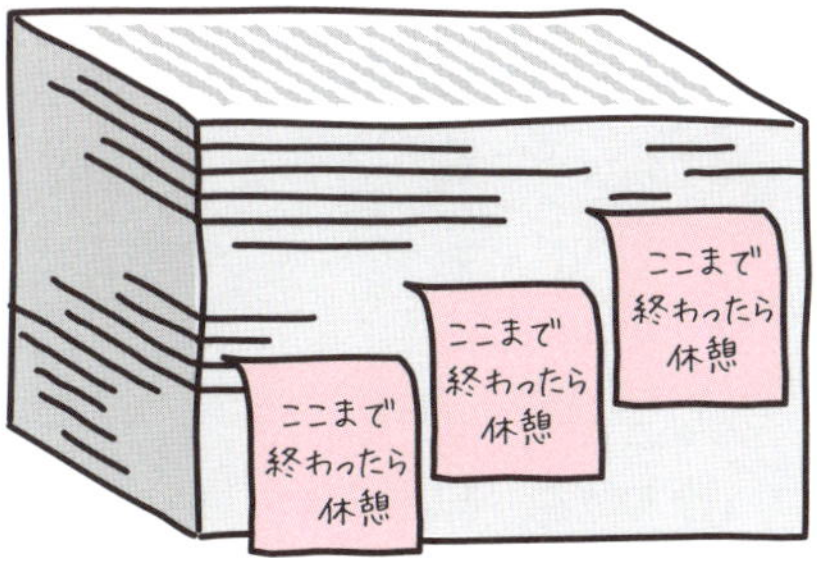

複数の仕事を準備しておく

12

仕事中、ついついネットを見てしまう

対策

○ウィンドウズの「機内モード」を活用する

事例

仕事中ついついネットで関係ないサイトに夢中になってしまう

仕事ではほぼ1日中パソコンに向かっている。調べものやメールのためにネットも使えるようになっているが、ついつい関係ないブログや動画を見てしまって仕事に集中できない。

自分でもこれはまずいと思っているけれど、調べものをしようとブラウザーを開くと無意識のうちにネットサーフィンが始まってしまう。上司にバレる前に、この癖を何とか直せないものか。

原因

ADHDの衝動性に、インターネットの誘惑の多さ

ADHDの代表的な特質の1つに、**強い衝動性**がある。興味を持つと、すぐにそちらに意識を支配されてしまい行動を止められなくなるのだ。衝動性が強いタイプの人は、スイッチが切り替わるように意識が移ってしまうため葛藤すら生まれない。我慢が足りないというよりも、我慢のチャンスすら与えられないのだ。

また、インターネットの性質が、この衝動性に拍車をかける。検索をかければ目的外のページも検索結果に出て、内容の一部も表示されるので、ついつい面白そうな文章に目が奪われてしまう。

仕事に関係したページを見ていても、画面のあちこちに貼られたたくさんの広告や、別記事に誘うリンク。ページを作る側とすれば別のページや広告も見てほしいのだから当然なのだが、ADHD

の当事者からすると、ネットは実に誘惑が多く非効率な面がある。

解決法 ネットのない環境を作ろう

パソコンを使うとついネットに手が伸びてしまうなら、**ネットを使えないようにする**のが一番の解決方法だ。衝動的にブラウザーを立ち上げても、ネットにつながっていなければ冷静になるチャンスが生まれる。

有線でネットにつないでいるのなら、ケーブルを抜いて片付けてしまうのが手っ取り早い。無線でつないでいる場合は、少々面倒だ。パソコンによってはワンタッチで無線のON/OFFができる機種もあるが、それではあまり解決にならない。ワンタッチでつなげてしまうので、誘惑を退ける歯止めとしては少々力不足だ。

自宅ならばモデムの電源を切ったり、モデムと無線LANルーターの間のケーブルを抜いたりしてしまえばインターネットにはつなげなくなる。しかし、職場のモデムやルーターを止めてしまうわけにはいかない。

ここでは、職場でもできるパソコンで無線LANの通信を一時的に切断するための設定やツールを紹介しよう。

ウィンドウズの「機内モード」を活用する

職場のパソコンを一時的にオフラインの状態にしたい場合には、ウィンドウズ10以降ならスマホと同様の**「機内モード」**が搭載されている。設定の仕方は次ページの通り。

ウィンドウズの機内モードはスマホの機内モードと同じで、一時的に無線LANをオフ状態にしてくれる。再接続したいときには、もう一度「機内モード」をクリックすれば良い。

手書きも選択肢に入れてみよう

よりネットから離れるには、**「手書き」**に戻ってみるのも良い。ノートとペンだけの状況でガシガシと書いていくと、意外と集中できる。自分で読むだけなので、丁寧に書く必要はない。あとでパソ

「機内モード」への設定のやり方

1 タスクバー右端の「スピーカー」のアイコンをクリックする。

2 「機内モード」をクリックする。

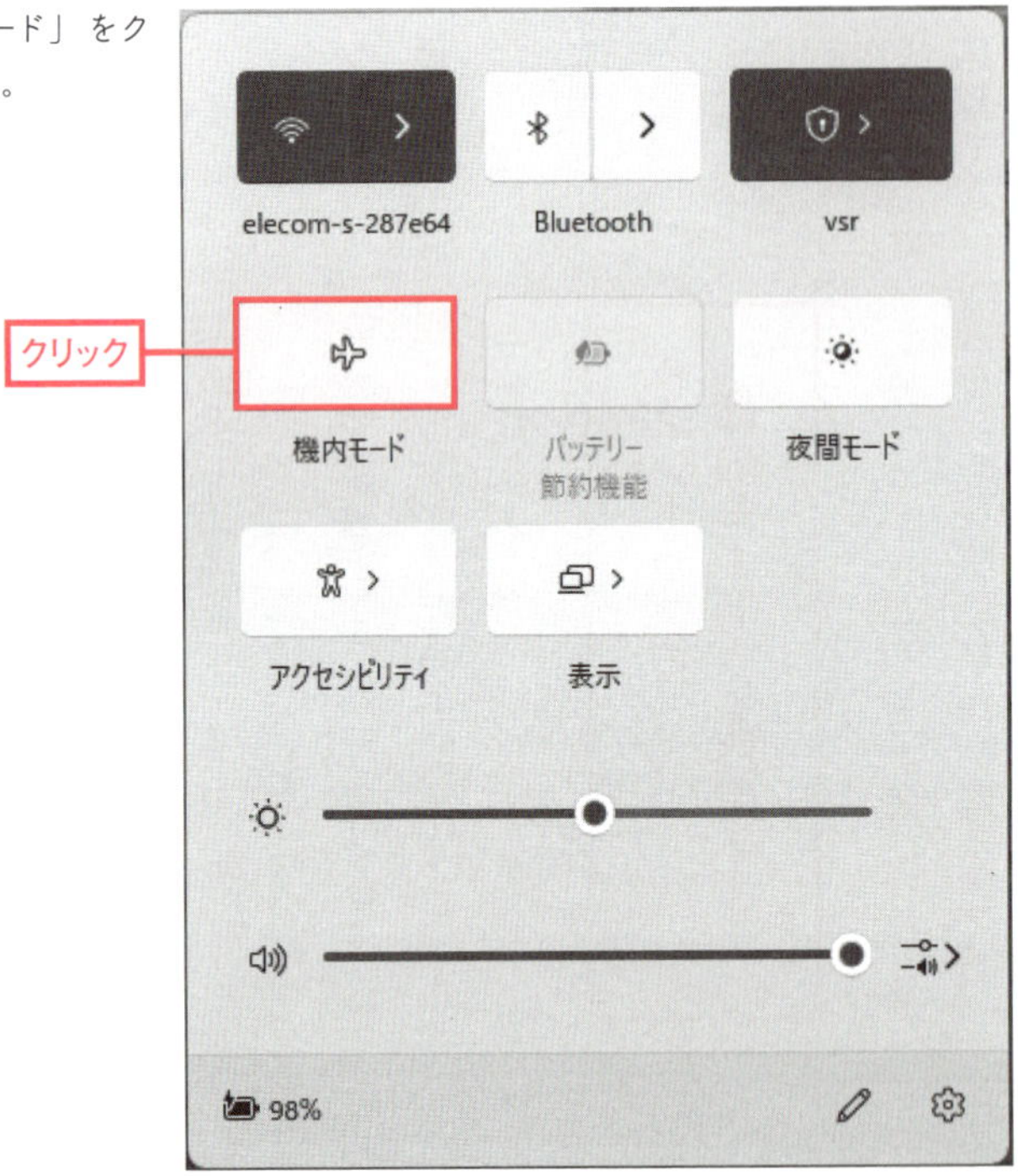

3 タスクバーに飛行機のアイコンが表示される。

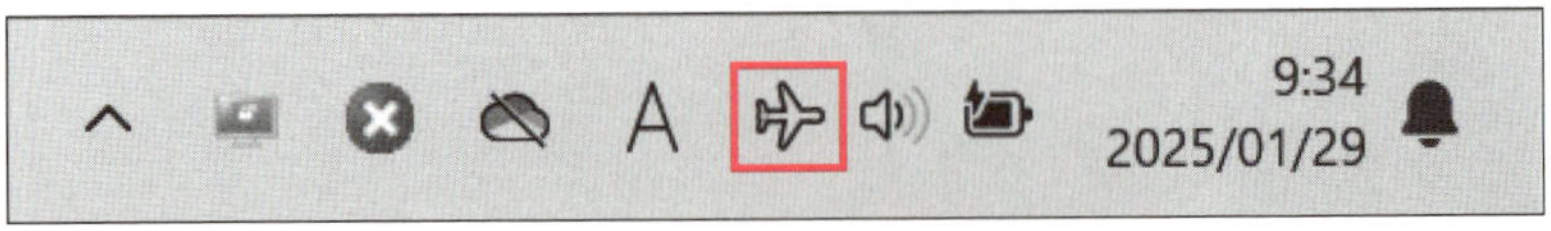

memo

ノートパソコンなど一部の機種では、「Fn」キーを押しながら電波または飛行機のマークがあるキー（「F4」または「F5」キー）を押すことで機内モードのオン／オフの切替えができる。

コンに写す手間はあるが、これも内容は決まっていてひたすら書き写すだけなので集中しやすい。悩んで手が止まるときが、最も移り気を起こしやすい危険な時間なのだ。

テキスト打ちに特化した、仕事集中ツールの決定版「ポメラ」

テキストだけを打てれば良い仕事であれば、キングジムの**「ポメラ」**という商品をおすすめしたい。これはテキスト作成が可能な、いわば昔懐かしの日本語ワードプロセッサだ。ノートパソコンと同じ使いやすいキーボードを持っていながら、軽量小型でかばんに入れてどこにでも持ち運びできる。USBケーブルやSDメモリを使って、作った文書をパソコンに取り込むのも簡単にできる。作れるものは単純なテキストだけで、ワードのようにフォントを変えたり表や図を入れたりはできないが、文章部分をポメラで作っておいてあとでワードなどのフォーマットに入れ込めば良い。

ポメラの良いところは、テキストを打つ以外何もできないことだ。ゲームを入れることもできないし、ウェブページを見ることもできない。しかしそれゆえに、文章の作成だけに意識を集中できるはずだ。

書式や装飾を入れて体裁を整えるのは、あとでパソコンに取り込んでから行えば良い。そう割り切って使うのであれば、ポメラは非常に良いツールになる。

参考

ネットワークを切断状態にしてくれるフリーウェア「InternetOff」

Windows 8.1以前のOSを使っている人、機内モードではまだハードルが低いと感じる人には、意図的にネットワークの切断状態を作ってくれるフリーウェア「InternetOff」をおすすめしたい。

インストール後、アイコンをクリックして「Turn off the internet」をクリックすると、ネットに接続できなくなる。

下記のように5分間だけ、15分間だけなど、指定した時間だけネットに接続することもできる。指定した時間が経つと強制的にネットは切断される。

パスワードの設定も可能なので、機内モードを使うよりも、もう少し自分に厳しくしたいときにも有効なツールだ。

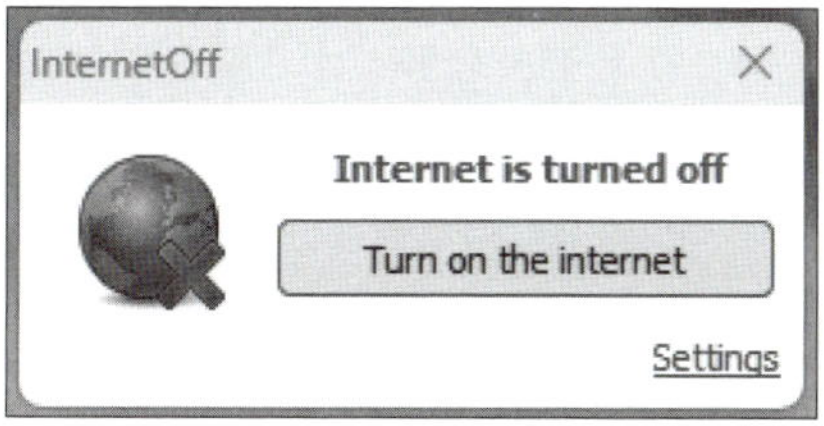

Column

改めて「発達障害」とは何か？

発達障害の概念は、研究が進むとともに変化・再編されてきている。

かつての「自閉症」「アスペルガー症候群」「広汎性発達障害」などと呼ばれていた疾患は、現在では「自閉スペクトラム症」という分類に統合されている（「発達障害」という名称も日本独自のもので、精神疾患の診断における現在の国際的な基準となっているDSM-5ではより大きなカテゴリーである「神経発達症」に含まれる。本書では、日本での一般的な名称である「発達障害」を用いている）。

自閉スペクトラム症は、自閉症連続体とも呼ばれる。これまで症状の違いでさまざまに分類されていたものは、実のところ同じ自閉症の中の連続した一面が現れたことにすぎないのではないか、という考え方がこの言葉を生み出した。

それはいわゆる「健常者」との境界についても同様だ。現在のところ、健常者と発達障害者をはっきり分ける区切りは存在していない。両者の間には、広いグレーゾーンが横たわっている。働きながら悩んでいる人、学生時代までは問題なかったのに就職前後からつまずいた人などは、ほとんどこのグレーゾーンに入るものと思われる。

そして、自分のハンデが「努力不足」「性格の問題」と見られて苦しんでいる人も、大半はこのグレーゾーンに含まれている。

健常者と発達障害者との違いは濃度の違いであり、どこまでがホワイトでどこからがブラックというはっきりした基準はない。発達障害の診断が難しく、専門医の慎重な判断を要する理由もここにある。

発達障害とは、脳機能の偏りに原因があるといわれている。ADHDやASDの人の脳には前頭葉の機能に不活性があると見られ、これが障害の発生に深い関わりがあると考えられている。

これは、事故などが原因で前頭葉に障害を負った人（高次脳機能障害）が社会的な行動の不全、記憶障害、注意障害といった発達障害に酷似した症状を発症してしまうことから推測されているものだ。一部のADHDが投薬により行動の改善を見せることも、それが心や性格の問題ではなく脳機能に原因があることを裏付けている。

また近年では、ADHDやASDの問題の根幹にワーキングメモリの弱さがあるといわれている。

ワーキングメモリとは、情報を一時的に記憶するとともに操作する能力を指す概念的な用語だ。言語や思考、空間認知などもこのワーキングメモリがつかさどるものとされている。そして、このワーキングメモリは、やはり前頭葉に密接に関わる機能であると考えられているのだ。

知っておくべきことは、発達障害は自分の性格や努力の問題ではなく、脳機能に原因を持つ器質的な障害であるということだ。

そしてもし、この障害のために自分が生きづらさを感じているとしたら、やるべきことは自分を責めることではない。医療や公的なサービスのサポートを受けて自分の生活を改善させ、少しでも生きやすい環境を作っていくことだ。

だから、決して自分を責める必要はない。一方で、諦めて努力を放棄するのも間違いだ。努力した分だけきちんと能力は伸びていくし、何よりも工夫し努力する姿を周囲は見ている。努力は、周りの人に認められ評価される自分を作ることにつながるのだ。

第2章

「段取りができない」を何とかしたい

スケジュール・業務管理・時間管理対策

スケジュールが立てられない。時間や締切りを守れない。発達障害の当事者には、時間感覚や未来予測が苦手な人が多い。この問題の対策には、必要な情報を用意しておくことがポイントだ。

予定やスケジュールを忘れてしまう

対策

○ ASDの人は、独立したスケジュール帳を用意する。メモ帳と一緒にしないこと
○ ADHDの人は、逆に1冊の手帳で管理。多機能なシステム手帳を活用しよう

事例

その日やるべきことや予定をすぐ忘れてしまう

予定が入ったら、手帳にはきちんと書き込んでいる。けれどもそれっきり忘れてしまって、当日になってから同僚に「あれ？ 今日は○○支社で会議じゃなかったっけ？」と言われて大慌て。記憶力がないのはわかっているのだけれど、手帳を読み返すことも忘れてしまうことが多くて、いったいどうしたらいいんだろう？

原因

ＡＳＤの計画的遂行の困難、ＡＤＨＤの集中持続の困難がスケジュール管理にも影響する

発達障害を持つ社会人の多くが抱える課題のひとつが、**スケジュール管理の難しさ**だ。

ＡＳＤには、**計画的に行動することが苦手**という特性がある。それは、気持ちを切り替えることの困難さに原因があると考えられる。興味の対象に注意が向くと、仕事の予定など自分にとって重要なことも含めて他のことにまったく無頓着になってしまうのだ。

ＡＳＤの場合は、まずスケジュールを自分の興味の対象に持ってくることが必要になる。

ＡＤＨＤは逆に、**気が散りやすい**特性を持つ。極端な場合、予定を覚えていても目の前のやりたいことを最優先にしてしまうことがある。

ＡＤＨＤの場合は、常に予定を守ることを最優先にするため、自分を「刺激しておく」工夫が必要になる。

ＡＤＨＤを抱えていると、も

のをなくしやすいことも多い。予定を聞いて適当な紙などにメモしてしまい、そのまま仕舞い込んで忘れてしまったりもする。予定を管理するものは、なるべく統一させておく必要がある。

解決法 「自分にベストなスケジュール帳」にこだわろう

ASDでもADHDでも、手帳に対して特にこだわりがない場合、安いメモ帳で済ませがちになる。本来どちらも、物に対する愛着や嗜好は強い人が多い。コレクター趣味があったり、「物が捨てられない」タイプが多いのも、このためだ。逆に愛着や興味が持てないものは、どうしても忘れがちになってしまう。

そこで**あえて手帳にこだわってみる**ことで、自分の手帳に愛着を持てるようにしてみよう。

手帳にこだわりを持つことで、スケジュールに意識を向ける

年や年度の変わり目には、大型の文具店に手帳コーナーが設置される。自分がしっくりくる手帳を見付けるまで、何軒でもハシゴするのが良い。使いやすさも重要だが、手触りや色、デザインなどもおざなりにできない。最低でも1年付き合うのに見合う品であるのが条件だ。

良い手帳は、やはりそれなりに値が張る。予算の都合もあるだろうが、ここは少々高価であっても**一番気に入ったものを選ぶこと**をすすめたい。妥協は愛着への邪魔になる。仕事の必要経費と思い切ることも、時には必要だ。

こだわりの手帳を持つことで、これまで予定を忘れがちだった人が、一転してスケジュールにうるさいビジネスパーソンになる例もある。特にASDは本来、約束や予定には厳密な性格の人が多い。無頓着になりさえしなければ、几帳面さは人並み以上なのである。

ビジネス系の手帳にお気に入りのものが見付からないときには、趣味系の手帳を使う選択肢もある。歴史が好きならば、歴史手帳や戦国手帳、幕末手帳などの商品が発売されている。鉄道手帳、天文手帳、猫手帳とさまざまなジャンルのものがある。どれもスケジュール機能があり、予定を書き込

むことができる。

このような趣味系の手帳を仕事で使うことに抵抗を感じるかもしれないが、それで仕事がうまくいくのであれば実利のほうが重要である。表紙が少しビジネス用としてそぐわないときには、サイズに合わせた手帳カバーも購入しておくと良いだろう。

おすすめのスケジュール帳タイプ

いざスケジュール帳を選ぼうとしても、さまざまな種類がある。これまで興味のなかったところからいきなり選ぶのは難しいことかもしれない。スケジュール帳には1年タイプや2年タイプ、月間ブロックタイプや週間バーチカルタイプなど、さまざまな種類があり、仕事の内容や好みなどで使い分けができる。

ここでは、ADHD・ASDそれぞれにおすすめのスケジュール帳のタイプを紹介したい。あくまで目安なので、より自分に合ったスケジュール帳を見付けたならそちらに移り変えてしまって構わない。

●気の散りやすいADHDタイプは、システム手帳を活用。すべてを1冊で管理しよう

気持ちが次々と移り変わりやすいADHDタイプには、**1冊ですべてを一元管理できるシステム手帳**が向いている。

スケジュール、メモ書き、行動記録を1冊で俯瞰《ふかん》できるようにすることで、刹那《せつな》的になりがちな行動を統合して見返すことができる。何より、何冊もメモ帳やメモ用紙を抱えると管理しきれなくなり、忘れたりなくしたりするリスクも高くなってしまう。

システム手帳にはさまざまなフォーマットのリフィル（差し替え用紙）が別売りされているが、スケジュール管理用には、次の2種類を併用しよう。

- 月間ブロックタイプ
- 1日1ページ（〜2ページ）タイプもしくはバーチカルタイプ

リフィルは、購入時に最低でも1年分くらいはそろえて入れておこう。途中で足りなくなると買い忘れたりして、いざというときに書くスペースがなくなったりするので注意したい。

月間ブロックタイプとは、見開きで1カ月分の予定が書き込めるカレンダータイプのリフィルだ。未来の予定やスケジュールは、こちらに書き込む。

ADHD向けに月間ブロックタイプをおすすめする理由は、**大きなスケジュールを視覚的に意識しやすくするため**だ。お得意先への訪問日まではあと2日。書類の締切りは1週間後。再来週の土曜日は研修で出勤日。ページを開け

ば、当日の情報だけでなく1カ月分のスケジュールが目に飛び込んでくる。

ADHDを持つ人には、時間を感覚的につかみにくいという特徴がある。「締切りは〇月〇日」ということ自体はわかっていても、それで自分に残された時間が長いのか短いのかを実感しにくいのだ。その点、1カ月ブロックタイプのスケジュール帳はマス目で視覚的に日数を見ることができるので、予定までの残り日数を感覚で捉えやすくなる。

「月間ブロックタイプ」はスケジュール管理用として必ず入れてほしいリフィルだが、それに加えて**「1日1ページタイプ」**と**「バーチカルタイプ」**のどちらかを入れておきたい。こちらは予定よりも、当日のメモや記録用として用いる。

1日1ページタイプのリフィルは、名前通り1日分に1ページ

Column

発達障害支援のポータル、「発達障害者支援センター」

発達障害のために生きづらさを感じているとしたら、やるべきことは自分を責めることではない。医療や公的なサービスのサポートを受けて自分の生活を改善させ、少しでも生きやすい環境を作っていくことである。

それでは支援を受けることを決めたとして、まずどうすれば良いだろうか。

実際に障害のサポートを受けると決めたら、さまざまな疑問が出てくるだろう。診断はどの病院で受けたら良いのか？　障害者手帳や障害年金を取得するには、どこにどのように申請すればいいのか？

またサポートする側の現状として、発達障害への支援はその内容によってそれぞれ機関が異なっている。たとえば医療の分野なら病院、心理面の相談ならカウンセラー、仕事の相談なら就労支援センターといった具合だ。残念ながら現在のところ、1カ所ですべてのサポートをしてくれるようにはなっていない。そのため困ったときにどこに行けばいいのか、知らない人にとってはとてもわかりにくい状況になっている。

全国にある発達障害者支援センターは、発達障害を抱える人にとってそれらさまざまな支援の入口となる施設だ。

発達障害へのサポートを受けたい人は、まずここで相談をして自分が何に困っているのかを整理し、それから専門の機関で支援を受けるという流れになる。ここでは自分の困りごとについて何の支援を受けられるのか、そのためにどうすれば良いのかも詳しく教えてくれる。診断や障害者手帳、年金の申請などのわかりにくいことについても具体的な情報をもらうことができる。

最寄りの発達障害者支援センターについては、各自治体の障害福祉課を訪ねて聞いてみよう。

支援センターは、障害者手帳や医師の診断がなくても相談を受け付けている。自分の困りごとが発達障害によるものではないか、と感じたら、まずは足を運んでみて話だけでもしてみてはどうだろうか。

丸々使えるフォーマットだ。もちろん予定の詳細を書いておいても良いのだが、メインの使い方は当日の記録や覚書などメモ帳としての利用だ。**その日のことは、とにかくすべてこのリフィルに書き込んでいこう**。その日にあったことは電話の内容から会議の決定事項まで、すべて同じページに書き込んでいく。

書き込むことが多いようなら、1日2ページタイプのリフィルに切り替えよう。

バーチカルタイプは時間軸のフォーマットになっており、**1日の時間進行が管理しやすくなっている**。時間に縛られることが多い仕事であれば、これを使って行動記録を付けていこう。自分の行動を客観的に見返しやすいのも、このバーチカルタイプの特徴だ。

営業など時間単位のスケジュールの多い人、フリーなフォーマットでは何を書いて良いかわからない人には、バーチカルタイプのリフィルが良い。それ以外の人は、1日1ページタイプを使ってみることをおすすめする。

1日1ページタイプやバーチカルタイプのリフィルを用いて行動記録を付けるのは、自分の行動を管理してやった仕事をあとから把握できるようにするためだ。あちこちに意識を移してしまうADHDを持つ人には1日の中でも多くの仕事に手を着けてしまいがちで、あとからどの仕事をどこまでやったか思い出すのが困難だ。これを記録しておくことで自分がやってきたことを整理したり、速やかに続きを始めたりするのに役立つ。

●曖昧さが苦手なASDは、メモ帳とは別にスケジュール帳を用意する

ASDタイプの人はADHDタイプの人とは逆に、**スケジュール帳はスケジュールだけの独立したものを選ぶ**。メモと一緒にしてしまうと、そのうちいっぱいのメモにスケジュールが混ざってわけがわからなくなる。

フォーマットのタイプは、時間に縛られることが多いならバーチカルタイプ、その日のうちにやればいい、という仕事が多いなら月間ブロックタイプが良い。

バーチカルタイプの手帳ははじめから時刻の目盛りが用意されていて、1日の流れを俯瞰して確認できる。スケジュール帳に書く時点で少なくとも日付と時間を意識する必要があり、予定時間の聞き忘れを防ぐのに効果が高い。

月間ブロックタイプの手帳は、見開きで1カ月の予定を俯瞰できる。「来週からの会議までに資料を作り上げる」といった、日数のかかる仕事が多い人や営業のような外回りの仕事が多い人なら、このタイプがおすすめだ。

タイプ別スケジュール帳の特徴

月間ブロックタイプ

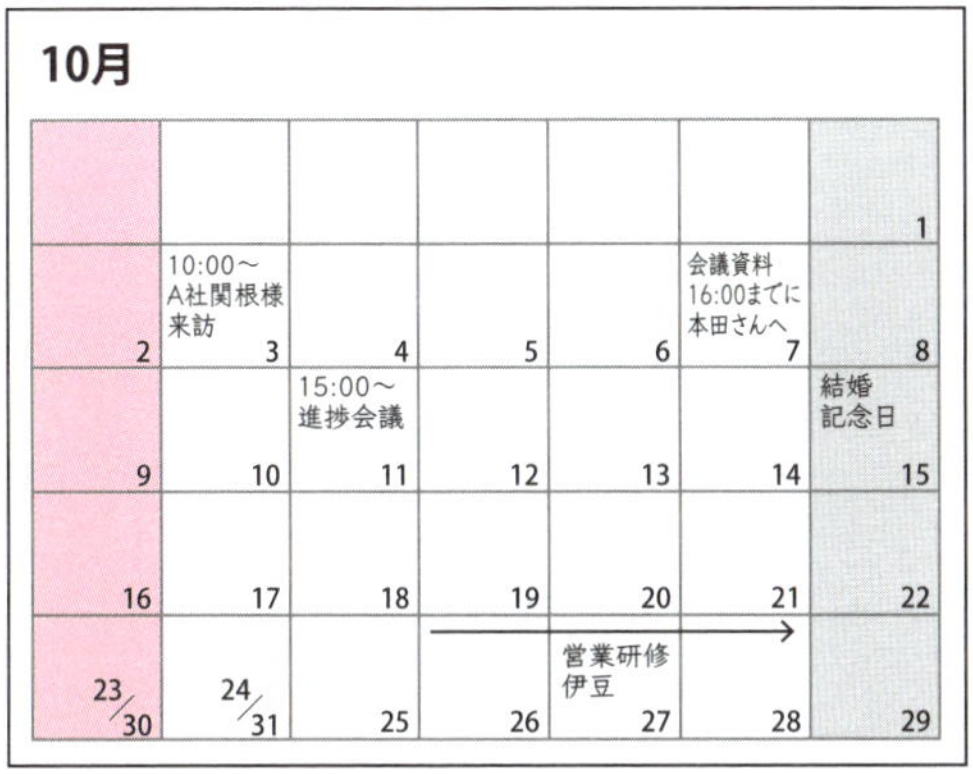

使い方

- 見開きで1カ月分の予定が書き込める
- 未来の予定を書き込む

メリット

- 大きなスケジュールを視覚的に意識しやすい
- 予定までの残り日数を感覚で捉えやすい

1日1ページタイプ

使い方

- 1日分に1ページ丸々使用できる
- 当日の記録や覚書などメモ帳として利用する

メリット

- フリーなフォーマットなので自由に書き込める
- 済んだ仕事をあとから把握できる

バーチカルタイプ

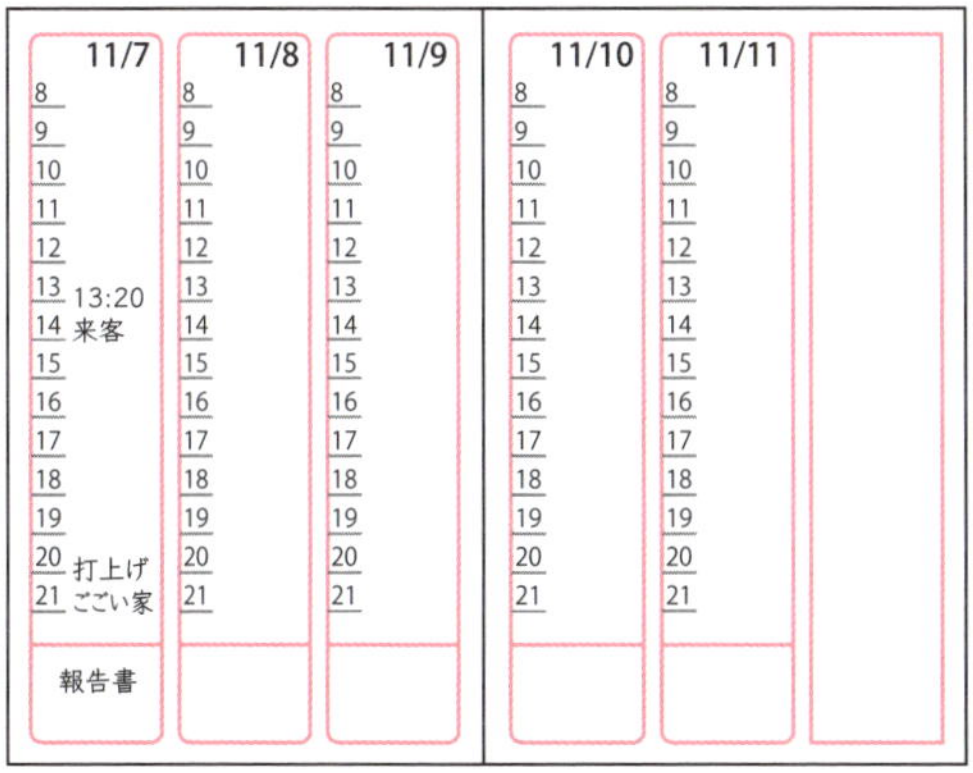

使い方

- 時間軸のフォーマットになっている

メリット

- 1日の時間進行が管理しやすい
- 行動を客観的に見返しやすい
- 済んだ仕事をあとから把握できる

約束の時間が守れない

対策

- スケジュールは可視化して見えるところに掲示する
- 出掛ける前に探し物をする時間を組み込む

事例

わかっているのに時間が守れない？　自分で自分がわからない

今日は2時から、人に会う約束がある。移動時間を考えるとそろそろ出発しないといけない時間だ。準備をしようとしたところで、ふと思い出した。

そういえば会議の資料、来週まででだっけ。テーマが書かれたレジュメ、どこに置いたかな。

引き出しを開いて、探し始める。積み重なった書類を何枚かめくってみたが、見付からない。そんなに奥のほうには置いていないはずだけど。

ああ、そろそろ家を出なければ間に合わない時間だ。だけどレジュメが見付からない。もう遅刻だ。間に合わなくなってしまう。だけどレジュメを探す手は止まらない。もう本当にまずいんだけど、会議は来週なんだからあとで探せばいいんだけど、レジュメを見付けないと気が収まらない。

結局約束の時間に遅れてしまい、上司にも叱られてしまった。

気になることがあると、どうしても気持ちを切り替えられなくなってしまう。約束を忘れたわけじゃないのに、自分で自分がわからない。

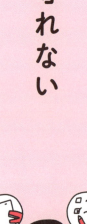

原因 ADHDの衝動性と過集中

衝動性は、ADHDの基本的な特徴のひとつだ。

その場の思い付きを、状況や計画なども考えずにパッと行動に移してしまう。時には衝動買いで生活費を使い切ってしまったり、見知らぬ他人に心ない言葉をぶつけてしまったりと、自分の社会生活にも影響を与えてしまうような行動に至る。

それはよく誤解されるような、〝欲望に弱い〟というものとは異なる。確かに欲望に直結したものは、頭に浮かびやすい。結果として、欲望に負けたような行動になってしまうこともある。

しかし、出掛ける直前に探し物をしてしまったり、気が付いたら危険とわかっていることをやってしまっていた、などの行動は、もちろん本人の欲望からきているものではない。主観的には、体が勝手に動いてしまっている状況に近い。

一方でADHDには、**過集中**という特徴もある。一度始めたことは、とことん続けようとする。それは当人が、本来の予定や時間を忘れていなくてもだ。

大事な予定の時間が迫っていることはわかっているし、焦ってもいる。今やっていることが別に急いでやる必要もないことも、冷静になってみれば判断できる。だから自分でも自分のことが理解できないし、対処の方法もわかりにくい。

ADHDを持つ脳にとっては、基本的に**最新のタスク＝最優先事項**になっている。時間が経って新しい情報が上に重なってくると、予定していた内容の優先度は脳の中でどんどん低くなってしまう。好きなことに手を伸ばしがちなのは、好きなことほど頻繁に脳に浮かんでくるためだ。

自分の「脳」という道具の癖を知り、うまく使いこなすことが課題を克服する鍵になる。

解決法 自分の行動パターンを把握して、自分で自分に指示を出す

ADHDを抱える人が衝動性に動かされているときは、他人が注意しても耳を貸さないことも多い。むしろ制止してくる人に、怒りすら湧いてしまうこともある。

しかし、そんな状況にあっても多少は意見を受け入れやすい人物が存在する。それは、自分自身だ。

自分が陥りやすい行動を把握し、前もって未来の自分の目に付くように指示を送るのが基本的な対策になる。

グーグルカレンダーで スケジュールを一括管理

紙の手帳ではなく、パソコンやスマホでスケジュールを管理したいなら、定番は**グーグルカレンダー**だ。予定を入れておけばタイムスケジュール形式で見やすい表にしてくれるので、「〇時になったら□□をする」という指示を自分にしやすい。

グーグルカレンダーは無料で使え、家や会社のパソコン、スマホ、どちらで入力してもネットワークで共有されてスケジュールを一元管理できる。仮にスマホを忘れたりなくしたりしてしまっても、ネットワークにつながった端末さえあれば自分のスケジュールにアクセスできる。スマホをなくしてスケジュールがまったくわからなくなってしまった、ということがない点が非常に安心できる。

スマホ・パソコンのどちらで入力してもスケジュールは共有されるので、外出時にパソコンがないときにはスマホ、仕事中でスマホを取り出せる状況でないときにはパソコンと使い分けできる。もちろん、会社のパソコンで入力して家のパソコンで確認することも可能だ。手帳を買ってもなくしやすかったり、あちこちにメモしてしまったりする癖がある人には特におすすめできる。

しかし、せっかくグーグルカレンダーを使い始めて予定を入力しても、肝心の予定を確認し忘れて見逃してしまっていたら意味がない。

スマホであればウィジェット化することで、スタートページに情報を出すことができる。ウィジェットとはホーム画面に常駐させたアプリのことで、ホーム画面を長押しして「ウィジェット」を選ぶことで設定できる。スマホを立ち上げれば自動的にホーム画面に出力されるので、スマホを見る癖さえ付いていれば予定を見落としにくい。

これがパソコンになると意識的にブラウザーを立ち上げ、ログインしてスケジュールを確認する作業が必要になる。こうした作業は忘れがちだし、忘れていなくても面倒なことから後回しになりやすい。せっかく入力したスケジュールも、確認し忘れては何にもならない。

そこで、**パソコンを立ち上げると自動的にグーグルカレンダーも開く**ように設定しておこう。パソコンの起動とともにグーグルカレンダーが開けば、見落としをする可能性も低くなる。

ウィンドウズには、スタートアップという機能が備わっている。スタートアップとは、登録しておいたファイルがウィンドウズが立ち上がるとともに自動実行される

自動的にグーグルカレンダーが開く手順

1 ブラウザーのGoogle Chromeを使って、Googleカレンダーを開く。

2 Googleカレンダーを開いた状態で、Chromeの設定（三本線、あるいは三点のアイコン）❶→キャスト、保存、共有❷→ページをアプリとしてインストール❸をクリックする。

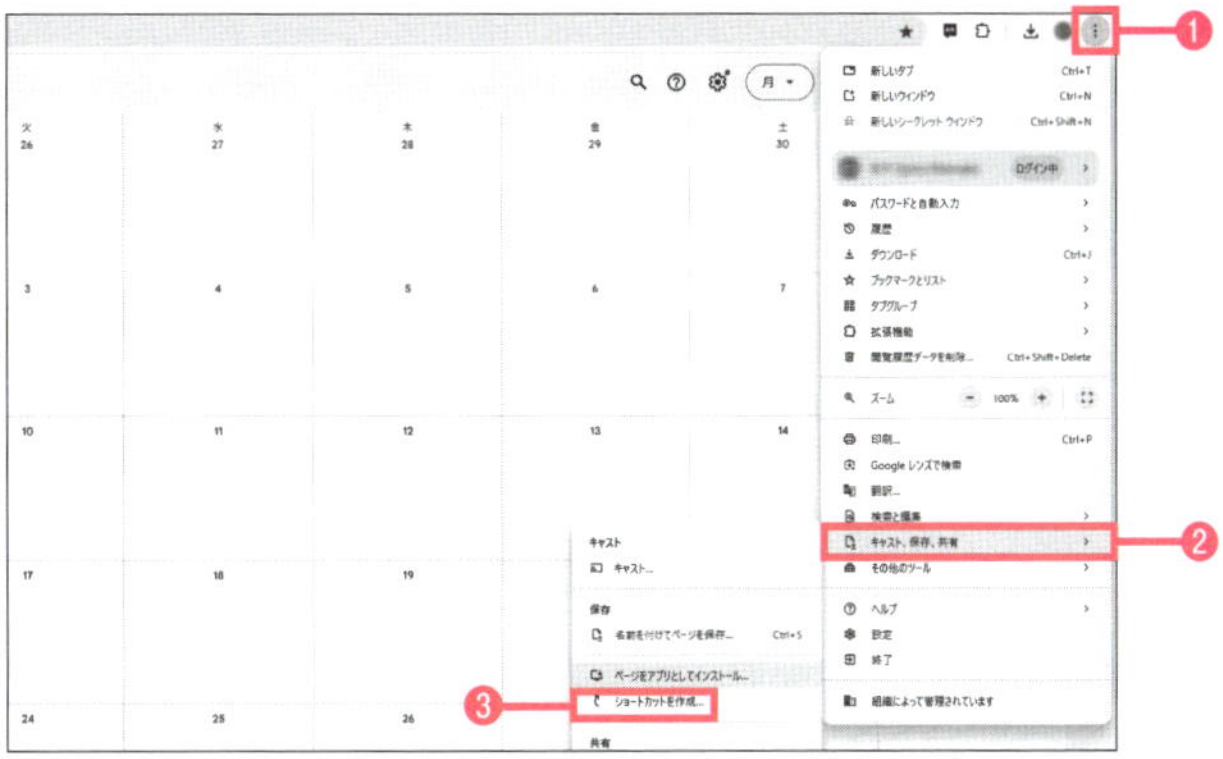

3 「このページをアプリとしてインストール」のウィンドウが出るので、枠内を「Googleカレンダー」に修正❶して「インストール」をクリックする❷。

4 デスクトップに、「Googleカレンダー」のアイコンが追加される。

5 デスクトップにできた「Googleカレンダー」のアイコンの上で、右クリック→「コピー」をクリックする。

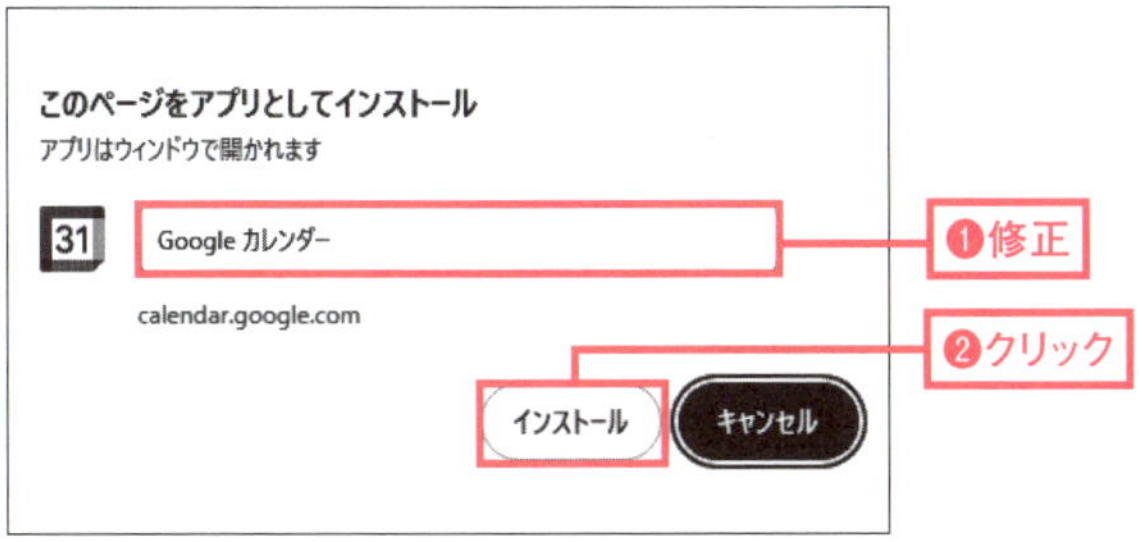

6 Windowsキー（Windowsマークの付いたキー）＋Rを押して、「ファイル名を指定して実行」のウィンドウを開く。

7 「ファイル名を指定して実行」の「名前(O):」の横の窓に、以下の通り入力する。
shell:startup

8 「OK」をクリックする。

9 「Startup」フォルダーのウィンドウが開くので、開いたフォルダーの中で右クリック→「ショートカットの貼り付け」をクリックする。

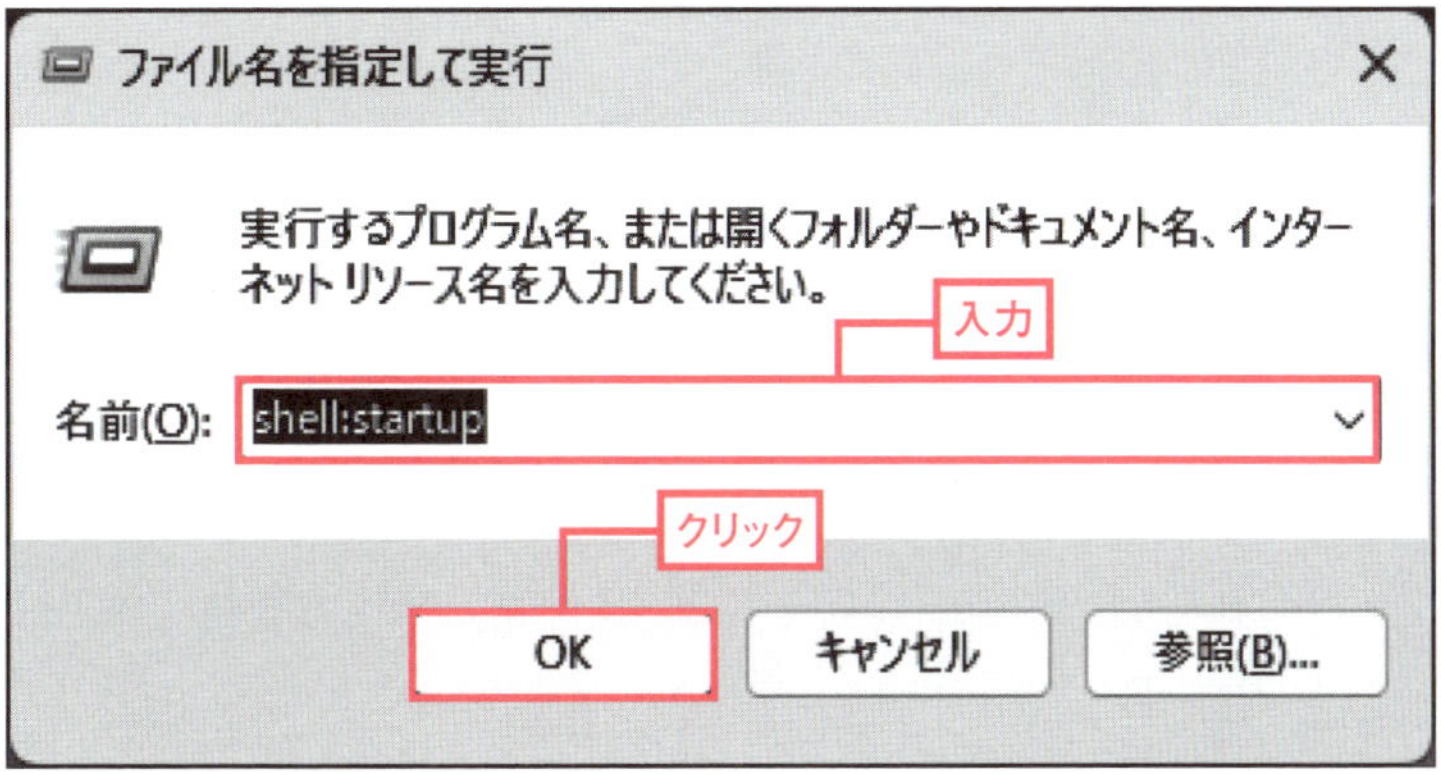

機能のことだ。パソコンを立ち上げるとともにセキュリティソフトが自動で起動するのも、インストール時にセキュリティソフトがこのスタートアップに登録されているからだ。

スタートアップはインストール時だけでなく、実はユーザーが自分で自由にアプリを登録できる。そこでグーグルカレンダーを、このスタートアップに登録してしまおう。スタートアップ登録のやり方は、前ページの通りだ。

これで、ウィンドウズを立ち上げるたびに自動的にブラウザーでグーグルカレンダーが開くようになる。設定などでパスワードを記録させないようにしてあると起動のたびにパスワードの入力を要求されるので、その点は注意が必要だ。

パソコンを起動すれば強制的にスケジュールが目に入ることになるので、入力したスケジュールを忘れてしまうことも少なくなる。また、常時グーグルカレンダーが立ち上がっていることで、新しい予定が入った際にも、すぐにカレンダーに入力する癖も付けやすくなるだろう。

ミニホワイトボードに予定や注意を記入し、常に目立つようにしておく

100円ショップなどで購入できる、**ミニホワイトボード**を使うのも有効な方法だ。ミニホワイトボードは写真立てやブックスタンドを使って常に机に立てておき、目に入りやすいところに置いておこう。

毎朝出社したら、スケジュール帳から今日の予定をミニホワイトボードに写し書きする。このとき、やらなければならない重要なことであれば、それが毎日やる仕事であっても略さずに記入しておくこと。また、自分が起こしやすい間違いや注意事項があれば、それも書き加えていく。**記入するときにはとにかく目立つように、アンダーラインや赤字、記号などを入れよう。**

予定を書き入れたミニホワイトボードは業務中も目立つところに置いておき、頻繁に見直すようにする。もちろんあとから書き加えていっても良いし、付箋を貼っても良い。

予定をわざわざ書き写したり、頻繁に見直したりするのは、そこに書かれている予定の優先度を常に高くしておくためだ。ADHDの脳は、古い記憶の優先度を勝手に低くしていく。毎日やっていて忘れるはずもない業務も書いておくのは、そのためだ。常に新しい刺激に従うADHDの性質を乗りこなすためには、大切な情報を何度も自分に上書きしていくことが必要になる。

やり終えた予定は、終業時に消して帰ろう。次の日への積み残しがあるなら、そのまま書き残しておけば翌日の自分への引き継ぎになる。

予定に＋30分の自分用予備時間を入れておく

スケジュールを書くときにはその予定の時刻だけではなく、**その予定のために動き始める時刻も書き込む**。

たとえば人に会う約束なら、待ち合わせの時刻だけではなく、会社を出発する時刻も書いておく。出発時刻はもちろん、ネットで移動時間などを調べて逆算するのだが、さらに何か物が見付からなかったり、予定外の行動を取ってしまったりすることを計算に入れて余裕を持ったスケジュールを立てるのだ。

たとえば、10時に人に会う約束があるとする。ネットで調べたところ、自宅から待ち合わせ場所までは電車40分＋徒歩20分の合計1時間。到着時刻は約束時刻の10分前として、9時50分。移動時間が1時間なら、出発時刻は単純計算で8時50分。電車の待ち合わせを考慮して、さらに＋15分で8時35分。

ここにさらに、プラス30分の余裕時間、〝自分用予備時間〟を入れるのだ。つまりここから30分早めて、最終的な出発予定時刻は8時5分になる。

この場合、スケジュール帳には、このように書いておく。

N氏と待ち合わせ　8時5分
自宅出発　9時50分着　〇〇駅改札前

30分の〝自分用予備時間〟は、自分が脱線するときのための時間だ。何もなければ、そのまま予定通り8時5分に出発すれば良い。早すぎる到着になってしまうかも

Column

仕事に関する相談先

就労支援センター（就労援助センター）や障害者就業・生活支援センター（通称：なかぽつセンター）は、就職を考えている障害者、既に就職をしているが悩みを抱えている障害者の相談を受け付けてくれる機関だ。直接職業訓練や仕事の斡旋をしてくれるわけではないが、仕事に関わるさまざまな相談を受け、アドバイスだけでなく、適した制度や情報も紹介してくれる。国や自治体では障害者向けのさまざまな就職支援のサービスを行っているが、一般の人はそもそもその存在を知らないことが多い。こうしたサービスの情報をいち早く受け取れるのも、支援センターを利用することの強みになる。

もし失職中で「職業訓練を受けたい」「制度を使った就職をしたい」と考えている場合も、ここで相談すれば情報をもらうことができる。

しれないが、近くの喫茶店や喫煙所で一服つける時間と考えれば悪くない。

なお、30分は目安で、自分の脱線行動が1時間続いてしまう傾向があるなら1時間の余裕を入れる。10時の約束なら、自宅を出る予定時刻は7時35分だ。

予定外の行動がどの程度続くのかは、傾向を知る必要がある。まずは30分くらい、1時間くらいと設定しておいて、実際に試してみながら調整していこう。

時間のコントロールが改善できて遅刻をなくせたら、今度はこの余裕時間を少しずつ短縮することに挑戦してみよう。

カウントダウンタイマーで時間を管理する

時間管理の苦手なADHD対策には、**タイマー**を使うのが一般的な方法だ。

タイマーの種類は、キッチンタイマーのような**カウントダウン式**のものが良い。3時から予定があるとして、現在の時刻が1時半なら逆算して1時間30分でタイマーをセットする。

タイマーをセットしたら、目立つ場所に置いておこう。

カウントダウン式のタイマーを使うのは、今やっている仕事の過集中を防ぐとともに、次の仕事への移行をスムーズにするためだ。残り時間を意識させるカウントダウン式のタイマーは、自然に今の仕事を終わらせる心の準備を手伝ってくれる。

タイマーは100円ショップのキッチンタイマーでも良いが、おすすめしたいのはTime Timer社の「**タイムタイマー**」だ。アナログ方式のカウントダウンタイマーで、残り時間を直感的に知ることができる。バイブ通知など一部機能は有料だが、スマホ用のアプリもある。無料アプリでも同系統のものがいろいろあるので、探してみても良いだろう。

参考

パソコン業務がメインなら、フリーウェアを活用しよう

パソコンを使っているなら、スケジュール管理をしてくれるさまざまなツールがある。「ミニタイマー」はタイマー・アラーム・カウントダウンと状況に合わせてさまざまに使える機能性を持ちながら、シンプルで使いやすいおすすめのツールだ。

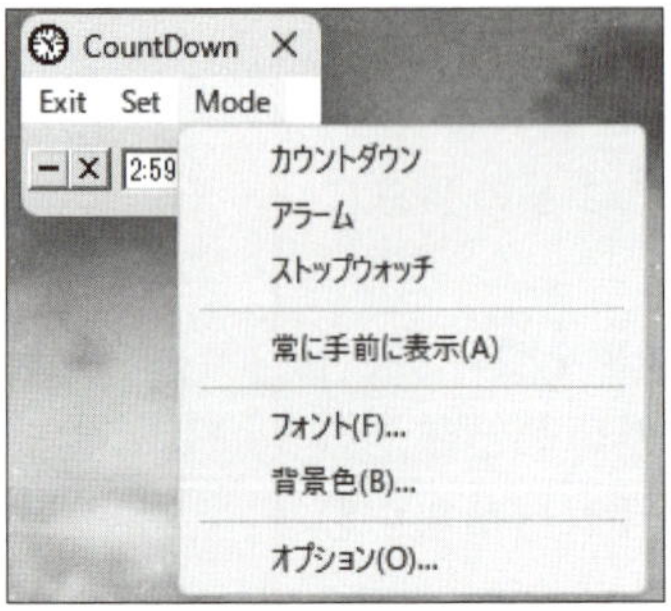

ミニホワイトボードの活用

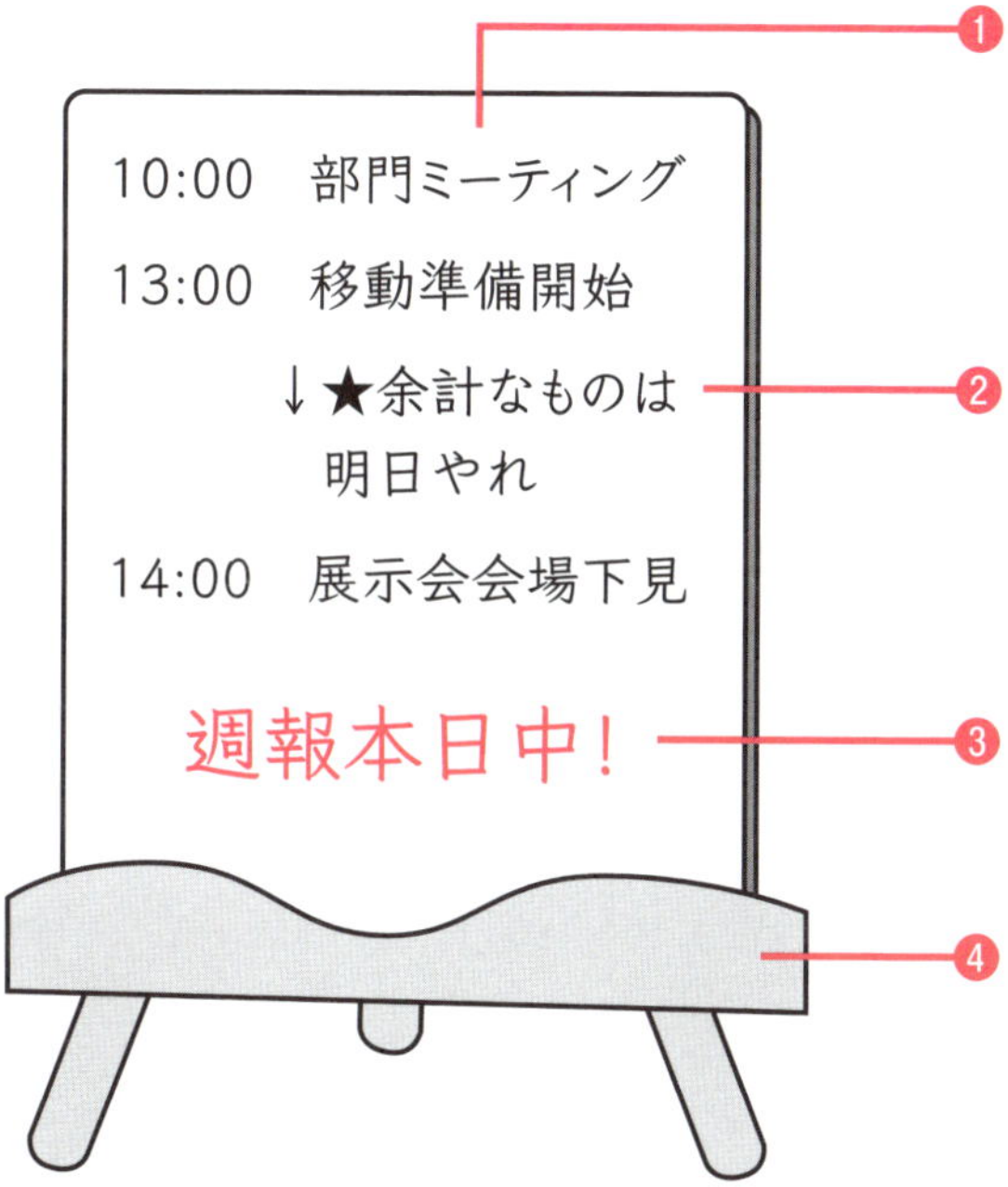

Point

1. 毎朝出社したら、スケジュール帳から予定を写し書きする
2. 起こしやすい間違いや注意事項も記入する
3. 目立つように赤字や記号、アンダーラインを入れる
4. 写真立てやブックスタンドを使って目に入りやすい場所に置いておく

スケジュールには動き始める時刻も考慮する

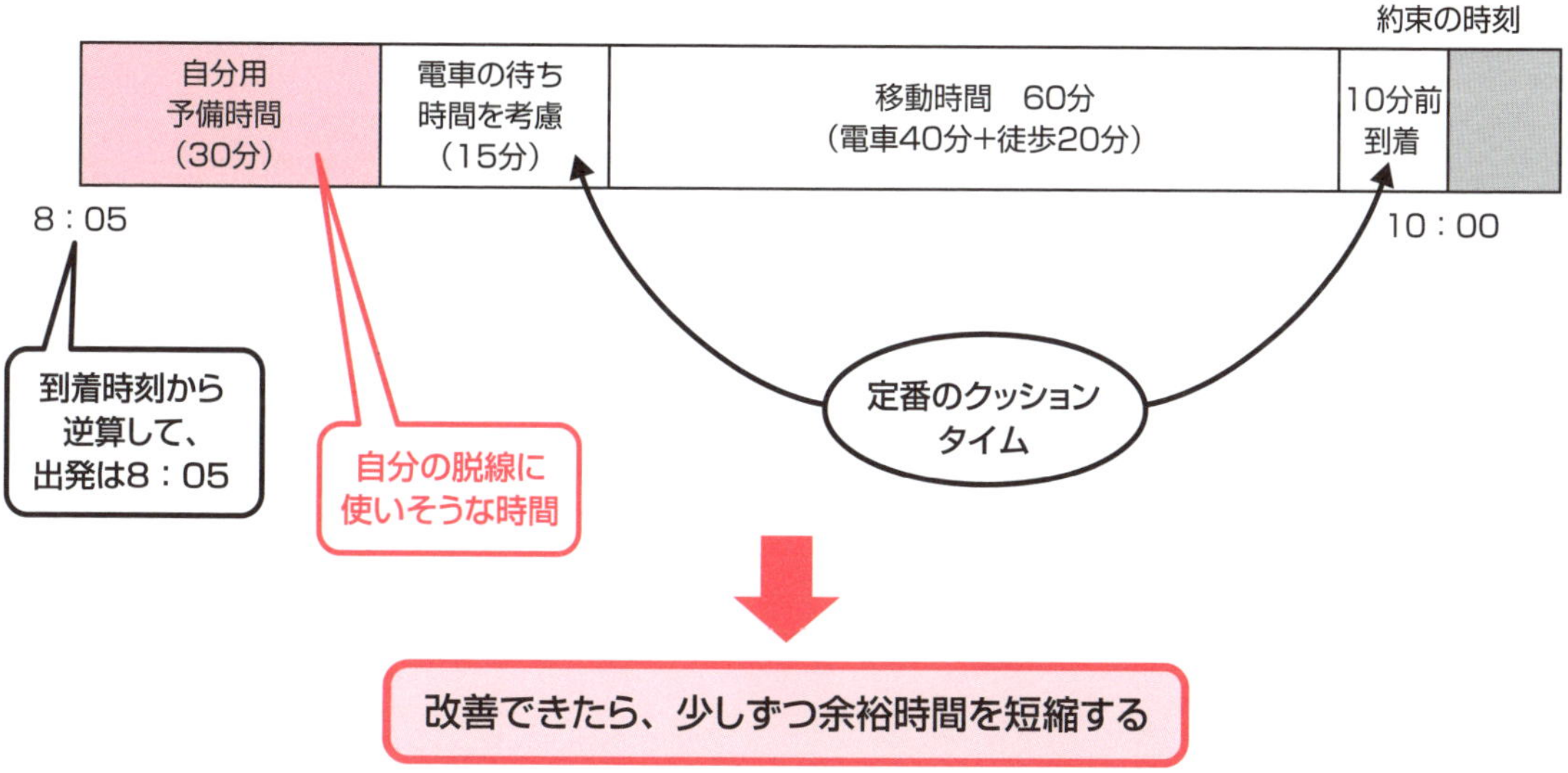

朝起きられない

対策

- 睡眠障害の場合は、一人で治そうとせず医師に相談する
- 誘惑に負けてしまうタイプなら、ゆっくり起きる工夫が有効
- 朝にやることはなるべく少なく。前日のうちにできることはやってしまおう

事例　就職で一人暮らしを始めた途端、起こしてくれる人がいなくて遅刻続き

学生時代は実家暮らしだったので、毎朝母親に起こされて遅刻することなく学校に行けていた。

ところが、就職を機に一人暮らしを始めた途端、連日遅刻続き。理由は朝寝坊。もちろん目覚ましはかけているけれど、いつの間にか止めてしまっている。上司にも叱られ、「試用期間でこれでは、本採用も考え直さなきゃいけない」とまで言われてしまった。

さすがに自分でも危機感を覚えて、目覚ましを2個にしたりベッドから離れた場所に置いてみたりといろいろ工夫をしているのだけれど効き目なし。このままでは、クビになってしまう！

原因　発達障害に多い、睡眠障害。朝の眠さから意識を変えにくいのは、特性のせいも

ADHDやASDなどの発達障害を持つ人には、睡眠障害を併発していることが多い。夜寝ようとしても寝つけず、そのため朝起きることができない。睡眠不足で、だるさや頭痛などの症状まで出てしまっている。こうした場合には、無理に早寝早起きで治そうとしてもかえって体調を崩してしまう。自己判断で対処せず、**医師のアドバイスと協力が不可欠**だ。

基本的に快眠だが、どうしても朝は睡眠の誘惑に負けてしまう。きちんと目は覚めているにもかかわらず、「起きなきゃ」という気持ちすら湧かず、目覚ましを止め

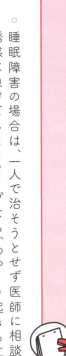

て再び寝てしまう。ADHDもASDも行動の転換が苦手で、それは朝起きるようなシチュエーションにも起こり得る。そうした状況であれば、工夫により改善の余地がある。

解決法 朝にゆっくり目覚められる余裕と工夫を入れよう

朝は目覚めのパターンを作る

目覚ましをかけても、いつの間にか止めてしまっている人。目覚ましで目は覚ますが、睡魔の誘惑に負けてまた布団にもぐってしまう人。目は覚めているが、暖かい布団から出られない人。こうした場合には、誘惑に負けないための工夫が必要だ。

発達障害を持つ人は集中しやす

4つの工夫で朝寝坊を防ぐ

時報タイプの目覚まし時計を活用する

カーテンを開けて寝る

毎朝観るテレビ番組を決めておく

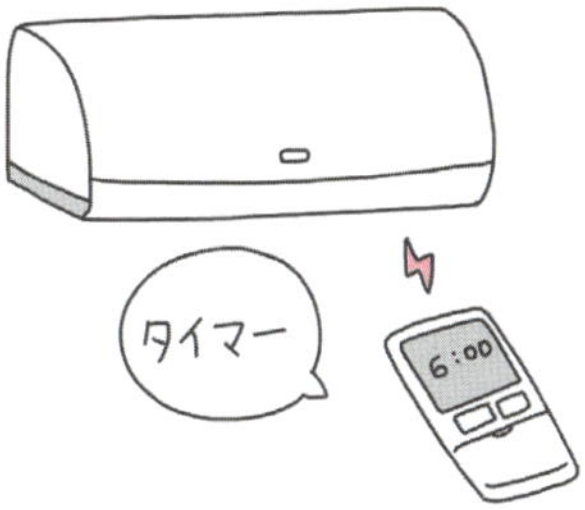

タイマーで暖房をつけておく

「もっと寝たい」という誘惑に負けないための工夫が必要

く、夜更かしの癖が付いてしまっていることも多い。夜更かしを繰り返して生活リズムを崩してしまうと、睡眠障害を発症してしまう恐れもある。

朝起きるのはやはり意志の力が必要だが、比較的その意志を貫きやすくする方法を紹介する。

①時報タイプの目覚まし時計を使う

スヌーズ機能の付いた目覚ましを使ったり、目覚まし自体をベッドから離れた場所に置いたりと、朝に弱い人は目覚ましにいろいろと工夫をしていることが多い。

目覚まし時計選びでおすすめしたいのは、ベルやアラームの代わりに音声で時刻を伝えてくれる**時報機能**が付いたものだ。シチズンの「パルデジットボイスⅡ」などは、設定した時刻になるとアラームとともに音声で時刻を知らせてくれる。電波機能もあり、時刻合わせを怠りがちなタイプにもぴったりだ。

時報機能を推奨するのは、時刻の情報と「起きなければならない」という行動がリンクしている人が多いためだ。目覚ましを止めたばかりのときはまだ夢うつつで、時間を確認した途端、驚いて目が覚めたという経験のある人も多いだろう。

スマホを目覚ましに使っている人向けに、時報アラームのアプリもある。興味があれば、試してみよう。

②カーテンを開けて寝る

部屋のカーテンは閉めて寝る人が多いと思うが、人の体は光を感じて覚醒を始める。目は閉じていても体のほうは目覚める準備を始めるので、目が覚めたときに活動しやすくなる。

③冬場は、朝方にタイマーで暖房をつけておく

冬場の寒さは、暖かい布団への誘惑を強めてしまう。タイマーで起きる時間に合わせて暖房をかけておき、部屋を暖めて活動しやすい環境を作っておこう。

④毎朝観るテレビ番組を決めておく

特にASDの場合は、目的を持った習慣付けが有効だ。朝に観るお気に入りのニュース番組などを決めておけば、起きたあとすぐの行動として「テレビをつける」という習慣が入り、そのまま支度を始める流れに向かいやすい。

以上、いくつかの方法を上げたが、睡眠リズムが狂ってしまっては何をやっても効き目は薄い。夜更かしせず、寝る寸前までゲームなどしないようにして、毎日決まった時間に布団に入ることが一番の寝坊対策だ。

前日のうちに済ませておくべきこと

朝食はすぐに
食べられるものを
用意しておく

着ていくものを
そろえておく

持っていくものは、
先にかばんに入れておく

靴下は同じもので
そろえる

名刺入れは
スーツの他に、
かばんの中にも常備

かばんの中に常に
ネクタイ、整髪料、
ひげそり、消臭剤などを
入れておく

事務作業の段取りができない

対策

- 必要な情報はまとめてすぐ見られるようにしておくと、仕事がはかどる
- 自分の仕事の範囲をつかめば、気持ちがラクになる

事例 イメージと違った事務の仕事

少しパソコンができるくらいで特別なスキルもないし、だからといって体力仕事は無理。事務なら1日中オフィスでパソコンに向かっているだけだし、コミュニケーションも少なくて簡単そう……。

そんなイメージで就いた事務職。実際、新人のうちは頼まれた仕事をやっていくだけ。教えられた仕事も複雑なものではないし、「何だ、楽勝」と思っていた。

ところが、「仕事は一通り教えたから、もうできるね」とひとり立ちさせられてからが大変。何の指示も受けていないのに「会議資料を印刷していないのか」と怒られたり、次から次へと書類作成を依頼されて、しかも全員「特急で」と言ってきたり。

苦手な電話応対も、全部自分。席にいない同僚を「どこに行ったのか」なんて聞かれても、知らないよ！

原因 事務は〝マルチタスク〟と〝コミュニケーション〟のプロフェッショナル

一般的に、事務職には職場全体の動きを把握し、それを効率的に回す役割を期待される。会議があると言われれば、誰に言われなくとも資料を準備し会議室を整える必要がある。同僚の一人一人がどこでどんな仕事をしているかを知っておき、的確に電話を引き継いでいく。同僚が仕事をしやすいようサポートするのが事務という仕事なので、必然的に職場のペース、同僚のペースを読んで仕事をしなければならない。

通常、同僚は複数いるものだから、そこから舞い込む仕事も複数にして同時並行だ。しかも相手はこちらのスケジュールなどお構いなく仕事を振ってくるから、事務は多数の仕事を自分で優先度を付けてスケジューリングしなくてはならない。さらに、あとから舞い込む仕事によっては、せっかく作ったスケジュールをその都度変更していく必要もある。

そんな業務だから、**同僚とのコミュニケーションも必須**だ。確かに営業などと比べれば外部の人とのコンタクトは多くはない（ないわけではない）が、同僚一人一人の抱えている仕事や顧客など、より綿密な情報をリアルタイムで知っておかなければならない。同僚に頼まれた仕事が重なってどうしても調整できなければ、締切りの交渉も必要になる。

1つひとつの仕事なら問題なくできても、事務には**それをいつやるか、どうやるかをリアルタイムで考え段取りを付けていくこと**が要求される。マルチタスク、コミュニケーション、段取りと、ASDにもADHDにも苦手とされる部分がそろって必要なのが事務という仕事なのだ。

解決法　同僚の名前・居場所・仕事・顧客。情報整理が鍵となる

苦手だからといって、既に事務職に就いている人が、今の仕事を辞めて別の仕事を探すわけにはいかない。そこで、今の職場でいかに仕事力を上げていくかを考えてみよう。

それにはまず、事務の仕事とは何かをつかんでおこう。

書類作成、コピー取り、電話応対。こうした1つ1つの作業を「事務の仕事」として考えていると、「やり方は知っているのに、何をやったらいいかわからない！」と自分でもわけのわからない状況にハマって混乱に陥りやすい。事務の仕事は、「職場を円滑に動かすこと」と、ひとまず大雑把でいいのでそう認識しておく。

　ここでこだわり癖があると、「事務の仕事とは何か」を完璧に把握するために調べ始めたりしてしまうかもしれないが、それはやめておこう。職場によって、それぞれ細かい仕事内容は違ってくるからだ。事前にそんなことを調べたりするとかえって本来の仕事がおろそかになったり、実際の仕事との齟齬《そご》に違和感を覚えてストレスを感じたりしてしまう。「そういうものなのか」で、まずはゆるく受け取っておいてほしい。

　その上で、職場の仕事を円滑に回すための対策を考えてみよう。

職場の情報を整理しておこう

　まず調べておいてほしいのは、**自分の職場の情報**だ。「調べればわかるから」で、意外にこれがまとまっていない。下手をすると、どの席にどの人が座っているのかさえ知らなかったりする。

　ＡＳＤもＡＤＨＤも、必要な情報はパッと手に取ってすぐに見られる状態にしておくことは大変有効だ。

　まずは、以下に挙げる資料を作ってファイリングし、いつでも手元において取り出せるようにしておく。この際、ファイルは**別に専用のものを用意する**。①〜⑤それぞれに1冊ずつ準備しても良いし、1冊のファイルに綴じてインデックスを入れておいても良い。

　大事な約束として、このファイルには**絶対に他の資料を綴じないこと**、**別の場所に持ち運んだり、家に持ち帰ったりしないこと**を守ってほしい。「他にファイルがないから取りあえず」と別の紙を入れ出すと、あっというまに関係のない紙片でファイルが埋まって使いものにならなくなってしまう。また別の場所に持ち出すと、なくしたり忘れたりする原因になる。どうしても必要な場合には、コピーを取って持ち出そう。

①自分に関係する同僚の一覧表

　わからない情報があれば、当人に確認しておく。スケジュールボードや全体メールなどから情報が得られるなら、そこから書き写しておこう。スマホで撮影してしまっても良い。「スケジュールボードを見ればわかるから」と思うかもしれないが、必要な情報を一目で確認できる表が手元にあることが大切なのだ。

②よくかかってくる電話相手の一覧表

　これは、電話応対のときに威力を発揮する。いつも机の上に出しておいて、電話を受け相手の社名・名前を聞いたときにとっさに指さしておくだけ。取り次ぎだけなら、メモいらずだ。もちろんこれは、必要に応じて随時更新して

整理しておくべき職場の情報

1. 自分に関係する同僚の一覧表	• 名前 • 部署（出向しているなら出向先） • 連絡先（社用の電話番号、メールアドレス） • 関わっている仕事内容やプロジェクト名 • 座席（座席表にしておくと良い）
2. よくかかってくる電話相手の一覧表	• 相手の社名 • 名前・肩書・部署名 • 連絡先（電話番号、FAX、メールアドレス） • 主に取り次ぐ相手（同僚）
3. 事務の年間スケジュール	• 月末や年末など恒例の業務 • 夏季・年末の休暇や給与の締め日・支給日などを書き込んだカレンダー
4. 自分の業務一覧	• 自分がやるべき仕事の一覧表 • 自分が「やるべきでない」ことの一覧表
5. 仕事別・業務メモ	• 仕事内容のマニュアルやメモ • 1カ月単位での同僚のスケジュール • 今日の同僚のスケジュール

いく。

③事務の年間スケジュール

月ごと、年度ごとの仕事が多い事務において、自分の業務を把握するのに便利だ。給与の締め日など仕事の区切りに当たる予定を記入しておけば、領収書の処理などもやりやすくなる。

④自分の業務一覧

これは、自分の頭を整理するためのものだ。「こんなことも自分の仕事だったのか。知らなかった」を記録しておくためだったり、つい脇道に入ったり余計なおせっかいをしがちな自分を制止したりするためのものでもある。どちらも上司などに注意を受けたときにその都度更新していけば、同じミスを犯すことを防ぐことができる。

仕事をこなしていくうちに「やっていなくて叱られたこと」「手

を出して注意されたこと」が出てくる。これらを「やるべきこと、やるべきでないこと」リストにその都度反映させていけば良い。

⑤仕事別・業務メモ

仕事用のマニュアルやメモは、仕事別にファイリングしたりクリアファイルに入れたりしてラベルを貼っておくと良い。メモする内容の多い業務であれば、それ専用にノートを1冊用意しても良いだろう。

バラバラに保管しておくとなくしそうな人は、クリアブックの袋にラベルシールでタイトルを書いておき、分別しておくと良い。

スケジュールはカレンダーを用意して書き込んでいっても良いし、クラウドや社内システムなどでスケジュール管理している会社なら、それをそのままプリントアウトしてファイリングしておけば良い。できれば毎朝確認してプリントアウトし、古いものはシュレッダーにかける。

これがあれば電話応対のときも、「〇〇はただいま外出中です。14時には戻る予定ですが、折り返しお電話いたしましょうか？」などの応答がやりやすい。

事務には社員の業務管理に関わる仕事も多いので、スケジュールと並べて見ることでチェックもはかどるだろう。

ポイントは、**大事な情報はあらかじめ調べて、必要なときにすぐ取り出せるようにしておくこと**だ。必要なときになってから調べ始めたりすると、「脇道」に入ってしまいやすい。やるべき仕事に集中するためには、枝葉の作業はなるべくなくすようにしておくのがコツだ。

また、**自分の仕事の範囲を確認しておくこと**も必要だ。事務の仕事の範囲は広く、「自分は何をやればいいのか」と先輩に聞いても即答してもらえる可能性は低い。せめて経験を積み重ねて、やるべきこととやらなくていいことを整理し可視化させていこう。

「自分の業務一覧」に追記がなくなる頃には、自分の仕事の範囲も把握でき始めているだろう。自分の役割がわかれば、精神的にも落ち着いて仕事ができるようになってくる。

報連相ボードを作る

もし職場の協力が得られるような環境なら、小型のホワイトボードなどを使って**自分用の報連相ボード**を作り、自分への依頼や連絡事項などをそこに集約してもらうやり方もある。

雑多に書かれるといけないので、カラーテープで枠を作ろう。あるいはパソコンで枠を紙に印刷

報連相ボードで連絡事項を一括化

中田への連絡			
日付	名前	内容	確認
11/21	加藤	11／29　15：00～17：00会議室準備願います。	11/21 OKです
11/21	ナカモト	来月の出張申請書を机の上に置いておきます。 →訂正箇所あります。机にお返しした書類の付箋を確認してください。　中田	11/21
11/22	荒井	来月引っ越しします。手続きをご指示ください。	

して、壁などに貼っておく形でも良い。あとはそこへ、各自手書きで要件を書いてもらう。

自分用の連絡は必ずこのホワイトボードを通すようにしてもらえば、依頼された事項などは一括管理できる。自分からの連絡事項もここで行い、皆に見てもらうようにすれば良い。

この方法の良いところは、**1カ所を見るだけで自分のやるべきことがすべて把握できること**だ。複数のタスクも一元管理できるようにすることで、ある程度苦手を緩和できる。

依頼をメールでの一括管理にする

これも職場の協力を得られるならの話だが、**自分への依頼は必ずメールにしてもらう**やり方もある。その場合は、メールのタイトルに必ず【依頼】などと付けてもらうようにしよう。これにより、タイトルで検索して依頼メールだけを抽出できる。

自分で管理する仕事の場合は、自分で自分に依頼メールを出しておく。

ここでのポイントもやはり、とにかく「依頼」で抽出すれば自分のタスクがすべて出てくる環境を作ることにある。

完了した仕事のメールは、未完のものと区別するために分けておきたい。Gメールであれば、アーカイブ化することで指定のメールをフォルダーの一覧で表示しないように設定できる。メールの表示画面で、左下のような下向きの矢印のボタンをクリックすればそのメールは非表示になる。削除したわけではないので、「すべてのメール」を見ればまた確認することも可能だ。

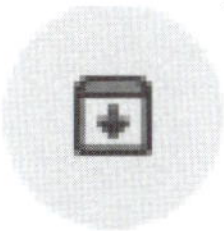

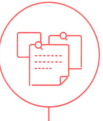

パソコンの並行作業で混乱してしまう

対策

○ウィンドウズでは、標準で搭載されている仮想デスクトップ機能を使おう

事例

事務ではどうしても避けられない並行作業。どんどん散らかっていくデスクトップに大混乱！

事務という仕事はただでさえマルチタスクがつきものだが、小さな会社の事務では分業なんて言葉は無縁になる。

自分の作業を進めながらも、お客様からの問い合わせのメールには一刻も早く返信しなくてはならない。

いろいろな業務に対応しているうちに、いつの間にかデスクトップはウィンドウでいっぱいになってしまう。こうなるとだんだん「はじめの仕事に使っていたウィンドウはどれとどれだっけ!?」と混乱してきて、今何の仕事をやっているのかもわからなくなってくる。でも、ウィンドウを閉じてしまうとそのまま仕事も忘れてしまいそうで怖い……。

仕事柄、どうしても「1ウィンドウ1タスク」とはいかないし、いったいどうすればいいんだろう？

原因

ASDは、頭の中に棚を作るのが苦手。ADHDは、誘惑の多さがNG

人の脳は自動的に、さまざまな情報を整理してくれている。目や耳からの情報も、無意識に必要・不必要を分けて認識している。しかし、ASDを抱えていると、この**自動の整理機能の働きが鈍くなってしまい**、どんな情報も平等に意識に入ってきてしまうのだ。散らかったウィンドウの中から特定の仕事に必要なアプリを選び出すことはできても、他のウィンドウを〝意識しない〟ということができずに混乱の原因となる。

　ADHDの場合は気が散りやすいため、今の仕事以外のウィンドウが開いていると、どうしてもそちらを気にしてしまう。ADHDの気移りに対して、たくさん開いたアプリは誘惑が多いのだ。

　苦手な並行作業をこなさなければならないときは、**視覚的な整理が必要だ。**机の上で作業をするときなら、1つの机に1つ分の仕事道具だけが乗った状態にしておきたい。

　パソコンでも同様で、本来なら今必要なウィンドウ以外はすべて閉じてしまったほうが良い。しかしそうもいかない場合なら、視覚的にウィンドウを区別させる工夫が必要になる。

解決法　仮想デスクトップで並行作業を視覚的に管理

仮想デスクトップとは、複数のデスクトップ画面を切り替えて使用できる機能だ。マックでは以前からあった機能だが、ウィンドウズでも10から標準的な機能として搭載された。

　仮想デスクトップはあたかも複数のパソコンで作業しているように、1つひとつのデスクトップごとに別々のウィンドウを開いた状態にしておける。

　ウィンドウをいちいち閉じたり開いたりすることなく、作業中の状況をそのままにして別の仕事に切り替えられるので、並行作業の管理が非常にやりやすくなる。

　ウィンドウズ11でも、10に引き続き仮想デスクトップの機能を搭載している。タスクバーの「タスクビュー」アイコンをクリックするか、ウィンドウズキー＋Tabキーを押して「＋新しいデスクトップ」をクリックすることでウィンドウズと同様に仮想デスクトップが利用できる。

　画面1…入力作業、画面2…メールなどと決めて使っていけば、並行作業で多くのウィンドウが開いて混乱してしまうようなことも防げる。忘れてしまいそうなら、「画面1：入力作業」などと書いた付箋を画面の横に貼っておいても良い。

Windows 11の仮想デスクトップ設定の手順

1 タスクバーにある「タスクビュー」のアイコンをクリックする。

2 タスクビューボタンをクリックすると、右図のように立ち上げているウィンドウの一覧が並ぶ画面になる。ここで、右下にある「新しいデスクトップ」と＋記号の描かれた部分をクリックする。

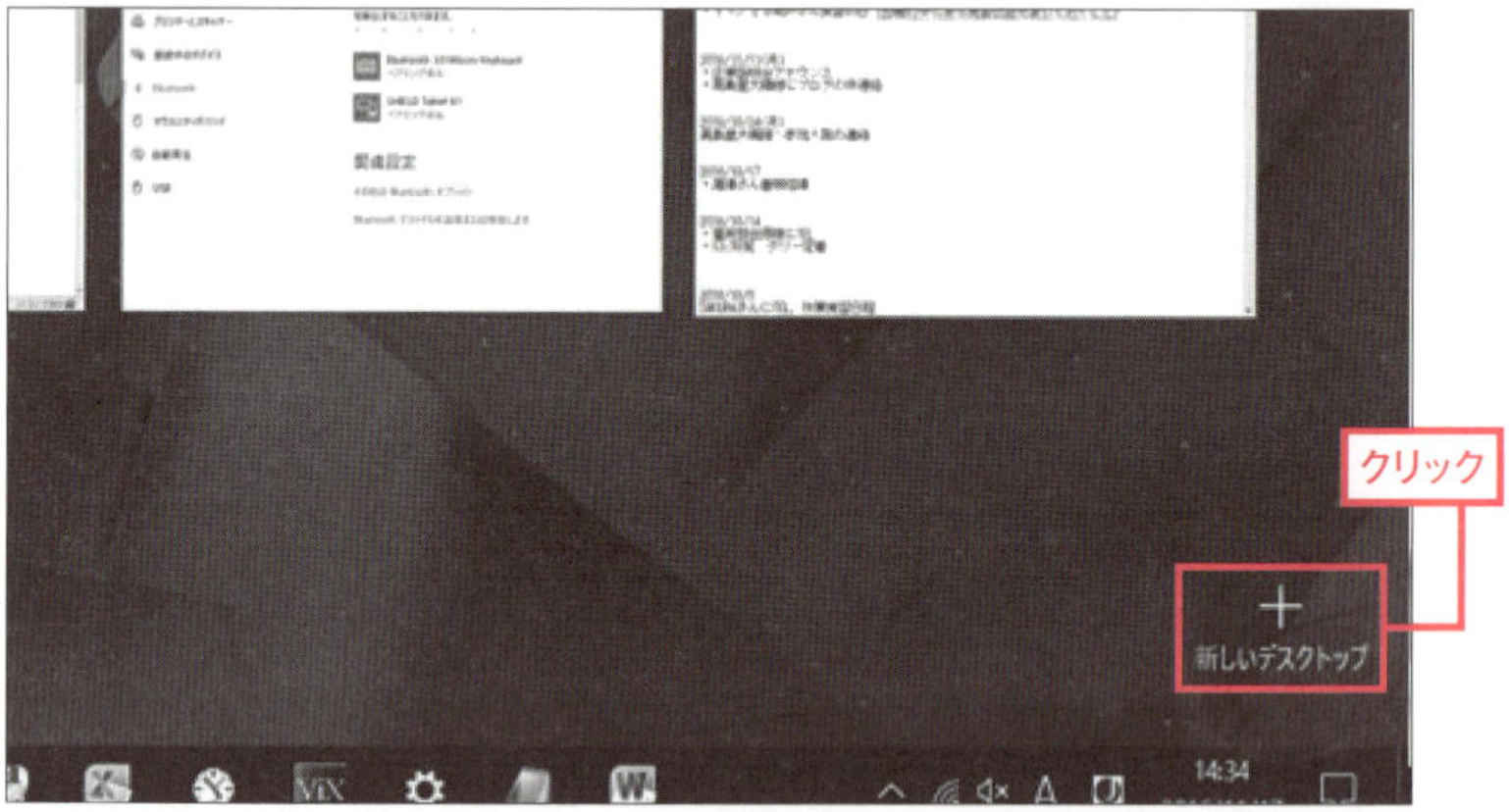

3「デスクトップ2」のミニチュア画面をクリックする。

4 新しいデスクトップ画面に切り替わる。

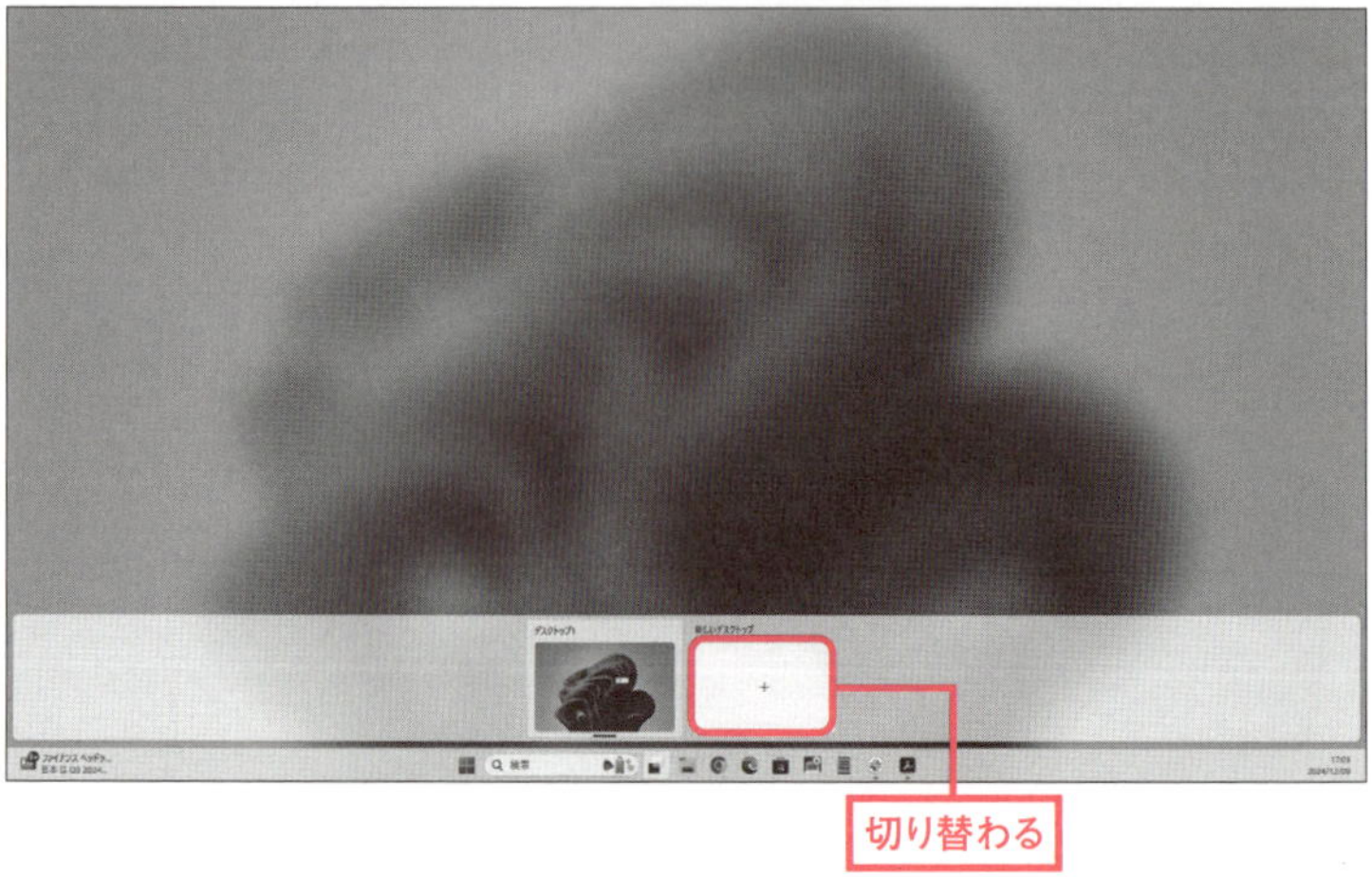

memo

それぞれのデスクトップでは、立ち上げているアプリやウィンドウのサイズが独立した状態で保持される。〝1つのデスクトップで1つの仕事〞を原則としておけば、あとはデスクトップの切替えだけですぐに仕事を切り替えられる。

第3章

「ケアレスミス」が多いのを何とかしたい

ケアレスミス対策

簡単な仕事でも、あり得ないミスをしてしまう。どこかに抜けが出てしまう。仕事ぶりは真面目なのに、周りの評価を落としてしまうこの特質。さまざまな道具を利用したり、ちょっとした工夫を加えたりすることで、そんなミスも減らしていける。

パソコンの入力作業でミスが多い

対策

- 自分の声や読み上げ機能で、目と耳で同時に情報を確認する
- 何行も並んだ情報は、専用の道具やVBAで見やすくする工夫を

事例

資料の内容を入力するだけの単純作業。なのに、何度見直してもミスが出てしまう

エクセルを使って事務作業。といっても、紙の資料を所定のフォーマットに写していくだけの単純作業だ。

1年くらいやっている仕事で、わからないことなんか何もない……はずなのに。

いまだにいつもミスを出して、上司に怒られてしまう。「ちゃんと見直しをしろ」と言われて「しています」と答えたら、「じゃあ、なんでミスが出るんだ」とまた怒られてしまった。

いつも見直しはしているのに、なぜミスを見落としてしまうんだろう。

原因

ADHDの不注意、ASDの感覚過敏

いわゆる**「ケアレスミス」**は、働く発達障害者に最も多い悩みのひとつだ。人と接することが少ないため、自分に向いていると感じられる仕事でも、このケアレスミスだけはついて回る。1つひとつは「誰にでもある」と思われるような凡ミスが多いのだけれど、仕事に慣れても頻発してしまって問題視されることが多い。

ADHDの場合は、ずばり代表的な特徴のひとつとして**「不注意」**が生じやすいことがある。どんなに大事な仕事であっても、気持ちが乗らなければ集中できずに気が散ってしまう。この特徴が、ケアレスミスを生み出す一番の要因となる。

ASDの場合は、**視覚や聴覚の感覚過敏**がミスをもたらす場合がある。

重い視覚過敏があると、文字は読めるのに本が読めない場合がある。改行ごとに現在位置を見失ってしまい、行を追うことができないためだ。

比較的軽度であっても、同じような文字列が狭い行間でずらっと並んでいると同じことが起きる。

たとえばデータ入力では、順番に入力していたつもりなのにいつの間にかデータを何行か飛ばしてしまっていたり、何か見覚えのあるデータと思っていたら、一度入力したものを繰り返していたり、といったことが頻発する。

多数の情報が並んでいる中で必要な情報だけをピックアップできず、周囲のデータまで脳が拾ってしまい混乱を生み出しているのだ。

また、字や行を飛ばして読んでしまったり、読むのに非常に時間がかかってしまったりする場合はLDの影響も疑われる。

解決法 客観的に自分の入力データを確かめる方法を考えよう

入力データを声に出して読み上げる

データ入力のミスを防ぐ手段のひとつとして、**入力する情報を声に出して読み上げながらタイプする**方法がある。

ADHDの場合は集中を助けることになるし、ASDの場合は視覚・聴覚双方から情報を入れることで偏りのある感覚の弱みを補ってくれる効果がある。入力し終わった情報を確認するときも、ただ目で追うよりは思い込みが入る余地が少なくなり確実性を上げられる。

ただし、この方法は声を出すことを許可してもらえる職場でなければ難しい。

紙のデータを写すなら、視点をサポートする方法を考えよう

たとえば何行にもわたるデータを入力していくとき、現在位置を見失ってミスを出してしまうことがある。

簡単にできる対策としては、**定規などを置いて現在入力している場所を見やすくしておくこと**だ。

また、共栄プラスチックから発売されている**「カラーバールーペ」**は、データの上に置くこと

で、今読みたい行を、蛍光ペンを引いたように、かつ拡大して見せてくれる。データ入力のサポートには最適の道具といえるだろう。100円ショップなどでも類似品を見付けられる場合がある。

紙のデータを入力するときには、原稿を立てておける書見台を使えば効率的だ。書見台は各社からいろいろなものが発売されており、100円ショップでも見付けられる。据置型やパソコンに設置できるタイプなど、さまざまな商品が出ており環境に応じて選択できる。

おすすめしたいのは、スライドして現在の入力位置を指し示すことができるバーの付いた書見台だ。サンワサプライの**「データホルダー DH-322GY」**は、入力に合わせてスケールを移動させることで、入力やチェックをしている現在位置が見付けやすくなる。

パソコン上のデータをもとに入力するなら、あえてウィンドウを狭くする

パソコン上のデータを参照しながら、作業することもある。パソコン上では定規やカラーバールーペも置きにくいし、紙のように折ったり印を付けたりするわけにもいかない。

しかし、パソコン上ならばもっと手軽に視界を限定できる。次ページのように、**参照するファイルのウィンドウの縦幅を狭くしてしまう**だけだ。

ウィンドウの縦幅を狭くするとスクロールの手間が増えるので、画面いっぱいに広げている人が多い。だが、あえてこのようにウィンドウを狭くしておくことで、見えるデータを制限し、視点の混乱を防ぐことができる。

エクセルからワードに。デジタルからアナログに。環境を移せば、客観性を生み出せる

自分の入力したデータを自分で見直しても、ミスを見付けるのは難しい。自分で入力したものには客観性を持ちにくいASDであるが、データのステージを移せば気持ちを切り替えやすくなる。

たとえば、パソコンで入力したデータであれば、**一度印刷し、紙面で見直し**をしてみよう。チェックを終えたデータは、1つひとつペンで線を引いて消していくと良い。デジタルからアナログに切り替えるだけで、かなり客観的な気持ちでチェックを行える。

印刷が難しい場合は、手間はかかるが**自分の入力したデータを手で書き写しながらチェック**していっても良い。書き写すことは、ただ見るよりも強い集中を必要とす

パソコンの入力ミスをなくす3つの工夫

声に出して読みながらタイプする

思い込みが入る余地が少なくなり確実性を上げられる。

列ごとに定規を当てる

現在位置を見失ってミスすることを防げる。

ウィンドウの縦幅を狭くする

見えるデータを制限し、視点の混乱を防ぐことができる。

ウィンドウを狭くする手順

1. ワードで入力する。
2. 「Alt+Tab」で入力元データのウィンドウを操作できる状態にする。
3. ↑ ↓ キーで、画面をスクロールさせて次のデータを映す。
4. 1 に戻る。

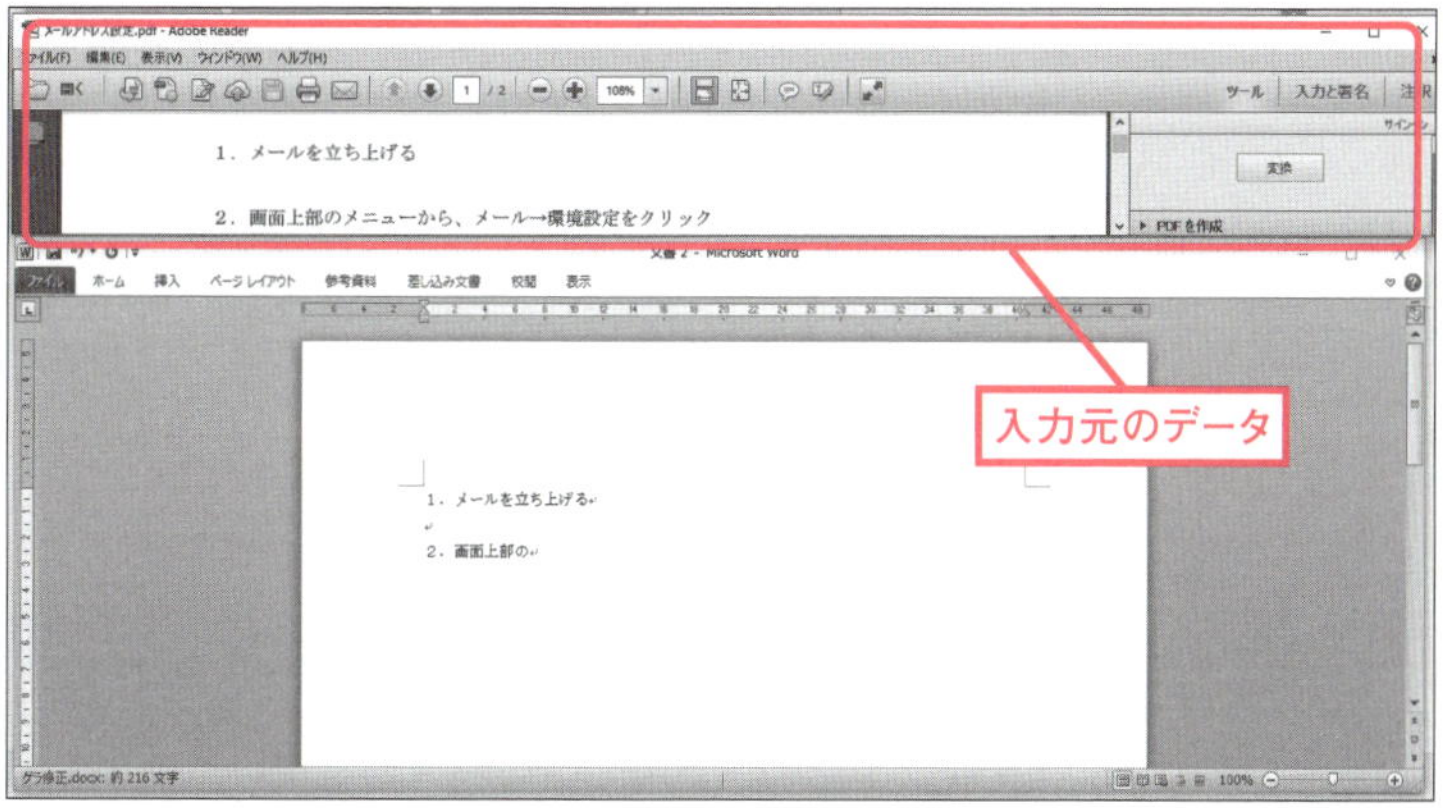

memo

この方法を使うと、当然ながらスクロールの手間は増えてしまう。少しでも操作をスムーズにするために、キーボードによるアクティブウィンドウの切替えとスクロール方法を覚えておこう。

Alt+Tab……アクティブウィンドウの切替え
↑キー、↓キー……画面の上下スクロール
PageUp、PageDown…1画面単位の上下スクロールる。その分、ミスも見付けやすくなる。

どうしてもパソコンの画面上で済ませなければならない状況であれば、**別のアプリにデータを移して**チェックしてみよう。たとえばエクセルに入力したデータを、ワードにコピーしてからチェックするのだ。見た目が変わるだけでも、かなり気持ちの切替えはやりやすくなる。

チェックをしていく際には、ワードなら取消し線や蛍光ペン機能、エクセルならセル背景の色変更などを使い、チェックを終えたものに印付けをしていく。

ただし、この方法は極力避け、できる限り印刷や手書きで確認するようにしてほしい。自分が「パソコンのほうが得意」という意識があるならなおさらだ。パソコンに慣れていると、あまり集中していなくても操作はできてしまう。より集中の必要な作業ほど、意識

Excelで作業中の列や行を強調する手順

1 ファイルを改造することになるので、まずはコピーして元のファイルは保管しておく。VBAを組み込むのは、コピーしたほうのファイルとする。

顧客名	商品名	単価	数量	合計金額	住所
伊藤 三郎	タブレット	188874	5	944370	京都府東区1丁目
伊藤 三郎	タブレット	76438	5	382190	京都府北区2丁目
佐藤 太郎	ノートパソコン	88340	1	88340	北海道中央区5丁目
渡辺 二郎	スピーカー	145137	3	435411	京都府南区1丁目
渡辺 一郎	ルーター	72356	4	289424	愛知県南区3丁目
中村 一郎	ノートパソコン	108556	2	217112	兵庫県西区3丁目
小林 三郎	キーボード	60644	5	303220	兵庫県南区3丁目
高橋 三郎	マウス	103164	3	309492	京都府中央区1丁目
田中 花子	モニター	186937	1	186937	千葉県北区5丁目
佐藤 花子	キーボード	65711	4	262844	神奈川県西区3丁目
渡辺 二郎	スピーカー	64895	2	129790	福岡県西区5丁目
伊藤 二郎	モニター	60176	5	300880	埼玉県南区1丁目17番4号
山本 三郎	プリンター	192558	1	192558	千葉県南区2丁目5番14号
小林 三郎	プリンター	161947	5	809735	千葉県南区1丁目11番19号
山本 太郎	イヤホン	111234	3	333702	北海道西区1丁目24番18号
高橋 一郎	ルーター	45734	5	228670	千葉県東区4丁目26番11号
加藤 三郎	プリンター	131021	2	262042	千葉県中央区3丁目2番14号
伊藤 太郎	プリンター	196011	4	784044	福岡県西区4丁目46番12号
伊藤 三郎	スピーカー	59429	2	118858	京都府南区5丁目37番7号
渡辺 花子	モニター	146678	1	146678	北海道南区3丁目29番4号

2 はじめに、ExcelでVBAが使える状態になっているかどうかをチェックする。リボンの上部に並んだタブの中に「開発」があれば、VBAが使える状態になっている。自分のパソコンのExcelがこの状態であれば、次の**3**・**4**の手順は飛ばして**5**に進む。

3 Excelで「開発」タブを表示させ、VBAを使える状態にする。上部のタブから「ファイル」を選択し、「その他」から「オプション」をクリックする。

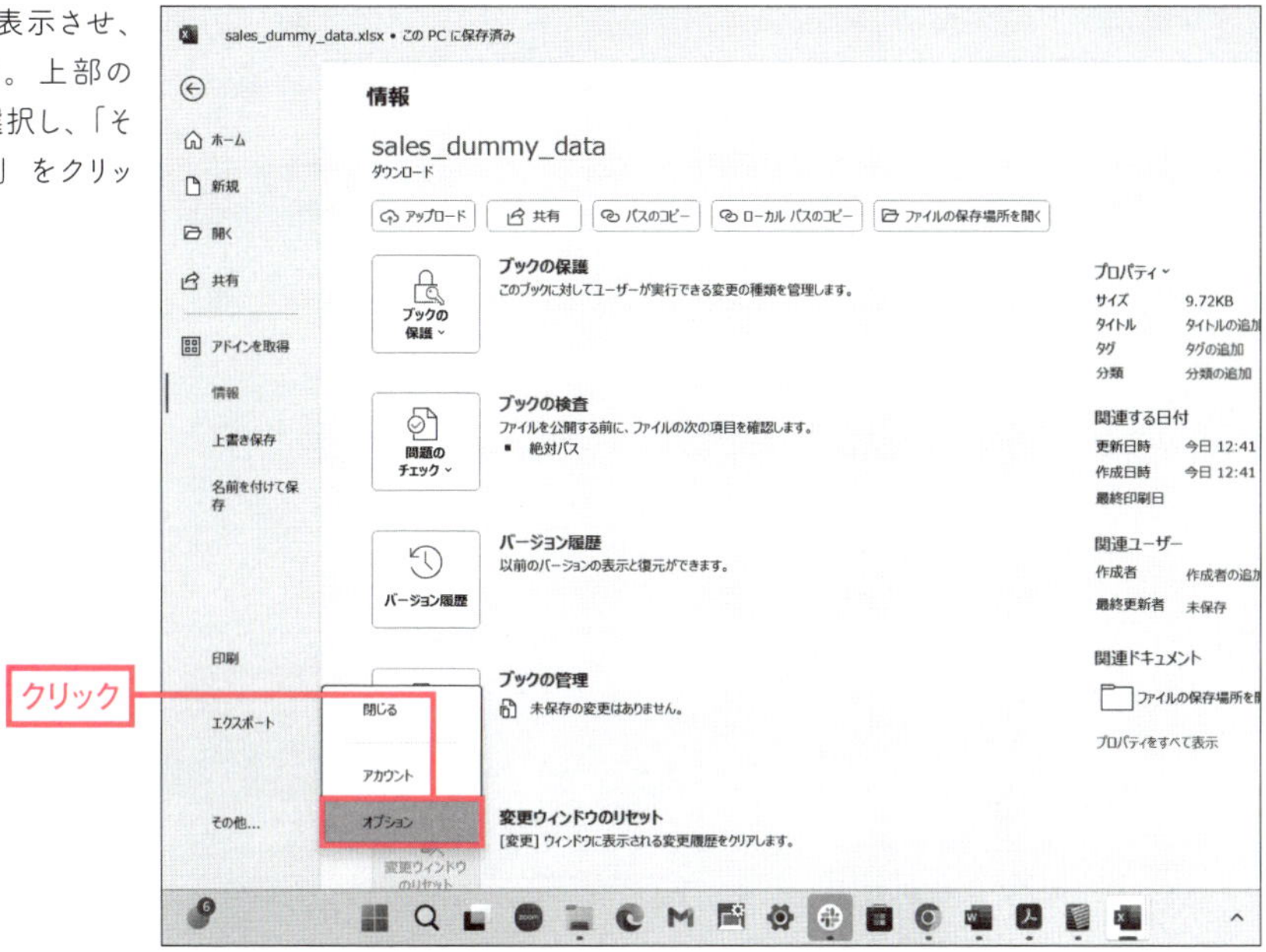

4 出てきたオプションメニューで「リボンのユーザー設定」を選択❶し、右欄の「開発」のチェックボックスをクリック❷してチェックを入れる(□→☑になればOK)。最後に、右下の「OK」をクリックする❸。これで手順2の図のように、リボン上のタブに「開発」が追加される。

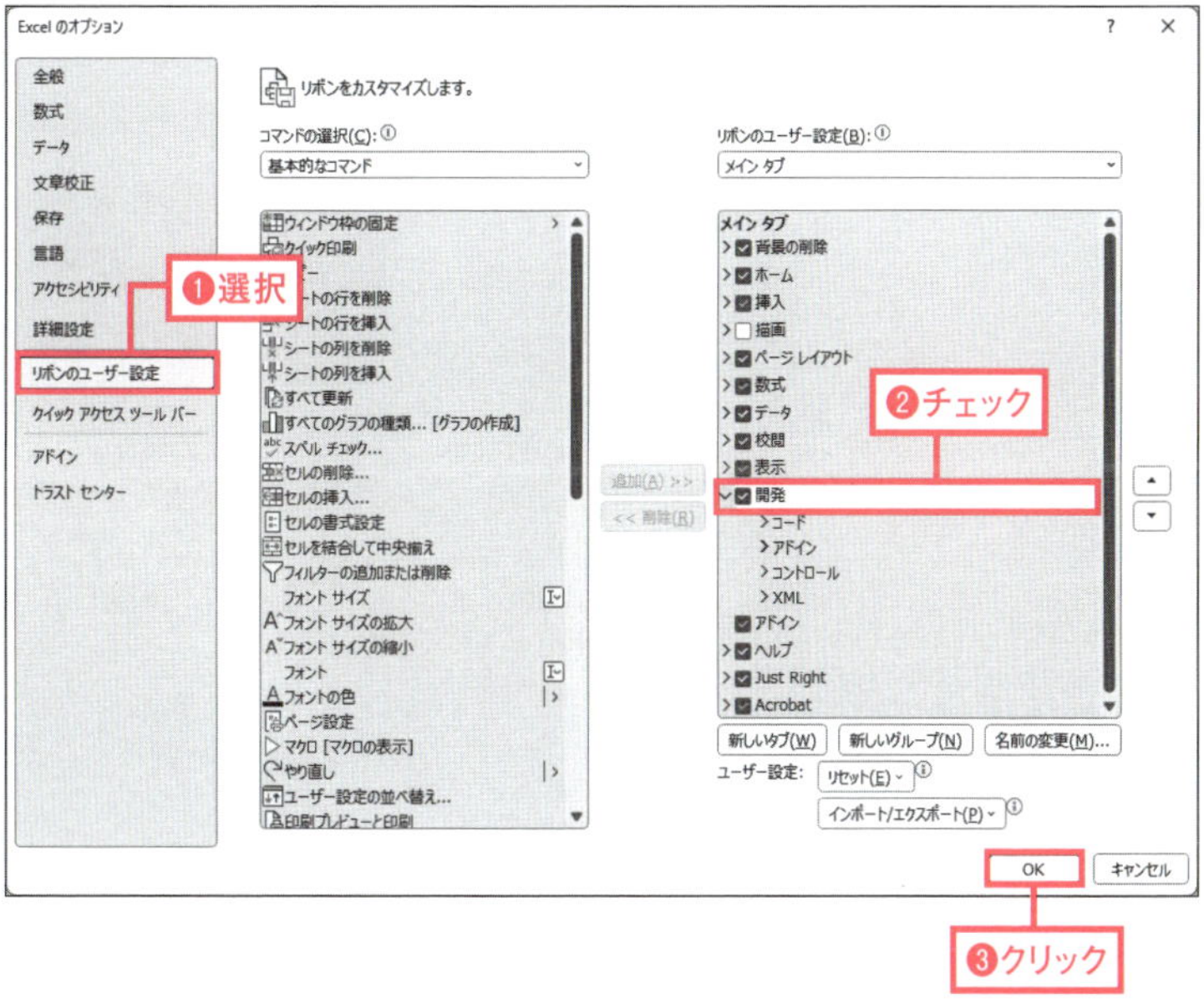

5 「開発」タブ❶→「Visual Basic」❷とクリックしていく。

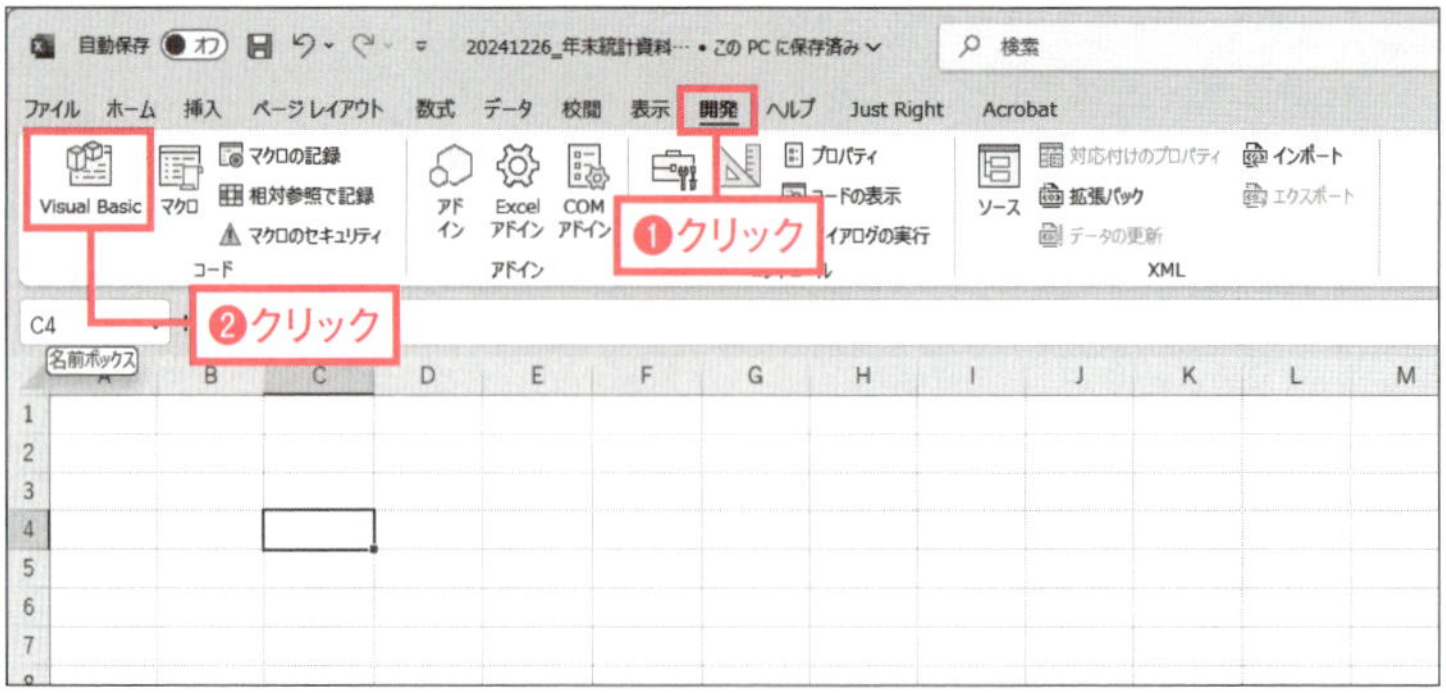

6 左の「プロジェクト」欄から、「ThisWorkbook」をダブルクリックする（左のプロジェクト欄がないときには、メニューの「表示」→「プロジェクト エクスプローラー」で表示される）。すると灰色の空欄に、新しいウィンドウが表示される。

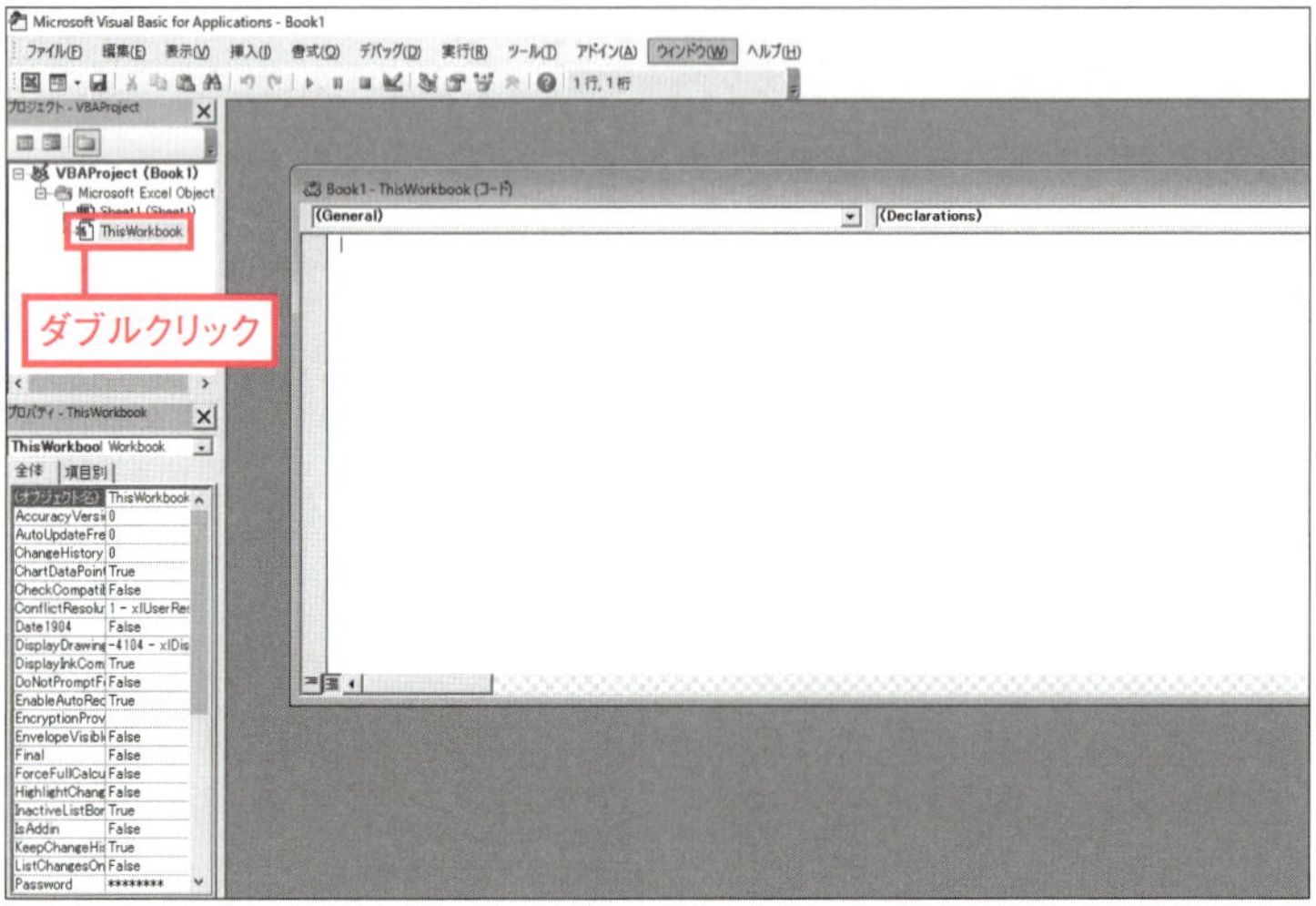

7 手順6で表示されたウィンドウの中に、以下のテキストを入力する。タイプミスのないよう慎重に。

```
Private Sub Workbook_SheetSelectionChange(ByVal Sheet As Object, ByVal Target As Range)
If Target.Cells.Count > 1 Then Exit Sub
Application.ScreenUpdating = False
Cells.Interior.ColorIndex = 0
Cells.Font.ColorIndex = 15
With Target
.EntireRow.Interior.ColorIndex = 8
.EntireRow.Font.ColorIndex = 1
End With
Application.ScreenUpdating = True
End Sub
```

8 入力が終わったら、左上のフロッピーディスクのマークをクリックして保存する。「次の機能はマクロなしのブックには保存できません」と注意が出てくるので、「戻る」をクリックする。

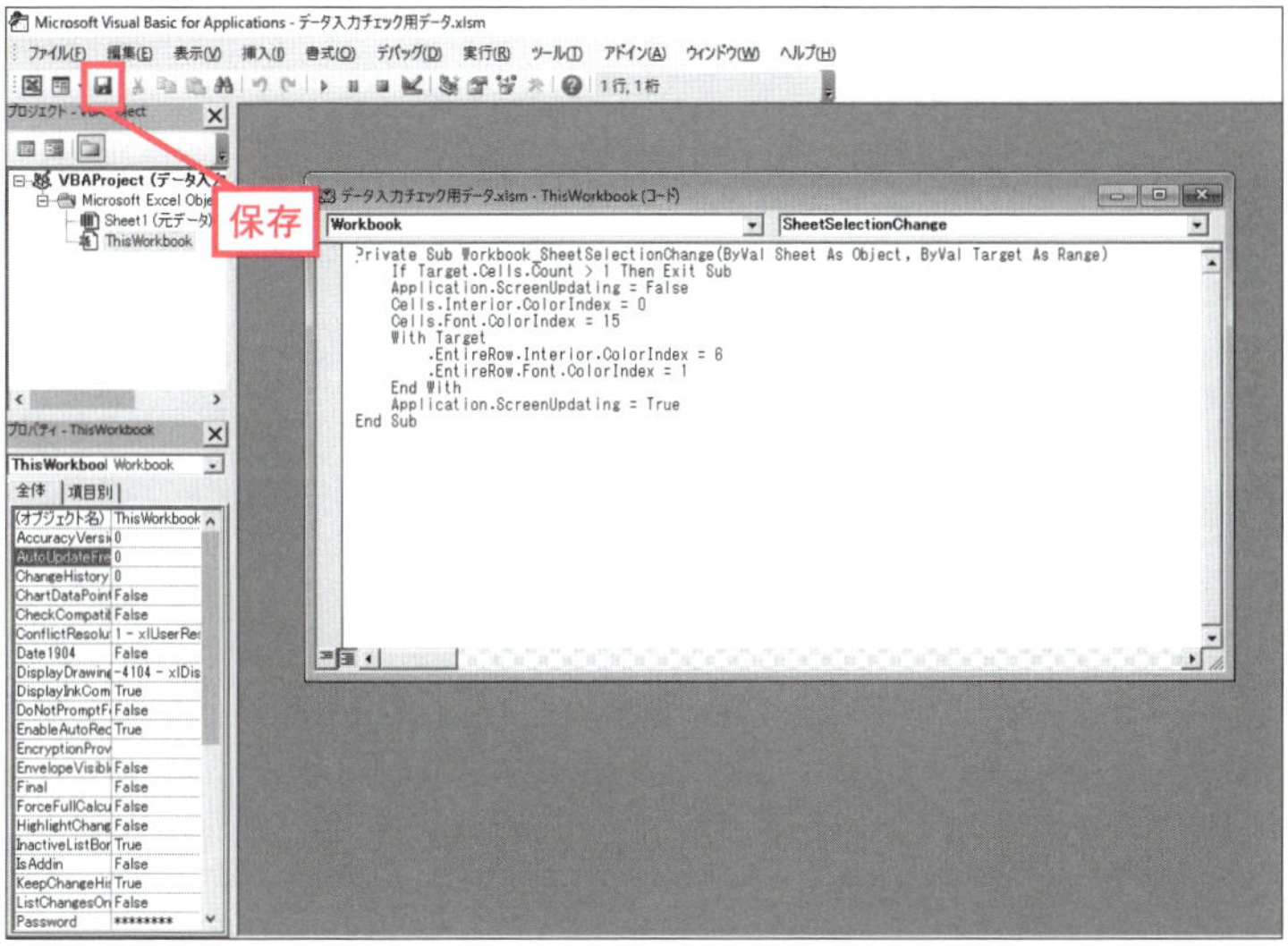

9 「名前をつけて保存」のウィンドウが出てきたら、「ファイルの種類」の右側の「Excelブック(*.xlsx)」となっている部分をクリックし、出てきた一覧から「Excelマクロ有効ブック(*.xlsm)」を選択して「保存」をクリックする。

10 再びVisual Basicの画面が出てきたら、右上隅の「×」をクリックしてウィンドウを閉じる。

11 あとは適当なセルをクリックすれば、その行が強調されるようになっている。

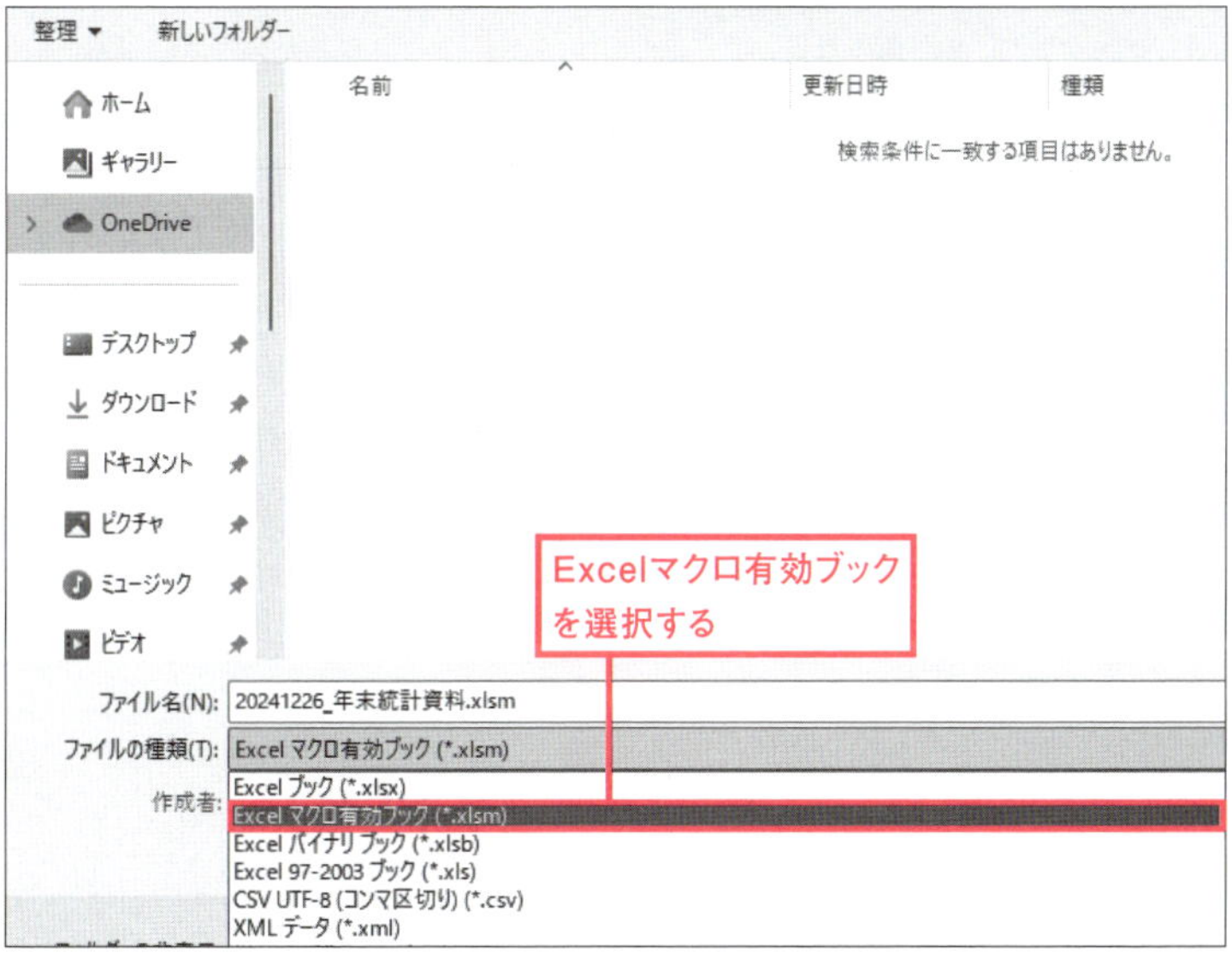

memo

うまくいかなければ、もう一度「開発」→「Visual Basic」をクリックして手順**7**で入力したコードを確認してみる。修正したあとは、フロッピーディスクのボタンを押して上書き保存するのを忘れずに。

手順**7**のリストの「Row」と入力した部分をすべて「Column」に書き換えると、列のほうが強調表示されるようになる。用途に応じて使い分けてほしい。

的にデータをチェックすることにつながってくる。

エクセルでアクティブな行や列を見やすくする

エクセルでの入力でも、定規を置いたりカラーバールーペを使ったりして作業中の行や列が強調できればいいのに……と考える人も多いだろう。実はエクセルでも、**VBA**を用いればこれが可能だ。

手順は、84ページの通りだ。ここでは、エクセルは2021を用いているが、別のバージョンでも基本的には同じやり方になる。ただし2007の場合は、VBAを使える状態にする手順にやや違いがある。

オフィスの読み上げ機能を使う

入力するデータを声に出して読み上げる方法は効果的だが、他の人も仕事をしている職場ではやりにくい。また、LDの人にとっては、データを黙読するだけでも相当の苦労を要する。

そこでオフィスを使う場合に限られるが、**パソコンにデータを読み上げさせる方法**がある。ここでは、オフィスに搭載されている読み上げ機能を使ってみよう。

エクセルでは2002から、ワードでは2010からこのテキストの読み上げ機能が搭載されている。

この機能を使えば、ヘッドホンなどを用いることでオフィスでも視覚と聴覚の両方から入力データを確認でき、ミスに気付く確率を上げられる（ただし、2007では日本語の読み上げには対応していない）。

ここではエクセル2021を例に、リボンに読み上げ機能を追加するための設定方法を紹介しよう。

チェックのために使いたいので、リボンの「校閲」に読み上げボタンを追加することにする。設定の仕方は次ページの通り。

オフィスをインストールしたときの設定によっては、オフィスのインストールディスクを要求される場合もある。プレインストール版でなければ、念のためインストールディスクを用意しておいたほうが良い。

それでは、2つの読み上げ機能を使ってみよう。「セルの読み上げ」は、ボタンを押したときにフォーカスされている。つまり、今選択されているセルのデータを読み上げてくれる。

読み上げてほしいセルを範囲選択して「セルの読み上げ」を押せば、「静岡県、埼玉県……」と順にデータを読み上げてくれる。入力したデータをチェックするとき、目だけでなく耳でも確認することで、より精度を上げることが

リボンに読み上げ機能を追加する手順

1 ファイル→その他→オプションで「Excelのオプション」を呼び出し、「リボンのユーザー設定」をクリックする。

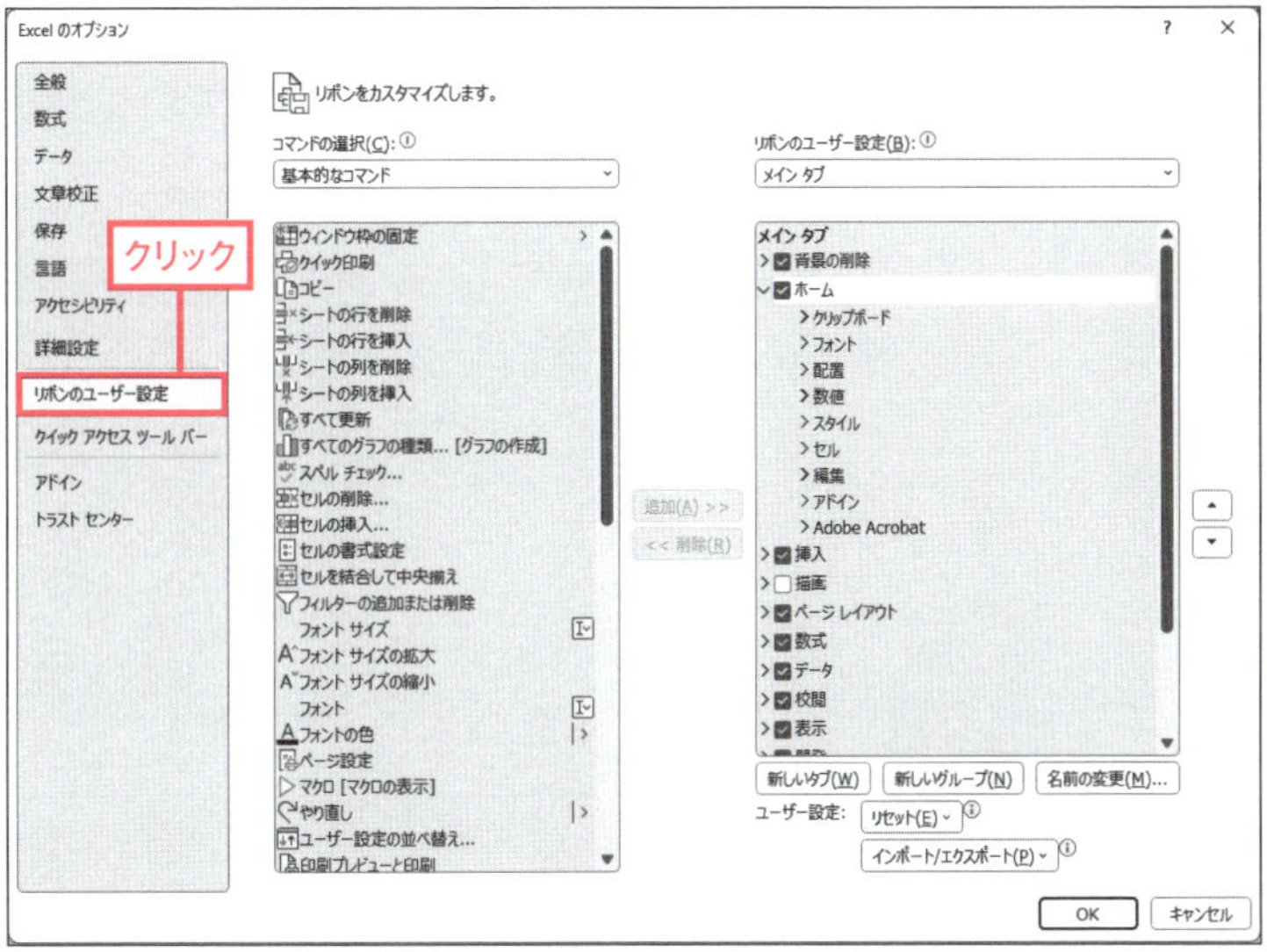

2 「コマンドの選択」から「リボンにないコマンド」を選択する❶・❷。

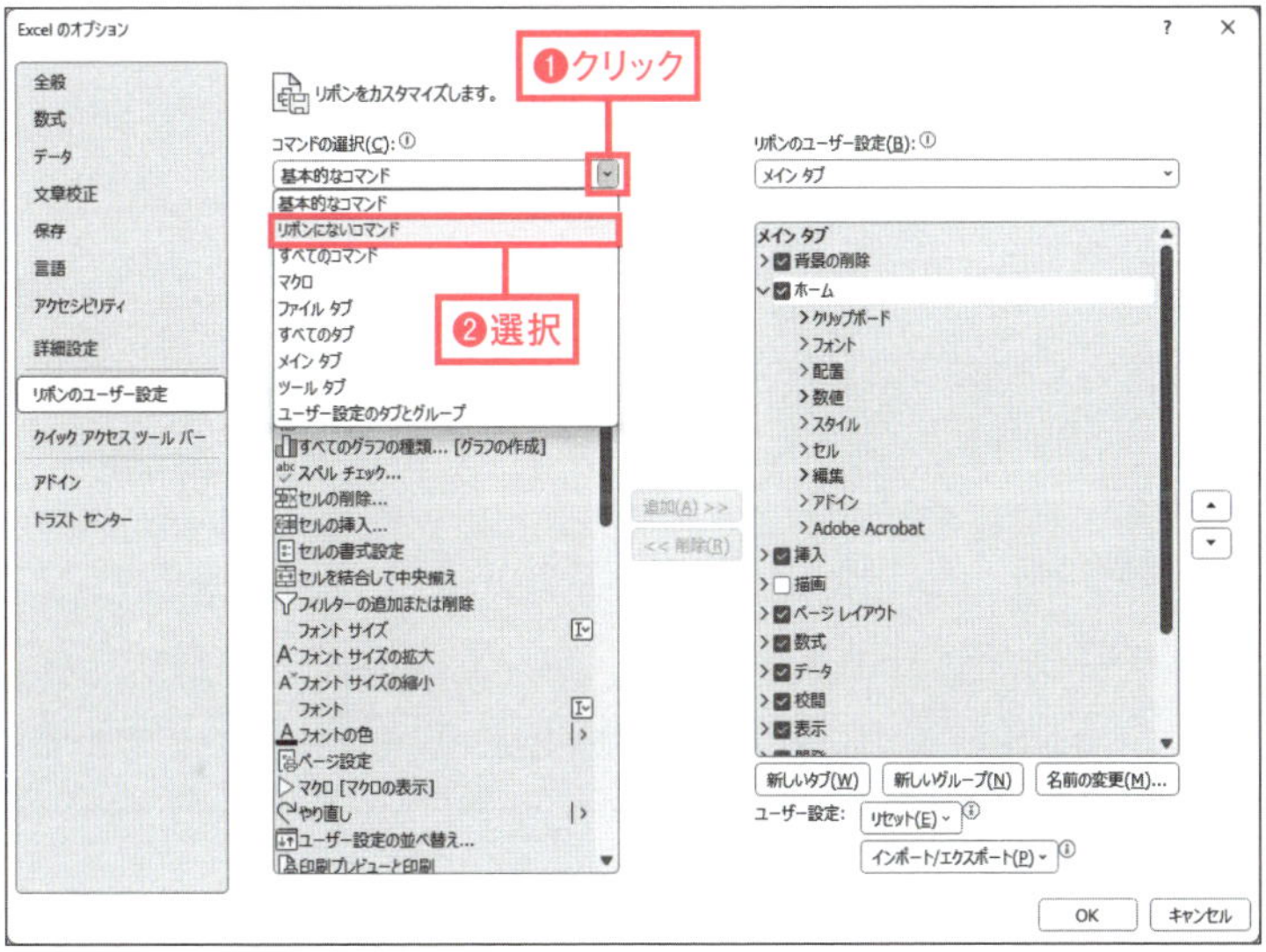

3 右の枠内に並んだ項目から「校閲」を選択し❶、「新しいグループ」をクリックする❷。

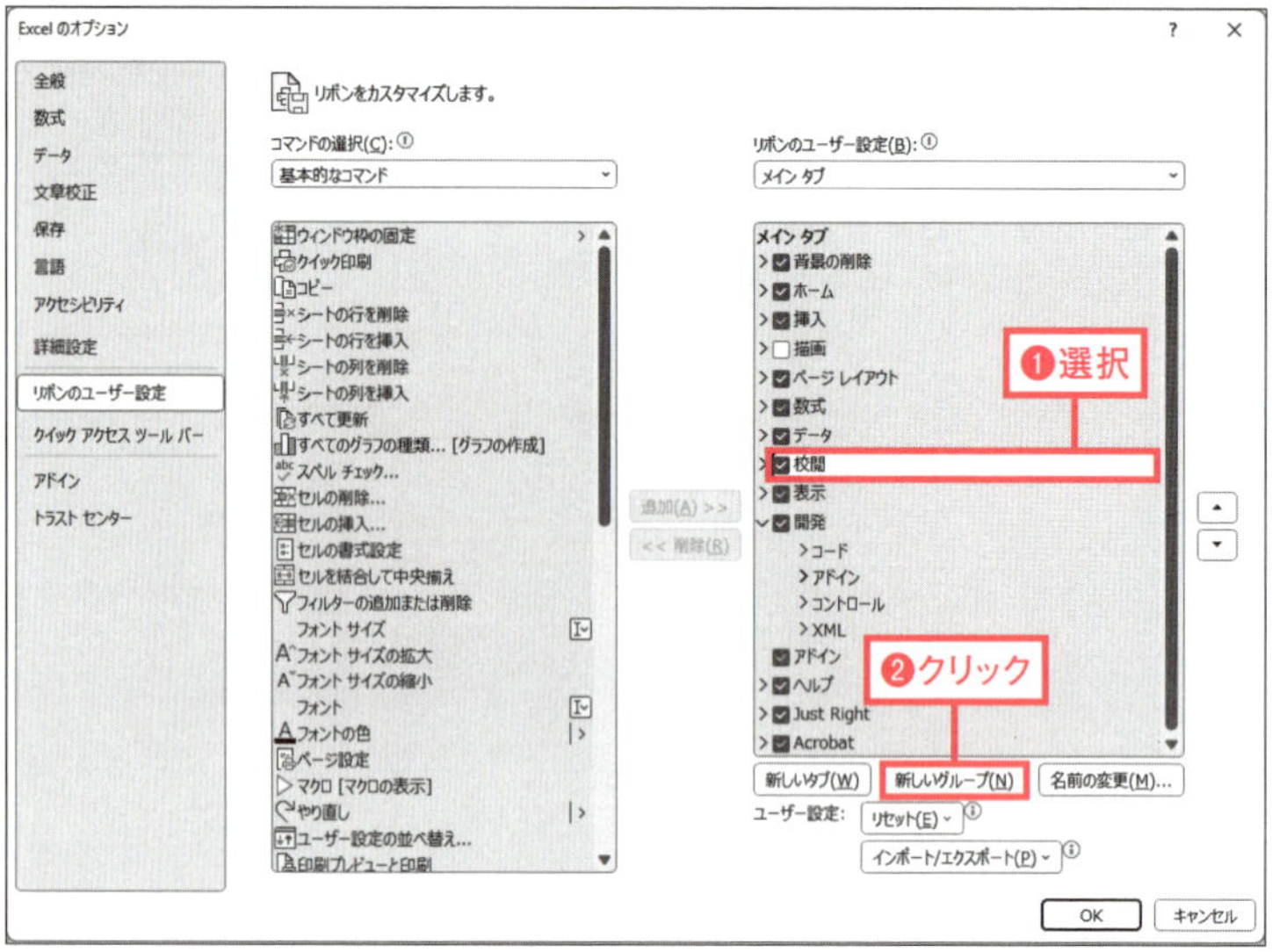

4 「コマンドの選択」の枠から「セルの読み上げ」を選択し❶、「追加」をクリックする❷。

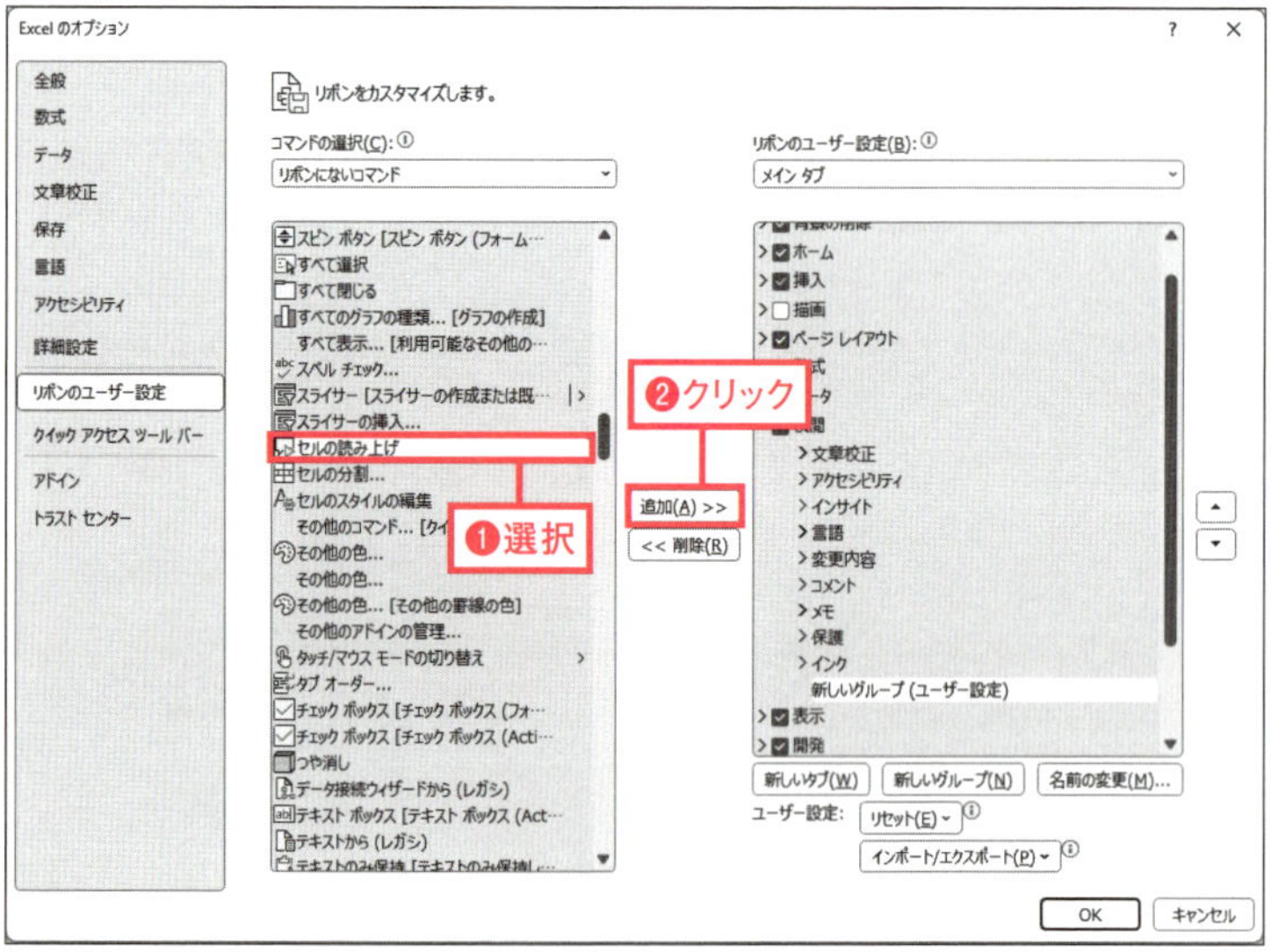

5 続いて「コマンドの選択」の枠から「Enterキーを押した時にセルを読み上げ」を選択し❶、「追加」をクリックする❷。

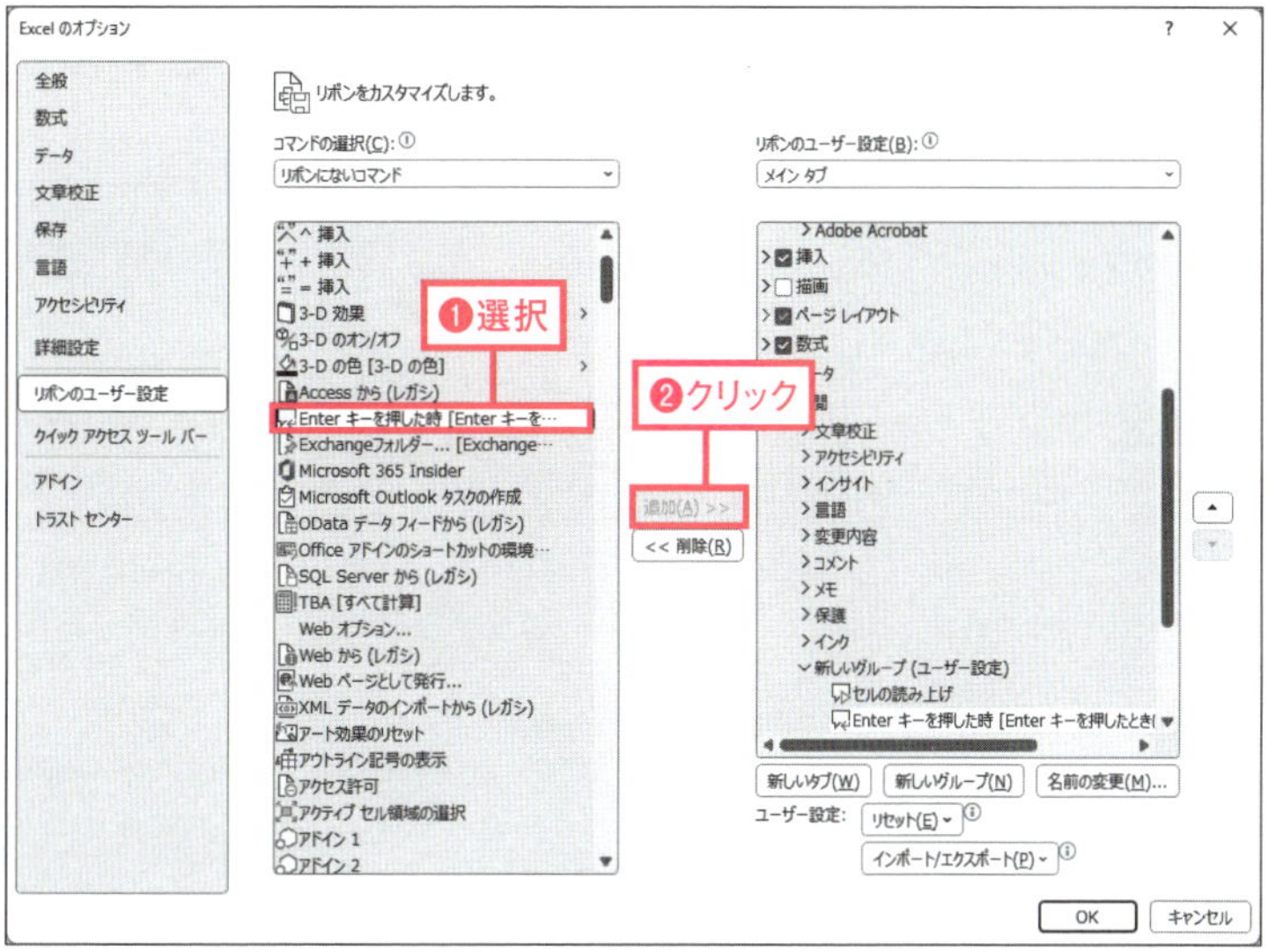

6 図の場所に「セルの読み上げ」「Enterキーを押した時にセルを読み上げ」が追加されたことを確認し❶、「OK」をクリックする❷。

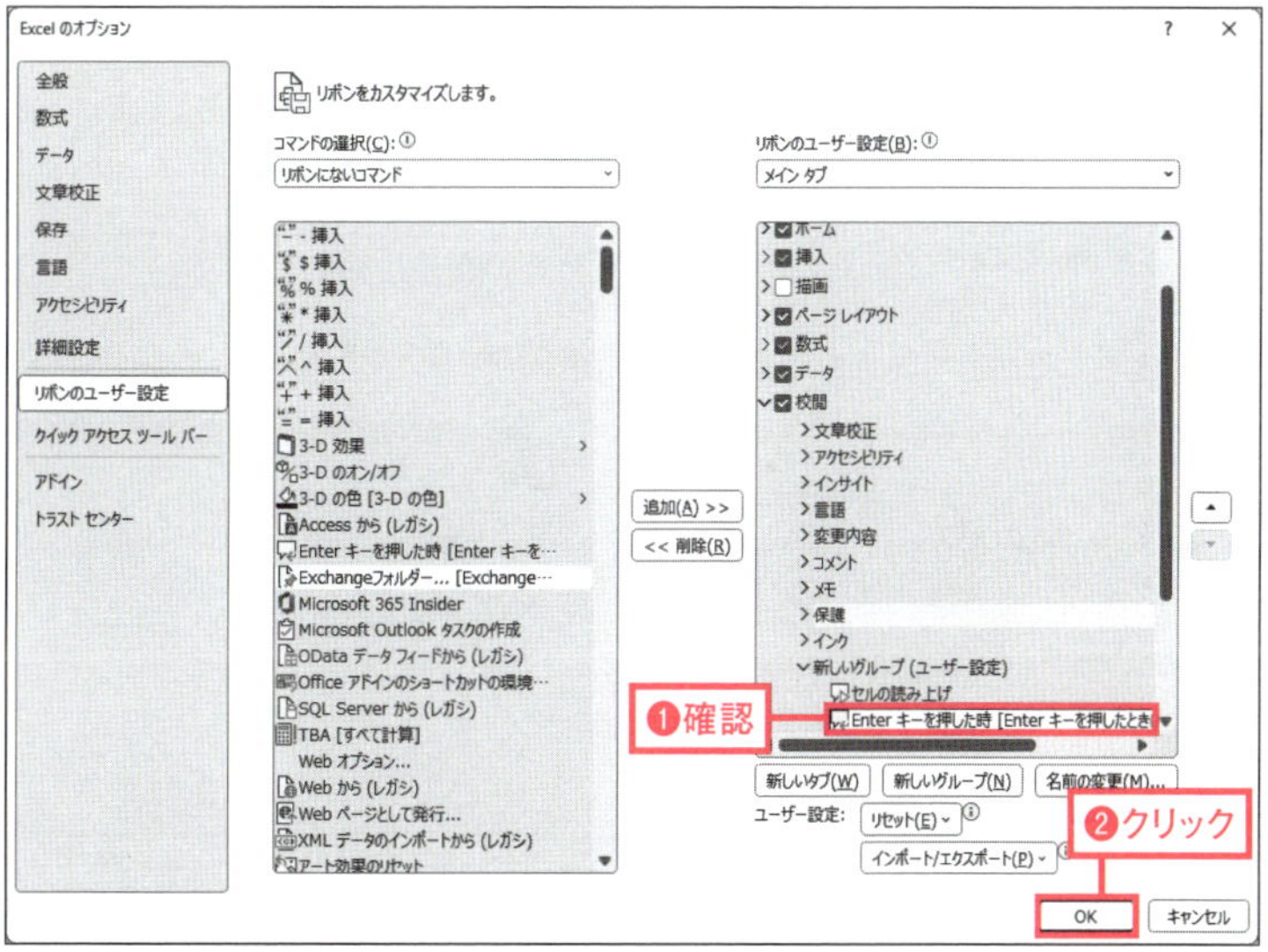

7 これで、リボンに2種類の読み上げ機能が追加される。「校閲」タブを選択して、「セルの読み上げ」「Enterキーを押した時にセルを読み上げ」の2つのボタンが追加されていることを確認する。

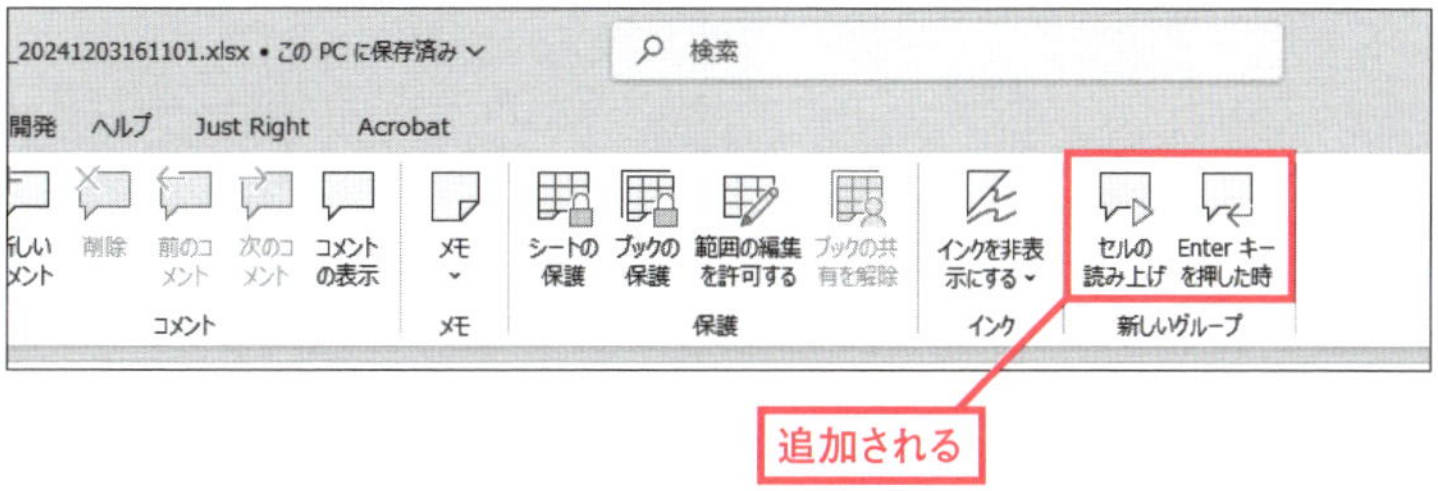

読み上げ速度を変更する手順

1 検索窓から「コントロールパネル」で検索して「コントロールパネル」のアイコンをクリックする。

2 コントロールパネルから「音声認識」→「音声合成」とクリックしていく。

memo
設定によっては、コントロールパネルから直接「音声合成」を呼び出せる場合もある。

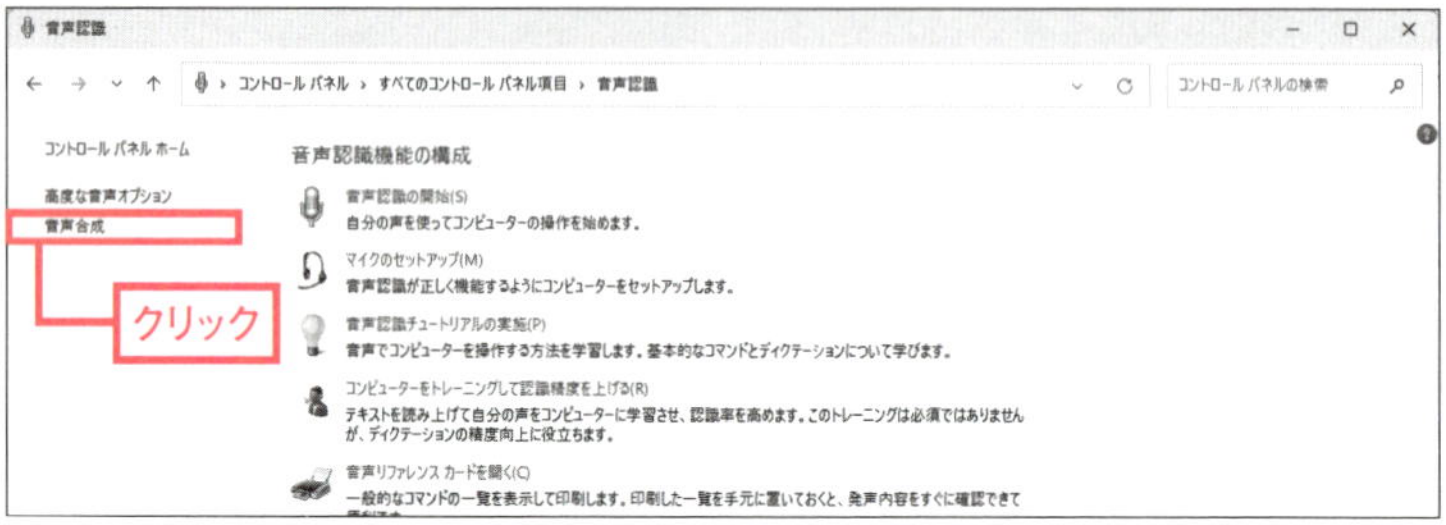

3「音声認識のプロパティ」が開くので、「音声の速度」のツマミ部分を左右に動かして速度を調整する。

memo
速度をゆっくりにしたいなら左に、速くしたいなら右に動かす。「音声の再生」ボタンで再生テストができるので、試しながら調整しよう。自分の用途に合わせて、速度は随時設定していけば良い。

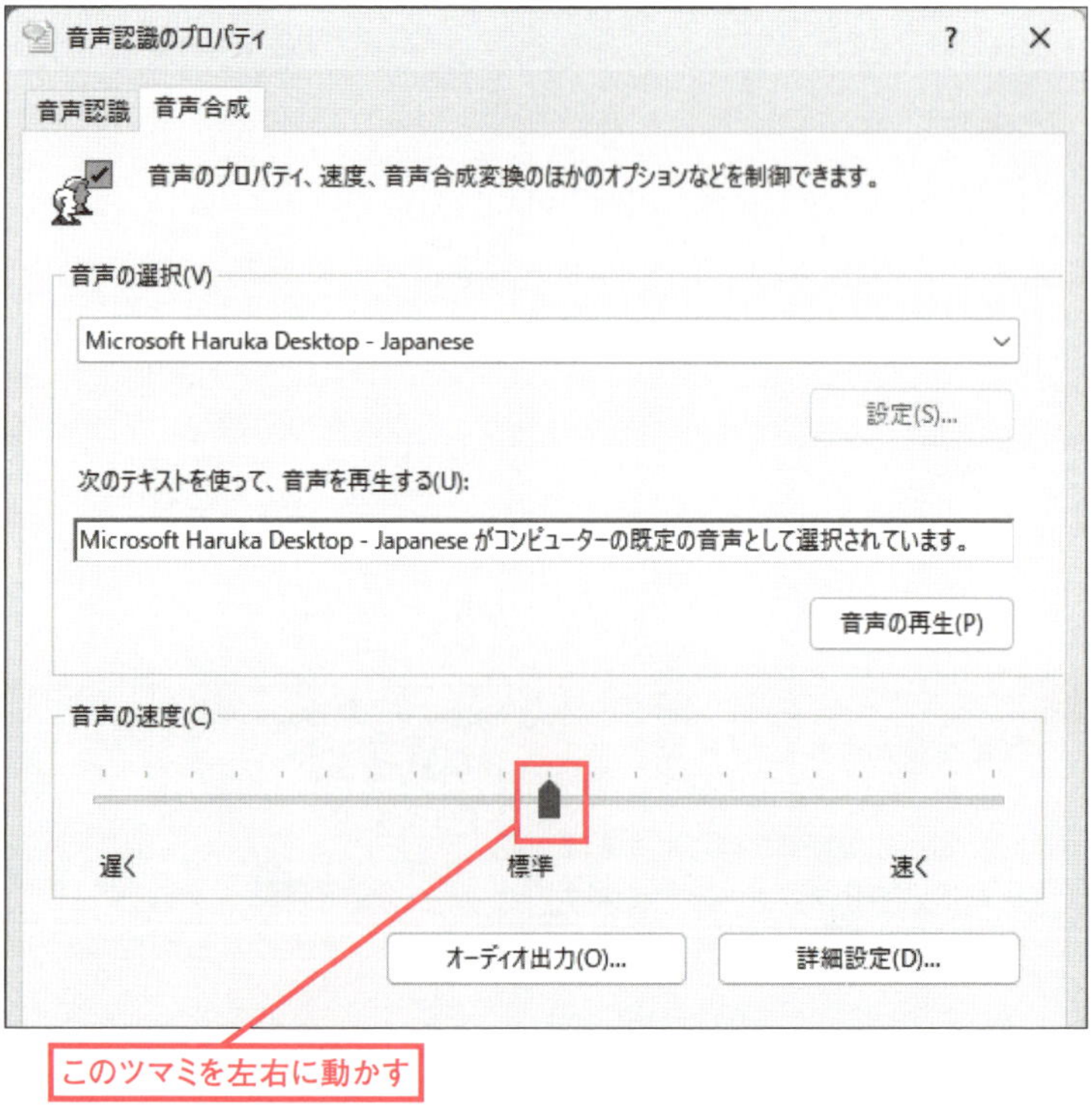

できるだろう。

音声に合わせて入力することもできればさらに便利かもしれないが、残念ながらフォーカスが外れた時点でエクセルは読み上げを中止してしまうので、その使用法には適さないようだ。

読み上げる速度の変更

読み上げる速度を変更することも可能だ。この設定にはエクセルではなく、ウィンドウズのコントロールパネルを使う。手順は前ページの通り。

次に、「Enterキーを押したときにセルを読み上げ」の機能を試してみよう。これは、設定しておけば、今入力したセルのデータ内容を随時読み上げてくれる機能だ。「Enterキーを押したとき」とあるが、実際には「入力していたセルから別のセルにフォーカスが移ったとき」に読み上げをしてくれるので、カーソルキーやマウスによる移動にも反応してくれる。

この機能を使うには、まず「校閲」タブに追加された「Enterキーを押したときにセルを読み上げ」のボタンをクリックする。あとはこのまま、通常通りに入力していけば良い。入力が終わってEnterやカーソルキー、マウスなどによって別のセルに移動したタイミングで入力内容が読み上げられる。読み上げられた内容に違和感があれば、データを見直そう。

ワードの場合も、「ファイル」→「その他」→「オプション」で「Wordのオプション」を表示させたあとは、エクセルの場合と同じように設定を行う。追加するコマンドは、「読み上げ」だ。うまく設定できれば、エクセルのときと同じように「校閲」タブに「読み上げ」のボタンが追加される。

使い方はエクセルにおける「セルの読み上げ」ボタンと同様に、読み上げてほしい部分を範囲選択して「読み上げ」ボタンを押すと音声化してくれる。誤字脱字のチェックに、読み上げ音声を聞きながら印刷した文書を読むという使い方ができる。

読み上げ音声を聞きながら目視で文章を追ってチェックするのが基本的な使い方になるが、画面ではなく印刷した文章を見ながらチェックするほうがやりやすい場合もある。前述したカラーバールーペなども併用していくと、より精度を高められるだろう。

最近では、仕事のマニュアルも電子化されている場合が多い。ＬＤの障害が原因でマニュアルを読むのに苦労している人にも、この読み上げ機能は有効だろう。該当の文章をワードにコピー&ペーストし、「読み上げ」を行えば良い。

メールが来ているのに気付かなかった！

対策

○見落としたくないメールは、ルールの設定で目立たせる

事例　大切な取引先のメールを、まさかの1週間放置

ある日「お電話です」と取り次がれた電話の相手は、お得意様の取引企業。明るくあいさつをするも、返ってきたのは微妙な声。

「あの、先週メールを差し上げたんですけど、届いていませんでしょうか？」

「えっ!? あ、申し訳ありません、少々お待ちください！」

実はこのところ忙しくて、メールをため込んでいた。一応、差出人とタイトルで重要そうなものはないか、ざっと確認はしていたつもりだったんだけど……。

しかし無情にも、大量の未読メールの列にはしっかり担当者さんの名前があった。日付は1週間前。内容は、この前こちらが送った仕様書の問い合わせ。

真っ青になってひたすら平謝りした。担当者さんは「いや、まあいいんですけどね」と言いつつも、あきれ声。大切なお得意様なのに、これで疎遠になってしまったらどうしよう。

原因　メールはためればためるほど、処理しなくなっていく

メールの処理をため込んでしまうのも、ADHDの**「先延ばし」**の影響だ。少しずつ片付ければ問題ないのに、あとであとでと考えているうちに大変な量になってしまう。数をためればためるほど、ADHDにとっては手を着けるのが嫌な仕事になってしまう。

ASDでも何かの仕事に没頭していると、別の業務に頭が回ら

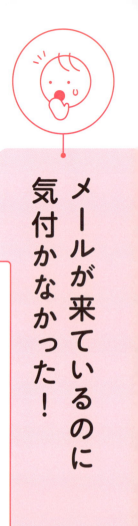

ずメールのような日常的な業務を後回しにしてしまうことがある。

　ため込んだ未処理メールで危険なのは、大切なメールや緊急のメールを見落としやすい点だ。特に重要なお客様からのメールを見落としてしまうと、会社にとっても自分にとっても大きなダメージになってしまうこともある。

解決法　メールルールの設定で、大切なメールを見落とさない

　まず、もし受信メールをフォルダー別に自動振り分けするよう設定しているとしたら、すぐに解除してほしい。

　マメな人にとっては便利なフォルダー振り分けも、メールのため癖がある人にとっては見落としの危険をはらむ。全体でどのくらい未処理メールが残っているのか把握しにくくなって余計メールをため込みやすくなるし、それぞれフォルダーを確認するために見落としが出る可能性も高くなるからだ。

　しかしもちろん、受信ルールの設定は使いようによって大きな武器になる。

メールルールの設定で、特定の条件のメールを目立たせる

　メールソフトには、特定の条件のメールが届くと決められたフォルダーに振り分けたり、目立たせるように表示を変えたりできる機能がある。

　この機能を使って、大事な相手からのメールを見落とさないように工夫しよう。

　ここでは、ウェブメールのサービスではあるが、現在最も利用者が多いGメールで、**特定の相手からのメールを強調する設定**をしてみよう。設定の手順は次ページの通り。

　アウトルックなど、一般的に使われているメールソフトであれば、たいていこのルール設定の機能がある。

　もちろん基本的にはメールの処理はきちんとしていきたいが、それでもどうしても見逃しは起きてしまうものだ。1回の見逃しが致命的になってしまうこともあり得るのがメールなので、こうした機能を活用して少しでもミスを減らしていきたい。

Gmailで特定の相手からのメールを強調する手順

1 Gmailのメニューから右上の歯車のマーク❶→すべての設定を表示❷をクリックする。

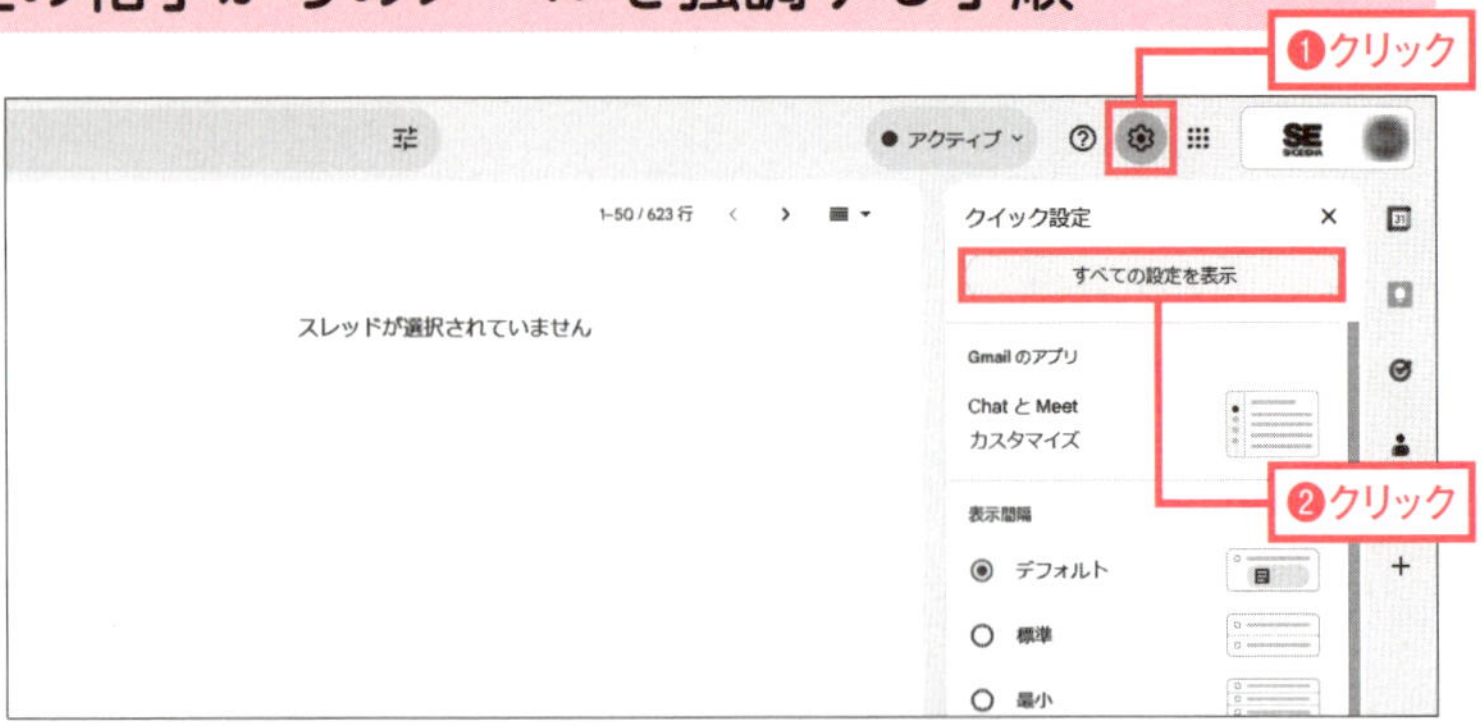

2 設定メニューの「ラベル」から、スクロールして「新しいラベルを作成」をクリックする。「新しいラベル名を入力してください」の下の枠に、受信メールに付けたい注意書きを入れる。「これだけは読む」など具体的なメッセージにするのがおすすめ。

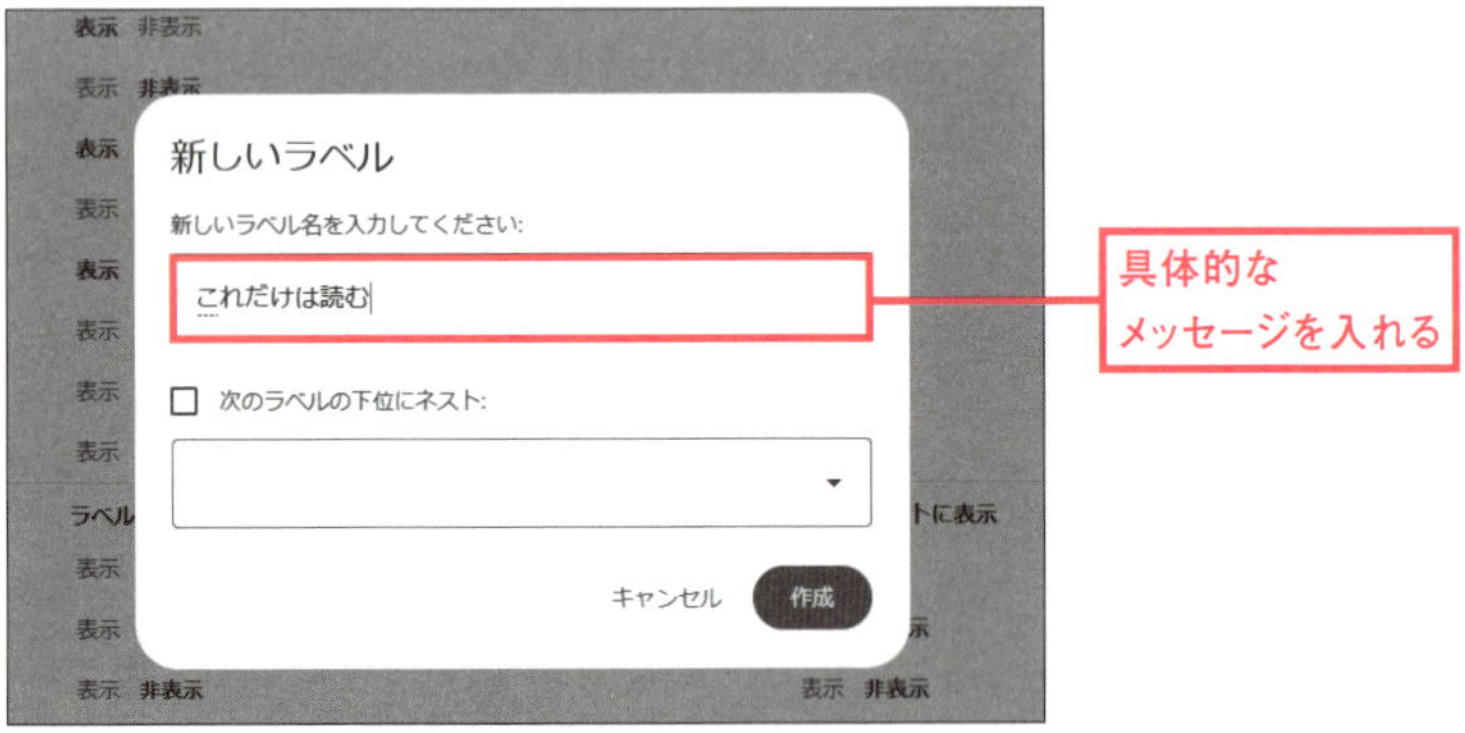

3 左端の「受信トレイ」「スター付き」などのフォルダーが並んだ一覧に、新しく設定したラベル名（例では「これだけは読む」）が追加される。この上にカーソルを合わせると右側に「⋮」マークが現れるのでここをクリック→「ラベルの色」をクリックし、表示させたいラベルの色を設定する。赤など、目立つ色にしておこう。

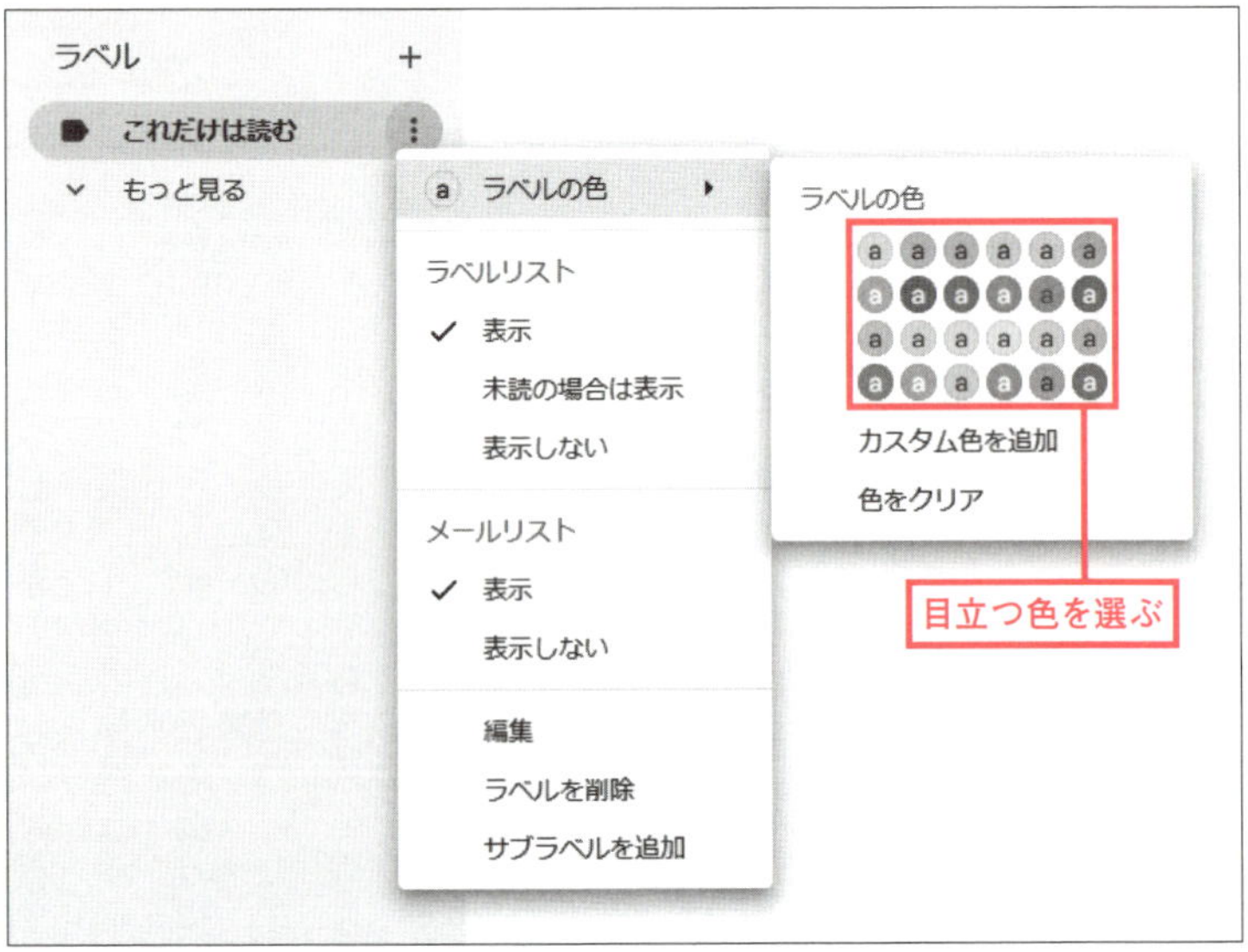

4 続いて設定メニューの「フィルタとブロック中のアドレス」から「新しいフィルタを作成」をクリックする。「From」の欄に、強調表示したい相手のメールアドレスを入力し❶、「フィルタを作成」をクリックする❷。

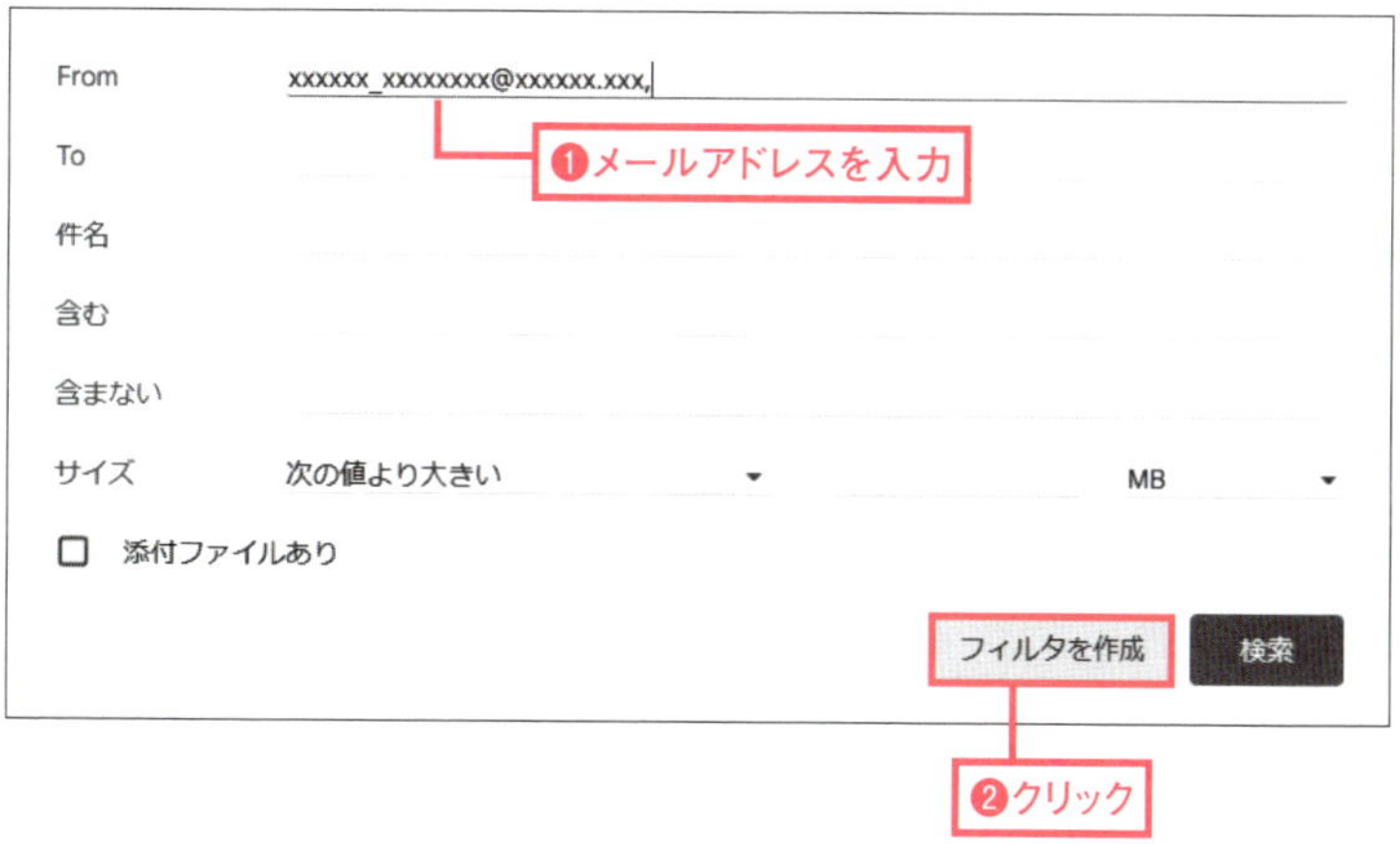

5 「ラベルを付ける」にチェック❶を入れてから、「ラベルを選択」❷→先ほど作ったラベル名（例では「これだけは読む」）❸をクリックし、最後に「フィルタを作成」❹をクリックする。

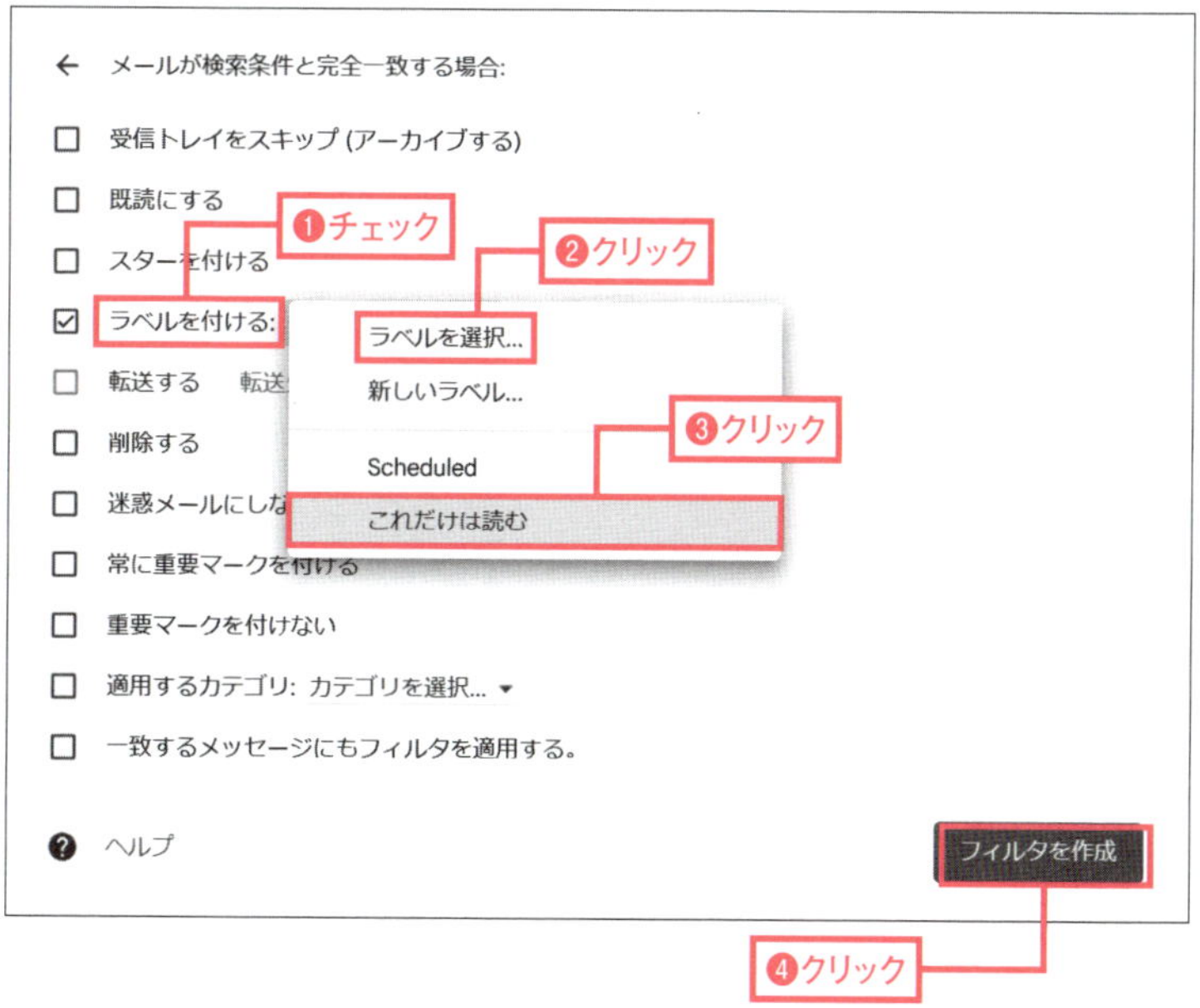

6 これで、設定したメールアドレスから届いたメールには設定したラベルが付けられる。扱いに慣れてきたら、アドレス別に別の色やメッセージのラベルを設定してみても良い。

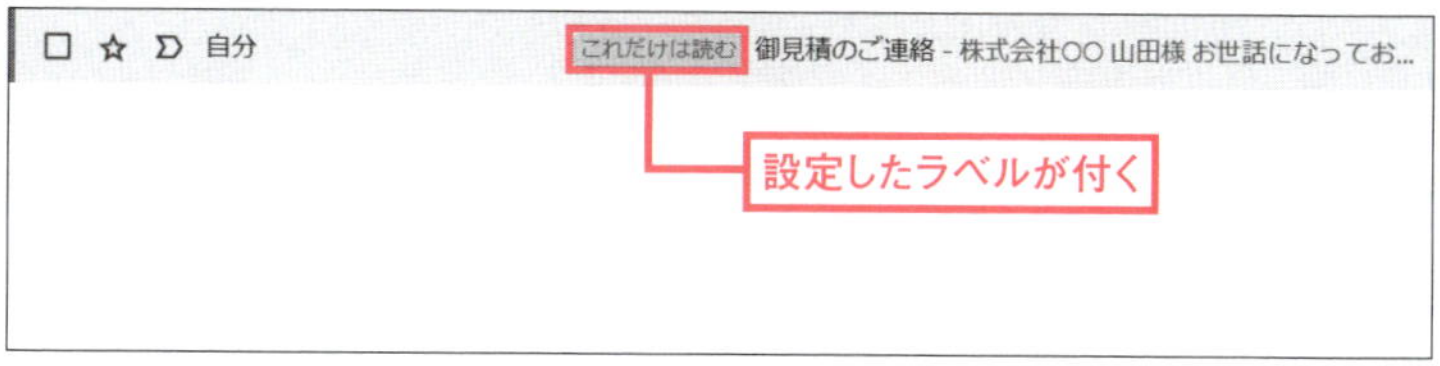

何度もメールを誤送信してしまう

対策

- メール作成の手順は、宛先を最後にする
- 送信設定の変更で、とっさの場合にやり直せる環境にする

事例

宛先間違いに、敬称・添付ファイルの付け忘れ。メールのミスを頻発してしまう

お客様へのメールを打ち終わって、送信ボタンを押した瞬間に「様」の付け忘れに気が付いた。慌ててもメールは既に送信済みのため、もはや手遅れ。仕方なく、すぐにお詫びのメールを書いて送信。しばらくすると、先方から返事のメールが。

「それはいいんですけど、添付ファイルがないようです」。

またもやお詫びメールの作成開始……。

この前は宛先を間違えて部長に同僚向けのタメ口のメールを送ってしまったし、自分はメールのミスが多すぎる。

原因

ミスに気付かない不注意と、反射的に送信ボタンを押してしまう癖

宛先間違い、添付ファイルの付け忘れ、文面のミス。**「よくあるミス」**も、ADHDの不注意が関わるとその確率が跳ね上がってしまう。

メールを書き終わったら反射的に送信ボタンを押してしまうところは、衝動性も関係してくるかもしれない。

書き終わった文面を見直しながらもマウスカーソルが送信ボタンに向かってしまうため、事例のように送信ボタンを押した瞬間にミスに気付いて、「あっ！」となってしまうことも多い。

これはADHDだけでなくASDを持つ人にも多いのだが、

頭の中で「メールを書く↓送信ボタンを押す」の手順ができ上がってしまっているため、半ば自動的に手が動いてしまう。見直し忘れや、添付ファイル忘れが出るのもこの点が大きい。

解決法　メール作成の手順を変える&とっさのやり直しができるように設定を変更

メール作成の手順は、添付↓件名↓文面↓宛先で

添付や見直し忘れの原因は、**メール文面を書き終わったら反射的に送信ボタンを押してしまう癖が付いてしまっている**ことにある。

そこでメール作成の手順を変えることが、まず取りかかるべき点となる。

新しいメールを書くときには宛先・件名・本文などを入力し、必要ならファイルを添付して送信を行う。**それぞれの入力やファイルの添付を、自分はどういう順番で行っているかをまず確認してみよう。**

もし宛先から入力しているのであれば、それは最もミスを引き起

誤送信を防ぐためのメール作成の手順

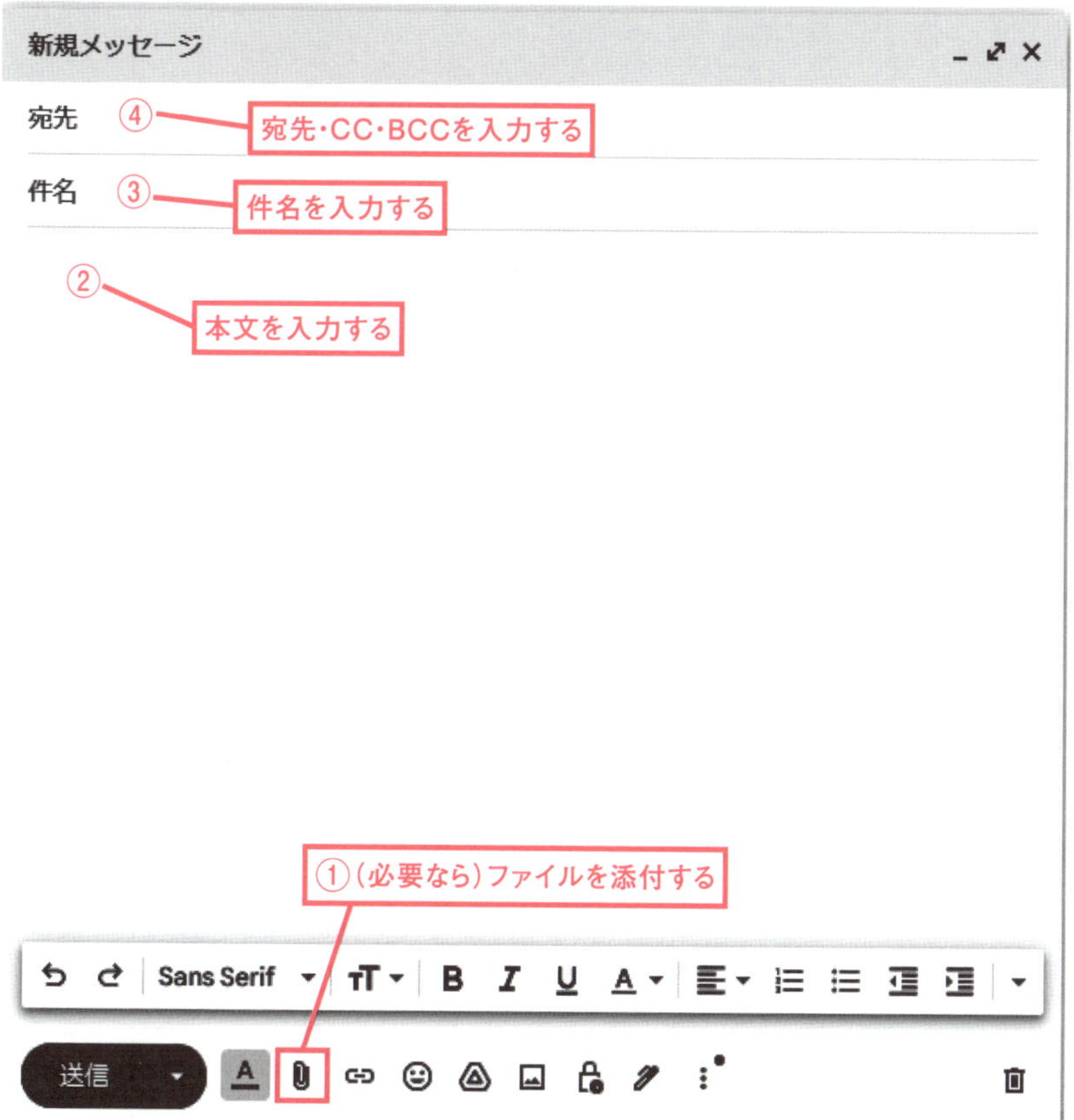

こしやすい順番だ。

宛先を入れているということは、あとは他の項目がどうあれ送信できてしまう状態になる。メールソフトによっては件名や文面が空白なら注意が出ることもあるが、内容のチェックまではしてくれない。

ミスを出しにくくするには、宛先を最後に入力するのがベストだ。

具体的には、前ページの順番でメールを作成していく。

宛先を入力するまではメールを送ることはできないので、本文を書いたあと誤って反射的に送信ボタンを押してしまっても送信されることはない。

本文を書いたあと、件名・宛先と入れている間に冷静になれ、文面などのミスに気付く機会も増やすことができる。

設定を変更して送信ボタンを押してからでも取消しができるようにする

メールのミスは、送信後に気付くことが多い。せめて送信直後に気付いたものくらい取り消せたら……そう思ったことがある人も少なくはないだろう。

実は設定によって、送信ボタンを押したあとに少しの猶予時間を作ることが可能だ。

たとえばGメールでは、送信直後であれば取消しができる機能が実装されている。設定方法は、次ページの通りだ。

この設定をすると、送ろうとしたメールは「下書き」に入っている。内容を見直して、必要な部分を修正してから送り直せば良い。

「Right Inbox for Gmail」での予約送信を利用する

Gメールで設定できる送信取消しの時間は、最長30秒。もう少し余裕が欲しい人もいるだろう。

「Right Inbox for Gmail」というChromeブラウザー専用のアドインを使えば、これが実現できる。使い方は102ページの通り。

「Right Inbox for Gmail」にはこのほか、送信予約時間が近付いたり送信相手からの返信がない際に通知をしてくれたりする「Remind Me」、決まった時間や曜日などに定期的に同じメールを送信してくれる「Recurring」など、発達障害の人にとって非常に便利な機能が装備されている。

残念なのは、無料版だと月10通という制限があることだ。試してみて合うようなら、有料版にアップグレードするのが良いだろう。

Gmailで送信直後に送信を取り消す手順

1 Gmailのメニューから右上の歯車のマーク❶→すべての設定を表示❷をクリックする。

2 設定メニューの「全般」からスクロールさせて「送信取り消し」を探し、「送信取り消し」の「取り消せる時間」を設定する。

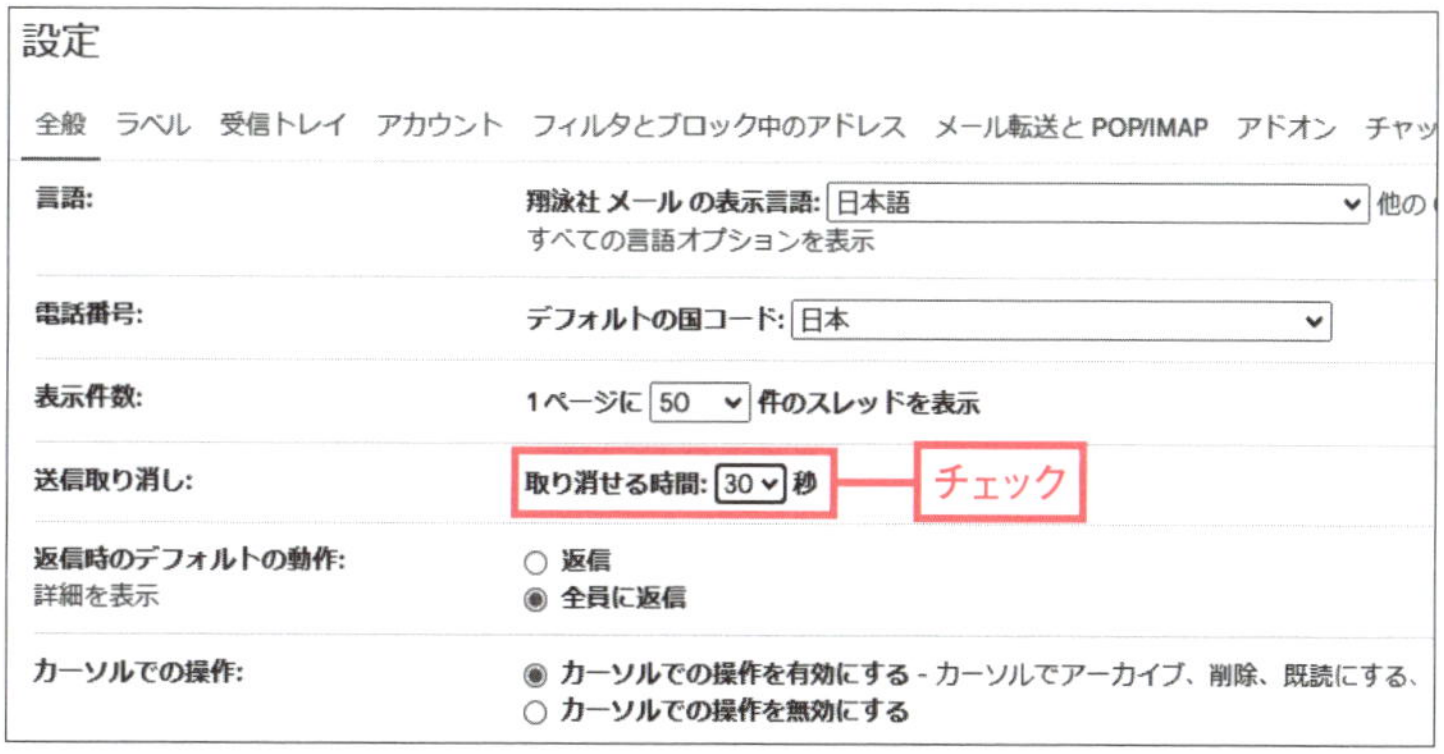

> **memo**
> 「取り消せる時間」は最長30秒まで設定できる。これは30秒に設定しておくのが良いだろう。

3 「全般」メニューを一番下までスクロールさせ、「変更を保存」をクリックして設定は終了。この設定をしておくと、メールの送信ボタンを押したあと画面上部に「メッセージを送信しました　元に戻す」という情報が表示される。このとき、「元に戻す」の部分をクリックするとメール送信が取り消される。

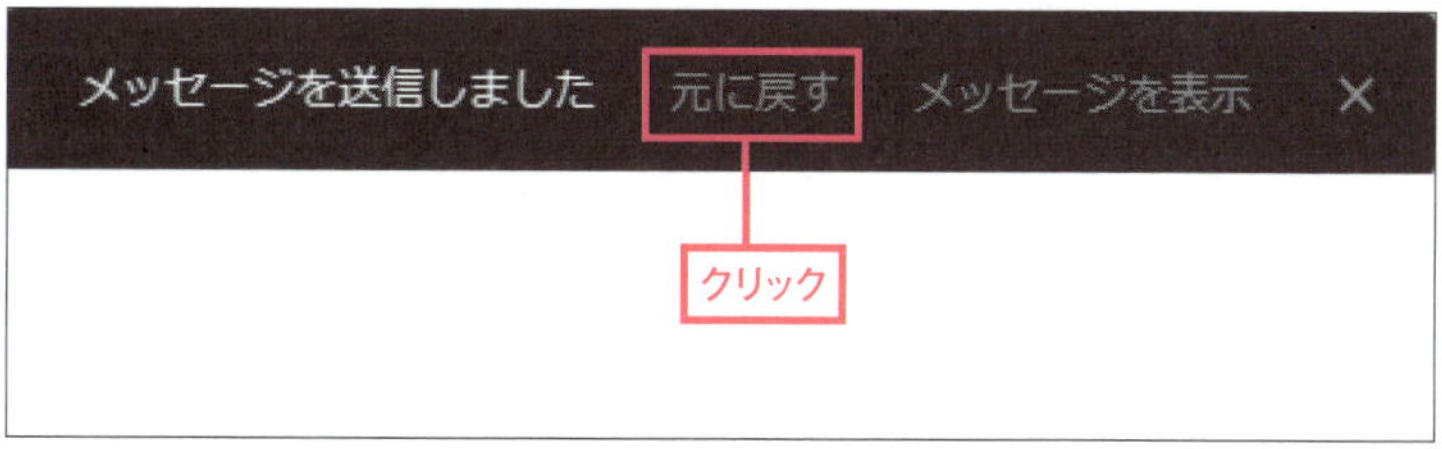

「Right Inbox for Gmail」の使い方

1 「Chromeウェブストア」（https://chromewebstore.google.com/）で「Right inbox」で検索し、「Right inbox for Gmail」を探す。

2 Right Inbox for Gmailの配布ページが開いたら、「Chromeに追加」をクリックする。確認画面が出るので、「拡張機能を追加」をクリックする。

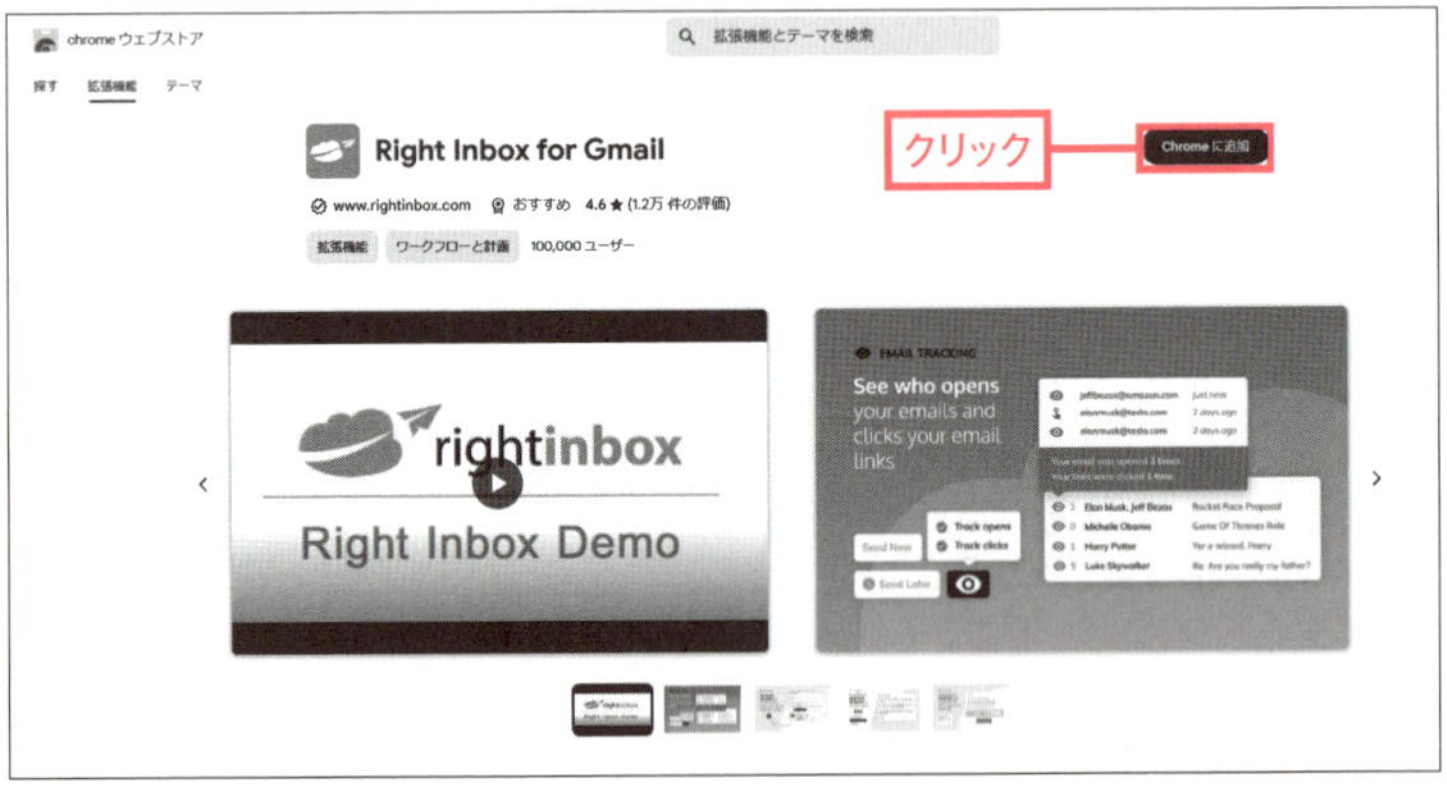

3 Right Inbox for Gmailをインストールしてから同じChromeブラウザーでGmailを開くと、はじめに課金設定が表示される。取りあえずは、無料版を選択する（「Free」の下の「進む」をクリック）。

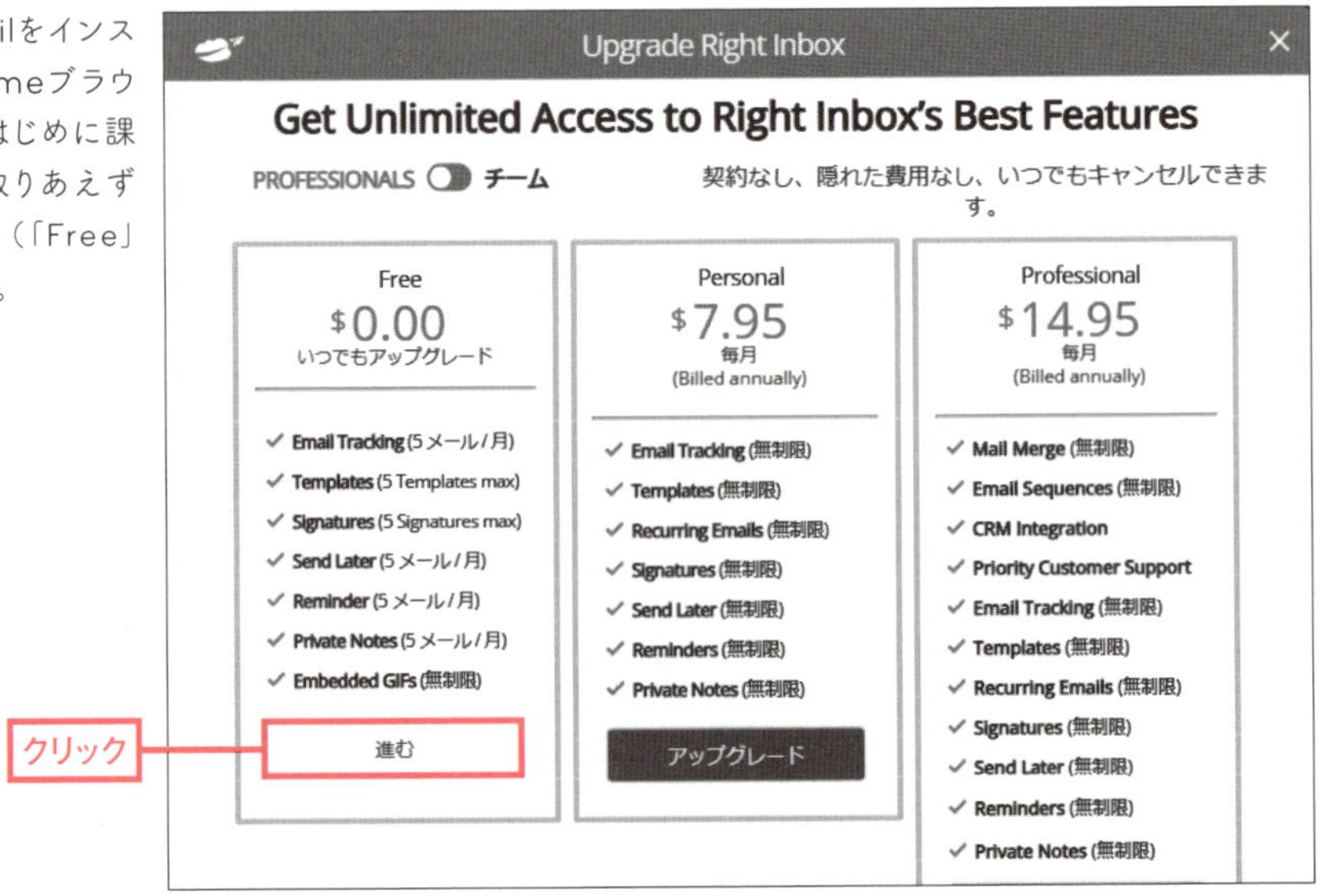

4 送信メールの作成を行うと、作成画面に「後で送る」「リマインダー」などのメニューが追加されている。メールを作成したあと、「送信」ボタンをクリックする代わりに「後で送る」をクリックすることで、そのメールをいつ送るかの設定が可能になる。急ぎのメールでなければ、1時間後（「in 1 hour」）に設定しておけば、十分にあとから見直しができる。

5 予約したメールは「下書き」に入っている。確認したあと、1時間後を待たずにすぐに送りたい場合は、メールを開いて「今すぐ送信」をクリックすれば即送信される。逆にいったん予約を解除したいのであれば、もう一度「後で送る」をクリックして「Cancel Scheduled Email」をクリックする。

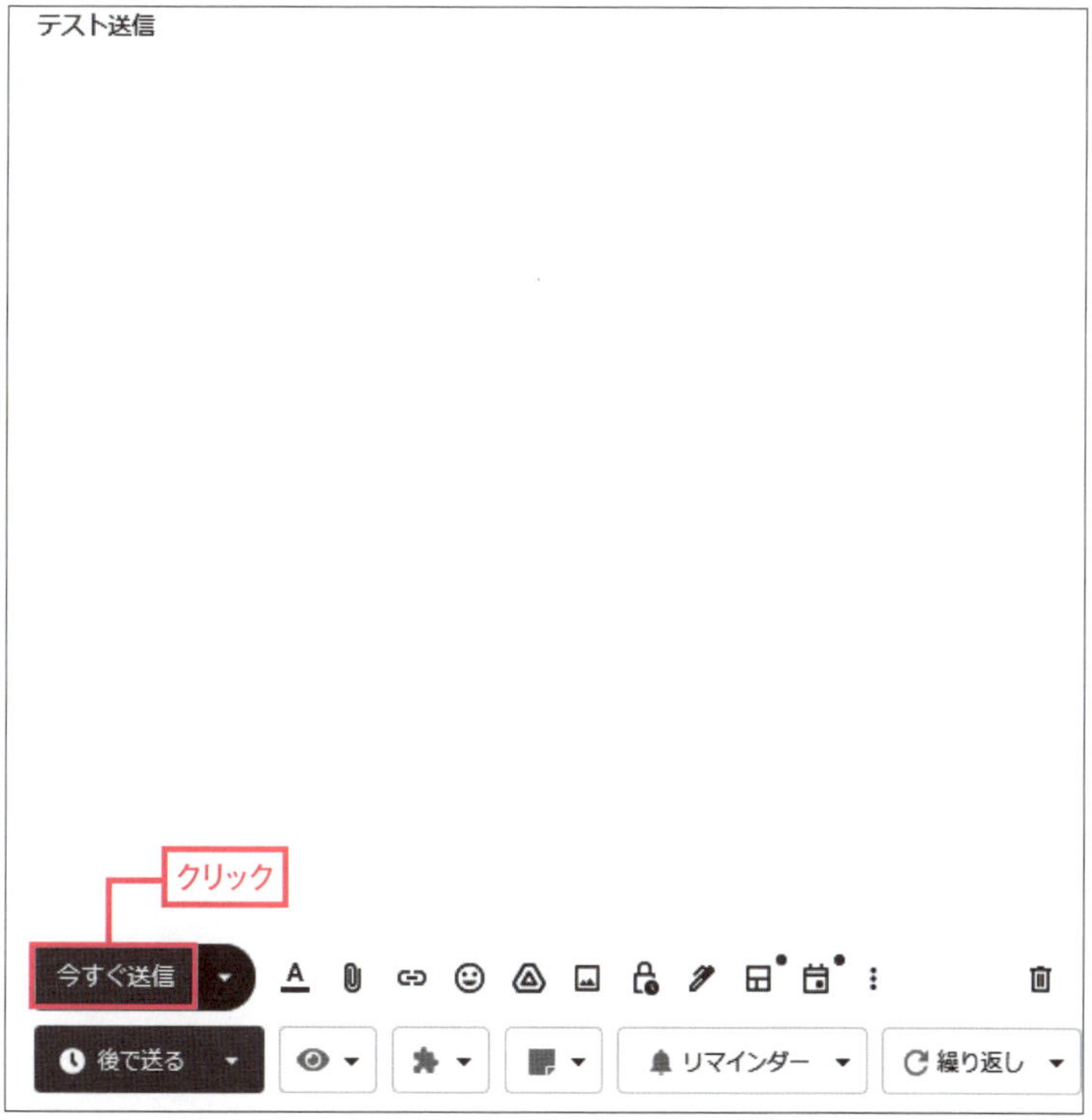

Column

スケジューラー以外で行うスケジュール管理

スケジュール帳やスマホのスケジュール管理アプリもなじめない。そんなタイプの人向けに、スケジューラー以外のスケジュール管理を紹介しよう。

●卓上カレンダーをスケジュール帳代わりに使う

事務などのデスクワークがメインで自分の机からあまり動かない人には、スケジュール帳代わりに卓上用のカレンダーを用いるのも良いだろう。常に机の上に置いてあるので、手帳のように仕舞い込んだまま存在を忘れてしまうこともない。事務作業であれば日付を確認したくなるタイミングは多いだろうから、そのたびに予定も目に入る。

これはケースに入ったタイプよりも、めくりやすくて先月や来月の予定が確認しやすいブックタイプがおすすめだ。めくるのに手間がかかるものだと、やがて面倒になって使わなくなってしまう可能性が高い。

●メモ帳にカレンダーを貼り付けてスケジュール管理

メモ帳をいつも持ち歩いて頻繁にメモを取っている人であれば、メモ帳の表紙にカレンダーを貼り付けておけば簡易スケジュール帳になる。カレンダーに簡単に予定を書き込んでおき、予定の詳細はメモ帳のほうに書いておけば良い。このとき、メモには必ず日付を入れる。これがないとカレンダーの予定と関連付けられなくなるからだ。また、カレンダーは月ごとにどんどん重ねて貼っていく。メモ帳を使い切って代わったときには、一番上の月だけ剥がして新しいメモ帳に貼り直そう。

この方法は、とにかくメモに書き込む内容の多い人、自分なりのメモの仕方が確立している人に向いている。

●スマホカバーの裏にスケジュール。詳細はアプリで

スケジュール帳やメモ帳自体をすぐに忘れてしまったり、なくしてしまったりするタイプの人は、ブックカバータイプのスマホケースを買って、カバー裏に両面テープでスケジュール表を貼っておく。

携帯やスマホは比較的忘れにくい。スマホは頻繁に取り出して目にする機会も多く、リアルタイムの刺激が重要なADHDには特にすすめられる方法だ。

「wemo ウェアラブルメモケースタイプ」はスマホケースにそのままメモができる商品で、予定を書いておけば物忘れ防止に役立つ。

MOFTの「インスピレーションスタンド＆ノート」はスマホスタンドにメモやペンの収納機能を付けたもので、手帳そのものを忘れたり失くしたりしやすいタイプの人には合っているかもしれない。

メモ帳にカレンダーを貼り付けスケジュール管理

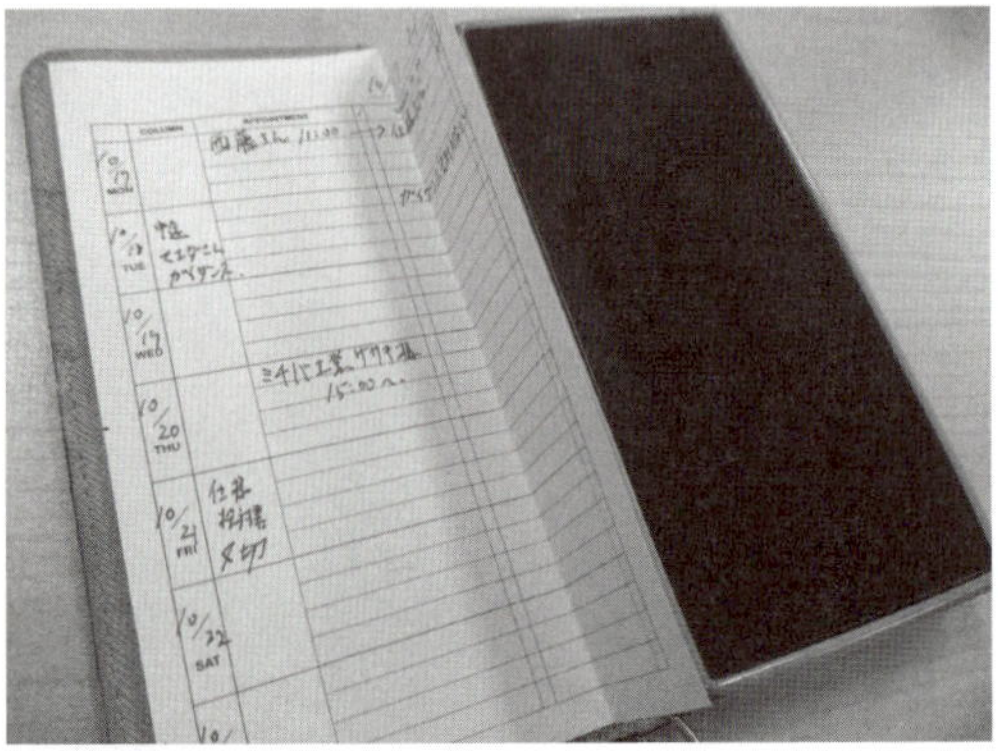

スマホカバーの裏にスケジュール

第4章

「物忘れ」が多いのを何とかしたい

メモ取り編

大事な予定や持ち物を、いつも忘れてしまう。一度習った仕事のやり方を覚えていられず、何度も同じことを聞いてしまう。メモを取っていても、あとで見返すとどこに何が書いてあるのかわからない。仕事に響くことの多いこの物忘れ。対策のポイントは、「忘れても大丈夫」なようにしておくことだ。

メモが書けない、何を書いたらいいかわからない。全部書いたら間に合わない

対策

- ○あらかじめメモ用のフォーマットを決めておく
- ○メモはその場で依頼者に確認してもらう

事例　メモの取り方がわからない

手帳やメモ帳はいつも用意して、仕事の説明を聞くときには必ず準備している。でも、何をメモしたらいいかがわからなくて、説明が終わる頃にはいつも真っ白。仕方なくもう一度聞きにいったら、「ちゃんとメモを取れ！」と怒られてしまった。次第に聞きに行くのも遠慮するようになってしまい、わからないところを自分で判断してやってみたらまた叱られ……と悪循環に陥ってしまう。

言われたことをそのまま書いていたらとても間に合わないし、ポイントだけと言われてもそのポイントがわからない。いったいどうすればいいんだろう？

原因　言葉のコミュニケーションの苦手と、「大事なポイント」のズレ

ASDでもADHDでも、それらを抱えた人たちの多くは**人の話を聞くのが苦手**だ。

ADHDの脳は、興味のない話は長い時間集中して聞いていられない。一瞬でも別のことを考えると、もはや時間が飛んだような感覚でその間の話はまったく記憶に残らないのだ。聞こうと努力して

いても、頭に情報が入ってこないし眠気さえ出てくることがある。

　ＡＳＤを持つ人の理解の仕方は、コンピューター的なところがある。「大事なポイントを拾い出す」という行動をコンピューターにやらせようとするなら、「『大事』とはこの場合何か」をはじめに定義してやらなければ仕事はできない。ＡＳＤの脳も、個人差はあれ同じ要求をする。「大事」の意味はわかるが、「大事」は人それぞれ違うものだ。あなたの思う「大事」とは、どんなことなのか？

　そんなことから、メモすべき「大事な」ポイントも、明確な定義付けがなければ迷ってしまう。

　逆に一度定義付けられると、今度はその情報をすべて得なければ気が済まなくなることもある。この場合は、その情報はいらないと言われたなら、「この場合」の定義をもう一度伝える必要がある。

　そんなことから、「言わなくてもわかるだろう」と話の前提を略されたり、自分の辞書には載っていない微妙な言葉のニュアンスを使われたりすると、途端に情報不足でエラーを起こしてしまう。

解決法

ポイントはその場で考えるのではなく、あらかじめ「用意」しておこう

メモのフォーマットを決めておく

「メモはポイントだけ取れば良い」と言われても、何がポイントなのかもわからない。こうしたタイプの人は、練習して簡単にメモが取れるようにはならない。

　その場合には、**あらかじめメモのフォーマットを決めておく**のが良い。たとえば、何か業務指示を受けたときであれば、次ページのようなフォーマットを用いる。

　大事な点は、**必ずすべての項目を埋めるようにすること**だ。「わかっているから良い」とか、「この項目は関係ないから良い」などと考えて空白を残す癖を付けていると、結局また何のメモも残せなくなってしまう。ある程度強引でも良い（たとえば仕事場がいつもの自分のデスクでも、あえて略さず「自席」と書いておく）ので、とにかくすべての項目を埋めるようにする。それを考える癖付けが重要だ。

　たとえば、会議用の資料のコピーを頼まれたとしよう。次ページのフォーマットに従って、指示内容をメモにする。

　できたメモは、依頼者に見てもらって確認すると良い。聞き間違いや聞き落としは必ずあるものなので、確認してもらうことは大切だ。また、内容を確認することで依頼者が追加の指示を思い付くこともある。

メモのフォーマットを決めておく

日付：　／　／

内容：――①

目的：――②

日時：――③

場所：――④

関係者：――⑤

備考：――⑥

① 仕事や依頼の内容。「資料コピー」「営業会議」など、メモのタイトルになる部分。用件を簡潔に書くようにする

② 作業なら、最終的な提出物。忘れてしまってもいいように、ここはやや詳しく書いておく必要がある。資料のコピーなら「会議資料を8部」など、何の資料がいくつ必要なのかをはっきり書いておく。会議などなら、「A社案件進捗報告」など会議の目的を記しておく

③ 仕事の締切日や、会議・打ち合わせの開催日時など時間の情報を書いておく。「締切り：4/10　午前中」「5／16　15時開始」など、何の時間なのかわかるように書いておく。時間情報が複数あるなら、すべて記入しておく

④ 仕事に関係する場所の情報。訪問先の社名、待ち合わせ場所、打ち合わせをする会議室番号などを確認し記入しておく。自席での作業なら、そのまま「自席」と書いておく

⑤ 業務の依頼者、訪問先の担当者、作業を教えてもらう人など、人名に関する情報。「依頼：長島部長　報告先：畑中課長」など、その人と仕事がどう関わっているのかも明記しておく

⑥ ①～⑤以外の必要な情報を記しておく

フォーマットに従って書いたメモの例

日付：2025／4／8

内容：会議資料のコピー

目的：明日4/9㈬13:00からの会議資料８名分の準備

日時：本日17:00まで

場所：3Fコピー室

関係者：依頼ー 植田課長
営業一課全員（会議出席者）

備考：

・左肩どめ

・会議出席者に配布

上手にメモが取れない

対策

- メモは1件1ページ
- 一番上に大きく目立つように、日付とタイトルを必ず書く

事例 メモをしていたはずの仕事の手順、どこに書かれているのか行方不明に

仕事の手順がわからなくなって先輩に聞きにいったら、「それ、この前教えたところだよ。メモを取っていたでしょ」と返されてしまった。

慌ててメモ帳をめくってもぎっしりと詰まった文字のどこに書いてあるのかわからない。先週書いていた内容あたりのページを一生懸命探してみたけれど、それらしき記述は見付からない。ひょっとしてその日はメモ帳を忘れていて、適当に書類の裏にメモしたのだろうか？　その書類はどこだろう。捨ててはいないはずなんだけど。

メモの取り方はわかっているつもりだったし、実際書いた直後ならメモを見ながら仕事もできる。けれども、あとで読み返そうとすると、いつも見付からなくなってしまう。

ひょっとして自分のメモの取り方はダメなんだろうか？

原因 整理が苦手なＡＳＤとＡＤＨＤ、ノートにその傾向が出てくることも

発達障害の人のメモ帳を見せてもらうと、驚くほど整然と、きっちりと書かれたものがある一方で、まさに自由帳のように順番も内容の種別もなく書き込まれたものもある。

ＡＳＤを持つ人の場合、特によく見かけるのが、1冊のメモ帳に1行の無駄もなく、予定も連絡

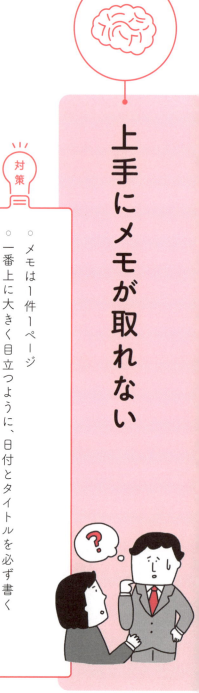

事項も仕事のやり方もぎっしりと書き込まれたメモ帳だ。タイトルも日付もなかったりするので、あとで読み返そうとすると頭から順に探していくしかない。

　ADHDを持つ人の場合は、その辺にある紙の裏にメモしておいてなくしてしまうことが多い。また、「忘れないように」と何冊もメモ帳を用意していて、あとでどのメモ帳に書かれているのか忘れてしまうこともある。

　ASDやADHDの特性としてよくいわれるのが**「整理下手」**だが、それが情報整理の不得意さとして現れる場合もある。あとで見返してもわからないノートには、この特性が現れている。

解決法　メモ帳の使い方にルール付けをしよう

仕事の手順などあとで見返すメモは、必ずタイトルを付けて書く

仕事の決まりや機械の使い方など、あとで見返すためのメモは、使い捨ての走り書きメモとは違う。内容を略さずしっかり書いておかないと、あとで使いものにならないものになってしまう。

　まずメモ用紙は、**「1件1枚（1ページ）」**と決めておく。もったいないなどと思ってはいけない。違う内容の情報がぎっしり詰め込まれたメモ帳をあとで見返しても、どこに何が書かれているのかまったくわからないものだ。

　そして、**1番上に大きく日付とタイトルを書く**。このタイトルこそ、メモの苦手な人の多くが書き落としているポイントだ。これが何のためのメモであるのかを表すタイトルは、あとで内容を見返すときの一番の頼りになる。よってタイトルは目立たせるため一番上に大きな字で書き、赤字にしたりラインを引いたりしておくと良い。

　業務のメモにタイトルを付けるということは、つまり「仕事に名前を付ける」ことだ。何の仕事についての話なのか、意識していないままやり方だけ聞いても頭には入らない。記憶の棚にしまっておくためには、棚に付けるラベルが必要だ。

　どうしてもタイトルが書けない場合は、教えてくれている人に思い切って「すみません、これは何

メモには必ずタイトル付けを

2025／4／8 週報の提出方法

締切り：毎週金曜日　午後3時まで

方法：メールにて、○○課長宛

フォーマット：共有サーバー　¥報告¥shuho_form.xls

その他：A4一枚以内

タイトルは目立つように大きな字で、赤字やラインを引いておく

ダイアリー式の手帳をメモ帳と併用する

2025／4／8
週報の提出方法

締切り：毎週金曜日
午後3時まで
方法：メールにて、
○○課長宛
フォーマット：共有サーバー
¥報告¥shuho_form.xls
その他：A4一枚以内

メモ用紙は
1件1枚ページ

の業務についてのお話でしょうか」と聞いてしまおう。その回答を、そのままメモのタイトルにすれば良い。相手は鼻白んでしまうかもしれないが、何度も同じことを聞き直すよりは長期的に見てはるかに良い。

タイトルを付ける癖を付けていくことは、仕事の吸収力を増すことにもつながっていく。

日付の付いたダイアリー式の手帳を活用する

スケジュールを書いておくための手帳には「1日1ページ型」や「1日2ページ型」といわれる、1〜2ページが丸々1日分の記入スペースになっているタイプのものがある。

このタイプの手帳を愛用している人は、手帳に予定だけでなく、その日のメモ書きや記録をすべて書き込んでいることが多い。1件1ページのメモが合わない、またスケジュール帳とメモ帳が別々だと忘れやすいタイプの人はこちらを活用しても良い。

あとでメモを探すときも、日付やその日の予定がインデックス代わりとなって探しやすくなる。

書き込む量が多い場合は日記帳を使っても良いが、必ず**はじめから日付が記されたもの**を選ぼう。日付を自分で書き込むようなタイプだと、結局それを無視して普通のメモ帳のように使ってしまうことにもなり得るからだ。

手帳とメモ帳を兼ねるのは、あちこちに適当に書いてしまうといった癖を防ぎ、情報を一本化するためになる。

デジタル派ならEvernoteを活用してメモを一括管理

仕事中にスマホが使えるのなら、**Evernote**の活用をおすすめしたい。Evernoteは、テキスト、手書きメモ、カメラ、音声とさまざまな情報を取り入れられ、使いこなせれば紙にメモするよりも自由度が高い。

また、データはネットワーク上に保存されるため、同じユーザーアカウントでログインすれば、スマホやパソコン、タブレットなど、どの端末から読み出しても同じ情報にアクセスできる。これで「どの端末に保存したかわからない」ということは、妨げるようになる。

しかし、フリック入力が大得意な人以外は、文字を書くスピードは紙にはかなわないかもしれない。スマホではとても先輩の説明のスピードについていけない場合には、ノートにメモをしてからEvernoteにアップするといいだろう。

会議でメモが取れない

対策

○目的、出席者、自分の言いたいこと、聞きたいこと。事前にわかる限りのことは書き出しておこう

事例

流れについていけず、メモが取れないまま終わった会議。いったい何が決まったんだ？

新人のうちは問題なかった。先輩や上司から指示をもらって、その仕事をこなしていくだけ。指示をもらうときのメモは取れていたし、仕事も問題なくできて「期待の新人」なんて評価もされていたのに……。

先輩の手を離れて張り切って会議に出席したら、何人もの出席者がそれぞれバラバラに言いたいことを言い合っているので、誰が何を言っているのかさっぱりわからない。

ホワイトボードを見ても会議の流れや何を話し合っているのかもわからず、なぐり書きで数字や日にちが書かれているだけ。

混乱しているうちに「じゃ、そういうことで」と解散になってしまった。

もちろん、手元のメモ帳は真っ白。いったい何が決まったのか、自分は何をすればいいのかまったくわからない！

原因　ASDにとって複数人での会話は鬼門

ASDを持つ人は、**「みんな」に向かっての言葉を自分のものとして受け取れない**という不思議な特性が出ることがある。1対1なら誤解なくきちんと指示を受けられるのに、朝礼などで全体に向けられた連絡や指示は何ひとつ頭に入らず、「そんなこと言われました?」となってしまうタイプの人がよく見受けられる。これは、本人が自覚して頑張って聞こうとしても難しい場合がある、なかなかやっかいな特性だ。

会議の発言は基本的にすべてその場にいる「みんな」に向けての発言なので、同じように取り入れるのが難しくなる。

その上、複数入り交じっての会話も大の苦手だ。複数人が一斉に喋り出すと、ASDの当事者にとってはそれらの声を切り分けて理解するのが非常に難しい。

誰かの会話の内容を前提に誰かが話をするという状況も、苦手な要素だ。ただでさえ前提条件をもとにした省略が多い会話が苦手なのに、それが複数人の話題によってしまってはどうしようもない。

アルバイトや派遣のうちは有能と言われたのに、正社員になった途端、仕事ができなくなった。新人のうちは仕事ができていたのに、自分の裁量に任されて会議や打ち合わせに出るようになると何をやれば良いのかまったくわからなくなった。

そういうタイプの人は、会議や打ち合わせに原因があるのかもしれない。新人の頃は直接上司や先輩から指示されることが多いが、ある程度仕事に慣れてくると会議や打ち合わせなどで自分の仕事が決まるようになってくるからだ。

Column

障害年金の申請

障害者手帳を取得しただけでは年金は発生しない。障害年金を取得するためには、手帳とは別に申請する必要がある。

申請先は、最寄りの年金事務所の窓口になる。必要な書類もここでもらえる。

ここで申請できる年金は、診断時に入っていた年金によって種類が異なる。

診断時に国民年金に加入していたなら、障害基礎年金。診断時に厚生年金に加入していたなら、障害基礎年金＋障害厚生年金となる。つまり、診断時の加入年金によって金額が異なってくる。

申請には初診日の日付が重要になるので、あらかじめ医師と相談しておくと良い。病院での受診記録の保管義務期間は5年間で、それ以上さかのぼると記録が得られない場合があるので注意が必要だ。

申請は自分で行うこともできるが、この手続きはかなり複雑だ。そのため、社労士へ依頼して手続きを代行してもらう人も多い。

社労士の情報については、発達障害者支援センターに相談してみると良いだろう。

解決法

会議前にわかっていることを予習する

会議メモは、事前にわかっていることをまとめておく

会議や打ち合わせでは、事前の準備が大切だ。**会議が始まる前に、わかっている限りの情報を事前にまとめておこう**。

見落としがちな項目は、**会議の目的**だ。複数の人が話していると、会話の流れはどんどん変わってしまう。大きな目的を確認しておくことで、会議中も話の軸を見失わないようにする。

次に重要なのは**TODO**と**確認事項**の項目、つまり会議の中で自分がやるべきことや、確認しなければならない情報をあらかじめ整理しておくことだ。たとえば、「この会議によって、自分にどんな仕事が加わるのか」「自分の仕事がどう変わるのか」、この点は必ず確認しておくべき事項だろう。

用意しておいたメモは手元に置いておき、会議中いつでも確認できるようにしておこう。

実際に会議が始まったら、この事前メモに追加する形でメモを書き加えていく。**追加部分を赤字で書く**とわかりやすい。

この方法のポイントは、**事前に知っていること・わかっていることをあえて書き出すこと**で、頭に置いておかなくても良い状況にすることだ。頭に置いておくべきことを書き出しておけば、その分、頭のリソースを会議に集中させられる。また、事前に用意した内容に書き加えていけば良いので、会議中のメモを最小限に抑えられる。

Column 障害者向けの職業訓練

発達障害も含めた障害者が利用できるサービスのひとつに、次のような職業訓練がある。

●就労移行支援

常設された施設で、就職を目指しての訓練ができるサービス。最大2年の期間を使って、職業訓練や就職活動のアドバイスを受けられる。

就労移行支援の利用については、障害者手帳は必須ではないが、医師の診断を前提とした「訓練等給付」の申請が必要になる。詳しくは最寄りの自治体の障害福祉課で尋ねてみよう。

●委託訓練

都道府県などが公共の職業訓練を民間団体などへ委託したもので、対象者であれば基本的に無料で訓練を受けられる。

訓練内容は実施団体や企画によってさまざまだが、基本的に短期のものが多い。時期によって開催されているものも異なるので、利用を検討する場合はその都度情報をつかむ必要がある。

委託訓練を検討する場合は、ハローワークの障害者対応窓口や支援センターを訪ねてみよう。

会議メモの具体例

2025／4／8　A社プロジェクト進捗会議 ❶

目的：A社プロジェクトの進捗報告・エラー対応の決定 ❹

日時：4/8 15:00〜

場所：大会議室

出席者：石田部長、田中課長、山本、原田、谷本、杉田

事前準備物：
・メール送付資料を各自印刷、持参
・担当業務の進捗発表準備

❷ TODO：
・自分担当分の進捗報告　→完了
　→進捗の遅れはないがメンバー１名が退社予定、
　スケジュール通りであれば
　人員の補充が必要

確認事項：
・要請（人員補充）についての対応伺
　→石田部長承認、選出は後日
・追加タスクの確認　→追加人員選出、引き継ぎ指示 ❸

：

❺

❶事前に知っていること、わかっていることを書き出しておく
❷会議の中で自分がやるべきことや、確認しなければならない情報をあらかじめ整理しておく
❸会議メモの追加の部分は赤字で記入する
❹会議の目的は見落としがち。大きな目的を確認して、話の軸を見失わないようにする
❺メモは手元に置いておき、会議中いつでも確認できるようにしておく

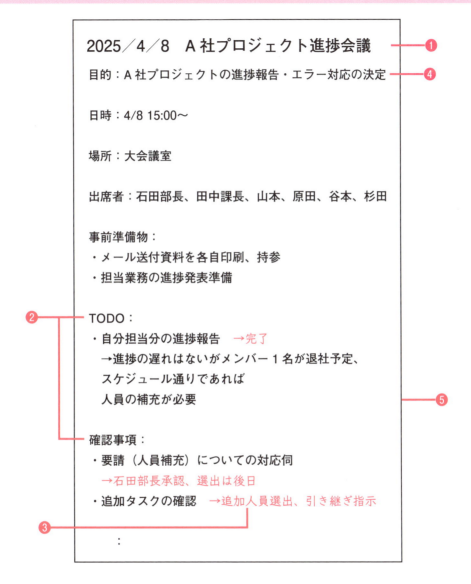

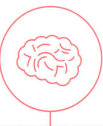

どんな方法を使っても、とにかくメモは無理

対策

○記録の方法はメモだけではない。ボイスレコーダー、カメラを活用してみよう

事例

学生時代からノートが取れなかった。仕事でもメモが必要なんて……

高校生まではとにかく黒板の内容を書き写せば良かったから、ノートの取り方に悩むこともなかった。

大学に入ったら教授は話すばかりで板書してくれず、授業なんかさっぱりわからない。だけどサークルの先輩や友達にノートを借りることで、何とか切り抜けていた。

ところが仕事に就いたら、これがどうにもならなくなった。手順が複雑な仕事なのでメモは絶対必要だが、書いている間に話がどんどん進んでしまうし、そもそも話がろくに頭に入ってこない。

先輩に相談してもネットで検索しても、「ポイントだけ書け」とか「5W1Hだよ」とか、昔先生に言われたようなことばかり。

そのポイントがわからないし、そもそもなんでみんな、「見て聞いて書いて」を同時にできるんだろう？

原因

並行作業が苦手なASD。集中が難しいADHD。書字障害の可能性大

ASDがあると、**基本的に並行作業が苦手**なことが多くなる。この度合いは人によってさまざまで、単純に抱えている仕事がいくつもあるとスケジューリングがうまくいかなくなる人から、〝左手で定規を押さえて右手で線を引く〟ことまで苦手なタイプの人もいる。

メモは高度な並行作業だ。目で手本を見て、耳で説明を聞いて、頭でポイントを考えながら手で書く。1つひとつのことはできても、同時にしなければならないとなると混乱が生まれる。その上、ASDの脳は説明もされてない「ポイント」を捉えるのがまったく苦手なのだ。

ADHDの場合は、**一人の話に意識を集中し続けるのが難しい**。しばらく他のことに気を取られていると、気付いたら先輩の説明が終わっていたなどということにもなる。

また、LDのひとつに、**書字障害**がある。文字がまったく書けない、漢字だけ書けない、鏡写しだったり部首の位置がチグハグだったりする。表れ方は人それぞれ違いがあるが、読めるのに書けない。書き写すだけなのに、大変な努力がいる、という人は、この障害がある可能性もある。

解決法 無理なく記録できる環境を整えよう

音声ならボイスレコーダーを活用しよう

メモの取り方がわからない。それならいっそ、メモを取ることは諦めてしまう手もある。

言葉なら、**録音してしまおう**。スマホなら専用のアプリ、携帯電話にもレコーダーの機能を兼ね備えたものもあるが、音質を考えると専用のボイスレコーダーが望ましい。安いものなら3千円くらいで十分な機能のものが手に入る。ただし、録音が問題になる場合もあるので、事前に上司の許可は取っておこう。

録音し損ったら、「すみません、もう一度お願いします」と素直に相手にお願いする。相手も仕事のためなら、「あとでミスされたり、何度も聞き直されたりするよりマシ」と考えてくれるだろう。

録音しづらい状況なら、忘れないうちにすぐに自分で内容を吹き込む方法もある。

少し値は張るが、ポケットに入れておくだけで「会話を感知したら自動で録音開始」までしてくれるボイスレコーダーもある。家電量販店で、お店の人に相談してみるのが良い。

電話応対なら、電話専用のマイクも販売されている。イヤホンにマイクが付いているもので、受話器からの音声を録音しつつ同時に

自分の耳でも聞くことができる。これを使いたいなら、外部マイクを使えるタイプのボイスレコーダーを選ぼう。

ボイスレコーダーの良いところは、録音した日時まで記録してくれる点だ。録音した日時をすぐに出せるし、日時を目当てに必要な音声を探し出せる。

またほとんどのボイスレコーダーは、パソコンに音声ファイルの形でデータを保存しておける。「20250408_会議」などとファイル名を付けて決まったフォルダーにしまっておけば、あとで探して聞き直すこともできる。

トレーニングしてメモを書けるようになりたいという前向きなタイプなら、録音や写真から必要なところを文字にするようにしていけば良い。録音なら何回でも聞き直せるし、元のデータを保存しておけば、「あ、メモしていないことがあった」というときも安心だ。

目で見る内容ならデジタルカメラで撮影。スマホのカメラなら、さらに便利

会議でホワイトボードに板書された内容なら、**デジタルカメラで撮影してしまえば一発だ**。携帯電話、スマホにも今は画質の良いカメラが付いている。

ただし、皆が話している最中に「パシャッ！」は止めておこう。会議が終わったタイミングで「自分が消しておきますよ」と言っておいて、撮影してから掃除。あるいは休憩時間などの合間に撮影。

もし会議中に消されてしまいそうになったら、「すみません、撮影して良いですか？」と許可を得てから撮影するようにしよう。もし客先での会議なら、同様に会議が終わったあと、素直にお願いするのが良い。

職場に皆の予定表があるのなら、それも撮影。廊下に連絡が貼り出されたら、それも撮影。とにかくスマホの中に必要な情報が全部入っているのなら、あとで何とか探すこともできる。

その点スマホの便利なところは、サムネイルでの画像一覧や日付からの検索ができるところだ。ＡＳＤやＡＤＨＤを持つ人には、視覚情報優先タイプの人も多い。言葉では思い出せなくても、ビジュアルから記憶をたどることは得意なタイプの人が多いのだ。なお、読字障害などのＬＤがある人にとっても、画像で探せることはメリットになる。

道具の使い方やあいさつの仕方などの手順が入る場合は、動画で撮影してしまおう。

特に文字の扱いが苦手な読字障害や書字障害といったＬＤがある人には、紙のマニュアルよりも動画で手順を記録したほうが有効になるだろう。

上手にメモが取れない人のための3つの解決策

① ボイスレコーダーの活用

- 事前に許可を取っておく
- 録音に失敗したら、もう一度話してもらえるようにお願いする
- 録音日時を記録してくれるので、すぐに検索できる

② デジタルカメラで撮影

- 会議が終わったタイミングで撮影する
- 予定表や連絡事項など、撮影できるものはすべて写し、情報を一元化する
- サムネイルや日付から検索しやすい

③ 動画で撮影する

- 手順があるときには動画のほうがわかりやすい
- 読字障害や書字障害の人には最適な方法

短期記憶が苦手で、データ入力の効率が悪い

対策

○デュアルモニターを活用する

事例

資料を見ながら入力作業。簡単な仕事なのに、効率が悪くてうまくいかない

パソコンで事務作業。もらった資料から別の表ファイルに写していくだけの作業だが、画面が狭くてどうにも効率が悪い。資料と表ファイルを画面いっぱいに開いていたが、ウィンドウを切り替えるたびに入力するデータを「あれっ、何だっけ？」と忘れてしまって資料と表ファイルをいったりきたり。

同僚から「入力するウィンドウと資料のウィンドウを半々で開いてみたら？」とアドバイスをもらってその通りにしたら、今度は広い表の一部しか見えなくて入力する欄を間違えてしまった。

こんな感じで他の人より仕事が遅くて、上司にも「こんな簡単な仕事になんで時間がかかるの？」と言われてしまった。

原因

入力作業には、ワーキングメモリが関わってくる

ＡＳＤやＡＤＨＤを持つ人の根本的な原因として指摘されているのが、**ワーキングメモリ**の問題だ。発達障害の人には「勉強は得意なのに物覚えが悪い」というタイプの人がいて、よく周囲に不思議がられる。

ワーキングメモリは、人の機能をパソコンのメインメモリにたとえた考え方だ。パソコンでは、単

純にデータを保存できる量ならハードディスクの容量に左右されるが、仕事の効率はCPUの性能とメインメモリのサイズで決まる。そしてパソコンを使っている人なら実感できるかもしれないが、メインメモリのサイズはCPUの性能以上に作業効率に響く。どんなにCPUが優秀であっても、大容量のハードディスクを積んでいても、メモリの少ないパソコンでは極端に処理能力が落ちてしまう。

　勉強は得意なのに仕事の物覚えが悪いのは、CPUは優秀でハードディスクは大容量だが、メモリが少なくて**一度に扱える情報量が少ない**ということだ。1つひとつ思い出して解答していけば大丈夫なテストと違って、仕事は同時並行で進めなければならず、また必要な情報が桁違いに多い。

　発達障害の人が効率的に仕事を行うには、この**ワーキングメモリを補う工夫が必須**になる。パソコンでメモリを増やすように、自分のワーキングメモリの代わりをしてくれるものを用意すれば良い。

解決法　資料と作業画面、両方がすぐ視界に入る環境を作ろう

ポイントは、**必要な資料がすぐ目に入る環境作り**だ。扱う資料が数枚なら、資料を印刷して作業するのが基本になる。それで済む状況であれば、印刷した資料を見ながらの作業のほうが効率が良い。

　しかし現在では、ペーパーレスの風潮から印刷を控える職場も多い。また資料が大量になると、整理が苦手な人は大量の資料で机が散らかったり、必要な資料が埋もれて見付からなくなったりと別の問題を引き起こすこともある。

　ここでは、パソコンを使った環境作りに絞って紹介したい。

デュアルモニター環境で、パソコン業務の効率も2倍になる

パソコンでの仕事がメインで、かつ会社から許されるのなら、ぜひおすすめしたいのが**デュアルモニター**だ。デュアルモニターとは文字通り、1つのパソコンに2台(以上)のモニターをつなげた状態のこと。テレビなどでデイトレーダーが出てくるとき、デスクにたくさんのモニターが並んでいるのを見たことがあれば話が早い。

　ビジネス向けのノートパソコンであれば、たいてい外部モニター用の接続ポートがある。VGAあるいはHDMIが一般的だろう。このポートがあるのなら、あとはこの接続ポートに対応したモニターをつなげるだけでいい。

　デスクトップの場合は、個体差がある。本体がデュアルモニター

に対応していれば良いが、そうでなければデュアルモニターに対応したビデオカードを別に購入する必要がある。自分のパソコンにデュアルモニター用の接続ポートがない場合、USBを用いることもできる。**「USBサブモニター」**は、USBで接続できる小型のモニターだ。

また、USBからVGAなどのインターフェースに変換して接続できるアダプターも販売されている。**「USB・VGA変換アダプター」**や**「USB・HDMI変換アダプター」**で商品を検索できる。余ったモニターはあるが、パソコンが外部モニターに対応していない場合には、こちらを検討するのが安上がりだろう。

サブモニターを接続したら、ウィンドウズキー（ウィンドウズの四つ窓のマークのキー）＋Pを押すと設定を呼び出せる。設定画面から、「拡張」を選ぼう。画面はウィンドウズのバージョンや機種で異なる場合があるが、設定方法はどれも同じだ。

拡張に設定すると、サブモニターの画面はメインモニターの右側に並ぶ画面として認識される。

注意点としては、下手に2画面に作業領域を広げたりするとかえって効率が悪くなることだ。

そのため、メインモニターを作業領域、サブモニターを情報表示に使うのが良いだろう。たとえば調べものをしながら書類を書く場合には、メインにワードやエクセル、サブにブラウザーを開いておく、といった具合である。

スマホやタブレットをサブモニター化する

デュアルモニターは便利だが、やはりお金もかかるし、どんな職場でも実現できるわけではない。だが現代では、ほとんどの人が持ち歩いているモニターがある。しかも高画質で、小型軽量。そう、スマホのモニターがそれだ。**スマホをサブモニター化するアプリ**を使えば、少ない投資でデュアルモニター環境ができ上がる。

スマホをサブモニター化するアプリは、次ページのようにたくさんの種類がある。ウィンドウズ、マック、アンドロイド、アイフォーン（アイパッド）とそれぞれの組み合わせによって対応するアプリが異なり、つなぎ方も有線・無線とある。自分のパソコンやスマホの種類、つなぎ方によって選んでいくといいだろう。アプリは有料のものが多いが、モニターを1台買うよりもはるかにお手軽だ。どれもパソコンとスマホそれぞれにアプリをインストールすることで使えるようになる。画面の広いタブレットを使えば、より効率的だ。

ウィンドウズやアンドロイドでは、機種などによって相性が合わ

代表的なスマホをサブモニター化するアプリ

アプリ	特　徴
Komado2	• スマホをWindowsのサブモニターとして活用できる • Wi-Fiで接続する • サブモニターの表示には、セカンドディスプレイとミラーリングの２つの方法がある • 単一のアプリを常に表示したいときに最適
Splashtop Wired XDisplay Free	• Android、iPhone、iPadをWindowsもしくはMacのサブモニターとして活用できる • USBで接続する • 有線ケーブル接続なので安定性が抜群
spacedesk	• Android、iPhone、iPadをWindowsのサブモニターとして活用できる • Wi-Fiで接続する • サブディスプレイの他にタッチパッドとしても使える • パソコン側の対応機種はWindowsのみ
Duet Display	• スマホをWindowsもしくはMacのサブモニターとして活用できる • USBで接続する（有料だがワイヤレス接続も可能）

ないこともあるようだ。いろいろなものを試してみて、自分の環境に合うものを使うのが良いだろう。

ここでは「spacedesk」を例にとって、ウィンドウズとアンドロイドのスマホを接続する手順を説明しよう。接続の手順は次ページの通り。

２０２５年２月の時点で、spacedeskは無料で使用できる。スマホ側はアンドロイドだけでなくiOSにも対応しているが、パソコン側はWindows 8.1以降のみの対応になる。また接続はWi-Fi経由なので、無線ＬＡＮの用意も必要だ。

パソコンやスマホのアプリにはどうしても相性の問題が出てくるため、使用できないこともある。その点、無料で試すことができるのはありがたい。

パソコンやスマホに別のサブモニター系のアプリケーションがインストールされていると競合を起

「spacedesk」を用いてWindowsとスマホを接続する手順

1 spacedeskの公式ページ（http://spacedesk.net）につなぎ、「Driver available for:」の「Windows 10/11」をクリックする。

2 自分のパソコンのOS、CPU種別に合わせて「DOWNLOAD」をクリックする。現行のパソコンであれば、基本的には「Windows 10/11 64-bit」を選べば良いはずだ。

3 ダウンロードされたファイル「spacedesk_driver_Win_10_64_vOOOO.msi」（OOOO部分はバージョン番号）をダブルクリックしてインストールを開始する。「このアプリがデバイスに変更を加えることを許可しますか?」との表示が出たら「はい」をクリックする（パスワードを要求されたら、管理者アカウントのログインパスワードを入力する）。

4 「Next」をクリックする。

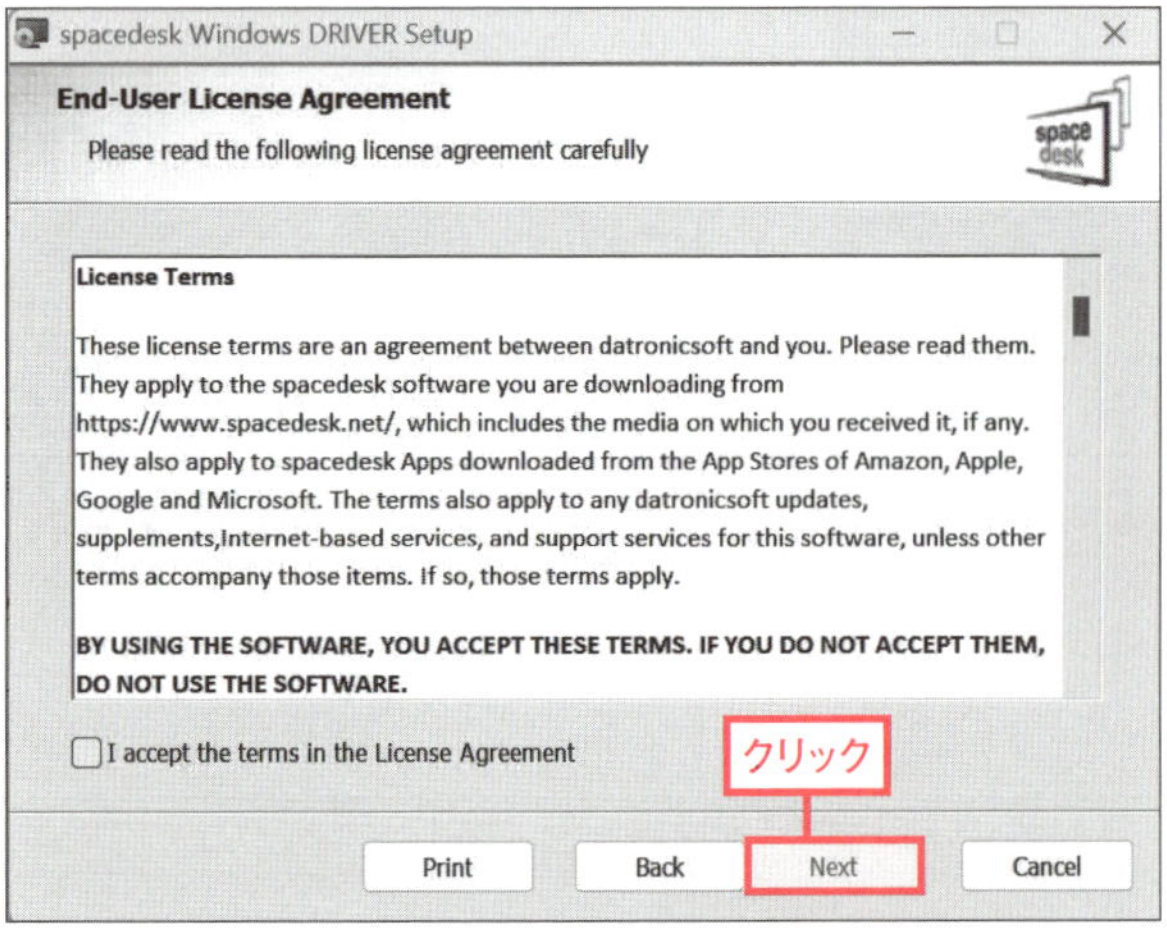

memo

「Next」がハイライトされないときには、「I accept the terms in the License Agreement」の横の□をクリックして☑にしてから「Next」を押す。

5 「Add an exception to the Window firewall for spacedesk」の横は始めから☑の状態になっているが、そのまま「Next」をクリックする。

6 最後に「Install」を押し、インストールが完了したらパソコン側の準備は完了だ。

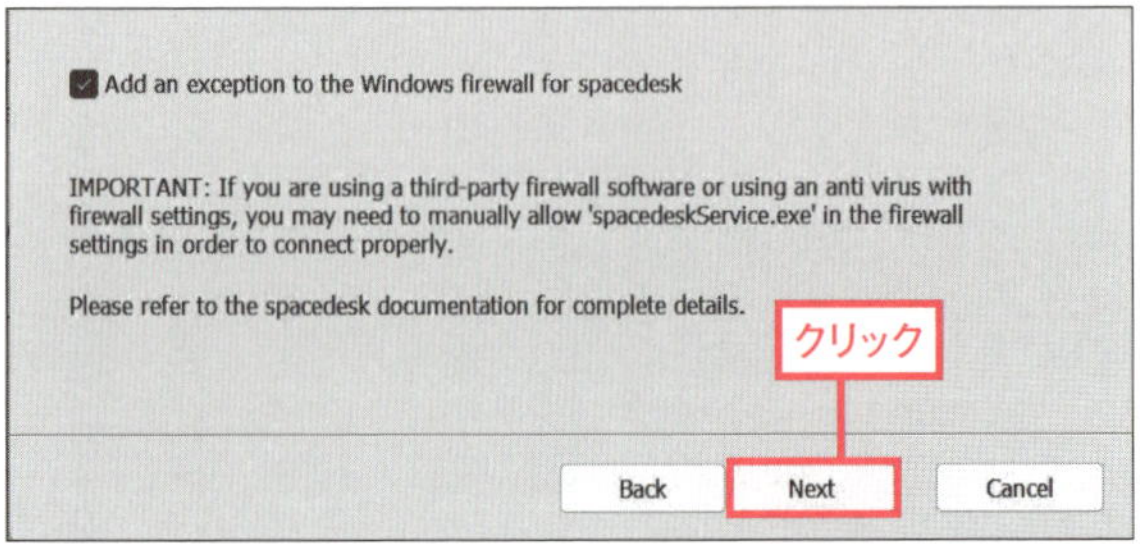

7 続いて、スマホ（タブレット）でアプリをインストールする。APPストア（Playストア）から「spacedesk」で検索して、アプリをインストールする。

8 追加された「spacedesk」を起動する。初回起動時には、右のような画面が出る。先にWindowsのほうでドライバーをインストールするよう促す注意書きだ。ここまでの手順で既にWindows側にインストールしていれば問題ない。「Do not show this messagebox again」の横を☑にしてから「OK」を押せば、次回起動時からはこの画面は現れない。

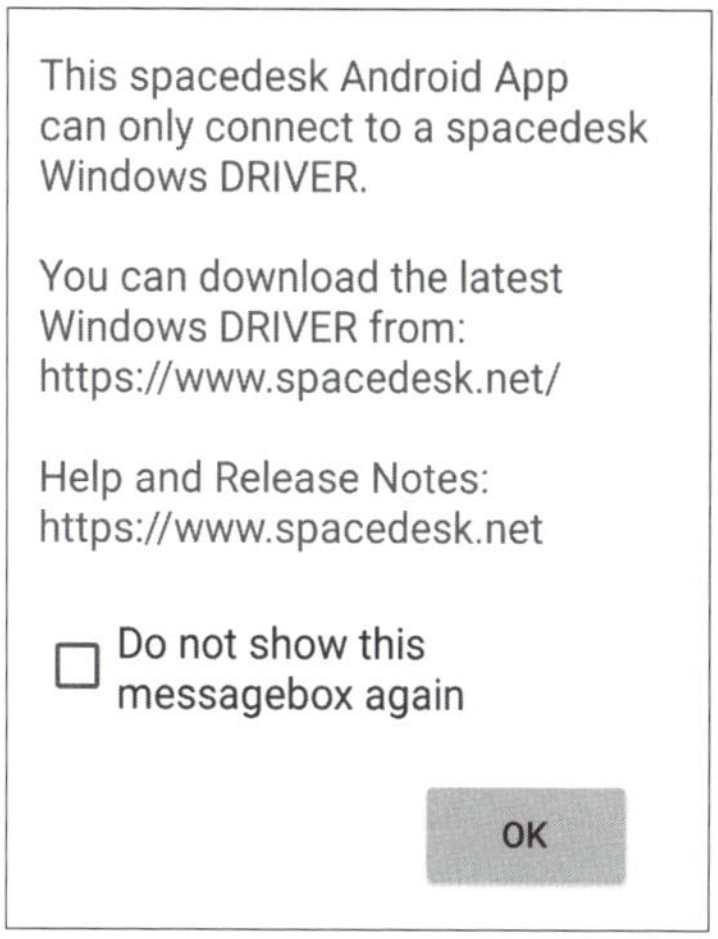

memo
「spacedesk」では、パソコンとスマホが無線の同じLANにつながっている必要がある。あらかじめWi-Fiの設定で、パソコンとスマホが同じSSIDに接続されるように設定しておこう。

9 「Connection:xxx.xxx.xxx.xxx（IPアドレス）」をクリックする。

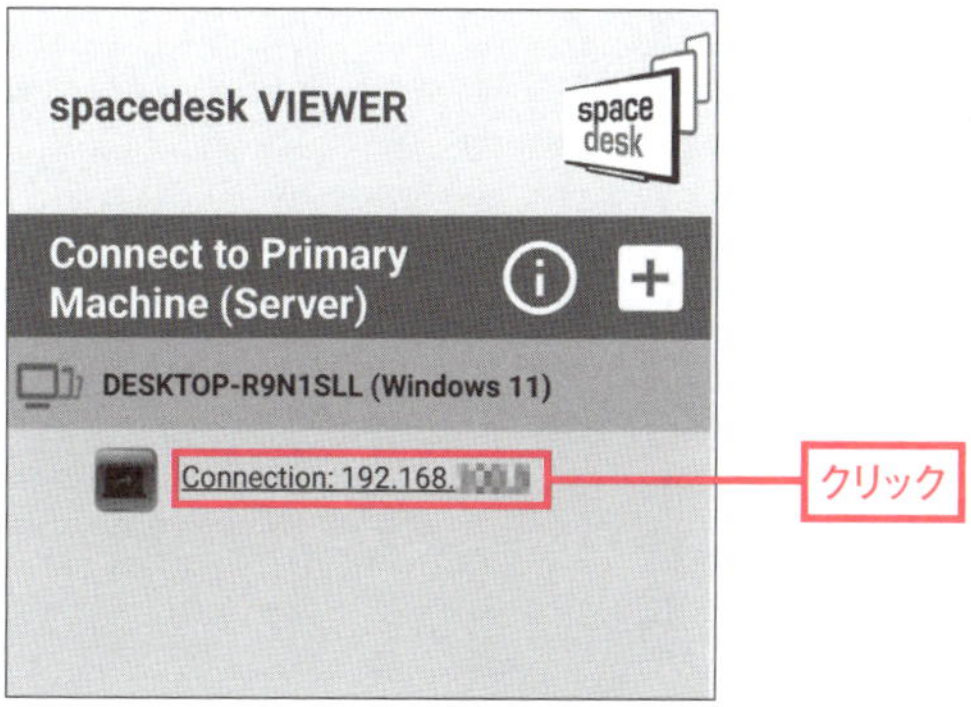

10 スマホ側に、パソコン画面が出力されれば成功だ。あとはこのまま、パソコンのサブモニターとして使うことができる。Wi-Fiでつながっているため速度によってはややタイムラグを感じることもあるが、一般的な使い方であれば問題ない。接続を終了するときは、三本線のボタンをタップして「Disconnect」をクリックする。

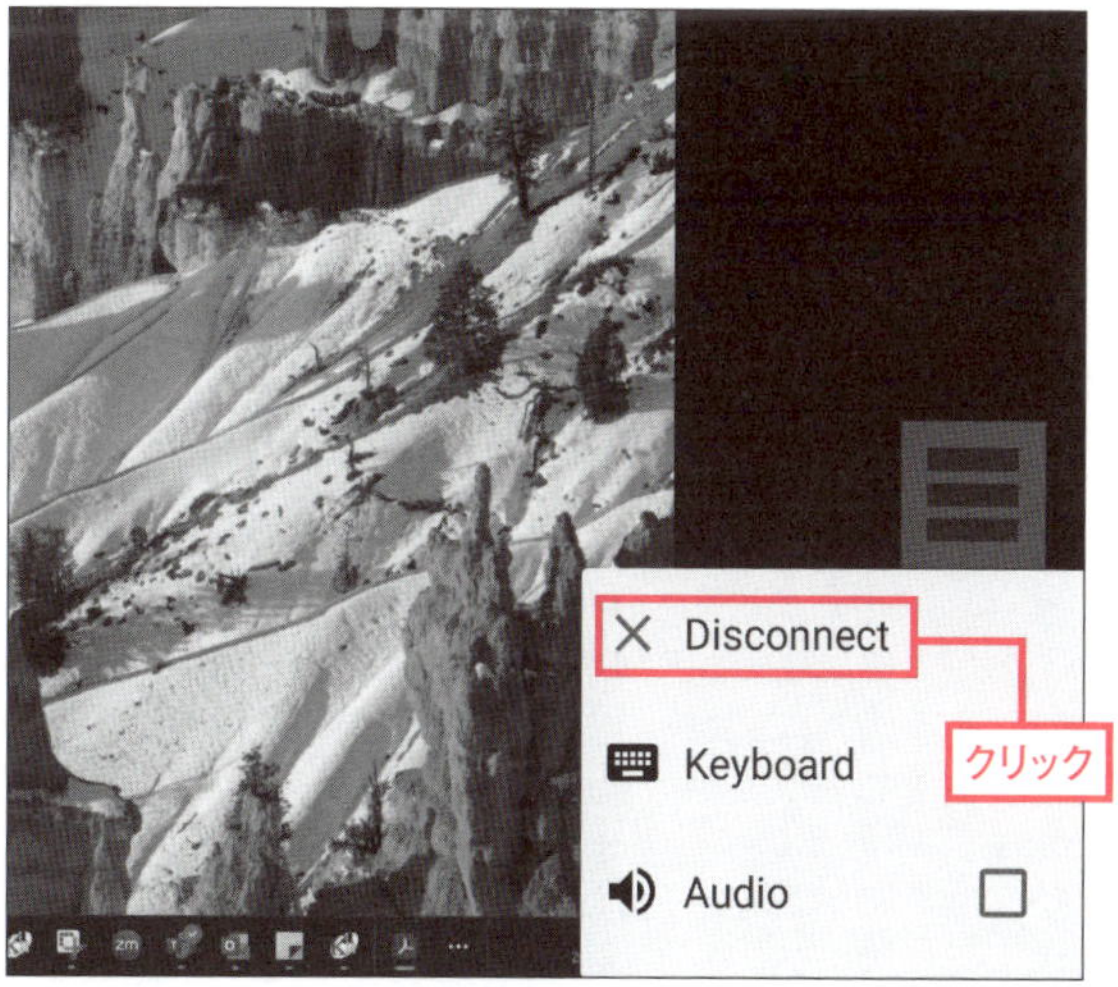

memo
画面の向きなどが思ったように表示されない場合は、Windows側の設定→システム→ディスプレイから設定を変更する。

こし、問題が生じる場合がある。うまくつながらない場合は、いったんすべてのサブモニター系のアプリケーションをアンインストールしてやり直してみよう。

データだけ見られれば良いなら、ドロップボックスやメールでもOK

サブモニターほどの自由度はないが、データを表示させておくだけなら**ドロップボックス**を使っても良い。スマホやタブレットにドロップボックスをインストールし、パソコンと共通のアカウントでログインする。あとはパソコンから表示させたいファイルをドロップボックスに移し、スマホで表示させるだけだ。

余計なアプリをインストールしたくないなら、**メール**を使っても良い。アンドロイドならGメール、アイフォーンやアイパッドならアイクラウドのメールが標準で使えるはずである。

あとはパソコンから必要なファイルを添付して送信し、スマホで受け取って表示させるだけだ。ただしメールでは、大きすぎるファイルを送ると不具合が起きる可能性がある。添付ファイルの容量は、1MB前後以内を目安にしておくのが良い。

ネットの情報やファイルの一覧など、画面には出ているがうまく1つのファイルにするのが難しい情報もある。その場合には、**OSのスクリーンショット機能**が有効だ。「PrintScreen（あるいはPrntScr、PrtScなど）」キーを押すと、今表示されている画面をそのまま画像としてコピーできる。

あとはワードやペイントで右クリック→貼り付け（あるいはCtrl+V）して保存すれば、ファイルとして扱うことができる。メールの作成画面で、そのまま本文に貼り付けて送ることもできる。ただし、この場合には、メールがリッチテキストモード（HTMLメールモード）で作成する設定になっている必要がある。

特定のウィンドウだけをコピーしたいのであれば、Altキーを押しながらPrintScreenキーで現在アクティブになっているウィンドウをキャプチャーできる。

画面キャプチャーをより使いこなすには、**「Snipping Tool」**というアプリケーションをおすすめしたい。

このソフトを使えば、画面上の必要な部分だけキャプチャーが撮れる。そのまま画像ファイルにする機能もあるので、わざわざワードやペイントに貼り付ける手間も省ける。

しかし、スマホのモニターを見ながらパソコンで作業をしていると、1つ不便なことがある。ほとんどの人の設定では、しばらく操作がなければスリープに入るようになっているはずだ。頻繁にタッチパネルを触っていなくては画面が消えてしまうのでは、サブモニターとして使うには非常に不便だ。

こんなときには、スリープに入るまでの時間を設定し直す。設定↓ディスプレイ↓スリープで画面が消えるまでの時間を設定できるので、最長の時間に設定してしまおう。

また充電器を使える環境であれば、設定↓開発者向けオプション↓スリープモードにしないの設定をONにしておけば充電中ずっと画面をつけたままにしておける。

設定の中に「開発者向けオプション」が見当たらない場合は、「設定」↓「端末情報」から「ビルド番号」の部分を7回連続でタップすると表示できる。

簡単にできるスマホをサブモニター化するやり方

Dropbox

- スマホやタブレットにインストールし、パソコンと共通のアカウントでログインする
- パソコンから表示させたいファイルを移し、スマホで表示させる

メール

- パソコンからファイルを添付して送信し、スマホで受け取って表示させる
- 不具合が起きる可能性があるため、添付ファイルの容量は1MB前後以内に

スクリーンショット

- PrintScreenキーで画像をコピーし、Wordやペイントに貼り付ける
- メールはリッチテキストモード（HTMLメールモード）の設定にする

Snipping Tool

- マイクロソフトのHPから無料でダウンロードできる
- 画面の中から必要な部分だけをキャプチャーできる

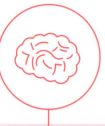

前日までは覚えていても忘れ物をしてしまう

対策

- 忘れてしまいそうな持ち物は、玄関のノブにかけたりかばんにくっつけたりしておく
- 携帯電話やテレビに付箋を貼っておく

事例

忘れ物が多い。前日に用意していても、朝出るときには忘れてしまう

今日はいつもと別の事務所で業務。いつもより早起きして、普段と違う電車に乗る。どうやら問題なく到着できそうで、ホッと安心――しかけたところで、思わず「あっ!」と声が出てしまった。

昨日職場から持ってきた資料、かばんに入りきらないから別の紙袋に入れて自宅に持っていったんだった。今日の仕事に必要だから、わざわざ持ってきていたのに……。

原因

ADHDの脳は、「意識に置き続ける」ことが苦手

モノでも予定でも、**うっかり忘れが多い**のはADHDの特徴としてよく挙げられる。学生時代の成績が優秀だったり、趣味の分野では膨大な知識を有していたりと、実はADHDの人の記憶力自体はとりわけ低いわけではない。ある記憶を「しまっておいて必要なときに取り出せる」ことと、「意識の中に持ち続けて行動

できること」は違う能力なのだ。そしてADHDは、後者をとても苦手としている。

本人も、実は「忘れてしまった」わけではないのだ。言われれば思い出すのだから。ただ、その記憶を「しまってしまった」だけで。

解決法 自分が「絶対に気付く」ポイントを押さえる

忘れそうなものはすべて袋やかばんに入れて、玄関のノブにかけておく

たとえば朝目覚めたときに「ああ、今日はあれを忘れないようにしなくちゃ……」と思い出していたとしても、その後の洗顔や着替えの間に全部忘れてしまうこともある。一番確実なのは、家を出る直前に思い出すことだ。

そこで、いつもと違う荷物や忘れがちなものは、**かばんや袋に入れて玄関のノブにかけておく**のが一番確実だ。ドアを開けるときに荷物が邪魔になるから、確実に気付くことができる。

ごみ出しを忘れそうなら、次の日に履く自分の靴の上に置いておく。靴を履くことを忘れることはないから、確実にごみ袋の存在にも気付く。

とにかく朝出掛ける自分を邪魔する形で、忘れそうなものを配置しておくのだ。自分で自分にトラップを仕掛ける要領だ。

必ず持っていくものとセットにしておく

忘れ物が多いといっても、毎朝持っていくかばんまで忘れてしまうようなことは少ない。忘れそうなものがかばんに入るサイズなら、かばんに入れてしまうのが一番だ。

問題は、かばんには入らないようなサイズの持ち物の場合だ。そこで、**キーチェーン**を活用する。購入する際は、伸び縮みするタイプのキーチェーンを選ぼう。これを1つかばんに付けておくと、いろいろと応用が利く。

翌朝忘れたくないものがあるときは、紙袋などに入れてこのキーチェーンでかばんとつなげてしまう。伸びるタイプのキーチェーンなら、つなげた状態のまま持ち運ぶこともできる。

キーチェーンは常にかばんに付けていてもそれほど邪魔になるものではないので、状況によってさまざまな使い方が考えられる。携帯のストラップをつないでおいても良い。また、鍵を付ける部分に書類用のダブルクリップを付けておけば、封筒や紙袋などを挟んで使える。

朝一の予定は、携帯電話やテレビに付箋を貼っておく

直行でお客様に会いに行くなど、忘れてはいけないことがものではなく予定の場合は、**朝確実に目にするものに予定を書いた付箋を貼っておく**。

起きたら必ずテレビをつけるのが習慣になっているのなら、テレビ画面のど真ん中に。携帯電話を見るのなら、携帯の画面の真ん中に。隅っこに貼っていたら気が付かない可能性もあるので、自分が絶対邪魔に感じる場所に貼っておこう。

出社してからの予定であれば、自分のパソコン画面に貼っておけば気付きやすい。このときも、端ではなく画面の真ん中に貼っておこう。

Column

就労継続支援施設

就労継続支援施設とは、一般の就労が難しいと考えられる人を対象に就労の場を提供する施設だ。就職は難しくても、仕事で社会とつながりを持ちたい。あるいは長期的に訓練を積んで、いずれまた就職に挑戦したいという人に適している。

就労継続支援にはA型とB型があり、それぞれ役割が異なっている。

●就労継続支援A型

就労継続支援A型とは就労活動の場を提供する福祉施設であるとともに、働く人と雇用契約を結んで営利的な活動を行う事業者でもある施設だ。つまりA型の利用者は、同時に社員でもあることになる。正式な雇用契約を結ぶため、最低賃金以上の金額で給料も支払われる。

ある程度の収入を得て働きつつ、福祉施設としてのサポートも受けられる点がメリットになる。

●就労継続支援B型

就労継続支援B型とは、日中活動の場として働く場を提供する福祉施設だ。利用者は働くことで社会とのつながりを得たり、長期的な視野で就職を目指して訓練を積んだりできる。

給料は支払われず、労働活動から利益が発生すればその分が工賃として支払われる。

収入はほとんどないが、就労移行支援と異なり長期的な利用ができる点がメリットになる。

忘れ物をしない工夫

玄関のドアノブにかけておく

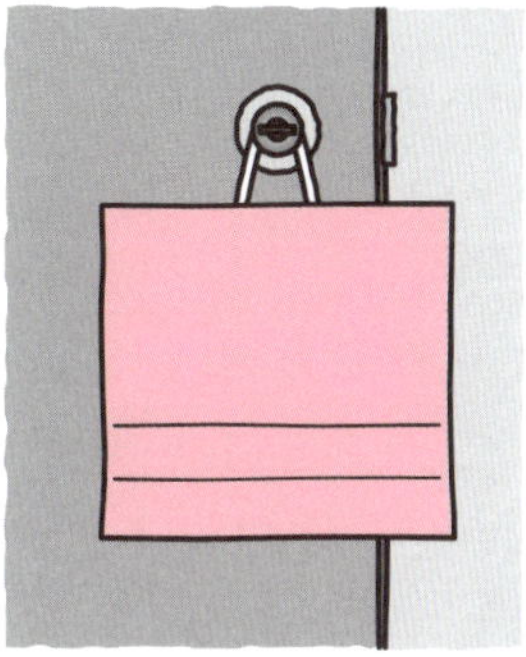

- ドアを開けるときに確実に気付く
- 自分の靴の上に置いておくのもアリ
- 自分にトラップを仕掛けるつもりで、忘れそうなものを配置しておく

かばんと忘れそうなものをキーチェーンでつなぐ

- 購入時には伸び縮みするタイプのものを選ぶ
- 忘れそうなものを紙袋などに入れてかばんとつなげる

朝、必ず見るものに付箋を貼っておく

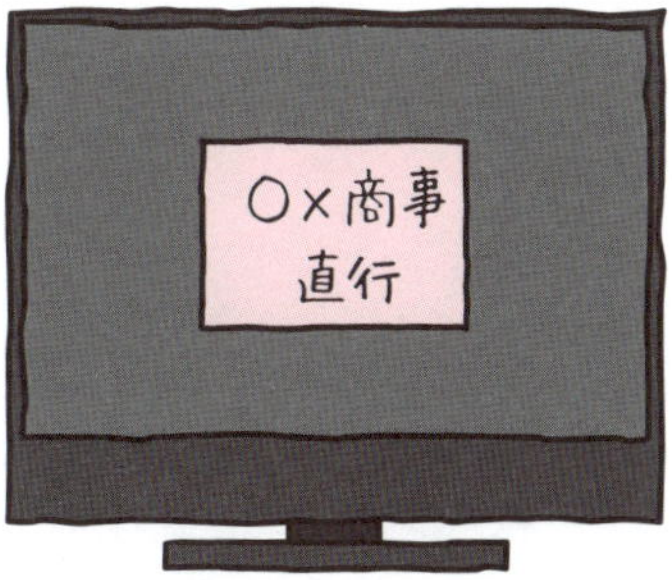

- 隅っこでは気付かないこともあるので、画面の真ん中に貼っておく
- 携帯電話を必ず見るなら、携帯の画面に貼っておくのでも良い

仕事の覚えが悪いと言われてしまう

対策

○業務手順のメモはルーズリーフに書いてクリアファイルに綴じ、ラベルシールでタイトルを付けて整理する

事例 仕事がなかなか覚えられない

「これ、前も言ったと思うけど……」と言われるたびに恐縮してしまう。確かに何かのやり方は聞いた覚えがあるけれど、何度も聞きすぎて何を聞いたか覚えていられない。

どんなに優しい先輩でも、3回、4回も同じことを聞くと表情が曇ってくる。「空気が読めない」とよく言われるわりには、そういうことには敏感なのだ。

いつもメモ帳は持っているけれど、説明のペースに追い着けなかったり、何を書けば良いのかわからなかったり。

そんなことを繰り返すうちにだんだん質問もしづらくなって、何とか自力でやってみようとしても案の定失敗して、やがて職場にもいづらくなって辞めてしまう。

「誰にでもできる簡単な仕事」と聞いて今度こそと思っていたのに、何度こんなことを繰り返せばいいんだろう。

原因 発達障害の人は、他人のペースで教わるのが苦手

研修はしても、実際の仕事はOJT、つまり実践で教える方針の職場は多い。

しかし、人のペースに合わせることが苦手なASDの脳にとって、教える先輩やお客様のペースでどんどん情報が入れられるOJTでは、メモリからあふれた情報がボロボロ取りこぼれることになる。特に、**言葉以外の情報**

は取りこぼしやすい。だから、「これ」とか「あれ」とか指示語の多い説明だと、終わったときには何も有益な情報が頭に残っていないなんてこともある。同じ内容でも先輩によって言葉や過程が違ったりすれば、さらに混乱が生じる。

　さらにほとんどの場合、**仕事の手順は一本道ではない**。場合と状況によるルールの変化は、当然のように出てくる。これもまた、パターンを愛するＡＳＤの脳にとっては混乱のもとになる。

　ＡＤＨＤの場合も、説明に集中できずにあちこちに意識が移ってしまうため、結果的に情報を取りこぼしてしまうのは同じだ。説明を終えて「わかった？」と尋ねてくる先輩に「すみません、聞いていませんでした」と素直に言ってしまい、人間関係を悪くしてしまうこともある。

解決法

はじめから完璧は無理！繰り返す中でも着実な向上をしていこう

　教えてもらってもわからないときには、素直に「わからない」と言うことは大切だ。しかし、それと同時に、こちらもなるべく教えてもらったことをスムーズに理解するための工夫が必要になる。

　仮に何度でも笑顔で教えてくれる先輩がいたとしても、たいていそういう人は仕事もできて多忙だ。いつまでもそういう人に頼るわけにもいかないので、なるべく効率的に仕事を身に付ける方法を考えてみよう。

業務手順習得の基本

　発達障害を抱えていると、業務を教えてもらいながらメモを取ることがとても大変な作業になる。相手の説明のペースに合わせることも苦手だし、聞きながらポイントを考えてメモに落とすのも苦手な場合が多い。

　まず前提として、**「一度ですべてメモに取ることはできない」**、つまり、あとで書き加えることが必ずあると考える。

　仕事の仕方を習うときには、下に掲げたものを準備しよう。

　準備ができたら、今度は実際に仕事を習うときのコツだ。

　まずは**自分なりにメモを取りつつ、説明を聞いていく**。既存のマニュアルがあるのなら、印刷やコ

ピーをして、マニュアルに書き加えていくようにする。

必要な道具の場所など、目で見てわかる情報は、デジタルカメラで撮影しておく。

はじめは質問などはせず、聞くことに専念すると良いだろう。不明点があればメモしておき、説明が終わって「何か質問ある？」と聞かれたときに尋ねてみる。思い浮かばなければ、「一度やってみて、わからないことや聞き逃してしまったことがあればもう一度伺ってよろしいでしょうか」と伝えよう。

教えてもらった直後、記憶が鮮明なうちに、**覚えている限りのことを書き加えていこう**。可能なら、実際にその仕事を試してみながら手順や注意点を細かく書き記していく。

パソコンが使えるのであれば、デジタルカメラで撮った写真はワード文書などに取り込んで、説明

仕事の仕方を習うときに準備しておくべきもの

A4ルーズリーフ

クリアファイル

デジタルカメラ

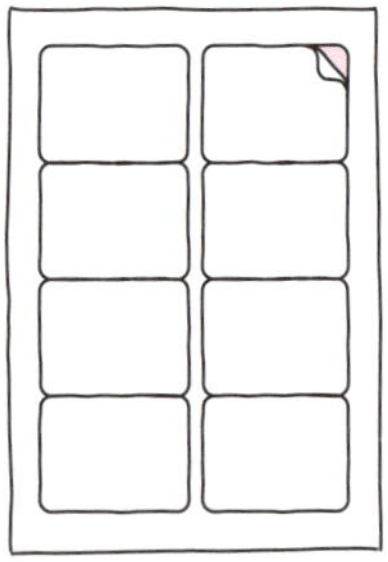

ラベルシール

マニュアル

仕事を習うときの手順

STEP 1 自分なりにメモを取りながら説明を聞く

- 既存のマニュアルがあるのなら、印刷やコピーをしてマニュアルに書き加える
- 目で見てわかる情報はデジタルカメラで撮影

STEP 2 記憶が新しいうちに覚えている限りのことを書き加える

- デジタルカメラで撮った写真はWord文書などに取り込む
- マニュアルを作るつもりで手順の流れを書いていく

STEP 3 クリアファイルに挟み、ラベルシールで管理する

- 既存のマニュアルがあるなら、一緒に入れておく
- クリアファイルはすぐに取り出せる場所に置いておく

「業務手順メモ」の具体例

◎ 社員カウンセリングサービス業務フロー ❶

5／12 松田さん

次月利用者の選定。利用者希望日の確認。

↓ ❷

次月予備スケジュールの作成
(共有サーバーの事務¥フォーマット¥カウンセリング.xls)。

↓

予備スケジュールをカウンセラーに送付し、確認を取る。

↓

カウンセラーの確認を受け、確定スケジュールを作成。 ❸

↓

当日は、1名につき30分の利用。間に10分の休憩を挟む。

↓

全員のカウンセリングが終了したら、
カウンセラーからの聞き取りを行う。

↓

利用者に、次回利用の意向を確認。 ❹

❶記憶が鮮明なうちに、覚えている限りのことを書き加える
❷マニュアルを作るつもりで手順の流れを書いていく
❸手順を省略するのは、それぞれの意味を知ってから
❹該当する業務をする際には、必ずこのメモを確認する

を書き加えて補助マニュアルにする。

業務手順のメモはマニュアルを作るつもりで、手順の流れを書いていくようにしよう。手順の流れに沿って書いていくことで、どこに抜けがあるかもわかりやすくなる。

それでも、聞き落としや不明点は出てしまう。こうした部分はなるべく早めに、できれば教えてもらった当日中に聞き直しておこう。優しく、詳しく教えてもらうには、初日こそが最大のチャンスだ。聞き直した部分は、必ず手順メモに書き加えておく。

でき上がった自作マニュアルはクリアファイルに挟み、ラベルシールを貼ってタイトルを付けておく。

既存のマニュアルをもらっているなら、それも一緒に入れておこう。たとえば電話応対のルールについてのメモやマニュアルなら、ラベルに「電話応対」と書いておく。仕事の種類の数だけ、このクリアファイルは増えていくことになる。

クリアファイルは書類立てなどに入れて、すぐに取り出せる場所に置いておこう。

大切なことは、**その業務をやるときには、必ずこのメモを取り出して確認すること**だ。仕事をしていくうちに聞き漏らしを発見したり、パターンから外れた事例に出くわしたりする場合もある。そのときには先輩や上司に質問して確認するのだが、その際には必ず手順メモにも書き加えていくようにする。

業務手順をメモ帳ではなくルーズリーフにメモしてクリアファイルに挟むのは、この追記をやりやすくするためだ。新しく知ったことは、どんどん書き加えてクリアファイルに綴じていく。

発達障害を抱えているために仕事で苦労してきた人は、何度も同じような質問を繰り返してしまって次第に気まずくなり、そのうちわからないことがあっても質問もできなくなってしまうという悪循環をたどるパターンが多い。事前にメモを確認し、理解したことでも必ず追加でメモを取るのは、この繰り返しの質問を避けるためだ。

慣れてくると「手順を省略して効率的にしよう」という考えも出てくるが、これにも注意が必要だ。無駄と感じる手順にも、実際には隠れた意味があったりする。自分が手を加えるのは、手順の1つひとつの意味を知ってからにしよう。

見直しと追記を繰り返していくうちに、それは最高のマニュアルとして仕上がっているはずだ。そのときには、今度は教える側として再び業務メモが活用されることになるかもしれない。

大事なものをすぐになくしてしまう

対策

- ○マグネットを使って侵略されない縦の置き場所に
- ○キーチェーンを使ってかばんと一体化

事例　鍵、定期、携帯……毎朝何かを探している生活

部屋が散らかっているせいか、鍵とか携帯とかいつも何かが行方不明になる。毎日持ち歩いているものなのに、帰ってきてどこに置いたのかまったく記憶がない。いつも無意識にどこかに置いては、忘れてしまっているのだ。鍵を開けて入ったわけだから、家の中にあることだけは確実なんだけど。

「置き場所を決めておけ」と家族にも同僚にもアドバイスされて、実際決めてはいるんだけど、ちゃんとその場所に置いたのは最初の1日だけ。三日坊主にすらなっていない。

このなくし癖のせいでもう何度も遅刻しているし、本当に何とかならないものか。

原因　ADHDの不注意と整理の苦手

不注意は、ADHDの大きな特徴のひとつだ。帰ったらテレビを観よう、お風呂に入ろうといったことで頭がいっぱいで、荷物を置くのも着替えるのもほとんど無意識にやってしまう。手に取ったものを「取りあえず」とその辺に置いてそのまま忘れてしまえば、翌朝「どこに置いたのかわからない」となってしまうわけだ。

「置く場所を決める」というのは基本的な方法で、これによって克服できる人もいる。しかし、たいていの人は、習慣が身に付かず同じことを繰り返してしまう。

単に置き場所を決めたことを忘れてしまう場合もあるし、整理が苦手で部屋が散らかってしまい、決めた置き場所が侵略済みということもある。結局、「取りあえずここに」と適当な場所に置いては、またなくしてしまうのだ。

　探していたら、結局ちゃんと決めた置き場所にあったりもする。他の品々に埋もれて見付からなくなっていたのだ。

解決法 道具を使って、「気を付けなくてもなくさない」工夫を

なくしもので悩んでいる人は多いようで、現在ではさまざまな対策グッズも販売されている。たとえばキーホルダータイプの受信タグを付けておき、なくしてしまったときは送信機のボタンを押せば受信タグからブザーが鳴って場所を教えてくれる。

　こうした機器の活用も、自分の生活に合っていれば積極的に検討

手軽な道具を活用したなくしもの対策

マグネットのキーホルダー

- 市販のキータグにマグネットシートを貼り付ける
- 鉄製のドアや冷蔵庫にぶら下げる

キーチェーン

- かばんとつないで一体化
- 出歩くときはかばんの中に収納

キーファインダーの活用

- キーファインダーは、送信機のボタンを押せばブザーで場所を教えてくれる

していきたい。

ここでは、手軽な道具を活用して日頃持ち歩くものをなくしにくくする工夫を考えていこう。

縦の置き場所なら散らかりにくい。鉄製ドアなら、マグネットで貼り付けてしまおう

机でも床でも、散らかし癖のある人にとって横のスペースはすぐに侵略されてしまう。大事なものを見失わないためには、**縦の置き場所**が良い。とはいえキーフックなどを用意しても、なかなか鍵を下げる習慣は身に付かない。

そこで、**マグネットのキーホルダーでそのままドアにくっつけてしまう方法**を提案したい。

やり方は市販のキータグにマグネットシートを貼り付ける。これをキーホルダーとして、鍵に付けておくだけだ。キータグもマグネットシートも100円ショップで気軽に手に入れられ、加工も簡単にできる。鉄製のドアや冷蔵庫など、磁石の付く場所であればどこでも気軽に下げられる。

定期入れであれば、文具店などで購入できる強力マグネットを仕込んでおく。定期であれば磁石の影響は受けないが、別のポイントカードなどを入れている場合は注意が必要だ。

玄関のドアが置き場所になれば、物に埋もれて見付からなくなる心配もない。帰宅してはじめに入る場所も、外出するとき必ず通る場所も玄関だ。玄関のドアの内側であれば、鍵や定期の置き場所としても習慣化しやすくなるのではないだろうか。

持ち歩くかばんの分だけ合鍵を作り、キーチェーンでかばんと一体化

日頃持ち歩くかばんの数は、いくつくらいだろうか。5つも6つもかばんを使い分けている人には向かないが、仕事用に1つ、プライベートで1つといった程度の人ならおすすめできる方法がある。

キーチェーンでかばんと鍵をつないで、そのまま外さずに使っていくのだ。

財布と鍵をつないでいる人や、キーケースと財布が一体化した商品を使っている人もいる。しかし、なくし癖のある人にとって小物と小物の組み合わせは危険極まりない。下手をすると、二重遭難に陥ってしまう。その点、かばんのような大きなもので毎日持ち歩くものなら、なくす可能性はかなり低い。

キーチェーンは長めのものを使い、出歩くときはかばんの中に収納する。こうすれば目立たずに持ち歩け、帰宅時にも苦労なく鍵を使うことができる。

第5章

「整理ができない」のを何とかしたい

仕事・情報・物の整理

机がすぐに散らかってしまう。片付けようとしても片付かない。その一番の理由は、片付けのやり方を知らないことだ。片付け方のルールを決めてしまえば、そんな悩みも解消できる。

仕事の優先順位がわからない

対策

- まず優先度の基本的なルールを把握
- 自分の仕事時間の見込みを付けられるようになるため、データを蓄積する

事例 複数の仕事の優先順位が付けられない

「ごめん、これ急ぎの仕事だけどやってもらえる？」

上司がやってきて、急にそんなことを言ってきた。

しかし困った。自分だって、忙しい。「すみません。今、研修の報告書を書いていますので」

すると上司は、なぜだか怒り出した。「研修の報告書なんて、あとでいいだろ！ こっちのはお客が待っているんだよ！」

そうなんですか、わかりましたと受け取ると、上司はイライラした顔のまま行ってしまった。

どの仕事も大切なものだと聞いていたのに、優先するものと後回しにしていいものってどう判断するんだろう？

原因 優先順位を付ける力は、スケジューリングする力にリンクしている

仕事の優先順位といっても、ほとんどの職場ではそこに明確な基準やルールがあるわけではなく、個人個人が自分で判断している。

では、基準もないのにどうやって仕事を優先付けしているかといえば、**それぞれの仕事に対して予測を立てているのだ**。1つひとつの仕事にどのくらい時間がかかりそうか見込みを立て、締切りから逆算して着手する順番を決める。すべての仕事の締切りを守るのが難しそうなら、重要な仕事を優先する。

物事の予測や見込みを立てるのが苦手なASDの場合には、こ

れが難しい。優先順位が立てられないのは、スケジュールが作れないことに密接に関わっている。

たとえば、締切りの近い順ならわかる。日付は明確でわかりやすいルールだからだ。

重要な仕事の順。これがわからない。何をもって重要とするのかの基準が示されていないからだ。

その仕事にかかりそうな時間の見込みもわからない。発達障害の脳は時間の感覚が独特だ。過去に同じような仕事をやっていても、集中しているときとしていないときでも仕事が進む速度が異なるので参考にならない。過去の仕事の記録もきちんと整理されていない場合が多く、自分の仕事の時間を推し測る材料がないのだ。

解決法 それぞれの仕事の情報を一覧表に整理してみよう

ビジネスのノウハウ本で優先度の決め方やスケジュールの立て方を見ても、「重要な仕事を優先して」とか「時間の見込みを立てて」などとさらりと書かれていて困ってしまう。逆にいえば、発達障害のある人にとってはそこができるようになることが重要だ。

しかし、ビジネス本にその方法が書かれていないことにも理由がある。その人の職場ではどんな仕事が重要か、その人が1つの仕事にどれだけ時間がかかるかは、他人にはわかりようがない。

そこでまず、自分の仕事の優先度とかかる時間をつかめるようになることを目指そう。

タスクの優先度の基本的なルールを把握する

仕事の優先度には、2つの要素がある。
ひとつは**緊急性**。つまり、どれだけ急いで対処しなければならないタスクであるかだ。基本的には、締切りの近いタスクになるだろう。たとえば「接客」などは、今まさに応対しなければならないお客様が目の前にいるわけで、緊急性の高いタスクになる。
2つ目は**重要性**。会社やお客様にとって、どれだけ重要なタスクであるかだ。会社にとってはどれだけのお金がかかっていることか、あるいは会社の存続や発展に関わる仕事であるかが重要性のポイントになる。

2つの要素の組み合わせを考えると、タスクは以下の種類に分類される。

A　緊急性：高　重要性：高
B　緊急性：高　重要性：低
C　緊急性：低　重要性：高
D　緊急性：低　重要性：低

人の命に関わるような仕事になれば、緊急性も重要性もダントツに高い、再優先のタスクとなるだろう。つまりAに分類される仕事となる。

終わった仕事の書類の整理などは必要な仕事ではあるが、緊急性も重要性もさほど高くない。空いた時間にでも入れ込めばいいタスクになる。これはDのタスクとなる。

判断が難しいのは、Bの「緊急性は高いが重要性は低い仕事」とCの「緊急性は低いが重要性は高い」仕事だ。

毎日書く日報などは、締切りは毎日来るものだがさほど重要度が高いとはいえないだろう。重要な報告であれば、別途口頭などで行うべきものだからだ。次の仕事のための調査や基礎研究などは重要な仕事だが、緊急性は低い。これは、どちらを優先すべきだろうか？

結論としては、緊急性は低いが重要性の高い仕事については毎日1時間程度、定期的に時間を取るのが良い。多忙で時間が取れなさそうなときは10分ほどに縮めても良いし、余裕のある日には半日取っても良い。つまりCの仕事の時間は、時間調整のクッションとして利用する。Cの仕事がない場合には、代わりにDの仕事を入れ込めば良い。

おおまかな分類がわかったところで、次は重要性や緊急性をどう判断できるようになっていくかだ。

●重要性の判断は？

やっかいなのは、同じ仕事でも人と場合によってどの優先度に分類されるかは違ってくることだ。締切りの近さによって緊急性は変化するし、仕事への立場や関わり方によって重要性も異なってくる。

しかしまずは、重要度の目安として、おおよそ次ページのイラストを参考にしてほしい。①が最も重要性が高く、⑤を最も低いものとしている。

覚えておかなければならないのは、重要度が低い仕事は「緊急時には後回しにしていいもの」ではあっても、「やらなくてもいいもの」ではないことだ。机の中の整理などは⑤に入るだろうが、ずっとやらずにいれば上司に注意を受ける羽目になる。自分の勉強をずっとやらずにいれば、自分の成長や将来の展望にも関わってくる。

あくまで、二者択一になったとき

の優先度を付けるための目安として見てほしい。

同じ優先度なら、緊急性をもとに判断する。自分の主業務と急ぐ同僚の手伝い、同じくらいに切羽詰まっているならば基本的には自分の仕事を優先すべきだろう。しかし、その同僚の仕事が①や②の優先度になるものなら話は変わってくる。その際には、上司の判断を仰ぐべきだ。

●緊急性の判断は？

緊急性を判断するためには、時間の見込みが付けられなければならない。しかし、急にそれができるようになるわけではない。

そこで、取りあえず次の3つの分類で緊急性を判断しよう。

1：今すぐに対応しなければならないもの。接客、緊急対応、上司に「すぐに」との指示があった仕事。またはお客様とのアポ

仕事の重要性の判断

①会社の存続やお客様の人生に直接的に関わる業務

②お客様との約束・上司に優先的に指示された業務

③自分の主業務・急ぐ同僚の手伝い

④自分の主ではない業務（報告書の作成、仕事用品の買い出しなど）

⑤いつやってもいい雑務・自分の勉強

イントなど、約束の時間が迫っているもの

2：締切りが早いもの。自分でもわかるくらい、締切りの日が近付いているもの

3：締切りが遠いもの。「いつやってもいい」と言われているもの

こちらも、1が最も優先され、3が後回しにされることになる。

以上の重要性と緊急性の2つが、仕事の優先度を図るための目安となる。緊急性が高いものは比較的重要性が高くなる傾向があるので、まずは緊急性、そのあと重要性で判断を行うのが最も無難だろう。

自分の仕事時間の見込みを付けられるようになるため、データを作ろう

仕事時間の見込みを付けられる人は、これまでの経験や感覚で「何となく」これくらいの時間がかかるだろう、と予測を付けて見込みを立てている。まったくやったことのない仕事についても、経験を応用してだいたいの時間を計る。発達障害を持つ人に、これは極めて難しい。だが、自分の仕事の速度さえわかれば、そこから予測は付けられる。

そこでまず、**自分の今やっている仕事の記録**を付けよう。仕事のスケジュールを立てるためによく使われるガントチャート（線表）を、あとから付ける形だ。

しかし、事後記録とはいえガントチャートを作るのは意外に面倒。面倒は発達障害の敵だ。そこで次ページのようにエクセルで簡単に記録を付けていく。

また、仕事の種別に傾向を見たいのであれば、**エクセルのフィルター**を活用する。

フィルター機能は、表のデータを昇順・降順に並べ替えたり、特定のデータを抽出したりできる。これを用いて、たとえば表の「伝票整理」のデータだけを抽出して出す、といったことが可能だ。使い方は、150ページの通り。

時間感覚に欠けるタイプであっても、単発の仕事が1つ終わったあとに振り返れば「1時間くらいかかった」「30分くらいかかった」といった時間は出せることが多い。その記録を重ねていけば、似たようなタスクで自分がどの程度時間がかかるのかをおおよそ割り出すことができる。

「この仕事、何時間くらいでできる？」と聞かれたときも、この記録をたどれば「以前100件の入力に4時間かかっているので、50件であれば2時間でできます」といった回答もできるようになるだろう。

今やっている仕事の記録の仕方

1 右のようにタスクごとに1日1マスを用意した表を作る。タスクははじめから入れ込む必要はなく、発生したときに随時増やしていけば良い。そして、当日その作業をやったのであれば、時間は関係なく「1」を入れる。

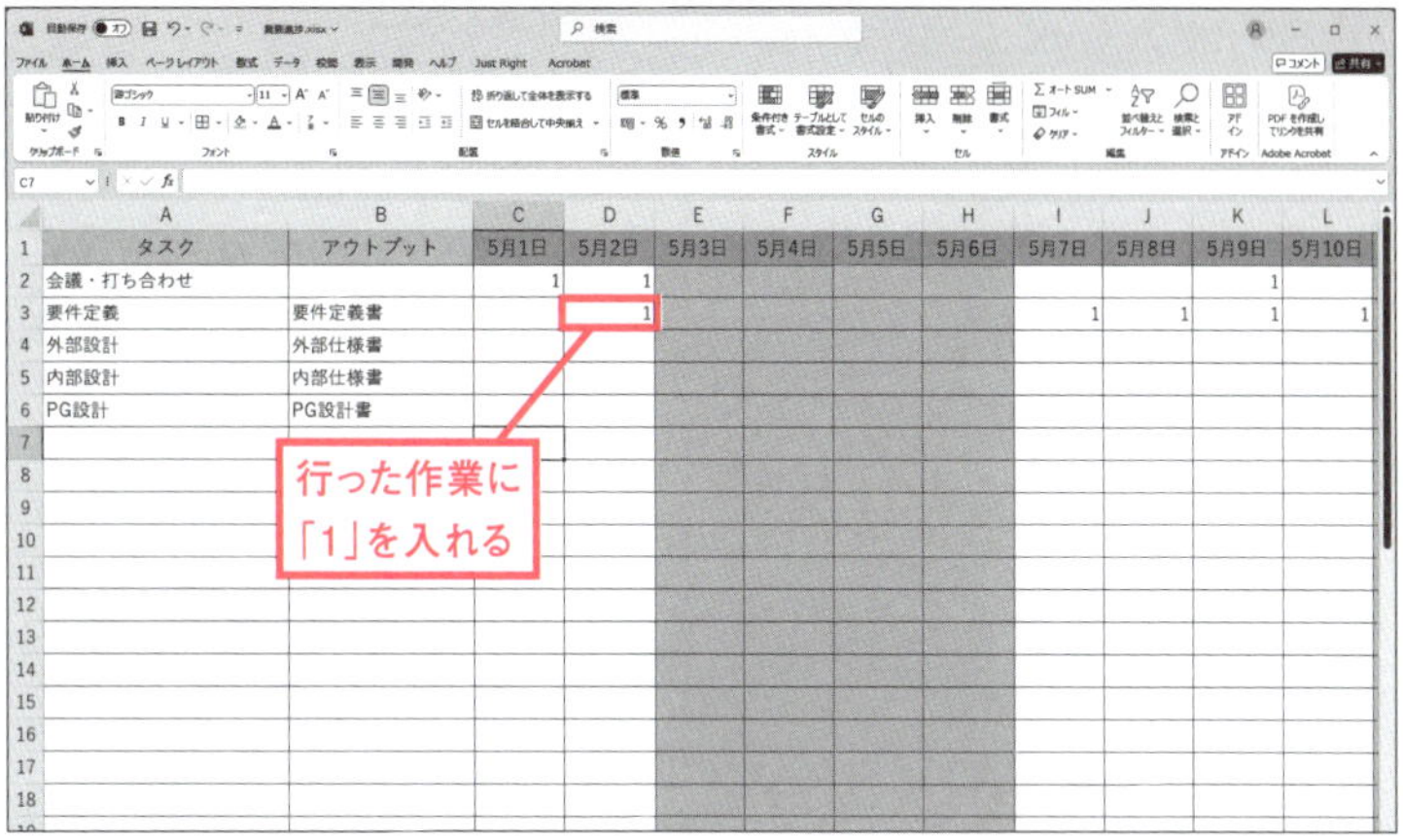

	A	B	C	D	E	F	G	H	I	J	K	L
1	タスク	アウトプット	5月1日	5月2日	5月3日	5月4日	5月5日	5月6日	5月7日	5月8日	5月9日	5月10日
2	会議・打ち合わせ		1	1							1	
3	要件定義	要件定義書		1					1	1	1	1
4	外部設計	外部仕様書										
5	内部設計	内部仕様書										
6	PG設計	PG設計書										

2 1つのプロジェクトが終わったら、最後にSUM関数を入れて行ごとの合計数を出せばタスクごとの作業日数が出せる。

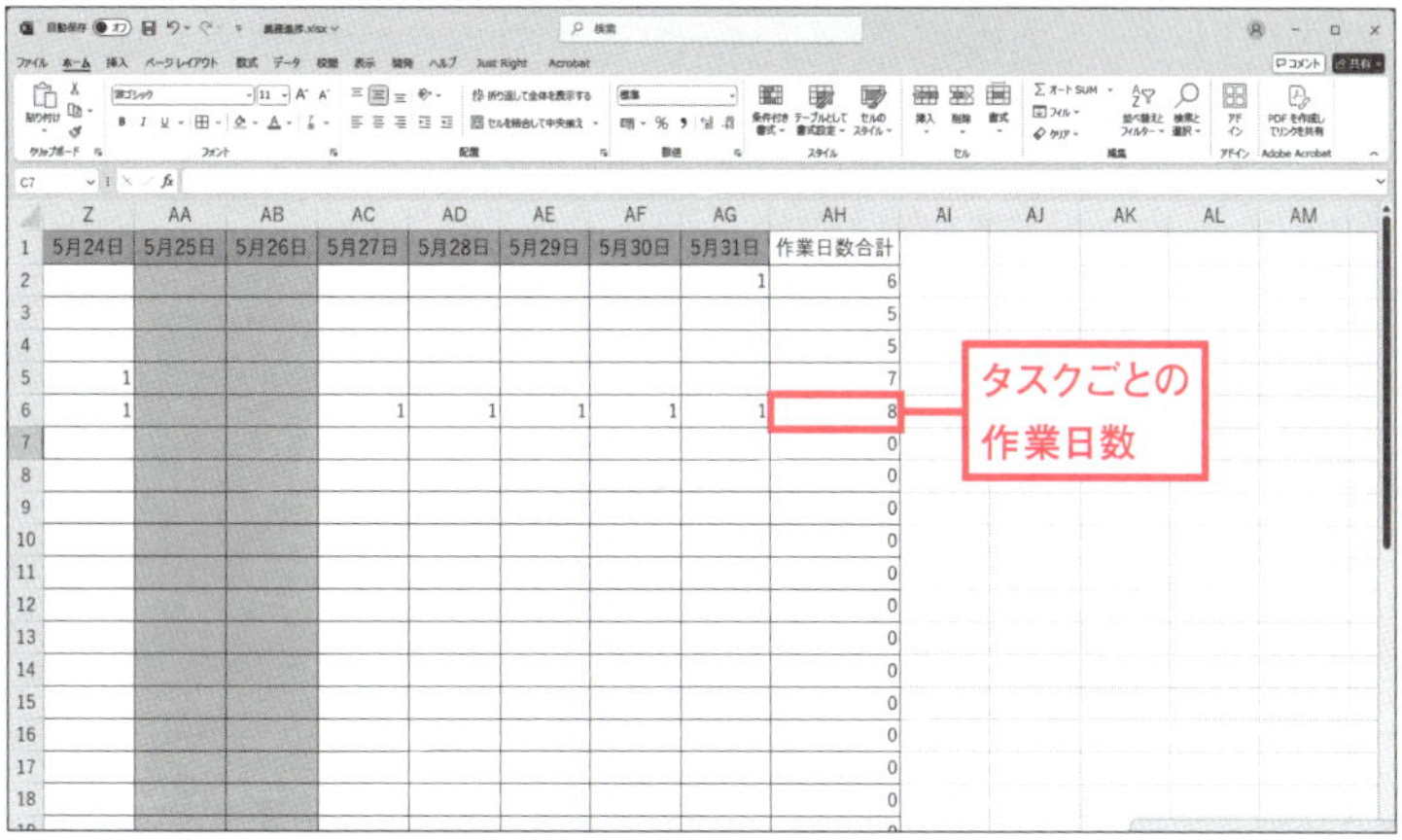

	Z	AA	AB	AC	AD	AE	AF	AG	AH
1	5月24日	5月25日	5月26日	5月27日	5月28日	5月29日	5月30日	5月31日	作業日数合計
2								1	6
3									5
4									5
5	1								7
6	1			1	1	1	1	1	8
7									0
8									0
9									0
10									0
11									0
12									0
13									0
14									0
15									0
16									0
17									0
18									0

3 それがつまり、自分がそのタスクにかけたおおよその日数である。自分の仕事がプロジェクト単位ではなく、1日の中で終わるような単発仕事が多いなら、記録ももっと簡単だ。右のように、1つの仕事が終わったらおおよそのかかった時間を記録しておけば良い。

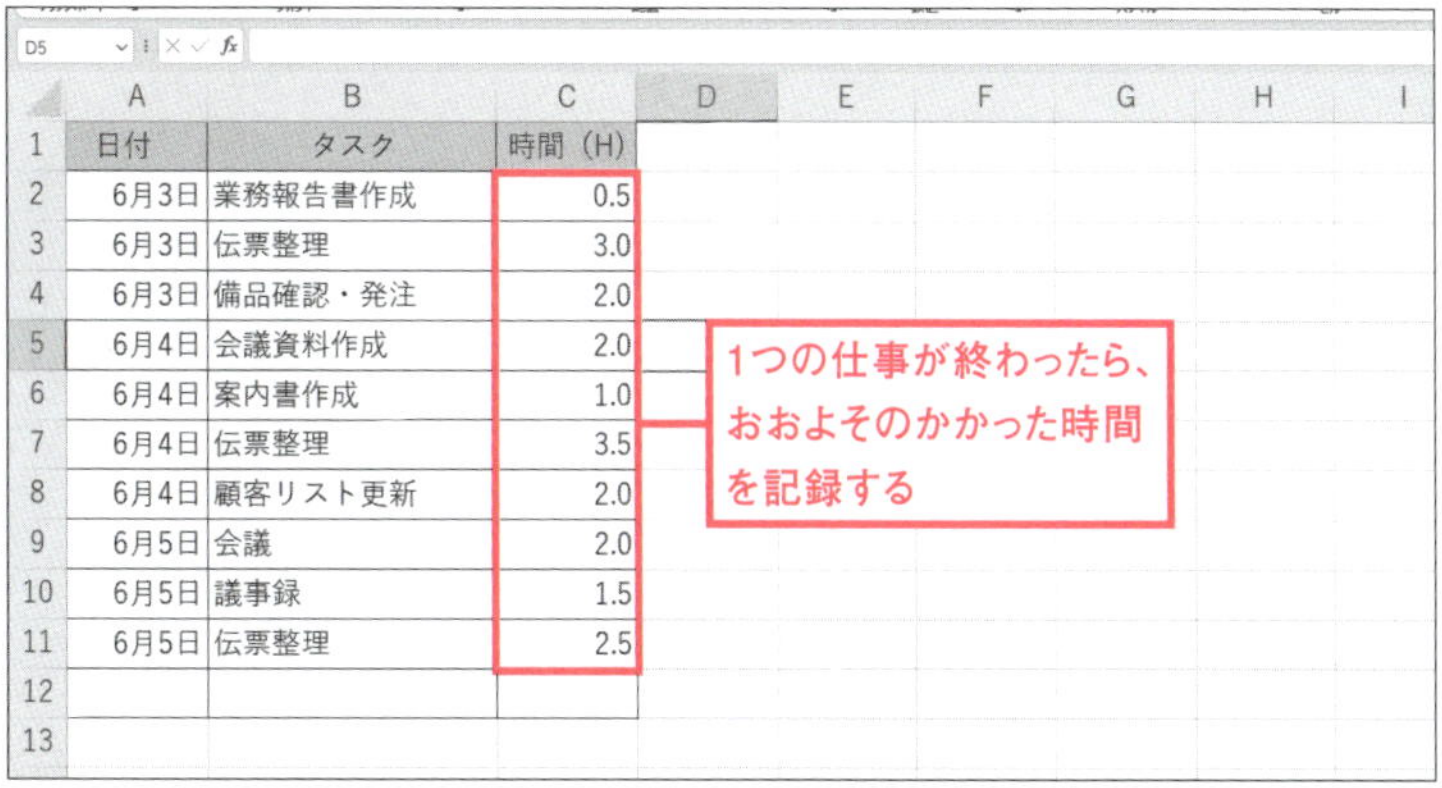

	A	B	C
1	日付	タスク	時間（H）
2	6月3日	業務報告書作成	0.5
3	6月3日	伝票整理	3.0
4	6月3日	備品確認・発注	2.0
5	6月4日	会議資料作成	2.0
6	6月4日	案内書作成	1.0
7	6月4日	伝票整理	3.5
8	6月4日	顧客リスト更新	2.0
9	6月5日	会議	2.0
10	6月5日	議事録	1.5
11	6月5日	伝票整理	2.5

仕事の種別の傾向を見る

1 データが入力された表内の、どのセルでもいいのでクリックする。

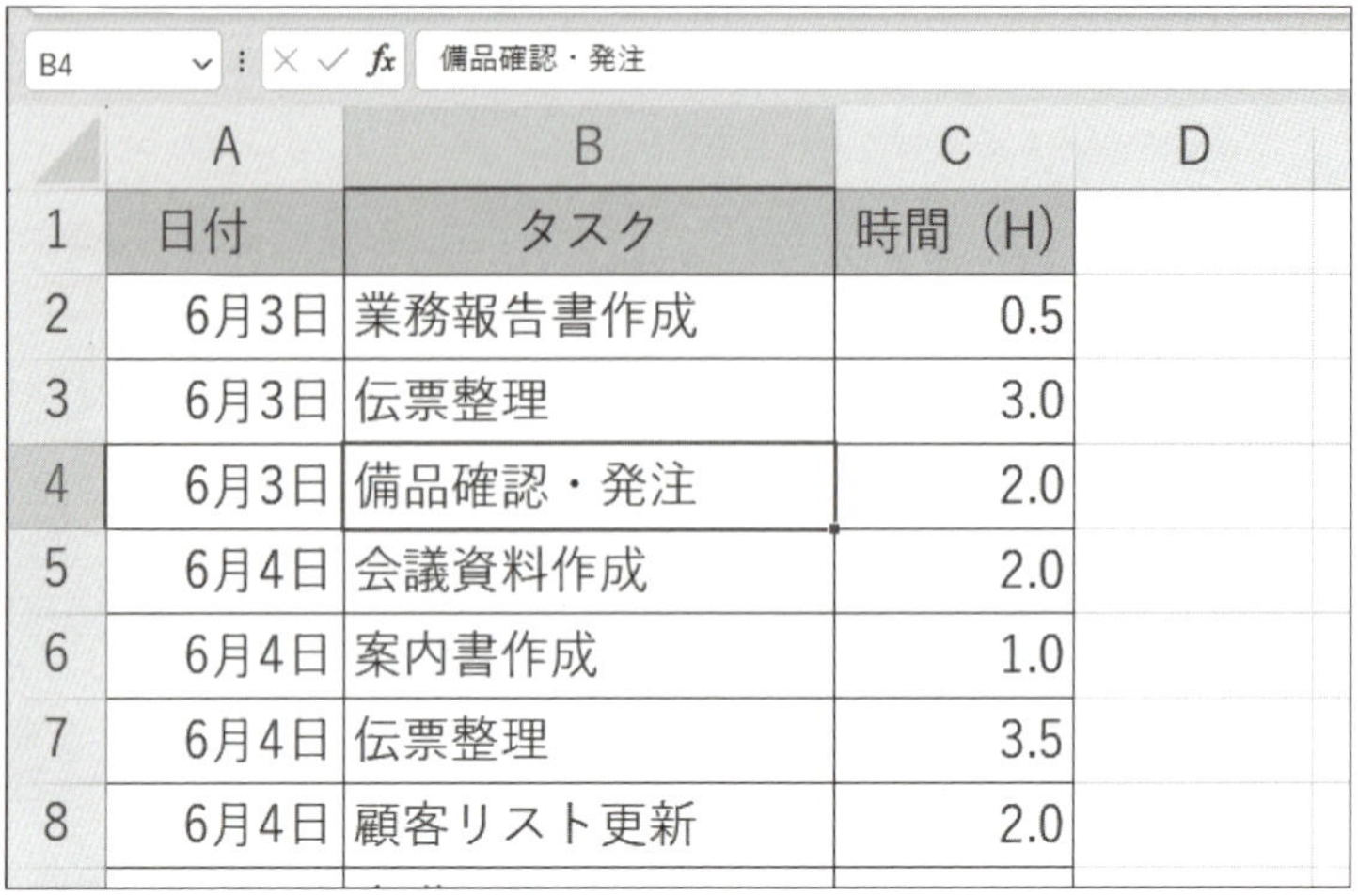

2 「ホーム」タブの「並べ替えとフィルター」をクリックする❶。「フィルター」をクリックする❷。

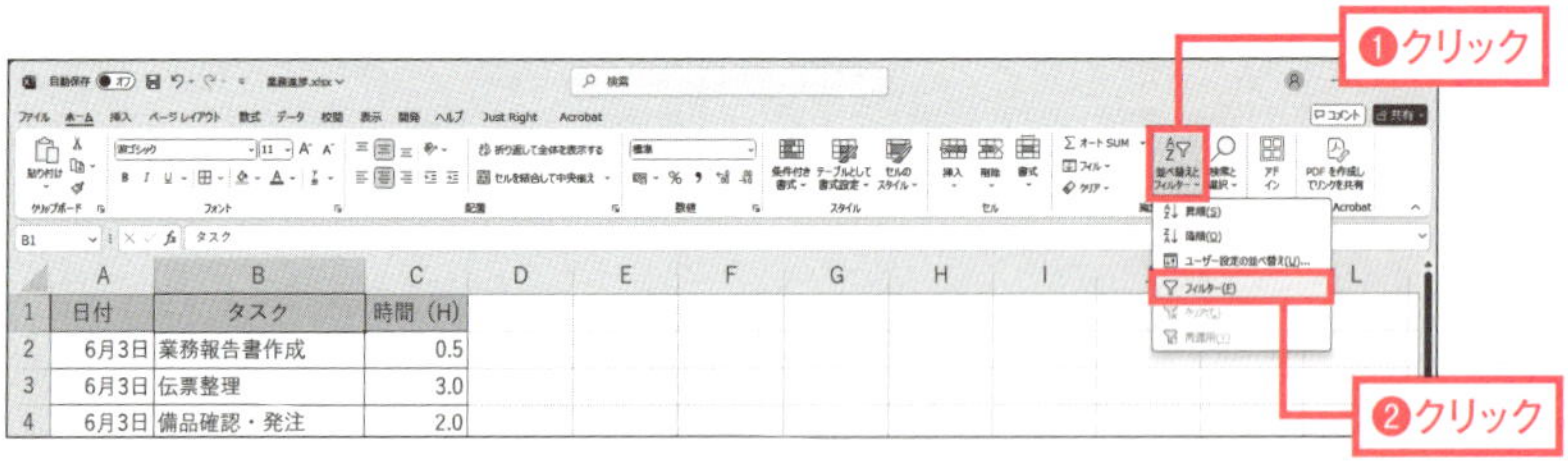

3 見出し部分に▼マークが現れるので、「タスク」の▼をクリックする。

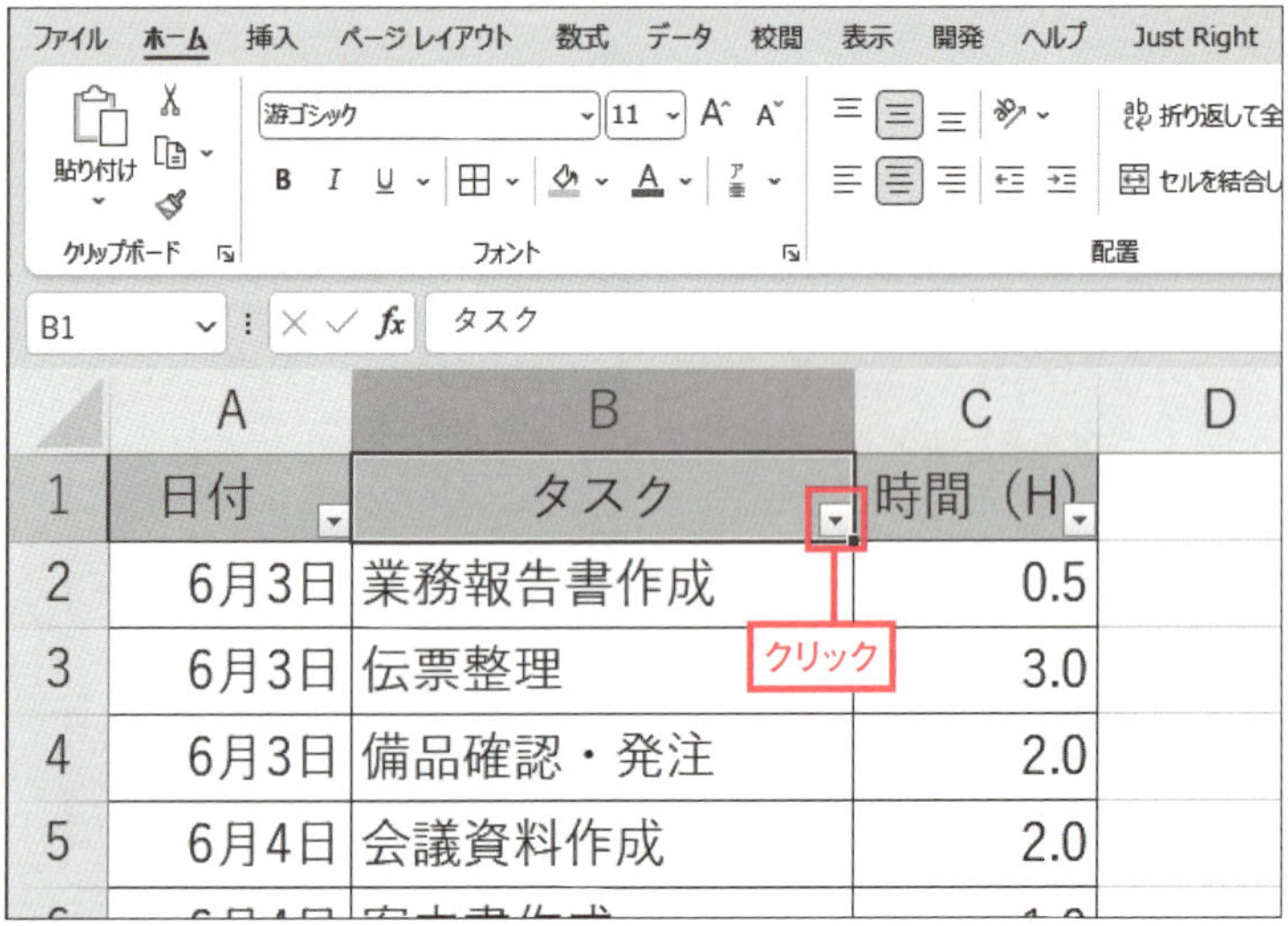

4 見たいタスク以外のチェックをすべて外す。

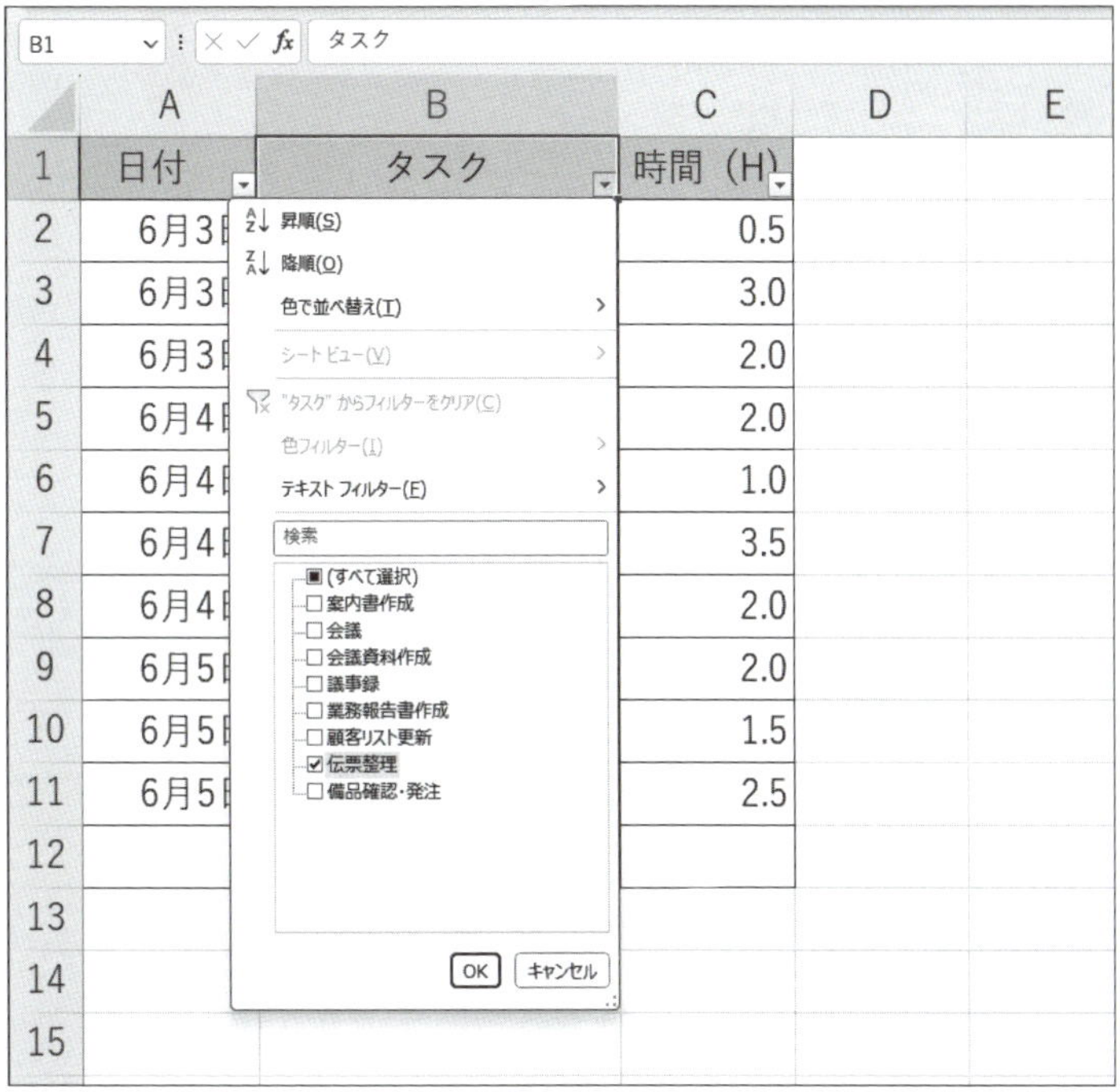

5 「OK」をクリックすると、チェックを入れたタスクのみが表示されるようになる。元に戻すには、もう一度「▼」をクリックしてすべてのチェックを入れ直せば良い。

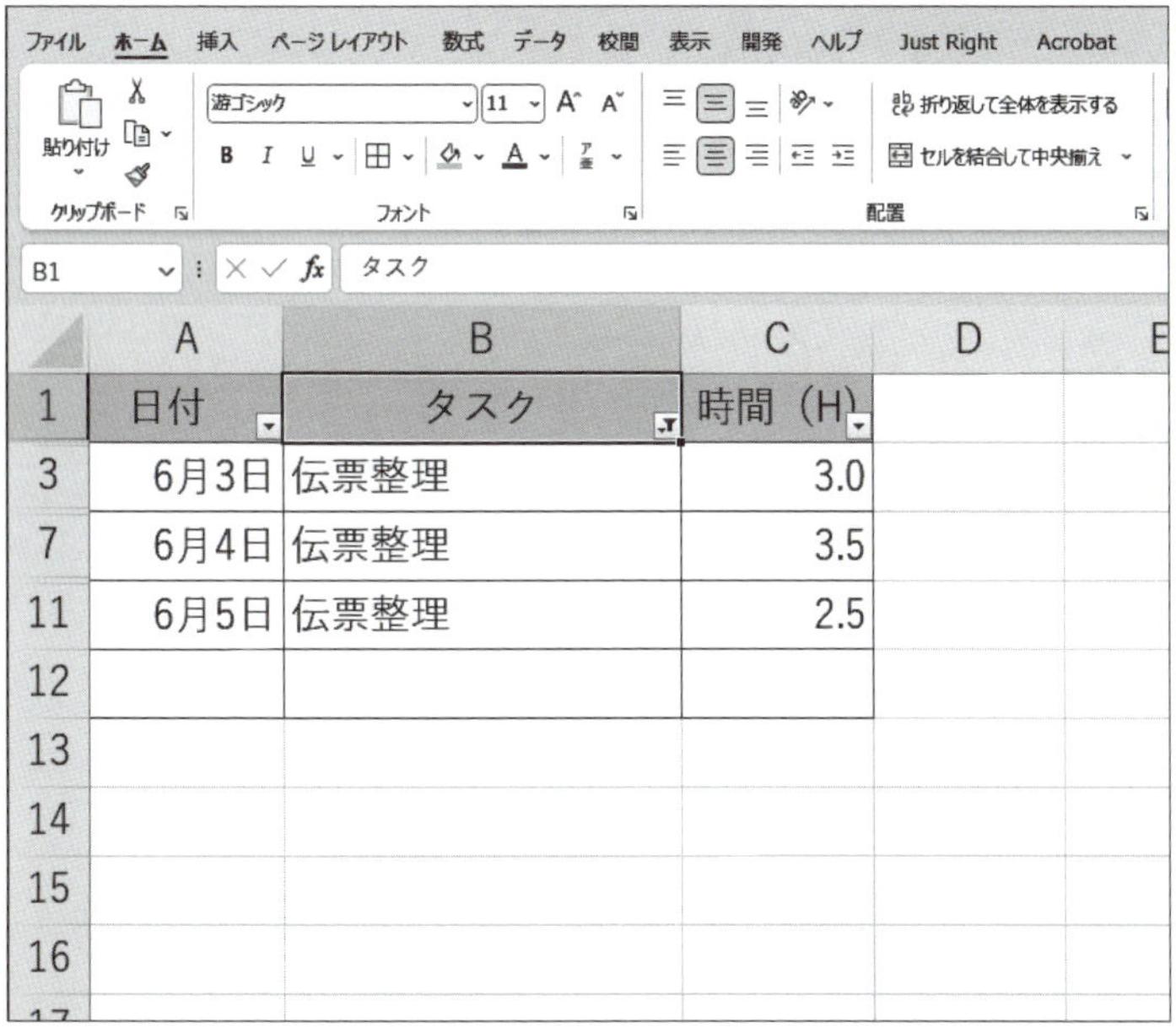

紙の書類の整理ができない

対策

- 細かい分類は不要。とにかく〝いる〟か〝いらない〟かだけで整理する
- 紙資料はスキャンして、収納スペースを空けよう

事例

いつの間にかたまってしまった書類の束。整理しようとしても、うまくできない

机の引き出しにいつの間にかたまってしまった、大量のコピー用紙や紙資料。

もうこれ以上入らない、という状況になってしまい、一念発起して整理を始めた。

まずは種類別によりわけて、と始めたはいいが、これは昨年終わったプロジェクト資料、これは会社からの連絡資料……と分類していったら果てしなく種類が増えていって、机が足りなくなってしまった。

おまけに、どれを捨てればいいのかわからない。どんな資料も、あとで必要になりそうな気がして捨てられない。

結局机に広げた資料をまた重ねて引き出しに入れ直しただけで、何の進展もなく半日無駄にしてしまった。

原因

手順を考えるのが苦手な発達障害

「片付けられない」は、ADHDを象徴する言葉として少し昔に流

行した。発達障害でもその出方はさまざまだが、**整理整頓が苦手**という点は多くの人に現れる特徴のひとつだ。

ADHD、ASDともに出やすい特徴だが、これは手順を考える、計画を立てる力の弱さが原因にあると考えられている。

整理整頓は「どう分類するか」「どこにしまうか」「どの順番で片付けるか」などを考えていかなければ完成しない、段取りの極めて重要な作業だ。

段取りを考えるのが苦手な発達障害の当事者にとっては、コミュニケーションと同等に苦手な作業となる。

ものを捨てられないのも、予想・予測が苦手なために「〝多分〟もう使わない」「捨てても何とかなるから問題ない」といった見切りが付けられず、捨てるものの判断をすることが難しいのだ。

解決法 分類は3種類だけ

ASDを持つ人は、分類を始めるとそちらのほうに集中してしまうことが多い。分類内容も果てしなく細分化していき、場所と時間ばかり取って何も片付かないこともある。

これを防ぐため、**分類はわかりやすくシンプルに**。そして、**あとから条件を付け加えないこと**が大切だ。

3種類の分類で迷わず整理できる

ここでは、**紙の書類の整理**だけに絞って対策を考えよう。社内であるなら、それでおおよそは片付くはずだ。

まず、**A4の資料が入る手頃な箱**を3つ用意しよう。段ボール箱でも構わないし、書類トレイのようなきちんとしたものでも良いが、なるべく大量に紙が入れられるものが良い。

次に、それぞれの箱にラベルを貼って名前を付ける。問題なければ、箱にフェルトペンで書いてしまっても良い。それぞれの名前は、「いる」「いらない」「わからない」だ。

あとはたまった書類を、次々3つの箱に投入していくだけ。

確実に必要な書類は「いる」の箱。絶対いらない書類は「いらない」の箱。判断が付かない書類は、すべて「わからない」に分類する。おそらくは「わからない」に大量の書類が入ることになるが、それで構わない。

このとき「いらない」「わからない」に入れる書類にステープラの針やクリップなどが付いていたら外しておこう。注意点はそれだけで、あとはどんどん入れていけばいい。

分類が終わったら、「いらない」に入れた書類はまとめてシュレッダーにかける。個人情報や機密情報などが入っているかもしれないので、すべてシュレッダーにかけておけば安心だ。

「いる」に入れた書類は、上下やページ順などを丁寧にそろえてファイルに綴じておこう。

「わからない」に入れた書類だが、職場でスキャナーが使えるならすべてスキャンをかけておく。複合機があれば、自動原稿送り装置（ADF）で一気にスキャンできて手っ取り早い。

スキャンしたデータは、「20250425_整理書類」などと日付を入れたフォルダーを作ってまとめて入れておく。

スキャンし終わった資料は、やはりシュレッダーにかけて処分してしまおう。もしもあとで必要になったら、スキャンした画像で探していけば良い。

スキャナーが使えない場合はひもで束ねたりファイルに綴じたりして、なるべくコンパクトにまとめてしまおう。

スペースに余裕があれば、分類した箱にそのままふたをしてしまっても良い。そこにラベルシールを貼るなどして、整理した日の日付を書いておく。

あとで必要な書類があったときには、束から探して抜いていく。1年後まで救い出されなかった書類は、もうまとめて処分してしまっても構わない。

スマホを使って、手軽に書類をスキャンする

職場にスキャンできる設備がない、あるけれど自由に使えない、あるいは形状的にスキャンが難しい資料といった問題がある場合には、**手持ちのスマホでスキャンする方法**を試してみよう。

現在のスマホのカメラは画素数も多く、コンパクトデジタルカメラ並みの画質で撮影できる機種も少なくない。これを利用したスキャンアプリが多く出ている。

ここでは、**OneNote**を使ったスキャンを試してみよう。スキャンの仕方は次ページの通り。

OneNoteの機能を十分に使うには、あらかじめマイクロソフトのアカウントを作っておく必要がある。アップルのユーザーでも無料で作成できるので、用意しておくと良い。アカウントがなくても、データをPDFファイルにして共有することもできる。

「追加」を用いて連続して撮影すると、1つのページにまとめられる。PDF化すると、元の画像が複数枚でもページ分けされずに縦に長いデータとなる。データを整理しておきたい場合は、まとめておきたい書類にのみ「追加」

OneNoteを使ったスキャンの実行法

1 OneNoteを起動する。

2 カメラのマークをタップする

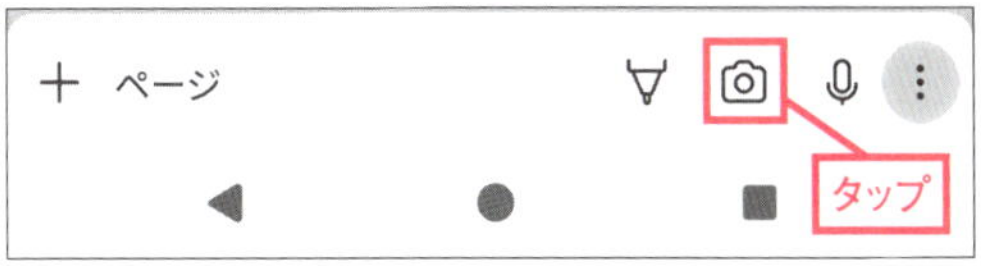

3 カメラが起動するので、平らなところに文書を置いて撮影する。撮影時に出る枠は、撮りたいものがだいたい収まっていればこのときは気にしなくて良い。

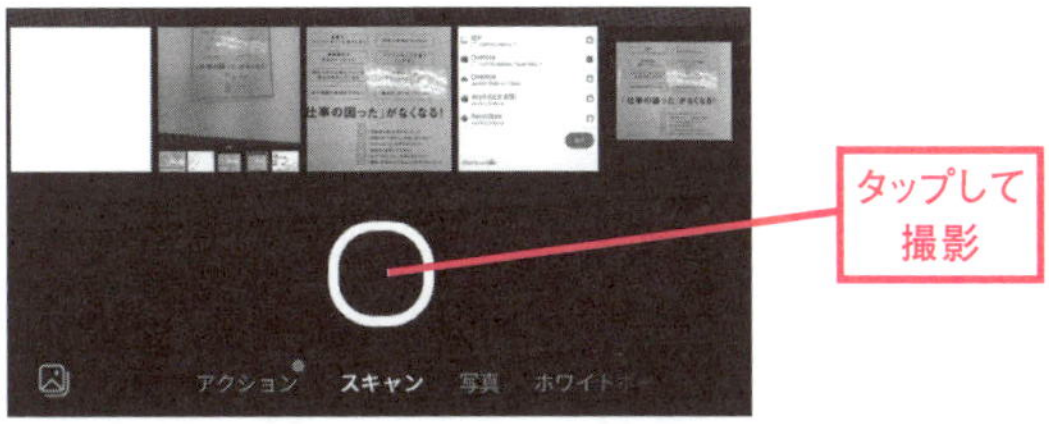

4 枠を動かして、スキャンしたい部分を指定する。範囲を決定したら、「レビューと編集」をタップする。多少の傾きや陰影であれば、アプリが自動で補正してくれる。

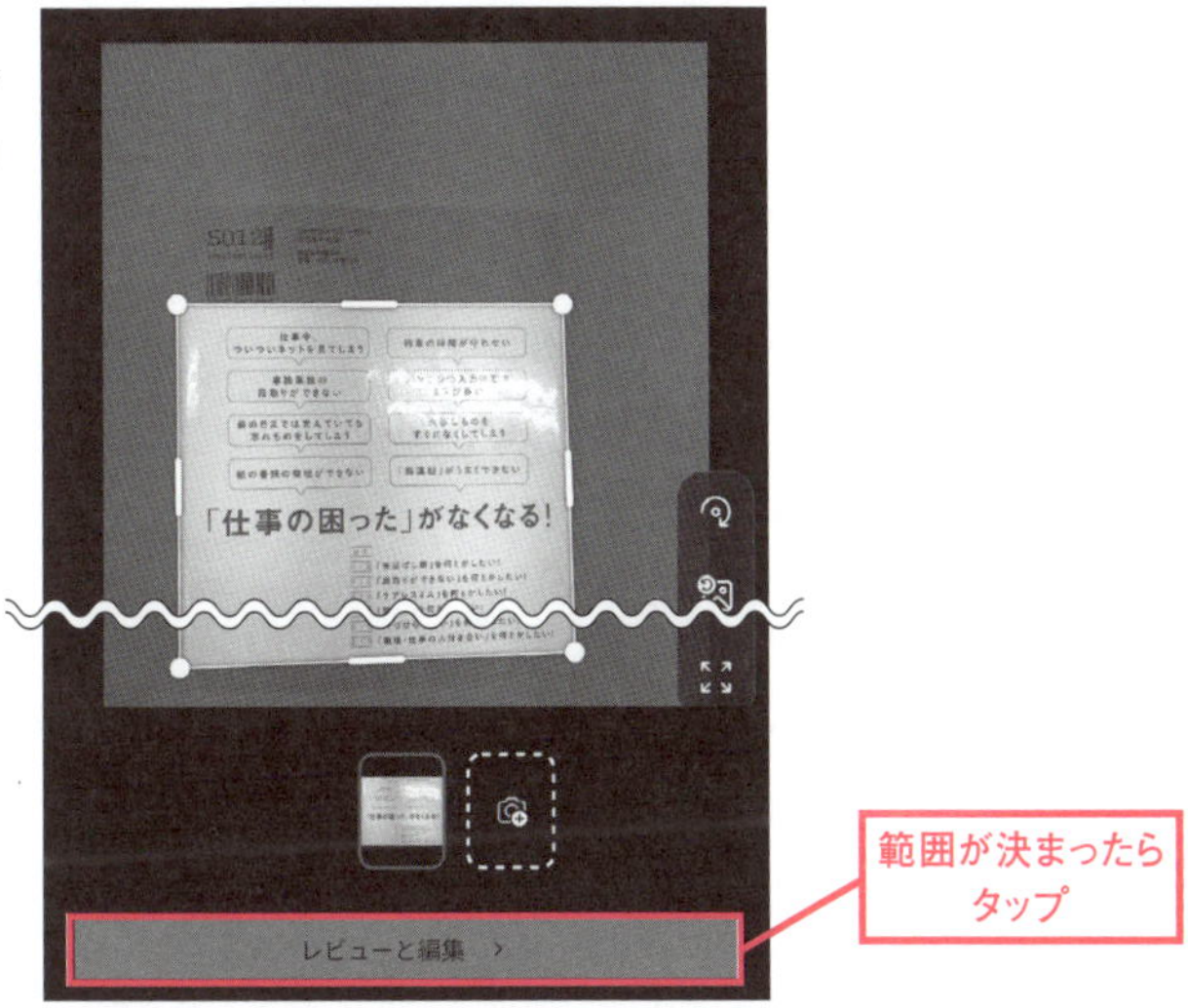

5 続けて何ページかスキャンしたい場合は、「追加」をタップする❶。必要なページをすべてスキャンしたら、「終了」をタップする❷。

6 Microsoftのアカウントと連携していれば、このままOneNoteのファイルとして共有される。また右上の「…」→送信→PDFで、メールソフトやマイドライブなどを指定して共有することもできる。

代表的なスマホ用スキャンアプリ

アプリ名	特　徴
OneNote	• 自由なノートを作成し、共有できるメモアプリ • Windows 10以降、OSの標準アプリとして組み込まれている • 手書き文字をスキャンしてメモにできる
メモ	• iPhoneに標準装備されているアプリ • カメラを使ってテキストや書類をスキャンできる • iPhoneを書類に向けて画面に書類のページが収まるように位置を合わせると、自動的にページが取り込まれる
CamScanner	• スマホで撮影するだけで書類をPDFやJPG、Word、TXT形式のドキュメントに変換できる • 見開きの本をページごとにスキャンするモード、ホワイトボードの光沢やパソコン画面のちらつきを抑えるモードなど豊富な撮影パターンがある

を使うようにするのが良いだろう。もちろん、OneNoteのファイルのまま保存しておけばあとで編集も可能だ。

マイクロソフト製では、他にもLensというスキャン専用のアプリがある。こちらはマイクロソフトのアカウントを通して、ワードやパワーポイントなどとも連携ができる。OneNoteのスキャンと似た操作で扱えるので、用途で選ぶようにしよう。

なお、ここで紹介した以外にもさまざまな種類のスキャンアプリがあるので、PlayストアやiTunesで「スキャナー」で検索して探してみよう。いろいろなものを試して、自分に合ったアプリを使っていくのが一番だ。

紙の書類の整理の仕方

STEP 1 A4の資料が入る3つの箱を用意する

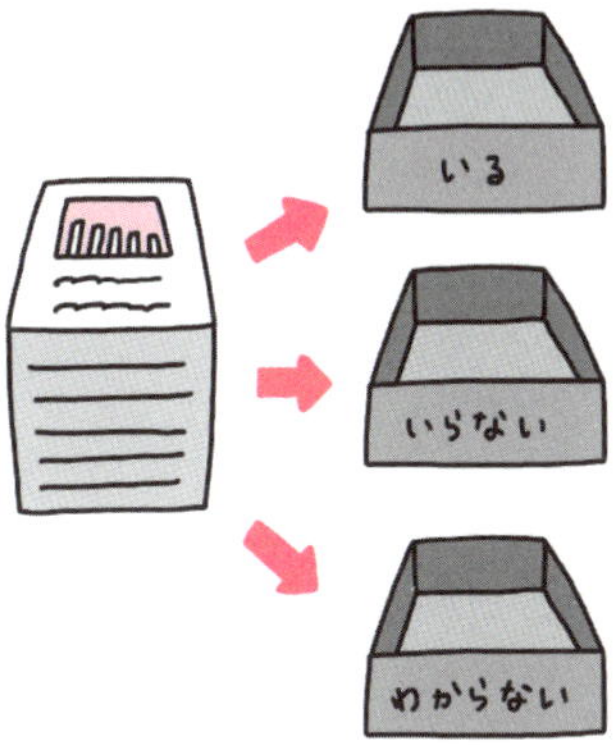

- 3つの箱に「いる」「いらない」「わからない」のラベルを貼る
- たまった書類を3つの箱に分類する

STEP 2 「いらない」に入れた書類をシュレッダーにかける

- 個人情報や機密情報などが入っている可能性があるので、すべてシュレッダーにかけておけば安心

STEP 3 「いる」に入れた書類はファイリング、「わからない」に入れた書類はスキャンする

- スキャンしたデータは、日付を入れたフォルダーを作ってまとめておく
- スキャンし終わった資料はシュレッダーにかける

デスク・引き出しの整理ができない

対策

○整理・分類は諦める。まとめて透明なケースに入れてしまえば、見た目にはきれいになる

事例　文房具にパソコンの小物類、細かいものでグチャグチャの引き出し

机の一番上の引き出しは、文房具入れ。そう決めていたはずが、書類から外したクリップやらパソコンのUSBケーブルやら、とにかく細かいものを入れているうちにグチャグチャの混沌状態。何とか整理して使いやすくしたいが、入っているものの種類が多すぎてどう整理したものやら、自分の頭まで引き出しの中身同様に混乱してしまう。

こんな引き出し、どうやってきれいにしたらいいんだろう。

原因　「物」が好きなASD、「もったいない」のADHD

ASDにもADHDにも共通する性質として、**物が捨てられない**がある。

既に不要なものでも愛着があって捨てられないこともあれば、まだ使えるものだから（使っていなくても）捨てられないこともある。

どちらにせよこの性質のため、物がどんどん増えていくのがASDやADHDの人の机や部屋の傾向だ。

その上で整理が苦手なため、小物がたまると収拾が付かなくなってくる。

解決法　取りあえず見た目だけでもきれいにする

物をきれいに整理したり、いらないものを捨てられるようになる

にはやはり訓練と時間が必要だ。いずれはそうなることを目指すとして、ここではまず第一歩として**「取りあえず」見た目だけでもマシにする**方法を考えてみよう。

クリアケースやジップロックを活用し、散らばるものはすべてまとめてしまおう

100円ショップや文房具店で見かける、**クリアケース**や**ジップロック**。これをいくつか、まとめ買いする。

あとは分類など考えず、細かいものはとにかくこのケースに入れていくだけだ。取りあえず見た目にはきれいになるし、席替えなどがあっても移動が簡単になる。

注意点は、必ず透明で中身が見えるケースを選ぶこと。中身が見えないケースでは、必要なものを探すときに、いちいち開いて探さなければならない。これでは、再び、散らかりを生む原因となってしまう。

クリアケースに入れておけば、引き出しに入りきらなくなったらロッカーなどに立てておくこともできる。いずれは、少しずつでも整理する習慣を付けていきたい。

「きれいになった状態」を写真に撮っておく

苦労して机を整理できたら、**きれいになった状態の机をデジタルカメラで写真に撮っておこう**。机の上、引き出し、棚に並んだ書類や書籍などすべてだ。

これは、記念写真というわけではない。ASDでもADHDでも、**「視覚優位」**の理解力を持っていることが多く、言葉や理念で説明されるより、見て覚えたり考えたりするほうがずっと早い。

「片付いた状態」の具体的なイメージがあれば、その状態に持っていくのは比較的得意なのだ。何をどこに置くのか、明確にわかる写真があれば、片付けの手際も別人のように良くなる。

写真はできれば大判で印刷しておいて、いつでも見返せるようにファイリングしておこう。

パソコンのファイル整理ができない

対策

- ファイル名は「日付_種類」で統一
- フォルダー名は、可能なら仕事の種別。難しいなら、年度で分ける

事例 パソコンのファイルの整理ができない。気付けばデスクトップに大量のファイル

事務仕事なので、パソコンをよく使う。もちろん大量のファイルが出てくるのだが、同じパソコンを使っているうちにファイルがたまって、混沌とした状態になってしまった。

特にデスクトップがひどく、壁紙も見えないほどにぎっしりとアイコンが並んでしまっている状態。

お目当てのファイルもなかなか見付からないし何とか整理したいけれど、いちいちファイルを開いて確かめるのも時間がかかるし、何をどうしたらいいのかさっぱりわからない。

原因 ファイルやフォルダーの命名が得意でない

整理整頓が苦手なのは、部屋や机の上ばかりでなくパソコンの中も同様になる。特にデスクトップが散らかりがちなのは、**ファイルの「取りあえず」の置き場所として使われることが多いため**だ。しかし、発達障害の当事者にとっては、「取りあえず」の置き場所はそのまま恒久の置き場所になってしまう場合が少なくない。

また、ファイルやフォルダーの命名もあまり得意ではないので、その場で適当な名前にしてしまうことが多い。ひどい場合は「Book1.xlsx」とか「新しいフォルダー(2)」のようなファイルやフォルダーが並んでしまっている状態になる。名前に規則性がない

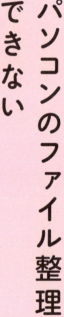

ために、あとの検索や整理に苦労してしまうのだ。

解決法 ファイルやフォルダーの命名ルールを決めよう

会社によっては、ファイルの命名規則がはじめから決められていることも多い。クラウド化でデータの共有も進む今、それぞれが勝手にファイルの名前を決めていたら混乱を生んでしまうからだろう。

職場でルールがないとしても、**自分でルールを決めて守っておけば**自分でファイルを探すときはもちろん、同僚から見てもわかりやすくなる。

ファイルの命名は、「日付_種類」で

ファイルの名前を付けるルールとしては、**「日付_種類」**を基本としよう。たとえば、ワードで作った会議の議事録なら、「20250409_議事録.docx」といった名前に統一する。例はもちろん、2025年4月9日の会議の議事録の場合を表している。英数字や記号はすべて半角、区切りも必ず_（アンダーバー）と決めておく。月や日は2桁とし、ひと桁の日付であっても「0411」のように0を付けて2桁にそろえる。

こうしておけばファイルを名前順に並べたとき、きれいに日付順に並んでくれる。

パソコンのファイルには、もともと更新の日付も情報として残る。それでもあえて日付をファイル名に付けるのは、まずファイルの更新日＝仕事の処理日とは限らないからだ。

たとえば5月12日に会議をしたとしても、その議事録を作るのは

ファイル名を日付にすれば整理がしやすい

5月12日とは限らない。しかし、ファイル名に「20250512_議事録」と付けておけば、あとでスケジュール帳などと合わせてファイルを探すのもラクになる。

また、ファイル名を規則通りに付けていくことで、並べたときに日付と要件がきれいにそろうようになる。これもあとでデータを探すときに、ファイルの探しやすさにつながる。

フォルダー分けは、明確・確実に分類できるもので

フォルダーはデスクトップに置くのではなく、別に**業務用フォルダー**を作成する。面倒ならば、せめてドキュメントフォルダーを使おう。

業務用フォルダーの中をさらにフォルダー分けしていくのだが、このときのフォルダー名は**自分で確実に分類できるもの**にしておこう。

たとえば、営業なら顧客別に分けておくのが良いかもしれない。ITエンジニアなら、プロジェクト別のフォルダー分けが良いだろう。

うまく分けられないなら、「2023年度」「2024年度」……といったフォルダーで良い。このフォルダー名ならば、1年ごとに確実にファイルを分散できる。事務などカレンダーで動いている職種では、むしろ適しているはずだ。

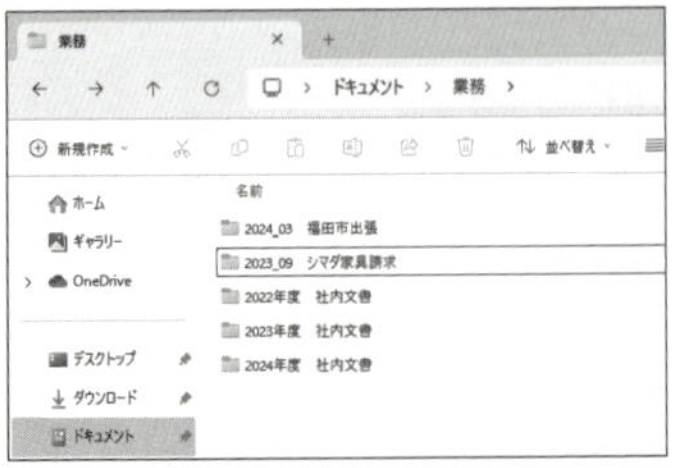

フォルダーは別に「業務用フォルダー」を作成する

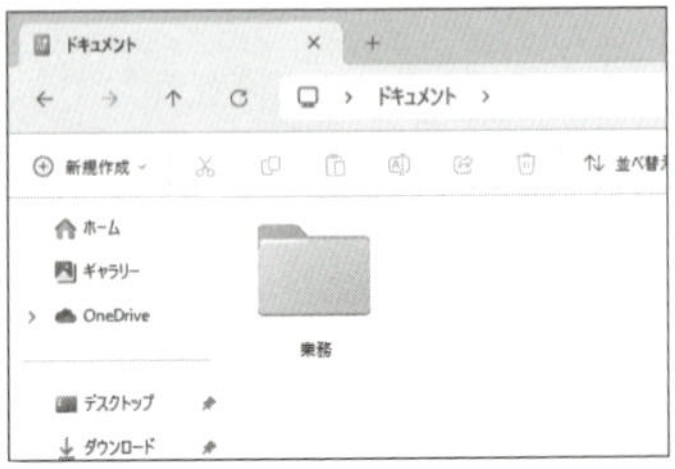

フォルダー名は自分で確実に分類できるものにする

Column 就労移行支援・就労継続支援の利用

就労移行支援と就労継続支援（A型・B型）を利用するためには、「訓練等給付」の申請が必要になる。この2カ所の利用については、訓練等給付の申請も含めて最寄りの自治体の障害福祉課を訪ねて相談してみよう。現在利用できる施設や、申請の方法などを教えてもらえる。

注意点として、これら訓練等給付の申請が必要な施設については一定の利用料がかかる。利用料には補助金が支給されるが、利用する本人の世帯収入（自分と配偶者の収入・資産）によっては自己負担金が発生する場合がある。

具体的に自己負担金がいくらかかるかは収入によって異なるので、これも自治体の窓口で確認してほしい。

第2部 人間関係編

第6章

第一印象で良く思われたい

身だしなみ、距離感

人の第一印象は、初見のかなり短い時間で決まってしまう。しかし、逆にいえば第一印象、つまり身だしなみやあいさつは相手からの印象を底上げしてくれる、結果を出しやすい「コミュニケーション術」になる。

スーツや小物の選び方がわからない

対策

○専門店の店員に頼る
○スーツの着まわしは、ルーチンを決める

事例 身だしなみがなっていないと言われる

お客様に直接接する仕事のせいか、服装に対する上司からの指摘が厳しい。

量販店で適当に選んだものを着ていったら、「カジュアルすぎる」とか「派手すぎる」などと言われてしまった。同じようなものを着ていて、何も注意されない同僚もいるのに……。

これなら文句ないだろうとリクルートスーツを着ていったら、今度は「学生じゃないんだから」とため息をつかれてしまった。いっそのこと制服でも決めてくれたらラクなのに、何が正解なんだ。

原因 業種や着る人によっても基準が変わる出勤服

ASD傾向の人に多いのが、まずファッションそのものにそれほど興味がなく、服の選び方もよくわからないというタイプだ。学生時代までは単に「ファッションに興味ないから」「俺センスないから」で済ませていたが、就職した途端に上司から強く注意されて悩んでしまうことになる。

次に多いのが、ファッションに興味はあるが趣味的な嗜好に偏りがちなタイプだ。派手な服を選びがちだったり、全身高級ブランドで固めてしまったりして周囲から浮いてしまう。

どちらの場合も、**みんなの服装から「何となく」その場の基準を読み取るのが苦手なことから、周囲から浮いてしまっている**。そのため、雰囲気に溶け込むことが要求されるような職場の場合には、それが課題となってしまうわけだ。女性の場合にはさらに「オフィスカジュアル」の職場も多く、服選びの困難さにいっそう拍車がかかってくる。

以上のような悩みが強い人は、自分の場合にはどんな服装が正解なのかを知っておくことが解決につながる。

ADHDの場合は、**不注意からくる身だしなみチェックの見落としが多い**。また時間管理の苦手さが朝の多忙さとあいまって、髪を整えたり服を選んだりする間もなく家から飛び出してしまうこともある。おしゃれが気になる性格だと、逆に何十分も身だしなみに時間を使って遅刻しがちということもある。

この場合には、朝の服選びにもなるべく時間をかけないような工夫が必要になってくるだろう。

解決法

専門店の店員は一番の味方

服選びは、知識のある店員に頼ろう

スーツを買おうと決めたなら、まずは予算を設定する。予算の額は選択の幅を狭めてくれるので、いざ購入というときに迷いを少なくしてくれる。

問題はどの程度の額に設定するかだが、一番良いのは**率直に上司や先輩に相談してみる**ことだ。このときに注意したいのは、相談相手は同性にすることだ。日頃服装を注意されているなら、その上司に尋ねてみるのが一番だ。質問の内容だが、「1着、上下一式でいくらくらいのものを買っています

服選びの際に店員に伝えるべきこと

- 職場に合ったスーツを教えてほしい
- 自分の仕事の業界
- 自分の職種
- 予算

か」と聞いてみるのが良い。上司や先輩の購入額は、その職場の基準として信頼できる。

　あえて「一般的な会社」として定義するのであれば、上下一式の定価で3〜5万円前後であれば安すぎ・高すぎということはないだろう。定価でそれ以上安いものもあるが、避けたほうが無難だ。デザイン以前に耐久性に欠けて傷みが早く、結果として余計に負担がかかってしまう場合がある。

　予算を決めたら、予算＋1万円程度の金額を用意して購入する店舗に行こう。どういった店を選ぶべきかは、予算によって異なってくる。明確な基準があるわけではないが、先に挙げた3〜5万前後の予算であれば専門の量販店に行くのが良い。女性の場合、近場にレディーススーツの専門店があるのなら、そちらに足を運ぼう。ネットで「レディース　スーツ　専門店」などで検索し、近くの専門店を探してみよう。近所にそうした専門店がなければ、紳士服の専門店でレディースコーナーが広い店を選ぼう。

　業種・職種の都合でもう少し上の予算になるようなら、百貨店の紳士服売り場を訪ねてみよう。

　スーパーの紳士服売り場や安価を売りにしている店の場合、服選びも客に任せるスタイルであることが多い。今回は店員の知識に頼りたいところなので、こうした店は避けておく。

　店舗に足を運んだら、**思い切って店員に声をかけてみよう**。その際には、

- どんなものが職場に合ったスーツかよくわからないので相談したい
- 自分の仕事の業界（IT業界、食品業界、公務員など）
- 自分の職種（営業、事務、接客など）
- 予算（上限を決めたい場合は「上限○万円」と伝える）

といったことを伝えられるように準備しておく。

　少しでも自分で選びたい場合には、次ページの基準を参考にしてほしい。

　こうした条件の範囲で店員にアドバイスをもらいながら何着かを決めていくと良い。逆に自分ではまったく選べないのであれば、すべて店員に委ねても良い。

ワイシャツの選び方

　スーツと同様、ワイシャツのデザインにもさまざまなものがある。店員に相談してスーツを買うときに、**一緒にワイシャツも選んでもらって購入しておきたい**。一度店員に選んでもらえば、以降は同じデザインのものを続けて購入していけば良いだけだ。

スーツ選びの基準

赤、黄色などの原色系は避けて、黒、グレー、ネイビー系から選択する

茶色は少し着こなしが難しく、上級者向け。お店の人にアドバイスをもらう

ストライプ柄の場合は、目立ちにくいシャドウストライプのものが良い

オールシーズンのものを選べば、どんな季節に着ても違和感のないデザインとして使える

ズボンの裾丈は流行りがあるが、「普通に」と言えば靴にかかる程度の長さにしてくれる

裾丈を測るときは、ズボンを深く履いたり腰履きにしたりしないように気を付ける。よくわからなければ、ベルトの位置も店員に相談してみると良い

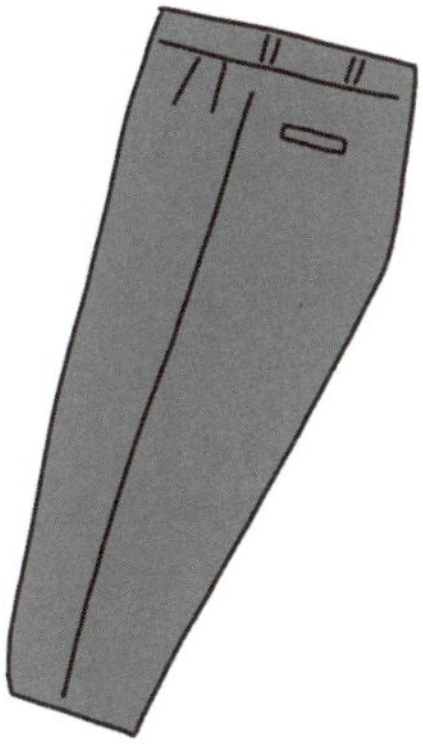

折り目加工は、必ず付けておく

とにかく無難にしたいなら白の無地、襟はレギュラーカラーを選ぶ。多少割高だが、形状記憶のものを選べばアイロンがけの手間も省ける。面倒ごとが苦手なタイプには、ぜひともおすすめしたい。

靴の選び方

靴の色は、**黒か茶系統が基本**になる。悩むようなら、全部黒にしておけばたいていのスーツの色に合う。

靴は装飾の少ない、革のビジネスシューズにする。ストレートチップと呼ばれる種類で、なおかつひもの靴が最もビジネス向きとされているようだ。冠婚葬祭の場合にも、無難に履いていけるだろう。

靴は、3足は用意しておきたい。同じ靴を続けて履くと、すぐに傷んでしまう。1日履いて2日休ませるのが靴にとっても良いローテーションとなる。

値段はさまざまなものがあるが、あまりに安すぎるものは耐久性の点で良くない。はじめは5千円から1万円程度のものを選んでおこう。

靴は、しばらく履いていると、だんだんとかかとがすり減ってくる。かかとの形が崩れたり、明らかに斜めになったりしていたら、靴の修理屋さんに相談してみる。駅やスーパーなどに入っている合鍵屋を兼ねた修理屋を近所で探してみよう。こまめに修理をしておけば、長持ちする。

ベルトの選び方

ベルトは**革製で、装飾のないシンプルなもの**を選ぶ。ベルトの調整は、自分でもできる。ベルトのバックルは、裏の金具をステープラの針外しの部分で開いてやることでベルト部分と分離できる。自分の腰回りに合わせてちょうど良い長さにハサミで切り、バックルを付け直せば良い。工作に自信がなければ、お店の人に相談しよう。

靴下の選び方

靴下は**黒か紺で、装飾のないビジネスソックス**を選ぶ。白いものや柄物、スニーカーソックスなどは厳禁だ。仕事用のソックスはすべて同じ色・デザインにそろえておくと、左右のそろいを気にせず履いていけるので便利である。

ネクタイの選び方

青系やエンジ、グレー系など**落ち着いた色が一般的**だ。派手な柄のものは避け、ドット柄や細いシェイプ柄、チェック柄のものを選

ワイシャツ、靴、ベルト、靴下の選び方

ワイシャツ

- スーツ購入時に店員と相談して決める
- 無難にするなら白の無地
- 襟はレギュラーカラーのものにする
- 形状記憶のものを選べばアイロンがけの手間が省ける

靴

- 悩むなら黒を選ぶ
- 装飾の少ない革のビジネスシューズにする
- 最低でも3足は用意する
- はじめは5,000円から1万円程度のものにする

ベルト

- 革製で装飾のないシンプルなものを選ぶ
- 自分の腰回りに合わせてちょうど良い長さに切る

靴下

- 黒か紺で装飾のないビジネスソックスを選ぶ
- すべて同じものでそろえておけば、左右のそろいを気にせずに履いていける

ぼう。

　ネクタイを結ぶのが苦手な人には、はじめから結ばれた形になっている「ワンタッチネクタイ」という商品がある。アマゾンや楽天などで検索すると見付けられるが、紳士服の量販店でも取扱いがあるようだ。朝の忙しい時間を緩和するのにも、便利だろう。

時計の選び方

　携帯・スマホの普及で腕時計を使う人も減っているが、公式な場ではネクタイと同様に必要とされる場合がある。時計を選ぶ際には、

- **アナログ時計**
- **3針（針が時・分・秒の3本だけのもの）のシンプルなデザイン**
- **白か黒の文字盤のもの**

が無難だ。バンドはフォーマルな場では黒革のものとよくいわれるが、日本の一般的なビジネスや冠婚葬祭の場であれば金属製のものでも問題はない。とはいえ外国人の多いフォーマルな場や、身だしなみを厳しく見られそうな場に招かれる機会の多い職業であれば、黒革ベルトの時計も用意しておきたい。

　金属製の場合はゴールドなどの色は避け、シルバーで装飾の少ないデザインのものを選ぼう。

　価格やブランドはそれほど重要ではなく、安価なものでも構わない。むしろ、高級で有名なブランドのものは避けたほうが良い場合がある。国産の大手ブランドのものであれば、悪目立ちしてしまうこともないだろう。

　女性の場合も、**アナログでシンプルなデザインのもの**という基本は男性と同じだ。女性の場合はゴールド系でも必ずしも悪くはないが、無難に選びたいのであればシルバーにしておく。革製のベルトであれば、黒や茶、ベージュにしておこう。文字盤の色は白、黒のほか、薄めのピンクなどでも良い。

　以上が腕時計のマナーとなるが、特に時計へのこだわりもなければ、電波ソーラー腕時計をおすすめしたい。時刻合わせや電池交換といった、うっかり忘れがちな面倒ごとから解放されるからだ。

かばんの選び方

　かばんを選ぶ際には、ビジネスバッグを選ぶ。男性なら**手持ちのブリーフケース**、女性なら**トートバッグ**が無難だろう。

　バッグを選ぶ際には、**容量の多くない薄めのもの**をおすすめしたい。ビジネスバッグには、出張にも対応した大容量のものがあり、ASDやADHDの人は、こうした大容量のものを選びがちだ。

ネクタイ、時計、かばんの選び方

ネクタイ

- 落ち着いた色にする
- 派手な柄は避け、ドット柄や細いシェイプ柄、チェック柄のものを選ぶ
- 結ぶのが苦手な人はワンタッチネクタイも選択肢のひとつ

時計

- アナログ時計
- 3針のシンプルなデザイン
- 白か黒の文字盤のもの
- バンドはシルバーが無難

かばん

- 男性なら手持ちのブリーフケース、女性ならトートバッグが無難
- 容量の多くない薄めのものを選ぶ
- 支えがなくても立てておけるものにする
- A4の書類がスムーズに出し入れできる口の広いものに
- 目立たない色にする

忘れ物が多かったり、整理が苦手だったりして、必要になるかもしれないものをすべて入れておきたくなるからである。しかし、たくさん入るからと、さまざまなものを入れっぱなしにした結果、かばんの中がグチャグチャな状態になってしまいがちだ。

必要になるかもしれないものは会社と自宅の両方に常備しておくようにし、かばんの中は移動時に必要なものだけを入れておくようにしよう。

その他、かばん選びの重要なポイントとしては、まず**支えがなくても立てて置けるかばんであること**が大事だ。訪問先では、かばんは自席の横に立てて置くことになる。このとき、床に横倒しになってしまうようなかばんは好ましくない。かばんを買う際には、支えなしで立てて置けるかどうかを必ず確かめておきたい。

また、A4の書類がスムーズに出し入れできる口の広いものであることも重要だ。A4は、さまざまな書類の基本的なサイズとなっている。これが折れ曲がったり引っかかったりせず、ラクに出し入れできることは仕事用のバッグの必須条件となる。

色は黒、紺、茶といった目立たない色が無難だ。特に柄のあるもの、アクセサリーの付いたものは避ける。あとからアクセサリーやキーホルダーなどの飾りを付けるのも、仕事用としてはふさわしくない。

男性用スーツの着まわしは、ルーチンを決める。変化を付けたいときはネクタイで

せっかくスーツを買っても、同じスーツをずっと着続けていては周囲からの印象も良くないし、服の傷みも早くなる。靴やネクタイなどの小物も同じだ。

そこで、なるべく服や靴を長持ちさせて、しかもだらしない印象を与えない着まわしの方法を考えてみよう。

男性用スーツの場合は、基本上下セットで着ることが多い。そこで、**スーツはワンシーズンで上下3セットを用意しておく**。安く上げたいのであれば、紳士服の量販店での2着で半額などのバーゲン時を狙うと良い。

同様に、靴も3足用意しておく。

このジャケット・パンツ・靴を1セットとして、組み合わせを決めておく。あとは、これを順番に着まわしていくだけだ。

服も靴も、連続で使うことで傷みが早くなる。ローテーションで着まわすことによって寿命も延び、結果的に費用も少なく済むことになる。

変化を付けたい場合は、ネクタイを5本ほど用意してこれもロー

女性のオフィスカジュアルとして受け入れられる基準

種類	OK	NG
トップス 	ニット、カーディガン、ブラウス、シャツ、ジャケット、カットソー	チュニック、ポロシャツ、ボレロ、ベスト、トレーナー、パーカー、ポンチョ、Tシャツ、キャミソール（下着としてなら可）、ドレス
ボトムス 	ストレート、フレア、セミフレア、テーパード、クロップド	丈が七分よりも短いもの、ジーンズ、ガウチョ、キュロット、サロペット
ワンピース 	ノースリーブなど露出過多、装飾過多なものはNG。判断が難しければ、ワンピースは避ける	
靴など 	• ストッキングは黒・ベージュ。靴下・素足は避ける • 靴はパンプス、ローファー、ヒールは3〜5cmのもの • スニーカー、ロングブーツはNG	

テーションで回していく。スーツとの数の違いで、結果として組み合わせも多彩になる。

しかし、せっかくスーツを複数用意しても、朝の慌ただしさから手近のものに手を伸ばしてしまって、結局毎日同じ格好になったり、昨日着たものがどれなのかわからなくなったりする可能性もある。

そこで、市販のハンガーラックを活用する。出社時にはいつも奥からスーツを取り、帰宅したら手前にかけるようにルール付けすれば自動的にローテーションを作れるようになる。基本的に、上下は購入したままのセットで組み合わせるようにしよう。上下色違いもNGではないが、組み合わせを考えるのは上級者向けなので避けたほうが無難だ。

靴は、黒・ひもあり、黒・ひもなし、茶・ひもありなどすべて外観が違うものを用意して、スーツと合わせて使いまわす。たとえばスーツが黒のシングルなら、靴は黒のひも、スーツがグレーなら、靴は茶のひも、といった感じである。

組み合わせを覚えるのに自信がなければ、

①黒・シングル———黒・ひも
②黒・ダブル———黒・ひもなし
③グレー・シングル———茶・ひも

といった組み合わせを書いておいて、玄関に貼り付けておけばわかりやすい。

ひとつ注意したいのは、ジャケットに入れっぱなしにしがちの名刺入れや財布などだ。帰宅して着替えるときにこれらを取り出す癖が付いていれば良いが、そうでなければいっそ名刺入れも財布もスーツに合わせて3セット用意しても良いだろう。

女性のルーチンは、上下の組み合わせで変化が付けられる

女性の場合も、**まずは基本としてルーチンを組める3セットの上下と靴を用意しよう**。コーディネートに自信がなければ、前述の男性と同様にこのまま着まわしていっても良い。

もう少し変化を付けたい、多少の組み合わせの〇×はわかる場合には、上下の組み合わせも含めてローテーションを組むようにしてみよう。

このときにローテーションに使う上下の数を変えておくと、自動的に組み合わせに変化が付けられる。

たとえば上のジャケットを4着、下をパンツ・スカート合わせて3本用意しておく。

あとは男性スーツと同じようにハンガーラックを使ってローテーションを管理するが、この際にジャケットとパンツ・スカートを別々の場所にかけておく。ハンガーをかけるバーが2本付いているタイプのハンガーラックがあれば、使いやすい。

あとは前述と同様、一番奥から取り出して着ていって、帰宅したら一番手前にかけていくだけだ。上下の数が違うため、自動的に組み合わせがズレて変化を付けられる。

もし、「この組み合わせはないな」と感じるセットになってしまった場合には、上か下かを手前にかけ直して次の服を出してくれれば良い。

「オフィスカジュアル」って何？

女性でオフィスカジュアル可、という職場の場合、私服との差が

明確にないために何がNGで何がOKかわからない、と悩む人が多い。「その服は職場にふさわしくない」と注意されても、周りの女性との違いがわからなかったりする。

まず前提として、**オフィスカジュアルを私服の延長と考えず、別のものとして考える**ほうがわかりやすい。オフィスカジュアルとして購入した服は通勤用として、私服とは別に管理する。

さて、それではどんな服ならオフィスカジュアルとして受け入れられるかであるが、一般的には175ページの基準に従えば無難とされるようだ。

基準をわかりやすくするため、着こなし方によるものや微妙なラインのものもNG側に入れている。他人を評価するためではなく、あくまで自分の参考のラインとしてほしい。

化粧はどの程度したらいいのかよくわからない

毎朝ただでさえ時間の余裕がないときに複数の工程をこなさなければいけない化粧。どこまでやれば良いのか明確でないため、化粧しないか、もしくはしすぎてしまうかのどちらかになり、苦手な人は多い。

そこで化粧のための工程と作業時間を決めたい。**10分あれば最低限のことはできる**。

準備物は化粧下地→ファンデーション→アイシャドウ→リップの工程ごとに必要な化粧品と、顔全体が映る鏡。

もし、これまでにもいろいろと試して手元に複数の化粧品があるのであれば、工程ごとに1品に絞ろう。

化粧品ブランドのホームページにはメイクアップ方法が掲載されており、中には動画で紹介してくれているページもある。最近では「時短メイク」として多くの動画も投稿されている。参考にすると良い。

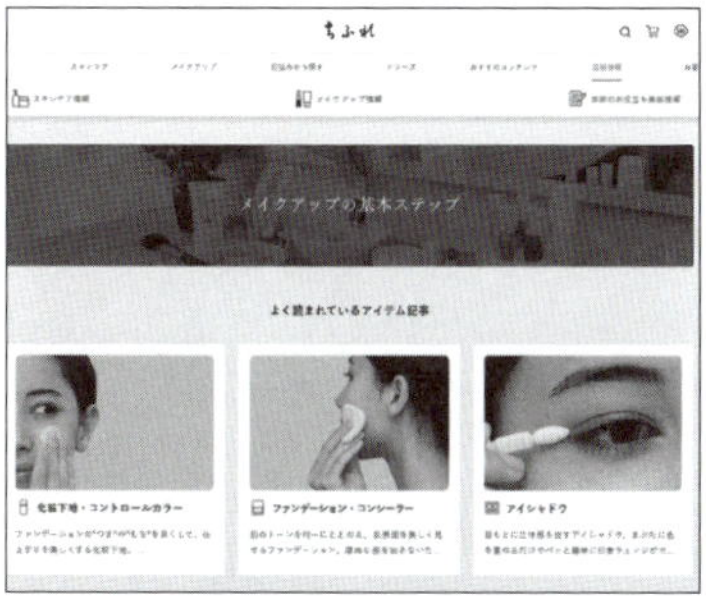

ちふれのホームページでは、スキンケアとメイクアップの情報を掲載している。メイクアップについては、化粧品の役割と化粧の手順を説明しているので、初心者にもわかりやすい。

資生堂公式ページの「美容の情報」の中にある「＼動画で解説♪／キレイの基本」では、化粧や美容の基本知識や基本手順を解説している。「スキンケア」「メイクアップ」などについて、資生堂が推奨するテクニックを1～2分ほどの動画で公開している。

身だしなみがなっていないと言われる

対策

- 定期的なチェック事項を決めておく
- 散髪やクリーニングなどは、期間を決めておく

事例　明確な理由なく服装がだらしないと言われても……

ちゃんとスーツも着ているし、ワイシャツも洗濯しているのに、毎回「身だしなみを何とかしろ」と言われてしまう。「どこがいけないんですか」と聞いても「何となく雰囲気が」とか「何か全体的にだらしない」とかで要領を得ない。雰囲気なんか直しようがないし、もう努力しても無駄な気がしてきた。

原因　細かいポイントが重なって、全体の印象を落としている

ASD傾向の人は身だしなみにほとんど意識がいかなかったり、ファッションが趣味的に偏りすぎて周囲から浮いてしまったりすることがある。

またADHD傾向の人は、時間管理が苦手なことから身だしなみの時間が取れなかったり、当日になって整髪料を買い忘れていたり、アイロンをかけたシャツがないことに気付いたりといったことがある。

身だしなみが苦手な人の多くは、**そもそも何をチェックしたら良いのかがわからない**。チェックポイントを知っておき、定期的にチェックを行うだけで、かなり自分の印象を上げていけるはずだ。

解決法　定期的なチェック事項を決めておく

身だしなみをチェックする周期は、ポイントによって異なってく

る。ここでは、毎日チェックするポイントと長期的な周期でチェックするポイントに分けて説明する。

毎日の身だしなみのチェックポイント

毎日の身だしなみについては、次ページのポイントでチェックしてほしい。

散髪やクリーニングなどは、期間を決めておく

散髪やクリーニングなど、長期的なサイクルで行う身だしなみは月に1回、年に2回などと**期間を決めておく**。あらかじめ仕事用の手帳に、散髪やクリーニングに行く日を記入しても良いだろう。下図にメンテナンスの基準を記したので参考にしてほしい。

長期的なサイクルで行う身だしなみのチェックポイント

スーツ

4カ月に一度（夏場は1カ月に一度）、衣替えに合わせてクリーニングに出す

ワイシャツ

少なくとも5枚は用意し、1回着たら洗濯する
（衣替えのタイミングで捨てて、新しいものに買い替える）

頭髪

- 月に1回切る
- 髪の長さは、次の基準以下で短くしておく
  - ▶後ろ髪は、ワイシャツの襟にかからないこと
  - ▶前髪は、眉にかからないこと

靴

- 毎日1回、ブラシでホコリを取る
- 月1回、ブラシでホコリを取ってクリームを塗る

男性の毎日の身だしなみのチェックポイント

【朝のチェック】

チェック箇所	対処方法
髪	• 髪跳ねを見落としがちであれば、朝シャンとドライヤーかけを行う • 整髪料は、無香料・微香のものを使う • くしをかけて、髪にくし目を付ける • 髪にフケが付いていないか
歯磨き	• 歯に付着物がないか • デンタルリンスも併用する
目	洗顔時に目ヤニが付いていないか確認する
眼鏡	ホコリ、汚れ、曇りなどがないか確認する
鼻毛・耳毛	鼻毛・耳毛は自分の目では見落としがち。真正面から見て少しでも出ていたらNGと考える。鏡を2枚使うと見付けやすい
フケ	フケの出やすい体質であれば、2〜3時間に1回程度チェックする
下着	洗濯したものを着け、毎日取り替える
ひげ	• 毎朝剃る。首やあごの下などは忘れやすいので注意 • 眉毛がつながりやすい人は、眉間もチェックする • ひげの薄い人であれば、前の晩の入浴時に剃ってしまっても良い
ジャケット	• ホコリやシワ、汚れがないか • 肩や背の部分にフケが付いていないか • 襟が曲がっていないか • ボタンが取れている、もしくは取れかけていないか • 男性の場合、前ボタンの一番下だけ外しておく • 腰のポケットには何も入れないこと。ポケットのふた（フラップ）は出していてもしまっていても良いが、左右そろえること • 左の内ポケットには名刺入れを入れておく
ワイシャツ	• 臭いがあるものは避ける。よくわからなければ、消臭剤をかけておく • ボタンを外すのは第一ボタンまで。接客の場合は、一番上までとめる • 襟や袖口に汚れが浮いて洗濯しても取れないものは捨てる • 袖をまくっているとき以外は、袖のボタンはきちんととめる • ワイシャツの裾がはみ出していないか、特に横・後ろ側をチェック

ズボン	• ズボンの前ポケットには何も入れない • きちんと折り目の付いているものを選ぶ • ファスナーが閉まっているか
靴	• 汚れ、曇り、ひもの結びをチェック • 出掛ける前にブラシをかけ、ホコリを払っておく
手	• 爪の白い部分が1mm以上伸びていたら切る • アクセサリー類は、結婚指輪以外は外す • 手に汚れがないか
靴下	洗濯したものを毎日履き替える。穴があいているものは捨てる

【昼のチェック】

チェック箇所	対処方法
髪	• 鏡で髪にフケが付いていないかチェックする • 髪に乱れがあれば、くしで整える
歯	歯に付着物がないか
目	洗顔時に目ヤニが付いていないかを確認する
眼鏡	ホコリ、汚れ、曇りなどがないか確認する
鼻	鼻毛は出ていないか、鼻の穴から鼻くそなどが見えていないか
ジャケット	• ホコリやシワ、汚れがないか • 肩や背の部分にフケが付いていないか • 襟が曲がっていないか • 一番下以外、前のボタンがきちんととめられているか
ワイシャツ	• 袖をまくっているとき以外は、袖のボタンはきちんととめる • ワイシャツの裾がはみ出していないか。特に横・後ろ側をチェック
ズボン	ファスナーが閉まっているか
靴	汚れ、曇り、ひもの結びをチェック
手	手に汚れがないか

女性の毎日の身だしなみのチェックポイント

【朝のチェック】

チェック箇所	対処方法
髪	• 髪跳ねを見落としがちであれば、朝シャンとドライヤーかけを行う • 整髪料は、無香料・微香のものを使う • くしをかけて、髪にくし目を付ける • 髪にフケが付いていないか • 肩にかかる以上の長さの髪はまとめる • 髪どめ・ゴムなどは黒・茶・紺のもの
歯磨き	• 歯に付着物がないか • デンタルリンスも併用する
目	洗顔時に目ヤニが付いていないか確認する
眼鏡	ホコリ、汚れ、曇りなどがないか確認する
ムダ毛	• 顔などの露出部で、目立ちやすい部分をチェックする • 鼻毛などは特に注意する
フケ	フケの出やすい体質であれば、2～3時間に1回程度チェックする
下着	洗濯したものを着け、毎日取り替える
ジャケット	• ホコリやシワ、汚れがないか • 肩や背の部分にフケが付いていないか • 襟が曲がっていないか • ボタンが取れている、もしくは取れかけていないか • 前ボタンはすべてとめる • 腰のポケットには何も入れないこと。ポケットのふた（フラップ）は出していてもしまっていても良いが、左右そろえること
シャツ	• 臭いがあるものは避ける。よくわからなければ、消臭剤をかけておく • ボタンを外すのは第一ボタンまで。接客の場合は、一番上までとめる • 襟や袖口に汚れが浮いて洗濯しても取れないものは捨てる • 袖をまくっているとき以外は、袖のボタンはきちんととめる • ワイシャツの裾がはみ出していないか、特に横・後ろ側をチェック

ズボン スカート	・ポケットに膨らんで目立つようなものを入れない ・シワ、ホコリなどをチェックする ・ファスナーを閉じる ・折り目のあるものは、アイロンでしっかり折り目を付けておく
靴	・汚れ、曇り、ひもの結びをチェック ・出掛ける前にブラシをかけ、ホコリを払っておく
手	・爪の白い部分が1mm以上伸びていたら切る ・アクセサリー類は、結婚指輪以外は外す ・手に汚れがないか
ストッキング	黒・ベージュのものを選ぶ。穴や伝線がないかをチェック

【昼のチェック】

チェック箇所	対処方法
髪	・鏡で髪にフケが付いていないかチェックする ・髪に乱れがあれば、くしで整える
歯	歯に付着物がないか
目	洗顔時に目ヤニが付いていないかを確認する
眼鏡	ホコリ、汚れ、曇りなどがないか確認する
鼻	鼻毛は出ていないか、鼻の穴から鼻くそなどが見えていないか
ジャケット	・ホコリやシワ、汚れがないか ・肩や背の部分にフケが付いていないか ・襟が曲がっていないか ・前ボタンはすべてとめる
ワイシャツ	・袖をまくっているとき以外は、袖のボタンはきちんととめる ・ワイシャツの裾がはみ出していないか。特に横・後ろ側をチェック
ズボン	ファスナーが閉まっているか
靴	汚れ、曇り、ひもの結びをチェック
手	手に汚れがないか

適切な距離感がわからない

対策

- 相手との関係や状況ごとの適切な距離を知っておく
- 自由な席を選ぶ場合には、知らない人の近くはなるべく避ける

事例　隣の席に座っただけで変な目で見られる

昼休みの社員食堂。たいてい空いているんだけど、「どこに座ろう」と迷ってしまうのも嫌なのでお気に入りの場所を決めてある。だけど今日は運悪く、いつもの席に先客がいた。他部署の人なのか、知らない顔。

仕方なくその隣の席に座ったら、相手はビクッとして「ちょっと、何ですか？」と警戒したような声を上げてきた。

何ですかって、席は自由じゃないの？　こっちはいつもの席にあなたが座っているから、仕方なく隣に座っただけなのに……。

原因　パーソナルスペースという考え方

人間には相手との関係性によって「これ以上近付かれると不快になる」距離がある。この距離を半径に、その人を中心とした円状の領域を一般に、「パーソナルスペース」と呼んでいる。知らない相手、親しくない相手を警戒するのは、動物的な本能から来るものだろう。

ASDがある人の場合、**このパーソナルスペースに関わる感覚が独特である**ことが多い。極端に鈍くて気にしない人。鋭敏すぎて人がそばを通るたびに緊張し、隣の席に人が座っていても身を縮こまらせてしまう人。近付かれることには敏感だが、自分が近付くときには気にしなくなってしまう人。どのタイプの人も自分の感覚以外で距離感をつかむのが難しい

ため、注意されても適切な距離感が意識しづらい。

また、ADHD・ASDどちらにも出やすい**空間認知の苦手**も関係してくる。これが強いと、たとえばキャッチボールをしていてもちょうど良い位置にボールを投げられなかったりする。

はっきりとしたルールを求めるASDタイプには、「混んでいる店内や満員電車なら許されるが、ガラガラのときには許されない距離」というフレキシブルさにも納得がいかないかもしれない。

しかし実際、十分なスペースがあるのに不用意に相手のパーソナルスペースに入り込むと、不要な誤解を与えてしまう。話しかけたときにパッと距離を離されたり、頭をやや引き気味に動かされたりするような場合には、相手のパーソナルスペースに踏み込んでしまったものと考えて良い。

解決法 相手との関係や状況ごとに適切な距離を知っておこう

大雑把だが、まず相手との関係を次のように分類しよう。

- 家族、親しい友人、恋人など
- 知人、同僚、商談相手など
- 相手が自分を知らない、知人だが関係が良くない人（相手が有名人などで、自分がファンとして話しかける場合なども含む）

続いて状況だが、次の3分類で考えよう。

- 声をかけるとき
- 会話をするとき
- 会話の必要がないとき

これらの分類から、それぞれの適切なパーソナルスペースは、下表のように考えられる。実際には部屋の広さや混雑具合によっても変わってくるので、あくまで目安である。混雑して距離を取れない場合には、近くの人とそれぞれ均等な距離を取るようにする。

誰かと会話に入るときには、こ

パーソナルスペースの目安

	家族、親しい友人、恋人など	知人、同僚、商談相手など	知らない人、関係が良くない人
声をかける	2〜3m以上		
会話時 立ち話	50cm〜1m 軽く手を伸ばして手が届く距離	1〜2m 手を伸ばしてもギリギリ届かない程度の距離	2mくらい
非会話時	1mくらい	2〜4mくらい	4m以上

の距離を意識して手順を考える。たとえば、知人に声をかけて話をしたい場合には、まず2~3m離れた位置から「○○さん」と名前を呼んで声をかける。相手がこちらを認識したのを確認してから1~2mの距離に近付き、会話を開始するのである。

注意点としては、**常にこの距離をキープしようとして無理な体勢になってしまわないこと**だ。たとえば、商談時に同じパソコンの画面をのぞき込む必要があるときなど、場合によっては距離を縮めなければならないこともある。こうした必要なときにも無理に距離を離そうとすると、かえって失礼になることもある。こうした場合には必要な距離まで近寄っても良い。また、関係が良好でない場合でも、仕事であれば「知人、同僚、商談相手」の距離で接する必要がある。

非会話時の距離感は、事例のような自由な席の選択や、同じ部屋で働く同僚とすれ違うときなどに当てはまる。

自由な席を選ぶ場合には、知らない人の近くはなるべく避ける

非常に混雑していて他に空いている席がないときなら、隣の席に座っても奇異に思われることはない。しかし、他にたくさん空席があるにもかかわらずわざわざ近くの席に座られると、無用な警戒をされてしまうことになる。**空席がある場合は、なるべく周りに人のいない席を選択するようにする。**

2人で席を選ぶ際には、席を詰めるために隣同士に座るのが基本になる。喫茶店などで2人で会話をする場合なら、向かい合って話せるように対面の席に座る。カウンター式の座席であれば、隣に座って話をするようにすれば良い。

狭い通路に人が立っている場合は、極力別の道を使う

たとえば職場の隅で同僚同士が立ち話をしていて、通路が狭くなっているような場合、他に通れる通路があるのなら、遠回りになってしまってもそちらを通っていくようにしよう。狭くなった通路を無理やり押し通るようなことはなるべく避ける。これもまた、不用意な「パーソナルスペースへの侵入」と取られ、相手に不快感を与えてしまう場合があるのである。

他に通れる通路がない場合には、2mくらい手前で「すみません、失礼します」と声をかけて、まず気付いてもらう。こちらを向いてもらったら軽く会釈して、脇を通らせてもらおう。相手が道を空けてくれたなら、軽くお礼を言いながら通るようにすれば良い。

パーソナルスペースを侵害しないために気を付けること

空席があるときは、なるべく周りに人がいない席を選ぶ

通り道に人がいるときは迂回する

迂回できないときには声をかけ、会釈して通るようにする

自分が通路に立ち止まるときには、なるべく端に寄るようにする

自分が通路に立ち止まるときには、人が通れるようになるべく端に寄る

相手もまた、こちらのパーソナルスペースに気を使っていることに注意しよう。他の人も通る場所に立っているとき、自分では十分通れるスペースは空けているつもりでも、相手は体がぶつかるような隙間を通ることは避けたいと考える。やむなく通路に立ち止まる必要がある場合には、なるべく端に寄って他の人がラクに通れるスペースを確保するようにしよう。もともと狭い通路の場合には、ぴったり壁に張り付かず、いったん場所を移って相手を通す。

また、声をかけられたり、誰かが通るそぶりを見せたりするようであれば、この場合にもいったん場所を移って相手を通してから再度その場所に戻るようにしたい。

そんなつもりはないのに「愛想がない」と言われる

対策

- 鏡の前で笑顔を作る練習をする
- ポイントを絞って表情を作る

事例　上手に笑顔を作ることができない

先輩に連れられて、お世話になっている企業へあいさつ回り。訪問時のあいさつや名刺交換など、研修通りにうまく済ますことができホッとしていたところ、帰り道で先輩から「お前なあ、お世話になっているお客様に対してあの態度はないだろ」と注意されてしまった。

突然そう言われても、まったく思い当たる節がない。

「何のことですか」と尋ねると、「ずっとブスっとした顔をして笑顔のひとつも見せないし、何か話しかけられても『はい』か『いいえ』しか言わないし。もう少し気を使え」と言われてしまった。

昔からよく愛想がないと言われていたが、おかしくもないのに笑えないし、初対面の人と何を話したらいいかわからない。それでも、せめて失礼がないように精一杯頑張っていたつもりなんだけど、そんなに態度が悪く見えてしまっていたんだろうか。

原因　表情や感情を上手に表すことができない

「愛想がない」と言われてしまう理由はいくつか考えられるが、ASD傾向の人の場合は**表情**と**口調**が主な理由と考えられる。具体的には、笑みを浮かべられなかったり、言動が短くぶっきらぼうだったり、あるいは詰問のような口調になってしまう場合があることだ。作り笑顔ができない人もいれば、本当に面白くてもうまく笑えない人もいる。作り笑顔をする意味がわからないタイプの人もいる。

笑顔は相手を安心させ、その心を和らげる効果があるといわれる。日本においてビジネスで愛想笑いが多用されることになったのも、おそらくはそうした効果を狙ってのことだろう。

しかし、誰もがそれをするようになれば、笑顔は一種の礼儀として義務化されてくる。商談の場で笑顔が基本になってくると、今度は平常時の顔がブスっとしていると思われマイナスの印象を与えてしまうことになる。あって当たり前だが、ないとマイナスになる。日本における現状の「営業スマイル」は、そうしたあいさつのような機能を持つものになっているといって良い。

ADHDの場合は、比較的愛想のいい人も多い。しかし、仕事で緊張が強かったり、忙しくて余裕がなくなったりすると愛想笑いを「忘れて」しまい、**無表情で相手に怖い印象を与えてしまう**場合がある。

総じて愛想笑い・営業スマイルという文化は発達障害、特にASD傾向の人と相性の悪い文化であるといえる。

解決法　笑みを浮かべることが苦手なら鏡で練習してみる

愛想笑いの問題は、「必要ならできる」というタイプの人なら問題ないかと思いきや、必ずしもそうではない。

このとき、ASDやADHD傾向の人の**「マルチタスクの苦手」**という特性が影響してくる。「笑わなきゃ」と必死に表情を作ろうとするため肝心の会話ができなかったり、相手の話が頭に入ってこなかったりするのだ。

ここでは笑みを浮かべるのが苦手な人、会話をしながら笑顔を維持し続けるのが難しい人、それぞれの問題に分けて対策を考えてみよう。

鏡を見ながら練習する

笑みを浮かべるのが苦手な人は、**鏡を見て練習してみる**のが基本だ。

コツとしては、「相手の額あたりを見る」「口の端を上げる」の2つになる。漫画でも漫才でもいいので笑えるような記憶をストックしておいて、それを思い出すようにしてもいい。

思い出せば笑うことができるスイッチを持てれば、それが一番手っ取り早い。

笑顔がうまく作れないと悩む人もいるが、まずは「口角がやや上向き」程度の表情ができれば合格

上手に笑顔を作る3つのコツ

鏡を見て練習する
相手の額あたりを見る
口の端を上げる

だ。

スマイルマークのように、人は両側の口角が上がった線を自動的に「笑顔」と認識する。別にいつも笑っているわけではないのに穏やかな印象を与えるタイプの人がいる。これは口角が上がり気味だったり笑いジワがあったりと、笑顔を連想させるパーツがこうした印象を生んでいるのだ。まずは口元を意識することから始めてみよう。

笑顔の持続や条件反射が難しい場合は、ポイントを絞って

笑顔自体はできるが、会話しながら表情を作ったり、笑顔を作り続けたりすることができない人は、ポイントを絞ろう。どこがポイントなのかといえば、**最初と最後**だ。

はじめのあいさつ、できれば名刺交換までは意識して笑顔を作るようにする。仕事の話が始まったら、表情のことは考えなくてもいい。無理して笑わなくても良いし、逆に無理に笑いを押し殺すこともない。このときは、仕事の話に集中しよう。

話がまとまり、最後に「ありがとうございました」とあいさつをするときにもう一度笑顔を作る。最後に笑顔で終わるだけでも、相手に与える印象はかなり違ってくる。

欲をいえば、話の途中でも相手が冗談を言ったときなどは笑顔で返したい。しかし、これも難しければ（そもそも、相手の冗談がよくわからないこともあるだろう）無理に意識する必要はない。

最初と最後だけ意識するのであれば、大事な話に集中できなくなることもない。あいさつを練習するときなどは、一緒に**笑顔を作るプロセスも考えると良い**だろう。

第7章

指示受けがうまくできないのを何とかしたい

聞く力を養う

仕事における指示受けの力とは相手からの指示内容だけではなく、仕事に必要な情報を自ら集める力だ。それをうまくできるかどうかで、成果も評価も大きく違ってくる。

指示を受けるときの態度で注意される

対策

- まずは作法を知っておく
- 文書による指示にしてもらう
- ボイスレコーダーを活用する

事例　きちんと聞いているつもりなのに「態度が悪い」と言われてしまう

上司に呼ばれ、仕事の指示を受ける。うなずいて立ち去ろうとすると、後ろからきつい声で呼び止められた。

「あのね、常々思っていたんだけど、その態度どうにかならない?」

「何か失礼でもしましたか?」

「話が終わったら、わかりましたの一言もなく帰ろうとするし。だいたい、いつもメモも持ってこないでしょ」

「メモを取らなくても覚えられるんで」

「それにしては、ミスが多いようだけど」

「ミスは、記憶とは別の問題なんで」

「そういう態度だよ……」

そういう態度と言われても、自分の態度の何が問題なのかわからない。指示の内容はちゃんと受け取れているし、言われた通りに仕事ができていればそれで十分なんじゃないの?

原因　コミュニケーション上の作法を知らない

仕事での指示受けのようによく発生するシチュエーションでは、そのやりとりにも自然に「型」が作られていく。一度「型」が作られると、人は無意識にその型に沿ったコミュニケーションを期待するようになる。

型を共有する規模が大きくなると、それはコミュニティ内での常識となり、礼儀作法となってくる。あいさつなどは、その最たる例といえるだろう。

ASDは程度の差はあれ、**明文化されない約束事を感じ取るのが苦手**だ。だから明文化されたルールは遵守する一方で、暗黙のルールを守れず、そもそも存在すら知らない場合も多い。ASDがある人は論理性を重視するため、「暗黙のルールは別にルールではないが、守っておいたほうがいいもの」という**曖昧な存在の理解が難しい**のだ。

ADHDを持つ人の場合は、まだ相手が話している途中で質問を挟んだり、「知っている」と思うと相手の指示ではなく自分の思い込みで仕事を進めてしまったりといった形で問題が現れる。これはADHDの衝動性からくるもので、疑問が生じたり「わかった、できる」と思ったりすると、**自分の中で検証することなく行動に移してしまう**。結果、態度が悪く見えるだけでなく、ミスも生じやすくなってしまうのだ。

解決法 まずは作法を知っておこう

取りあえずは、指示受けの作法を覚えよう。流れさえつかめば、相手に受け入れられやすい指示受けもあっさりできるようになるタイプも多い。具体的な手順は次ページの通りだ。

指示受けに最適なメモ帳とペン

メモを取る際は、自分の手でメモ帳を支えて書く。相手の机を台にしてメモを取るといった行動は失礼に思われることがあるので避けたい。

そのため、指示受け用のメモ帳は、**片手で扱える程度のサイズ**が望ましい。また、裏表紙が硬い台紙になっているタイプだと書きやすい。マルマンのニーモシネシリーズなどはメモ帳としてはやや値段は高めだが、台紙が硬く手に持ってのメモ取りもやりやすい。

常備するボールペンについては、三菱鉛筆の「ジェットストリーム」のような低粘度インクのボールペン、パイロットの「ダウンフォース」のような加圧ボールペンを使うと、不安定な状態でも書きやすい。これらのペンは「いざというときに詰まってインクが出ない」ことにもなりにくいので、仕事用のボールペンとしておすすめだ。

いわゆる「消えるボールペン」もメモ用としては書きやすく、修正もできるので便利だが、これを常用とするのはいくつかの問題がある。まず消すことができるため、公式な文書のサインなどに使ってしまうと問題となってしまうこと。そして高熱でインクが透明

基本的な指示受けの流れ

1 名前を呼ばれたら、「はい」と返事をして相手の顔を見ながら立ち上がる。このとき、メモ帳とペンを忘れないこと。

2 走らず、早歩き程度の速度で呼んだ相手の前へ。

3 相手がすぐに仕事の内容を話し始めたら、そのままメモ帳を開いて話を聞く。少し間が空くようなら、「ご用でしょうか?」とこちらから話しかけよう。

4 まず、相手の用件をすべて聞く。基本的に、この間は口を挟まず質問もしない。目線は相手の目か口元に置き、相手の息継ぎのタイミングで相槌を打つ。相槌は、軽くうなずくか「はい」で良い。

5 相手が話し終わったら、まずうなずいて「わかりました」と答える。

6 相手の指示内容を復唱。ポイントを絞って復唱できればベストだが、難しければ指示内容をそのまま繰り返して確認する。

7 復唱・確認後、質問・疑問があれば、「質問してもよろしいでしょうか」と伝えてから尋ねる。できれば、「2つ質問してもよろしいでしょうか」など、あらかじめ数を伝えられると良い。

8 質問は思い付かないが今ひとつ自信がない場合には、「やってみてわからないことがあったらまた伺ってもよろしいですか」と伝えておく。

9 この時点で締切りが指定されていない場合は、「締切りを伺ってよろしいでしょうか」と尋ねておく。

10 相手から追加の言葉がないようなら、「それでは失礼します」と伝えて一礼して下がる。

11 聞きながらメモを取れないタイプの人は、自分の机に戻ってから指示内容をメモ帳に整理する。

12 仕事開始。

memo

疑問点があったら、メモを取って最後に質問する。聞きながら書くのが苦手なタイプであれば無理にメモを取る必要はないが、ペンは手に持っておこう。メモを取るのが追い着かないならば、日時や数量など数字の部分だけでも書いておくと良い。

指示受けに適したメモ帳とペン

メモ帳

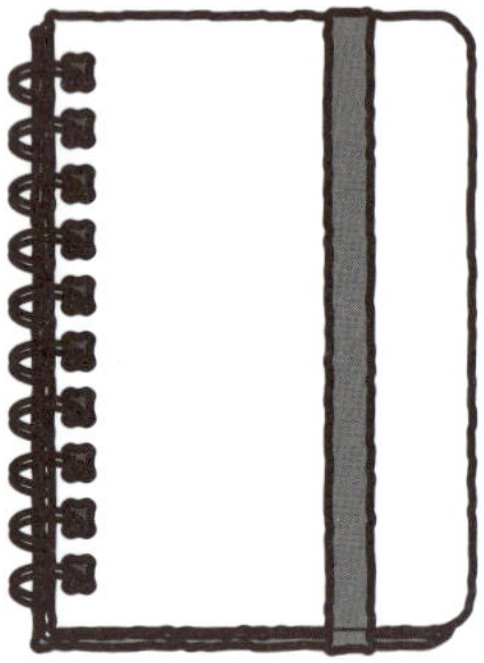

- 片手で扱えるサイズ
- 裏表紙が硬い台紙になっているタイプだと書きやすい

ボールペン

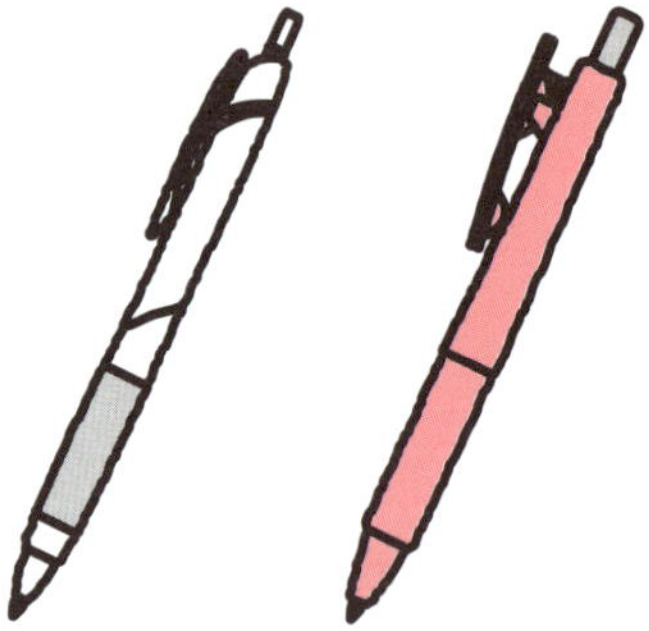

- 低粘度インクのボールペンや加圧ボールペンを使うと、不安定な状態でも書きやすい
- 消えるボールペンは便利だが、公式な文書には使わないようにする

になる仕組みのため、コピーなどで高熱にさらされると字が消えてしまう場合があることである。

コミュニケーションの作法の意味は？

相槌や返事などのコミュニケーションの作法。相手の話さえきちんと聞いていれば、こちらがどんな行動をしていようが同じじゃないか。いちいち返事をしたり、相槌を打ったりするのにどういう意味があるの？　そう考えることもあるかもしれない。

日本語において、相槌が会話に及ぼす影響が研究されている。聞き手が相槌をまったく打たなかったり、あえてタイミングをズラしたりするとどうなるか。実験では、聞き手が相槌をまったく打たないと話し手は不安になり、会話を途中で止めてしまうという結果が出ている。また、わざとタイミングをズラした場合、話し手はこれに合わせようとして話す速度を遅くしたり速くしたりする傾向が見られる。

話の節目で相槌を打つ行動は、**「ここまではわかりました」と相手に伝える意味がある**。だから返事も相槌もないと、相手は「自分の話が伝わっていないんじゃないか」と不安になってしまう。

また、相槌や返事はこちらが相手の話の速度をコントロールするメトロノームの役割も果たしている。たとえば相手の話が速すぎて聞き取りが追い着かない場合には、少し相槌の間隔を広げることで、こちらにとって聞きやすいリズムに調整してもらう、といった機能を持つのだ。

メモを取る行動もまた、自分のためだけではなく相手が**「自分の話を理解してくれている」**と安心する効果があるといえるだろう。

相槌を打つタイミングが合わない

相槌を打つタイミングは、たいてい相手が教えてくれる。**相手が言葉をいったん区切って、視線を合わせ直してきたときや、少し言葉を強めに区切ったり、「ね？」「いい？」と短く問いかけてきたりしたとき**が相槌を打つタイミングである。

それでも、慣れていないとなかなか相手のペースに合わせてリズムを取るのは難しい。相槌のタイミングがうまく取れず、結局聞きっぱなしになる、タイミングがズレてしまい、話の腰を折ってしまう、といったことが起こる。

こうしたときには、**テレビを使って練習してみよう**。画面の向こう側にいる話し手の言葉の区切りに合わせて相槌を打ってみるのだ。特にニュース番組はキャスターの目線がこちらを向いているので、目線を合わせて話を聞く練習にもなる。練習を繰り返すことで会話中に相槌を打つ余裕が生まれてくる。

相槌やメモが絶対無理なら

「相槌を打たなきゃ」と思っているとそれだけで頭がいっぱいになり、肝心の話の内容が頭に入ってこなくなる。ADHDやASDはマルチタスクが苦手なので、そうしたタイプの人も多い。中には、目線を合わせるだけでも負担になる人もいる。

メモについても同様だ。話を聞きながら書くのが難しくても、聞き終えてから書けるのであれば特に問題はない。しかし、話を聞きながら書くのが難しい上に、聞き終えるまで話の内容を覚えておくのも難しい場合もある。

上手に相槌を打つタイミング

言葉を区切って視線を合わせ直してきたとき

少し言葉を強めに区切ってきたとき

キャスターの喋りに合わせて練習する

短く問いかけてきたタイミング

こうした場合は、**きちんと上司に相談しておく**。大事な指示はメールなどの文書にしてもらえるのが一番だが、相槌やメモ取りが難しいことをあらかじめ知っておいてもらえるだけでもだいぶ悪印象を緩和できるだろう。

しかし、口頭での指示に慣れた人にとっては、文書による指示は面倒に感じる。また、上司との人間関係によってはこうした相談をしにくい場合もあるだろう。

この場合、**ボイスレコーダーを利用する**手もある。話を聞いているときは相槌に専念し、あとから音声を聞き直してメモに取り直す。この場合、リアルタイムでは話の内容はほとんど頭に入っていないため、音声を聞き直すまで質問や復唱による確認ができない。なので、最後に「わかりました。やってみて、わからないことが出たらまた質問させてください」の一言は忘れずに付け加えたい。

ボイスレコーダーを持ち込むのが難しいなら、相手に負担を強いることになってしまうが、協力をお願いするしかないだろう。自分のメモ帳を相手にも見てもらい、メモの内容にも助言をしてもらいながら指示を聞き取っていく。負担をかけてしまう分、なるべくはじめの1回で聞き取りきれるようにしよう。

こんな言葉に要注意！指示受けで出やすいNG語集

言葉には、辞書には載らないネガティブなイメージが付くことがある。仕事のやりとりで態度が悪いように受け取られたときは、無意識のうちにこうした言葉を使ってしまっている可能性がある。

ASDを持つ人は**言葉を辞書通りの意味だけで捉えていること**があり、そこに含まれるイメージを知らないことがある。気を使った遠まわしな言い方や嫌味をいわれても気付かなかったり、自分で知らずに悪いイメージの言葉を使ってしまったりする。ADHDを持つ人の場合も衝動性による失言があるが、こちらの場合はあとで振り返って「悪いことを言ってしまった」と反省することができる。ASDタイプの失言は悪意やからかいの意図がまったくなくても出てしまうので、あとから自分の言動を省みても何が悪かったのかわからなかったりする。

さらに、普通に使えば悪い意味はないのに、タイミングや状況、言い回しによって悪いイメージが付く言葉もある。それらのイメージは辞書にも載っていないので、あとで調べても何が悪かったかまるでわからない。すべてを紹介はしきれないが、指示受けなど仕事のやりとりの際に出やすいいくつかの例を次ページに挙げる。

Column

就労定着支援

就労定着支援のサービスは障害を持つ人が就職後も長く働き続けられることを目的として、2018年4月に開始された。それ以前は、就労移行支援を利用して就職した場合に半年間の定着支援を受けることができた。このサービスを独立させ、最長3年間の支援を受けられるように制度化したものだ。

現在では、主に就労移行支援事業所が、就労移行を利用して就職した人に対して行っている。就職後も引き続き相談先が必要な場合は、就労移行を選ぶ際に3年間の定着支援が行われているかどうかを確認しておこう。

指示受けで出やすいNG語集

NG語	• まあ、わかりました　• まあ、良いです • 一応わかりました
本人の気持ち	絶対の自信はないけれど、多分理解しました
相手の受け取り方	本当は異論もあるけれど、面倒なことになりそうだからあえて言わないでおいてやる
修正例	わかりました。やってみて、不明な点があればまた質問に伺います
解説	• 聞き漏らしや、誤解によるミスを多く経験していると、こうした表現を使いやすくなる。本人としては、「自分に聞き漏らしや誤解があるかもしれない」という意味を含めた、保険をかけた言い方なのだ。しかし、この表現は「納得のいかないこともありますが飲み込みます」という意味にも取られてしまう。相手から、何か反抗的な気持ちでもあるのかと誤解されてしまいかねない言い方 • 途中でわからないことが出るかもしれないときには、修正例のように後ほど質問にいくかもしれないことを伝えておく

NG語	• で？　• だから？ • それが？　• 何がですか？
本人の気持ち	相手の話が途中で止まってしまって、何が言いたいのかわからない
相手の受け取り方	そんなことはどうでもいい。お前の言っていることはわけがわからない
修正例	はい（うなずきながら）
解説	上司からの指示など、仕事の話で相手の言葉が途中で止まった場合は、「ここまではいい？」という意味で相槌や返事を待っている場合、もしくは「ここまでの話でやってもらいたいことはわかるね？」という意味が多い。相槌を打ち忘れていると、こういう状況になりやすい

NG語	• は？　• はあ？
本人の気持ち	相手の話を聞き逃してしまった。よく聞こえなかった
相手の受け取り方	何バカなことを言っているんだ？
修正例	申し訳ありません。今のお話（ご指示）を聞き逃してしまいましたので、もう一度お願いします
解説	「は？」は絶対にNGな言葉ではないが、状況や発音によってはバカにしたような言い方に聞こえてしまうので使わないほうが無難

NG語	わりと良いですね（他人を褒めるときに）
本人の気持ち	良いほうだとは思うけど、最上級の人と比べれば劣るだろうから
相手の受け取り方	私がやったらもっとうまくできるけど、まあまあ頑張ってるほうだね
修正例	良いですね
解説	• 他人の成果を褒めるときには手放しに褒めないと、逆に失礼な印象を与えてしまう。この場合、客観的評価や批評的な要素は不要 • 知り合いの成果について手放しに褒めたからといって、反論が入ったり責任を問われたりするような心配はない

NG語	これでもういいですか？（仕事の完了報告で）
本人の気持ち	言われたことはやったけど、結果に自信がないので確かめてほしい
相手の受け取り方	言われたことはやったから、あとはもう手を離したい。ミスの確認はそっちでやってほしい。そのあとで仮にミスが見付かっても、もう自分の責任ではない
修正例	• 終わりました、ご確認をお願いします • ご依頼は以上でよろしいでしょうか
解説	仕事の報告時に「これでもういいですか？」という言い方をしてしまうと、あとのことは知らない、責任は取れないというニュアンスを感じさせてしまう場合がある。自分のやった仕事の責任はどのみち自分にかかってくるものなので、提出するときは堂々とする

NG語	別にいいです（上司などから仕事を頼まれた返事として言う場合）
本人の気持ち	特に問題はありません。できます
相手の受け取り方	本当は気が進まないけれどやります
修正例	• わかりました　• 承知いたしました
解説	相手が何かを頼んできたとき了承の意味で使いがちだが、「別に」に含みを感じさせてしまう場合がある。たとえ本当に気が進まない場合でも、仕事の指示には快活に返事したほうが相手に与える印象が良くなる

NG語	• 意味ありますか　• 何のためにやるんですか
本人の気持ち	• 指示の目的がわからず、どういう方針で動けばいいかわからない • 相手の意見の意図がわからず、どう受け取ればいいのかわからない
相手の受け取り方	• そんな仕事（指示）に意味はない • そんな仕事はしたくない • お前の意見は意味がない
修正例	• （依頼の場合）「承知いたしました」と承諾の意思を伝えてから「質問よろしいでしょうか。このご指示の目的を確認させてください」 • （意見の場合）今のご意見の意図について、もう少し詳しくお聞かせください
解説	• 意味や目的を尋ねる質問は、うまく表現しないと相手の指示や意見に対する否定や拒否と受け取られる。目的を聞かないと動きにくいときには、まず「わかりました」「承知いたしました」と承諾の意思を伝えてから質問する • 「できればその仕事は受けたくない」という意味で発言される場合もあるが、基本的に、上司からの仕事の指示は断れないものと考えたほうが良い。しかし、自分の評価が下がることも受け入れた上で、どうしてもその仕事をやりたくない場合には「申し訳ありませんが、その仕事はお断りさせていただけないでしょうか」と率直に伝える

NG語	はあ（上司・同僚の話や指示に対して言う場合）
本人の気持ち	• 「はい」と同じ意味で使っている • 「はい」とはっきり答えるにはまだ情報不足。まだ受けるかどうか決めかねる状況
相手の受け取り方	あなたの言っている意味はよくわからないですが、まあ続けてください
修正例	はい
解説	• 疑問符の付かない「はあ」を「はい」の意味で用いると、聞き流しに近いニュアンスが入ってしまう • もし本当に相手からの指示や意見の途中に疑問が生じた場合には、疑問点をメモしておく。相手の話がすべて終わったあとに、質問する

NG語	はいはい
本人の気持ち	少し軽いニュアンスでの「はい」
相手の受け取り方	本当は納得していないけど、聞くだけは聞いてやったからもう黙って
修正例	はい
解説	こうした繰り返しは、アクセントによっては「あなたはバカなことを言っているから聞き流します」というメッセージを含んでしまう。返事の「はい」は1回で、しっかりと伝えるようにする

NG語	やったことないので……
本人の気持ち	やったことがない仕事なので、自信がない
相手の受け取り方	やったことがない仕事はやりたくない
修正例	わかりました。未経験の仕事ですのでわからないことも多いと思いますが、よろしくお願いします
解説	• 「やったことないので……」で止めてしまうと、相手には「やりたくない」と受け取られてしまう。実際、「あわよくば断りたい」という気持ちで口に出す場合もあるかもしれないが、どちらにしろ未経験を理由に仕事を断るのは自分の評価を落とす結果になる • 未経験の仕事で自信がない場合は修正例のように伝えると、未経験であることを知ってもらいながら、やる気があることもアピールできる

NG語	• ていうか　• それより
本人の気持ち	• 指示受けの途中に大切なことを思い出した • 今受けている話より大事で、優先すべきことかもしれないので話しておきたい
相手の受け取り方	• 話を聞いていない • 話を逸らそうとしている
修正例	• (最後まで指示を聞いてから) 承知いたしました。それと別件なのですが、今お話させていただいてよろしいでしょうか？ • (最後まで指示を聞いてから) 承知いたしました。ただ、現在○○の業務も受けております。お急ぎであれば優先しますが、どういたしますか？
解説	話の途中に否定語を挟むのは、そのつもりがなくても相手に全否定のイメージを与えてしまう。衝動的に出がちな言葉なので封じるのは難しいかもしれないが、とにかく「まずは口を挟まず話を全部聞く」を行動指針としておこう

言われた通りにやったつもりなのに「違う」と言われる

対策

- 仕事を始める前に、指示者と認識をすり合わせる
- 必ず締切りを明確にする
- タスク確認には、メールを活用する

事例 指示された手順通りに作業をしているのに叱られてしまう

「なんでこんなことやっちゃったんだよ」と、叱るよりも先にあきれた声を出す上司。「いや、言われた通りにやっただけなんですけど」と主張してみるも、「言われた通りにしているなら、こんなことになるはずないだろう」と返されてしまった。

自分では指示された手順通りに作業をしているつもりだったのに、いつも叱られてしまう。自分が悪いのか上司の指示が悪いのかも判別が付かないから、叱られたことにも納得がいかずにいつももやもやしてしまう。

原因 耳からの情報処理の苦手と、共感力の弱点

仕事の指示は、たいてい口頭で行われる。ASD傾向であってもADHD傾向であっても、この口頭での指示がまず鬼門となる。

ASD傾向があり視覚優位なタイプの人は、**聴覚からの情報の入力**に弱さがある。単に聞こえにくいだけなら聞き直せば良いが、時には誤って聞こえてしまうことがある。たとえば指示が時系列順でないと、つなぎの言葉を1つ聞き逃すだけで順番が入れ替わってしまう。また、以前に似たような仕事の経験があると、聞き逃した部分を無意識にその経験で埋めてしまい、誤った内容で受け取ってしまう場合もある。

また、うまく聞き取れたとしても、その先にも難点はある。会話

を録音してそのまま文章に起こすとしよう。すると、その文章は日本語として正確でなかったり、意味が支離滅裂だったりする場合が多い。しかし、その場にいる人は何も問題なく会話の意味を受け取っている。発言する人は無意識のうちにいわゆる常識や周囲の状況、これまでの経緯に基づいて言葉を発し、聞く人もまたこれらを判断材料にして話を受け取る。

ASDがあると、こうした**前提のある会話が苦手**になる。前提となる知識や常識を仮に知っていても、今の話と結び付けて考えられない場合がある。だから文章として起こした会話が支離滅裂であれば、そのまま支離滅裂な会話として受け取ってしまう。相手が「当たり前」と思って略した部分がわからず、しかし相手が「当たり前」と思っているのはわかるので聞くこともはばかられて自分の判断で行間を補って失敗してしまうのだ。あるいは自分の常識で判断してしまって、相手の意図とズレてしまうこともある。

ADHDの場合は、**集中力の弱さから相手の指示を聞き逃してしまう**。たとえば指示の話を聞きながらも、「その仕事だったら、あれを用意しないと」とか、「あの会社への訪問だったら、近くにおいしいラーメン屋があったから昼食にはちょうどいいな」とか、頭の中で関係のない事柄が次から次へと浮かんでしまう。その挙げ句に肝心の話を聞き逃してしまったり、あるいは指示されたことよりも自分の考えに夢中になってしまってそちらの実行を優先してしまったりすることもある。

どちらの場合でも、聞き逃したことがわかっているにもかかわらず、聞き直さずにおそらくこうだろうと自分の判断で進めてしまって間違えてしまうのなら、きちんと相手に聞き直すように心がければ問題は解決する。やっかいなのは、意識する間もなく勝手にすれ違いを起こしてしまう場合もあることだ。そのため、あとで叱られて思い返しても、自分が間違えていたのか上司の指示が間違えていたのかも曖昧で、何を反省したらいいのかもわからないことも多い。

解決法　仕事を始める前に、指示者と認識をすり合わせる

仕事の依頼者との間に、誤解や認識のすれ違いが起こる。それ自体は何も発達障害の人だけではなく、誰にも起こり得ることだ。だから会社同士で会議を行うときには、議事録を取って互いに確認をする。電話で約束を取ったあとは、内容をメールで送って間違いがないかどうか確かめてもらう。対策となるのは、基本的にはこ

れと同じになる。つまり、**指示を受けたら必ず確認を取る**ことだ。単純なようだが、これが一番自然で効果的な方法になる。

とはいえ、同じ確認にもやはりポイントとなるものがある。まずこのポイントとなる部分を、詳しく説明していこう。

直接指示を受けた場合には、そのまま復唱が基本

直接指示された場合には、**指示された内容をそのまま復唱する**ことが基本になる。たとえば、「この資料を2部コピーして」と指示された場合には、「この資料を2部コピーですね」といった要領だ。この際、「コピーですね」や「この資料ですね」では不十分だ。この指示には、「この資料」「2部」「コピー」という重要なポイントが3つある。復唱の際には、これらのポイントをすべて含めて返さなければならない。指示受けで誤解が生まれるとすれば、このポイントの部分に現れてくるからだ。指示受けにメモを活用している場合でも、聞き取りの段階ですれ違いがあっては意味がない。ポイントがよくわからないうちは、相手の指示内容をそのまま復唱するようにしよう。

また復唱には指示内容の確認とともに、もうひとつ大切な機能がある。それは**自分自身で言葉として発することによって、より鮮明に内容を記憶できる**点だ。指示を聞いたときには理解した、覚えたと思っても、実際に仕事に取りかかるときには記憶が曖昧になっているのはよくあることだ。もちろん基本的にはメモを取るようにするわけだが、その場ですぐにメモを取れないような状況のときもある。自分の口で復唱することで、あとで指示内容をメモにまとめるまで、記憶に残しておける効果が期待できる。

なお、復唱の際、たとえば「コピー」と言われたのを「複写」と言い換えるタイプの人がいる。理由としては自分なりのこだわりであったり、その人の中では相手に「あなたの言うことを理解しています」ということを伝えたいための手段であったりする。

けれども、もし自分自身にとって言い直すことに大きな意味がないのであれば、**これらの言い換えは避けたほうが無難**だろう。相手にとっては、自分の言葉をいちいち同義語に直されるのは小さなストレスになる。1回1回は小さくても、積み重なっていけば相手に無用なイライラを募らせることになってしまうかもしれない。基本的には、相手が使った表現をそのまま使うようにする。

しかし、この言い換えが自分にとって特別な意味があるのであれば話は別だ。ASD傾向の脳は、

言葉の認識が独特になる場合がある。たとえば、AとBという2つの言葉が一般に同じ意味で使われているのはわかっていても、Aのほうでなければ脳がうまく処理ができないことがある。先の例でいうなら、「コピー」と「複写」が一般に同じ意味で使われていることを知識としては理解している。だが、自分の中では「複写」でなければ実際の行動とうまく結び付かない。このため、相手が「コピー」と表現したものを「複写」と言い換えて確認する行為は、本人にとっては、必要な手順なのだ。この場合は、支障がない限り無理に別の言葉に改める必要はない。たいていは特定の言葉に限って現れるので、大きな問題が出ることもないだろう。

必ず締切りを明確にする

たとえばコピーのような単発の仕事の場合、特に締切りを指定されずに指示されたなら、基本的にそれは今すぐにしてほしい仕事になるので、他に急ぐべき仕事がなければ、すぐに取りかかるべきだろう。この場合、「急ぐべき仕事」とは、重要度ではなく同じように「今すぐに」と頼まれた仕事のことだ。単発の仕事をお願いされたが、他に急ぐ必要のある仕事を抱えている場合は、「今日中でいいですか?」などと**締切りを作ってもらおう**。

資料を作る、仕様を検討するなど時間を要する仕事の際には、相手が指定しなくても必ず締切りを明確にするようにしよう。このとき、たとえば「今月中には欲しい」と曖昧な表現で言われた場合には、「では、31日の17時まででよいですか?」と**必ず日時を明確にする**。曖昧な表現で締切りを打診される場合、たいてい相手の期待する日時はこちらの考える日時より早い。「31日の17時」とはっきりとした日時を示すことで、相手も「もう少し早く……25日くらいまでにできない?」など、希望の日時を具体的に表してくれるよ

指示を確認する際のポイント

- 指示された内容をそのまま復唱する
- 相手が使った表現をそのまま使う
- 締切りを明確にする
- 「数」を入れた確認を意識する
- 自分がすることを具体的に伝える

うになるだろう。

困るのは、締切りを聞いて「いつ頃にできそう?」と返されることだ。特にASD傾向の人の場合、予測や見込みが苦手なことが多い。さらに、はじめてやる仕事ともなると、どんなに簡単そうで時間に余裕があっても、不安が残ってしまう。「いつ頃にできそう?」と聞かれてもわからないため、実際には1時間で終わる程度の仕事でも「来週末」とか「1カ月後」といった、相手にとって非現実的な答えを返してしまったりする場合もある。本当は「永遠」と言いたいくらいの心情なのだ。

いつ頃にできるか、と逆質問されてしまった場合には、「締切りがはっきりしないと時間を見込むのが苦手で……申し訳ありませんがいつまでにできればいいか、締切りを指定していただけませんか」など、正直に伝えたほうが良い。その後仕事が終わったら、実際にかかった時間や日数を記録しておくと良いだろう。そうすれば、次に同じ仕事を頼まれたときには時間の見込みが付けやすくなる。

ポイントは「数」を入れること

オウム返しの復唱を卒業する一歩として、**「数」を入れた確認**を意識してみよう。指示のポイントになる部分には、数が入ることが多い。たとえば日時だったり、数量だったり、金額だったりする。指示に何も数が入っていなかったとしても、あえて入れるように意識してみよう。たとえば、「これコピーしといて」と言われたら、「この資料を1部コピーですね。今日の12時まででいいですか?」といった要領だ。

数は、誰にとっても明確な基準だ。ASDを持つ人にとって数のない指示に数を入れていくことは、曖昧でわかりにくい世界をわかる世界に変えていく手段になる。ADHDのある人にとっても、先延ばしや間違った判断を防ぐ有効な手だてといえる。

特に、「日時（締切りや約束の時刻）」「数量」「（お金に関係することなら）金額」は、ほとんどの仕事に関係する数だ。仕事の指示を整理する際には、これらの数の確認を忘れないようにしたい。

指示が具体的でない場合は、こちらから具体的な行動に落とし込んでいく

たとえば、「ここ掃除しといて」のような指示は、ASDを持つ人にとっては非常に曖昧だ。「ここ」とはこの部屋全部を指すのか、テーブルの上だけを指すのか。テーブルは水拭きなのか、から拭きなのか。ごみは捨ててしま

っていいのか。そもそも、何がごみなのか。お互いの認識のすれ違いが起きやすく、終わったので確認してもらうと「頼んだことと違う！」という結果が起きやすい。

　こうした曖昧な指示に対しては、**「自分が何をするつもりなのか」を具体的に伝えること**で指示の確認をしたい。たとえば、「ここ掃除しといて」という指示に対して、「わかりました。テーブルを水拭きしておけば良いですか？」と答える。それに対して、相手の答えは「ああ、頼むよ」かもしれないし、「違うよ、部屋全部やっといて」かもしれない。どちらにしろ、自分のやることはより明確になっていく。自分から具体的に切り込むことで、それが当たっていてもいなくても、相手からも具体的な内容を切り出すことができるのだ。そしてそれは、実際に仕事にかかる前にやっておきたいことだ。「掃除って……何をすればいいですか？」のような質問では、相手からも「何って、掃除だよ。丁寧にしなくてもいいから、適当にお願い」と、いつまでも具体的な話にならない展開となりやすい。どうしても具体的な行動自体が思い浮かばない場合は、次節の「指示を聞いても何をすればいいかわからない」の項目も参照してほしい。

タスク確認には、メールを活用する

仕事を割り振られた場合には、**メールで自分のタスクを確認する**と良いだろう。特に会議など、直接的な指示者がいない場合にはメールが有効な確認ツールとなる。社内SNSや掲示板など、自分の職場に代わりになるものが用意されていればそちらを使っても良いが、とにかく社内の関係者がよく目にする連絡手段を使おう。

　既に口頭で確認してメモも取っているものを、なぜ二度手間をか

相手にこう言われたら？

- **「今月中には欲しい」**
  →「31日の17時までで良いですか？」と必ず日時を明確にする
- **「これコピーしといて」**
  →「この資料を1部コピーですね。今日の12時まででいいですか？」と日時や数量を入れる
- **「ここ掃除しといて」**
  →「テーブルを水拭きしておけば良いですか？」と具体的な行動に落とし込む

タスク確認メールの具体例

〇〇チーム 各位

お疲れ様です。□□です。

会議お疲れ様でした。
私のタスクとしては

数字で表せる情報を明記する

・見積書の作成　~9／7(金)
・見積書を全体メールで送付・事前確認　~9／10(月)
・××社様への見積送付・確認願　~9／13(木)

タスクは箇条書きにして見やすくする

と確認しています。

見積書につきましては作成後、9/10までにメールで送信しますので、
お手数ながら9/12までにご確認・返信をお願いいたします。

よろしくお願いいたします。

けてメールで再確認しなくてはいけないのか、と思うかもしれない。他の人はそんなことやっていないのに、なぜ自分だけ？

それはもちろん、メリットがあるからだ。メールでのタスク確認には、次の3つの利点がある。

- 関係者に内容を確認してもらうことで、誤解や聞き漏らしが修正される可能性が上がる
- 日付・時間付きで履歴が残り、あとで探して参考にできる
- 後日ミスが出たとき、それが指示側のミスなのか自分の受け取り違いなのか確認できる

もちろん、確認メールを出したからといって必ずしもそれを皆に確認してもらえるわけではない。確認した内容が間違っていて、誰もそれを指摘してくれなかったとしても、他人に責任を問えるわけでもない。しかし自分の情報を共

有することによって、誰かから指摘をもらえる可能性は高まる。自分が今何の仕事を抱えているのか、なるべく上司やチームのメンバーに広めておくことが、自然に自分を助ける環境へとつながっていくわけである。

実際のメールの内容については、次の約束を守って作ろう。

- **自分のタスクは1つであっても箇条書きにして、見やすくする**
- **数量や締切りなど、数字で表せる情報を明記する**

締切りが特に決まっていない（「時間のあるときで良い」などと言われたなど）場合でも、自分で設定して確認しておいたほうが良い。

宛先は指示者や上司を宛先とし、その仕事に関係する同僚をCCに入れる。会議の出席者が全員同格である場合には、社内の出席者全員を宛先としておく。

Column

生成AIの活用

ChatGPTをはじめ、MicrosoftのCopilotやGoogleのGeminiなど、いろいろな会社が有料無料問わず生成AIを開発しており、私たちも気軽にその能力を使えるようになった。生成AIが作り出せるものは画像や音楽、動画などいろいろあるが、中でも文章作成能力はすごい。必要な情報を入れると、目的に合った文章をすぐに作ってくれる。日本語の文法は難しいといわれているが、でき上がった文章はほとんど違和感のない仕上がりだ。

たとえば文章が長くなりがちな人は、自分の書いた文章をそのまま入れて「200文字くらいに読みやすく要約してほしい」と頼めば、すっきりした文章に変えてくれる。逆に文章を書くのが苦手で、どう書けばいいのかわからない人なら「取引先の担当者に打ち合わせの日程を決めるメールを出したいけど、どう書けばいいのかわからない」などと相談してみると、すぐに例文を出してくれる。

相手はAIだから、（無料版の利用制限がなければ）対話形式で何度でも修正してくれる。必要な情報を加えながら、納得いくまで繰り返すことができる。伝えたいことがあるけれど、作文が苦手でどう書いたらいいかわからないという人には強力な味方になってくれるだろう。

文章だけでなく、報告で伝えるべきことをうまくまとめられないときにも役立つ。「仕事で失敗してしまった。上司に報告しなきゃいけないけれど、なんて言ったらいいんだろう」といったピンチでも、そのまま本音で相談してみるといい。社会人としてどう伝えるのが適切か、丁寧に教えてくれる。

ちなみにこの文章も、生成AIサービスで推敲してもらっている。「もう少し柔らかく」とか「ビジネスライクに」といった曖昧な指示でも、きちんと反映してくれるのが便利なところだ。

指示を聞いても何をすればいいかわからない

対策

- 明確なゴールイメージと明確なプランを作る
- 「相手からダメ出しされるためのプラン」を作る
- 相手の言葉やモノをターゲットに1つひとつ質問する
- 業務を分解してみる

事例 「適当にお願い」と言われてもどうしたらいいのやら……

「この空き部屋、来週から使いたいから整理しといて」と言われて入った部屋は、机や椅子や段ボール箱、束になった書類が雑然と放り込まれた場所だった。

取りあえず「はい、わかりました」と答えたものの、何をどうすればいいのかわからない。「どうすればいいですか?」と尋ねてみたものの、上司からは「適当にお願い」としか返ってこない。

仕方がないので自分なりに段ボールの並びをそろえたり、斜めに倒れた椅子を直したりしたが、書類などは、多すぎて手の着けようもない。

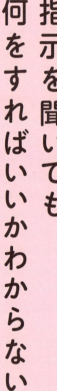

「終わりました」と報告に行くと、「随分早いね? じゃあ、見に行くから」と上司。部屋を見て一言、「何これ、全然整理できてないじゃん！」。

『適当に』と言われたので自分なりに……」と返すも、「来週から使いたいって言ったでしょ。これでは使えないじゃん！」と怒り声。だったら具体的に、何をどうするのか指示してほしい。

原因 プランとゴールのイメージの難しさ

仕事に限らず、何かの行動を完成させるには、ゴールのイメージとそれに到達するためのプランが必要だ。

たとえばASD、ADHDに共通して苦手な仕事といわれているのが、**「整理整頓」**だ。整理が苦手である理由として、段取りを立てることの難しさがあるためと考えられている。つまり計画や予定を立てたり、予測や見込みを付けたりすることが苦手なのだ。掃除や整理は1つの仕事ではなく、ごみを集めて捨てる、掃除機をかける、床にモップをかけるなどさまざまな要素を持つ。これらを効果的に組み合わせ、「きれいになったイメージ」を考えながら計画的に実行していかなければならない。ＡＳＤの人は本来、明確なスケジュールや手順に沿った行動が得意なことが多いのだが、にもかかわらず**計画を立てること自体は得意ではない**のだ。

　あるいは自分なりの計画を立てて、その通りに行動することはできても、**他者の予定や要望などの外部要因を考えて計画を作ることは苦手**な場合もある。その場合は、他者の目には結局「計画的でなく、勝手に動いている」ように映ってしまう。こうしたことから、他者からの評価と自分の認識がすれ違って混乱を生んでしまうことになる。

　また、一度計画を立てるとその実行が目的化しやすい。たとえその計画が不合理であると認識していても、計画通りにしないと落ち着かなくなる。先に自分の中で自分なりの計画を作ってしまうと、あとから会社に命じられた計画も実行が難しくなってしまう場合もある。

　発達障害関係の本などで「ＡＳＤは計画的な行動が苦手」と書かれていて、「そんなことはない。むしろ、計画通りにいかないと腹が立ってしまうのに」と違和感を覚えてしまう人もいたかもしれない。この問題には、そんな矛盾した性質が関わっている。

　ゴールイメージについても、難しさがある。ＡＳＤの人には、他者の気持ちをくみ取ったり共感したりすることが苦手なため、**相手が最終的にどんなことを望んでいるのかを想像することも得意ではない**。はっきり明確に、できれば目に見える形に指定してもらえないと、仕事の完成形を自分の中に作れない。

　ＡＤＨＤの人の場合はゴールのイメージはできても、**その経過となるプランを立てるのが苦手なため、具体的に何をやったらいいかわからなくなる**。そのため、実行の一歩目が踏み出せずにゴールを見上げるままの状態になってしまい、結果先延ばしの原因のひとつにもなる。

解決法 明確なゴールイメージと明確なプランを作る

ASDやADHDの人がうまく仕事をこなすには、**明確なゴールイメージとプランが必須**となる。

しかしやっかいなことに、多くの仕事はこれがないまま投げられてくる。プランどころか、明確なゴールさえわからないこともある。「売れる新商品を作る」といった大きなタスクはもちろんのこと、「この部屋を片付ける」という身近な仕事でさえそうだ。

これらの目的はゴールのように見えて、実際はそうではない。〝目的を達成するためのゴール〟を、まずは設定しなくてはならないのだ。つまり、「売れる新商品」とは「世界一吸い込みが強い掃除機」なのか、「納豆味のポテトチップス」のことなのか。何を作るのかをまず決めなくては、それをどうやって作るのかの計画など立てようがない。

事例に挙げた「部屋を整理する」という仕事も同様である。指示者には、何となく「期待する状態」がある。「仕事部屋として使える状態」というのが、それだ。しかし、それが具体的にどういう状態であるのかというゴールイメージは曖昧である。プランに至っては、考えるつもりもないだろう。プランの立案も含めて、あなたにお願いしているわけである。つまり部屋の整理とは、語感からはとても結び付かないが、極めて創造的な仕事なのだ。相手の頭の中にすらない「きれいな状態」を考え出し、その上で相手を満足させる必要があるのである。

発達障害があると、相手の気持ちや「一般常識」からゴールイメージを構築することは難しい。相手に何も聞かずともその趣向から気を利かせ、相手の満足する状態を生み出すのはまず不可能だ。だからまずやるべきは、**指示者の頭の中にあるイメージを質問などによってなるべく引き出し、両者で共有できるゴールを作り出すことだ**。もちろんそのゴールはどちらにとってもわかりやすく、明確で具体的なものである必要がある。

「相手からダメ出しされるためのプラン」を作る

ゴールイメージが大事といっても、直球で相手に尋ねてもまず有効な答えは返ってこない。この時点では、相手の中にもまず明確なイメージは存在していないからだ。だからゴールイメージは相手から引き出すというよりも、実際は**相手と一緒に作り出す**ことになる。

事例の「部屋を整理する」という仕事を例にして考えてみよう。

自分がこれを実行するために必要なことは、「整理して」という曖昧な指示を、具体的でそのまま実行可能な行動に落とし込むことだ。「整理する」と一言でいっても、その具体的な内容はごみを捨てる、机の配置を直す、書類をファイリングして棚に並べるなど状況によって多岐にわたる。

ある程度は自分でプランが立てられる。けれども、相手の意図とすれ違ってしまうことがある——このくらいのプランニング力があるなら、**まず自分がやろうとしていることを細かく箇条書きにしてみよう**。たとえば、先ほどの例のように「部屋を整理して」と言われたとしたら、

- 空き段ボールをつぶして梱包し、廃棄する
- 書類はファイリングして、「××室資料」と書いたラベルを貼って資料室に収める
- 机の上の小物類は、1つの段ボール箱にまとめておく
- 床をモップがけする
- 机をぬれ拭きする
- 机と同じ数だけの椅子をぬれ拭きし、残りは倉庫にしまう

などと自分のやろうとしていることを書き出して、指示者に見てもらう。ここで「書類はいらないから全部シュレッダーして」とか、「段ボールはあとで使いたいから倉庫に持っていって」のような修正が入ればそれに従う。このプランが完成すれば、同時にそれがゴールのイメージにもなる。つまり、このプランをすべてやり終えた状態がゴールだ。

プランを持っていって、たとえ「全然違うよ！」という答えが返ってきても構わない。そのとき改めて、「では、どうしましょうか」

「ダメ出しされるプラン」を作る際のポイント

- **自分がやろうとしていることを細かく箇条書きにする**
- **ダメ出しをしてもらうためのものと割り切り、完璧を目指さない**
- **具体的に何をするかを明記する**
- **具体的な行動が浮かばないときには相手に質問する**

と相手の「整理」のイメージを尋ねれば良い。人間にはゼロからイメージを作り上げることが難しい一方で、何かしらのイメージがあれば、それに対しては具体的で細かい指摘ができる傾向がある。自分のプランは、それを引き出すための叩き台と考えておけば良い。したがって、この場合の自分のプランは、自信のあるものでなくてもまったく構わない。むしろ**ダメ出しをしてもらうためのもの**と割り切る。

ただし、「どうせダメ出しをされるものだから」と適当に考えると、相手の指摘も適当になってしまう。特に「掃除する」や「片付ける」など、**具体的に何をすれば良いのかわからない表現は避ける**。整理であれば、「何を」「どこに」「どうするか」をはっきりと書き出そう。「掃除する」は机を拭くことなのか、床をモップがけすることなのか。「片付ける」は、

具体的なイメージが浮かばない場合の質問例

仕事内容	具体的な情報を引き出しやすい質問
使っていなかった部屋や倉庫の整理	「どの部屋のようなイメージで整理しますか？」
やったことのない種類の書類作成	「フォーマットはありますか？」 「昔の作例などはありますか？」
はじめてやる軽作業	「マニュアルはありますか？」 「社内で経験者はいますか？」
新規商品の開発	「他社も含めて、これまでの商品でイメージするものはありますか？」
備品の購入	「購入する商品は決まっていますか？」 （決まっていなければ）「予算と購入数はどのくらいですか？」 「値段優先でいいですか？」

段ボールをつぶして捨ててしまうことなのか、それとも倉庫に積み上げておくことなのか。相手からOKをもらえればそのまま実行できるように、「これしかやらないけど本当にいいですね？」と問いただすくらいの気持ちで、具体的に書き出そう。たとえば散らかった書類の整理であれば、「書類は無作為にファイリングし、資料室に収める」と書く。「無作為に」に指摘が入るなら、そのときはどういう分類が良いかを聞けばいい。掃除であれば、「床に掃除機をかけ、机を水拭き」。空き段ボールの片付けなら、「段ボールはすべてつぶして、梱包して廃棄」といった具合だ。それが具体的であるほど、相手からの指摘も具体的になってくる。

　最終的に、何をどうやるかを明確に描き出した一覧ができ上がったところで、それがプランとなり同時にゴールイメージともなる。

相手の言葉やモノをターゲットに1つひとつ質問する

ダメ出しされるためのプランも浮かばなかったり、どうしても自分では具体化が難しかったりする場合には、やはり相手から聞き出すしかない。

　しかし前述の通り、曖昧な質問にはほぼ曖昧な回答しか返ってこない。具体的な質問をするには、**そこにあるものや相手の言葉からピックアップする**必要がある。

　事例に挙げた「部屋を整理する」という仕事であれば、部屋の中にある段ボールや書類、机などの物を焦点として質問をしていく。「この段ボールはどうしますか」「この書類はどうしておきますか」と1つひとつ聞いていこう。「部屋全体」といった広すぎるターゲットのままではなく、モノの1つひとつに分解してそれをどうするかを決めていくのだ。

　具体的なモノがまだない仕事なら、相手の言葉や仕事の内容から質問のポイントを拾うことになる。この際、**なるべく「目に見えるもの」「具体的なこと」を引き出す質問をしたい**。

　たとえば、「次の商品の社内プレゼンを作ってよ」という指示を受けたとする。「次の商品」のプレゼンを作るために、引き出せそうな「目に見えるもの」は何か。まず考えられるのは商品の実品だったり、資料であったりするだろう。「社内プレゼン」という点に注目すれば、過去に同じようなプレゼンをしていればその資料も参考になる。

　「具体的なこと」は、まず数字の出るものをポイントにする。プレゼンの日程は締切日に直結するし、発表時間は用意するスライドや資料の量を決める。一度目に見えるもの、具体的なものを引き出せば、あとはそれを手掛かりに、さらに情報を引き出していける。

質問は、できればまとめて出したい。しかし、実際に仕事を進めてみないと質問が出てこないこともある。仕事を請けたときに、「わかりました。わからないことがあったらその都度質問させていただいてもよろしいですか？」と一言伝えておくと良いだろう。いちいち聞いてくることを、相手が嫌がることも考えられるが、相手の意図とまったく異なることをやってしまうよりははるかに良い。

仕事を進めながら、その都度、やったことを記録しておこう。これを保存しておけば、次回同じような仕事を頼まれたときに自分でプランニングするヒントとなる。

業務を分解してみる

1つの仕事を具体的な行動に分

仕事を分解するときに考えるべきこと

大要素	詳　細	TODO
時間	開始日・時間	依頼日を記録する
	締切日・時間	依頼者に確認する
人	依頼者	質問や確認はいつできる？→スケジュールを確認しておく
	提出・報告先	内容・締切日を知っている？→本人に確認
	チェッカー・アドバイザー	あらかじめ内容を伝え、お願いしておく
	共同作業者	あらかじめ内容を伝え、お願いしておく
モノ	最終提出物	依頼者に確認する
	タスクチェックリスト	作成して、依頼者に確認
	必要な道具	一覧表を作る

解するのには、慣れがいる。仕事の分解の仕方として、その仕事に関わる時間・人・モノを起点に考えるとやりやすい。

まず、だいたいどんな仕事でもやっておくべきことは、前ページの表の通りだ。タスクチェックリストや道具の一覧などは頭の中でやってしまう人もいるが、業務の分解が苦手であるうちは文書として作成しておくことをおすすめする。こうした内容を、次ページのような表にまとめてみよう。

「業務タイトル」は自分と依頼者との間で「その仕事」を一言で表すために重要なので、自分でできなければ相手に聞いてでも必ず記入する。

「関係者・社」、「日時」は直接依頼者に尋ねれば良い。依頼者と提出・報告先が同じであれば、これは「同上」もしくは「〃」と記入しておく。

「最終提出物」は、「それを提出・報告先に提出することで仕事完了とみなされるもの」だ。提出するものがないような仕事であれば、報告書や業務チェック表をこの最終提出物とする。仕事が完了したときには単に「終わりました」だけではなく、この業務チェック表を見せながら「〜と〜と〜と〜をしました。以上で完了としてよろしいでしょうか」と報告したい。

さて、ここまでの項目は機械的に埋められるが、問題は「具体的にやること」の欄だ。つまり、ここがタスクリストとなる。このフォーマットでは、必要な道具の一覧表も兼ねている。

ここにまず、「取りあえずこれをやればいいんじゃないか？」と自分で考え付くタスクを入れていこう。ただし、その内容は、**自分ですぐに行動に移せるもの**である必要がある。「その通りにして」と言われたときに「具体的にはどうすればいいんですか？」と質問したくなるような内容は、記入しないこと。逆に1タスクしか思い浮かばなくても、そのまま実行できる内容であればそれで構わない。

タスクが思い浮かばなくても、作成例の〝椅子〟や〝テーブル〟のように取りあえずこれについて何かをする必要があるとか、この道具が必要だ、と思われることがあったら、「具体的にやること」は空欄のままでいいので書き入れておく。具体的にやることが何も思い浮かばなかったら、関係しそうなものや道具などを連想してとにかく書き入れよう。

書けるだけ書いたら、この表を依頼者に見せて確認してもらい、空白部分について聞き直していく。作例の場合なら、「椅子はどうしますか」「テーブルはどうしますか」といった具合だ。この表が完成したら、あとは実行するだけでいい。

業務整理票

<table>
<tr><td>業務
タイトル</td><td colspan="4"></td></tr>
<tr><td rowspan="2">関係者・社</td><td>依頼者</td><td></td><td>チェッカー・
アドバイザー</td><td></td></tr>
<tr><td>提出・報告先</td><td></td><td>共同作業者</td><td></td></tr>
<tr><td>最終提出物</td><td colspan="4">（モノがなければ業務チェック表を作成）</td></tr>
<tr><td>日時</td><td>開始日
（依頼日）・時</td><td></td><td>締切日・時</td><td></td></tr>
<tr><td colspan="2">具体的にやること</td><td>必要な道具</td><td>すぐ取りかかれる？
ダメならなぜ？</td><td>どうすればいい？</td></tr>
<tr><td colspan="2"></td><td></td><td></td><td></td></tr>
<tr><td colspan="2"></td><td></td><td></td><td></td></tr>
<tr><td colspan="2"></td><td></td><td></td><td></td></tr>
<tr><td colspan="2"></td><td></td><td></td><td></td></tr>
<tr><td colspan="2"></td><td></td><td></td><td></td></tr>
</table>

業務整理票（作成例）

業務タイトル	会議準備			
関係者・社	依頼者	辰巳課長	チェッカー・アドバイザー	鳥居さん
	提出・報告先	辰巳課長 潮田TL	共同作業者	なし
最終提出物	業務チェック表 （モノがなければ業務チェック表を作成）			
日時	開始日 （依頼日）・時	2025/4/17 14：00	締切日・時	2025/4/18 12：00

具体的にやること	必要な道具	すぐ取りかかれる？ ダメならなぜ？	どうすればいい？
掃除機をかける 机をぬれ拭きする	掃除機 雑巾	掃除機・雑巾は どこにあるの？	総務の鳥居さんに 聞く
会議資料をそろえる	会議資料 コピー機	何部いるのか わからない	潮田TLに聞く
	椅子		
	テーブル		

文字ならわかるのに、耳で聞くと内容が頭に入ってこない

対策

- ○取りあえず聞き取れた部分だけを文書にまとめ、穴になった部分を聞き直す
- ○音声入力アプリを活用する

事例

指示書やマニュアルを作ってくれれば理解できるのに……

「すみません、さっきのご指示でちょっとわからないところが……」

「えっ、それさっき説明したでしょ。また聞いてなかったの？」

面倒くさそうな顔をする上司に、すみません、と頭を下げる。

正直にいえば、指示を受けたときには話の内容の半分も頭に入っていない。相手の話のペースに合わせられないというか、今の話を一生懸命聞こうとしているうちに相手の話が先に進んでしまうような感覚だ。

そんな状態だから仕事を始めても途中でわからなくなって質問しに行ったり、指示された内容に抜けが出てしまったりすることになる。

指示書やマニュアルを作ってくれればわかりやすいのにと思いながらも、そんな負担を上司にお願いするのもはばかられる。いったいどうすればいいんだろう。

原因

視覚優位で音情報の処理が苦手

口頭指示の聞き取りはASDの場合、**コミュニケーションと音声情報の処理の苦手**があいまって、文書指示よりもさらに課題が出やすくなる。また、言葉としては聞き取れていても言葉の意味の理解が偏っていたり、「あれ」「これ」といった指示語が指すものがわからなかったりして、**意図を読み違えたり理解できなかったりも**

する。

主にADHD傾向の人に強く表れるワーキングメモリ、すなわち**短期記憶力の低さ**も理由のひとつだ。言葉に出された情報はあとに残らないので、記憶しきれなければ取りこぼす一方になってしまう。聞いてメモしようと書き出したときにはもう忘れてしまう、ということさえあって、本人の努力だけでは克服することが難しい場合もある。

解決法 躊躇せずに聞き返すのが基本

この場合、相手のペースに合わせて言葉を聞き取るよりも、**自分から質問をして回答を得るほうがしっかりと情報を受け取りやすくなる**。

一度聞いた「はず」のことをすぐに聞き直すのは、気が進まない

代表的な音声入力アプリ

アプリ名	特　徴
Speechnotes	• Android用のアプリ • 句読点や改行などを手動で入力できる
声で筆談	• スマホ用のアプリ • 聴覚障害者とのコミュニケーションを支援する目的で開発された
LINE WORKS AiNote	• スマホ用のアプリ • AI技術を活用した音声記録の文字起こしができるサービス

ことだ。しかし指示する側から見れば、失敗してから「実は聞き取れなくて……」と言われるよりも、何度も確認されたとしても確実な仕事をしてもらうほうがずっと良い。

無理して有能社員のイメージを作る必要などはない。不器用でも、堅実な仕事をするいぶし銀を目指したい。

取りあえず聞き取れた部分だけを文書にまとめ、穴になった部分を聞き直す

頭の中だけにある状態だと、自分にとって必要な情報がそろっているのかいないのかもなかなか判断が付かない。

まずは聞き取れた部分だけでも文書に起こしてみよう。聞き漏らしてしまった部分は〇〇や（　）としておき、とにかく受けた内容を書き記す。

音声入力アプリを使う

アンドロイドでもアイフォーンでも、現在のスマホには音声認識機能が備わっている。これを活用する方法を考えてみよう。

もちろん上司の前でいきなりスマホを差し出すわけにもいかないので、外付けのマイクを使う。電話用のヘッドセットでも良いが、使いやすさを考えるとスマホに対応したピンマイクがいい。

アンドロイドでもアイフォーンでも、単純にメモ帳系のアプリで音声入力モードをＯＮにしておけば音声の文書化は可能だ。また、業務に音声認識を活用するためのアプリも多数開発されているので、これを使ってみても良い。

アンドロイドでは**「Speechnotes（スピーチノート）」**や**「声で筆談」**などのアプリがある。また、AIを活用した**「LINE WORKS AiNote」**もある。

ここでは一例として、次ページで「Speechnotes」の使い方を紹介するので参考にしてほしい。

どのアプリでもいえることだが、文章化はかなり優秀ではあるものの、完璧ではない。特に専門用語などには弱く、意図したものと違う言葉に変換してしまうことも多い。あくまで指示受けのメモ代わりとして考えて、これをもとに改めて指示内容をまとめ直すという使い方をすれば頼れる道具になってくれるだろう。

「Speechnotes（スピーチノート）」の使い方

1 GooglePlayで「スピーチノート」を検索し、アプリをインストールする。

2 アプリを立ち上げたら、図の囲んだ部分が日の丸になっていることを確認する。

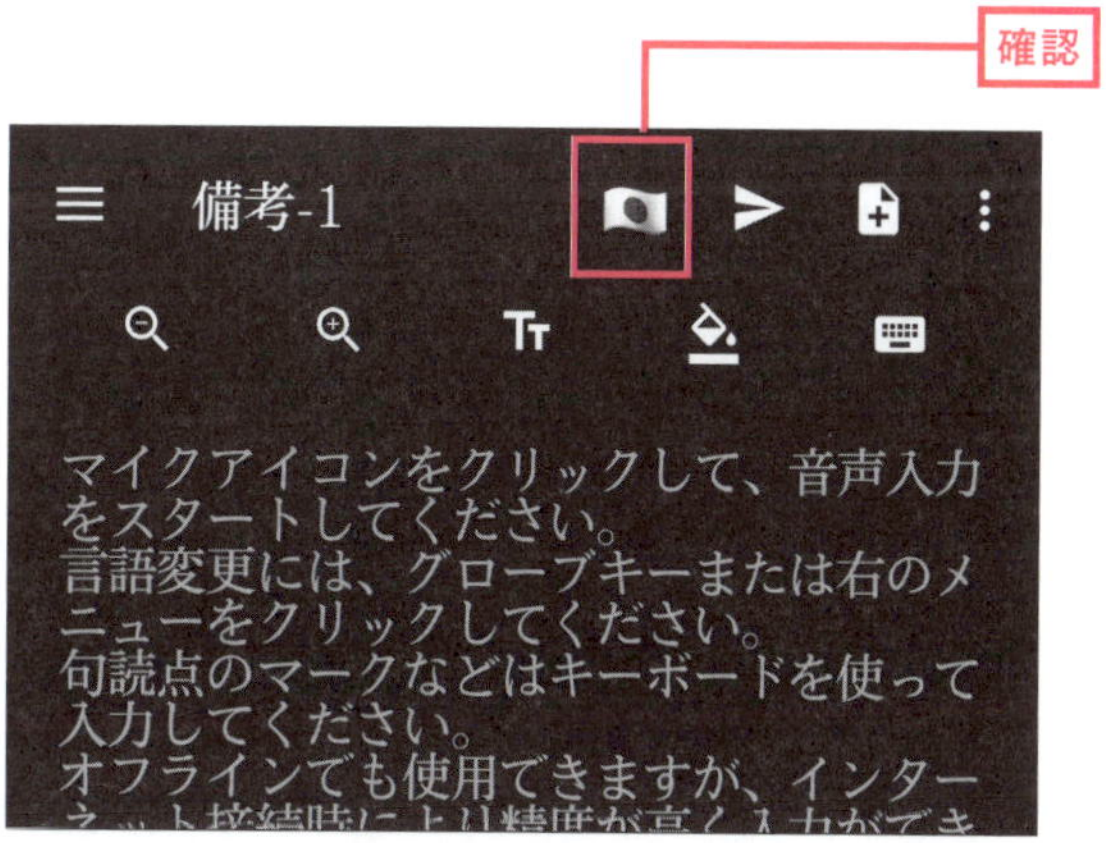

memo
もし日の丸以外になっていた場合は、囲んだ部分をタップして「日本語（Japanese）」を選択しよう。これで音声認識が日本語モードになる。

3 マイクの部分をタップすると、取り込みが開始される。あとはマイクから拾った音声を自動的に文章化してくれる。もう一度タップすれば、取り込みが終了する。

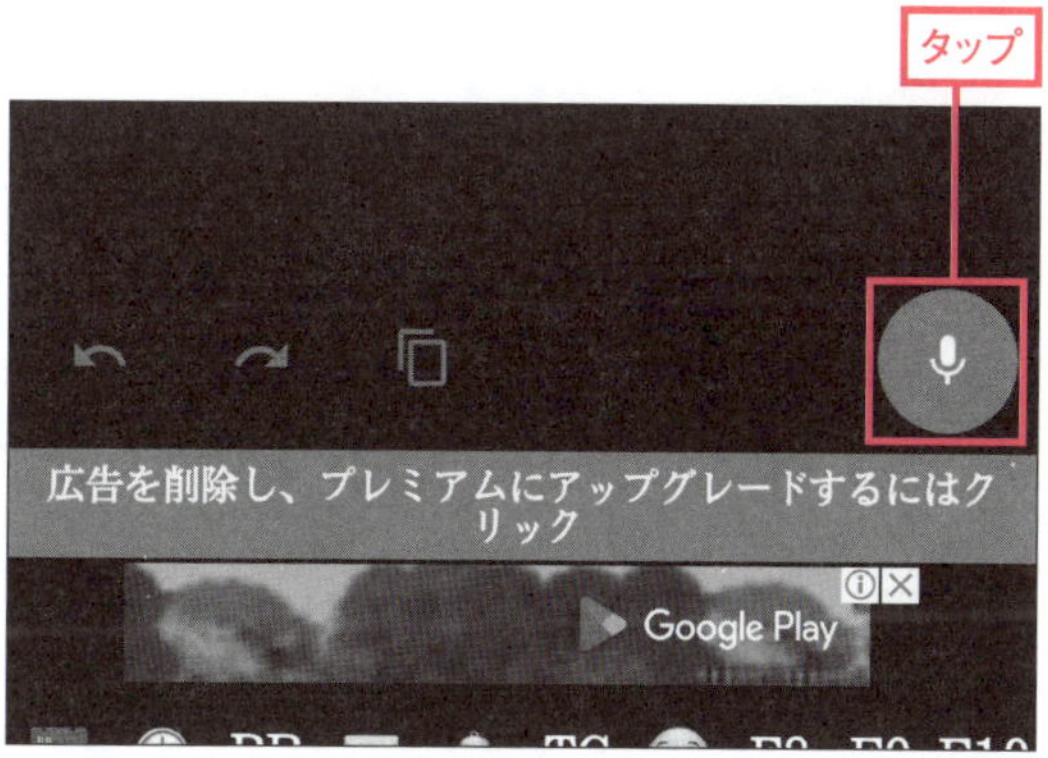

4 最後に紙飛行機のマーク（送信ボタン）をタップすると、メールやLINEなどで文章を送信できる。パソコンに送ってから、誤変換の修正や編集などをすれば便利だ。

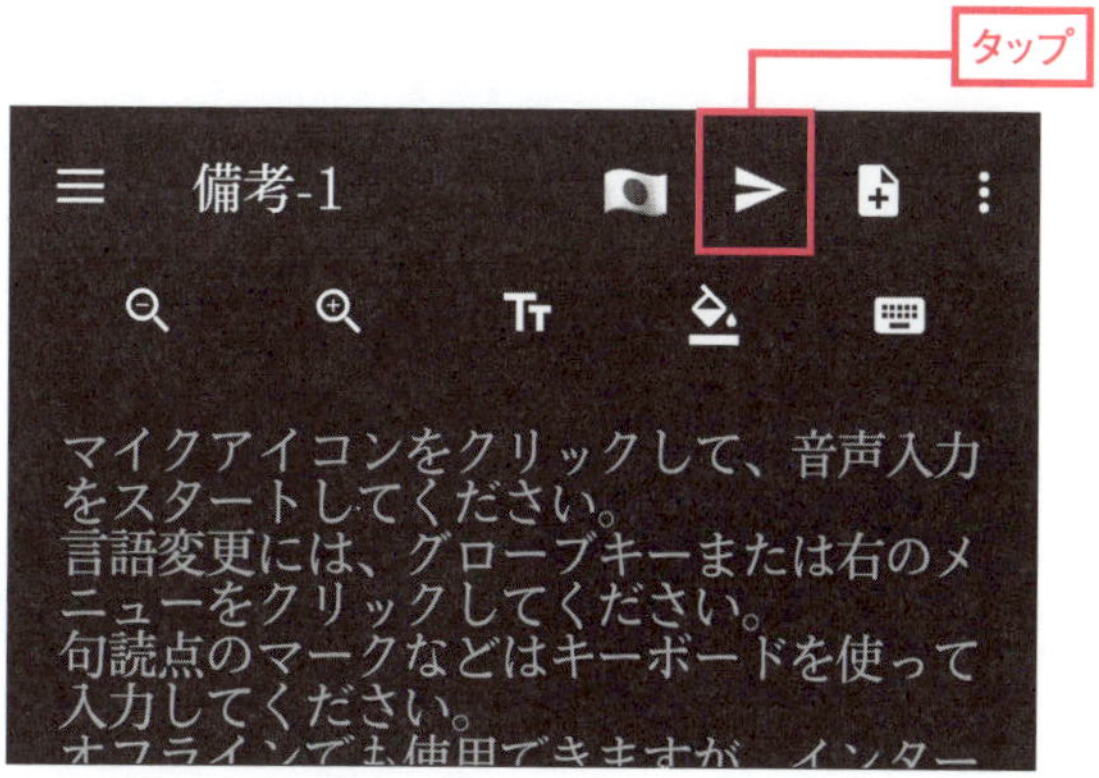

マニュアルや指示書が理解できない

対策

- ○苦手な色には、白黒コピーや色付きの用紙で対応する
- ○活字がうまく読めないなら、フォントの変更を試してみる

事例

口頭で説明されれば理解できるのに、文字だと頭に入ってこない

小説なら読めるのに、マニュアルや手順書になると頭に入ってこなくなる。目が文字を追ってくれないし、気が付くと読んでいた行を見失っていたりする。行間の狭い文章がずらっと並んでいたりすると、視線がちらついてしまってまったく読み進められない。

既に退職してしまった人の仕事を引き継いでほしいと言われ、始めた仕事だった。手順書は残していってくれたからと資料を渡されたのだが、これがまったく読み進められないのだ。

口頭で説明してくれれば理解できるし、これまでの仕事はそうして覚えてきた。これまで仕事でまったく問題はなかったのに、こんなことで詰まってしまうとは……。

原因

LDの読字障害、ADHDの集中力の問題など

発達障害の症状のひとつとして、声による情報をうまく受け取れないという悩みを抱えている人は多い。

音声で情報を入れると聞き漏らしや聞き違いが出てしまうので、この場合には文章や図などの視覚情報で補う。

ところが逆に、音声による情報は問題ないのに**視覚からの情報を**

うまく処理できないタイプの人もいる。目に入ってはいるのだが、視覚からの情報をうまく拾えないのだ。

「読めない」理由については、個々で異なる。

たとえばLDのひとつに、**「読字障害」**がある。これは文字をうまく認識できず、正確に読むことができない障害だ。文字の並びがうまく認識できなかったり、視力に問題がないのに細部がにじんで見えたりする。活字なら読めるが手書きの文字は読めなかったり、その逆だったりする。

ASDで多いのは、**視覚過敏**だ。ある人は白や赤など特定の色に対して目に刺さるような刺激を感じてしまい、その色がある文書を長時間見ていられない。また、ある人は上下の行にどうしても気を取られてしまい、視線がちらついて長い文章を読み進められない。

視覚過敏とは別に、**脳自体が「音向き」に偏っている**場合もある。文章を理解するためにいったん音読したり、頭の中で音読したりする過程が必要な人もいる。

発達障害全般に共通して、長い文章の全体から細かい部分を見逃してしまったり、逆に個々の文章を組み立てて全体像を推測できなかったりすることは出やすい傾向だ。また平面の図や写真から立体をイメージできず、参考にできないタイプの人もいる。

ADHDの場合は、**集中力を自分でコントロールできない**ことが原因で「読めない」場合がある。必要であっても興味がないとその文章に集中できず、無理に読んでも内容が頭に入ってこない。また、いつの間にか目に映った別の箇所を読んでしまっていたり、先が気になって別のページを開いてしまったりする。

発達障害ではないが、うつや統合失調症に現れる症状のひとつに**「本が読めなくなる」**ことがある。発達障害を抱えた人でも、ストレスによる二次障害でうつ病や統合失調症を患ってしまう例は多い。

昔は読めたのに最近文章が読めなくなった場合には、この二次障害のアラートが出ている可能性もある。

うつとまではいかなくとも、緊張や不快な状況によるストレスやパニックで一時的に同じ状態になってしまうこともある。

解決法

「読めない」原因を分析して対策を考える

原因に挙げた通り、一口に「読むのが苦手」といってもその理由は個々で異なってくる。まず自分が読めない理由を分析し、そのあとに対策を考えていこう。

LDによる読字障害には、理解や助けが必須

重い読字障害などでそもそも字がまったく読めない場合には、**職場側の理解や他人の助けが必須**だ。マニュアルではなく口頭やOJTで教えてもらうようお願いしたり、家族などに協力してもらって文章を読み上げてもらい、それを録音して覚えるようにする。

時間はかかるが独力で読める場合には、マニュアルのコピーを取らせてもらえれば自宅や休憩時間を使って読むという努力も可能になる。

苦手な色がある場合は、白黒コピーや色付きの用紙で対応する

白・黒以外の色が苦手な場合には、マニュアルを**白黒やグレースケールの設定でコピーする**。色の情報が必要な場合には、下の画像のようにあとから手書きで色の情報を入れておこう。

白が苦手な場合には、コピーに使う用紙そのものを変えれば良い。コピー用紙には薄いグリーンやピンクなど、さまざまな色のものが用意されている。実際に家電量販店などで商品を見て自分の目に優しい色を選び、自分用に購入しておく。あとは職場にお願いして、この色付き用紙を使ってマニュアルをコピーさせてもらう。

複合機の機種によっては、ネガポジ反転の機能を持つものもある。インクを大量に消費してしまうというデメリットもあるが、黒地に白字のほうが見やすい場合にはこれを活用しても良いだろう。

ワードで作られたマニュアルであれば、もっと手軽に色を変えられる。下の画像のように「ページレイアウト」タブから「ページの色」を選択し、あとは好きな色を選べば良い。

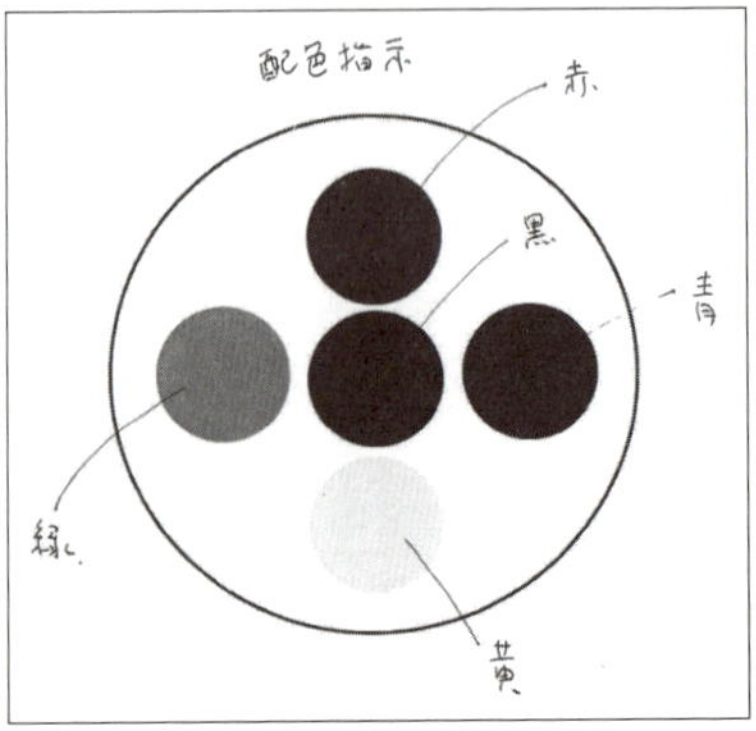

白・黒以外の色が苦手な場合には、マニュアルを白黒やグレースケールの設定でコピーし、手書きで色の情報を入れておく。

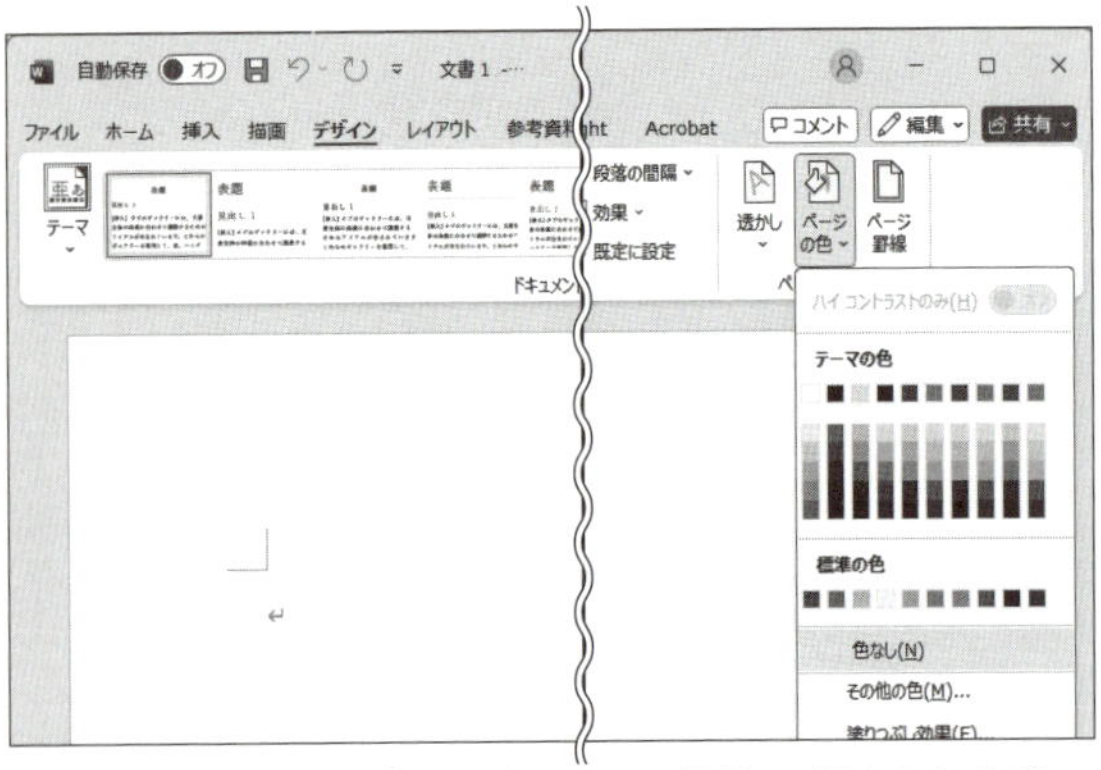

「デザイン」タブから「ページの色」を選択し、好きな色を選べば、ページの色が変わる。

活字がうまく読めないタイプなら、フォントの変更を試してみる

活字を認識しにくく、手書きの文字なら読める人には、**フォントの変更**が有効だ。ワードなどで作成された文書ファイルであれば、別のフォントに置き換えて編集できる。

ネットで「手書き　フォント」で検索すると、いろいろな自作フォントを見付けられる。ここではそのひとつである「仕事メモ書きフォント」を例に、導入方法を紹介する。変更の仕方は次ページの通り。

このようにネットにはさまざまなオリジナルフォントがあるので、自分の目と脳に合うタイプのフォントを探してみよう。

長い文章も1行ずつ読めば理解できる

視覚過敏があると、行間が狭い文章では上下や左右の行に視線が移ってしまい長い文章が読めなくなってしまうことがある。

対策としては、下の画像のように**厚紙などで1行分だけを読めるようにした道具を作ること**で、文章を読みやすくできる。OHPシートに色枠を印刷して作れば、くり抜く手間も省けて簡単だ。

また共栄プラスチックの**カラーバールーペ**を使うと、1行分だけを拡大した上にラインマーカーを引いたような状態にできる。

これらの道具を常備しておけば、長い文章を読まなければならなくなった場合にも対応ができるようになる。この方法は、読んでいる以外の部分に気を取られてしまうADHDの場合にも有効だ。

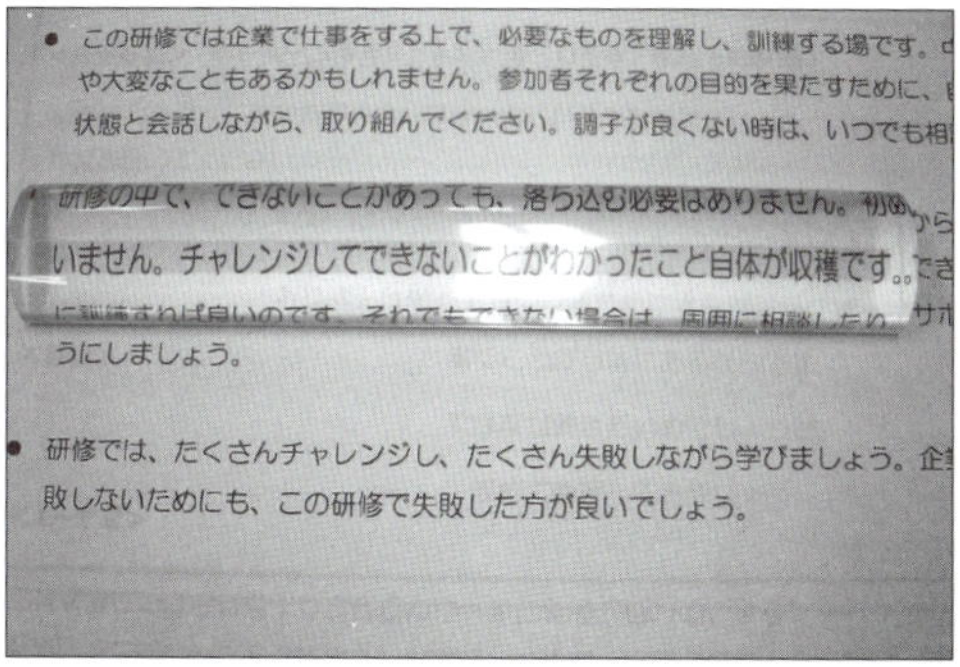

共栄プラスチックのカラーバールーペを使えば、1行分だけを拡大した上にラインマーカーを引いたように見やすい状態にできる。

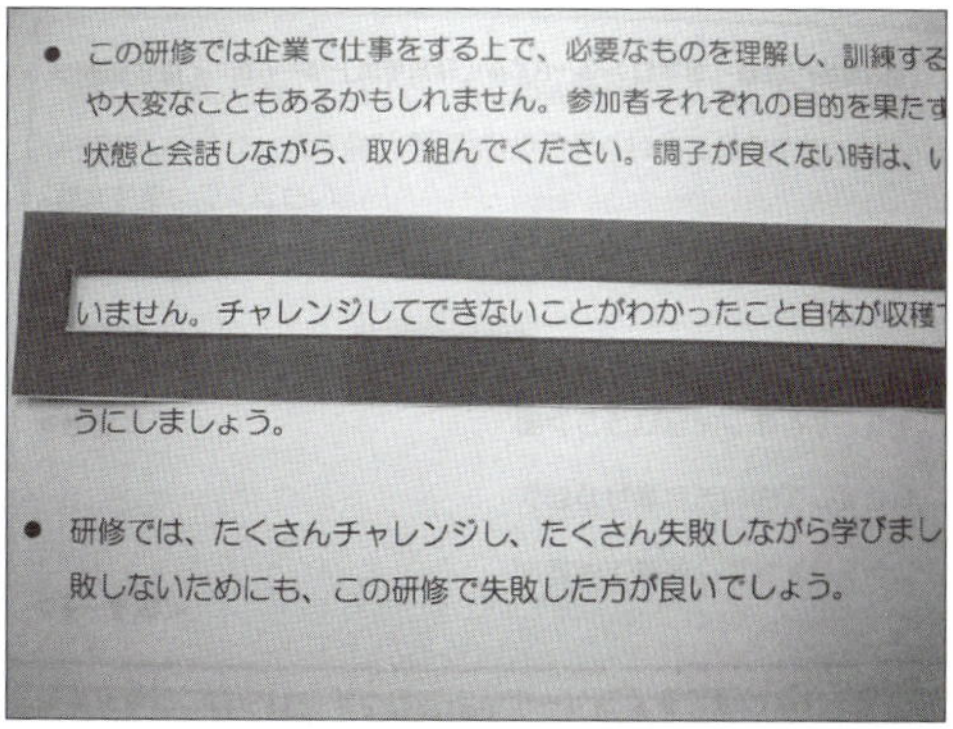

厚紙などをくり抜いて1行分だけ読めるようにすれば、長い文章も読みやすくなる。

「仕事メモ書きフォント」に変更する手順

1 「すももじ（http://font.sumomo.ne.jp/）」にアクセスして、「「仕事メモ書き」詳細ページへ進む」をクリックする。

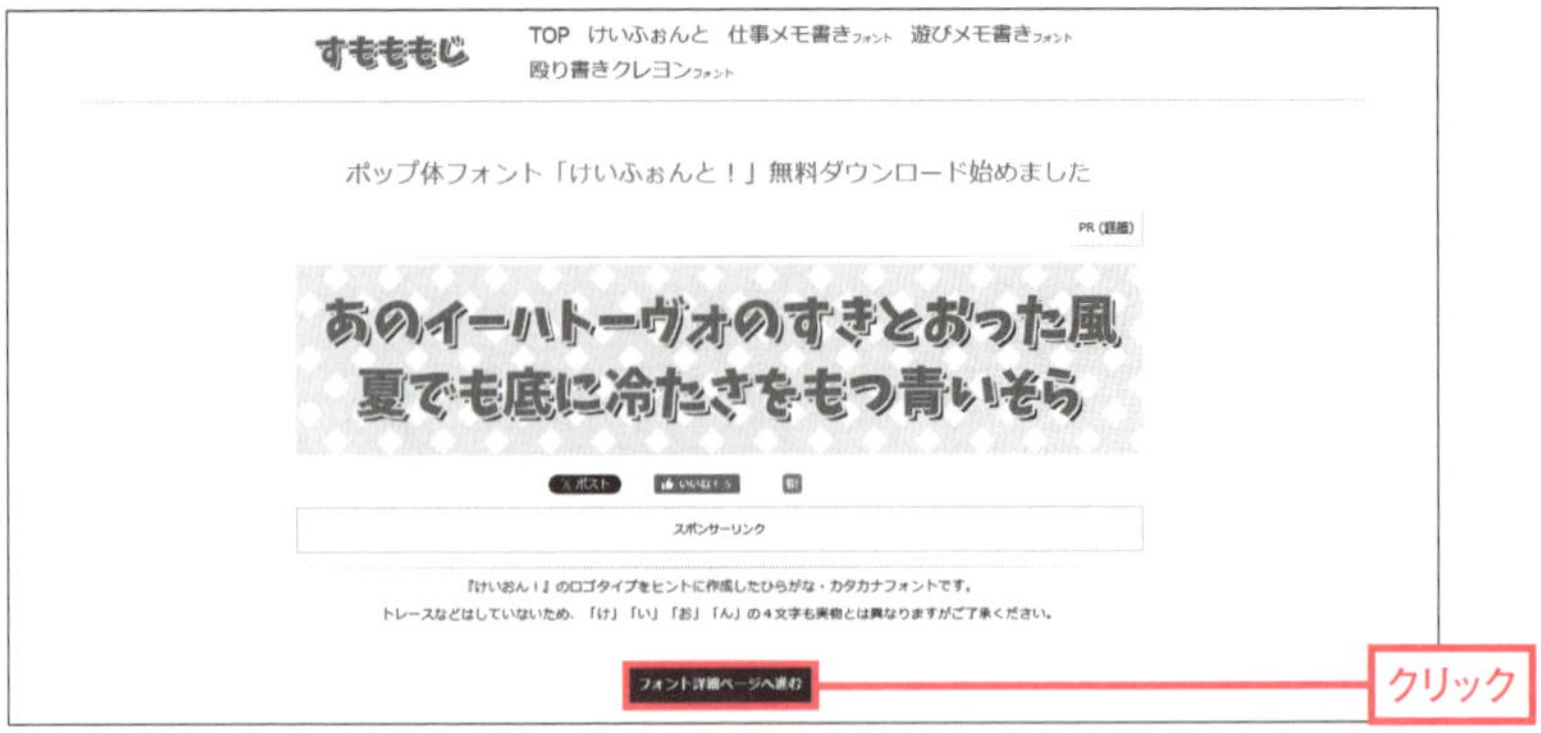

2 少し下にスクロールして、「ダウンロード」をクリックする。

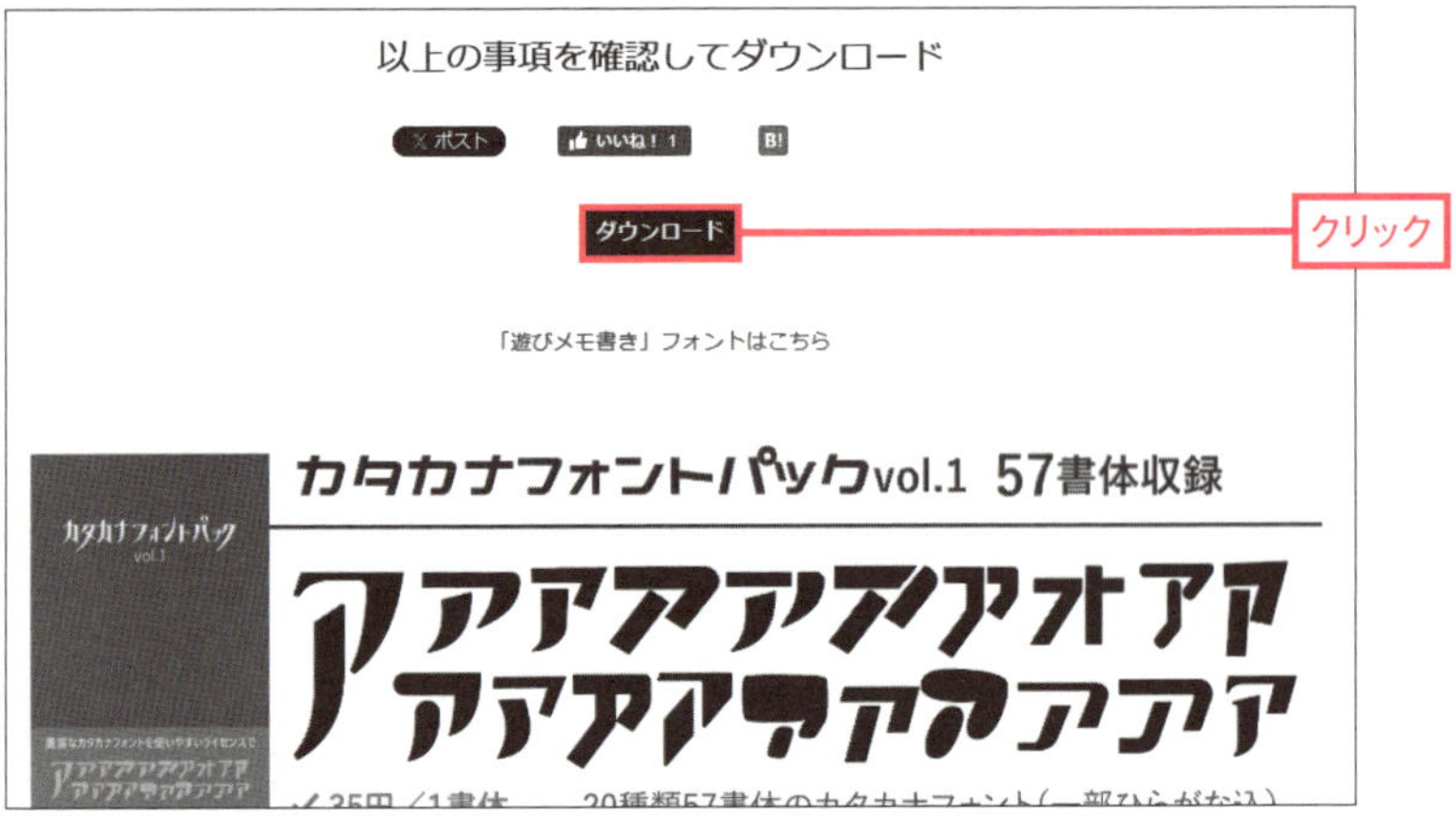

3 ダウンロードが完了すると、表示が出る。

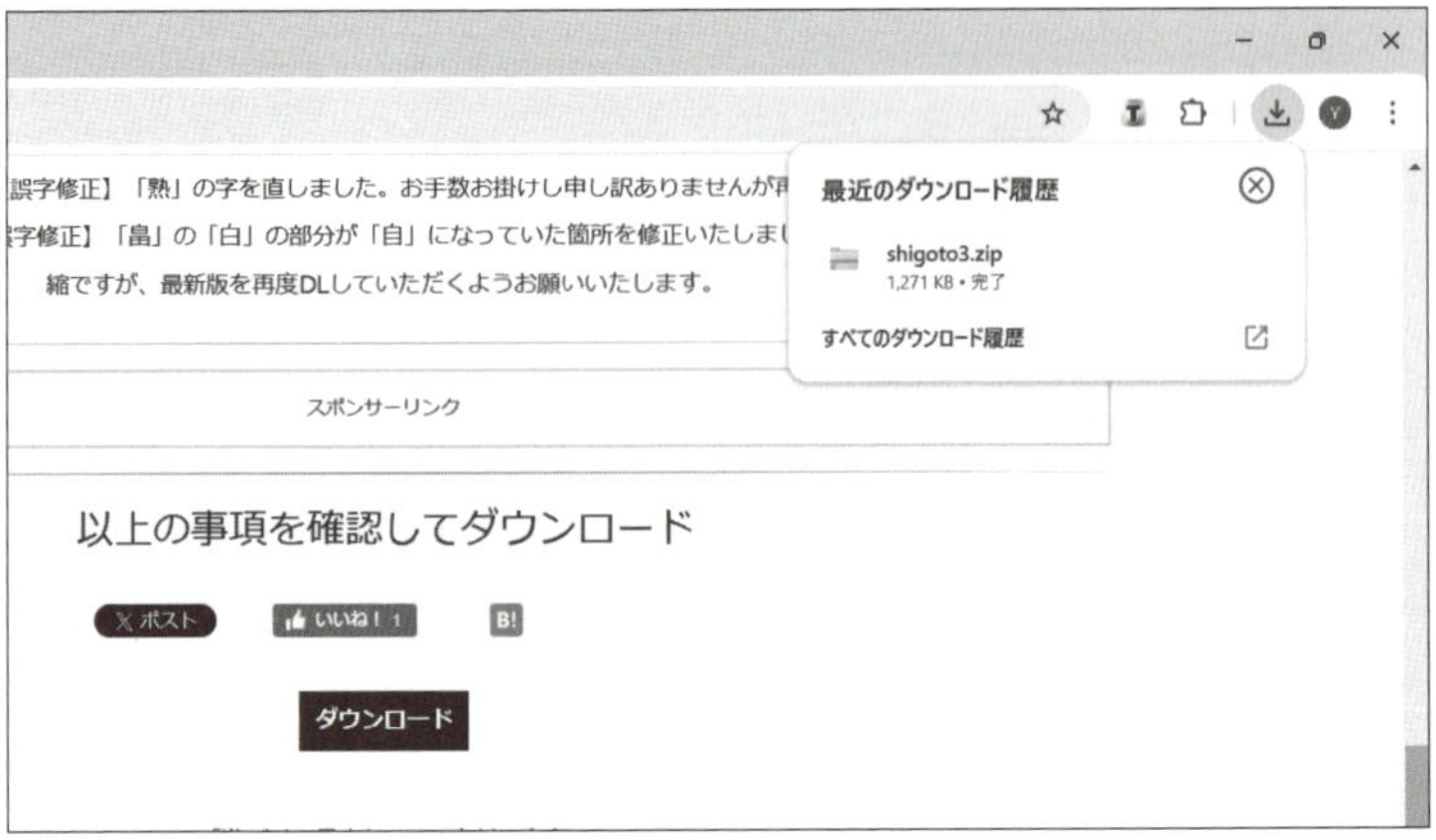

memo

ダウンロード前に広告が出る場合があるが、その際はウィンドウ右上の「×」を押して広告を消すとダウンロードが再開される。

4 「⤓」（❶）→「🗀」（❷）とクリックする。

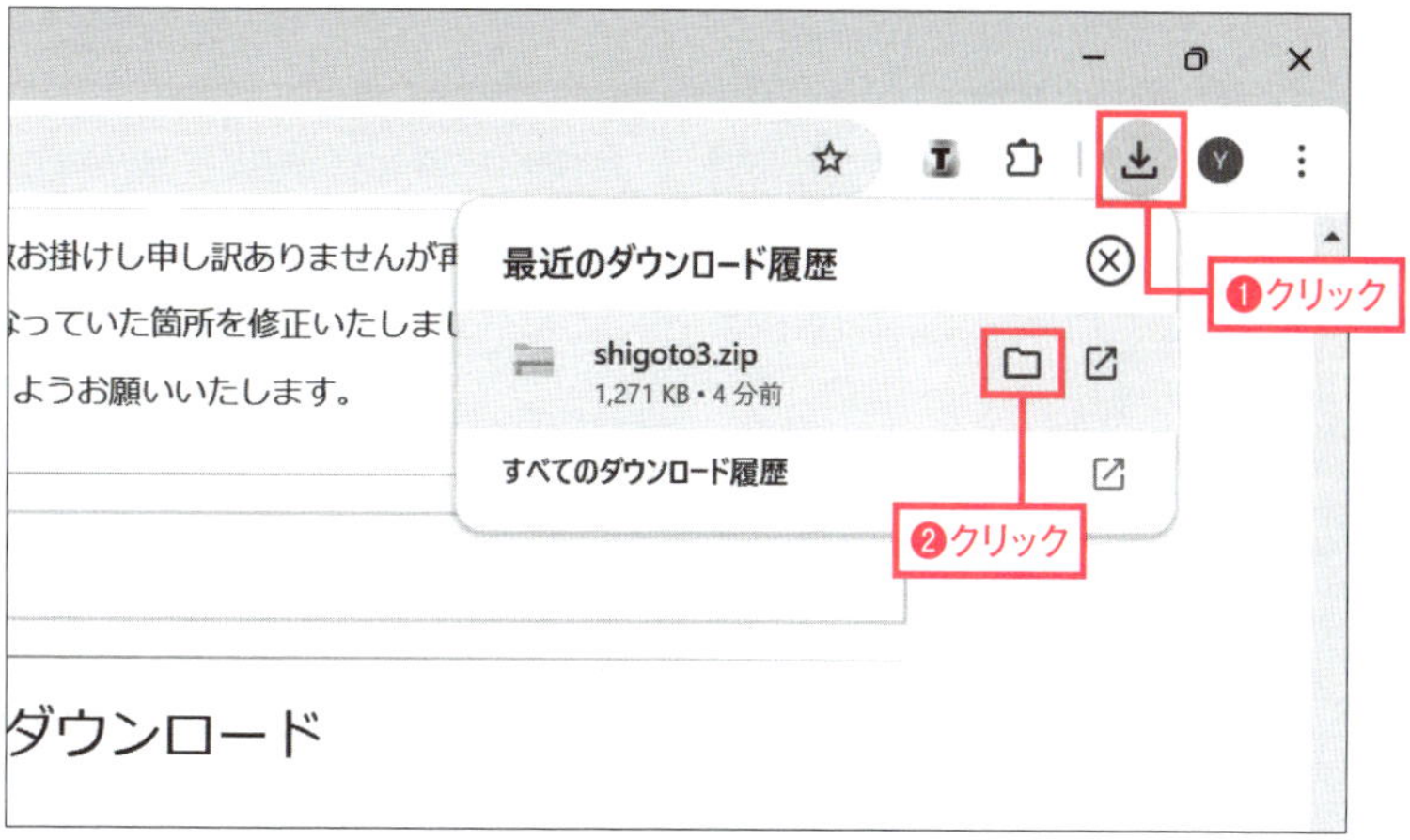

> **memo**
> 「⤓」が見当たらないときは「…」をクリックするとツリーにある。

5 自動でダウンロードしたファイル（この場合、「shigoto3.zip」）が選択されているので、「解凍」（❶）→「ここに解凍」（❷）を選択する。

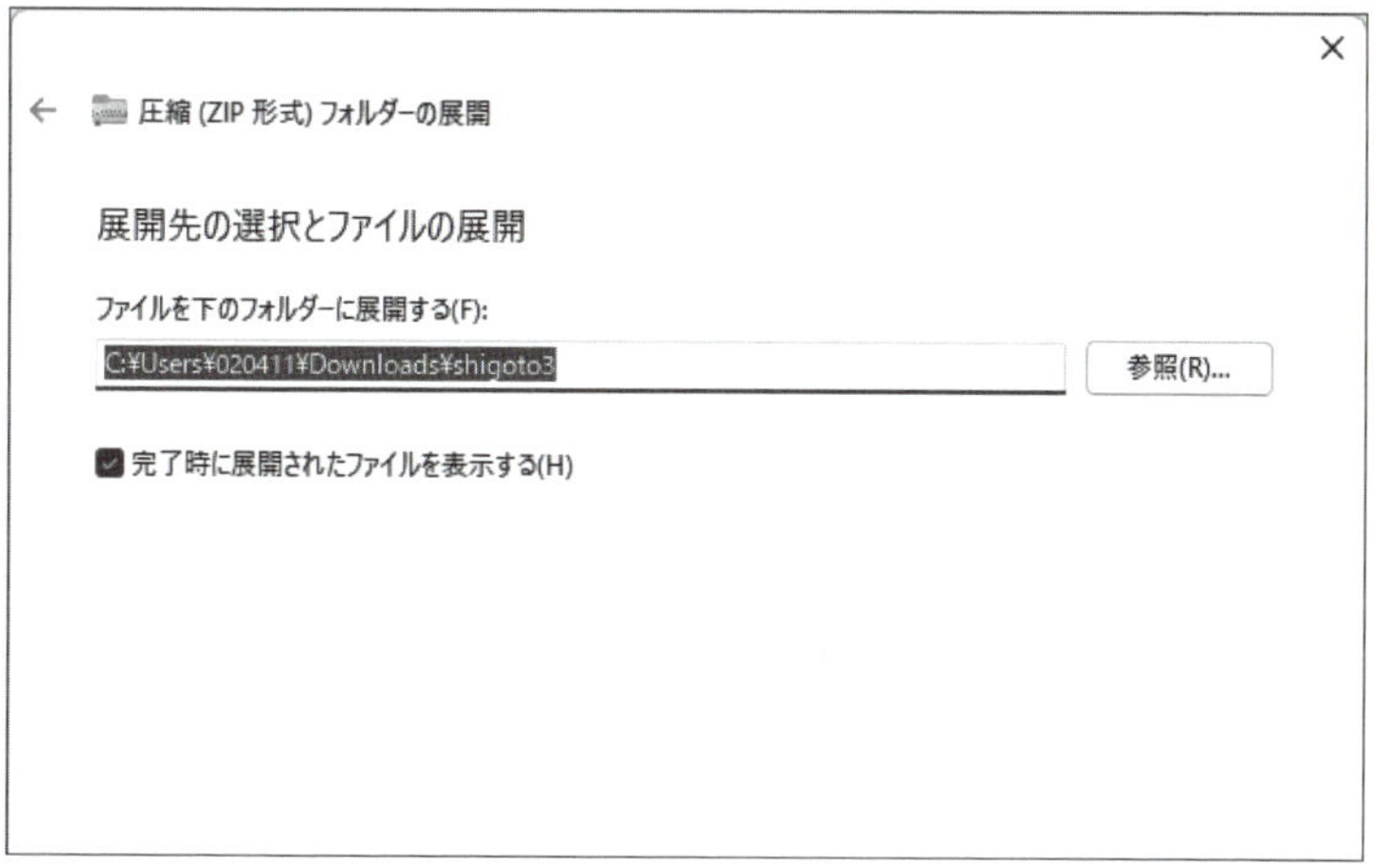

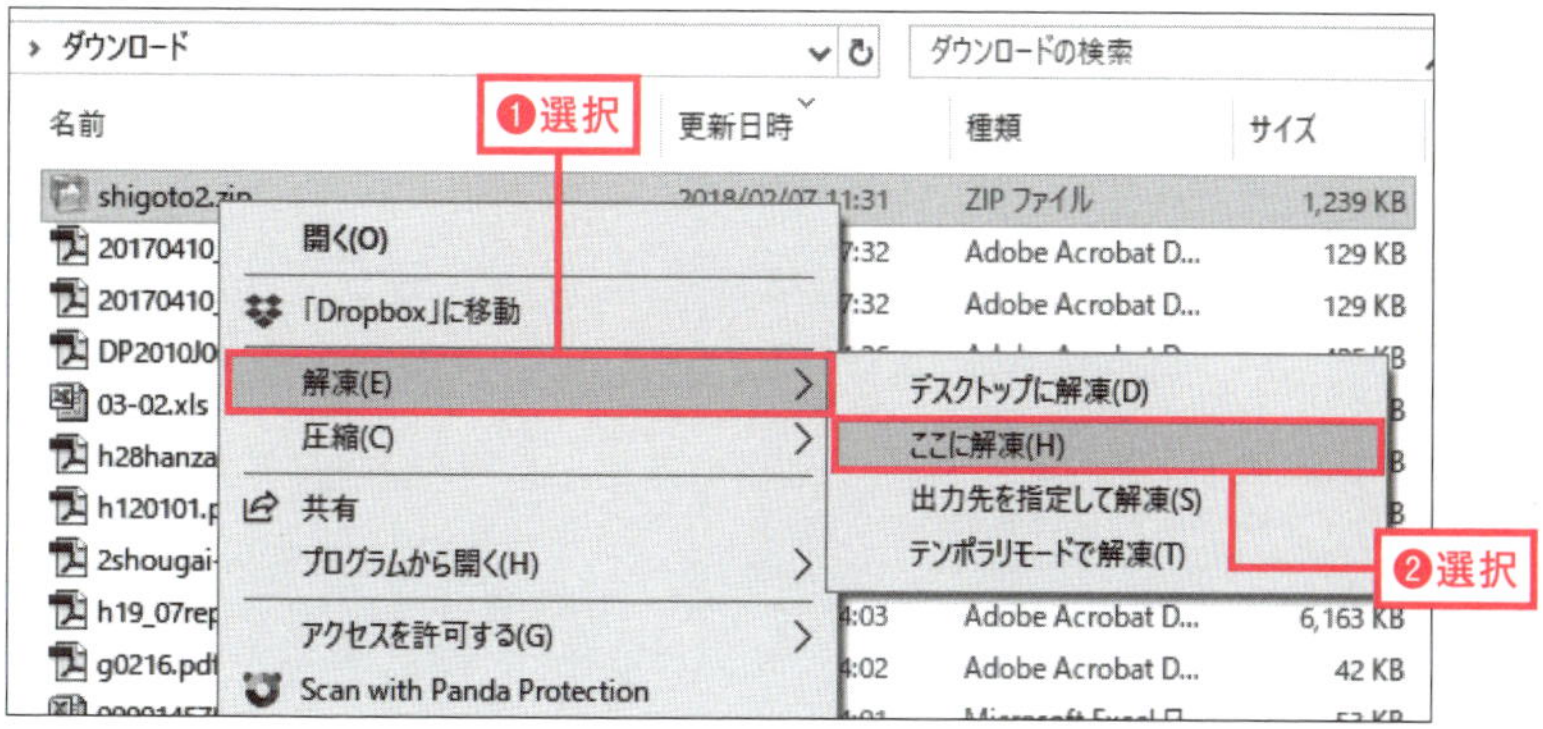

6 開いたウィンドウから、フォントファイル（アイコンに青い「A」の文字があったり、「種類」が「TrueTypeフォントファイル」になっていたりするファイルを探す。この場合は、「ShigotoMemogaki-Regular-1-01.ttf」）を右クリック（❶）→「インストール」（❷）を選択する。これで、新しいフォントを使う準備は完了だ。

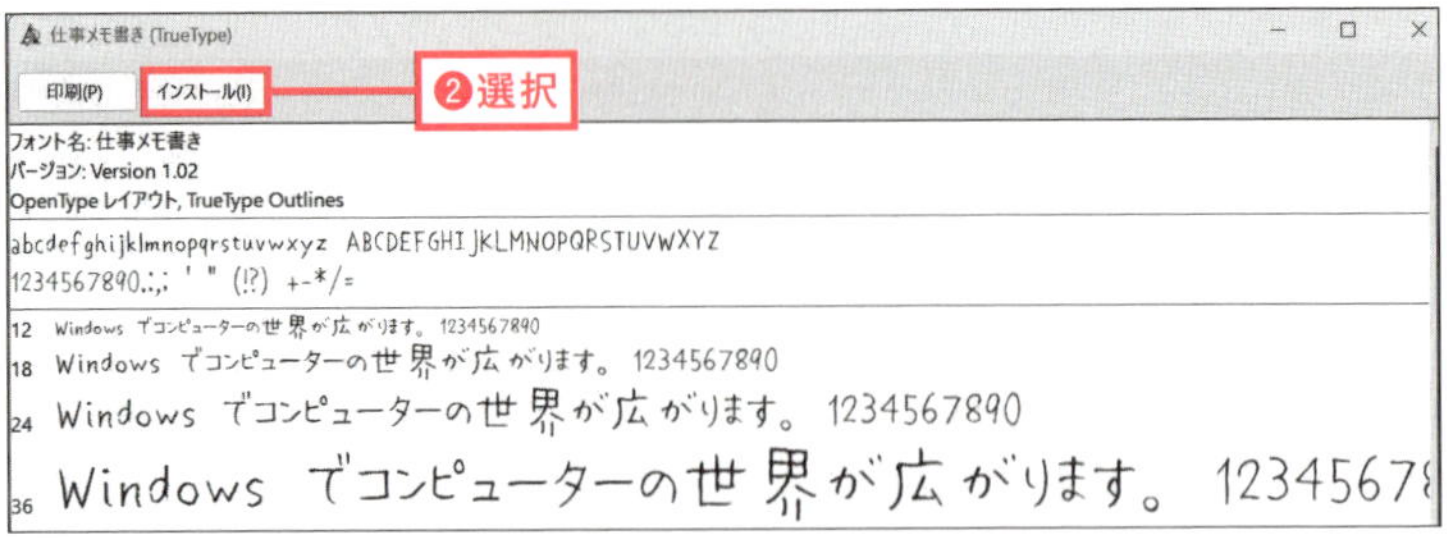

7 インストールしたフォントは既存のフォントと同様に使うことができる。ここでは、既に別のフォントで作った文書をこの新しいフォントに置き換えてみよう。ワードでマニュアルのファイルを開き、「Ctrl」を押しながら「A」を押す。

8 「ホーム」タブから「▼」をクリック（❶）し、「仕事メモ書き」を選択（❷）するとフォントが変換される。

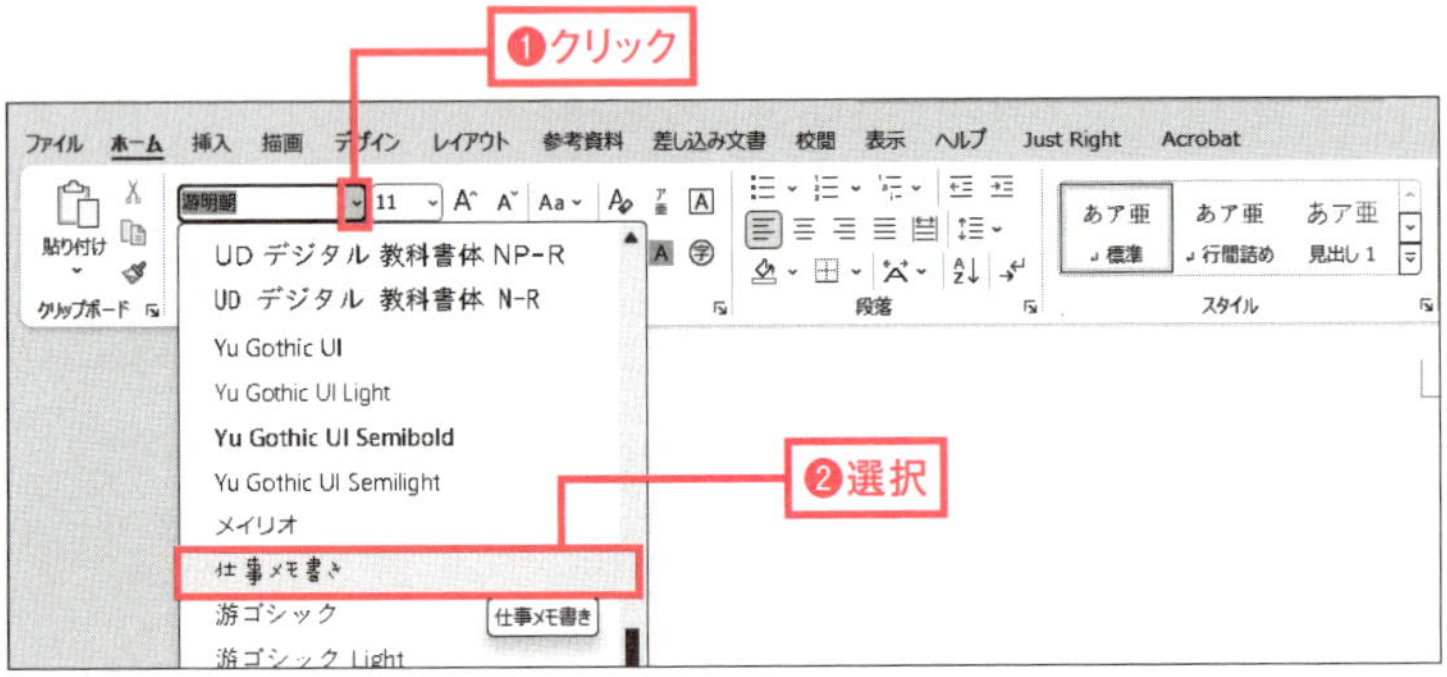

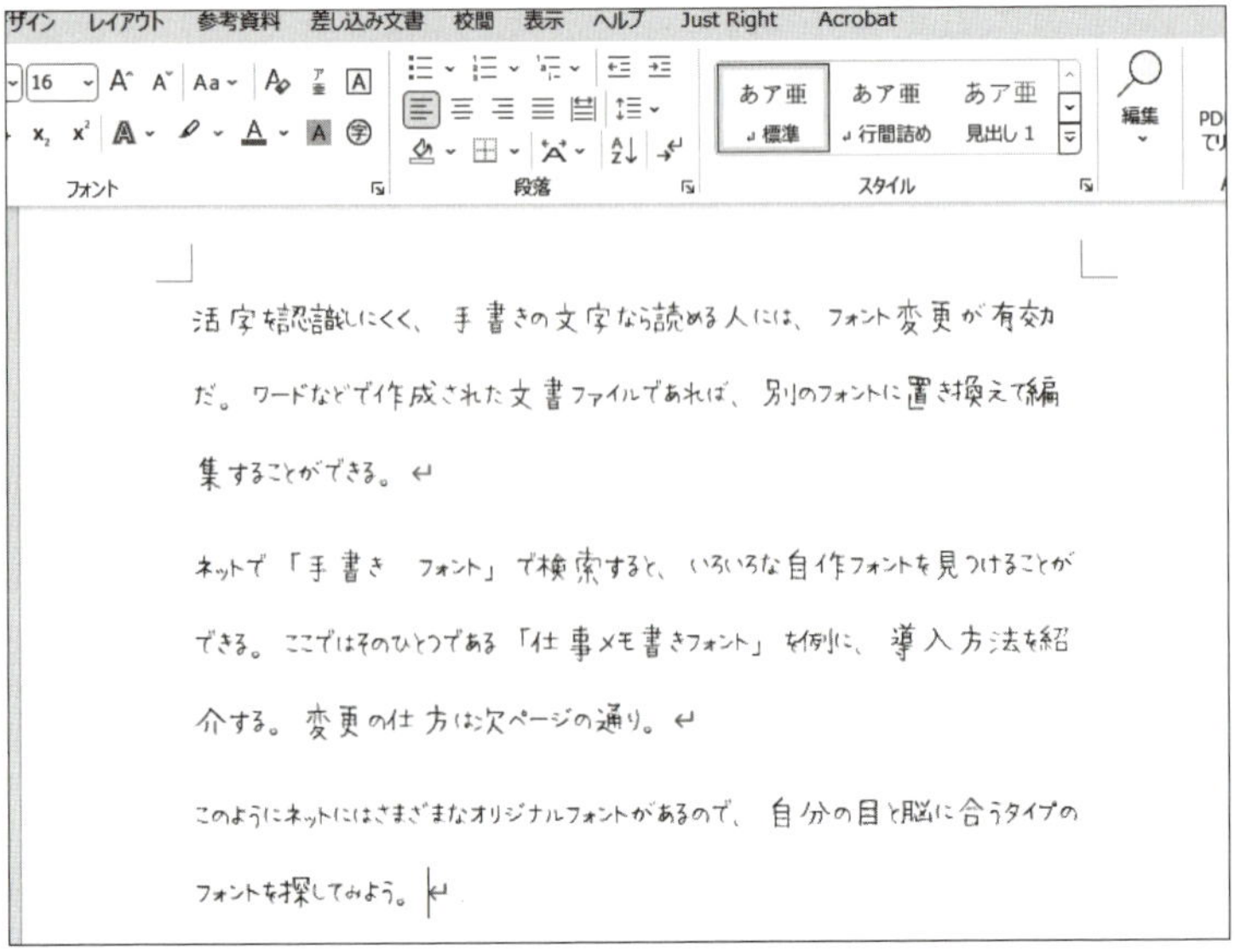

音声にしないと頭に入ってこない場合の対策

音の情報のほうが入りやすい人はもちろん、ADHDで別の箇所やページに気を取られてしまったり、本がうまく黙読できなかったりする人には、音声化が有効な場合がある。

音読しても大丈夫な職場なら、音読をさせてもらおう。上司に相談して、休憩室など一人になれる部屋を使わせてもらっても良い。

マニュアルを持ち帰れるようなら、自宅で音読して覚えるようにしても良い。このとき録音をしておけば、あとで自分用の音声マニュアルとしても利用できる。

スマホのアプリには、文字データを読み上げてくれる機能を持つものがある。マニュアルがワードなどのデータであるなら、これらのアプリを使ってみよう。アプリが読み上げた音声をイヤホンで聴くようにすれば、周囲に迷惑をかけてしまうこともない。スマホのアプリに文字データを読み上げてもらう手順は次ページの通り。

読み上げソフトには、いろいろな種類がある。「読み上げ」で検索してみて、自分に合ったアプリを探してみよう。音声をファイルとして保存できるアプリもあるので、これを使えばあとで必要なときに聞き直すこともできる。

アイフォーンの場合は、もともと読み上げ機能がある。設定↓アクセシビリティ↓読み上げコンテンツで、「選択項目の読み上げ」「画面の読み上げ」をONにしておく。あとはテキストを選択してメニューから「読み上げ」を選ぶか、読んでほしい部分を画面に出して画面上部から二本指でスワイプすることで読み上げが始まる。

アンドロイドの場合と同じように、マニュアルをテキストデータでアイフォーンに送ってから読み上げさせると良いだろう。また**「VoicePaper」**という読み上げアプリには、Evernoteやドロップボックスとの連係機能もある。

紙のマニュアルしかない場合は、まずこれをテキストデータに変える必要がある。必要になるのは、OCR（文字認識）機能の付いたスキャンアプリだ。

「テキストスキャナー」というアプリは、立ち上げるとカメラの画面になる。これで読ませたい文書全体を、なるべく斜めにならないように撮影する。画面の向きは、縦・横どちらでも対応している。

うまく読み込めれば、画像内の文字をテキストデータに変換してくれる。あとはこれをコピーして、「T2S」などの読み上げソフトにかければ良い。

ただ、こうしたスキャンアプリのOCR機能は、まだ発展途上だ。精度は年々上がっているもの

スマホのアプリに文字データを読み上げてもらう手順

1 まずワードのファイルをテキストデータに変える必要がある。やり方は、タブの「ファイル」から、「名前を付けて保存」を選び、「ファイルの種類」から「書式なし(*.txt)」を選択して「保存」をクリックする。

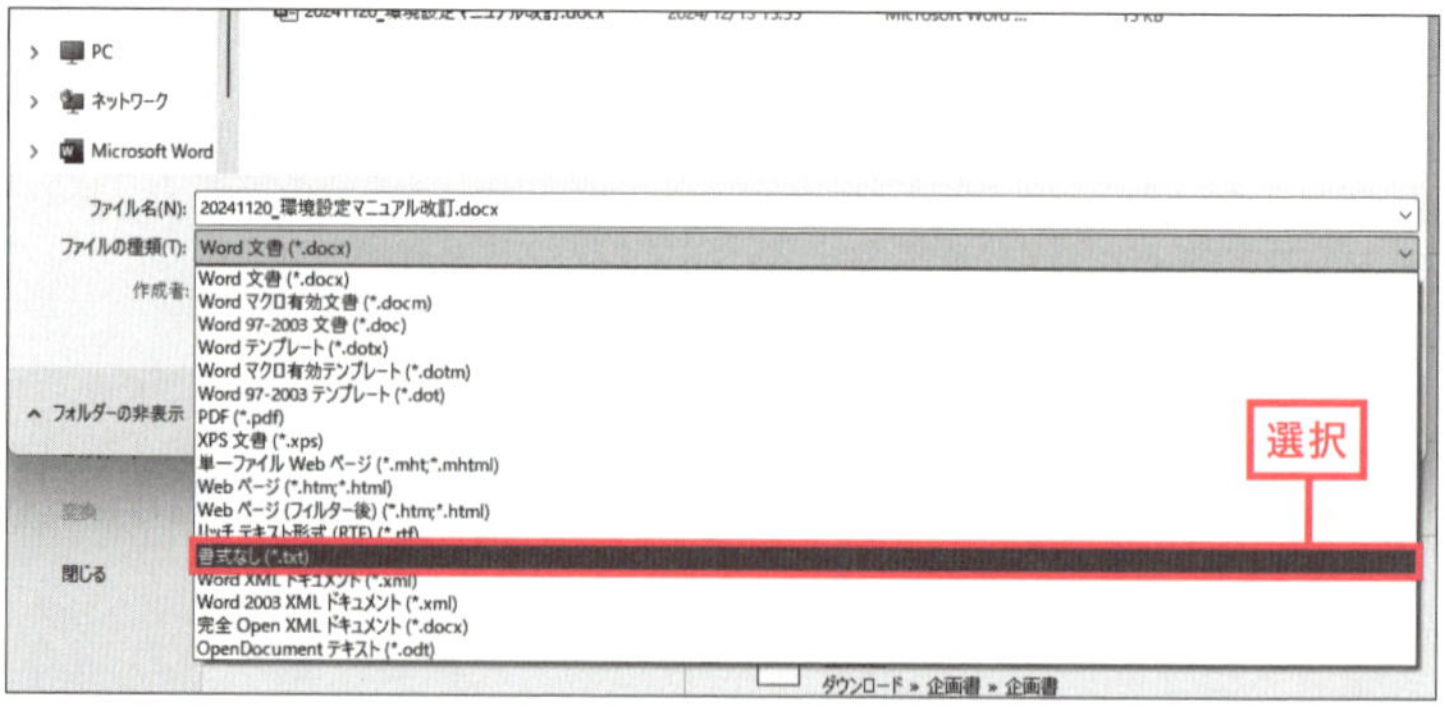

memo
画像や特殊な文字などは消えてしまうが、読み上げをさせる分には問題ない。

2 保存されたファイルを、メールやグーグルドライブなどを使ってスマホに送る。

3 読み上げアプリをインストールする。ここでは、「T2S:テキスト読み上げ」というアプリを用いている。

4 先ほどスマホに送ったテキストを開く。

5 テキストから、読み上げてほしい部分をコピーする（❶）。文章をすべて読んでほしい場合には、長押ししてコピーのメニューから「□」マーク→「すべて選択」（❷）をしてからコピーすれば良い。

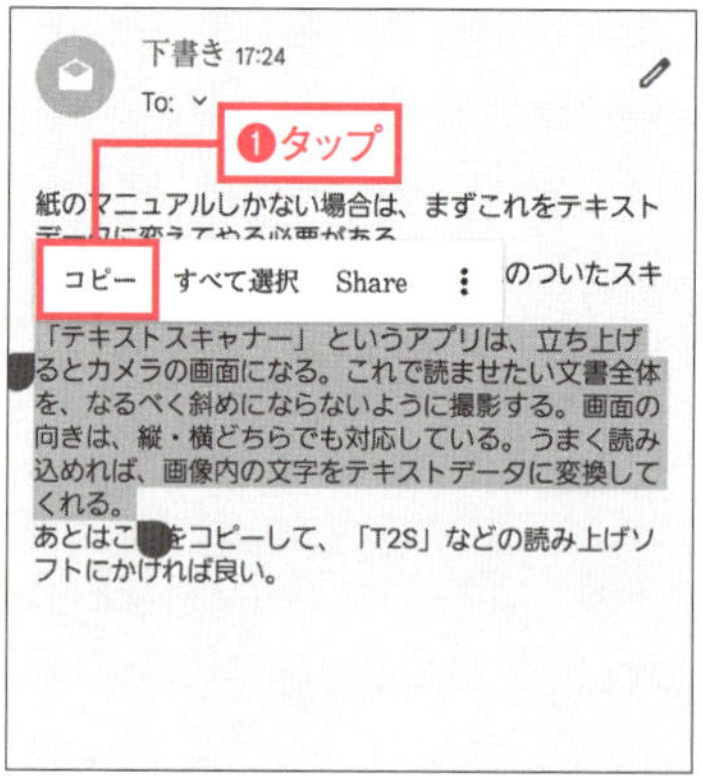

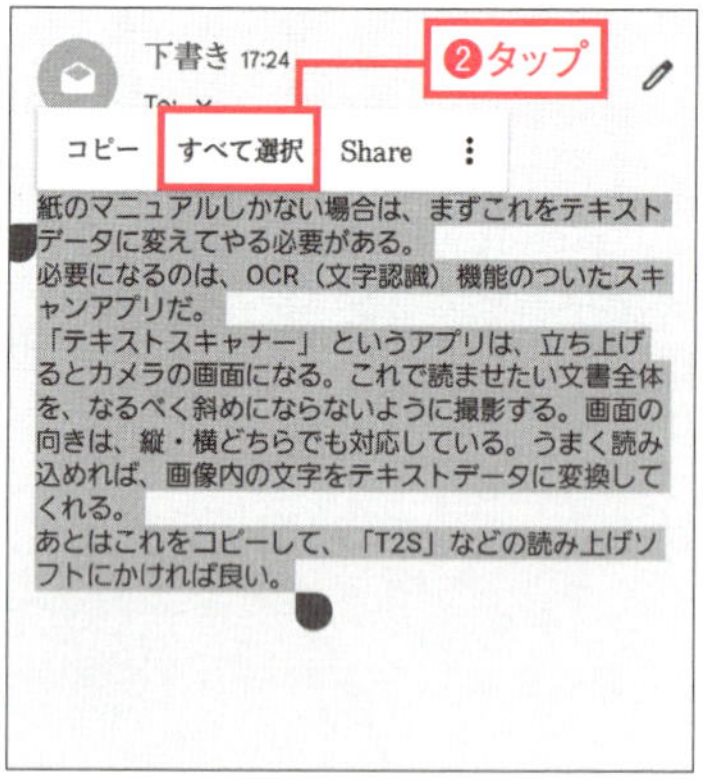

6 「T2S」を開き、中央の空白部分に先ほどコピーしたテキストを貼り付ける。あとは再生ボタンをタップすれば、音声の読み上げを行ってくれる。

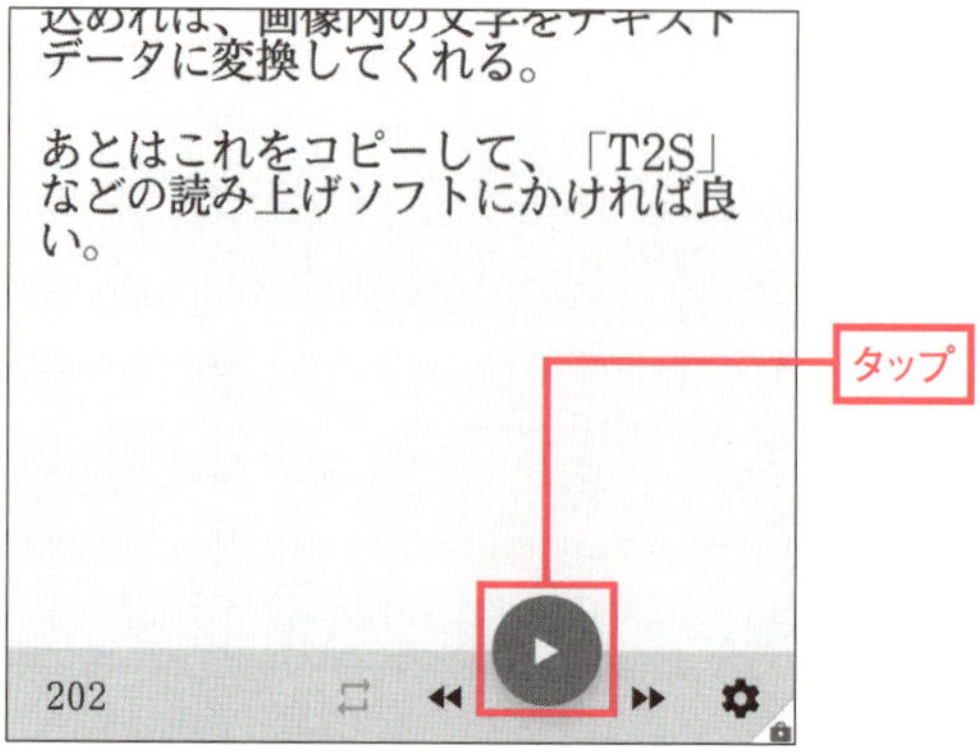

memo
右下の歯車のマークから、読み上げの速度や男声・女声などの設定も行える。自分で聞きやすい設定にしておくと良い。

の、どうしても誤読は出てしまう。手書きの文字になると、どんなにきれいな文字であっても正確に読み込むのは難しい。文書のマニュアルも手元に置いて、文字を追いながら音声を聞くような使い方をするのが良いだろう。明らかにおかしい読み方が出たら、その部分だけ確認する。

　アプリによっても精度の差はあるので、こちらも「ＯＣＲ」で検索していろいろ試し、自分に合ったものを探してみよう。

　同様の機能を備えた無料アプリとして**「CamScanner」**がある。

また有料かつアイフォーン専用だが**「Voice4u TTS」**というアプリがある。これは、もともと障害サポート用に開発されたアプリだ。「Voice4u TTS」ではスキャン・ＯＣＲ・読み上げの機能が統合されており、１つのアプリで撮影から読み上げまでこなすことができる。

マニュアルが順番に読めなかったり、集中力が続かなかったりする場合の対策

順番にマニュアルを読んでいるつもりだったのに、いつの間にか別の場所を読んでしまっている。あるいはページにぎっしりと詰まった説明に、集中力が続かなくなってしまう。１ページの情報量が多すぎると、こうしたことが起きやすい。特に昨今では、紙のコストを気にして１ページになるべく情報を詰め込もうとする傾向がある。

　たとえば左下の画像のようなマニュアルだと、情報量もさることながら「どういう順番で読んだらいいかわからない」だろう。

対策としては、紙を贅沢に使ってでも**自分にとって見やすいマニュアルに改造する**ことだ。やり方は、次ページのように単純だ。

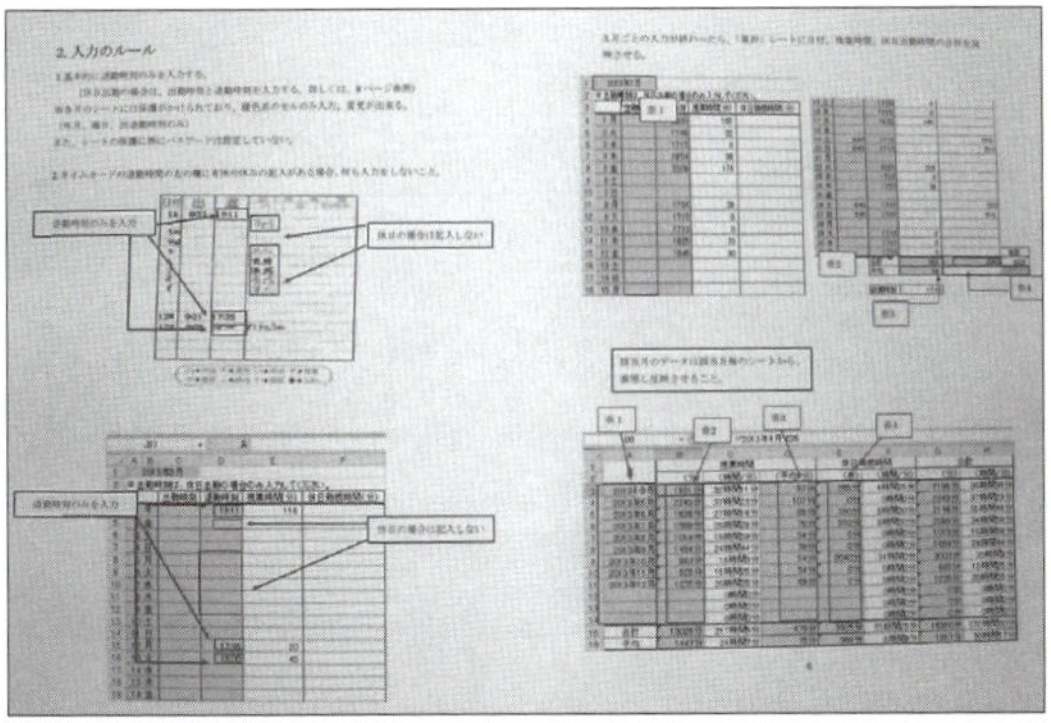

1ページの情報量が多すぎて、どの順番で読めば良いかがわからない。

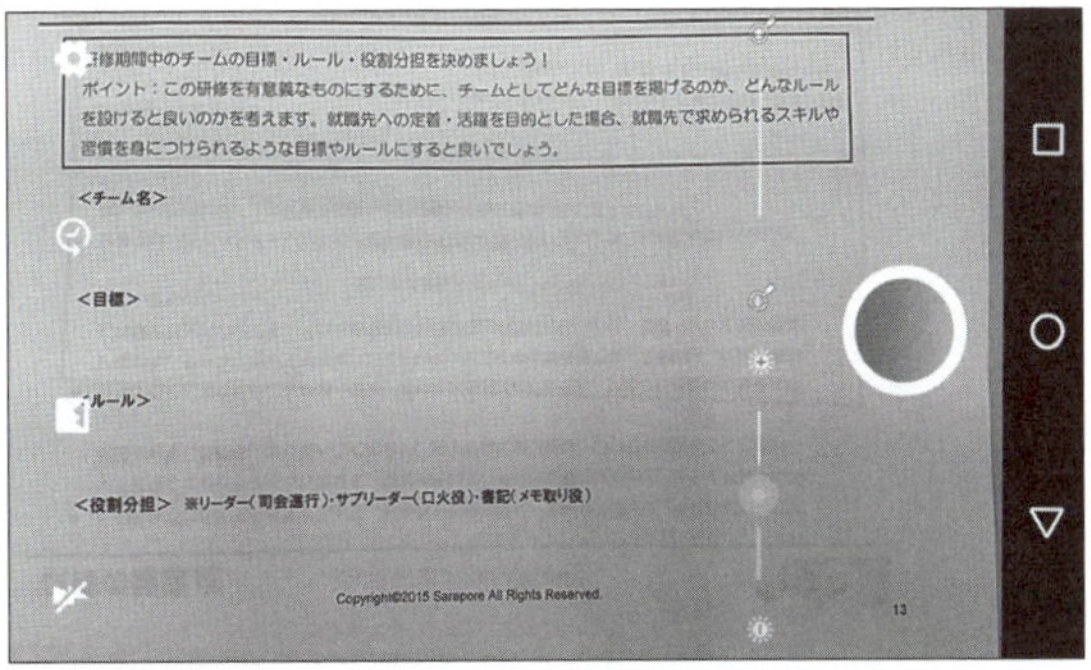

「テキストスキャナー」で文書を撮影すると、画像内の文字をテキストデータに変換してくれる。

自分用マニュアルの作り方

1 まず自分用にマニュアルを一部コピーする。このとき両面印刷になっているマニュアルなら、全部片面コピーにしておく。両面で5枚（10ページ）のマニュアルなら、片面に直して10枚になる計算だ。

2 コピーができたら、これを手順ごとにハサミで切り離す。

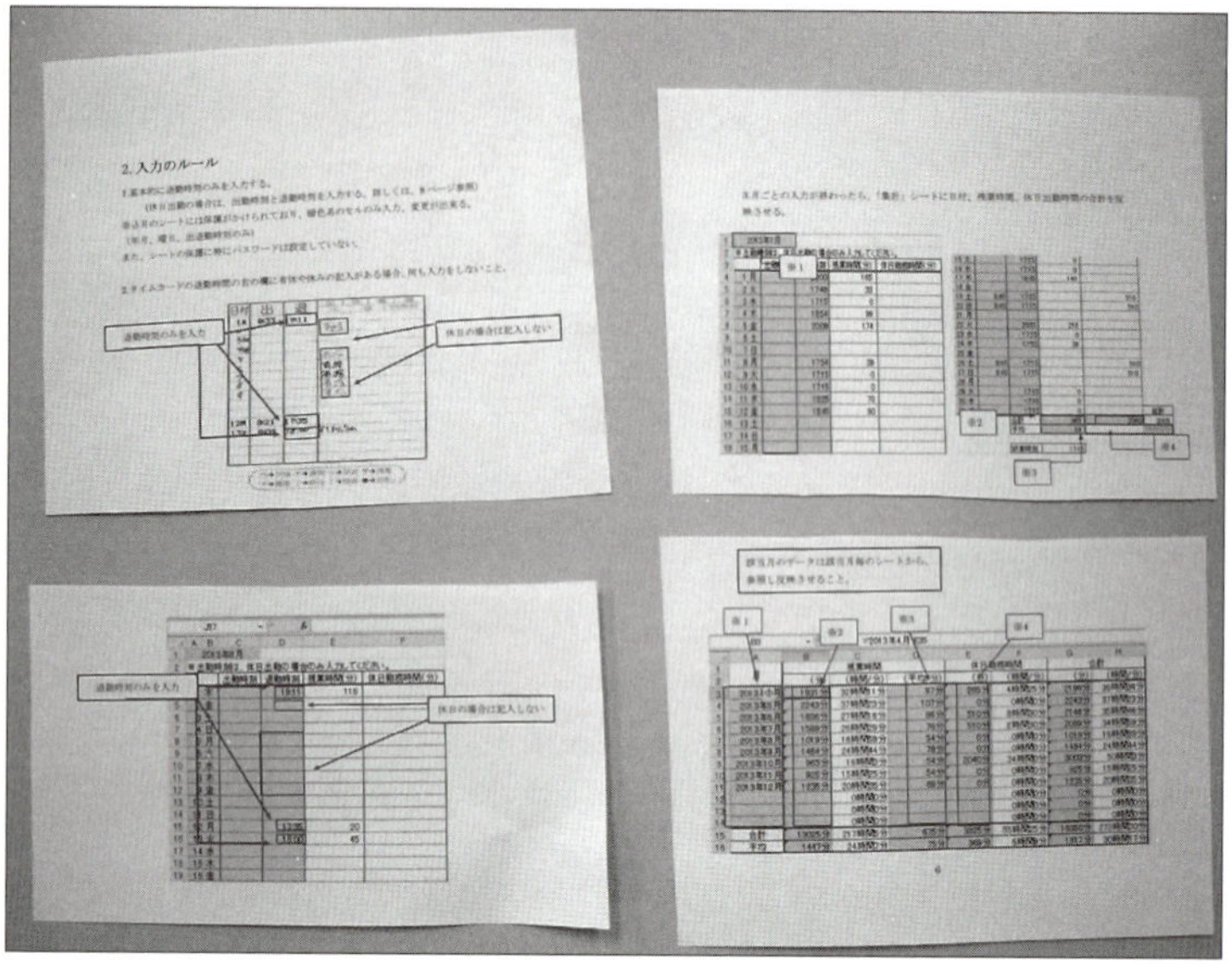

3 あとはそのまま左隅をステープラで止めてしまっても良いし、別の用紙に1枚ずつ貼り付けても良い。1ページごとの情報量を少なくすることで別の箇所に視線が散ってしまったり、集中力を奪われてしまったりするのを防ぐことができる。編集するときに、順番を間違えないようにしよう。

> **memo**
> ワードのデータがあってパソコンを使える環境であれば、データをコピーさせてもらって自分用に編集し直しても良い。

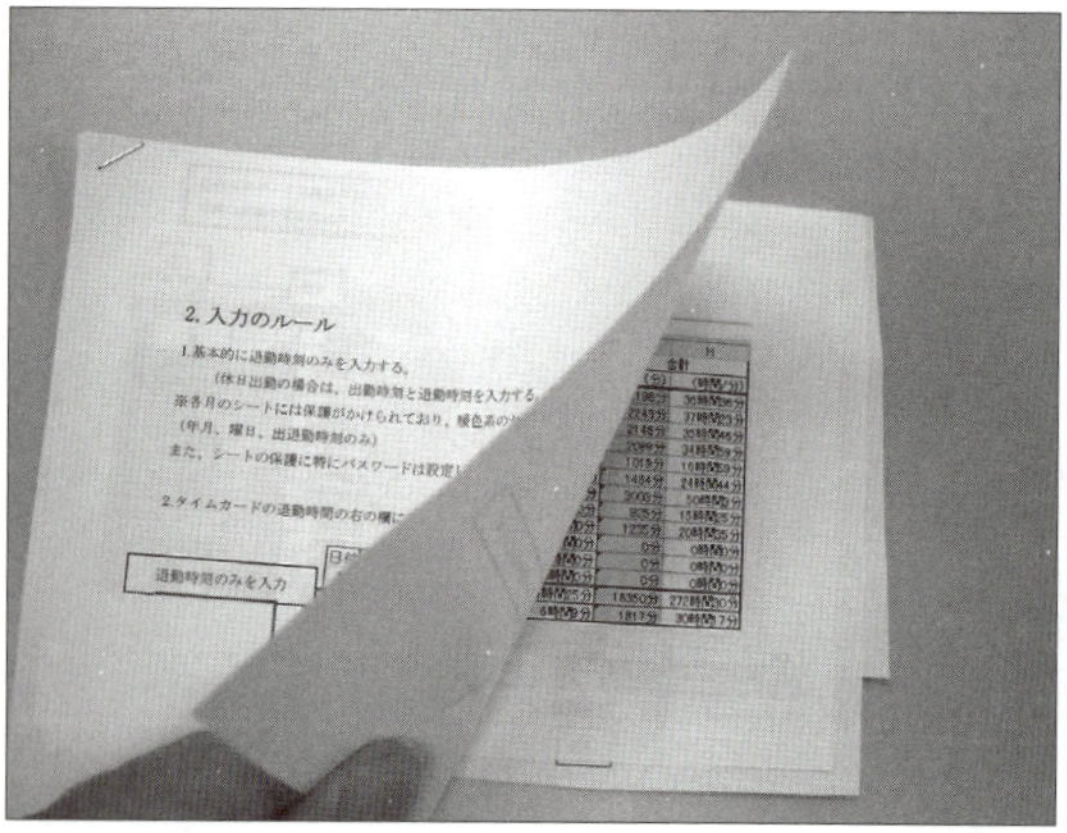

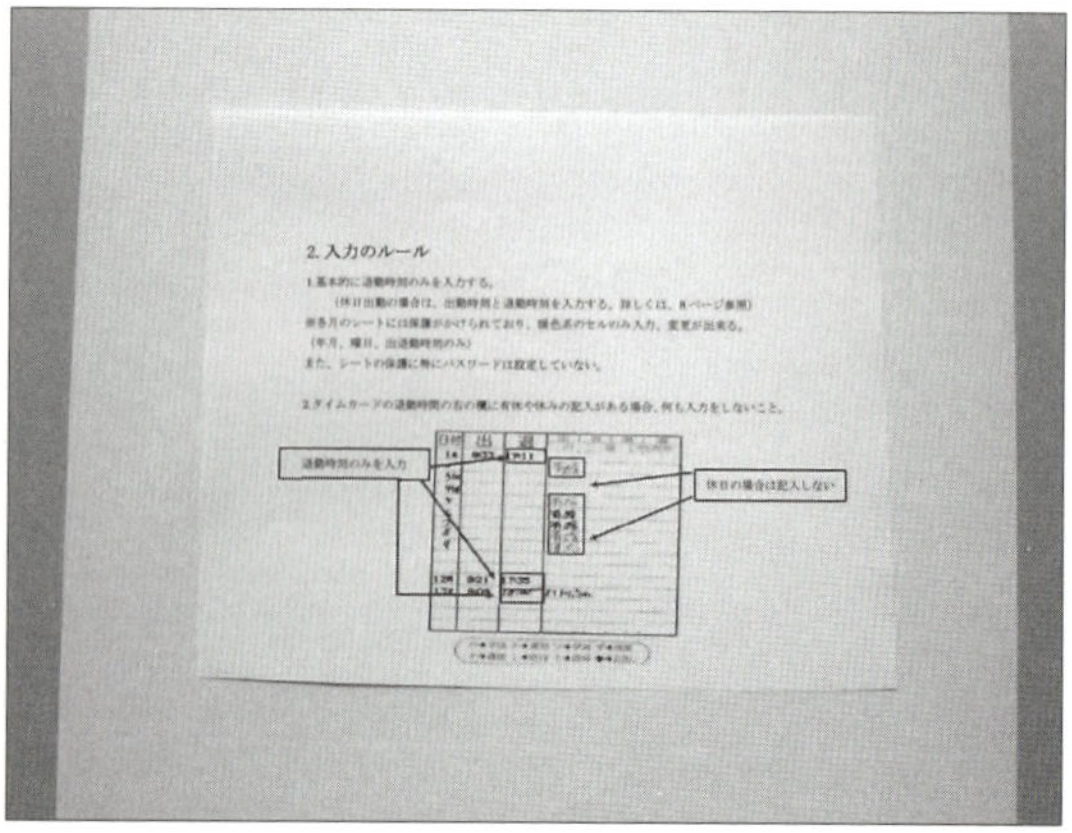

第8章

コミュニケーションのビジネスマナーがわからない

社会人としてのマナー

他社の人とのあいさつや名刺交換といったビジネスマナーは、自分だけでなく会社の利益やイメージと直接つながる。あらかじめ流れを知っておけば、練習もできるし先輩から学ぶときのポイントもつかみやすくなる。

あいさつをしたいが、タイミングやルールがわからない

対策

- あいさつ選びのパターンを覚える
- 同僚以外の人に使うあいさつの違いを覚える

事例　あいさつの種類が多すぎてどれを選べば良いのかわからない

あいさつはしなければいけないといつも思っているけれど、どのタイミングですればいいのか、どんなあいさつをすればいいのか、いつも迷ってしまう。

昔、勇気を出して同僚に「こんにちは」とあいさつして怪訝《けげん》な顔をされたのがトラウマになり、ますます言葉が出てこない。

原因　日本語のあいさつの複雑なルール

ASDにはコミュニケーションの苦手や、**経験から無意識に学んでいく内容に偏りがある**といった特徴がある。

苦手なことから生じる経験不足に加えて、学習内容の偏りもあいまって、**暗黙の了解や明文化されないルールを知る機会が非常に少ない**。

その上、日本語のあいさつや敬語には、この暗黙の了解やルールが多い。体系化して教えてもらえる機会がないと、ルールの内容どころか存在も知らないまま社会に出て、失敗体験につながってしまう。

一方でADHDの場合は、その衝動性から**マナーやルール通りに行動できない**場合がある。あいさつもなくいきなり本題に入ってしまうなど手順を踏まないまま行動してしまい、それが修正されないままでいると自分の手順として固定されてしまう。

解決法　あいさつ選びのパターンを覚えよう

基本的に同僚とだけ接する職場なら、パターンで対応できる

最終的にはあいさつのルールを覚えていったほうが良いのは確かだが、**基本的なやりとりを覚えておけば、取りあえずの対応はできる。**

ここでは、同じ職場の同僚や上司へのあいさつの仕方を覚えておこう（次ページ参照）。同僚といってもこの場合、派遣・常駐・フリーなど社外の所属であっても一緒に仕事をしている人はすべて含まれるものとする。

同僚以外とも接する仕事なら、使うあいさつの違いを覚える

日本のあいさつや敬語には、**「身内のルール」**がある。あいさつなら、身内とそれ以外とで使うあいさつが異なってくる。

これを職場で適用すると、同僚や上司といった社内向けのあいさつと、来客や他社など社外の人向

使う相手別あいさつの種類

	あいさつの種類	同僚・上司	社外の人
A（両方）	おはようございます	○	○
	よろしくお願いします	○	○
	失礼します	○	○
B（社内）	ただいま戻りました	○	×
	お帰りなさい	○	×
	お疲れ様です	○	×
C（社外）	お世話になっております	×	○
	こんにちは	×	○
	こんばんは	×	○

同僚や上司へのあいさつの仕方

出社したら

出社したら元気にあいさつする

頻繁に顔を合わせる同僚

同じ部屋などで頻繁に顔を合わせる同僚であれば、2回目以降は会釈で良い

帰るとき

帰りは「お先に失礼します」。全体に向けて言ったあとでも、個別に同僚とすれ違う場合にはその都度「お先に失礼します」とあいさつする

午前中

出社して午前中は、1回目に会う人へのあいさつは「おはようございます」。入室の際のあいさつとは別に、顔を合わせたら一人一人に言う。午後シフトや夜勤などで出社したばかりの人でも、「おはようございます」と言う

頻繁に会わない相手

そう頻繁に会わない相手であれば、2回目は「お疲れ様です」。3回目以降は会釈だけで良い

帰る人に

帰る人には「お疲れ様でした」とあいさつする

けのあいさつの違いになる。

よく使われるあいさつを、使う相手別に分類した表を239ページに挙げておく。

表でAに分類したものは社内・社外に関係なく使うあいさつ、Bは社内向けのあいさつ、Cは社外向けのあいさつと考えることができる。それぞれ、相手別に使っても良い（○）か、基本的に使わない（×）かも記しておいた。

また、ここでも派遣や常駐・フリーといった、社外の所属でも一緒に仕事をしている人は「同僚」に含めて考えることとする。

これ以外のあいさつについても、A・B・Cいずれに入るのか分類する癖を付けておけば、使い間違いも減るだろう。

社外の人向けのあいさつを使うタイミング

お世話になっております	・はじめてお会いして、名刺交換をするとき ・受付で到着を告げるとき（受付電話も含む） ・メールや電話で連絡を取るとき
おはようございます こんにちは こんばんは	一度以上会ったことのある相手と、顔を合わせてその日最初のあいさつをするとき。「よろしくお願いいたします」などと組み合わせる場合が多い 例「おはようございます。今日はよろしくお願いいたします」
ご無沙汰しております	・一度以上あったことがあるが、前回顔を合わせてから3カ月以上経っている相手と最初のあいさつをするとき ・3カ月以上連絡を取っていない相手に、メールや電話をするとき
ありがとうございました	・商談が終わったとき ・先方から電話で連絡をいただいて、話を終えるとき
失礼いたします	・別れるとき ・電話を切る前

他社を訪問するときの決まりがわからない

対策

○事前の準備・確認事項をしっかりしておく

事例　訪問者の所属部署がわからず遅刻する羽目に

今日はお得意先の企業への訪問。これまでは先輩のあとをついていくだけだったが、今回ははじめての一人での訪問だ。

目的地である社名ロゴの入ったドアを開くと、受付に人の姿はなく電話が1台あるだけ。電話の横には、営業部、総務部などの部署名と3桁の番号が並んだ表が貼られている。多分、この電話で呼び出しをするということなんだろう。

受話器を取り上げて、そこで動きが止まる。はて、○○さんの所属はどこだろう？

慌てて外に出て、自社の先輩に電話。

「すみません、○○さんってどこの部署の人でしたっけ？」

「ええ？　この前名刺いただいただろ。営業部の営業2課だよ！」

「あ、すみません。名刺を置いてきちゃって……」

「ていうか、もう約束の時間だろ。相手を待たせちゃってるよ、早く！」

慌てて戻って受付を済ませるも、約束の時刻から10分の遅刻。相手はにこやかに対応してくれたが、「心配してしまいました」と言われてしまった。

原因　経験だけではルールやマナーが学びにくい

現在では、仕事のマナーや基本的な流れなどは新人研修で教える会社も多くなっている。一方で、まだこうした教育に力を入れる余裕のない企業も多い。さらに中途採用になると、こうしたマナーや流れも「知っていて当然」という扱いで、まったく教えてもらえない場合もある。新卒での就職を逃して、中途採用でようやく仕事に就いたものの、マナーも仕事もわからないまま失敗を繰り返してしまう……ということもあり得る話なのだ。

特にＡＳＤがあると、**他者の仕事の流れやマナーを盗み見て学ぶことが苦手**である。会社が先輩の下に就けて何らかの仕事をやらせるときには、先輩の仕事を見たり指示を受けたりして仕事の流れをつかんでもらいたい、という意味合いが強い。これは、他社訪問で先輩のお供をする場合も同じだ。議事録係などといった役割はあっても、メインの目的は勉強だ。

しかしＡＳＤを持つ人の場合、**自分の興味が向くもの以外には無頓着になりがち**だ。せっかく先輩に同行して勉強の機会を得ていても、流れやマナーなどに意識が向かなければ何も学べないまま終わってしまう。結果、一人で訪問するときになって流れがわからないことに気付く。あるいはルールやマナーの存在自体知らなかったり、知っていても重要とは思わずに無視してしまい、失礼を働いてしまうのだ。

意識してルールやマナーを学ぼうとしていても、実地ではポイントを補足してもらったり、細かい誤りを修正したりはしてもらえな

Column

それでも解決できない人に

自分の工夫や努力によって環境に対応できるかどうかは、障害の重さも関わってはくるが、それ以上に自分の傾向と環境とがどれだけすれ違いを起こしてしまっているかに関係している。努力や工夫で解決できない場合には、環境を変えたり支援に頼ったりする考えも必要だ。

発達障害は、努力不足や精神力の弱さが原因の障害ではない。ただ周りからは見えにくい障害である上に、結果として表れる失敗や課題の１つひとつは「誰にでもあること」だったり、「性格の問題」とも見られたりすることであるために、極めて理解を得られにくい。

しかし、発達障害が原因で社会での生きにくさを感じているなら、決して一人で抱え続ける必要はない。自分の工夫や努力だけでは限界を感じたら、今はサポートやアドバイスを求められる場所がいくつかある。

発達障害をサポートする体制はまだ万全とはいかないが、その存在が知られるようになってから徐々に整備がされるようになってきた。必要があれば、それらを有効に活用していきたい。

公的なサービスを使うことに躊躇《ちゅうちょ》してしまう人もいるが、正しく使われるのであれば何も遠慮することはない。あなたの困りごとが解決して、困る人などいないのだから。

い。何がポイントなのかがわからないまま「わかったつもり」になってしまい、知識不足や誤解を抱えたままということもある。

ADHDの場合は時間処理の問題から、**遅刻が多くなること**が一番問題視される。また**不注意による忘れ物**や、**事前の情報確認の抜け漏れ**もありがちだ。段取りを付けることへの苦手から、うまく準備やアポ取りができないことも失敗の原因となりやすい。

解決法 出掛ける前の準備が重要

他社を訪問する際には、事前の準備が重要だ。持参する書類や商品はもちろんだが、訪問先の住所や交通ルート、訪問相手の情報なども事前にまとめておきたい。

訪問の際のマナーや約束事については、とにかく覚えるしかない。ここでは、最低限知っておくべき約束事・マナーについて説明しよう。

また、訪問時に事前に準備・確認しておくべき事項についても紹介しておく。

事前の準備・確認事項

外出する前には、必ず次のことを確認しておこう。

●日時

訪問の日時に間違いがないか、もう一度確認する。

●相手先に持っていく資料やデータがそろっているか

慌てて印刷してページがそろっていなかったり、パソコンを持っていったのにデータを入れ忘れていたりといった基本的なミスを防ぐため、必ず確認を行おう。紙の資料は、種類別に封筒やクリアファイルで分けておくと良い。

●名刺、メモ帳、ペンなどがそろっているか

名刺入れだけでなく、中にきちんと名刺が入っているかどうかもチェックする。

ボールペンは、その場になってインクが出なかったりすると焦ってしまう。試し書きをしておくとともに、予備も持っておくと良い。

インクを詰まらせて肝心なときに書けないことがよくある人は、筆圧が強いのかもしれない。そういう人には、水性やゲルインクのボールペンをおすすめする。

外出時には、ペンは常に1本、胸ポケットに挿しておく。2本以上挿しておくのは、身だしなみとしては良くない。予備のペンは内ポケットに挿しておくか、かばんの中に常備しておこう。

外出前の確認事項

日時

資料やデータが
そろっているか

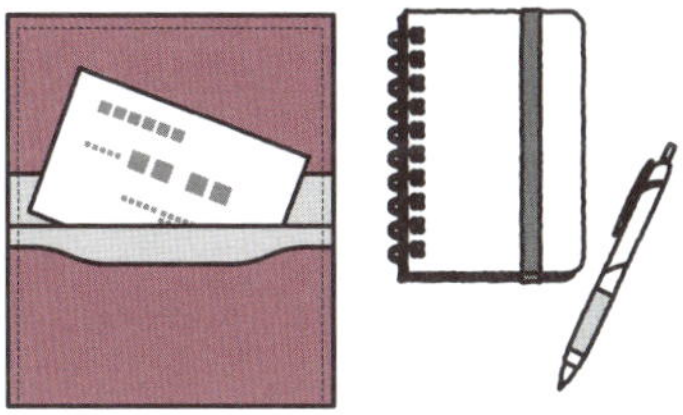

名刺、メモ帳、ペン

身だしなみ

住所と交通手段

移動時間

訪問する担当者の情報

●身だしなみをチェックする

出発前に、もう一度身だしなみをチェックしておく。180〜183ページの「身だしなみのチェックポイント」を参照してほしい。

●訪問先の住所、交通手段

スマホや携帯に頼っても良いが、肝心な場面で通信が重い、バッテリーが切れたといった事態も考えられる。地図と交通手段をプリントアウトして持っておくのが一番確実だ。

また訪問先についても本社なのか、支社や別の事業所なのかを間違いのないように確認しておく。

●訪問する担当者の情報

訪問時には会社名だけでなく、会いに行く担当者の名前、部署名、電話番号も調べて控えておこう。担当者の部署名と名前は、受付で呼び出ししてもらうときに必要な情報となる。電話番号を確認しておくのは、電車が遅れたときなど不測の事態で遅刻したり、行けなくなったりしたときに連絡を取るためだ。既に名刺交換を行っている相手であれば、その名刺を名刺入れに入れておくと手っ取り早い。

●徒歩の時間も含めて移動時間を調べておき、出発時刻を逆算する

グーグルマップを使うと、徒歩の時間も含めてだいたいの移動時間を割り出すことができる。これにプラス20〜30分くらいの余裕を見て、出発時刻を出しておこう。

たとえばグーグルマップで調べて30分かかると出たら、プラス20分で待ち合わせ時間の50分前には出発したい。

グーグルマップの基本的な使い方は、次ページの通りだ。

電車の本数が少ない地域の場合には、もう少し細かく調べておこう。まずグーグルマップで、目的地の最寄り駅から目的地までの徒歩による時間を調べる。駅から目的地まで15分かかるとしたら、プラス20分程度の余裕を見て到着時間を決める。9時30分の約束とすれば、15分プラス20分で8時55分に最寄り駅に到着するように、乗換案内で検索する。

スマホや携帯があると「現地で調べればいいや」という考えも浮かびがちだが、外出先では意外なトラブルも起こり得る。あらかじめ調べられることをまとめておけば移動時間は気持ちの切替えに使えるし、トラブルにも余裕を持って対処ができるだろう。

外出時には、**事前に必要な情報を1枚にまとめ、これをポケットに入れて持っておく**と良い。訪問先の地図や交通経路をプリントアウトしたものに、手書きで必要な情報を書き込んでおくのが一番手軽だ。

グーグルマップの基本的な使い方

1 グーグルマップ（https://www.google.co.jp/maps）から、図のマークをクリックする。

2 図の場所に出発地（❶）と目的地（❷）を入力する。例では場所の名前を入れているが、住所でも可能だ。例のようにいくつか候補地が出る場合には、その中から目的の場所を選択する（❸）。

3 目的地までのルートの候補が表示される。

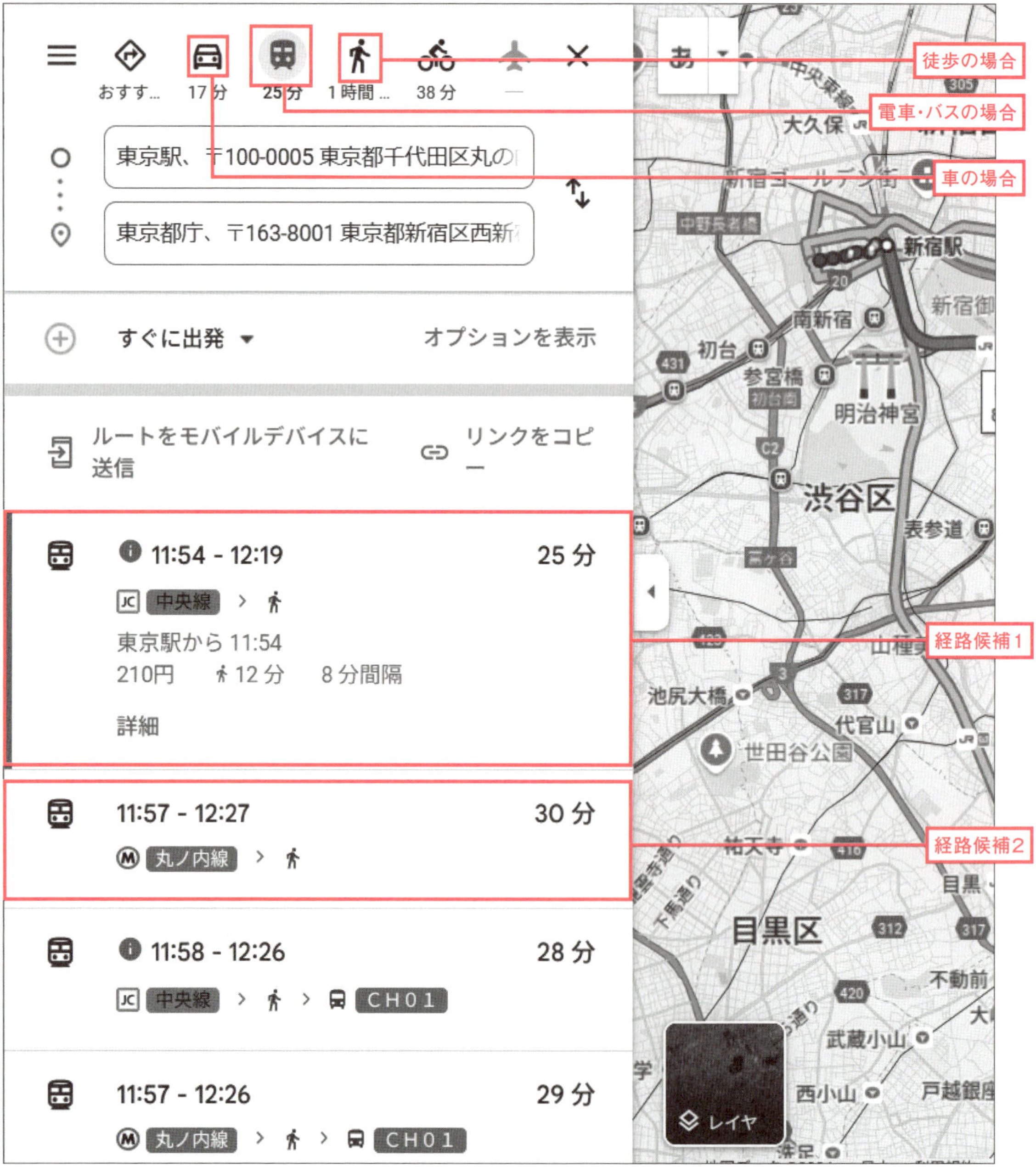

次ページに、外出チェックシートの記載例を挙げておいた。フォーマットはホームページからもダウンロードできるので（645ページ参照）、活用してほしい。

訪問前のマナー・約束事

訪問先が相手の会社や店舗である場合には、受付の前に次のチェックを行う。

●コートなどは玄関前で脱ぎ、内側が表に出るように畳んで片手にかけておく

内側を表にするのは、外のホコリを室内に巻き散らかさないという意味である。実際の効果よりも、そうした気持ちを表現するためのマナーといえる。

●かばんは手持ちできるタイプなら手持ちする

男性の場合は、まず手持ちできるビジネスバッグを選ぶ。2ウェイや3ウェイのバッグで日常は肩にかけたり、背負ったりしても良いが、他社へ訪問する際には手に持つようにしよう。肩かけ用のベルトも、外せるタイプであれば外しておく。トートタイプのバッグでも、男性の場合は手持ちする。

女性で、肩かけのみのバッグの場合はかけたままで構わないが、たすきがけ（斜めがけ）は避けるようにし、右肩か左肩にかけておこう。トートタイプであれば、腕にかけておく。

●雨具は、折り畳み傘にしておくと扱いに困らない

雨具は、折り畳み傘をいつもビニール袋に入れてかばんの中にしまっておけば、使ったあとも袋に入れてかばんにしまっておける。水が漏れないタイプの傘カバーも商品として出ており、日常これに折り畳み傘を入れて携帯しておけば便利だ。「傘カバー」で検索してみてほしい。

長い傘を使った場合は、素直に訪問先の方に傘の置き場を尋ねるほうが良い。傘入れのビニール袋や、水を払うような設備があれば必ず使うようにしよう。ずぶぬれのままの傘を持ち込んで、会議室の床をぬらしてしまうようなことはないようにしたい。

●携帯はマナーモードにしておく

会話中に着信が入るといけないので、携帯・スマホは必ずマナーモードにしておく。

●最後に簡単に身だしなみをチェック

ジャケットのホコリやフケ、ワイシャツのはみ出しなどをもう一度チェックする。また靴に泥汚れなどがないかをチェックし、もしあればティッシュで拭っておく。

外出チェックシートの記載例

約束の日時：　３　月　７　日（ 水 ）10　時　00　分（10分前到着！）

目的地

社名：――

住所：東京都新宿区西新宿　（最寄り駅：都庁前駅）

建物名：東京都庁　（ ２ 階）

> 地図は図のように切り貼りしても良いが、別に印刷してステープラでとめておくほうが簡単

地図・経路

■新百合ヶ丘　5・6番線発
｜ 小田急線準急(新宿行)
｜ 08:40-09:15
｜ 308円
◇新宿　7番線発［9分待ち］
｜ 都営大江戸線都庁前経由(光が丘行)
｜ 09:24-09:26
｜ 174円
■都庁前　4番線着

> 乗換案内を調べて、交通経路を調べておく。「ジョルダン」は検索結果をテキスト化できるので、貼り付けるのに便利

相手の情報

社名：株式会社○△×　　部署：技術開発部

お名前：犬山さん　　電話：

持ち物：

- ☑ 見積書
- ☐
- ☐
- ☑ 名刺
- ☑ メモ帳
- ☑ 筆記用具
- ☑ スケジュール帳
- ☑ 携帯電話

チェック項目：

- ☑ 髪の乱れはないか
- ☑ ひげ、鼻毛は伸びていないか
- ☑ ジャケットにフケなどが付いていないか
- ☑ 靴は汚れていないか
- ☑ 爪は伸びていないか
- ☑ 同僚に出掛けることを伝えているか

出発予定時刻：

※出発地から最寄り駅まで約　15　分、到着駅から目的地まで　3　分＋余裕20分

8　時　15　分出発予定

受付から入室・着席までの手順

アポイントを取って他社を訪問する場合、まず受付で担当者の方を呼び出してもらうことになる。受付は会社によって人がいたり、電話機が置かれているだけだったりするが、どちらの場合も基本は同じだ。受付から着席までは、次のような手順になる。

①会社の総合受付、あるいは受付電話で「お世話になっております。○○社の□□です。営業部の××様に、10時からお時間いただいております」と伝える

- あいさつ→自分の社名と名前→用件（訪問先の名前）の順
- はじめのあいさつは、「お世話になっております」
- 用件は基本的に呼び出したい相手の部署名・名前を伝え、約束の時刻を伝える
- たとえば、「午後のいつでもいい」などと言われていて、時間をはっきり決めた訪問でない場合は、「営業部の××様に、○○の件でお約束いただいております」と伝える
- 用件、時間はわかっているが担当者の名前がわからない場合は、「○○の件で、ご担当者に10時からお時間いただいております」と伝える

②呼び出した相手が来るまで、壁際など邪魔にならない場所に立って待つ。「お座りになってお待ちください」と伝えられた場合には、置かれた椅子に座っていても良い

荷物なども基本的には持ったままだが、どうしても重い場合には床に置かせてもらっても良い（テーブルや椅子の上はNG）。ただし、床に広がってしまうような荷物を置くのは避ける。かばんなども、立たせて置く。

受付の方が、そのまま部屋まで案内してくれる場合もある。この場合は、先導する相手の後ろに2mくらいの距離を取って、案内に従おう。促されない限りは、自分から横に並んだり追い越したりしてはいけない。

部屋に通され、特に席の指定なく「こちらでお待ちください」と言われた場合は、入口側手前の席に座る。「奥へどうぞ」など、席を指定された場合にはこれに従う。座って待つ場合には、この間に資料やメモ帳、ペン、名刺入れなどの必要なものはかばんから取り出しておく。

③呼び出した相手が来るのが見えたら、（座っていても）立って迎える。受付付近で待っていた場合、荷物を床に置いていたら持ち直そう。ロビーなど広い場所

の場合は、相手が来るのを待つばかりでなくこちらからも歩いて近付く

案内された部屋で待っていた場合も、立って迎えるのは同じだ。ただし、この際には、床に置いた荷物は持ち直さなくても良い。

はじめてお会いする相手の場合は、「○○社の□□です。よろしくお願いいたします」とあいさつする。はじめてではない場合は、「お時間いただきありがとうございます」と伝えれば良い。

ここで相手が名刺を取り出すようなら、その場で自分も名刺入れを出し名刺交換を行う（名刺交換の手順については、「名刺交換のやり方がわからない」の項目を参照）。

④部屋に案内されたら、自席の脇に荷物を置く。席を選ぶ基準は②を参照

かばんは自席の横の床に立てて置く。コートは小さく畳んで、座ったときにお尻の後ろにくる位置に入れておく。手土産などで食べ物・飲み物を持参した場合には、床には置かず袋から出してテーブルの上に置いておく。

荷物を置いたら、担当の方へ名刺交換をお願いする。１ｍ半ほど距離を置いて、名刺入れを取り出せば意図を察してもらえるはずだ。

※着席時の注意点は、次の通り

- テーブルの上やひじ掛けには、ひじをつかない
- 椅子の真ん中あたりに腰を下ろし、背もたれから体を離して背筋を伸ばす。上体は意識的にやや前かがみくらいと考える
- 手の置き場に迷った場合には、ひざやももの上に置こう。頻繁に手を組み直したり、手遊びをしていたりすると相手が話に集中することを邪魔してしまう。話をするときのボディランゲージであればＯＫだが、何が手遊びで何がボディランゲージなのかよくわからないのなら動かさないほうが良い
- ひざは男性なら、肩幅くらいに開く。女性の場合は、閉じておく。足は平行に床に着け、そのまま動かさないこと。かかとやつま先を浮かせたり、足を組んだりはＮＧ

訪問時に特に気を付けたい点

マナーが重要になる会話時には、ＡＳＤやＡＤＨＤそれぞれ特有の癖がマナー違反になってしまう場合がある。これらは一般的なマナー教本には載らないし、会社の研修でも想定されていないため本番で失敗しやすい。あらかじめ自分に出やすい癖をチェックしておくことで、これをセーブしやすいようにしておこう。

訪問先に到着したらチェックすべきこと

コートは脱いで片手にかける

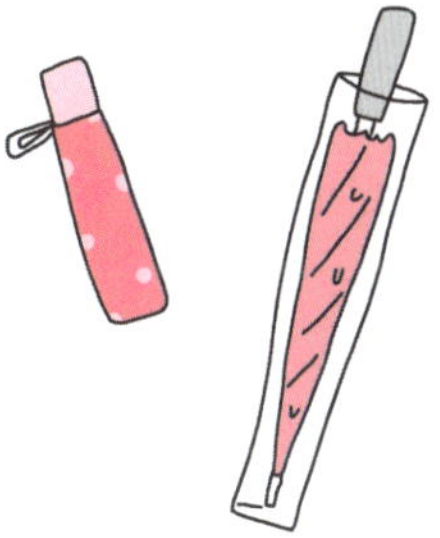

傘の水滴が落ちないようにする

携帯はマナーモードに

かばんは手持ちに

最後に簡単に身だしなみをチェックする

受付から着席までの手順

1

受付で「あいさつ」「社名と名前」
「用件」を伝える。

2

邪魔にならない場所で待つ。

3

相手が来たら立って迎える。

4

荷物は自席の脇に置く。

●体を揺らしたり頻繁に姿勢を変えたりせず、背筋を伸ばして座る

理由はわからないがＡＳＤを持つ人は体幹が弱い人が多く、体勢が落ち着かずに体が揺れてしまったり、頻繁に座り直して姿勢を変えたりしてしまうことがある。これは相手に落ち着かない印象を与えてしまうので、意識して背筋を伸ばすようにしよう。

同じ理由で机やひじ掛けにひじをついてしまうことも多いが、これも失礼になる。

太ももに手を置くことで体を支える、あるいはメモを取るためにテーブルの上に置いた腕で支えるなど、失礼にならないよう自然に体を支えられる姿勢を練習しておきたい。

●会話中は、顔や頭、体をかいたり触ったりすることは我慢

これも理由はわからないが、ＡＳＤを抱える人はアトピーやアレルギーを持っていることが多い。体をかきむしったり、頻繁に自分の顔に触れたりすることは、やはり相手に落ち着かない印象を与えてしまう。かゆみが出やすい箇所は、あらかじめ保湿液や薬などを塗って対処しておこう。

●貧乏ゆすり、手遊びは避ける

ＡＤＨＤの場合に多く出てしまうのが、貧乏ゆすりや手遊びだ。本人にとっては集中するのに有効であっても、話し相手にとっては逆に集中を妨げるものになってしまう。「座っているとき足の裏はしっかり床に着ける」ことを意識すると、貧乏ゆすりは出にくくなる。利き手はペンを握り、逆の手はメモ帳のページを抑える姿勢をまず作ってしまうと良いだろう。メモを取るような状況でない場合は、手はひざの上に置いておく。

●かばんがいっぱいの人は、訪問用のかばんを用意する

かばんにさまざまなものが入っていて常にいっぱいというタイプの人は、職場に訪問用のかばんを別に用意しておいても良い。床置きして自立するタイプのビジネスバッグであれば、安物で構わない。訪問の際に持参する書類などもこのかばんに入れておけば、他の荷物につぶされて曲がってしまったり、探しにくくなったりする心配もない。また常用のものとは別に、名刺入れ・筆記用具・メモ帳を用意して、入れておくと良いだろう。それ以外のものは、このかばんには一切入れない。

この方法を使う場合は直行・直帰は避け、訪問用のかばんは必ず職場に戻すようにする。自宅に持ち帰ったりすれば、そのまま別の用途に用いられて訪問用としての機能を失っていってしまう危険がある。

名刺交換のやり方がわからない

対策

○所作・約束事を知っておけば対応できる

事例

自分ではうまく名刺交換ができたと思ったのに……

会社に入って、はじめての他社訪問。といっても先輩のお供で、自分はあいさつと自己紹介だけの予定。お得意様への、新人の顔見せといったところだろう。とはいえ会社の看板を背負っての訪問、はじめての名刺交換でどうしても緊張してしまう。

先方の担当者2人が来たところへ、手前の人に即座に名刺を差し出して「はじめまして！　○○社の△△です！」と自己紹介。すると相手は微妙な笑顔をして、「あ、はい。ちょっとお待ちください」と名刺入れを取り出して、あいさつを返してくれた。

初の名刺交換、無事成功か……と思いきや帰り道、「お前な、新人なんだから名刺を出すのは俺のあとだろ。それに、なんで若い担当さんに先にあいさつするんだよ。普通上司が先だろ。部長さんだぞ、あの人」と先輩に叱られてしまった。そんなの、誰も教えてくれなかったんだけど……。

原因

所作だけでなく、約束事も多い名刺交換

名刺交換の作法は、ビジネスマナーの本などには必ず載っているもののひとつだ。会社に入ってからも、新卒入社であれば研修などで習う機会があるかもしれない。しかし中途入社や派遣などでは、そうしたチャンスもないまま仕事に入ってしまう場合がある。これは別に発達障害とは関係なく、誰にでもあり得ることだ。

しかもASDがあると、**とっさに先輩などのやり方を見て真似することは**難しい。名刺交換にまつわる約束事についても、はっきりと教えてもらえないと経験だけでくみ取るのは難しい。知らないままで本番を迎えて、恥をかいてしまうこともある。

ADHDの場合でも、本番で先輩の名刺交換の所作にまで注意が回らずに、やり方を学べないままで同じ状況になってしまう場合がある。

解決法　所作・約束事を知っておけば対応できる

名刺交換の所作自体は、動画サイトで検索すればいくらでも出てくるのでおおいに活用させてもらおう。ユーチューブで「名刺交換」と検索すれば、参考になる動画はたくさんある。

コツとしては、いろいろな動画を見まくるのではなく、**自分にとって一番わかりやすい動画1つに絞って参考にすることだ**。

さまざまな動画を見比べてしまうと、それぞれの所作の微妙な違いや矛盾に惑わされてわけがわからなくなってしまう。どの動画であっても大事なポイントは押さえているものなので、わかりやすいもの1つで十分だ。

次ページで名刺交換のポイントについて説明しているので参考にしてほしい。

名刺交換の約束事

・基本は、自分から渡す

名刺は、基本的には自分から渡すと覚えておこう。手順は、次ページの通りで良い。しかし、もし先を越されて名刺を差し出されてしまった場合には、まずはこれをいただいてから改めて自分の名刺を渡すようにする。

・名刺交換は、「荷物を置いてから」のタイミングで

名刺交換のタイミングは、「荷物を置いたあと」の場合が多い。来客を迎えたときにはまず席に案内し、相手が荷物を置いてから。自分が訪問するときには、案内してもらった席の脇に自分の荷物を置いたあと。これは、名刺交換には両手を空けている必要があるからだ。

しかし、これは厳密に決められたルールではない。場合によっては受付前で、名刺交換を求められる場合もあるだろう。相手が立ち止まって自己紹介を行い、上着やバッグに手を入れたなら名刺交換のサインである。自分もすぐに名刺入れを取り出そう。

相手が途中から入室してきた人物であるなど、スタートで名刺交

名刺交換の所作

自分から渡すとき

1

相手から一歩半ほど離れて真正面に立ち、名刺入れを取り出して会釈する。

2

名刺を1枚取り出し、向きを確認する（相手から見て正しい向きなので、自分から見ると上下逆となる）。

3

名刺の短いほうの辺を、親指と人差し指で挟む。

4

一歩前へ出つつ、胸元から放物線を描く軌道で大きく手を伸ばし、相手の手にそっと載せるようなイメージで相手の手元まで名刺を持っていく。

memo

いったん手前で確認してから近付くのは、相手のパーソナルスペースへの配慮のためだ。相手の手元まで名刺を持っていくのは、相手に歩かせたり、手を伸ばさせたりする労をかけさせない意図がある。そして上からの放物線軌道で渡すことによって、相手が受け取りのタイミングを合わせる余裕が生まれる。直線軌道では、早すぎて相手がタイミングを合わせにくい。

5

名刺を渡しながら、「株式会社○○の□□です。よろしくお願いいたします」と自己紹介する。

6

立ち位置はそのままで、相手の名刺を受け取る。受け取るときは、自分の名刺入れを台にして両手で受け取ること。

memo
自分が差し出すのと同時に相手にも差し出された場合は、いったん受け取ってから改めて自分の名刺を差し出す。

7

相手も自己紹介をしてくるので、それを聞き終わるまでは名刺＋名刺入れは両手で持ったまま。聞き終わったら、「頂戴いたします」と言おう。

memo
複数の人から名刺をいただいた場合は、名刺入れの上には置ききれなくなる。この場合は、テーブルに直接置くのもやむを得ない。このときには、先方の席の並びに合わせて名刺を並べておく。

8

いただいた名刺はしまわずに、そのまま自分の名刺入れを台にして自分の席のテーブルの上、左手側に置いておく。相手の名前がとっさに出てこなくなったときに、そっと見直せる。

相手の名刺を先に受け取るとき

1

先に名刺を差し出された場合は、まずこれを受け取ろう。自分の名刺入れを台にして、両手で受け取る。

2

相手の自己紹介を聞き終わるまでは名刺＋名刺入れは両手で持ったまま。聞き終わったら、「頂戴いたします」と言う。

3

自分の名刺を取り出し、向きを確認する（相手から見て正しい向きなので、自分から見ると上下逆となる）。

4

放物線を描く軌道で、上から相手の手にそっと載せるようなイメージで名刺を差し出す。

5

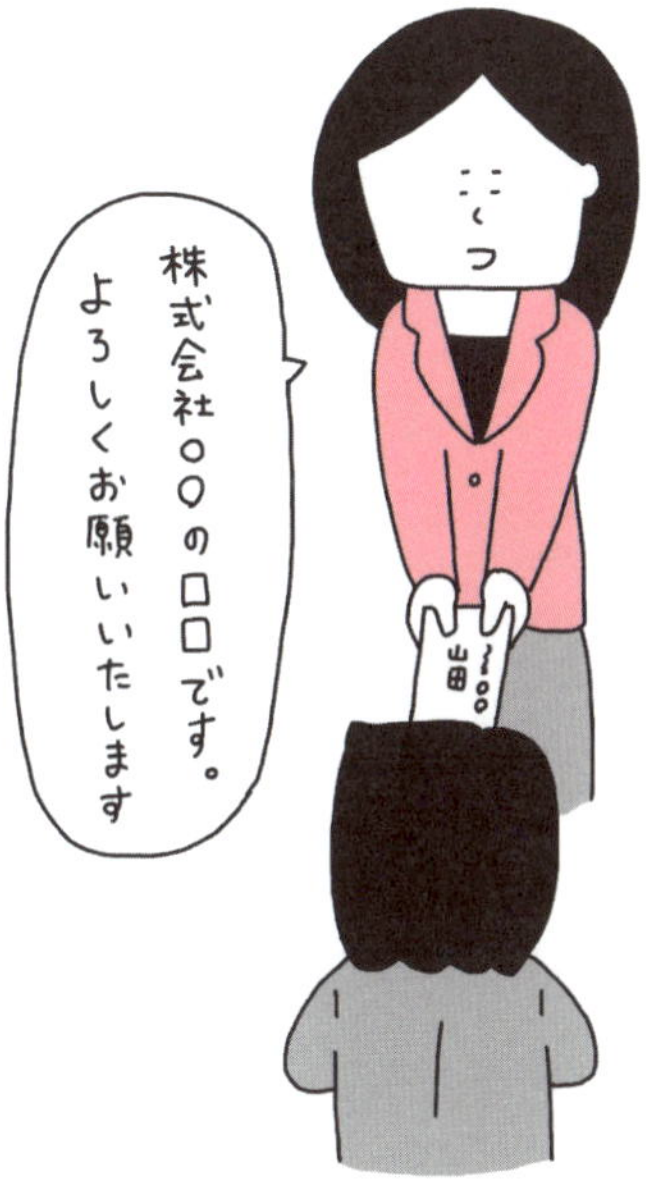

名刺を渡しながら、「株式会社○○の□□です。よろしくお願いいたします」と自己紹介する。

6

いただいた名刺はしまわずに、そのまま自分の名刺入れを台にして自分の席のテーブルの上、左手側に置いておく。相手の名前がとっさに出てこなくなったときに、そっと見直すことができる。

名刺交換の順番

相手の会社を訪問したとき

他社を訪れたときは自分から先に名刺を渡すようにする

先輩や上司が同行したとき

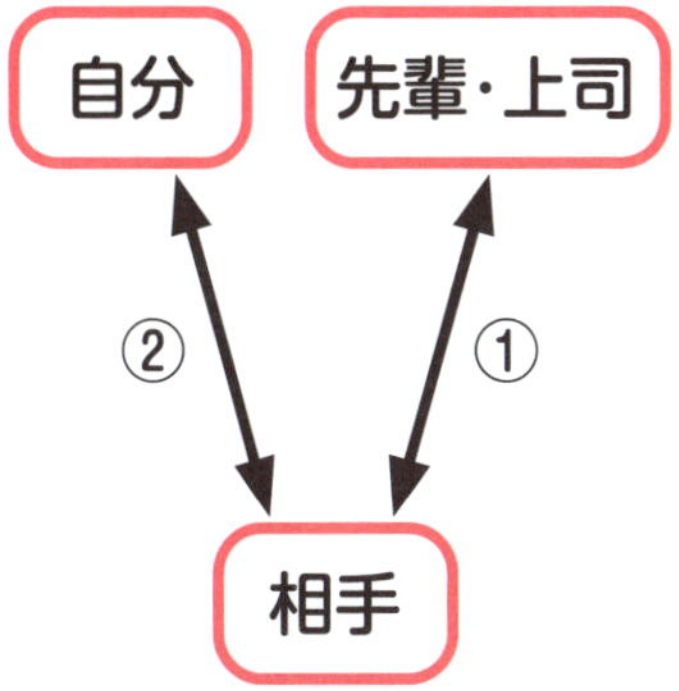

先輩や上司が同行したときには、名刺交換は先輩・上司に先を譲る

相手側が複数のとき

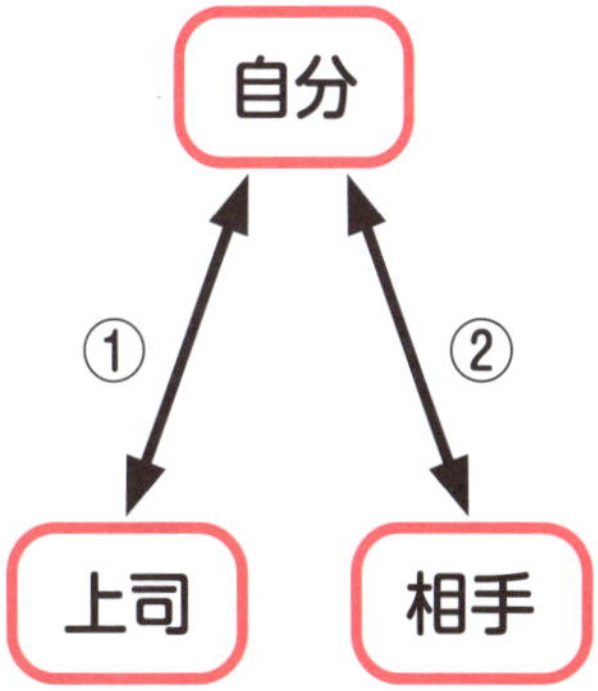

相手側が複数のときは、立場が一番高い人から名刺交換をする

換の機会を逃してしまった場合には、途中の休憩時間や話が終わったあとで「ごあいさつが遅れて申し訳ありません」と名刺を差し出せば良い。

立場が上の人から交換していく

これは、自社側も相手側も同じだ。もし、先輩や上司と同行してきたのであれば、名刺交換は先輩・上司に先を譲る。自分が名刺交換を行う番になったら、相手側で立場が一番高い人から交換を行っていく。先輩や上司が名刺交換をしたら、後ろに並んで続いて自分も同じ方に交換をお願いする、と覚えておくとわかりやすい。

ただし、用事で遅れてくるなどの事情で、人数がすぐにそろわないこともある。この場合は、先に在室の人だけで名刺交換を始めてしまっても構わない。

ちなみに立場の序列は、同じ企業に属する人であればもちろん、役職が上の人が上になる。自社も含めて3社以上が集まっている場合は、集まる理由となった仕事の発注元に近い企業の人が上になる。

名刺入れは革製にする

名刺入れは黒・茶・紺・エンジ系の、**飾りの少ない革製のもの**を選ぶ。金属やプラスチック、布製などの名刺入れもあるが、これらは避けたほうが無難だ。相手や業界によっては、それだけで失礼と受け取られてしまう場合もあるからだ。

値段は千円程度のものでも良いが、安物は傷みも早いので擦り切れたりしたらすぐに買い替えよう。三千円程度出せば、まずまずの耐久性のものが購入できる。

デザインだが、メインのポケットの部分が2つに分かれているものが使いやすい。

名刺入れはメインの広いポケットの他に、ふたの部分にもポケットが付いている場合がある。しか

ふた側のポケットには
名刺を入れない
分割されたポケットに
いただいた名刺を入れる
一番広いポケットに
自分の名刺を入れる

し、ふた側のポケットには名刺は入れないようにしよう。ふた側のポケットは狭く、名刺を入れると曲がってしまう場合があるからだ。

メインのポケットが2層に分かれていれば、自分の名刺といただいた名刺を分けて入れておけるので使いやすい。

名刺入れは、男性の場合、上着の左側の内ポケットに入れておく。ズボンのポケットには、絶対に入れないようにしたい。椅子に座るなどしたときに、名刺が曲がってしまう恐れがあるからだ。クールビズなどで上着を着ない場合には、ワイシャツの胸ポケットに入れておいても良い。不格好になってしまうのであれば、かばんの中のすぐに取り出せるポケットに入れておこう。

女性の場合は、名刺入れはバッグの中に入れておくのが基本になる。

折れ、汚れのある名刺は使わない

汚れや折り目が付いてしまったり、角がつぶれてしまったりした名刺は捨てる。必ずきれいな名刺を使うようにしよう。

自分の名刺は、名刺入れに常時20枚程度は入れておく。

名刺入れに入れるときは、向きがバラバラにならないように注意する。向きをバラバラにしてしまうと、何人かと続けて名刺交換するときに逆向きに渡してしまう危険がある。

明日必要なのに、名刺が切れてしまっていた！

明日には必要なのに、名刺入れをのぞいたらあと1、2枚しか残っていない。そんな緊急事態にも、1日残されているなら打つ手はある。

パソコンとプリンターがあるなら、自作を考えても良い。家電量販店の印刷用紙コーナーには、名刺用の用紙も販売されている。ソフトはワードでも良いが、A-oneが提供する「ラベル屋さん」を使うと簡単だ。ただし、用紙はA-oneのものを使う必要がある。

自作する場合は、社名・部署名・名前・住所・電話番号・メールアドレスなどの必要情報だけを入れた、シンプルなものを作るようにしよう。

出張先などでパソコンが自由に使えない場合は、「キンコーズ」のような個人対応の印刷店では特急仕上げで名刺を作成できる。1枚でも元の名刺があれば、コピーで作成できるのでより早くなる。その他、写真店などでも名刺作成サービスがある場合があるので、尋ねてみよう。

自分の仕事の範囲がわからない

対策

- 自分がいつもやるべき業務は、特別なファイルに整理する
- 直接指示を受けた仕事は、具体化して確認する
- ローテーション業務は、やり方だけでなくタイミングも聞いておく
- 仕事ごとに、自分の責任と権限の範囲を確認する

事例　良かれと思ってした仕事が大迷惑に……

事務の人が青い顔をして、「ちょっと、サーバーのフォルダーを並べ替えちゃったの誰!?」と叫んでいた。

得意気な顔をして、「私です。構成がバラバラで使いにくいと思ったんで、整理しておこうと思って……」

「そんなの、あなたの仕事じゃないでしょ！　ファイル同士でリンクを張っていたのに、全部使えなくなっちゃったじゃない！」

「あー、そういうのやめたほうがいいですよ。ファイルを移動したら使えなくなっちゃうとか、意味ないし」

「余計なお世話だよ！　なんでそういう余計なことするの！」

それから事務のチームは大騒ぎで、復旧するのに半日仕事が止まってしまったと言われた。自分としてはきれいに効率的に整理して、感謝してもらえると思っていたのに……。

原因　明文化されていないと、自分の仕事の範囲がわからない

良かれと思ってやったことで叱られる。指示されていないのに、「やっていて当たり前」と言われた。ASDでもADHDでも、仕事でこうした経験をしたことがある人は多い。

一般的に日本の企業では、部署による仕事の区別はあるものの個々の仕事についての明確な線引きがない場合が多い。状況に応じ

て管理者や対応する社員を配置したり、あるいは現場の社員が気を利かせたり連携したりで対応する。

ところがASDがあると、**他者に注意が向きにくい**。同じ職場でも同僚がどう動いているかに無頓着なため、ここから学ぶことができない。

ADHDの場合は**衝動的に自分の思い付きで動きがち**で、やはり他者から学ぶ意識が薄い。**「空気」や「経験」、個々の交渉で自分の仕事の範囲を把握する**のが、ASDの人にもADHDの人にも難しいのだ。

結果、気を利かせてやったことで「余計なことをするな」と言われたり、逆に「あなたの仕事なのに、なぜこれをやっていない」といったエラーを生んでしまったりする。本人とすれば求人票にもない、言われたこともない仕事であっても、現場から見れば、たとえ

Column

発達障害者に関わる就職の制度と特例子会社

現在の日本では、全国の企業に障害者の雇用を義務化している。この法律では、社員数の一定割合を障害者手帳の所有者とすることを義務付けている。2024年の割合は2.5%、2026年には2.7%へと引き上げられる。割合の引き上げは精神障害者手帳の所有者数を加味した結果で、実質的に精神障害者の雇用が企業に義務づけられたことになる。これからもこの割合は、増加していくものと見られている。

雇用義務を果たしたいと考える多くの企業では、障害者限定の求人を行っている。この求人は、障害者雇用枠と呼ばれている。

ハローワークでは、この障害者枠専用の求人を一般の求人とは別に管理している。これに伴って、障害者枠での雇用を検討する人の相談を受け付ける窓口を設けている。

障害者枠での就職活動を検討する場合は、最寄りのハローワークの受付で障害者窓口について尋ねてみよう。

障害者手帳を持っている人は、障害者枠の求人・一般求人どちらにも応募できる。一般の求人で雇用されたとしても、雇用先の企業に障害者手帳を持っていることを報告すれば、企業は障害者雇用枠を満たすための人数として申請が可能だ。

また大きな企業グループでは、障害者雇用のために特別な子会社を作っている場合がある。これを、特例子会社と呼んでいる。特例子会社は障害者雇用が前提になっているため、企業の中で障害のサポートについて研究してから設立されていることが多い。その分、働く人にとっては障害への理解ある職場であることが期待できる企業になっている。

ば「前にそのポジションにいた人はやってくれた」ということが十分「その人の仕事」であるという根拠になる。

上司に自分の仕事の範囲をはっきりさせてほしいと頼んでも、これが難しいのだ。上司にとっては、明日には別の仕事をやってもらう可能性もあるのだから。

解決法

指示された仕事は、成果物を具体的に確認。直接指示のない仕事は、記録で経験を蓄積させる

基本的には、周囲の人がそうしているように、経験を蓄積させて自分の仕事の範囲を把握するしかない。しかし、ただ漠然と経験を積んでいるだけではこれまでと同じだ。いつまで経っても、自分の仕事の範囲を洗い出すことはできない。

叱られたり、注意されたりしたことも情報として受け取って、**自分の仕事内容の整理をシステム化していく**必要がある。

いつもやるべき業務は、特別なファイルに整理する

ルーチンワークと指示された仕事、「言われなくてもやっておくべき」と注意された仕事などは、随時記録しておこう。

デスクワークの仕事であれば、**業務管理用のファイルを用意して書き込んでいく**。ファイルはパソコンのファイル、紙のファイルどちらでも良い。

使うのがパソコンのファイルなら「私の仕事」などと名前を付け、デスクトップに入れておく。デスクトップが散らかりやすい人であれば、忘れないようにファイル名を付箋に書いてパソコンに貼り、剥がれないようにセロハンテープでとめておこう。ファイル名さえ忘れなければ、検索機能を使って探し出せる。具体的な手順は次ページの通り。

またドロップボックスやOneDrive、グーグルドライブといったオンラインストレージサービス、EvernoteやiCloudのようなクラウドサービスを使っているなら、そこに記録しておけばさらに便利だ。

デスクワーク以外の仕事などパソコンを使わない場合には、専用のノートやファイルを1冊用意し、背表紙に「業務管理」などと書いておく。このノートやファイルは絶対に外に持ち出したり、家に持ち帰ったりしないようにする。また、「取りあえず」と別の情報を書き込んだり、関係のない書類を挟み込んだりしてもいけない。パンチでノートやファイルの端に穴をあけて、机やロッカーにひもで結び付けておく。100

円ショップで手に入るブックエンドに、綴りひもなどを使って結んでおくのがお手軽だ。

　システム手帳を使っているなら、一番先頭のページに専用のリフィルを入れて、これに書き込んでいく。普通の横罫のリフィルでも良いが、カラーインデックスを使って直接書き込んでいくのもおすすめだ。目立つし、すぐに見付け出せる。

　記録していく内容は、業務名、締切りや発生タイミング、その仕事について報告する相手や質問できる人の名前だ。仕事の手順など詳しい情報も入れておきたいと思うかもしれないが、それは別の資料にする。業務管理に用いるファイルやノートは、一覧として自分の業務全体を見渡せることが重要だからだ。

　やっていなくて注意された仕事が出たら、きちんと謝罪したあと、その仕事をやるタイミング、報告や質問のできる相手を確認しよう。

　毎朝仕事を始める前に、この一覧表を一通り確認する。また、その仕事が自分がやるべき仕事かどうかわからないときにも参照すると良いだろう。

直接指示を受けた仕事は、具体化して確認する

　直接指示を受けた仕事は、**具体的に何をやり、成果物としてどんな結果を出せば良いかを事前にはっきりさせておく**。「言われた通りにやったつもりなのに『違う』と言われる」の項目も参照してほしい。仕事を進めていくうちに、事前の確認になかった仕事が必要になる場合もあるかもしれないが、まだそれには手を着けてはいけない。事前の確認事項にない仕事は、取りかかる前に必ず上司に確認するようにしよう。

パソコンでやるべき業務を検索する手順

1. タスクバーのQマークをクリックする（❶）。
2. 仕事管理ファイルの名前（「私の仕事」など）を入力する（❷）。
3. 検索結果で見付かったファイルをクリックする（❸）。

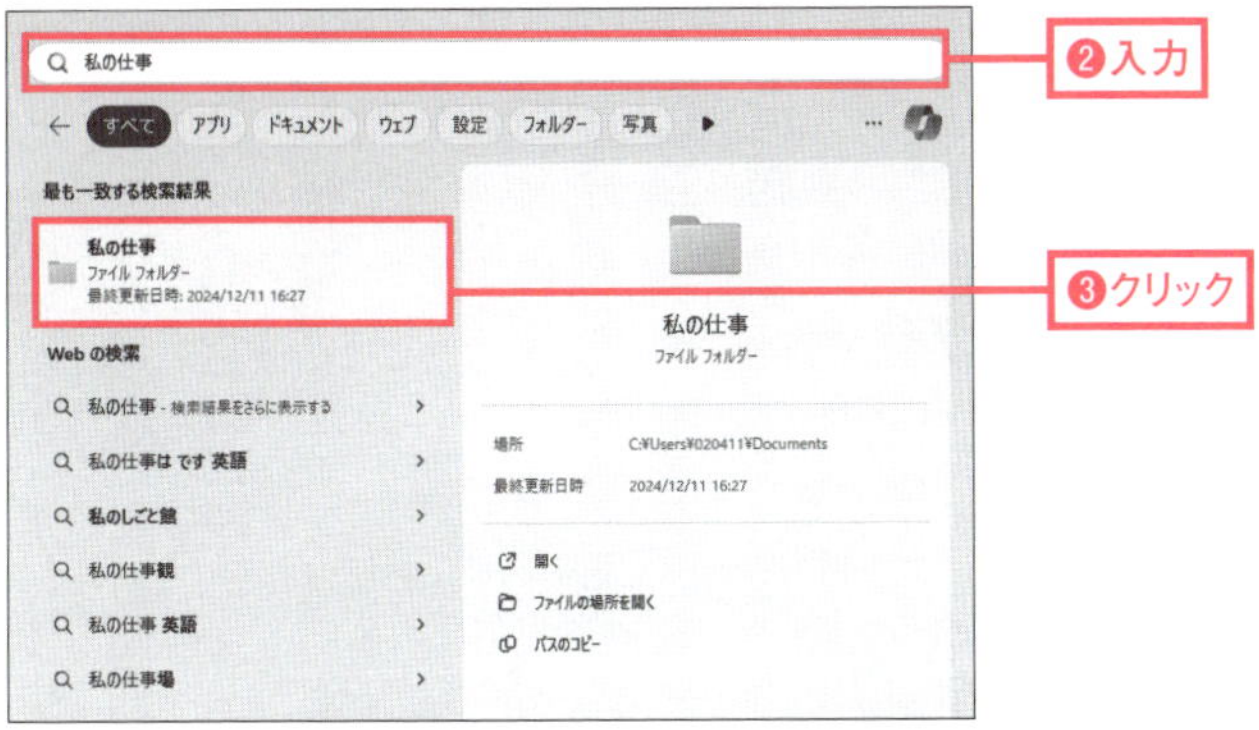

「業務管理」の記入例

業務名	締切り・タイミング	報告・質問
月次決算	毎月15日	課長
会議室準備	朝に今日の会議確認 開始1H前まで	会議室予約者
コピー用紙点検	朝一、昼一	総務相田さん
配送業者対応	配送業者が来たとき	総務茂田さん
⋮	⋮	⋮

ローテーション業務は、やり方だけでなくタイミングも聞いておく

誰にも指示されなくても自分で管理して行わなければならないもののひとつが、ローテーションで行われる業務だ。特に事務の仕事では、月度・年度とカレンダーに従って定期的に遂行する必要がある業務が多い。

はじめての仕事を習うときは、仕事の手順に意識が向きがちになるが、これらの仕事を行うべきタイミングについてもしっかり確認しておこう。

月ごと、年ごとの仕事が多い場合には、自分の卓上カレンダーやスケジュール帳に**あらかじめ締切りを記入しておく**ほうが良い。「次の締切り」ではなく、時間のあるときに1年分すべてを記入しておこう。

仕事ごとに、自分の責任と権限の範囲を確認する

以上の過程を経てリストアップできた仕事が、**自分の責任の範囲**となる。逆にいえば自分の責任が及ばない範囲のことには、直接頼まれでもしない限り手を着けてはならない。自分の責任になる範囲とは、逆にいえば自分が決めて実行できる権限のある範囲であるともいえる。

注意点としては、たとえ外部要因によって予定がうまくいかなくなったとしても、それも含めて自分の責任の範囲ということだ。自分の仕事がうまくいかなかったことに対して、「自分のせいじゃないから仕方ない」と考えるのは会社ではNGになる。

ただし、自分一人ですべて解決しなくてはならないという意味ではない。もし予定を狂わせかねな

いことが起きたら、すぐに上司に相談して指示を仰ごう。

自分の仕事とは自分が完成させるべき仕事のことだが、それには「いざとなったら他人の力を借りてでも」という手段も含まれるのだ。

もちろんこのとき、手助けしてくれた人には感謝の言葉を惜しまず伝えるようにする。

職場の情報を整理しておく

自分の業務だけでなく、それ以外の自分の職場の情報も整理しておくと円滑に仕事が回る。

下表の事柄をまとめ、必要な情報はパッと手に取ってすぐに見られる状態にしておくことは大変有効だ。

整理しておくべき職場の情報

1．自分に関係する同僚の一覧表	• 名前 • 部署（出向しているなら出向先） • 連絡先（社用の電話番号、メールアドレス） • 関わっている仕事内容やプロジェクト名 • 座席（座席表にしておくと良い）
2．よくかかってくる電話相手の一覧表	• 相手の社名 • 名前・肩書・部署名 • 連絡先（電話番号、FAX、メールアドレス） • 主に取り次ぐ相手（同僚）
3．事務の年間スケジュール	• 月末や年末など恒例の業務 • 夏季・年末の休暇や給与の締め日・支給日などを書き込んだカレンダー
4．自分の業務一覧	• 自分がやるべき仕事の一覧表 • 自分が「やるべきでない」ことの一覧表
5．仕事別・業務メモ	• 仕事内容のマニュアルやメモ • 1カ月単位での同僚のスケジュール • 今日の同僚のスケジュール

仕事が断れず、処理しきれない

対策

○自分のやる仕事、やった仕事を記録して管理する

事例

自分にばかり仕事が割り振られてしまう

営業部のAさんがニコニコ顔でやってきて、「○○さん、これもお願い」と書類を置いていく。いつものことなので条件反射的に「はい、わかりました」と返すが、頭の中は不満でいっぱいだ。事務は私ばかりじゃないのに……。けれど断るのも角が立ちそうだし、断る理由も思い付かないので結局引き受けるしかない。

上司に相談もしてみたが、「うまくやってよ。忙しいのは君だけじゃないよ」と言うばかり。今日も残業するしかないけど、今度は「残業が多いね」と言われて忙しいのに評価もまったく上がらない。

原因

コミュニケーションと自分の仕事の把握が苦手

仕事の内容そのものは自分に合っていて、仕事ができるタイプの発達障害の人も多くいる。とはいえ、それでもまったく問題が出ないわけではない。特によく見られるのが、仕事を断れずに過重労働になってしまうことだ。

こうなってしまう原因として、まず考えられるのが**仕事はできても周囲とのコミュニケーションが苦手であること**が挙げられる。周囲とうまくコミュニケーションが取れないため、チームでやる大きな仕事が回ってこない。一方で、一人で完結する仕事ならうまくこなせるので、自然に単発仕事が流れてくることになる。一人で抱えている仕事なので他の同僚には当

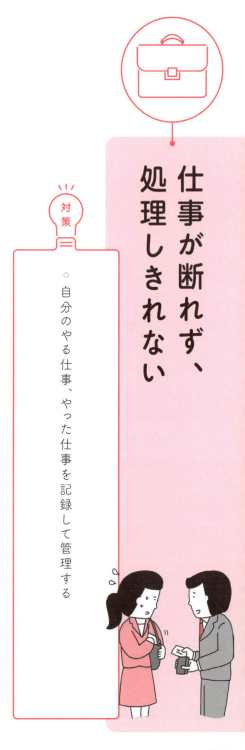

人がどれだけ忙しい状況なのかわからないし、単発の仕事なのでそれほど負荷もかからないだろうと考えられてしまう。

　仕事を断るにしても、今度は別の苦手が関わってくる。ASDでもADHDでも**段取りを立てて仕事をすることが苦手**だが、これには仕事全体の把握や管理についても含まれる。仕事をいろいろと請け負っていくうちに、自分が今どれだけの仕事を請けていて、どれほど忙しいかの管理もできなくなってくるのである。だから他人に比べて、自分が忙しいのかどうかもわからない。新しくきた仕事をそもそも断るべき状態なのかどうかも判断できなかったりするのだ。

　また発達障害の人全般に見られる傾向として、自身への自信のなさから**周囲の要望を無制限に受け入れてしまい、断れない**という問題を抱えている場合がある。上司に相談することもなく、負荷ばかり増えてしまっている人も多い。

解決法　自分のやる仕事、やった仕事を記録して管理する

　単発の仕事が次々舞い込んで管理しきれなくなっている場合は、対策として**仕事の記録を付けておく**。記録する内容は業務内容、依頼者、締切り、開始日、終了日だ。

　もともと自分の業務だった場合は、依頼者は「自分」とする。開始日は依頼を受けた日でも良い。

　忙しいときに仕事を頼まれた場合は、相手にこの表を見てもらいながら一緒に締切りを考える。相当に忙しい状況であると相手に理解してもらうのにも、表にまとめておくのは有効だ。

　自分の仕事を記録しておくと、また別の役にも立つ。賞与などの評価の際、自己評価表を出したり評価面談を受けたりする際の資料になることだ。自分がどれだけ職場に貢献しているのか、上司に認めてもらうきっかけにもできる。

仕事の記録の記入例

業務内容	依頼者	締切り	始	終
A社〇〇様に祝電	□□課長	8/3	8/2	8/2
出張申請書処理	営業部××さん	8/23	8/21	8/23
8月度交通費処理	自分	8/30	8/22	
⋮	⋮		⋮	⋮

メモがうまく管理できない

対策

- ○システム手帳をメインに、リフィルの予備をあちこちに準備する
- ○カードメモ「ジョッター」を活用する
- ○A4用紙をメモ用紙として、IDケースに入れておく

事例　メモ帳をすぐに忘れたり失くしたりしてしまう

メモ帳をすぐに忘れたり失くしたりしてしまうので、その都度新しいのに買い替えている。これまでに何冊買ったかわからないほどだ。

その上記憶に自信がないので、メモだけは欠かせない。

だからかばんの中に1冊、机の中に1冊、ジャケットのポケットに1冊と思い付く限りの場所にメモ帳を忍ばせている。

そこまでやっても、決してうまくいっているわけじゃない。

先月問い合わせのあった、お客様の連絡先。メモしたことは確実なのに、かばん・机・ポケット、どのメモ帳を何回めくり直しても見付からない。

そろそろ約束の期限だし、こちらからご連絡しますと言ったので待っているだろうし、連絡しなかったら会社の信用にも関わってしまう。

自分は、どうしていつもこうなってしまうんだろう。

原因　ADHDの不注意性と対策のミス

あらゆる仕事は多かれ少なかれ、毎日が新しい情報との格闘だ。よほど記憶力に自信がある人を除けば、メモなどの情報ツールは社会人には必須のものだろう。

発達障害を抱える人の一部には、優れた記憶力を持つタイプもいる。しかし、そうした一部の人を除いて、ほとんどの人は、むしろ記憶力に自信のなさを抱えている

人たちになる。特に仕事の手際を左右する**短期記憶の弱さ**は、ASD・ADHDどちらにも共通するハンデだ。

　これをカバーするために重要なのがメモやスケジュール帳なのだが、ここに今度はADHDの抱える**「不注意」**という性質が絡んでくる。不注意性が強いと、物忘れや失くし物が多くなる。これはもちろん、メモ帳も例外ではないのだ。

解決法　自分に合った情報管理方法を考える

　事例のように大量にメモ帳を用意する方法は、メモ帳を忘れたり失くしたりしやすい人が取りがちだが、これは必ずしも有効な方法ではない。

　まず複数のメモ帳に内容が散らばるため、どこに何の情報が入っているのかわからなくなってしまう。また、メモ帳の数を増やしても、そこに書かれた情報はそれぞれ異なるので、1冊失くしてしまったら、そのメモ帳の内容も丸々失われてしまうのだ。

　あちこちにメモ帳を用意しておく方法は、基本的にその日のメモは当日に使うだけ、というタイプの職種には有効だろう。しかし、たとえば仕事の手順を書いておくなど、後日にそのメモを活用したい場合には向かない方法だ。

　とはいえ、「1冊をきちんと管理する」「メモ帳の内容を定期的に1冊にまとめる」といった方法はADHDの傾向から考えると適切なやり方ではない。ここでは、メモ帳複数持ちのデメリットを補う方法を考えてみよう。いろいろ試しつつ自分なりにアレンジもして、ベストな方法をつかんでほしい。

システム手帳をメインに、リフィルの予備をあちこちに準備する

　メモ帳の代わりに**システム手帳のリフィルを準備し、基本的にメモはこれに取る**。その場限りのメモなら、用が済んだらそのままシュレッダーへ。あとで必要なものなら、システム手帳に綴じ込んでおくやり方だ。手間はシステム手帳へのファイリングだけなので、別のメモ帳に書き写すよりはる

システム手帳のリフィルの活用法

- メモ帳代わりにリフィルを活用する
- その場限りのメモなら、用が済んだらそのままシュレッダーへ
- 必要なものは手帳に綴じ込んでおく

かに簡単だ。メモ帳は1冊使い切ってしまうと、必要な情報も不要な情報も一緒に残したまま新しいものに移らざるを得ないが、システム手帳は必要な情報だけそのまま残しておける。

　注意点としては、まず本体のシステム手帳そのものを失くさないように工夫する必要がある。大きめのサイズを買う、鍵用のチェーンでかばんとつなげてしまう、職場に置きっぱなしにしておくといった方法が考えられる。

　また、ファイリングする手間も面倒になってしまい、クリアファイルにひたすらリフィルがたまってしまうようなら、別の方法を考えたい。

カードメモ「ジョッター」を活用する

　ジョッターとは、情報カードをメモ用紙として使うための文具だ。カードの大きさは、名刺サイズのものが多い。情報カードはもともと研究者などが好んで用いていた文具だが、スマホとクラウドサービスの普及によってビジネスパーソンにも使われるようになってきた。

　メモ帳の代わりに情報カードを持ち歩き、メモを取ったらその場でスマホで撮影してEvernoteなどのクラウドサービスにアップロードしてしまうのである。こうしておけば、たとえカードやスマホそのものを失くしてしまっても、

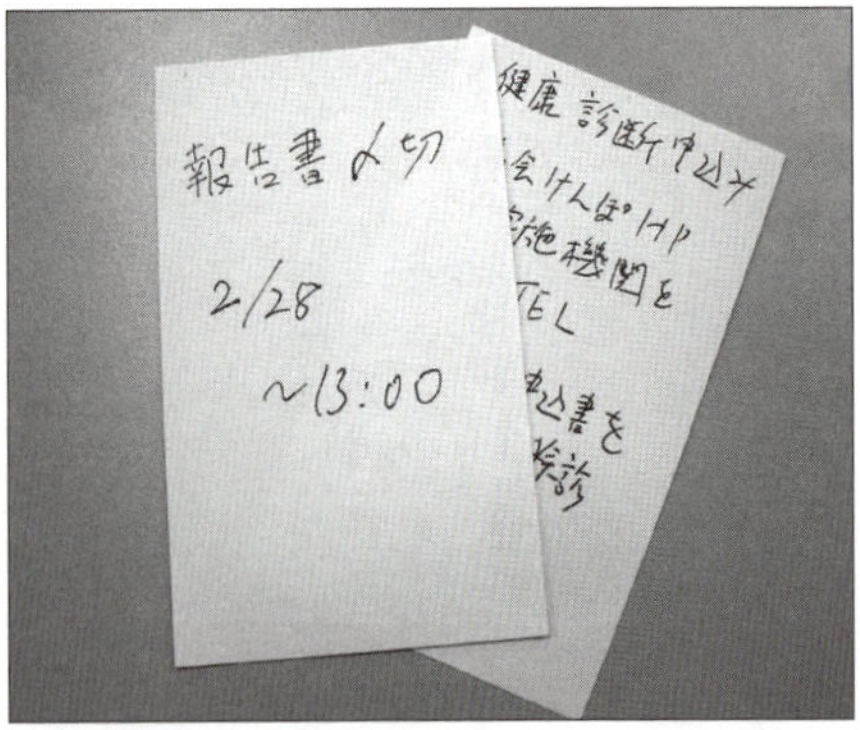

ジョッターは、その場限りのメモにも、保存用にも活用できる。

情報は失われない。

　メモをカードで扱うのも、便利なことが多い。伝言のようなその場限りのメモにも使えるし、残しておきたい情報はそのまま名刺ボックスにしまっておける。必要なときに必要な情報だけ取り出して、名刺入れに入れておく使い方もできる。文具としてのジョッターはやや高価だが、名刺サイズの情報カードは100円ショップでも購入できる。

　注意点としては、カード1枚1枚はメモ帳よりも失くしやすいことだ。ジョッターを使う場合には、必ず撮影する習慣付けをしたい。

A4用紙をメモ用紙として、IDケースに収める

　A4用紙を8つ折りにすると、ちょうどIDケース程度のサイズになる。これをIDケースに収めておいて、**1日分のメモ帳**とする。A4用紙をジョッター代わりに、裏表でちょうど16枚分の情報カードと同じように使える。

　1日が終わったら用紙を広げて、スマホで裏表を撮影する。使い終わった用紙は、捨ててしまっても良い。IDケースを使っていて、また1日動き回ることの多いような仕事には有効な方法だろう。

　A4用紙自体入手しやすく、撮影の手間も広げて表裏で2回で済むのが利点だ

　ゼブラのペモアイディーやクツワのメモ&IDホルダーなど、メモやペンの収納機能を備えたIDケースも発売されている。他のメーカーからもジョッター付きのIDケースはいくつか販売されているので、興味があればアマゾンや楽天などで「ジョッターIDケース」で検索してみよう。一般のIDケースと比較して、やや高価なのが難点だ。

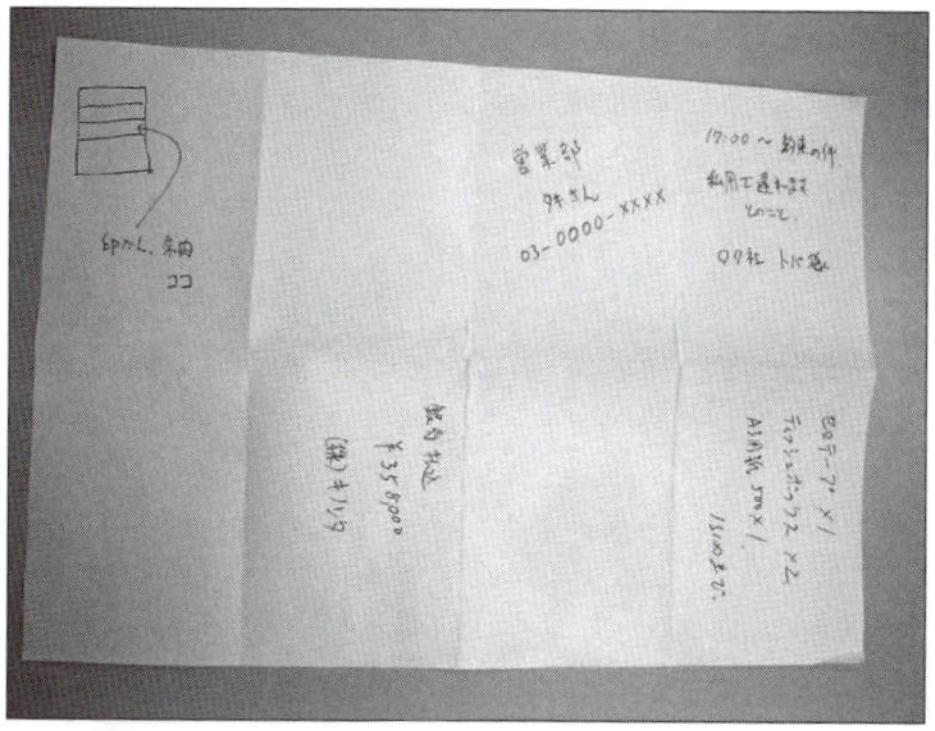

A4用紙は16枚分の情報カードと同様の使い方ができる。

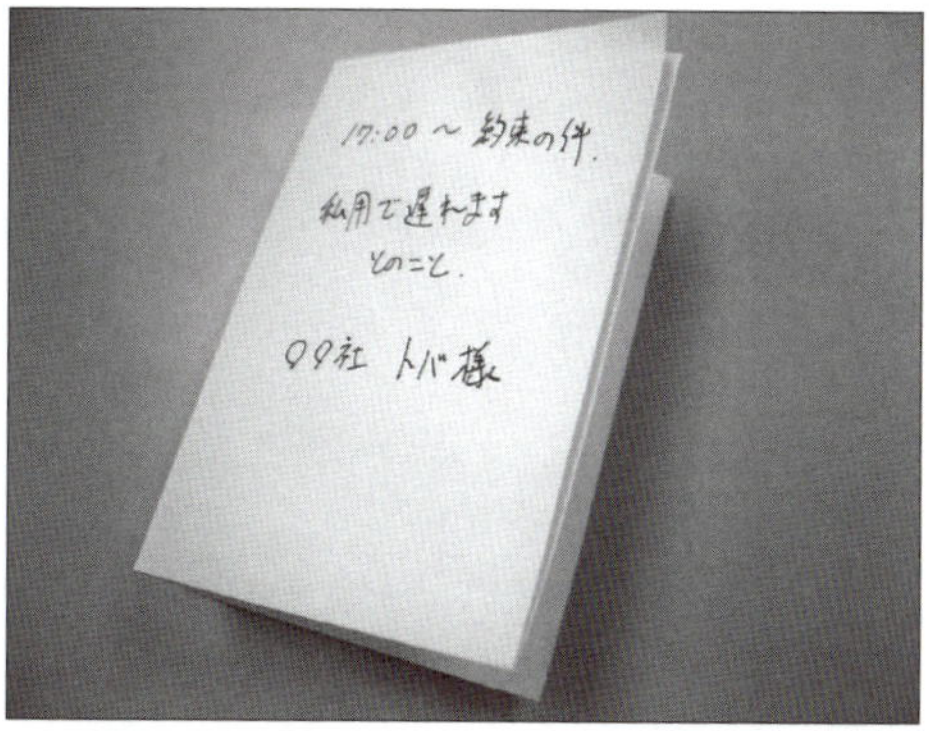

A4用紙を8つ折りにすると、ちょうどIDケース程度のサイズになる。

雑談の仕方がわからない

対策

- 基本理念は「相手が主役」
- 会話のいくつかの約束事
- あえて無口なキャラ・敬語キャラを貫くのもあり
- 発言はしなくても良いが、雑談の輪には加わったほうが良い

事例

普通に話しているつもりなのに、なぜか相手を怒らせてしまう

昼休みに、同僚と雑談。自分としては楽しく話をしているつもりだったが、あるとき相手がいきなり「お前、いい加減にしろよ」と怒り出した。無遠慮にものを言いすぎる。休憩時間に話すような話題じゃない。お前に言われる筋合いじゃないなど。

周りの誰も止めてくれないし、どうやら何も言わない人も同じ意見のようだ。

悪意を持って話したことなんか一度もないのに、いったい何が悪かったんだろう。

原因

思ったことを口にしてしまう衝動性

ADHDにある衝動性という特性は、**頭に浮かんだことを吟味せずに実行に移させてしまう**。相手が気にしている欠点なども、それに気付いた途端、反射的に口に出してしまい、相手を傷つけてしまう。

言ったあとでの吟味はできるので後悔するのだが、次の会話のときにはもう忘れたかのように同じことを繰り返してしまう。

ASDの場合は、根本的に**「自由な会話」**が苦手だ。「相手の好みは○○かもしれない」「相手には○○の経験があるのかもしれない」などと仮定しながら言葉を組み立てるのも苦手だし、何より着地点のない、作らない会話がどういったものかがわからない。趣味の分野や、仕事の話なら普通にで

きるのは、背景や着地点がわかっているからだ。

心の距離感がわからないのも会話の障害になる。礼を尽くすべき人になれなれしくしてしまったり、逆に親しくすべき相手に敬語を使い続けたりして相手の心証を害してしまう。

また、悲しいことだがASDの場合は障害上、自分自身が他人に批評されるような言動を受け続けてきた人も多い。相手を批評するような言葉の多いタイプは、ひょっとしたら自分自身がそういう言葉を投げられたことが多い人なのかもしれない。つまり、会話とはそういうものだという学習をしてきてしまったのだ。

解決法　いくつかのポイントを押さえて、聞き上手を目指す

ADHDの場合は、その思考の自由さから、エンターテイナー的に周囲を楽しませる話術を持つ人がいる。

ASDの場合は専門分野や趣味の領域ならひたすら話し続けられるので、職場や友人が同じ専門の人であれば、コミュニケーションに不自由を感じることはないだろう。

ここでは、残念ながらその分野での才能や環境に恵まれなかった人のための対策を考える。

基本的なスタンスとして、「相手が主役」を貫こう

人は基本的に、聞くことよりも話すことに喜びを感じる。話すことで相手を楽しませることができる話術があるなら別だが、基本的には**「相手の話を引き出すこと」**を自分のスタンスにしよう。

話の流れでどうしても自分のことを話さなければならないときには、さらっと短めに。あとは相手の話題を拾って、質問を中心に考えていく。

会話が嚙み合っていないと、自分の考えが相手にうまく伝わっていないと思って言葉を重ねがちだが、そこを我慢して相手が今話していること・話そうとしていることを優先しよう。

もしもうまく質問や言葉が浮かばないなら、まず相手の言葉に合わせてうなずきを入れていくようにする。

なお、会話をする前に、次ページの条件を必ず頭で復唱しておく。

無口キャラ、敬語キャラも悪くない

相手が同僚なら、「嫌な奴」と思われるよりは「つまらない奴」という評価のほうがまだマシだ。仕事上の付き合いであれば、「な

れなれしい」と思われるよりは「よそよそしい」と思われるほうがまだ自然。

人付き合いが難しければ、割り切って**無口や敬語で通すのもあり**だ。

仕事の報連相だけはしっかりやることと、雑談のときは上の約束事を守ることの2つを通していれば、人気者になる可能性は薄いが大きな支障も生まれにくい。

発言はしなくても、仕事中に雑談の輪ができていたらなるべく加わろう

自分と同じ仕事のチームで、仕事中に雑談の輪ができている光景を見たら、よほど忙しくない限りは**なるべく加わるようにしよう**。特に発言はしなくても、話の内容を聞いているだけでも良い。自分が呼ばれていないので関係ない、と思うかもしれないが、業務時間中に出る雑談は仕事に関係した内容のことが多い。

職場によっては、その雑談で仕事の内容や方針が決まってしまうこともある。自分の仕事の内容が、自分の知らないうちに決まってしまうこともあり得るのだ。

取りあえず加わってみて、本当に自分にはまったく関係なさそうな話題ならそっとその場を離れれば良い。

会話の前に頭の中で復唱すべきこと

- 目線は今話している人の口元
- 立ち話なら、相手との距離は1mくらい
- 自分が話すのは、相手が話し終えるのを待ってから
- 相手の息継ぎのタイミングに合わせて、うなずきを入れる
- 自分の喋る時間は、長くても相手と同じ時間
- 会話相手に、褒める以外の批評・批判はしない（たとえ自分が批評・批判されても）
- たとえ相手の言葉を肯定するときでも、否定的な言葉（いや、でも、それよりなど）から入らない
- たとえ相手の言葉を否定するときでも、肯定的な言葉（うん、そうだね、はいなど）から入る
- 他の人（その場にいない人も含めて）の考え方の否定はしない
- ミスの指摘や注意を受けたら、まず「すみません」と謝罪。相手の話を全部聞いて、理由や誤解があればその後に説明する

コミュニケーションを成り立たせる4つの工夫

「相手が主役」を貫く

自分のことはさらっと短めにし、基本的には相手の話を引き出すことを優先する。

会話の前に約束事を確認

会話をする前に頭の中で復唱しておく。

無口キャラ、敬語キャラもアリ

報連相だけはしっかり行い、それ以外は割り切って無口や敬語で通す。

雑談の輪には加わる

特に発言する必要はなく、話の内容を聞いているだけでも良い。

電話応対のメモが取れない

対策

- 専用の電話応対メモで、聞くべきことをわかりやすく
- 忘れっぽい場合は、ボイスレコーダーを活用しよう

事例 電話応対のメモがうまく取れない

電話に出て「○○さんいますか」と言われると、もうその人に引き継ぐことで頭がいっぱいになってしまう。

引き継いだ相手に「誰から？」と言われて、はじめて相手の名前をちゃんと聞いていなかったことを思い出す。

「次はちゃんと聞かなきゃ！」と思っていたけれど、今度は早口で聞き取れなかった。聞き直すのも気まずくて、わからないまま引き継いでしまった。

今度こそ、と思って次の電話。相手の名前もきちんと聞いて、「お世話になっております」と返事。メモしようと思ったら、ちゃんと聞いたはずの名前が、もう頭の中から消えてしまっていた。

原因 電話とメモという並行作業

ADHD、ASDどちらにとっても苦手な仕事での電話応対。電話で会話するだけでもいっぱいいっぱいなのに、そこに**「書く」という並行作業が加わるとさらに難しいことになる。**

では、きちんと話の内容を聞いてから書こうとすると、今度は**「短期記憶が苦手」**という特徴が顔を出してくる。今聞いたばかりの名前が、嘘のように頭から消えてしまうこともざらにある。

取り次ぎを焦ってしまい、聞いておくべき項目を忘れてしまうことも失敗につながる理由のひとつになる。

専用の電話応対メモの具体例

日付＿＿＿＿＿＿＿＿

受信者＿＿＿＿＿＿＿＿

時　　分

□ 社名 の お名前 様より

□ 宛先 さん宛に電話がありました。

□ 折り返し電話をいただきたい

お客様の番号（　　　　　　　）

□ 月　日（　：　）頃に

再度お電話します

□ 要件は以下の通りです

Point

❶ 相手の会社名、相手の名前、宛先の名前をまずは記入する

❷ 日付や自分の名前は電話を切ったあとで書き加える

❸ ❶の項目だけは、メモできるまで何回でも聞き直す

選択式の電話応対メモ

電話の相手

内部

☑欄	事業所
	東京本社
	大阪支社
	神戸支社
	横浜支社

他社

☑欄	社名
	シンエイ
	名和出版
	㈲田尾制作
	C・B・C
	ミサワワークス
	山田太陽
	その他

その他

	不明

相手の名前

電話を替わる相手

営業部

☑欄	名前
	室田BD
	大沢K
	岸田K
	小沢TL
	黒田TL
	川上TL
	平野
	松岡
	菊池
	野村
	高野
	阿部

その他

	門田CEO
	カスタマー
	不明

電話を受けた時間

☑欄	時	☑欄	分
	9		0
	10		5
	11		10
	12		15
	13		20
	14		25
	15		30
	16		35
	17		40
	18		45
	19		50
	20		55

用件

☑欄	内容
	折り返し電話が欲しい（電話番号　　－　　－　　）
	メールを見てください
	FAXを見てください
	電話があったことを伝えてほしい
	また電話します
	別の社員が対応→(　　　　)
	伝言（以下詳細）

❶ 選択式にして自分で書き込む部分をなるべく減らす

❷「他社」の欄は個人名でも良い

❸ 項目を選択式にすることで、電話の相手に聞くべき内容をわかりやすくする

解決法

電話応対の負担を減らすツール類を活用する

専用の電話応対メモを用意しよう

電話応対には**あらかじめ専用の用紙を用意**しておき、手元に置いておこう。電話専用のメモ帳も販売されている。一般的な電話応対メモのフォーマットは、こうしたものだ。281ページに電話応対メモの具体例を掲げておく。

一般的な電話応対メモを使ってもうまくいかない場合は、項目を選択式にして書き込む部分をなるべく少なくしたものを用意しよう。具体例は、前ページの通り。

この電話応対メモは、取り次ぎの内容を可能な限りチェックするだけで済むようにしたものだ。「他社」の欄にはお得意先の会社名を入れておくが、個人名を入れても構わない。かかってくる可能性の高い相手を、並べておく。

項目を選択式にすることで、自分で判断しなければならないことを絞り応対の負担を減らすことができる。また、電話の相手に聞くべき内容もわかりやすくなる。

ボイスレコーダーを使って、録音しながら電話応対

ボイスレコーダーで録音しながら応対することで、聞き漏らしを防ぐ方法もある。メモを取るのが難しい場合は、この方法がおすすめだ。

ボイスレコーダーは、マイク入力端子が付いたものを選ぶ。自動で録音を開始してくれる、音声感知機能があれば申し分ない。

電話を録音するためのアダプターも販売されている。受話器と本体をつなぐケーブルに接続し、ボイスレコーダーのマイク入力端子につなぐためのものだ。また、イヤホンのように耳に入れ、通話内容を直接録音するためのマイクもソニーやオリンパスなどから発売されている。どちらも、家電量販店やアマゾンなどのネット通販で購入できる。

マイク端子が付いているパソコンであれば、録音のできるツールを使っても同じことができる。フリーウェアでは**「ぽけっとれこーだー」**などの定番のソフトがある。ただし、パソコンの場合は別にマイクが必要になる。

個人的には、ボイスレコーダーの活用をおすすめしたい。ボイスレコーダーは、持ち歩きできる。メモの代わりに録音を使う場合には、席を離れても使えることが有効に働くはずだ。電話応対以外にも、まさに音声メモとしてさまざまな場面で使うことができる。

電話応対で何を話したらいいかわからない

対策

- ○専用の電話応対メモで、聞くべきことをわかりやすく
- ○メモは実際に自分が話す言葉で書く

事例　メモを取りながら、電話応対ができない

電話応対は苦手。離席していた上司宛に折り返し電話が欲しいというお客様からの伝言で、会社名や名前を間違えて伝えてしまい、「これじゃ、わからないだろ！」と叱られた。

お客様に電話するのも気が重い。予想外のことを言われると混乱してしまう。どうすればうまく電話応対ができるのだろう。

原因　電話応対はマルチタスク

ASDの場合、そもそもコミュニケーションを取ることが苦手だが、**電話ではそれがいっそう強くなる**。

周囲が騒がしければ、聴覚過敏で電話の音が聞こえにくくなる。用件を聞きながらメモを取らなければならないとなれば、**苦手なマルチタスクを強いられる**。

目で理解する視覚優位の傾向の人が多いのに、苦手な聴覚のほうですべてを理解しなければならない。電話応対はASDの人には、あらゆる点で不利な戦場だ。

一方でADHDの人も、電話応対は得意ではない。そもそもADHDの人は相手の話を聞くことに意識を向け続けるのが難しいが、電話のように**目の前に相手がいないとこれがさらに顕著になる**。電話中、何かに気を取られたり、別のことを考えてしまったりしたら、たちまち意識はそちらに引っ張られ、相手の声が完全に頭をすり抜けていってしまうのだ。

解決法 可能な限りパターンを作って準備をしておく

発達障害があっても事前に十分なシミュレーションをしておけば、たいていのことは問題なくできる。そこで、電話応対については、電話を受ける、かける、それぞれにパターンを作っておこう。

電話を受ける

電話応対メモは必ず手元に置いておく。ワードのテンプレートで「電話」と検索すると複数の電話応対メモが出てくる。テンプレートをもとにして、**よくある伝言については自分で項目を追加し、チェックだけすれば良い状態にしておこう**。次ページに281ページに掲載したものとは少し異なる別のテンプレートを掲載しておく。使いやすいほうを選ぶようにしよう。

また、相手の会社名、名前が聞き取れなければ繰り返し確認をする。相手に失礼ではないかと繰り返し聞くことを躊躇する人がいるが、むしろ名前を間違ったまま受けるほうが失礼だ。それに会社名が長かったりめずらしかったりする名前の人は聞き返されることには慣れている。

人は相手の話しているペースで話す。こちらが早口だと相手も早口になってしまう。ゆっくりと「おそれ入りますが、もう一度御社名とお名前をお願いします」と言ってみよう。

電話をかける

こちらから電話をかける場合は目的があって電話をするので会話の内容が想定しやすい。**誰に対して、何をしてほしいのかを明確にして話をする順番を考えれば良い**。ここでも自分用のメモを活用しよう。手書きである必要はない。ウィンドウズのメモ帳に項目を記入したものをデスクトップに準備しておき、電話をかける前に話す内容を整理することで事前のシミュレーションになる。このとき、メモは実際に自分が話す言葉で書こう。書いてあることを読み上げれば良い状態になっていれば、焦らずに話すことができる。

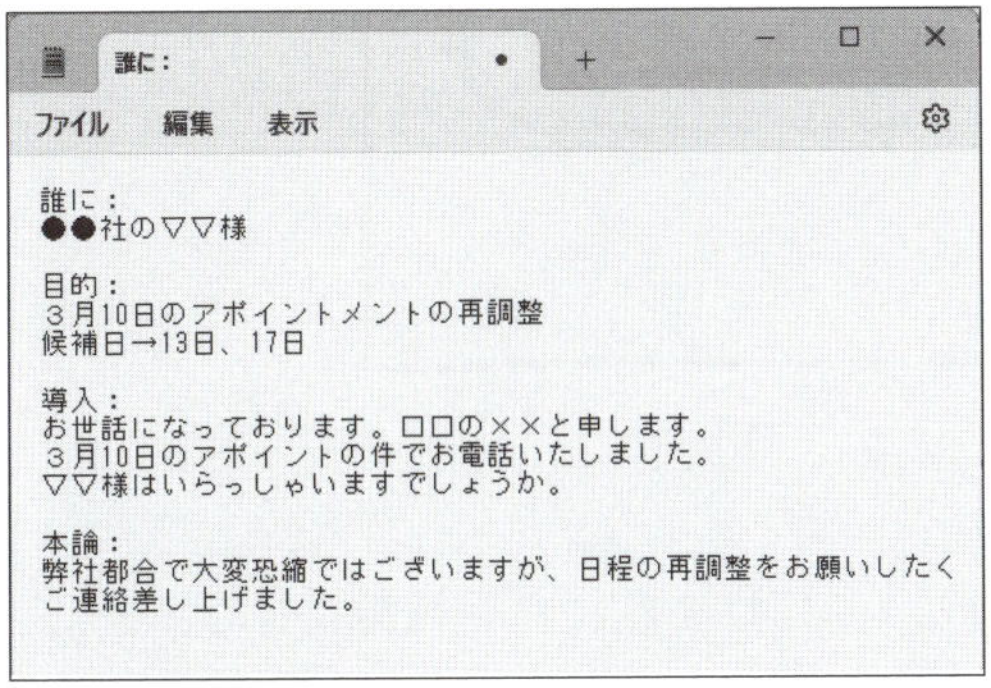
誰に：
●●社の▽▽様

目的：
３月10日のアポイントメントの再調整
候補日→13日、17日

導入：
お世話になっております。□□の××と申します。
３月10日のアポイントの件でお電話いたしました。
▽▽様はいらっしゃいますでしょうか。

本論：
弊社都合で大変恐縮ではございますが、日程の再調整をお願いしたく
ご連絡差し上げました。

電話をかける前にウィンドウズのメモ帳に項目を記入したものをデスクトップに準備しておく

電話応対には専用の電話応対メモを活用する

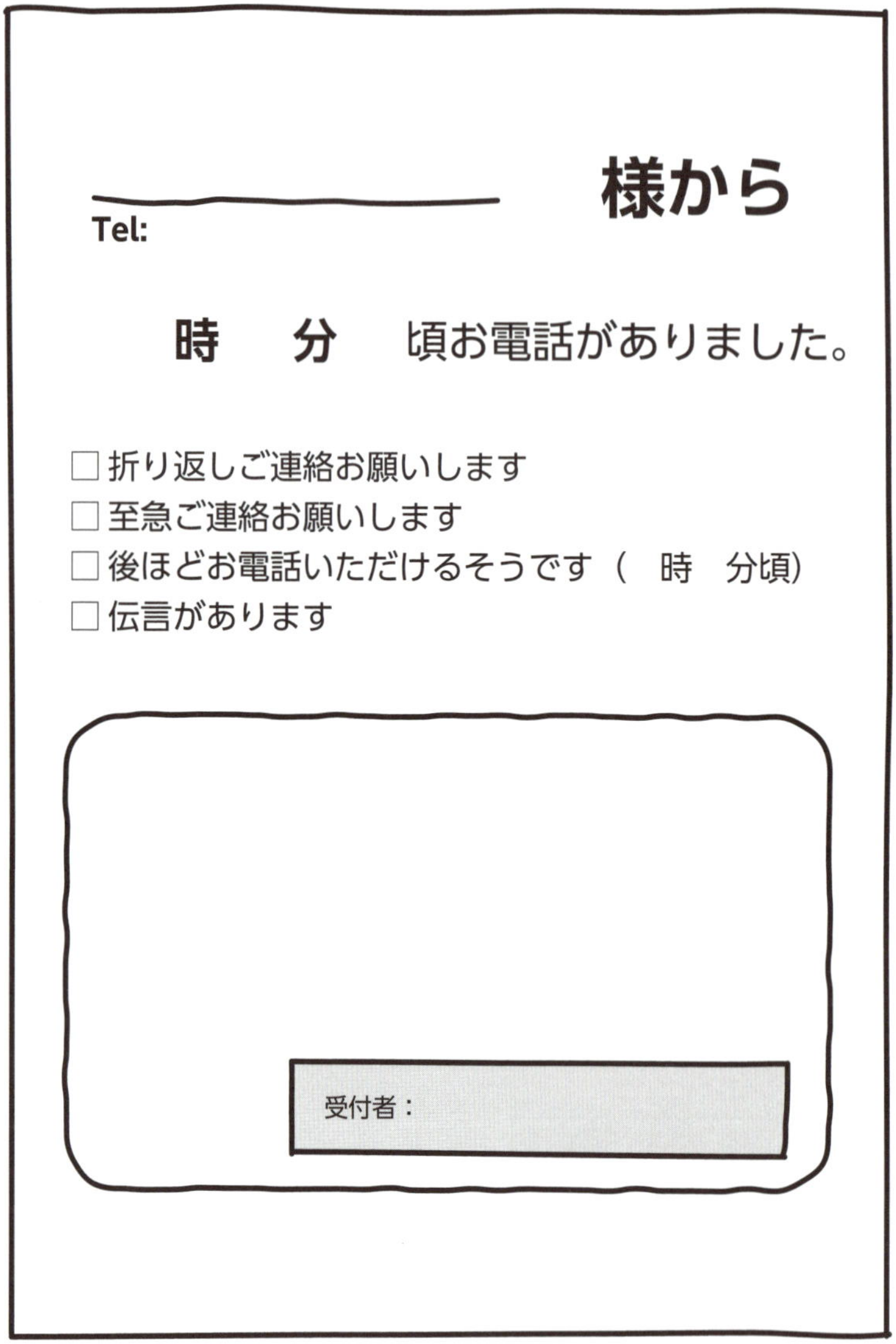
様から
Tel:
時　分　頃お電話がありました。
□折り返しご連絡お願いします
□至急ご連絡お願いします
□後ほどお電話いただけるそうです（　時　分頃）
□伝言があります
受付者：

Point

❶よくある伝言については自分で項目を追加し、チェックだけすれば良い状態にしておく

❷相手の会社名、名前が聞き取れなければ繰り返し確認をする

❸ゆっくりとした口調で話すようにする

第9章

報連相がうまくできるようになりたい

報告・連絡・相談

報連相は発達障害を抱える人にとっては最も苦手とする分野だ。だが、それだけにこの点が改善されることで仕事のやりやすさが大きく変わる部分でもある。本章では、仕事で「自分から他人に伝える」こと全般について解説する。

最後まで話を聞いてもらえない

対策
- ○報連相の型を決める
- ○報連相シートを活用する

事例
誤解のないように詳しく話したいのに、話が長いと言われてしまう

上司から「この前指示した件、どうなってる？」と聞かれた。

「あっ、はい、今やっています」

「いや、やっているかどうかじゃなくて、今どういう状況なのか聞いてるんだけど」

「いや〜、いろいろ調べても参考になる資料が見当たらなくて……○○部のA先輩にアドバイスをもらおうと思ったら、忙しいって断られるし……それで△△部のB先輩にどうにか話を聞くことができたんですよ。B先輩、とても丁寧に話をしてくれて、◆◆◆ということや□□□ということもアドバイスしてくれたんですよ。B先輩すごいですよね」

「もういいからどこまで進んでるかだけ教えてくれないかな」

　まただ……自分が話をするといつも話の途中でやめさせられて最後まで聞いてもらえない。

　会議のときもそうだ。部署の打ち合わせや会議、最近では「○○についてどう思う？」と意見を求められることも増えてきた。

　自分なりに考えて話しているのに、周囲からは「要点は何？」「何が言いたいの？」と言われてしまう。要点といわれても、全部ちゃんと話さないと相手もわからないのでは……。

原因
全部伝えきらないと不安。相手が何の情報が欲しいのか理解するのが難しい

ASDの人はすべてを説明し

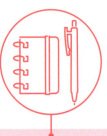

ようとして、あるいは自分の興味関心があることへのこだわりから、**多弁になる**か、逆に何を話したら良いのかわからず、**言葉が不足している**か、どちらかの傾向になりがちだ。

ＡＤＨＤの人は衝動性から思ったことをすぐに口にしてしまうため、話をしている途中で次々と話題が変わっていき、**結局何を言いたいのか相手に伝わらない**ことになってしまう。

この原因は、相手の求めるポイントがわからないことにある。そのため、「相手がどこまでわかっているかなんてわからない。間違って伝わったら怖い」という不安から過剰に事細かに話をしたり、「大事なことがわからない」ために何を話していいのかがわからず、全部説明している場合がある。また言葉が極端に不足する人の中には、子どもの頃から自身の言動に対して説明を求められた際に「言い訳をするな」と言われ続けた結果、何を話せばいいのかわからなくなって「すみません」を繰り返すことになった人もいる。

解決法　報連相の型を決める

報告はフォーマットやメモを活用して**事前に考えてから行う**と良い。何を報告するのか、どういう順番で話をするのかを事前に整理してから報告（連絡・相談）する。フォーマットに入れるべき項目は用件・結論・理由・対策案だ。

まず相手に用件を伝えた上で、相手の都合を確認する。

「○○さん、△△の件について報告／連絡／相談があるのですが、今、お時間よろしいでしょうか？」

次に、最初に結論を伝え、その後に理由を説明する。

「結論から申し上げますと〜です。その理由は〜です」

最後に報連相の結果、指示を受けた場合は内容を確認した上で、感謝の言葉で締める。

「今後の取り組みは〜を○月○日○時までに行います。お時間をいただき、ありがとうございました」

この手順で行えば、要点を絞ってうまく相手に伝えられるようになる。

報連相シートを活用する

報告内容を事前に考える際に

報連相シートの記入例

（誰に）　田中　さん　ゲストスピーカー　の件で

報告　・　連絡　・　（相談）　・　質問　があるのですが、

今、お時間よろしいでしょうか？

（何を）結論を３行で

新入社員研修でゲストスピーカーに来てもらう日程の変更
もしくはゲストスピーカーの変更が必要になりました。
できれば日程を変更したいと考えています。

【誰が】
（誰に）

【何を】

【いつ】

【どこで】

【どうした】
（どうしたい）

①新入社員研修のプログラムにおいて、ゲストスピーカーとして来ていただく日時を変更する。プログラム変更が可能な日時は○月○日○時～○時と△月△日△時～△時。
②日時は変更せずゲストスピーカーを変更する場合、具体的な候補者についてアドバイスが欲しい。

【なぜ】
（理由、原因）

ゲストスピーカーとして予定していた相談役の都合が悪くなった。しかし、新入社員研修のプログラムの趣旨は創業者の話を聞き、設立時の思いや今までの会社の歴史を理解するというものだから。

は、**報連相シート**（次ページ参照）の活用が有効だ。記入する際には、次のことに注意したい。

- 上司、同僚に話しかける前に、必ずシートに記入する
- その報告・連絡・相談・質問は、今する必要があるか（いつするか）を考える
- 時間、数、固有名詞は正しいか、必ず確認する

会議の場合も、このシートを活用し、可能な限り事前に準備をして臨もう。会議の目的、議題、出席者は事前に確認し自分用の資料を作成する。何のための会議なのか、自分の仕事にどう関わるのかを整理しておく。発言は会議の目的に合っているか、自分の仕事に関わることとか、という点に絞ると良い。

Column

仕事選びのポイント

どうしても今の職場で適応が難しく、配慮やフォローも望めないとなれば転職を決意するのもやむを得ない。その場合に重要になるのは、まず自分の傾向を分析し、苦手なところとぶつからない、得意な部分を活かせる職場を選ぶことだ。それには仕事内容もさることながら、職場の雰囲気や仕事のやり方なども重要なポイントになる。

就職する前にそれを知るには、ほとんどの会社の場合、そのチャンスは面接しかない。内定を得るだけで精一杯という考えもあるかもしれないが、転職先でまた同じ轍を踏まぬよう、できる限りの情報は得ておきたい。

以下に、面接時の質問のポイントを挙げておこう。

- **「御社の職場の雰囲気や人間関係はいかがでしょうか」**

相手が迷わず家族的、仲の良い、交流が活発などの回答を返してきた場合、職場内で頻繁なコミュニケーションを求められる可能性がある。

- **「自分の業務については、マニュアルや研修制度は用意されていますか」**

この質問に対する回答が曖昧だったり、以前の会社で自分がうまくいかなかった教えられ方（「OJT」や「先輩からの指導」など）であった場合は、前職と同じような問題に直面してしまう可能性が高い。

- **「私の業務については、明確に決められていますか。求人票以外の仕事を受けたり、あるいは異動になったりといった可能性はありますか」**

ASD傾向の場合、業務範囲が曖昧だったり、環境が大きく変化する異動があったりといった職場は望ましくない。

- **「御社の評価制度では、特にどんな点が重視されますか」**

あらかじめ目標が定められ、その達成が評価と結び付いているのであればASD傾向の人には相性が良いだろう。一方でADHDの場合には、傾向にもよるがオリジナリティや新規開拓などが認められる会社で大きな評価を受けられる可能性がある。障害一般よりは、自分個人の傾向をよく分析した上で、それが有利になる評価制度であるかどうかを確認したほうが良い。

以上の例は発達障害によく見られる傾向を前提に挙げたが、実際のところ発達障害の症状はそれぞれ異なる。できれば支援機関の助けも借りながら自己分析を行い、自分にとって必要な条件は何であるか、それを確かめるためには何を質問すれば良いかをよく相談・検討するのがベストだろう。

報連相のタイミングがわからない

対策

- 報連相すべての頻度を頻繁にする
- あらかじめスケジュールを出しておき、細かい進捗の区切りを報告日と決めておく
- チームで進捗や作業ファイルを共有する

事例　上司への報告が遅れて、仕事に影響が出てしまう

客先に行っていた課長が帰ってきたので、一息ついているタイミングで話しかける。

「すみません、明日のイベントのことなんですが」

「ああ、いいよ」

「最終的に、申込みが215人ありました。用意した席から5人オーバーしているんですがどうしたらいいですか」

「えっ!? なんで今になってそんなこと言うんだよ」

「でも報告の締切りが今日になっていたんで」

「締切り前でも、オーバーしそうだとわかっていたのなら早く言ってよ!」

確かに先週にはギリギリの人数になっていたけど、課長も忙しそうにしていたし、あとで言えばいいやと思っていた。でも、ちゃんと決められた締切りまでには伝えたのに、叱られるのは納得がいかない。

原因　ADHDの先延ばしや衝動性、ASDのコミュニケーションの躊躇

ADHDを持つ人に多い**先延ばし傾向**は、仕事などで締切りが設定されていると「そこまでにやればいいや」とギリギリまで後回しにしてしまう。時間の見積もりの甘さもあいまって、「報告しようと思ったら上司は定時で帰ってしまっていた」とタイミングを逃してしまうことも多い。また、マ

ルチタスクの苦手から他に抱えている仕事があったり、割込みのタスクが入ったりすると、**報告することそのものを忘れてしまう**こともある。

ＡＳＤの場合には、過去にコミュニケーションの失敗体験を重ねてしまっていることが多い。ここから**コミュニケーション全般にためらうようになる**と、上司への報告といった必要なやりとりさえも「忙しそうだから」「今は機嫌が悪そうだから」などの理由でなかなか実行ができなくなってしまう。結果としてＡＤＨＤの場合と同様、締切りギリギリの報告になってしまい、想定外の状況に対応できなくなってしまうことも起こる。

またＡＳＤの場合は、**判断基準が明確でなければタイミングの判断も付けにくい**場合がある。たとえば、「このアクシデントは報告すべきことか、自分で対処すべきことか」といった判断についても、基準がないとわからない。また、今上司に話しかけていいタイミングなのかどうか、といった相手の都合を読み取っての行動も同様だ。もともと他人を観察する習慣がないため、相手の行動を見ても忙しいのかそうでないのかがわからない。結果、いつまでも上司の様子をうかがうだけで話しかけられなかったり、誰かと話をしている最中なのに割って入ってしまったりといった失敗をしてしまう。

解決法　報連相すべての頻度を頻繁に

報告、連絡、相談というが、それぞれ明確に分類して考えなくても良い。大事な点は、自分の仕事の状況をできるだけタイムラグなく、上司や同僚と共有することだ。

考え方としては、報告は早いほうがいい。上司にとっても、問題がギリギリになってから相談されるのと、ある程度余裕がある時期に相談されるのとでは取れる対応が大きく違ってくる。とはいえタイミングや内容を間違えれば、せっかくの早い報告も歓迎されない場合も出てくる。

そこで基本的なスタンスとして、**締切りとは別にルーチンを決め、頻繁かつ定期的な報告で状況を伝えていく**のが良い。週一にするか毎日にするのか、頻度は仕事内容にもよるが、ともかく日頃から細かく仕事の状況を共有しておく。

これによって、自分が緊急性を判断できていない場合でも、上司が先に危うさを察して対策を採ることができる。

話しかけるタイミングの基本は、相手が一人でいるとき

この場合の一人とは、電話も含

めて誰とも話をしておらず、誰かとチームで体を使う作業をしているわけでもない状況だ。

ASDタイプの人でありがちなのが、相手が真剣にパソコンの画面をにらんでいると、事例のように「今は忙しそう」「機嫌悪そう」と考えてしまうことだ。それで話しかけるのを躊躇してしまって、相手の表情を見ながらタイミングを計っていると、急にその人が外出してしまってせっかくのチャンスを失ってしまう。

一方で相手が誰かと話をしていると、「今は話をしてもいいタイミングなのかな」と考えてしまう場合もある。結果、会話中に割り込んだり、後ろで不自然に順番待ちをしたりとかえってタイミングを読めていないという印象を与えることになってしまう。

ADHDタイプの人の場合は、相手の状況を顧みずに報告に行ってしまって、知らずに話に割り込んでしまったりすることもある。

デスクワークであれば、仕事中ほとんどの人は、別の人と話をしているか一人で机に向かっているかになる。相手が一人でいるなら、たとえどんなに難しそうな顔をしているとしても躊躇する必要はない。伝えたいことがある場合にはそのときこそチャンスと考えて、なるべく早く時間をもらうようにしよう。

相手が多忙で本当にタイミングが取りにくい場合には、**あらかじめメールやメモ用紙などで概要を投げておいてから話しかけるチャンスを待つ**。事故など本当に緊急の用件の場合には話に割り込んでもいいから伝えたいところだが、「緊急だと思うが話に割り込むほどのことか」といった判断が難しい場合には相手に黙礼だけして概要を書いたメモ用紙を机に置いていこう。

あらかじめスケジュールを出しておき、細かい進捗の区切りを報告日にする

予定を立てないとうまく動けないタイプの場合には、**進捗報告もスケジュールに入れてあらかじめ報告する日時を決めておく**と良い。日時については、あらかじめ上司にも確認をもらっておく。

たとえば、仕事にあらかじめスケジュールを決めて進捗管理している場合には、1つの仕事でもその内容ごとに細かく進捗が区切られる。これを利用して、それぞれの進捗の最終日を報告日と決めておく。

これが予定通りにいっていてもそうでなくても、そのまま現状を伝える。進み具合を表現するのが苦手であれば、単に「未達」でも良い。仕事の最終的な締切日に「できていません」では上司も困

るが、細かく分けた進捗の中の遅れであれば対策の余地もある。

一度決めたスケジュールはとことん守ろうとする、ASDの特性が活かせる方法だ。

「1日に1回は、今の仕事の状況を上司に伝える」と決めてみる

報連相への躊躇が強い場合は、立ち話でもいいので**1日に1回は仕事の状況について上司に伝えると決めておく**と良い。たとえ順調で何事もないとしても、必ず行う。進捗に問題がなければ、「今のところ、特に問題ありません」の一言でもいい。上司が捕まらない日には、メールで送っておく。

毎日一言ずつでも状況を伝えていくことによって、報連相に感じている壁を少しずつ崩していける。遅れそうな仕事は、早めに「遅れそうです」と伝えておこう。「遅れそうです」が続くようなら上司のほうも自然に対策を考えたり、詳しく相談するよう持ちかけてくれたりするだろう。

スケジュール表の例

親タスク / 子タスク	納期
HPリニューアル	6/末
HPリニューアル計画＆設計 　ランディングページ計画＆設計	4/20
追加コンテンツ作成	（前半部）4/25 （後半部）6/8
リニューアル依頼（外部業者）	5/10
リニューアル・ランディングページ調整	5/10 6/9
リニューアル製作～完成（外部業者）	6/27
ランディングページ利用（利用者向け）	7/12

チームで進捗や作業ファイルを共有する

この方法には会社側の協力が必要で、かつ仕事内容がパソコン上で行えるものでなければならないという制約は付くが、報連相が苦手な人には非常に効果的な方法だ。

やり方は、**会社の共有サーバーか、あるいはクラウドサービスを使って、進捗の記録や仕事で作成すべきファイルはすべてこの中で管理するようにする**。ファイルは必ず共有フォルダーから立ち上げ、そのまま保存する。こうしておけば本人から報告がなくても、

上司やチームのメンバーが進捗を確認したいと考えたらすぐにでも確認ができる。

ただし、この方法は、上司に確認の負担を押しつけてしまう方法でもある。できればまずは、自分から相談ができるやり方を模索したい。どうしても自分からの報連相が難しい場合に、このやり方をお願いして検討してもらうと良いだろう。

共有の方法は、いろいろ考えられる。社内で共有するファイルサーバーがあればそれを使っても良いし、ドロップボックスやグーグルドライブで仕事用に新しいアカウントを作って上司と共有しても良い。

既にグーグルのアカウントを持っている場合は、自分のアカウントのグーグルドライブで一部のフォルダだけを他人と共有する方法がある。ここでは、この共有フォルダの設定を紹介しよう。

共有フォルダの設定方法

1 上司や同僚など、ファイルを共有したい相手にフォルダの共有について相談し、連絡を送ることを伝えておく。

2 自分のアカウントのグーグルドライブに共有用のフォルダを作成する。グーグルドライブを開き、「マイドライブ」を右クリック（❶）→「新しいフォルダ」を選択（❷）する。

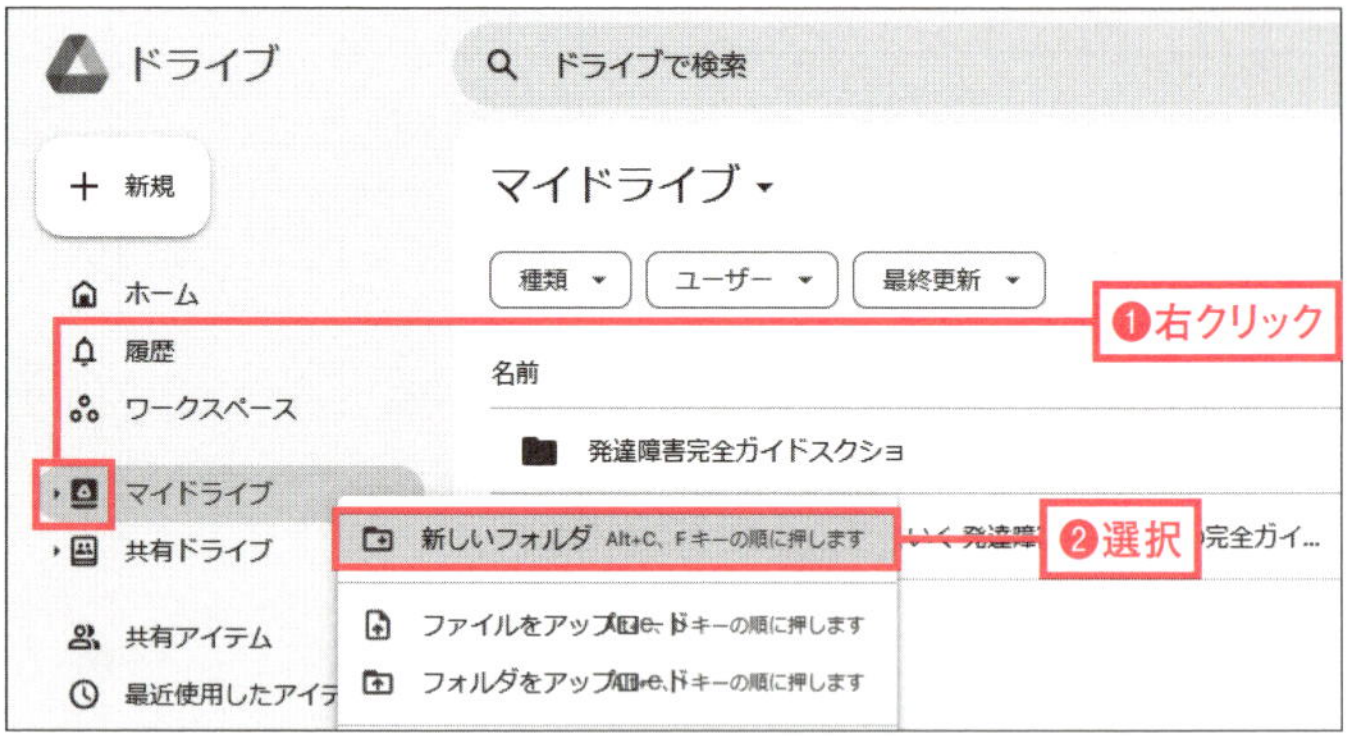

3 フォルダ名を入力して（❶）、「作成」をクリック（❷）する。

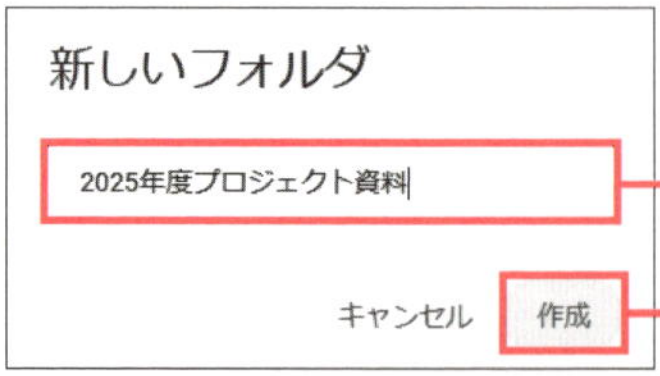

4 マイドライブの下に、新しいフォルダができる。この新フォルダの上で「共有」をクリック（❶）→「共有」を選択（❷）する。

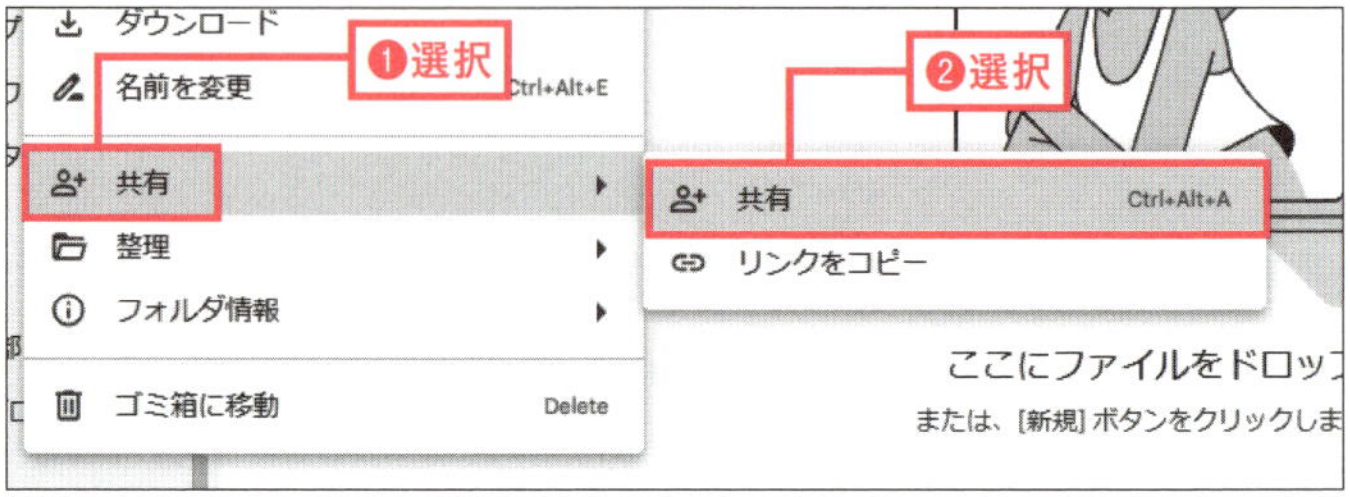

5 相手のメールアドレス（❶）と、何かメッセージがあればそれを入力（❷）して「送信」をクリック（❸）する。

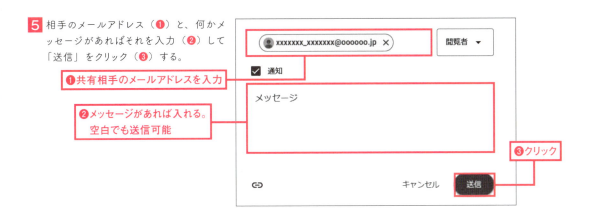

memo

もし右のようなメッセージが出たら、「このまま共有」をクリックする。

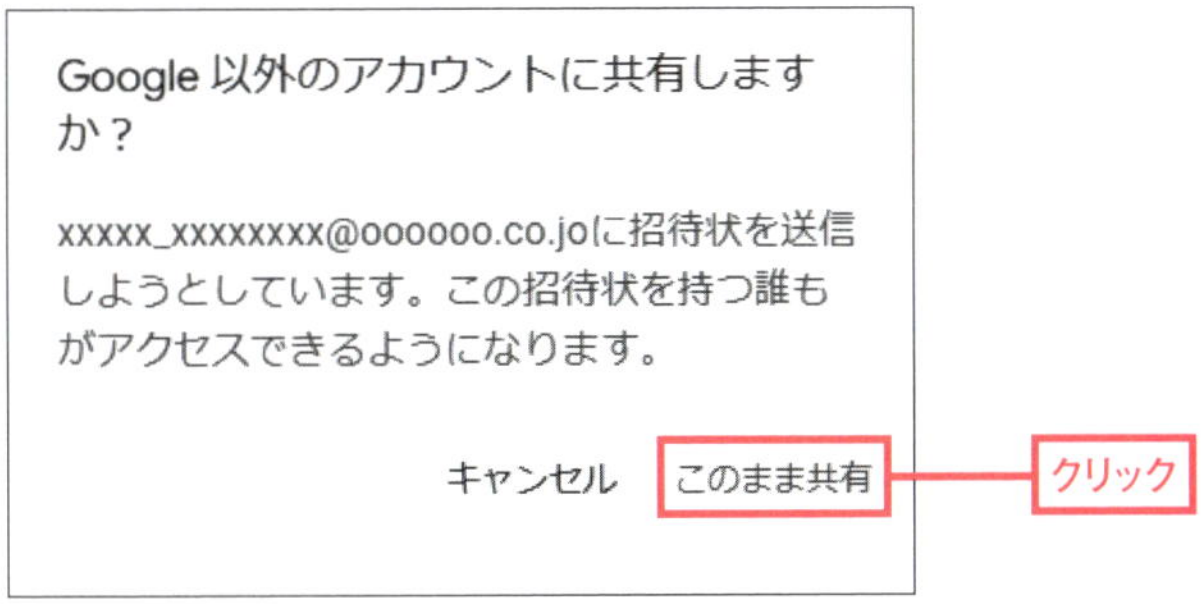

6 相手には共有フォルダのリンク先がメールで送付される。フォルダをクリックすると、ブラウザーで共有フォルダを開くことができる。

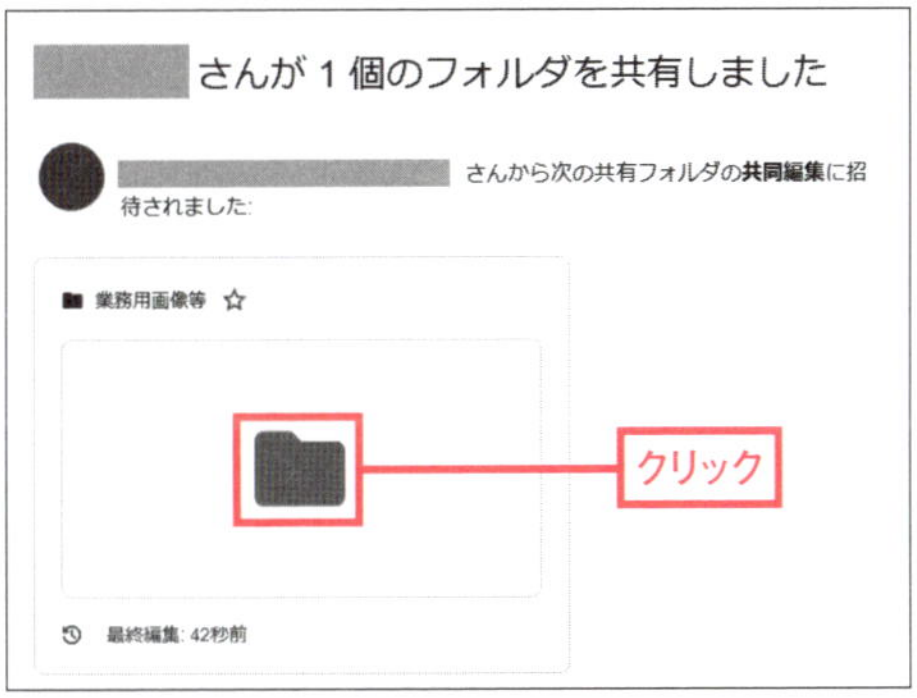

7 共有したフォルダは、お互い自由にファイルを編集したり、追加・削除を行ったりできる。

8 以降、この仕事に関わるファイルはすべてこのフォルダで扱うものとする。別の場所に保存しておいてアップロードするやり方だと、アップロード自体を忘れてしまう可能性がある。できれば、はじめからこのフォルダ上でファイルを管理するようにしておくと良いだろう。

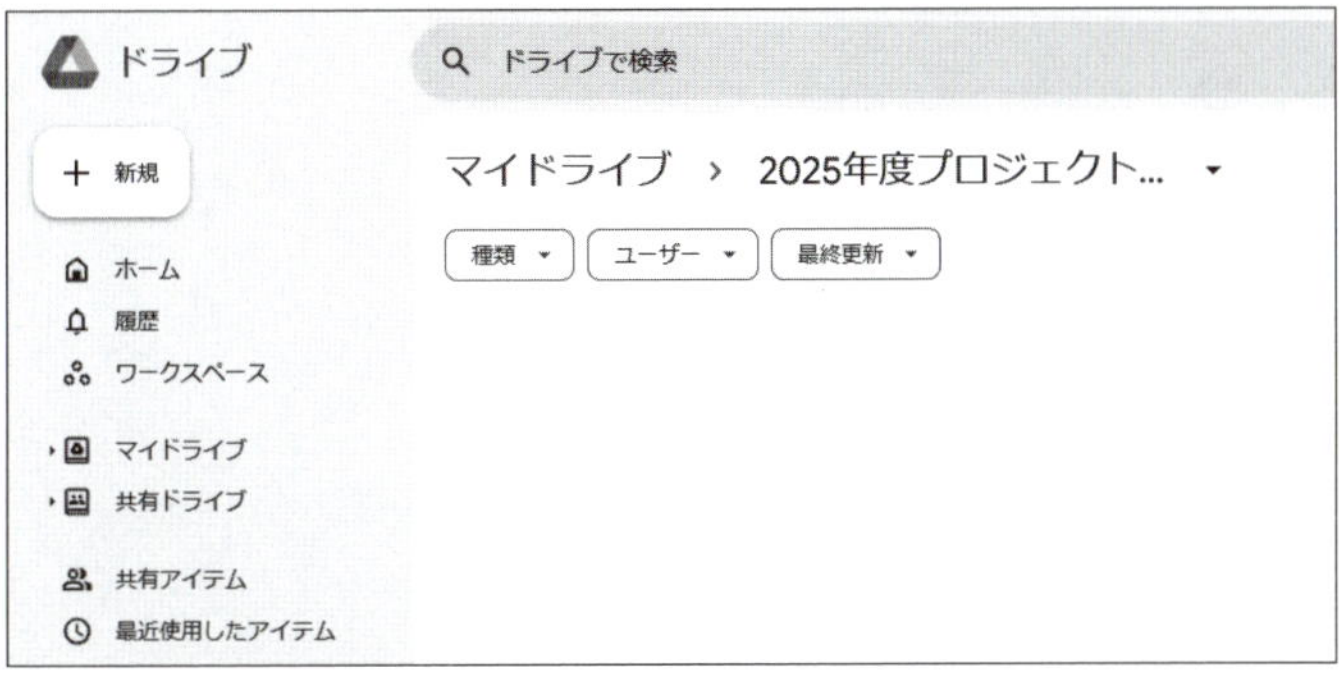

反省して謝っても許してもらえない

対策

○叱られるときの基本は、「傾聴」

事例

一生懸命謝っているのに許してもらえない。「謝れば済むと思っている」などと言われてしまう

仕事でミスをしてしまった。どう考えても、自分が悪いミス。案の定、早速上司に呼び出されて叱られてしまった。

運の悪いことに、自分の上司はお説教が長い。ミスは確かに自分が悪いのだけれど、正直時間の無駄だし、その分のミスを取り返すための仕事に使ったほうがいいと思う。とはいえ、叱られている立場でそんなことを言うわけにもいかない。ここはひたすら謝るしかないだろう。

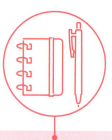

「お前なあ、何度も言っただろう」

「すみません！」

「必ず確認するように言っても、なかなかやろうとしないし……」

「すみません！　すみません！」

「いや、だからな」

「すみません！　すみません！」

「お前、ちょっといい加減にしろ！」

一生懸命謝っていたつもりなのに、かえって怒らせてしまった。その後はひたすらお説教。本当に、時間の無駄だと思うんだけど……。

原因

叱られるときには、「叱られ方」がある

特にASD傾向の人には**「叱られ下手」が多い**が、同じ叱られ下手でもいくつかのパターンに分類できる。

まずは、**「ひたすら謝り通す」**パターンだ。叱られたら、謝る。基本的に私たちは、このように習って育つ。条件と対応をセットで学びがちなASD傾向の人は、特にこの基本に忠実になりがちだ。叱られる↓謝るをセットで覚えているので、条件反射的に謝罪の言葉を繰り返してしまう。またASD傾向の脳は、もともととっさに言葉を考えるのが苦手だ。その上、怒られるときには軽度のパニックにも陥りやすい。こうなると、「すみません」「ごめんなさい」といったパターン的な言葉しか浮かばなくなってしまう。

次に、**「無口&受け流し」**パターン。叱られるとムッと押し黙ってしまったり、あるいは「ああ、はいはい」と目を合わせず受け流そうとしたりする。「あ、はい。それより……」と無理やり別の話に切り替えようとする場合もある。この場合はどれも、いきなり叱られたことによって本人の中で一種のパニックが起きてしまっている場合が多い。頭が真っ白になって何の言葉も思い浮かばなかったり、無意識の防衛反応で無理やり場面の切替えを図っていたりするのである。また、後述する「言い訳」パターンの学習の結果、「何も言わないほうがいい」と学習してしまって無口を貫く姿勢になってしまうこともある。

一方、ADHDの場合に多いのが、説教を受けているときに**「集中力を切らしてしまう」**パターンだ。飽きて貧乏ゆすりや手遊びをしてしまったり、あちこちに視線を飛ばしてしまったりする。極端になると、何か理由を付けてその場を離れようとする行動にまで至る場合もある。

最後にASD・ADHDどちらの場合にも最も多いのが、**「言い訳」**パターンだ。これは、本人としては別に言い訳をしているつもりはない場合が多い。「なんでこんなことをした」と言われたから、素直に理由を説明しているだけだったりする。しかし、謝罪の言葉もなく、すぐに理由を説明してしまうことや、口調や言い回しから他人事のように感じていると誤解を受けてしまうことで、相手の感情を逆撫でしてしまう。この「言い訳」でさらに怒られた結果、「ひたすら謝り通す」パターンや「無口」パターンに移行してしまう場合もある。

叱られる際には、その後も相手

との良い人間関係を維持することを目的として、**うまく叱られるための「叱られ方」がある**。これこそ経験則で学ぶべきことだが、ASDがあると、この経験則が難しい。このためいつになっても「うまく叱られる方法」がわからず、内心でどんなに反省していても相手に伝わることなく、火に油を注ぎ続けることになってしまうのだ。

解決法 叱られるときの基本は、「傾聴」

上手な叱られ方の手順

叱られ方の基本は、実は雑談の基本と同じ**「傾聴」**である（だからこそ、雑談が苦手なASD傾向の人にとっては同じく苦手分野となる）。

これを念頭としつつ、具体的な「叱られ方」の方法を考えていこう。次のような手順でやっていけばうまくいく。

①はじめに強い叱責、注意、問い詰めなどを受けたとき、**相手が言い終えるのを待ってから「申し訳ありませんでした」と謝罪する**。語調は落ち着いて、丁寧に。現場の文化にもよるが、一般的なオフィスであれば体育会系のような元気の良い謝罪は喜ばれない。接客業など、現場によっては元気の良さが求められる場所もあるが、この場合は同僚が叱られているときの対応を参考にすると良いだろう。

②その後続く話は、**基本的に黙って聞き入れる**。話の内容には誤解と感じる点、説明を入れたい点などが出る場合もあるが、このときには（強く回答を促されない限りは）発言は不要だ。

相手の話の節目でうなずきや、「はい」といった言葉が入れられれば良いが、多すぎると逆効果になる。相手の言葉が少し途切れた間合いに入れるのが適切だ。話を聞いているときには、目線は相手の口元からあごくらいに置いておくのが良いだろう。

③相手の話が全部終わったあと、自分の言い分や誤解の訂正、ミスの理由など、どうしても説明したいときにはそれを伝える。

このときの目線は、相手の目に合わせる。ただし、「自分は悪くない」といったニュアンスが入ってしまうと逆効果になってしまうし、一方であまりに客観的すぎる説明だとかえって「他人事のよう」という印象を与えてしまう。匙加減は難しいが、次の点に気を付けて説明すると通じやすいだろう。

●ミスにやむを得ない理由や言い分がある場合

叱られ方の手順

❶相手が言い終わってから謝罪する

❷黙って相手の話を聞く

❸言い分があるときは相手の話が終わってから

❹最後にもう一度謝罪する

「本当に申し訳ありません、実は……」と、頭に謝罪の言葉を付けてから理由を話すようにする。

●相手に誤解がある場合

「本当に申し訳ありません。ただ、○○の件については少し誤解がありますので、説明させてください」と、この場合もまず頭に謝罪の言葉を付ける。その上で、誤解のある部分だけ先に限定して説明を行う。

一部の誤解に対して、反射的に「誤解です！」と対応してしまうと、相手にとっては「自分のミスを全面的に認めない態度」とも取れ、さらに誤解を重ねてしまう結果となる。全体的にはミスは認めており、その部分だけに訂正があることをわかってもらうために必要な一言である。

④話が終わったら、**最後にもう一度「本当に申し訳ありませんで**

した」と深く謝罪する。

また、お説教を受けているときには、事例のような「早く終わってほしい」という態度を見せないことが重要だ。誰にとっても、叱られるのも説教されるのも嫌なものだろう。その上仕事もたまっているとなれば、無意識のうちに時間を気にしてしまうのもわからなくはない。しかし、重ねて相手を怒らせてしまうような結果を防ぐためにも、この心情は封印する必要がある。

叱られているときに取ってはいけない行動

さらに自分では「早く終わってほしい」などと思っていなくても、そう受け取られてしまう行動を取ってしまうことがある。

ADHD傾向で衝動性がある場合は、特にこの点に注意する必要がある。次に挙げる癖は、ADHD傾向があると平常時でも出やすいものだ。しかし叱られる場合には、特にこれらは意識して封印する努力が求められる。

●時計を見るなど、よそ見をするのはNG。視線は相手のあご当たり、ややうつむき加減で固定する

あちこち視線が飛んでしまうのはADHDに多い傾向のひとつだが、ここは意識してよそ見をするのを我慢しよう。特に、時計や携帯を見てしまうのは最悪手だ。相手と話しているときに時間を見るのは、相手には「早く終わらないかな」というサインと受け取られてしまう。

●貧乏ゆすり、手遊び、体をかくなどはNG。うなずきなど以外で、基本的に体を動かさないほうが良い

ADHD傾向の人にとって貧乏ゆすりや手遊びは余分なストレスの排出口であり、保ちにくい集中力の持続スイッチでもある。叱られているときのストレスは誰でも高くなるので、こうした癖も出やすくなる。しかし叱る側にとっては、これらの癖は「自分の話を聞いていない」サインと受け取れるものになってしまう。

どうしても我慢できなければテーブルの下や重ねた手の内側、立っているときなら後ろ手に組んだ手など、相手から見えない場所を動かそう。

もちろん足を組む、手を組む、苦笑する、あくびをするなどの失礼と受け取られる行動は絶対に控える必要がある。

●相手が黙るまで謝り通すのもNG

事例のように、相手の小言にかぶせるようにひたすら謝り通してしまうタイプもいる。自分の誠意

叱られているときのNG事項

よそ見をする

手遊びなど体を動かす

相手が黙るまで謝り通す

を表すための手段としてそうしている人もいれば、少しずるいタイプとして、相手を黙らせて説教をさっさと終わらせるためにそうしている人もいる。内心はどうあれ、この方法も良くない。そのときには相手を閉口させ、説教を短く済ませられたとしても、相手には不満を残すこととなり、後の人間関係に響く結果となる。

　謝罪の言葉は先の手順に示した通り最初と最後、あとは説明の前など、ポイントを絞って使おう。

　以上に挙げたNG事例には、ASDやADHDを抱えていると何もなくても無意識に出やすい癖や行動もある。これらの癖や行動が、時に自分では思ってもいないサインを相手に送ってしまうこともあることを知っておけば、とっさの場合に自制するためのきっかけにできる。

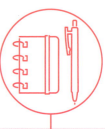

スケジュールの相談方法がわからない

対策

- 予定の入れ方をルール付けしよう
- スケジュールがかぶったときの判断基準を決めておく

事例

打ち合わせの候補日を選ぶことができない

仕事のことで、取引先に電話。

「それでは、一度お会いしてサンプルを確認させていただきます」

「はい、よろしくお願いします」

「日程ですが、候補日をいくつかメールでいただけますか？」

「あ……はい、承知しました。では、後ほど」

電話を切って、頭を抱える。しまった、今日は先に言われてしまった。この候補日を考えるのが苦手で、いつもはこちらからお願いしていたのに。

仕方なくスケジュールを確認する。それほど予定が多いわけじゃないが、空きが多いなら多いでむしろ迷ってしまうのだ。この中で、予定が入る可能性が一番低い日がどれかがわからない。

むしろ1日しか空きがないなら、迷わなくても済むのに。いっそ相手の前でスケジュール帳を広げて、空いている中から好きに選んでくださいと言いたいくらいだ。

原因

予想や見込み、スケジュール変更の苦手

学生のうちは予定も決め打ちで押しつけられるばかりなので、素直にこれに従っておけば迷わずに済んだが、社会人になると、他の人とも交渉しつつ自分でスケジュールを決めていく必要が出てくる。しかし、**予想や見込みを立てること**は、ASD・ADHDどちらの人も苦手としやすいもののひとつだ。たとえば今やっている

メールで打診する場合の例文

株式会社○○
佐々田様

いつもお世話になっております。
株式会社□□の梶木です。

先ほどお電話いただきました打ち合わせ日程の件、
下記のいずれかの日時ではいかがでしょうか。

6／5（火）　午前中
6／6（水）　終日
6／8（金）　14〜16時

ご検討をお願いいたします。
もしご都合が合わない場合は、折り返し日程の候補をいただければ幸いです。

今後とも何卒よろしくお願いいたします。

候補日は3つ挙げる

特に時間を指定する必要がないときは大きな枠で指定する

時間を指定するときは業務時間内にする

仕事が、あと何時間くらいで終わりそうか。いつ頃なら仕事も落ち着くか。この傾向の重いタイプの人だと、こうした未来予測が必要な決めごとが難しくなる。

また、**いったん決めたスケジュールを動かすのも苦手**だ。この傾向が強いと、たとえば「一人で買い物に行く予定」など別に他の日に動かして良い予定でも変更できず、大切な要件を断ってしまうような場合もある。

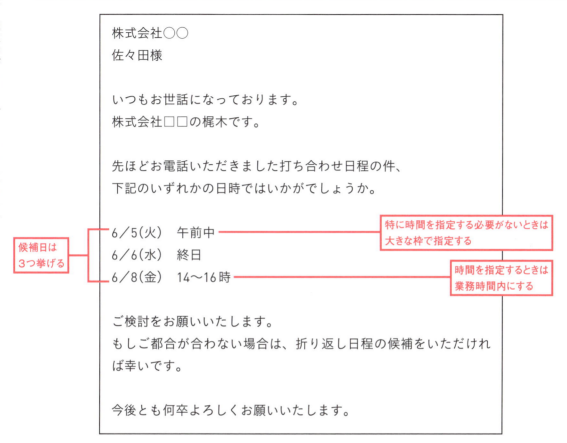

解決法　予定の入れ方をルール付けしよう

自分で自分の予定を決めていくには、**予定の入れ方、スケジュールの動かし方にあらかじめルールを定めておく**のが良い。

また、アポ取りなど他の人とスケジュールを合わせる場合には、いくつかのマナーがある。これもスケジュールを決める際には、ルールの中に入れておきたい。

スケジュール打診のマナー

こちらから候補日時を打診するときは、**できれば3つの候補を挙げる**。スケジュールが空いていても、これより多くする必要はない。

特に時間を指定する必要がないなら、「23日の午前中」とか「25日の午後」など、午前午後の大きな枠で打診して相手に都合の良い時間を決めてもらうと良い。

時間をこちらから指定する場合、特別な理由がなければ午前中なら10時〜11時、午後なら14時〜16時の間で決める（日中の仕事の場合）。一般的な会社の業務時間内で、かつ昼休みにかぶらない時刻とするためだ。急ぎの場合を除いて、近い日時の打診は避ける。1週間以上は先の日程を挙げよう。

今の時代、メールで打ち合わせの日時を決めることも多い。そのときには、前ページのような文例で打診する。

スケジュールがかぶったときの判断基準を決めておく

プライベートより仕事を優先するのは基本だが、かといって身内の冠婚葬祭よりも日常的な業務を優先させたり、特に急ぐ仕事もないのに定時を過ぎても仕事を続けたりするのは良い選択ではない。

また、早いもの順という決め方も正しくない。あとからより重要で、日時も動かせない予定が入ってくることもあるからだ。

もちろんスケジュールがかぶらないように入れていくのが理想だが、予定が増えていけばそれも難しい場合がある。かぶってしまった場合にはどちらを優先するかを判断し、動かすと決めたほうを関係者に連絡して日程の移動をお願いするか、場合によってはキャンセルしなくてはならない。

このときには、相手が「それなら優先しても仕方ない」と納得できる理由を挙げるようにする。

そこでスケジュールがかぶってしまう場合に際して、あらかじめ選択の判断基準を決めておこう。

このときの判断基準は、**日程が他に移動できる用事かどうか**だ。身内の結婚式などの日時は一度決まってしまえば、移動はできない。一方で取引先の担当者との打ち合わせであれば、日時の再設定ができるかもしれない。身内の結婚式はプライベートなことだが、取引先との打ち合わせは仕事。しかしこの場合は、日程が動かせない結婚式を優先することになる。

あらかじめ次ページの表のように優先度を決めておけば、どちらを動かす判断をするか決めやすい。ただし、優先しないからとい

優先度の判断基準

優先度	用　事
A（最優先）	• 家族・近い親戚・親しい友人の冠婚葬祭 • 自分・家族の重大な事情（病気・ケガなど） • 伝染被害の大きい病気療養
B	• スケジュールが空いていた日にあらかじめ有休申請した上での、友人・家族との大事な約束 • 業務の締切り、大事な会議
C	• 社外の人・お客様との仕事の約束 • 重大ではないが緊急な家族の事情
D	• 定期的な通勤 • 定例的な会議
E	• 一人で出掛ける予定 • 家で趣味のことをやる予定 • 友人の急な遊びの誘い
考慮不要	今は何もないが、もしかしたら何か予定が入るかもしれない

って切り捨てて良いものではない。関係者に連絡し、フォローや日程の変更を求めるプロセスが必要だ。

判断基準を決めることで、スケジュールを入れることへの不安を解消する

未来の見通しが苦手なASDの場合、スケジュールが空いていてもそこに何かの予定を入れることに強い不安を覚える。

「何か急な事情で予定を守れないことがあるかもしれない」「あとでもっと大事な用事が入ってしまうかもしれない」という可能性まで考えて、予定を入れることを躊躇してしまう。

予定は動かせるものであると考え、そのルールを自分の中でしっかり決めておくことで、スケジュールを入れることへの恐怖を解消させていくことができる。

悪意はないのに相手の気分を害してしまう

対策

○会話中にやるべきことと NGになることを知っておく

事例

普通に話しているつもりなのに相手を怒らせたり、「失礼だ」と言われてしまう

自分では何も悪いことを言っているつもりはないのに、相手の気分を損なってしまうことが多い。仕事の相談をしているときに、「お前のために話しているのに、なんで他人事みたいな態度なんだ」といきなり怒られたこともある。

どこで相手を怒らせてしまうのかわからない。

原因

障害によって出やすい癖や特徴が、コミュニケーションの阻害になってしまう

ASDやADHDを抱えていると現れやすい、いくつかの癖や特徴がある。たとえばADHDなら、**貧乏ゆすりや手遊びなどの多動**、ASDであれば**目線が合わなかったり、声が大きすぎたり小さすぎたりする**。これらの特徴が仕事のやりとりで現れれば、すべて相手に悪印象を与える結果になってしまう。

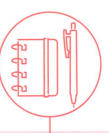

また、ASDは社会性の低さから、ADHDは衝動性から、**一般に他人の前ですると失礼に当たる行動をしてしまうことがある**。たとえばあくびや頬づえ、手で口を覆わずに咳やくしゃみをしてしまうなどだ。

また、仕事の話であってもただ情報を伝えればいいわけではない。報連相も人間同士のコミュニケーションであり、そこにはやはり相手の気持ちをおもんぱかった表現が必要になる。**相手の気持ちをくみ取るのが苦手**なASDにとっては、これもまた仕事のやりとりに困難を生じさせる原因となってしまうのだ。

ADHDの場合も、その率直な物言いから、相手の気分を害してしまう場合がある。

解決法 会話中にやるべきこととNGになることを知っておこう

相手の気分を害さないためには、**仕事の会話をする上での暗黙のルールを知っておくこと**が重要だ。意識し、守っていくにはそれなりの我慢や努力が必要になってしまうが、知らなければそもそも努力の仕方もわからなくなる。

以下に会話中に意識すべきことと、NGになってしまうことを挙げる。すべてを紹介はできないが、比較的意識しやすいこと、出やすい癖を中心に挙げていく。

仕事の会話時に意識すべきこと

●話しかけられたら「はい」と返事をして体ごと相手のほうを向く

自分の名前を呼ばれて話しかけられたら、まずは「はい」と返事をする。それから相手のほうを向くが、このときには顔だけでなく、できる限り体の正面を相手に向けるようにしよう。また、座っているときに上司やお客様などの立場が上の人に話しかけられたときには立ち上がるようにしよう。

●誰かを呼びかける声がしたら、取りあえず声がしたほうを向く

名前を呼ばれていなくても誰かを呼びかける声がしたら、取りあえずそちらに顔を向けよう。相手がこちらを見ているなら、自分に対しての呼びかけということだ。

●自分が呼びかける場合には、まずは相手の名前で

とはいえ直接名前を呼ばれなければ、わかりにくいのは間違いない。自分が誰かに呼びかけるときには、まずは「すみません、○○さん」と名前で呼びかけるようにしよう。

●用件はいきなり切り出さず、相手の都合を確認してから話し始める

「今よろしいですか」と尋ね、相手の了解を得てから用件を話し始める。急ぎの場合には、「緊急なのですが、今よろしいですか」と付け加える。

もし、「今ちょっと……」と言われたら、「わかりました。ではまたあとで」といったん引き下がる。あとはチャンスを見て再度話しかけても良いし、メールなどで送っておいても良い。

●「ありがとうございます」や「申し訳ありません」を付ける

仕事のフォローやアドバイスをもらったときには、「ありがとうございます」。注意を受けたあとや、うまくいっていないとき、手伝ってもらいたいときの相談時には「申し訳ありません」。これを意識することで、「他人事」感はだいぶ薄れてくる。

●最後まで言い切る

特に言いにくいことについて、語尾を濁すような言い方はやめよう。たとえば、具合が悪くなって早退したいときに、「すみません、ちょっと具合が悪くなりまして……」といった言い方がそうだ。この場合は、「すみません、ちょっと具合が悪くなりまして。本日は急ぎの仕事もないので、お許しをいただければ午後早退させてください」と、何をお願いしたいのかはっきり伝えよう。

仕事の会話時のNG事項

●うなずきやボディランゲージなどの会話に必要なもの以外の、余分な体の動き

あくび、手遊び、頬づえ、貧乏ゆすりなどの行動は、相手に「会話に集中していない」という印象を与えてしまう。くしゃみなどの場合は手で口を押さえ、「失礼しました」と謝罪する。

●相手と視線を合わさない。そっぽを向いている

話をするときは、相手の顔に目を向ける。相手の目を見るとにらんだり凝視しているような印象を与えてしまう場合は、相手の額や口元に視線を置こう。

●話の流れを断ち切るような行動をしたり、話の途中にまったく違う話題を切り出したりする

たとえば仕事の話の最中に、いきなり「糸くずが付いていています」と上司の肩に手を伸ばすような行為は、たとえ親切心でやったことでも失礼に当たる。話の最中は、その話の内容に集中しよう。

●社内の仕事への評価・批評

同僚や上司の仕事への評価、批評に取られる言葉は避ける。意外かもしれないが、自分の仕事への悪い評価も良くない。他人事でいっているような印象を与え、仕事に真剣に向き合っていないようなイメージで見られてしまう場合がある。また、間接的に一緒に仕事をした人をけなしてしまうことにもなり得るのだ。管理職で部下の評価をしなくてはならない場合や、業務命令で自己評価を出すときなどはもちろん別だが、必要のないときに仕事の評価を口に出すことはやめよう。

仕事の会話時に意識すべき6つのこと

話しかけられたら相手のほうを向く

誰かを呼びかける声がしたら、声がしたほうを向く

呼びかけるときは、
まずは相手の名前を唱える

相手の都合を確認してから話しかける

「ありがとうございます」や
「申し訳ありません」を付ける

最後まで言い切る

会話時にやってはいけないこと

余分な体の動き

相手と視線を合わさない

話の流れを断ち切るような行動

社内の仕事への評価・批評

第10章

会議などの1対多のコミュニケーションをうまく取りたい

会議・雑談

うまくやれていた人がつまずきやすいのが会議や打ち合わせだ。1対多のコミュニケーションはASD・ADHDどちらも、苦手な要素が詰まっている。自分にとって会議の何が苦手なのかを分析して、その対策を見付けていこう。

大勢で話されると、それぞれが何を言っているかわからない

対策

○会議前後のフォローが重要

事例　会議の流れについていけない

会議が苦手だ。

うちの会社は会議が多く、みんなが結構活発に意見を出すのだが、そのためか誰が何を言っているのかわからなくなってしまう。今、何の話をしているのかもわからないし、そのうち気分も悪くなってきてしまう。もちろん自分の意見を出す余裕なんかない。もういっそ、決まったことだけ教えてもらえないだろうか。

原因　ASDに多い聴覚過敏

大勢の人が話していると、それぞれの声を聴き分けられなくなってしまう。その状態が続くと、やがて体調も悪くなってきてしまう。

こうした症状の理由として考えられるのが、ASDを抱える人に多い**聴覚過敏**だ。

人の脳には、今必要としていない音を意識させずに必要な音だけをクローズアップする機能がある。

しかしASD傾向の脳は、この仕事が苦手だ。結果、すべての音が一度に耳に入ってきて必要な音の聞き分けがうまくできなかったり、あるいはできても非常に脳に負担がかかったりする。そのまま音の多い環境に居続けると、負担から強い疲労を感じるといった身体的な影響も出てくる。

ADHDでも、**集中するのが苦手**なことから人の意見を聞き逃し、そのまま会議の流れも見失ってしまう場合がある。

解決法 会議前後のフォローが重要

この問題は、聴覚過敏の重さによって取るべき対策は異なってくる。本当に多数での話し合いが不可能なら、きちんと会社に相談して対策を話し合うべきだろう。それこそ、事前に必要な資料や意見を提出するだけで会議には出席せず、結果だけを連絡してもらうといった対応もお願いできるかもしれない。

努力すれば話は聞き取れるが、ややつらい、自分の意見を出せるほどの余裕がない、こういった段階であれば、工夫次第で状況を改善できる可能性はある。

座席図の記入例

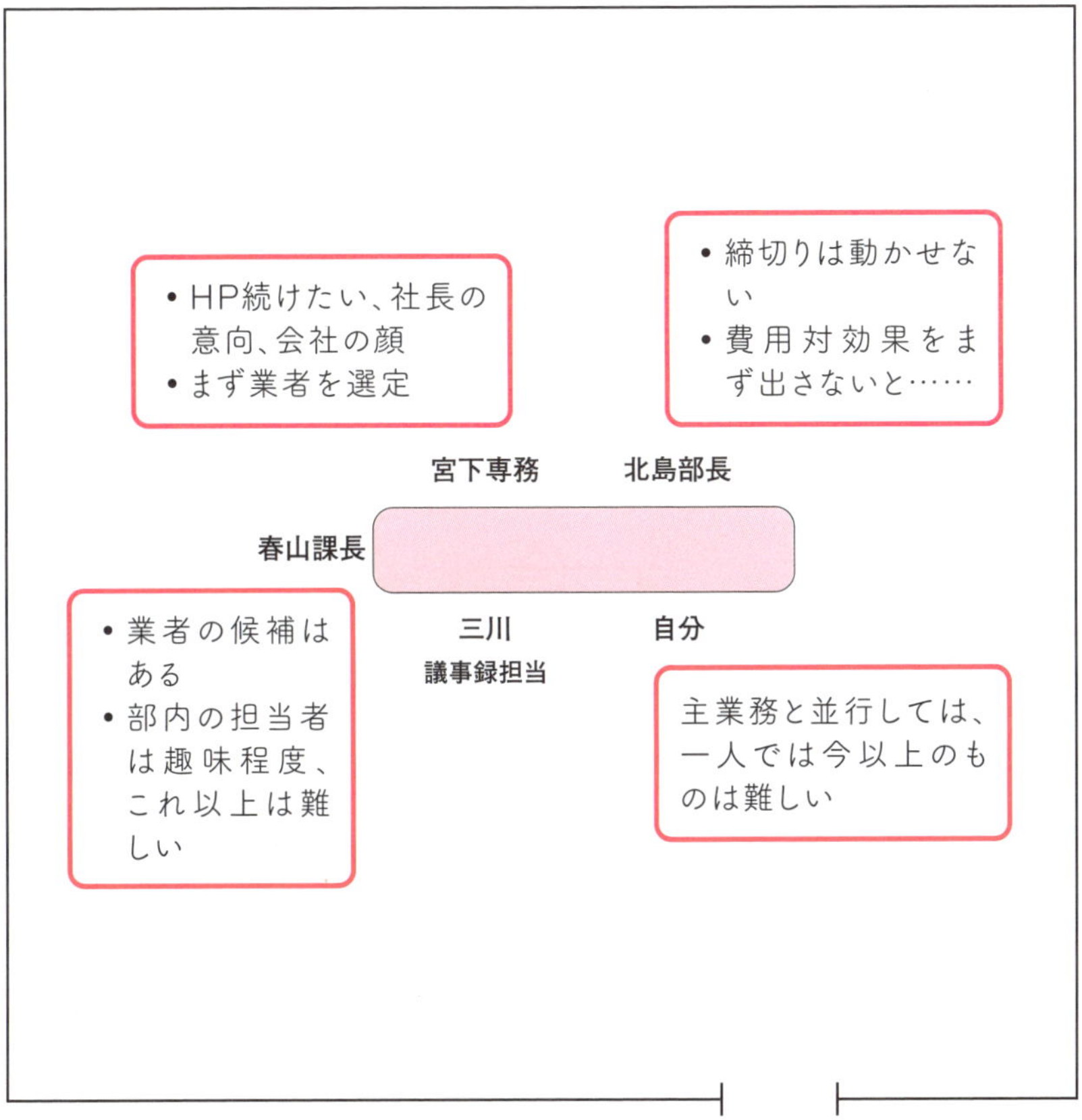

会議前に、わかっていることをすべて書き出して自分用の資料を作成する

たとえば会議の出席者や、会議のテーマ、自分の発表内容や、確認すべき事項など、**会議について事前にわかっていることは、すべて書き出しておく**。書き出す項目は完全に覚えていて、わざわざ書き出す必要もないことも含めてだ。

資料に書き出しておくのは覚えておくためでなく、忘れても構わないようにである。その分、脳のリソースを空けておき、新しい情報に使えるようにするためだ。自分の発表内容などは、そのまま読めば良い資料を用意しておきたい。いちいち表現の言葉を探す手間を減らすだけでも、脳への負担を減らせる。書き出す項目は、次ページの通りだ。

座席図を用意し、出席者の顔・名前・発言をひもづけしやすくする

あらかじめ席が決められているなら、前ページのように**事前に座席図を用意しておく**。そうでなければ図だけ用意し、出席者が着席したら名前を書き込んでいく。

「同僚や上司の名前くらい覚えているよ！」と思うかもしれないが、これもまた脳をラクにするための工夫だ。図の名前と出席者の顔を目で見てひもづけしやすくすることで、発言内容と発言者の名前もまた、頭の中で結び付きやすくなる。

少し大きめの用紙に座席図を描いて、そのままそれをメモ用紙に使っても良い。図上の名前の近くにメモすることで、誰が何の発言をしたのかをわかりやすく記しておける。

誰かの発言時には、その人の口を見る

発言する人がいたら、**その人の口を見る**ようにしよう。声の発信源を見ることで距離感をつかめ、比較的声の選別もやりやすくなる。ＡＤＨＤ傾向の人にとっても、意識して視線を固定することで、その人の話に集中できるようになる。

議事録が配布されたら、必ず目を通す

会議で決まったことを端的に知るためには、**議事録を読むのが一番**だ。もし議事録に覚えのない情報があったり、逆に必要な情報が記されていなかったりした場合には、必ず会議の出席者に質問・確認しておこう。「ちゃんと聞いていなかったのか」と注意を受けてしまうかもしれないが、重要な情報をスルーしてあとで問題になるよりは格段にマシだ。

質問する際には「申し訳ありません」、教えてもらったら「ありがとうございます」を忘れずに。下手に言い訳をしないことで、「聞き逃しはするけれど真面目」という印象を築いていくことを目指そう。

また、そのときには**メモ帳を忘れずに持っていこう**。これは、記憶力に自信があったとしてもだ。同じことは二度聞かないよう心がけるとともに、その姿勢を相手にも見せるようにしよう。

会議の事前資料作例

❶ 3/8（水） 公式HPのリニューアルについて

目的：アクセスアップ→集客力の向上 ❷
日時：3/8（水） 10：30～
場所：本社会議室 ❸
出席者：宮下専務、北島部長、春山課長、三川 ❹

❺ 事前情報：
・公式HPのアクセスが右肩下がり
・現状のHPの費用対効果がわからない

事前準備物： ❻
会議告知メールを印刷

❼ TODO：
・自分の担当タスクを確認

確認事項： ❽
・自分の担当タスク
→多分、業者選定からの実務担当？
・締切り⇒質問（だいたいの期間）
・予算⇒質問（あとでいい？）

❶日時・議題を記入する
❷それが何を話し合うため、あるいは何を決めるための会議なのかを書いておく。特定の目的がない定例的な会議であれば、「定例報告」と書いておく
❸自社・他社だけでなく、可能ならどの部屋で行われるのかも記しておく
❹出席する予定の人をわかるだけ書いておく。実際に会議が始まったあと、抜けがあったら付け加えておく
❺その会議が開かれるきっかけとなる案件や仕事の内容など
❻会議資料や発表の台本など
❼その会議で、自分がやらなければならないこと。発表などの予定がなくても、「自分の担当タスクの確認」などを入れておく。定例の会議であっても、そこで何らかの業務が発生し得る可能性はある
❽その会議で、自分が特に確認しておくべき必要のあること。自分の仕事に関係する情報が主になる

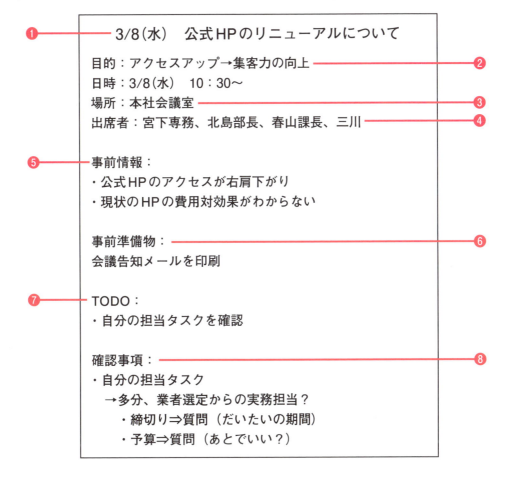

正しいと思う意見を言っているだけなのに、周囲の反応が良くない

対策

- 自分の立場で求めるべき「正しさ」は何かを考える
- 自分の担当する仕事の中での意見を意識する
- 「どこ」に問題があるかを明確にして、解決方法を探る
- 一度結論の出たことは蒸し返さない

事例　正論を言っているのに周りの人はあきれ顔

われながら仕事の分野についてはよく勉強していると思うし、専門の本もよく読んでいるから知識も豊富だと思う。会議などでも積極的に意見を出しているのだが、なぜか周りの反応は良くない。

「だから、B案のデザインのほうがいいですって。専門誌でも、来年の流行色は紫と予測しています。A案は古いですよ」

「それはもう終わった話だろ？お客さんがA案で行きたいと言っているんだから、言われた通りに作るのがこっちの仕事じゃないか」

「だったら、なんでデザインの検討からウチが入っているんです？今からでも、先方に提案してみればいいじゃないですか」

「だったら、お前がやれよ」

「それは僕の仕事じゃないです」

そう言うと、課長たちはあきれたようにため息をついて、僕の意見などなかったかのように「もう他に意見はないな？」と周りを見回して議題を先に進めてしまった。

専門誌の情報も、先方との交渉が自分の仕事じゃないのも本当のことだ。自分は正論を言っているのに、いつもこうして取り上げてもらえないのは本当に納得がいかない。

原因　順位が明確にならない判断基準の難しさ

ルールや正論へのこだわりは、ASD傾向の人に多い特徴だ。

その理由としては、**空気を読んだ**

り、その場その場で自己判断をしたりが苦手なことが考えられる。不確定なことに大きな不安を覚える人にとっては、「これが正しい」と明確に示せるものは生きていくための指針になる。それを崩されることへの不安は、他人にはわからない大きなものだ。

しかし、そのこだわりは「どちらもそれぞれ正しい点がある」という状況を受け入れることを難しくしてしまっている場合がある。

特にASDの場合は興味や焦点の偏りから、「人それぞれに立場や考え方がある」という**視点の多様性を認識（あるいは実感）できなくなる**場合がある。「相手の視点で見れば、別の事実があるのかもしれない」ということが想像できないために他者の見解が一方的な誤りに思え、違う意見を尊重できなくなってしまうのである。

この傾向は自分の頑固さだけでなく、不必要な従順さとして現れてしまう場合もある。自分の考えが確立していない分野で、相手から強硬に「これが正しい」と言い立てられると、「本当に相手が正しいのかも……」と考えてしまい、明らかにおかしいことにも従ってしまう。頑固な性格と思われていたのに、詐欺にあっさり引っかかってしまい不思議がられるパターンもある。

まずはそれぞれが考える正しさがあり、その事実を受け入れることが克服の一歩となる。

解決法

いろいろな「正しさ」がある中で、自分の立場で求めるべき「正しさ」は何かを考える

ASDやADHDを原因とするこだわりからの脱却を図るには、まずは**それぞれの考えに正しさがあることを受け入れる**必要がある。

Column

同じ悩みを抱えている人と話をしてみる

同じ悩みを抱えている人と話をしたい人のために、各地に当事者会が設立されている。「発達障害当事者会」で検索すると各地の情報が出てくるので、最寄りの当事者会に連絡を取ってみよう。また、発達障害支援センターで相談してみても良い。

東京近隣でなければ利用は難しいかもしれないが、新宿には当事者のための常設スペースも運営されている。

Necco
https://neccocafe.com/

常設でカフェも運営されているため、「事前の連絡」といったことが苦手な人でも気軽に足を運びやすい。あらかじめ、開店時間や休業日などを調べて行くのが良いだろう。

とはいえ、「人それぞれだから」といって今度は自分の意見が出せなくなってしまったのでは意味がない。

そこで会議で意見を出す場合には、**「自分の立ち位置」**と**「タイミング」**という2つの条件を意識しよう。企業において役割分担を行っている理由のひとつには、それぞれの立場から多角的に意見を集約するためという意味もある。それぞれの立場の人が自分の責任の範囲で意見を出し、一度決まったことは全体の方針として受け入れて仕事を始めるための過程が会議だ。

事例の人物の意見が周りから受け入れられなかったのは、意見の内容が本人が担当している仕事内容と関わりのなかったこと、既に一度決まったことに異論を唱えてこれを覆そうとしたことに理由がある。

まず、自分の担当する仕事の中での意見を意識しよう

意見を出す上でまず考えるのは、**その仕事における自分の立ち位置**だ。たとえば、その仕事が会社の利益になるかどうかを判断し、GOサインを出すのは経営陣の仕事だ。仕事の内容や進め方が企業のルール、コンプライアンスに沿ったものであるかどうかは法務部門や製造部門などが判断する。技術部門や製造部門は、請け負った仕事をどうやれば完成させられるかを考える。

自分がデザイナーであれば、期待される意見はどんなデザインなら依頼者に満足してもらえるかだ。しかし、あなたが製造部門なら、それがいいデザインであることは認めつつも、「このデザインのままで実際に商品を作ることは不可能だ」と意見を述べる必要があるかもしれない。あなたがコンプライアンスを守る立場なら、「このデザインはこの部分が安全基準に違反している」と言わなければならないかもしれない。

自分の仕事の範囲の中で、最高と思える意見を出す。あとの問題は、それぞれの専門家を信頼して良い。

「どこ」に問題があるかを明確にして、解決方法を探る

それぞれの立場で意見を出して、それがうまく噛み合う場合もあれば、どうしても並び立たない場合もある。会議で意見が噛み合わないときに大切なのは、「勝つ」ことではない。お互いの「なぜその案なのか」「なぜ反対なのか」を明らかにして、より良い方法を探すことだ。

その準備として会議で自分の意

見を出す際には、**会議前に意見の内容と「なぜその案なのか」という理由を考えてメモ書きしておきたい**。会議の中で意見を思い付いた場合にもいきなり手を挙げるのではなく、まずその理由をメモ帳で文章にしておこう。

そして意見を述べる際には、「私は○○すべきと考えます。なぜなら〜」と、結論→理由の順で発言する。

たとえば、「ある製品を値下げして売れないか」と経営陣から提案があったとする。自分がその意見に反対するとすれば、「使っている部品の一部が高価で、これ以上のコストダウンは難しい」という明確な理由を説明する必要がある。

そうすれば経営陣は、むやみに反対しているわけではなく、「部品の一部が高価」という点に課題があることを理解できる。「では、同じ性能でより安価な部品を探して値下げを実現しよう」と、どちらにも納得できる解決方法が見付かるかもしれない。

大事なのは自分の「結論」を通そうとするのではなく、「問題点」を明らかにして皆に解決方法を考えてもらうことだ。

場合によっては、どうやってもどちらかの問題点が残ってしまう案件もあるかもしれない。この場合、どちらを優先させるかを考えるのも、会議で行われるべきもののひとつになる。

一度結論の出たことは蒸し返さない

会議においてせっかく出した自分の意見が通らないこともあるし、一度結論の出たことにあとから良いアイデアが浮かぶこともある。それでも、**一度皆で結論を出したことは基本的に蒸し返さないこと**が重要だ。

誰でもやってみる前から100%の意見など出しようもなく、限られた時間の中でより良い方法を探っていくしかない。だから一度決まったことにそれぞれで思うところはあっても、それは飲み込んで全体の方針として守っていくことが必要だ。あとで良いアイデアが思い浮かんだからといっていちいちひっくり返していては、仕事がいつまで経っても進まなくなってしまう。チームでやるからには、どうしても1つの方針を決めて実行する必要がある。

終わってみて仮に失敗だったとしても、「だから言ったのに」と口にするのも禁句だ。自分個人の意見とチームの結論が仮に180度違っていたとしても、一度結論を出したからには「自分たちの方針」として責任を受け入れる姿勢が必要なのである。

会議中にいろいろなことが気になって、議題に集中できない

対策

- ○「自分に関係あること」に集中力を絞る
- ○議事録をプロジェクターで投影してもらう
- ○音声認識ソフトで会話の流れを文章化する

事例

会議中、いろいろなものに目がいってしまい意見が頭に入ってこない

とにかく会議が苦手で仕方がない。誰かが意見を述べているときにも、「あっ、Aさんちょっと髪が跳ねてる」などと気付いたりすると、もうそっちに意識がいってしまって、肝心の意見は何も記憶に残っていない。わざとやっているわけでも、会議を退屈に感じているわけでも全然ないんだけど、目が自動的にいろいろなものを拾ってしまい、全然議論に集中できなくなってしまう。

とうとう何もわからないままに会議が終わってしまったと思ったら、とどめに部長から「各自レポートを提出な」。会議の内容なんて、何ひとつ頭に残ってないのに！

原因

ADHDの衝動性、ASDの情報選択の苦手

ADHDには興味のあることなら度を超えて集中し続けられる一方で、**興味の持てないことに集中するのが非常に難しい**という性質がある。この「興味の持てない」判定は非常に厳しく、自分の義務で本当に集中しなければまずいことであってさえ外れてしまうことがある。こうなると今度は、ADHDの衝動性に引っ張られやすくなる。会議中、視界の端にとどまった本当にどうでもいいものにも意識がいってしまって、肝心の話題は右から左ということも少なくない。

ASDの場合は、**自分にとっ**

て重要な情報を自動的に分別する力が弱いために、いっぺんにいろいろな人が喋ったりする状況に極めて弱い。それぞれの言うことがまったく聞き取れなかったり、言葉は聞き取れてもそれを頭の中で整理するのが追い着かずに混乱したりする。ある程度聞き取る力がある場合でも、脳が酷使されて疲れきってしまったり、気分を悪くしてしまったりする。人混みの喧騒で体調を崩しやすいタイプの人なども、これが原因の場合がある。

解決法　脳への負荷をできる限り下げる

基本的な対策は、「大勢で話されると、それぞれが何を言っているかわからない」の項目と同じだ。**あらかじめわかっていることを書き出しておき、覚えておかなければならないことを少なくして脳の負荷を下げる**。ICレコーダーが使えるなら、録音しておいて聞き逃しを防ぐ。

今話している人の口元に意識して視点を集中するのも、ASD・ADHDどちらの問題にも効果的だ。ASDの場合は唇の動きと連携して、言葉を聞くことで、苦手な聴覚からの情報を視覚で補い「その人の言葉」を意識しやすくできる。ADHDの場合も視点を意識的に固定することで、別のものに意識を奪われることを防ぐことができる。

「自分に関係あること」に集中力を絞る

長い会議時間の最初から最後まで集中し続けるのは、発達障害に関係なく誰にとっても難しい。ではどうするかといえば、**自分に関係のある話題にピンポイントで集中力を使うようにする**のだ。

議事録係でもない限りは、会議の内容を完全に記憶・記録する必要などはない。大事なことは会議の中から、自分個人の仕事に関係した情報を拾い出すことだ。

とはいえ、それが簡単にできるならもともと苦労はない。そこで、「大勢で話されると、それぞれが何を言っているかわからない」の項目で紹介した事前作成の資料が活きてくる。

資料の中に、**自分の担当の仕事に関係した情報を特に詳しく入れ込んでいく**。具体的には、次のような内容だ。

- 自分の担当している業務内容
- 同じ場所を担当しているチームメンバー
- 業務のスケジュール
- 業務の進捗状況
- 現状の課題、問題点
- 要望、確認事項など

資料の具体例

担当業務：2025年度新入社員研修運営

メンバー：馬場（リーダー）、猿谷、石澤

スケジュール：

　研修日程　2025/4/2〜2025/4/25（18日間）

　人数の確定　〜2024/9/2

　研修プログラム確認（株式会社××様）→先方に日程確認

　研修会場の選定　〜2024/9末

現状の課題：

　研修会場→昨年の池袋貸し会議室は使用不可。再選定の必要。条件は？

確認事項：

　内定者人数の確認→人事部浅野さん

　研修会場の要望確認→人数確認＆荒木部長

自分の業務に関係しそうなキーワードもなるべく書き出しておく。これらのキーワードや自分の名前、メンバーの名前が話題にのぼれば、それをスイッチとして集中するようにする。あらかじめ必要な情報をまとめておくことで、いきなり話を振られても安心できる効果もある。

この方法は、集中のスイッチがオフになっているときでも、ある程度は話題に意識を傾けておかないとキーワードに気付けないという弱点もある。完全な集中を100とすれば、30から40くらいは意識をとどめておく必要がある。

ＡＳＤでもＡＤＨＤでも、集中の度合いをコントロールできず0か100かになってしまう人が多い。慣れた仕事でも毎日ぐったり疲れてしまったり、デスクワークで頭痛や目の痛みが頻発したりするようなら、このタイプに当てはまるかもしれない。このタイプの人はできれば、少しずつでも出力の調整ができるようにしていきたい。まずは50の状態が意識できるようにしてみよう。

議事録をプロジェクターで投影してもらう

会議では多くの人たちが、さまざまな方向から話をする。これがASDの人にとっては会話の流れの理解を妨げ、ADHDの人にとっては集中が移ってしまうきっかけとなってしまう。

会議参加者に協力してもらえることが前提であるが、もし誰かがパソコンで議事録を取っているのであれば、このパソコンをプロジェクターでつないでもらう。そして**リアルタイムで記録されている議事録を、そのまま投影してもらう**と良いだろう。

会議中は、ずっと投影されている議事録に集中してさえいれば良い。少し集中を乱してしまって、話の内容を取りこぼしてしまったとしても、映された議事録の内容を読めば確認ができる。

特に視覚優位の強いタイプのASDであれば、声で聴くよりもずっとラクに会議の流れに乗っていけるはずだ。

音声認識ソフトで会話の流れを文章化する

プロジェクター投影をお願いするのも難しいような状況で、しかし自分のパソコンの持ち込みが可能なら、自分で議事録を取るのもひとつのやり方だ。パソコンの画面に集中することで、ある程度は移り気対策にもなる。

しかしタイピングがあまり早くない、聴覚過敏で聞き取る力に自信がないなどの理由でそれも難しい場合は、**音声認識を補助に使ってみる**のはどうだろうか。

223ページではスマホ用の音声入力アプリを紹介したが、指示受け時にこっそり持っているならともかく会議中にスマホをいじっているのは難しい、という事情も考えられる。

そこでここでは、ウィンドウズでも利用できる音声入力ソフトを紹介しよう。

ここで用いるのは、グーグルで提供されているブラウザー用の文書作成アプリ、グーグルドキュメントだ。利用するにはパソコンにGoogle Chromeがインストールされている必要がある。また、グーグルのアカウントも必要になる。自分のスマホのアカウントでも良いし、別に仕事用のアカウントを取得しても良いだろう。

アカウントを取得し、Google Chromeを開いたらあとは次ページの手順でやれば良い。

多少の取りこぼしや誤変換も生

じ完璧ではないものの、音声認識の精度はかなり高い。会話の流れを追う程度であれば、十分に実用に耐える。

なお、ノートパソコンの内蔵マイクでもパソコンの前で話す分には十分声を拾ってくれるようだが、会議室の会話全体を記録するとなると厳しい。あらかじめ、ボイスチャット用などのマイクを利用しておくのが良いだろう。マイクは、パソコンのマイク端子につなげられるミニプラグのコネクターのものであれば基本何でもいい。「ボイスチャット　マイク」で検索すれば複数の商品が見付かる。

いきなり本番で試すのではなく、あらかじめマイクをつないでテストし、感度を確かめてから利用するようにしよう。

グーグルドキュメントを利用した音声入力の手順

1 グーグルのスタートページからアプリのスタートボタンをクリックする。

2 「ドライブ」をクリックして、グーグルドライブを呼び出す。

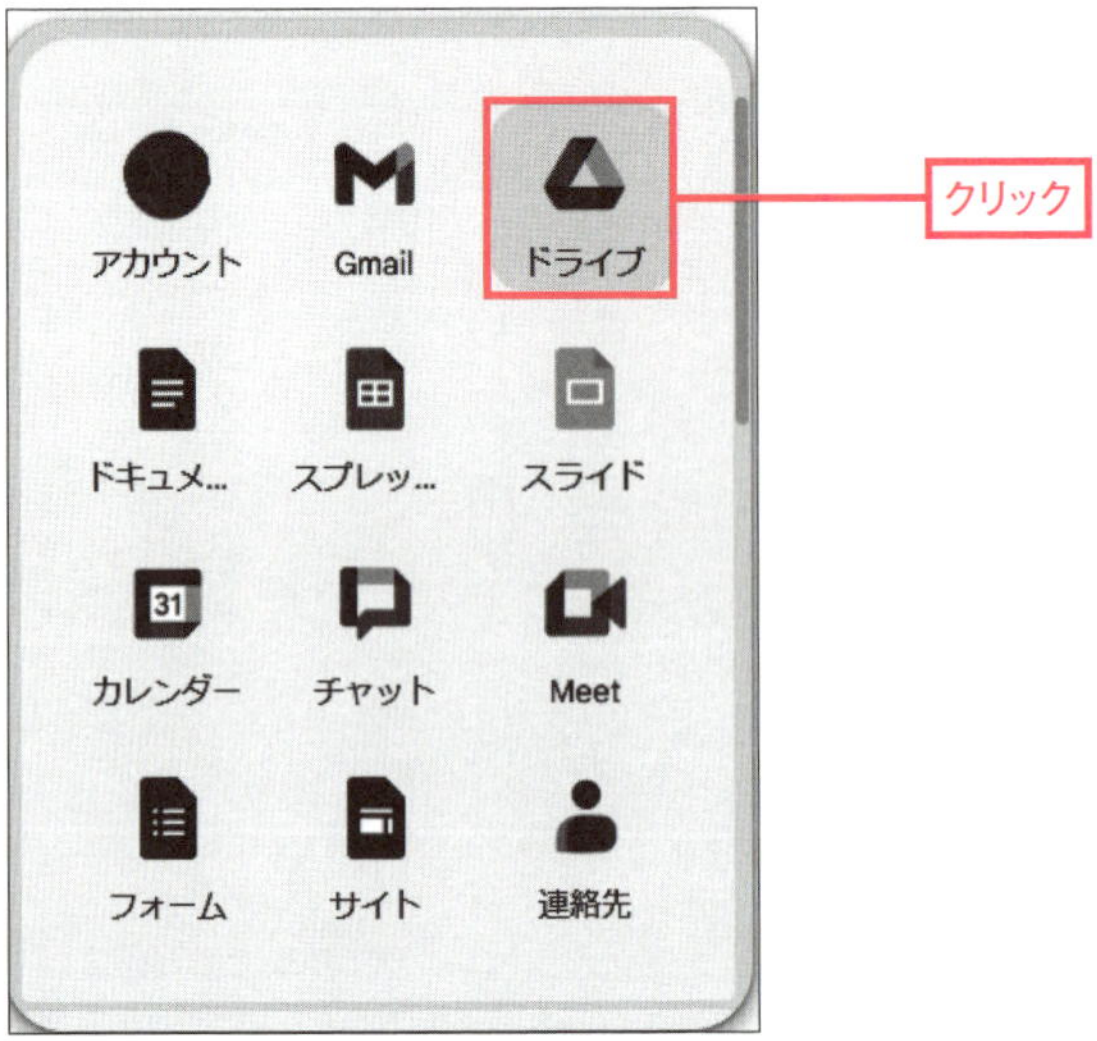

3 グーグルドライブの画面から、「新規」→「Googleドキュメント」を選択する。

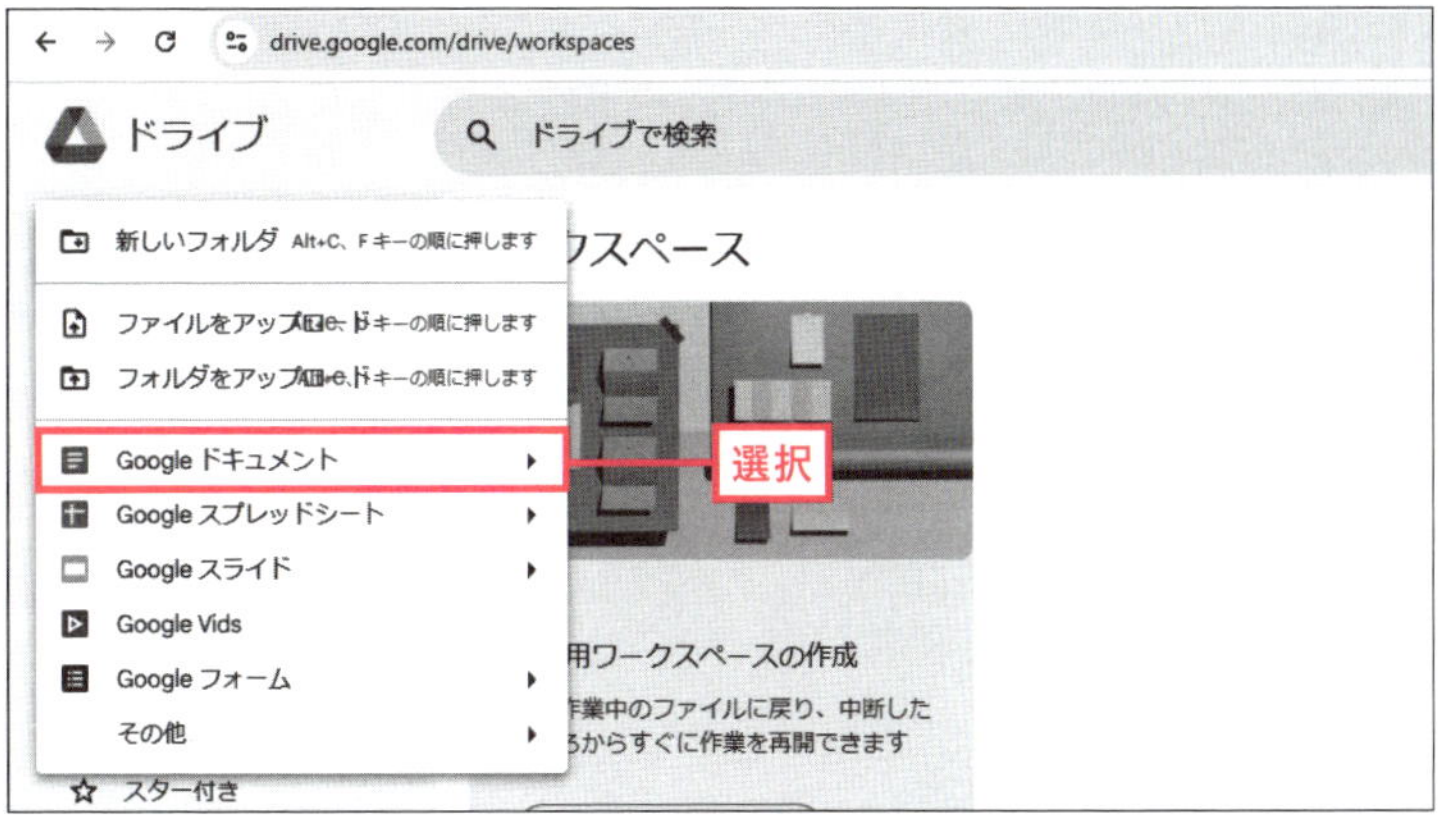

4 グーグルドキュメントの新規作成画面が立ち上がるので、続けて「ツール」（❶）→「音声入力」（❷）を選択する。

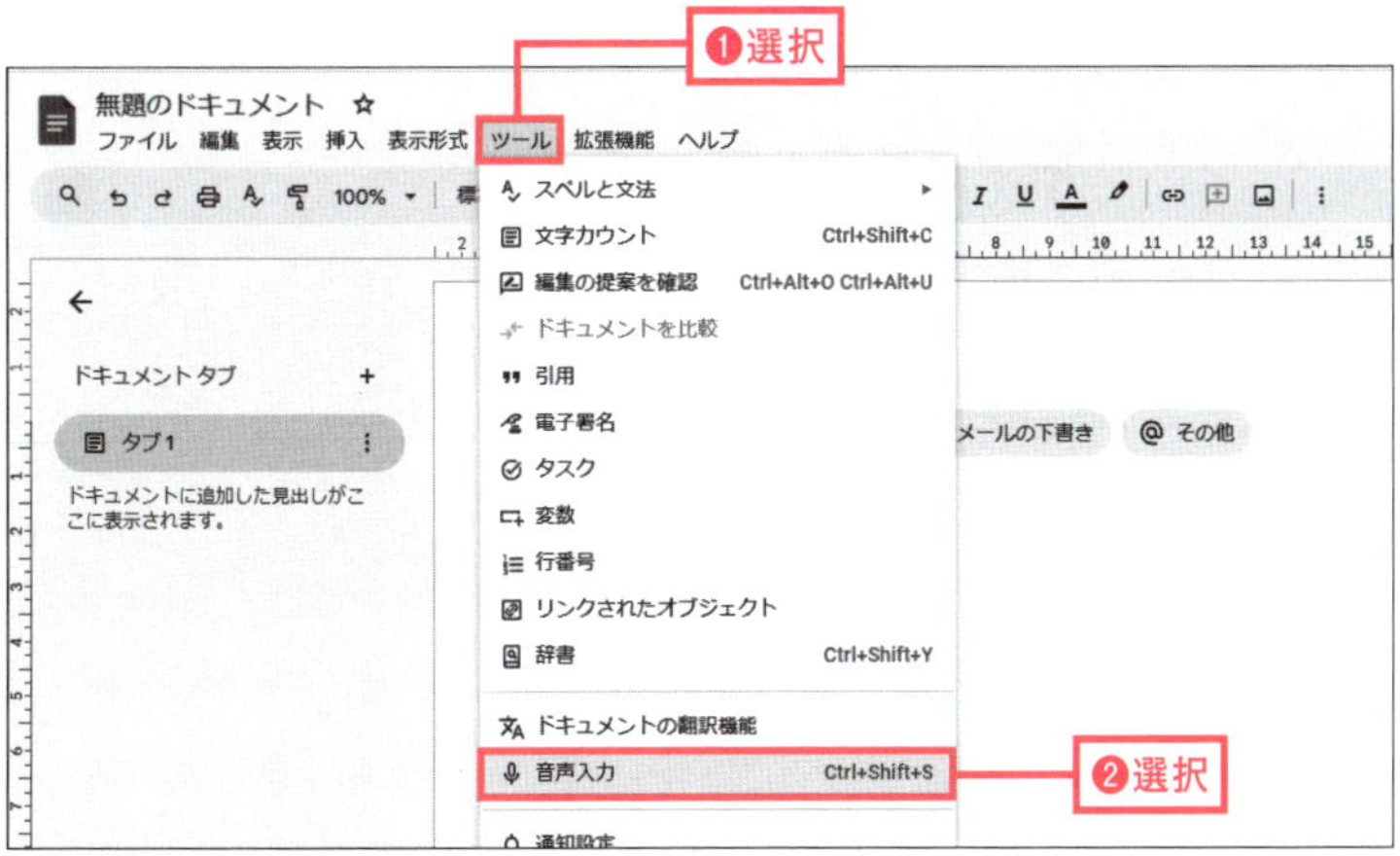

5 マイクのアイコンが出てくるので、これをクリック。マイクのアイコンが赤くなり、音声入力が開始される。

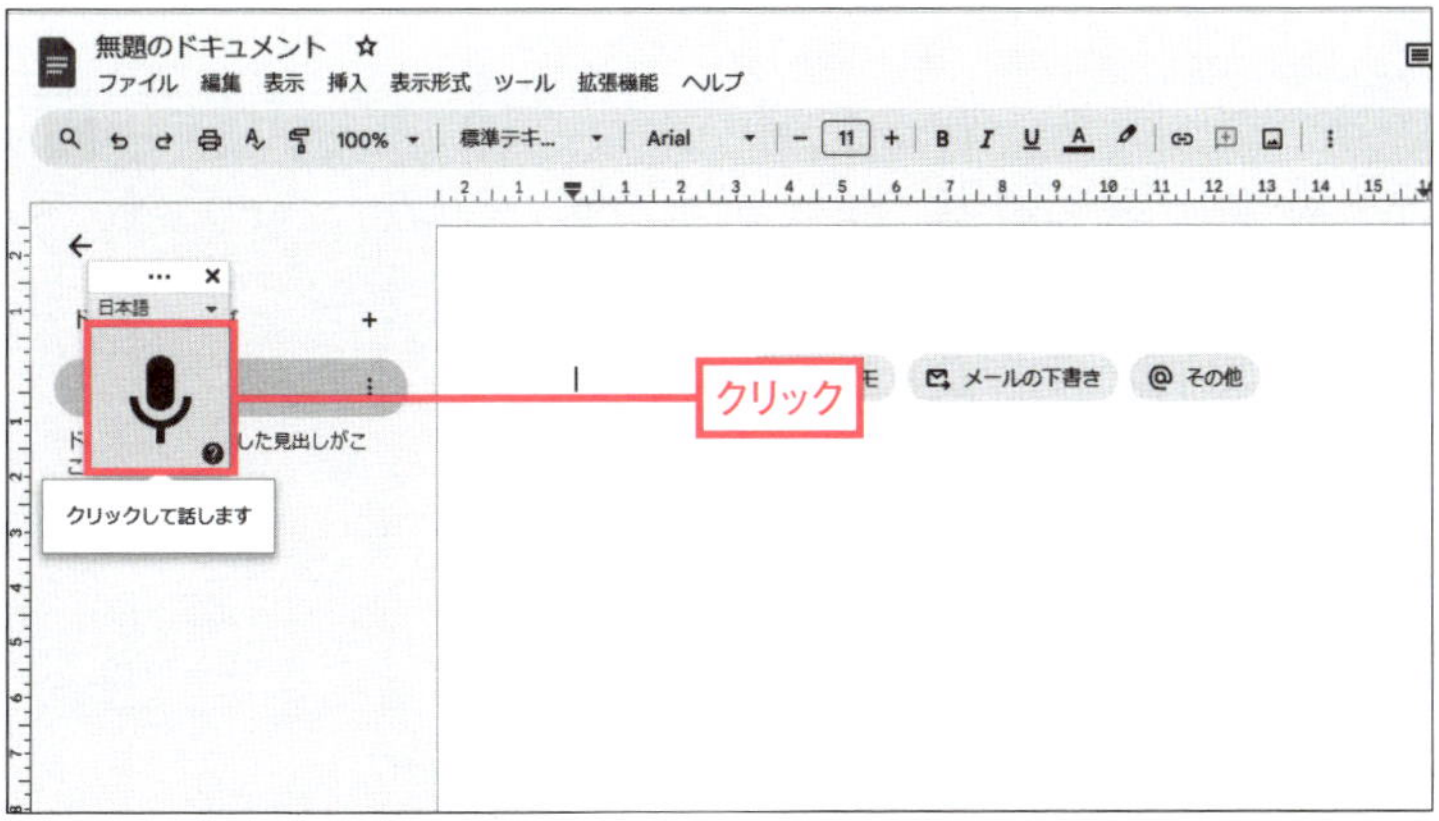

雑談に入れない。入っても何を話せばいいのかわからない

対策

- 最初は聞く、相槌を打つことから始めよう
- 笑顔でうなずいているだけでも大丈夫

事例　雑談の輪に加わっても周りをしらけさせてしまう

昼休みに同僚たちが楽しそうに話しているのが聞こえてきた。自分もちょっと気になる話題だ。話の輪に入りたいと思い近付いて自分が話し出したら、周りは「何を言っているの？」という反応。どうやら既に話題は別のことになっていたようだ。みんな楽しそうにしているから一緒に話をしたいだけなのに……。

原因　複数での会話のスピードについていけない

職場での雑談は会話に明確な目的があるわけではない。したがって、話題はどんどん変わっていくものだ。たとえば最近観た映画の話から発展して使用されていた音楽の話になっていたり、映画を観たあとに食事をしたレストランの話になっていたりする。既に別の話題になっているのにいきなり自分が話したい最初の映画の話をしても、周囲は「えっ？ その話はもう終わったよ」という反応になる。

ASDの場合は、興味の幅が狭く参加可能な会話が少ないために雑談に加わることが難しかったり、多様な他者の意図に無頓着であったりすることから、**自分の好きな分野となると周りの反応を気にせずにひたすら話し続けてしまう**人も多い。雑談ではなく一方的に自分が話したいことを話している状況になっているのだ。

ADHDの場合は、**衝動性**から思ったこと（時には人を傷つけるようなこと）をすぐに口にしてしまう。しかも、相手が話し終わる前に自分の話をかぶせてしまうことも多い。

解決法 最初は聞く、相槌を打つことから始めよう

空気も読まずにいきなり会話に入ってきて、自分の話したいことだけを一方的に話す。これでは周りからは「自分勝手な奴」という評価になってしまう。割り切って、「無口キャラ」として雑談には入らないという選択肢もあるが、ここでは雑談の輪に加わるための対策を考える。

会話は話す人と聞く人で成り立っている。2人で話していても、1対多であっても同じだ。雑談に加わる場合は、**まず話している人の話を聞き、相槌を打ちながら話の流れをつかもう。**

自分が話したい話題が続いていたら、話し手の話が終わるタイミングで会話に加わる。

その際注意すべきは自分が話しすぎないことだ。やっと話せる！と一気に自分の言いたいことをまくしたてないようにしたい。相手が30秒話をしたのであれば、自分も30秒というように同じ分量になるようにしたい。

まれに自分の知っている話題だからと同じ社内でも関わりのない人たちの雑談に「あぁ、それは～」と入っていく人がいる。相手を驚かすことになるので勝手に会話に入っていくのは控えよう。

声の大きさに注意する

自分の好きなことを話しているとついつい大きな声になってしまい、気付いたら周囲の人みんなが聞いていたということも。声の大きさには注意しよう。自分で0から5までにそれぞれ声の大きさを設定しておくと使い分けもしやすくなる。

たとえば、次ページのような分け方だ。

笑顔でうなずいているだけでも大丈夫

楽しそうにしているので、一緒にその場に加わりたい場合は無理に自分から話をする必要はない。話をしている人のほうに顔を向け、**笑顔でうなずいているだけでも十分だ。**

声の大きさの設定の例

0

心の中で声には出さない

1

耳もとで話すとき（ヒソヒソ声）

2

隣に座って話すとき

3

複数で話すとき

4

5mくらい先にいる人に声をかけるとき

5

危険を知らせるとき

第11章

人に伝わる文章を書けるようになりたい

書類、プレゼン、メール

メール、業務報告書、企画書など、仕事において「書く」ことは多い。話すことに比べれば、自分の書いたものは見返すことができるので、ポイントを押さえておけば改善もしやすい。本章では仕事における「書く」について解説する。

書類を書くとき、伝えるべき要点がわからない

対策

- 読んだ相手に何をしてほしいのかを明確に書く
- 「一文一義」でわかりやすい文章を書く
- 上司が求めているポイントは指示受けの際に確認する

事例

相談をしているつもりなのに、読み手がそう受け取ってくれない

　先日訪問したA社の報告書。上司への相談内容も書いていたのに上司からは何の話もない。まだ見てないんだろうか。思い切って「○○さん、先日相談した件なんですが……」と声をかけたら、「えっ？　相談って何の件？」と言われた。

「いや、報告書に書いたじゃないですか」

「報告書に相談事なんて書いてあったっけ？」

「書いていましたよ」

「そうだっけ？」

「ひどいなぁ」

「そうか、で、どういう相談なんだ？」

　何とか無事に相談はできたものの、こういうやりとりは少なくない。自分としては相談をしているつもりなのに受け取った相手はそう思ってない。何か自分の書き方に問題があるのだろうか。

原因

読んだ相手にとって読みやすい文章になっていない。読んだ相手に何を求めているのかが示されていない

　うまく伝わらない理由は2つ考えられる。

　1つ目は、**文章がわかりにくいこと**だ。

　ASDの人は過去にコミュニケーションの失敗体験を積んでいることが多い。ここからコミュニケーション全般に躊躇し、その不安感からすべてを説明しようとあ

れもこれもと書いてしまう。あるいは、他者の都合に無頓着で自分本位となりやすいことから、自分の考えていることは相手も承知していると考えてしまう傾向がある。そのため、自分の言いたいことを書き連ねてしまい、相手にとってはわかりにくい文章になるのだ。

　また、ADHDの人は頭に浮かんだ内容をそのまま書いてしまうので、話のつながりがわかりにくくなってしまう。

　2つ目は、**相手に何を求めているのかが伝わらないこと**だ。

　ASDでもADHDでも仕事全体の把握をして段取りを立てることが苦手なことが多い。そのため、納期から逆算していつまでに誰に何をしてもらう必要があるのかをイメージするのが難しい。

　たとえば先の事例でいえば、「○○の件で相談に乗ってほしい」ということが最初に明記されていなければならない。それがなく、状況を書いているだけでは読んでも何をしたらいいのか伝わらない。そのため、自分が欲しいアクションも得られない。

解決法　わかりやすい文章で、読んだ相手に何をしてほしいのかを明確に書く

　何を言いたいのか、何をしてほしいのかがわかりにくい場合でも心配する必要はない。書くべきポイントが明示されていて型が決まっていれば書ける人も多くいる。その点、仕事で書く文書には書く目的と型が決まっている。何を書けばいいのかわからないASDの人も、話があちこちに飛んでわかりにくくなるADHDの人も、**基本となる型を押さえて書くこと**で対策を採ることができる。

　仕事で書く文章は書いて終わりではない。書く目的がある。**相手に何をしてほしいからその文章を書くのか、またそのためには何を伝えなければいけないのか**を考えて書くようにしよう。

　ポイントになるのは次の6つだ。

①文書を読む相手は誰か？
②相手に何をしてほしいのか？
③そのために何を伝えるのか？
④書いた情報に間違いはないか？
⑤相手にとってわかりやすいか？
⑥文書作成の基本形を押さえているか？

　この6つを押さえれば、伝えたいことが相手に届くようになるはずだ。

「一文一義」でわかりやすい文章を書く

よくわかりやすい文章を書くためには**「一文一義」**が大事だといわれる。「AはBである」「CがDの結果になった」のように1つの文に1つの意味ということだ。1つの文に複数の意味が含まれると何が言いたいのかわかりにくくなる。仕事で文章を書くのは創造力を発揮して小説を書くのとは違う。一文は短く、ひとつの意味にしよう。

ビジネス文書の型を覚える

ビジネス文書と呼ばれるものは**型が決まっている**。逆にいえば型さえ押さえておけばおかしなことにならない。曖昧なことが苦手な発達障害の人にとっては、型のあるビジネス文書は実はわかりやすいものなのだ。業務報告書などは会社ごとに規定のフォーマットが決められている場合がある。ない場合は項目を押さえて自分用のフォーマットを作成しておこう。書く分量はA4用紙1枚に収まる範囲にする。

ビジネス文書は、次の順番で文章を構成すれば、型にハマったものになる。

①目的
②結果
③理由
④対策案
⑤所感

事実と自分の感想は分けて書く

読む相手にとって、**何が事実で、何が自分の考えなのかがわかるように分けて書こう**。たとえば報告書の項目でいえば、目的、結果、理由については事実を記載する。対策案が必要な場合は、自分がやる・やれることを前提として自分の考えを書く。所感には報告する業務内容を通じて自分が次に活かしていこうと思うことを記載すると良い。

上司が求めているポイントは指示受けの際に確認する

もし報告書を書く段階になって目的を明確に書けないときには、最初に業務指示を受けたときの確認不足が考えられる。相手の求めるポイントがわからないという特性を考えれば、最初の指示受けの際、**上司に「なぜ、何のために」という目的と業務の成果として何を求められているのかを確認しておく**ことは必須だ。業務の指示を受け報告するまでが1つの仕事と捉えて取り組もう。

自分用の報告書フォーマットの具体例

❻文書作成の基本形を押さえているか?

○年3月1日

田中課長　❶文書を読む相手は誰か?

営業2課　吉田太郎

A社訪問報告書

表題の件につき、下記の通り報告します。

1）面談日時　○年2月28日
2）面談場所　A社ミーティングルーム
3）面談者　△△部長、□□課長

❹書いた情報に間違いはないか?
❺相手にとって、わかりやすいか?

4）訪問目的
・A社HPリニューアルについて具体的なコンテンツとスケジュールを決める

5）結果
・スケジュール：5月末までに完了するように進める
・コンテンツ：3月9日までに先方から具体的なコンテンツについて連絡をいただく

6）理由（背景）　❸そのために何を伝えるのか?

スケジュールについては当初の打ち合わせ通り、5月末完了で進める。
ただし、先方より当初予定に加えて、コンテンツ追加の希望あり。
予算オーバーとなるためA社内で調整が必要となる。
調整に必要な期間は1週間。
そのため3月9日に最終的なコンテンツについては連絡をいただくことになった。

7）対策案（相談）　❷何をしてほしいのか?

相談事項：コンテンツの見直しが入ったものの、スケジュールの完了予定は5月末から変更がありません。そのため全体の作業工数が不足することが見込まれます。人員の調整について別途相談させてください。

8）所感
※自分の意見・感想があれば2〜3行で記載する。

書類のレイアウトが変だと言われる

対策

- 良いレイアウトの例を蓄積してまずは真似ることから始める
- テンプレートや既存のフォーマットはレイアウトの変更をしない

事例　内容に問題がなければ、多少見にくいレイアウトでも良いんじゃないの？

「ちょっとA君、いいかな」

　上司に呼ばれて席の近くに行くと、

「この前提出してくれた報告書の件なんだけど」

「内容に何か問題でもありましたか？」

「いや、内容はいいんだけどさ、もうちょっと見やすいレイアウトにできなかったのかなぁ」と言われた。

「あの、それは具体的にどういうことなんでしょうか？」

「たとえばさ、この余白の部分。こんなに狭くする必要はないでしょ？　文字が紙いっぱいに広がって読みにくいよね？　そう思わない？」

「まあ、そうですね」

　一応そうですねとは言ったものの、内容に問題がないんだったらいいじゃないか。だいたい見やすいレイアウトってどういうことなんだ？

原因　余白の必要性がわからない。視空間認知が弱い

　ワードで文書を作成すると余白を標準からやや狭いものに、もしくはユーザー設定でギリギリまで狭くしてしまう人がいる。ASDの人は、他者の気持ちをくみ取ったり共感したりするのが苦手だ。

　そのため、**書類を依頼した人が最終的な完成形としてどんなものを望んでいるのかを想像するのが得意ではない。**

ADHDの人は、**言いたいことがあれこれと浮かんでくるので使えるスペースは全部使って書きたい**。

どちらも提出した書類が、その後どのように扱われるかまでは考えが及ばないのだ。たとえば穴あけパンチを使って穴をあけてその後ファイリングする、あるいは製本するなどの情報が事前にあれば、ギリギリまで余白を狭くすると印刷した文字が欠けてしまうことが理解できるはずだ。

発達障害の人には**地図を読むことや、図形や空間の認知が苦手**な特性の人もいる。そのため行間の取り方や、A4の紙に項目を配置する際のバランスがうまく取れずに、たとえばA4縦の用紙に上半分に文字が集中した文書ができ上がってしまう場合がある。

解決法　良いレイアウトの例を蓄積して、まずは真似ることから始める

相手がどんなことを望んでいるのかが曖昧であれば、指示されたものと自分のアウトプットにズレが生じるのも当然だ。仕事においては作成する文書であれば必ず指示者がいる。自分が作成するものがどのように使用されるのか、**内容や用途については指示を受けたときに必ず確認しよう**。

また、ビジネス文書の型は文章だけではない。社内で使用する文書の他に送付状、案内状、依頼

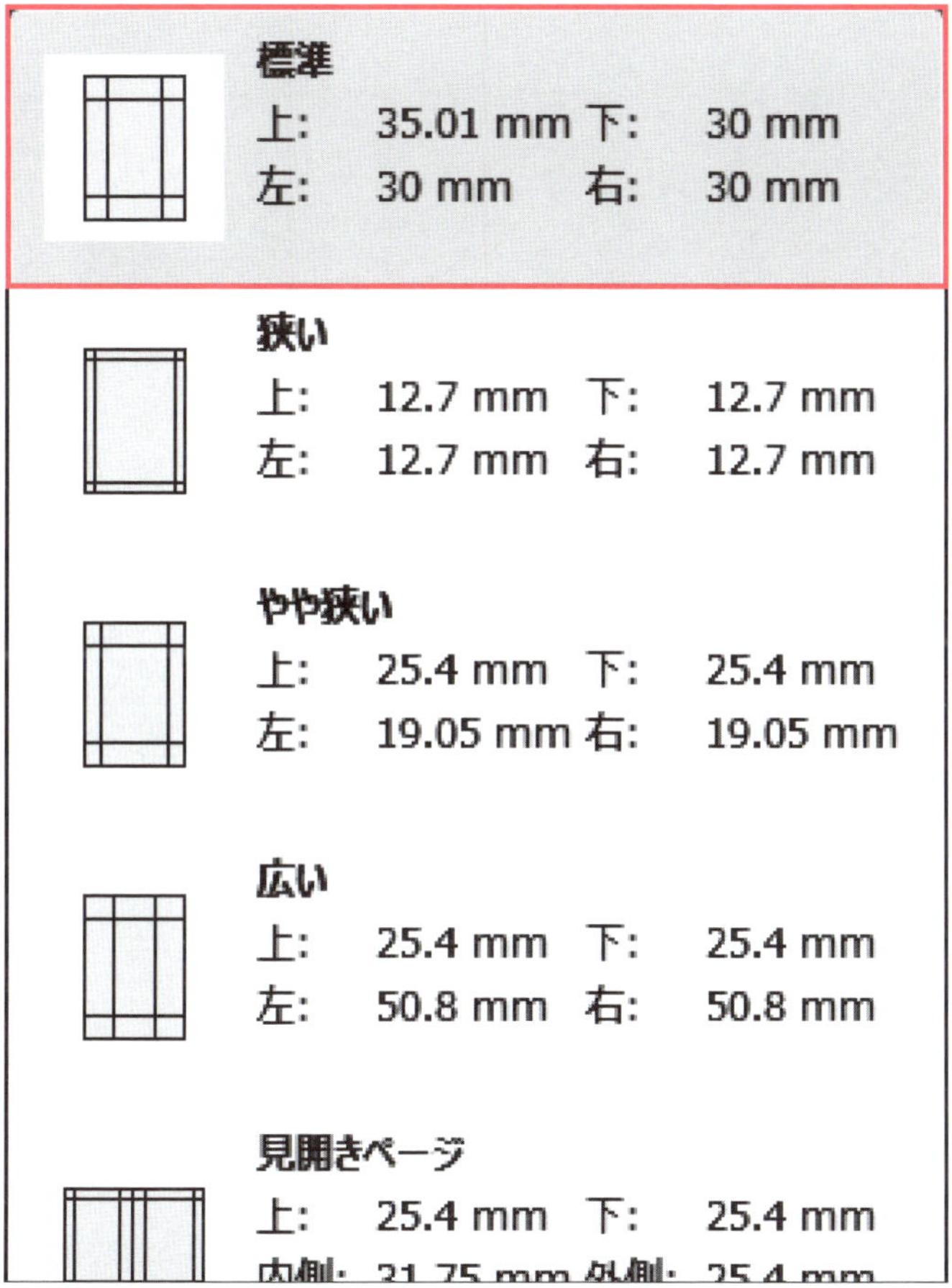

文書の余白は原則標準を使用する。

状、契約書などのように社外に出す文書のレイアウトにも同様に型がある。

社外文書の多くは既に社内で使用されているものがあるのだから、一から自分で考えて作る必要はない。自分でわからなければ上司や同僚に具体的に良いレイアウトの文書を見せてもらおう。ウェブ上にもビジネス文書の例文を紹介したサイトが多数ある。参考にするときは文例だけでなく文書全体のレイアウトもわかるものを選ぶと良い。

いくつかのパターンを集めて自分用のファイルを紙とデータで持っておくことで、自分の文書のパターンを増やしていこう。

テンプレートや既存のフォーマットはレイアウトの変更をしない

特に、余白を変更するとせっかくの全体のレイアウトも崩れることになる。余白は原則標準を使う。また、既にレイアウトされた文書は変更しないようにしよう。

レイアウトのポイント

読みやすいレイアウトにするためには、以下に気を付けると良い。

- **1行の文字数**
  横書きの場合、1行の文字数は35字から40字程度が適当
- **字間と行間**
  字間は空きすぎに注意し、行間はややゆとりを持たせる。
- **全角文字と半角文字の使用**
  アルファベットや数字は全角文字か半角文字のどちらかに統一する。
- **空白をうまく作る**
  文字がびっしり詰まった紙面は読みづらい。段落のあと1行空けるなどの工夫で空白領域を作り、紙面にゆとりを持たせるようにすると見やすくなる。
- **文字を飾る**
  強調したい部分は、文字の大きさを変えたり書体を変えたりすると目立つようになる。ただし、乱用すると紙面が見づらくなる。強調する場合には、件名のみや最も伝えたいことのみに絞る。

ページ設定方法

どうしても1ページに納めたいのに1〜2行オーバーしてしまう。そういう場合はレイアウトのタブからページ設定を開いて行数を変更する。

良いレイアウトのビジネス文書の例

○○○○年○月○日

株式会社○○○○
○○部○○課
課長　○○○○様

■■■■株式会社
■■部　吉田太郎

○○年度　新商品発表会のご案内

拝啓　貴社ますますご清栄のこととお慶び申し上げます。日頃は格別のお引き立てをいただき厚く御礼申し上げます。
　さてこのたび、○○年度の新商品発表会を下記の要領で開催いたします。ご多用中誠に恐縮ではございますが、是非ご来臨賜わりますようお願い申し上げます。

敬具

記

1）　日時　○○年○○月○○日○曜日○○時

2）　会場　本社ショールーム

以上

連絡先
■■■■株式会社
■■部　吉田太郎
☎　△△-△△△△-△△△△（直通）

メールでのコミュニケーションがうまく取れない

対策

○メールの型を押さえる

事例

メールの文章にダメ出しされてしまう

「メールの返信、もう少しちゃんと書けないかな？」

「『ちゃんと』とは？」

「さっきメールで送った指示に対しての返信だよ。いきなり『わかりました』だけ書いて返信するんじゃなくてさ。まさかとは思うけどお客様に対してもこういう感じで返信してないよね？」

「してますけど」

「えっ、ちょっと勘弁してよ。そういうの失礼だと思わないの？」

「失礼なんですか？」

「あのね……」

上司に呼ばれてメールの書き方を注意された。「失礼」と言われても、何が「失礼」なんだろう。

原因

論理性の重視やケアレスミス

メールのやりとりにもあいさつ同様、明文化されていない暗黙のルールが存在する。しかも社内向け、社外向けで使う言葉も変化する。周囲の人が経験則で学んでいくものも、論理性を重視するASDの人にとっては**意味が理解できなければ実行に移すのは難しい**。また、周囲の人がどうしているのかに興味が及ばないので、**一般的な方法があることに気付かない**こともある。

一方、ADHDの人に多いメールの失敗は、件名忘れ、誤字脱字、ファイルの添付漏れなどの**ケアレスミス**だ。

さらに両者に共通するものとして、**繰り返し注意され続けた結**

果、メール本文が過剰に敬語を使用してわかりにくい内容になってしまっていることもある。

解決法 とにかく型を押さえる

社内の人だけでなく社外の人ともやりとりが発生するメールでの失敗は、自分だけでなく周囲の人にも影響を与えることになる。メールを使う目的は仕事を円滑に進めるためであり、メールにもコミュニケーション上のルールがある。「当たり前」として共有されているルールから外れると、メールを受け取った相手から「失礼だ」という印象を持たれたり誤解されたりする。繰り返し指摘を受け、メールに対して苦手意識がある人もいるだろう。まずはメールのやりとりの型を押さえておくことで、基本的な対応はできるようにしておこう。

メールにも型がある

日常のやりとりで「書く」のはLINEなどに代表されるSNSが多いだろう。SNSや電子メールは文字を介して人とコミュニケーションを取るための道具だ。では、SNSと電子メールは何が違うのか。その違いは2つある。ひとつは**「件名」が必要なこと**、もうひとつはコミュニケーションの相手が取引先を含め仕事に関わる人であるため**発言に責任が生じること**だ。原則は、ビジネス文書同様に**読んだ相手に何をしてほしいのかを「正確・明瞭・簡潔」に書く**。

メールは記号の活用や、1行空けて見やすくする

HTML形式を使用する会社が増えてきているものの、仕事ではセキュリティの観点からテキスト形式が中心だ。では、強調やフォントの変更ができないテキスト形式を見やすくするにはどうしたら良いだろうか。次ページに挙げたのは、メール文書の例だ。どちらがわかりやすいだろうか？

多くの人は右側と答えるだろう。左右の違いは、次の通りだ。

- 1行は30文字程度
- 3〜4行で1行空ける
- 強調には記号を活用する
- 並列の情報は箇条書きにする

同じ内容でも、こうしたことに注意すればグッと見やすくなる。

メール作成時の注意点

メールを作成する際には、次のことに注意する。

①件名は用件を的確に表現する
②容量の大きな添付ファイルは大容量ファイル転送サービスを利用する
↓会社によっては添付ファイルの容量に制限を設けているところもある。せっかくメールを送っても受信できないことになってしまう
③改ざんできないようにするため、PDFにする
④頭語・結語・時候のあいさつは不要
↓メール文では使用しない。代わりに使うのが社外であれば「お世話になっております」、社内であれば「お疲れ様です」という言葉だ
⑤部長様は不適切な敬語
↓メール文に限らず、ビジネス文書においては■■部長様ではなく「部長 ■■様」である
⑥1行の文字数は35～40文字が目安
↓先の電子メールのレイアウト例で示した通り
⑦原則、HTMLは使わない
↓セキュリティと表示の問題
⑧相手に起こしてほしいアクションを明確にする
↓今回送付した資料を見て、相手に何をしてほしいのか、たとえば近々開催される展示会に来てほしいとか、詳しく説明するために会ってほしいなどを具体的に書く

メール返信時の注意点

メールの返信は**受信したメールへの返信の形式**で行う。これにより内容の確認がしやすくなったり、お互いのやりとりが記録されたりするので、言った・言わないなどのすれ違いを防ぐことにつながる。何よりメールの送り間違いもなくなる。

見やすい文書はどっち？

　いつもお世話になっております。株式会社●●営業部の◆◆◆◆です。本日は、特約店会のご案内でメールをお送りしました。新春特約店会を下記の通り、開催いたします。今回は、今までにない全く新しい風味の喉越しのビールです。ご多用中とは存じますが、ぜひお試しいただきたく、ご来場くださいますよう、よろしくお願い申し上げます。

　日時は平成３０年１月１５日（月）、１６日（火）、１７日（水）午前１１時より午後５時まで。会場は▲▲グランドホテルです。（添付の地図をご参照ください）。なお、郵送にて案内状を送付いたしましたので、そちらもあわせてご参照ください。


いつもお世話になっております。

株式会社●●営業部の◆◆◆◆です。


本日は、特約店会のご案内でメールをお送りしました。

新春特約店会を下記の通り、開催いたします。

今回は、今までにない全く新しい風味の喉越しのビールです。

：：：：：：：：：：：：：：：：：：：：：：：：：：：：：：：
平成30年度　新春特約店会
：：：：：：：：：：：：：：：：：：：：：：：：：：：：：：：

◆日時　　平成30年1月15日（月）、16日（火）、17日（水）
　　　　　午前11時より午後5時まで
◆会場　　▲▲グランドホテル（添付の地図をご参照ください）

　ご多用中とは存じますが、ぜひお試しいただきたく、ご来場くださいますよう、よろしくお願い申し上げます。

なお、郵送にて案内状を送付いたしましたので、そちらもあわせてご参照ください。

メール作成時の注意点

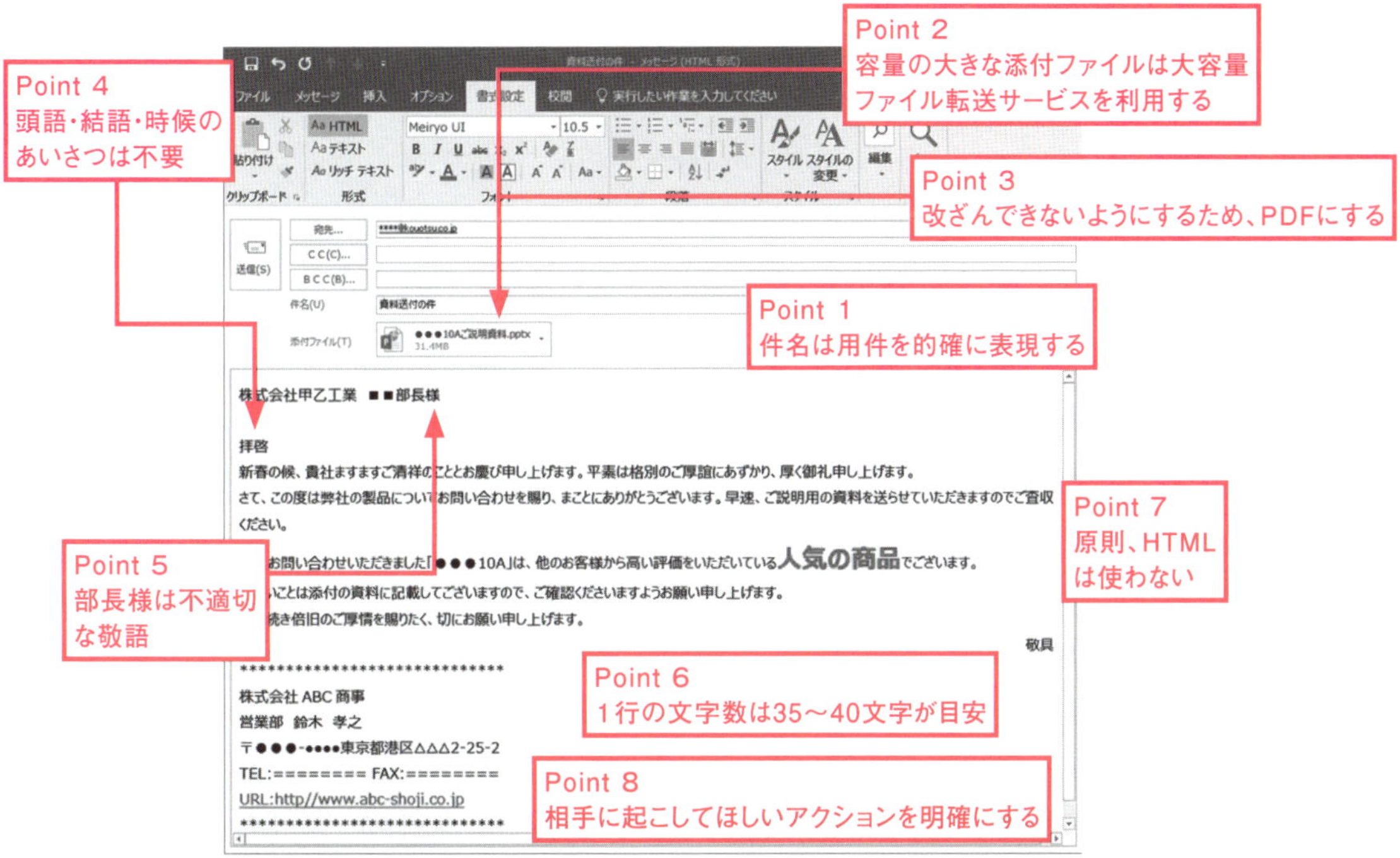

改善例

プレゼンが下手と言われる

対策
- ○ プレゼンの目的を確認し要約を作成する
- ○ パワーポイントのアウトライン機能を活用する

事例 パワポを使ってプレゼンするように言われたが、どうすればいいかわからない

今度の会議で今やっている業務の状況について報告することになった。上司からは「他部署の人も参加する会議だからパワポを使ってわかりやすくね」と言われた。

「それってプレゼンってことですか？」

「そうだよ、よろしく」

よろしくと言われても、プレゼンは苦手だ。だいたい自分が話していると「いや、今その話じゃないから」とか「そこはもう少し詳しく話して」とか言われることが多いのに。次の会議、憂鬱だな。その点、Aさんなんかプレゼンがうまいし、プレゼンの最中に笑いも取れてすごいよな。何が違うんだろう？

原因 求められているプレゼンの目的に沿っていない

衝動的な発言をしやすいADHDタイプは、**話をしている途中であれこれと考えが浮かび、早口でそのまま口に出してしまう**。そのため本来のプレゼンの目的から逸れた話題にどんどん展開していってしまい、周囲から「今、その話題じゃないから」と言われてしまう。

一点集中になりやすいASD

タイプは、**自分の興味関心のある部分を事細かに話しすぎてしまう。**そのため他の部分について「もう少し詳しく」と言われてしまう。

どちらも共通するのは相手が求めているポイントに合っていないということだ。結果として相手に伝わらないプレゼンになってしまう。

解決法

プレゼンの目的を明確にしてから着手する。そして繰り返し発表練習

言いたいことが次々と浮かんでくる、あるいは何を伝えたら良いのか絞り切れず固まってしまう。そういう状態でプレゼンだからといきなりパワーポイントを立ち上げ、真っ白な画面を前に腕組みしていることはないだろうか。最初にやるべきことは持ち時間を確認し、

- **プレゼンをする目的は何なのか**
- **そのために伝えるべきことは何か**
- **何を見せれば相手に伝わるのか**

を考えることだ。これが固まったら全体の構成（ストーリー）を考え、必要な資料やデータを集めてスライド作成に着手だ。

加えて大事なことは、**でき上がったスライドをもとに時間内に収まるよう繰り返し発表練習を行う**ことだ。

このとき、話すスピード、声の大きさに注意しよう。話すスピードは1分間に300〜350文字を目安にしよう。また声の大きさは330ページで紹介した0から5

要約の具体例

「現在のサービスAの課題は○○という点にある。そこで、現在その改善に取り組んでいる。実現できれば、顧客満足度を上げることにつながり、加えて今まで顧客ではなかった人たちに我が社のサービスを選んでもらえるようになる。具体的には競合B社、C社のサービスと比較して、○○という点においてより利便性の高いサービスを提供できるようになる。顧客拡大につながる業務であり他部署の方々にも協力・アドバイスをいただきたい」

パワーポイントのアウトライン機能

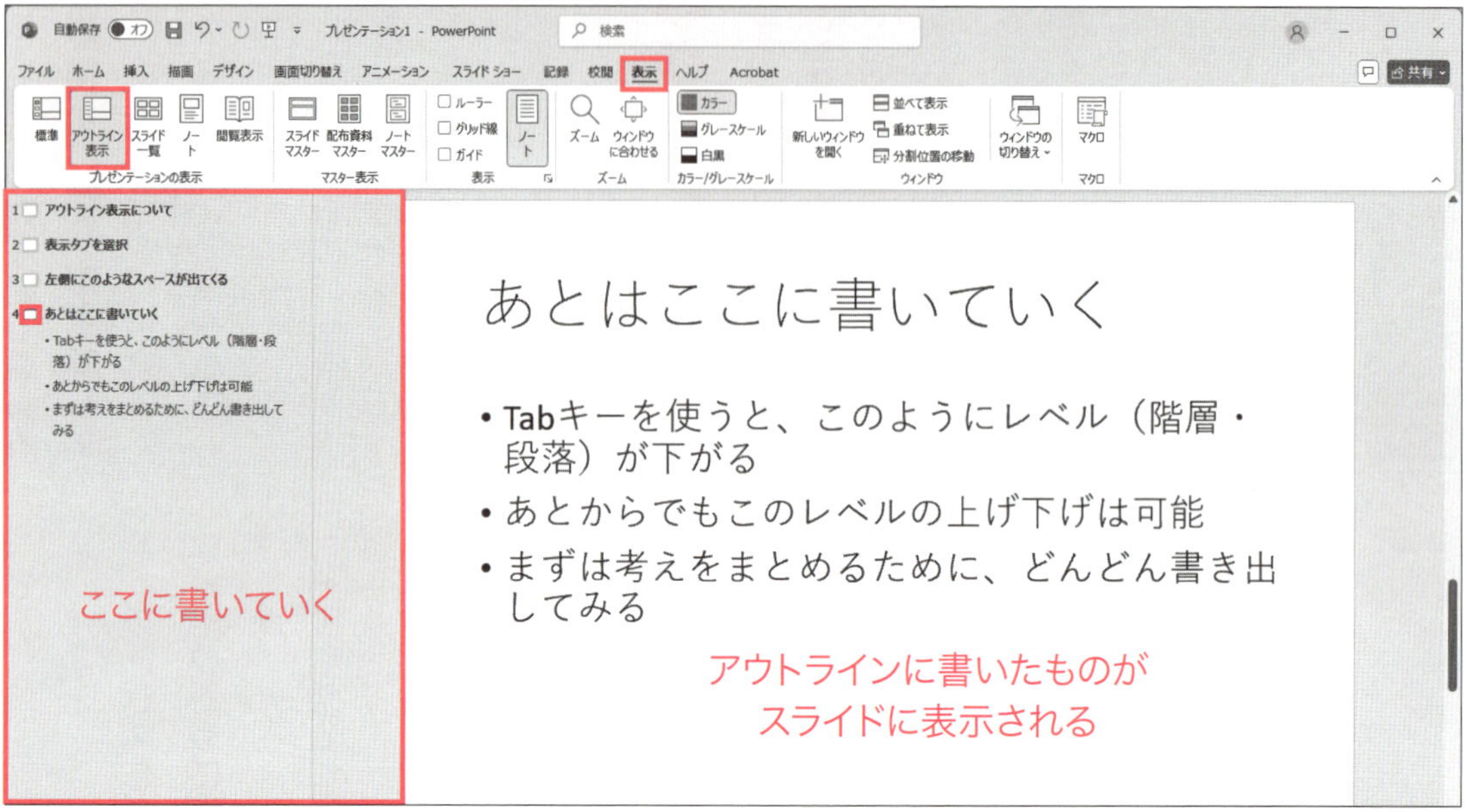

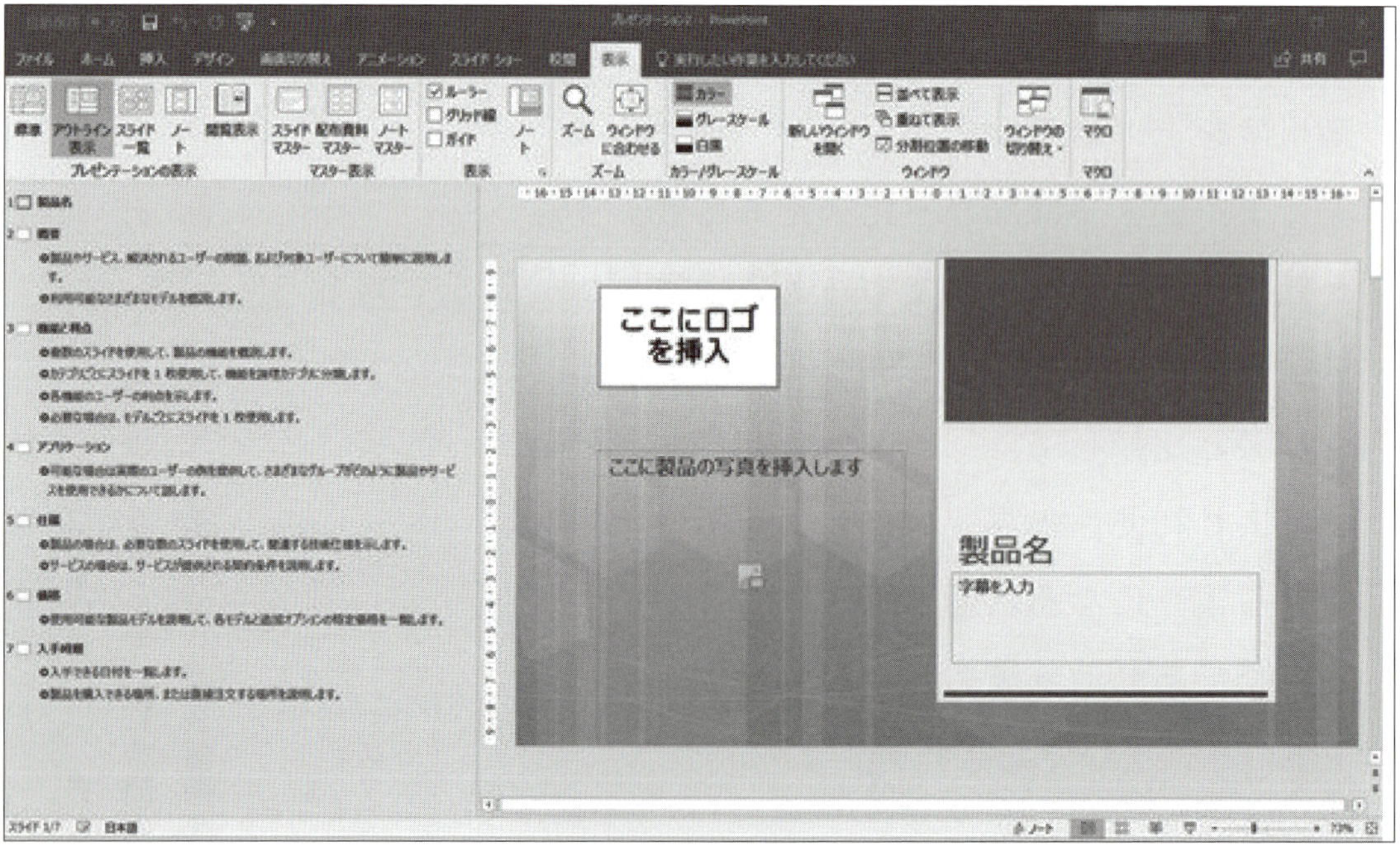

段階の4が目安だ。どんなに良い内容でも相手が聞き取れなければ伝わらないのだ。

プレゼンの目的を確認し、要約を作成する

たとえば、会議で業務内容を報告するのは何のためなのか。報告を聞いた相手に何をしてほしいのかが明確になっていなければならない。曖昧なら必ず上司に確認する。そして、**今回のプレゼンを通じて相手に伝えたいことを200文字で書いてみよう。**

パワーポイントのアウトライン機能を活用する

パワーポイントには**アウトライン機能**がある。アウトラインとは、「あらまし」「あらすじ」を意味する。作成した要約をもとに、このアウトライン機能を活用することでプレゼン全体の構成を考えることができる。表示タブのアウトライン表示を選択すると左側に出てくる。アウトラインに記入していくと右側のスライドに文字が表示される。

作成した要約をもとに、まずはアウトライン機能を使って話す内容を整理していこう。

プレゼンの時間に合わせてスライド枚数を考える

スライドは**1枚当たり1分**が一般的な目安とされている。枚数が多すぎても少なすぎても十分に内容を伝えられなくなってしまう。たとえば発表時間が10分であればスライドは10枚というように枚数を考えよう。

テンプレートを活用する

パワーポイントにも多くのテンプレートが用意されている。構成の参考にもなるので、うまく活用しよう。

配色と文字サイズに注意する

文字サイズは相手に見えるサイズでなければ意味がない。最低でも24ポイント以上の大きさにしよう。また、強調するためにフォントやフォントの色を変更しても良い。

しかし、やりすぎては何が大事なのかわからなくなってしまう。**変更する箇所はスライド内で1カ所**にしよう。

また、**背景の色と文字の色**にも注意が必要だ。スクリーンに映してみたときに見えないようでは相手に伝わらない。原則背景は白、文字色は黒にしておこう。

アニメーションはシンプルに

パワーポイントには多くのアニメーション機能が備わっている。ついつい使いたくなってしまうものだ。しかし、スライドごとに文字やオブジェクトが動き回っていては相手も動きが気になって話に集中できなくなってしまう。アニメーションは最低限に抑える、もしくは使わないという選択をしても良い。

繰り返し練習する

発表のための原稿は必ず作成する。**一言一句自分が話す言葉で書くこと**がポイントだ。持ち時間内に収まるように最低5回は練習したい。話す声の大きさとスピードにも注意が必要だ。相手が聞き取れるスピード、相手に聞こえる大きさでなければ伝えたいことが伝わらない。また、時間内に収まらないようなら発表内容を削らなければいけない。原稿を作成しておけば、無駄なところはないか原稿を見ながら削っていける。目的に照らし合わせて優先順位の低いものから削っていこう。

質疑応答のための想定問答集を準備する

突発的なことへの対応が苦手なASDの人、あれこれを話しすぎてしまうADHDの人にとってはプレゼンが終わっても最後の難関が残っている。質疑応答だ。

せっかくプレゼンを乗り切ってもその後の質疑応答でパニックになって黙り込んでしまう。答えているうちに話がどんどん展開して余計な話をしてしまうこともあるだろう。事前に**想定問答集**を準備して備えよう。どんな質問があるか想像ができない場合は、必ず過去にどんな質問があったのかを上司や同僚に聞いておこう。それでも想定外の質問が出た場合は、質問者の意図を正確に把握するために、質問内容を復唱確認してから答える。ASDの人ですぐに言葉が出てこなければ焦らず、「少しお時間をください」と断ってから考えて答える。ADHDの人は質問者が話し終わる前にかぶせて答え出してしまうこともあるので、質問は最後まで聞いて質問された内容にのみ答えるようにしよう。

第3部
生活編

第12章

発達障害は生活障害

発達障害と日常生活の関係

発達障害の特性は日常生活にさまざまな影響を及ぼす。ここでは発達障害についての基本的な情報を踏まえた上で、日常生活に支障が出てしまう理由や負担軽減のために活用すべきIT技術についてまとめた。

生活の悩み
―たとえばこんなこと

親元から離れて一人で暮らすようになった成人当事者たちは、どんな問題に直面するのだろうか。相談などで寄せられるもののうち、一部を挙げてみよう。

- **ごみ出しを忘れる**
- **待ち合わせや締切りに遅れる**
- **つい無駄遣いをしてしまう**
- **残高不足で銀行口座の引き落としができなかった**
- **片付けができない**
- **探し物、失くし物が多い**
- **周囲の人と話し合えない**
- **失言して相手を傷つけてしまう**

　これを読んで、「あれ？　でも、これって誰でも一度は経験したことがあるのでは？」と思った人も多いだろう。実は、発達障害の人とそれ以外の人との境界は非常に曖昧で、確定診断を受けるほど顕著な特性はないものの、発達障害で挙げられる特徴で悩む人は少なからずいる。また、普段は問題なくても、疲れていたり仕事などが多忙で細かいことに配慮できなくなったりすれば、このようなことは誰にでも発生する。つまり、**誰しもがちょっとしたことで発達障害の人たちと同じような状況になる側面を持っている**のだ。

　このことから、「発達障害の人は普段から気を付ければいいのだ」という考えになったとしたら、それは発達障害のことをよく理解していない。発達障害の人には、とにかくこの手のトラブルが起きる頻度が多く、気を付けられるならそのようなことにはならない。そもそも、ある状況や出来事に気を配ってしまうと他のことが進まなくなってしまう。むしろ大半の人がパニックになっている、あるいは喜怒哀楽を問わず興奮状態のような状況が発達障害の人たちのデフォルトと考えてみたほうがいいのかもしれない。

　医学的には、発達障害は大半の人と脳の使い方が違うことで生じていると考えられており、それを裏付けるデータもだんだん出そろっている。当事者の話も以前よりは広まっており、発達障害の人が日常生活でさまざまな工夫をして暮らしていることも報じられるようになってきた。

そうはいっても外見からは区別が付かないし、生まれたときからそのような状況だから他の人と脳の使い方が違うことにも自分ではなかなか気が付かない。筆者は、幼少期に話し始めるのが遅かったので、母親が「この子は他の子とどうも違う」と察知し、早期療育を始めた（このあたりのことは『アスペルガーの館』（講談社）にまとめたので参照してほしい）が、それでも生活スキルを身に付けるまでにはかなり苦労した。正直、今でも試行錯誤の真っただ中だ。

本編では、進学あるいは就職などで親元を離れたらどのような生活スキルを身に付けると良いのかをまとめた。発達障害の人はもちろん、「もしかしたら自分も？」と悩んでいる人、発達障害の人が身近にいてどう接するといいか悩んでいる人、発達障害ではないが生活スキルについて考えたい人にとって参考になれば幸いである。

一人暮らしの発達障害の人たちによく見られる悩み

ゴミの日
火
ごみ出しを忘れる
待ち合わせや締切りに遅れる
¥
つい無駄遣いをしてしまう
残高不足
¥
残高不足で銀行口座の
引き落としができなかった
片付けができない
?
探し物、失くし物が多い
周囲の人と話し合えない
失言して相手を傷つけてしまう

三次元は面倒くさい——段取りや設定の必要性

誰しもが、思い浮かべたことがすぐに実現すればいいなと思ったことはあるだろう。しかし、実生活の中で思い通りに物事が進むのは、よほど運のいいときだけだ。大半の場合は、

- 場所の制約（距離が遠い、交通手段の確保）
- 時間の制約（スケジュールの都合）
- 設定の制約（これらの手段をやりくりして段取りを組む）
- コミュニケーションの制約（段取りを調整して他人と協力する）
- 金銭の制約（実現のための費用や生活費などを捻出する）

のどれか、あるいは複数の要因によって実現が阻害される。よく考えてみれば、これらは三次元空間ならではの制約だ。そして、あとの項目になるほど人間社会だからこそ生じる制約であることに気付かされる。

現代社会で当たり前と思っているルールなども、より多くの人が快適に暮らせるように長い年月をかけて試行錯誤して作り上げてきたものだ。筆者は、言語聴覚士という仕事柄、言語発達に遅れがある子どもたちと接する機会が多いが、彼らに共通するのは、言語習得の遅れから人間社会の約束事を理解するのに困難を伴うことだ。それを「社会性の障害」と多くの人は認識するのだろうが、見方を変えればルールや言語は恣意性が高い（悪くいえば、それを設定した人たちが自分の都合のいいように作った）ものだといえるだろう。

一方、脳内の世界は、時空も金銭やコミュニケーションも設定自由な、いわば宇宙空間のような世界だ。そこでは、思い通りに願いがかない、三次元空間とはまるで違う「理想の自分」がいるだろう。よく2、3歳児が大人の介入を嫌がって「自分でやる」と外から見ると到底できそうにないことをやりたがるが、彼らにとっては脳内世界がむしろ現実で三次元空間のほうが幻想だからだ。

ある意味、発達障害もしくはその傾向が強い人の場合、宇宙空間のような脳内世界のほうが三次元空間よりも暮らしやすいのかもしれない。三次元空間の暮らしは制

約だらけで、面倒で生きづらい世の中と映っている可能性も高いだろう。そうはいっても肉体が三次元空間にある以上、ある程度他人と協力して生き延びるための対策は必要だ。

筆者は、かねてより発達障害者の自立の鍵は**「時間、モノ、お金の管理ができること」**と考えていたが、今後はそれに加えて**「他人と協力できる場を持てること」「生き延びるための体力」**が必要だとも思い始めている。

今の社会はかつてないほどのスピードで変化しており、今までの尺度や考えからシフトし始めている。その変化をどう自分にとって快適にしていくかは、自分の脳内世界と三次元空間を隔てているものを認識し、それらがどんな役割を果たしているかを見極めることだろう。

日常生活を阻害する5つの要因

場所の制約

時間の制約

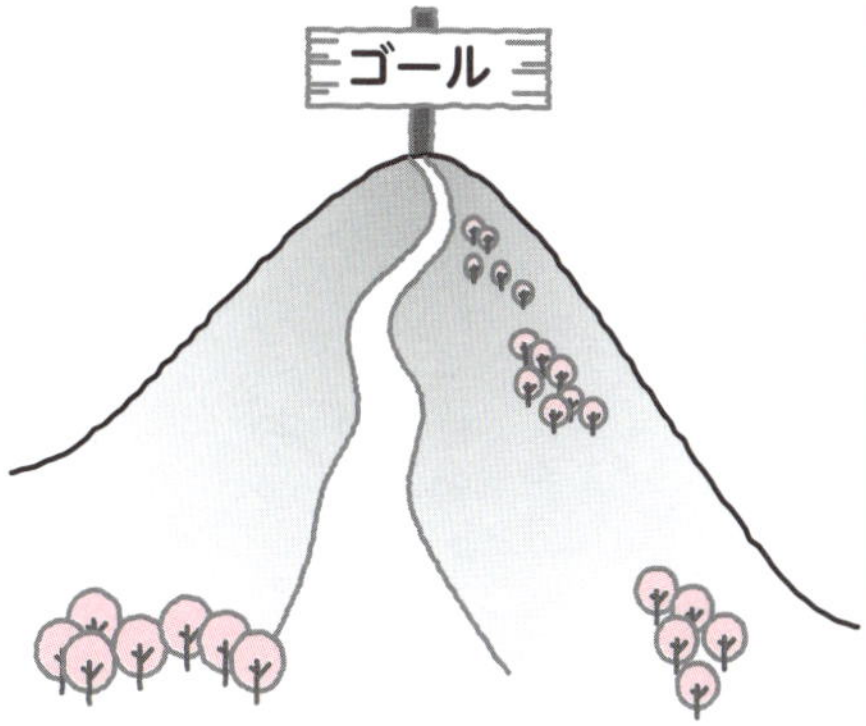

設定の制約

金銭の制約

コミュニケーションの制約

仕事との類似点・相違点

暮らしの中の工夫についてあちこちで話をしたり原稿を書いたりしていると、「村上さんがしている工夫は仕事の打ち合わせや職場環境作りに似ていますね」と指摘されることがある。

確かに生活スキルの多くは仕事での段取りなどに共通することが多く、特に、

- スケジュールとタスクを共有する
- 連絡を取り合う
- 家計簿を付け、予算を決め、それに基づいてお金を動かす
- 物の収納場所を決めて片付け、掃除する

などは、いわゆる総務や経理の業務と共通点が多い。とはいえ、生活に関することは労働よりも明らかに「簡単に自分の意志だけではやめられない」「利益を第一にはできない」という特徴がある。

「仕事もそうだよ」という意見もあるかもしれないが、たとえば、家事を外注したらそれなりの金額になるし、代々続く家に生まれた場合、そのしきたりなどから自由になるのは相当大変だ。言い換えれば金額に換算できないものが多く、**利益といった客観的な指標がない分、揉め事が起きたときに対応が難しくなる**。

仕事では、総務や経理といったバックオフィス業務を効率化するクラウドサービスを利用したり、通販サイトで会社の備品を購入したりできるようになったが、それでも商品注文や補充、書類内容の確認といった雑務をする人は必要で、家事になるとさらにこの手の雑務の比重が増す。

また、仕事は給与や相手とのやりとりなどからプラスのエネルギーをもらえるが、家事は主にあと始末やケアが中心で、「できて当たり前」となりがちな上に消耗する行為が多い。おまけに家事はやり出すときりがないし、切り上げる基準も自分で決めないといけない。

必要最低限の生活スキルを高める

毎日暮らしていれば、ホコリは

落ち、ごみや洗濯物はたまり、おなかは空くし、体も汚れ、トイレに行きたくなる。つまり、生活スキルは、より生物として地球で暮らすために必要な側面を担っているといえよう。そして、**仕事のスキルを上げて働き続けるためにも生活スキルと体力は軽視できない。**

一方で生活スキルを必要以上に高めようとすると、それは継続不可能になる。**必要最低限のラインを認識した上で、いかにそれを維持し、可能な限りより快適かつラクに暮らせるかを考え**、それが世間の基準と多少ズレていても必要以上に劣等感や罪悪感を覚えないほうが良いだろう。

まず取り組むべきは、下図にあるような事柄だ。これを見て、何が問題だかよくわからない人、改善したいと考えている人は本編で述べていることを参考に見直してみよう。

日常生活で優先させたいこと

ごみはためないで定期的に出す
次の行動へ移れるように片付け、掃除、洗濯をする
毎日、お風呂かシャワーで体をきれいにする
栄
養
栄養バランスが取れた食事を心がける
チャリーン
少しずつ貯金する
zzz
睡眠を確保する
生活リズムを意識して過ごす

自立へのキーポイント

自立するというと、「誰にも頼らずに、自分で何でもできること」と考えがちだが、その定義に厳密に従えば自給自足で暮らさなければいけなくなる。

しかし、今の世の中で真の意味で自立できている人はほとんどいない。一人暮らしをしていても、電気、ガス、水道に頼り、物品を購入しているし、労働して金銭を得ている。普段意識しないと見えない部分も含めて、人は他人に依存して生きている。人間がこれだけ地球上のあらゆる場所で暮らせるのは、他の人と協力して巧みに自然を自分たちに有利な仕組みに変えているからだ。

筆者は、自立する力とは「他人と適度につながれる力であり、困ったときには他人の援助を受け入れ、かつ不当な介入に対して『それはやめてほしい』と適切に拒否したり、交渉したりする自由を持てるだけの力もあること」だと考えている。

以前ある講演会で、「なぜあなたは自立を目指したのですか？」という質問を受けたことがある。このとき、「『放っておいてください』と言える自由を得たかったからです」と答えたらとても驚かれたが、親元を出たいという動機の中に自分のペースで暮らしたい、という思惑は誰しもあるだろう。しかし、同時に困ったときに第三者に助けを求められることも実は非常に重要だ。

「自己責任」という考えが蔓延した結果として、できない自分を認める、弱い面を相手に上手に伝えて協力し合うということより、「そんな奴はダメだ！」と非難する、「お客様は神様だから、お金さえ出せば何をしてもいい」という他者否定や過度な依存という状況に陥っているとしたら、とても残念なことだ。

おおまかで構わないので、自分の好みをある程度反映させたいと思う（つまり自由な面をできるだけ残したい）のなら、相手が受け入れるかどうかは別として、**自分がしてほしいこと、好きなこと、嫌なことを三次元世界でわかる形で伝える対応を普段の生活で心がける**ことも大切だろう。

時間、モノ、お金の管理＋それを支えるコミュニケーション

筆者はライフスキルや時間、モノ、金銭、コミュニケーションは**三次元の世界で生きるための接着剤**のようなものだと考えている。大半の人がテレパシーや念力、透視能力といったものが使えない以上、これらを介さないと、この世界の人やモノとはつながれない。

接着剤と一口にいっても、この接着剤は人によってくっつきやすい素材（人とつながりやすいのか？　モノとつながりやすいのか？）や、くっつき方（シールのようなのか？　のりのようなのか？）、くっつく強度（くっついてもすぐ離れられるか？　一度くっついたらなかなか離れられないか？）に人の数だけバリエーションがある。それが今の時世と合っていれば特に支障なく暮らせるが、合っていないと生きづらさを感じることになる。

筆者がＡＳＤ当事者として社会の中で働きながら暮らしてみて感じるのは、定型発達者（いわゆる「普通の人」「健常者」）の考え方に完全に合わせる必要はないが、三次元の世界に暮らしていくには定型発達者の文化を知る必要がある、ということだ。ある意味、第一言語以外の国や、なじみがない場所や文化で暮らしていくような感覚と思えば近いだろう。要はバイリンガルにならなくても、その文化圏で生計を立てて暮らせればいいと考えてみれば、よりポイントが明確になる。

Column

暮らしを支える体力を付けよう

成人発達障害当事者同士でよく話題になるのが、日常の生活スキルと同時に「体力を付けたい」「もう少し体調の波が穏やかになるといい」ということだ。

最近少しずつ知られてきたが、発達障害の人の中には感覚過敏といって日常生活に支障を来すほど光や音、気温や気圧の変化などを察知してしまう傾向が強い人がいる。一方で感覚過敏とは反対の感覚鈍麻（感覚過鈍ともいう）の傾向が強い人もいて、体調悪化に気付くのが遅れてしまって重症化することもある。

いずれにしても状況の変化を適度な形に調整して必要な刺激を受け入れ、不要な刺激は受け流すことが大切だ。これも当事者間で話題になるが、体調が良いときは多少調整できるし、体力を付けるとだんだん改善してくることが多いため、少しずつ日常生活の中に運動習慣を取り入れていこう。

パソコン、スマホ、インターネットは発達障害者の三種の神器

インターネットが普及するにつれ、それまでとは違うコミュニケーション手段が発達し、仕事の手順や働き方も変わってきた。たとえば経理作業は、以前は手書きの帳簿に記載していたが、表計算ソフトや会計ソフトが出てきたことで格段に作業が効率化した。ADHDのようなケアレスミスを起こしやすい人が手書きで経理をしたらとても大変だっただろうが、パソコンでの作業が一般化したことで、それまでなら困難だったであろう経理という職業へ選択の幅が広がったといえる。

同様にワープロソフトが出てきたことで手書きが苦手だった人でも長文を書けるようになったし、それまではプリントアウトして郵送などでやりとりしていた原稿もEメールの出現によって、大量のデータをその場で先方へ送ることができる。今後は音声入力や読み上げ機能の向上で文字の出入力も変わるだろうから、視覚障害者やLDの症状から読み書きに支障がある人の学習の幅ももっと広がってくる可能性が高い。

また、最近はスマホやタブレット端末もどんどん性能が良くなったことで、電子書籍といった情報配信サービスをより手軽に楽しめる環境が整ってきた。わざわざ店まで行かなくてもデータをダウンロードして端末で読めるし、場所も取らないから片付けの心配もいらない。クリッピング機能などを使えばお店で該当するものを探すのも便利だ。

こうやって考えてみると、**社会の仕組みが発達障害の人たちが苦手とする三次元の世界から仮想空間の世界へとシフトしてきている**ことがわかるだろう。実態のない世界がだんだん私たちの生活の中で幅を利かせてきており、さらに人工知能といった新しい技術が導入されることで、労働や学習といった今まで多くの人が渋々やっていたようなことも形態が変化していって、自分が好きなことを追求したほうが暮らしやすくなるのかもしれない。そうなったら発達障害のような人たちには大変有利な状況になる可能性もあるだろう。

つまり、これらの情報機器をどう活用して生活の質を上げていけ

るかで収入などにも影響が出てくるといえる。そして、大事なのは、**それらを通して何をしたいか、どんなことを楽しみたいかをイメージできるかどうか**だ。

一方で、実感を伴う生活スキルを身に付けづらくなってきた。筆者はずっと小児関係の現場で働いているが、子どもたちの文字や数字の習得などは早くなっている一方で、体を動かす経験や遊びなどを通して身に付ける感覚を育てる機会が減ってきているのを感じている。

そして、ネットでは欲望などをくすぐる情報があふれ、目に見えないサービスに知らぬ間にお金を払っていることも増えた。自分の欲望や無意識を利用しようと近付いてくる見えない相手とどう向き合い、うまく付き合えるかが、これからは必要なスキルといえる。

三次元の世界から仮想空間へとシフト

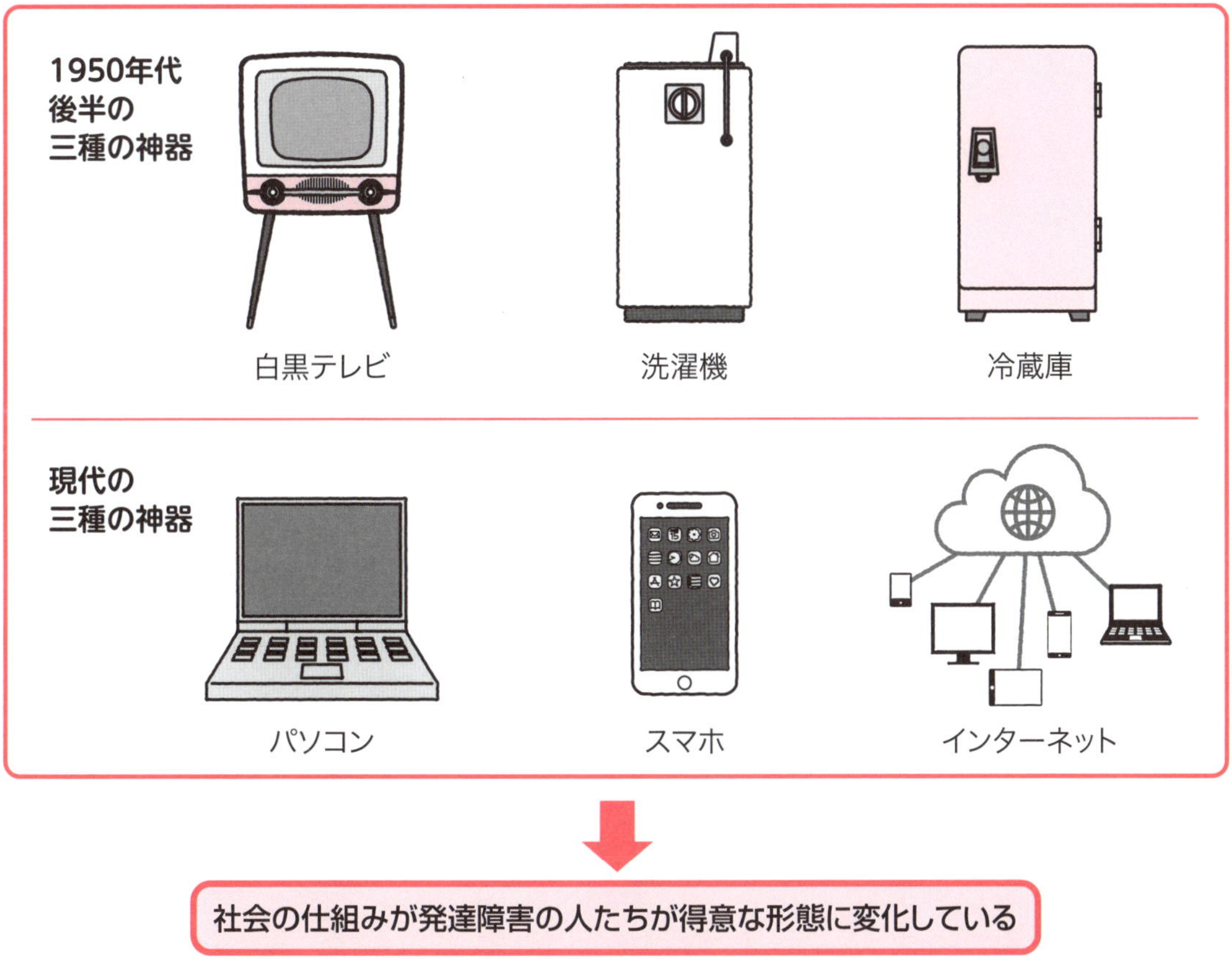

ライフスキルとは？

ライフスキル（生活スキル）という言葉は、教育や福祉になじみのない人ははじめて聞く言葉だろう。WHOが1998年に定めたライフスキルの目的とは、「個人の人権を擁護し、健康問題と社会問題を積極的に予防することによって幸福な生活を営む点にある」とされている。わかりづらいかもしれないが、要は**「成人後、社会で自立して生活するために必要な能力」**ということだ。こういわれると少しはイメージしやすいだろう。

しかし、よく考えてみれば社会で自立した生活を送るために必要な能力は時代とともに変化している。特に、この20年ほどではインターネットに関するスキルは一気に需要が増した。また、地方に住んでいる人ほど、この20年ほどで公共交通機関が減って自分で車を運転できる能力が不可欠なことを実感しているはずだ。

一方で共働き世帯が当たり前になるにつれて、昔ほど家事に手間暇をかける時代ではなくなり、いかに効率良く家事をして他のことに時間を使えるかが大切になってきた。ボランティアで担っている自治会やPTAなども、それまでの担い手だった専業主婦や高齢者が働くようになったことで、どう負担を減らしてより多くの人に分担するかが問題になっているのも社会の変化の現れだろう。

だとしたら、ライフスキルは私たちが想像している以上に暮らしの中で大きな役割を果たしており、非常に曖昧でかつ社会の変化に対応できる柔軟性も求められるものだといえよう。

発達障害の人たちにとって難しいのはこの曖昧さであり、その背景にはここまで述べてきたような三次元空間での適応能力の低さも関わっている。そのため、基本的な生活スキルは、①人とさまざまな形でつながる、②脳内のイメージと三次元の世界をつなげる、③三次元の社会で生計を立てる手段と言い換えてもいいだろう。

ハードスキルとソフトスキル

『発達障害の子どもたちのための

お仕事図鑑』（梅永雄二・スマートキッズ療育チーム著・監修、唯学書房）によると、就労に必要な技術として、履歴書などに書く学歴や職歴、資格といった仕事そのものに必要な技術である**ハードスキル**と、職場で働き続けるために必要な能力である**ソフトスキル**（毎日遅刻せず通勤できる、職場に合った服装や言葉遣いをする）に大きく分けられる。そして、発達障害の人たちが就労継続が困難だった理由のほとんどはソフトスキルだったとしている。

つまり職業上必要な技術を持っていたとしても、それを活かすためにはソフトスキルもある程度必要ということだ。確かに「締切りを守れない」「必要な書類などを出せない」といったことが続けば、仕事に対して信頼性が低下し、だんだん仕事を任せてもらえなくなるだろう。

さらに、近年ではソフトスキル

ソフトスキルを支えるものがライフスキル

ハードスキル
学歴
職歴
資格
ソフトスキル
8:45
毎日遅刻せず通勤できる
職場に合った服装
お疲れさまでした
お世話になっております
職場に合った言葉遣い
ソフトスキルを支えるものとして
ライフスキル
早起きをする
服を買うお金を用意する
服を洗濯する

を支えるものとして**ライフスキル**が注目されている。たとえば、会社に遅刻せずに通勤するためには決められた時刻に起きて身支度をしないといけないし、職場に合った服装をするためには服を買う、そのためのお金を用意する、服が汚れたら洗っておくといった対応が必要だ。

このように考えていくと、発達障害＝生活障害という視点を持つことの意味がわかってくるだろう。大半の人たちが日常生活の中で「何となく」「自然と」身に付けていく三次元の座標軸のようなものが発達障害の人たちにはなかなかわからず、まるで宇宙を浮遊しているかの如く時間や空間の感覚がわからなくなったり、周囲の状況を気にせず振る舞ったりしてしまう。

叱責されたりトラブルが起きたりすることで、「あれ？　今どこにいるのだろう？」「これでいいのだろうか？」と感覚的なレベルで右往左往し、その結果壁にぶつかってはじめて状況を認識することも多いのだ。

ライフスキルを身に付ける意味は、身に付けにくかった、あるいは気付きにくかった人間社会の仕組みを認識し、パターン化して自分に合った形で取り入れていくことだ。社会の仕組みに縛られすぎたら過剰適応になって心身のバランスを崩してしまうし、軽視してしまうと社会との接点がなくなってこちらも不適応という結果になる。

中には、「そんなの、幼い頃からやらなきゃダメじゃないか」と絶望する人もいるだろう。確かに子どものうちからトレーニングしたほうが有利ではあるし、時間もかけられる。間違いを積み重ねていないし、叱責やトラブルの経験も少ない分、修正なども早くできる。

しかし、筆者が夫と暮らしてみて感じるのは、**その気になったときこそが実は一番いいタイミング**ということだ。子どもたちに言葉だけで感覚的な事柄を伝えるのは簡単なようで難しい。大人だからこそ言葉だけで「こういうことかな？」とやってみることができるし、できたかどうかを数字などの尺度で判断できる。

また、子どもにとっては、その先のより大きな快楽を得るために目の前の不愉快なことに取り組む、もしくは小さな快楽を我慢するのは大人以上に負担を感じる。

筆者は、発達障害の症状を抱える夫と一緒に暮らす中であれこれ試行錯誤しているが、おそらく言葉で確認し合える大人同士だからこそ話が進んだ面も多かった。

始めるのに遅すぎることはない。本書を開いてみたのも何かの縁だと思って興味ある項目から読んでもらえれば幸いだ。

第13章

「時間管理ができない」を何とかしたい

時間の役割を意識する

時間は一方向に流れていく目には見えないベルトコンベアーだ。発達障害の特性が強い人は、時間の流れを自分の感覚や行動に結び付けることが苦手なため、時間の特徴を理解した上で、行動に落とし込む対策が必要である。

待ち合わせ時間によく遅れる

対策

- 乗換案内アプリを活用する
- 移動時間込みでスケジューリングする

事例　友人と約束したコンサートに遅刻！

大好きなアーティストのチケットを何とか入手。楽しみにしていたが、当日、身支度に時間がかかり、気付いたら友人との待ち合わせ時刻が迫っていた。

慌てて家を飛び出したが、焦ったためか電車の乗換えを間違え、さらに待ち合わせ場所に行くのにも迷ってしまい、先に到着していた友人をだいぶ待たせてしまった。おまけに自分がチケットを持っていたため結局開演時間には間に合わず、コンサートの途中から会場に入ることになった。

友人は「気にしないで」と言ってくれたが、内心あまりいい気分ではないだろう。自分でも「なんでいつもこうなんだろう……」と落ち込んでしまった。

原因　時間の逆算や段取りが苦手

ほとんどの人からすれば、「そんなに楽しみにしていたのにどうして遅刻するの？」と思うかもしれない。しかし、「楽しみにしていたからこそ」ということもある。

発達障害の人の特徴のひとつに「落ち着きがない」といった集中力の問題がよく挙げられるが、日常生活で問題となるのは**「大事なところにうまく注意を振り分けられない」**点だ。

たとえば、ＡＳＤ傾向が強い人は、コンサートを楽しむことで頭がいっぱいなので、当日の持ち物やルート、時刻といった現実的な段取りにまで頭が回らない。

また、ADHD傾向が強い人の場合、身支度の際、「やっぱりかばんはこっちにしよう」と唐突に思い付いたことをやって遅刻してしまう。自分がチケットを持っているなら相手より早く現地へ到着しているほうが望ましいが、これも関心の対象が切り替わったことで、本来ならどちらが適切か比較して考える、というプロセスが抜け落ちてしまっている。

解決法 余裕を持ってスケジューリングする

乗換案内アプリで時間を調べる

最近はルート検索アプリも多彩になっていて、しかもかなり時間が正確になっている。自宅から待ち合わせ場所までのルートをあら

「Yahoo!乗換案内」アプリの検索結果をウェブカレンダーに登録する

1 ルート検索し、検索結果をタップする。

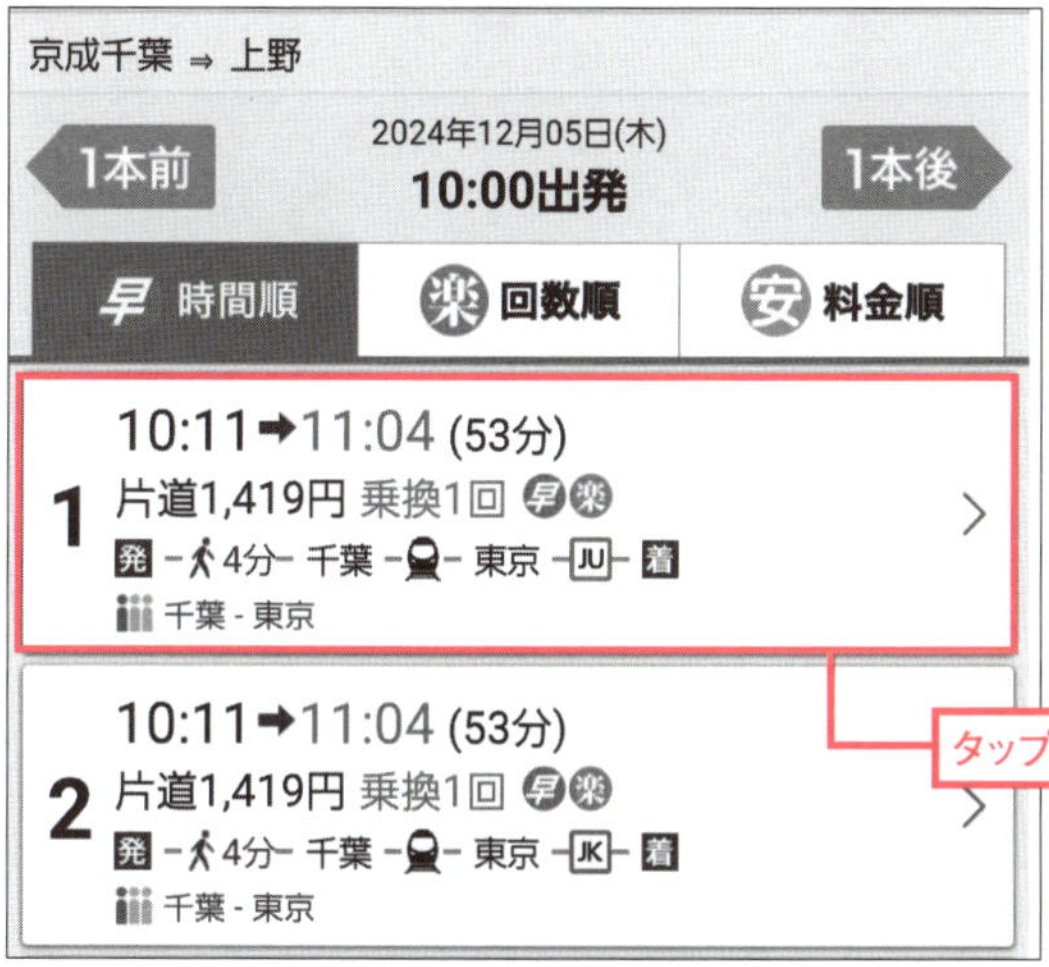

2 選択したルート下部にある「カレンダーに登録」をタップする。

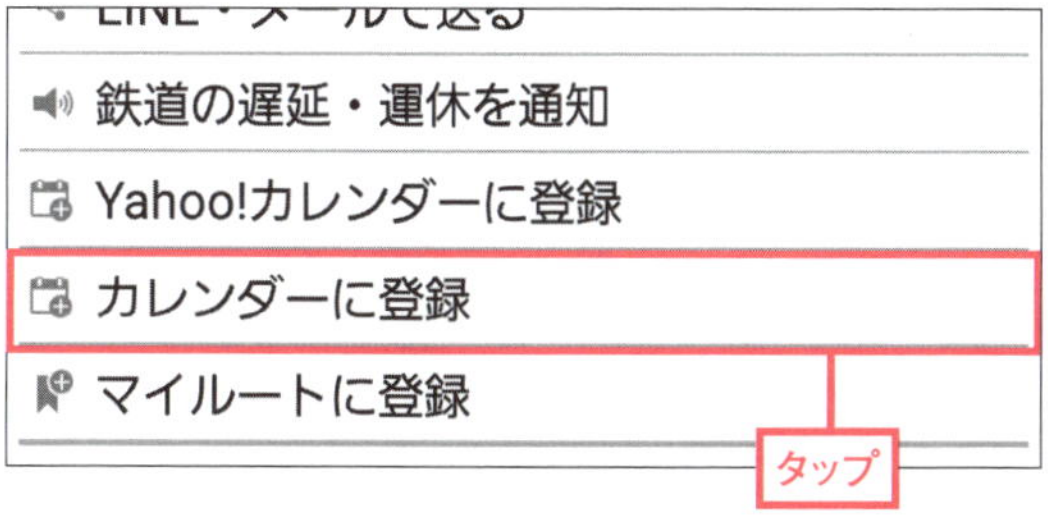

3 必要に応じて通知やメモへの追記などをし、「保存」をタップする。

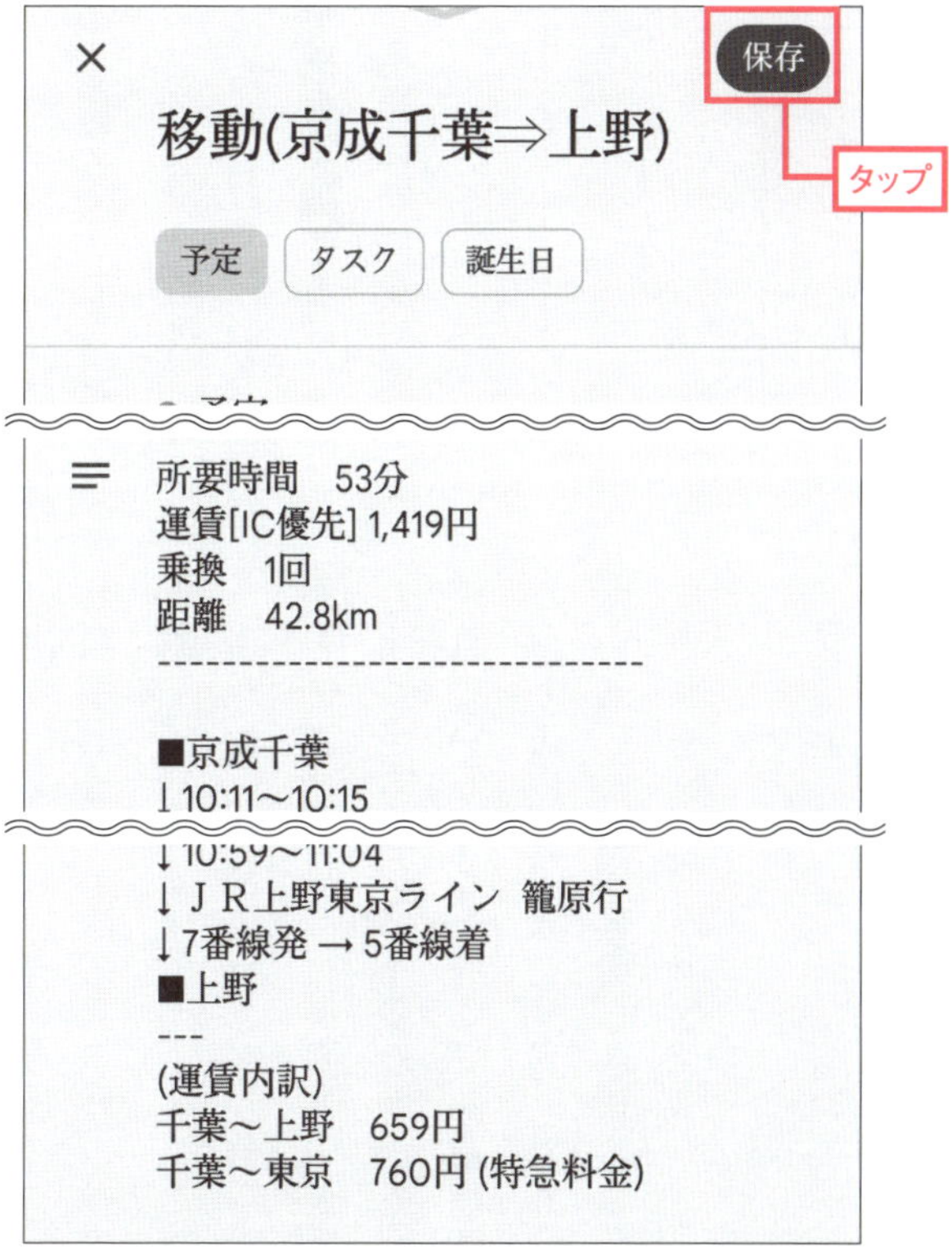

かじめ調べて登録しておけばメールやアプリで知らせてくれる。ウェブカレンダーに乗換案内を登録する機能（前ページ参照）はたいていの乗換案内アプリには付いているし、メッセージアプリに送ることも可能だ。また、**外出する時刻の20〜30分前に出掛ける時間をアラート設定しておく**と、「そろそろ忘れ物がないか確認しよう」「出掛ける前にトイレに行っておこう」と準備する時間も確保できる。設定の仕方は、次ページの通り。

逆にいえばアラートが出るまでに最低限の支度（外出時の服装に着替える、髪型などを整えるなど）をしておけば余裕を持って出発できるし、それまでは他の用事（家事など）をする時間に充てられる。

移動時間込みでスケジュールを入れる習慣を

時間に遅れがちな人は、「このくらいだろう」という見積もりの根拠が「一番スムーズにいったときの時間」に基づいていることが多い。しかし、現実は信号待ちや列車の緊急停止、乗換えやトイレの待ち時間といった細かい時間のロスが必ず含まれる。1つひとつは些末なことでも、積み重なると5〜10分くらいにはなってしまう。

自分の感覚と現実の時間の流れが食い違っていること、時間の区切りや逆算などの苦手なことは機械に担当してもらうことを前提にスケジュールを組み、「もう少し◯◯できるかも」と思っても「いや、友達と待ち合わせているから」と**優先事項を意識する。**これを繰り返すと次第に時間を守れるようになる。

忘れることを意識する

予定とアラートを入れておくのは、他のことをしていても必要なときに思い出せるという不安解消にもつながる。何かに気を取られてしまうのは、実は忘れることや記憶の消去が苦手という側面がある（特にASD傾向が強いと現れやすい）。

一見良いことのようだが、人間の記憶量には限界があり、覚える必要がないことにいつまでも気を取られてしまうと新たな状況への対応が難しくなる。また、記憶の消去が苦手だと不快な記憶にとらわれてしまい、次のステップへ進めないこともある。

注意を切り替えることが苦手なことの裏側には、「忘れたらどうしよう？」という不安な気持ちが隠れていることもある。ある程度準備して「ここまで用意したから大丈夫」と自分を安心させるつもりで取り組んでみよう。

アラート設定のやり方

1 アラート設定したい予定をクリックする。

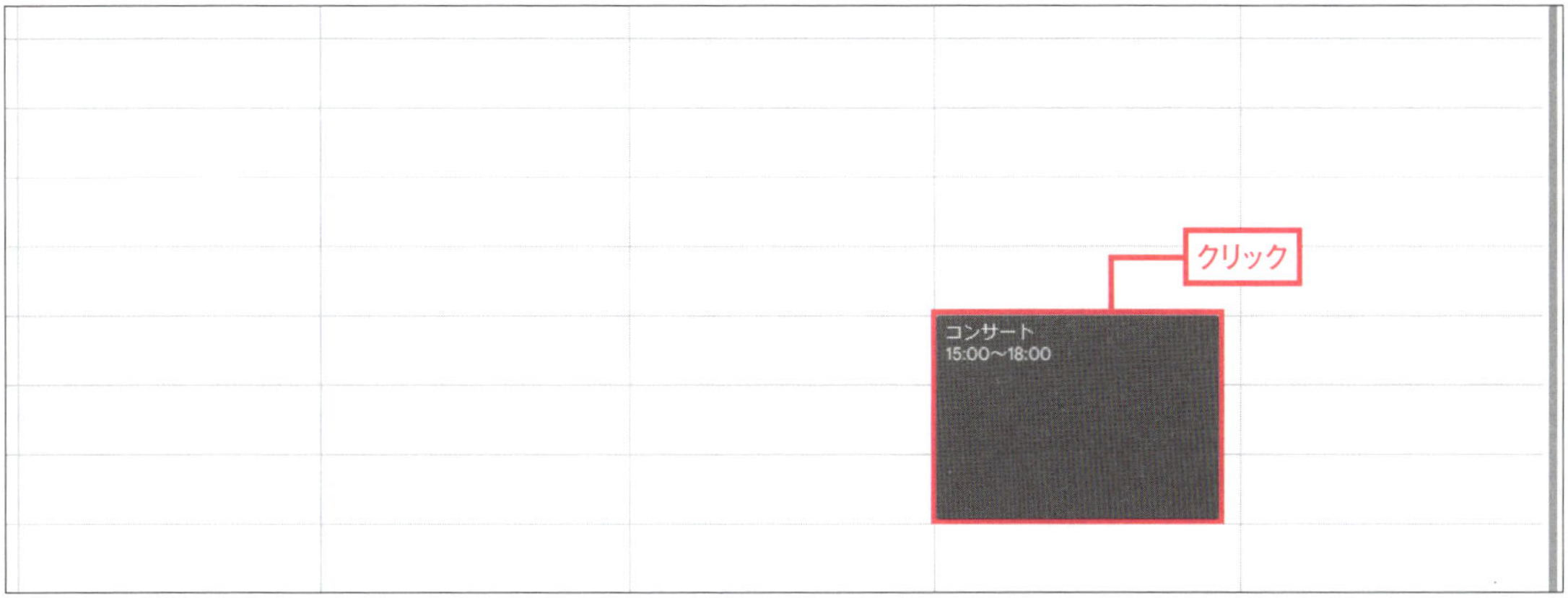

2 「編集」をクリックする。

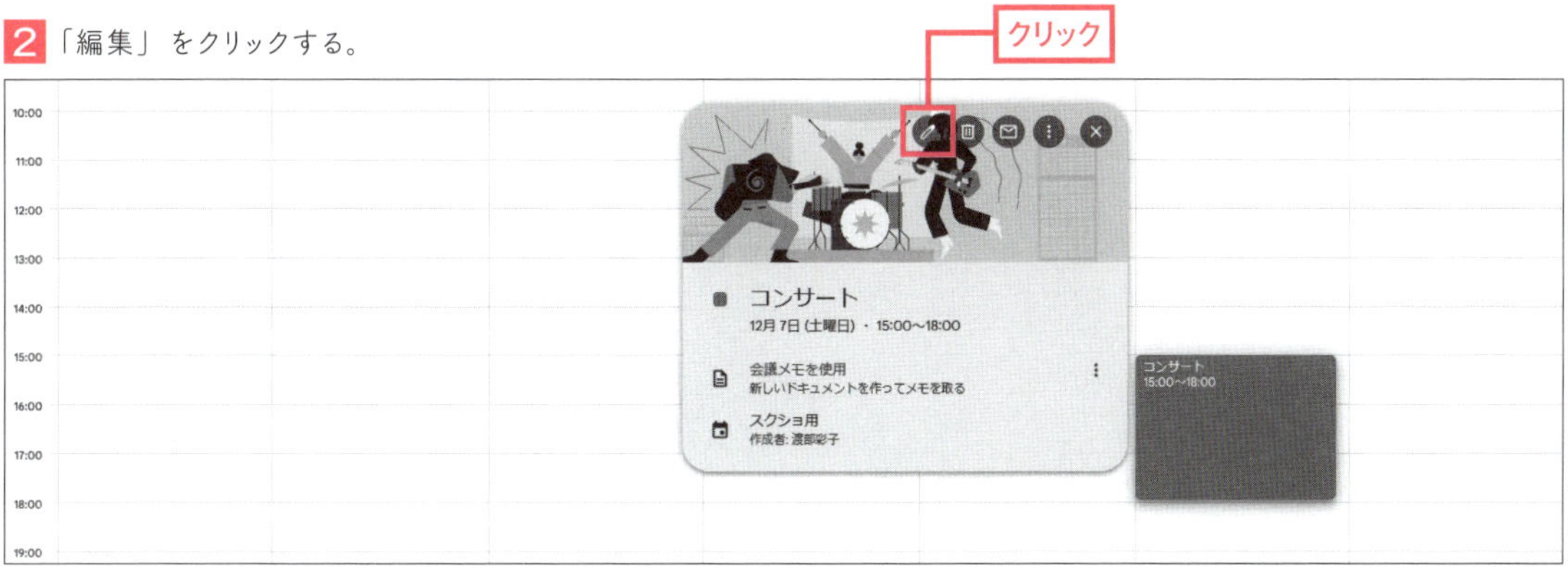

3 外出する時刻の20〜30分前にアラート設定し（❶）、「メール」または「通知」のいずれかを選択する（❷）。

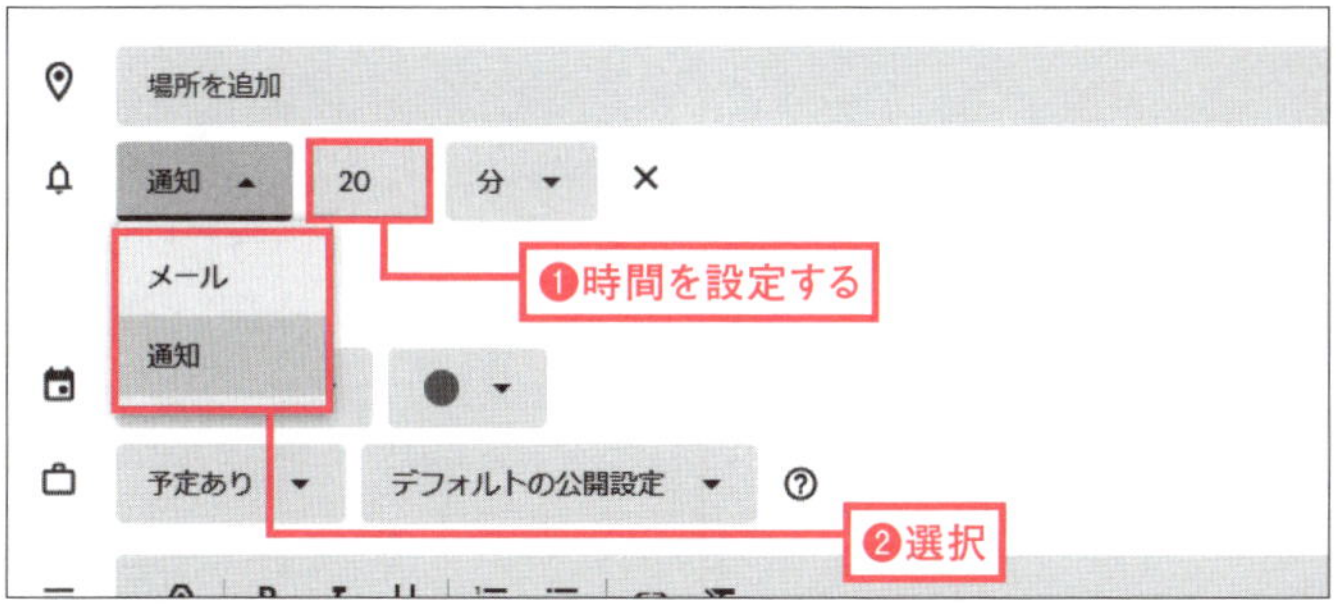

4 アラート設定した時刻になると通知される。

時間のやりくりがうまくできない

対策

- 段取りを1つのセットにまとめる
- やらなくても良いことがないか考える
- 自分用年間予定表を作る

事例　やることが多すぎて計画通りに事が運ばない

明日は久しぶりの休日だから、午前中家事をしてから最近近所にできたカフェで食事をして、映画を観て帰りにスーパーで買い物をしようと思った金曜日。

しかし、普段よりものんびり起きて遅い朝食を摂りながらテレビを観たり、友人とSNSで「今度飲み会をしよう！」と盛り上がったりしているうちにお昼前になり、大慌てで洗濯機を回して掃除機をかけたが、その頃にはランチタイムが終わる時間帯になってしまった。

朝食が遅かったのでカフェでの食事は諦めて外に出たが、観たかった映画も上映時間がうまく合わず、不完全燃焼な気分のままスーパーで慌ただしく買い物をして帰宅すると、洗濯機の中には干し忘れた洗濯物が。「結局、昨日計画した通りにはできなかった……」とため息をつきながら洗濯物を洗い直して干し、買ってきたものをしまったらぐったりしてしまった。いったい他の人はどうやって時間をやりくりしているのだろう。

原因　締切りを設けなかったり、やることの優先順位が曖昧

発達障害の中でもADHD傾向が強い人は**予定を詰め込みがち**なことが多く、「これ行きたい（やりたい）！」と思うと、時間に多少無理があっても「何とかなる」と予定を入れてしまいがちだ。

一方、ASD傾向が強い人は**自分がやりたいことを真っ先に入**

れ、なおかつそれを遂行することにこだわりがちである。中には、「○曜日の△時には×をする」というスケジュールが予定通りにならないと不安になったり、騒ぎたくなったりする衝動に駆られることもある。

いずれの場合も、頭の中では「明日は映画を観よう」「家事をしよう」と考えるのだが、その計画を遂行する機能がうまく働かないことが発達障害の人は多く、「結局今日も何もできなかった」という気持ちばかりが残ってしまう。

時間感覚が曖昧なことと、別の気になることが出てくるとたちまちそちらに注意が移ってしまうことも理由として挙げられる。前日に計画したことを実行するための起床時間や家を出る時間を明確に設定していなかったため、朝になったらすぐに行動に移したほうが良いことよりも目の前のスマホやテレビの刺激に注意がいってしまう。

気になったことをいったん脇に置くことが苦手なのも日常生活では支障になりやすい特性だ。テレビを観るのが休日の朝の習慣であっても、テレビを観ていると映画の時間には間に合わなくなるので観るのはやめておこう、などと相対的な優先順位を付けて考えることが重要だ。

Column

付箋、シール、マスキングテープはこう使う

最近、文房具屋へ行くと手帳と一緒に使う付箋、シール、マスキングテープ（マステ）が充実している。いろいろあって目移りしそうになるが、買ってもうまく使いこなせない。

紙ものは片付けや整理の際に文字を読まないといけないため、分類作業に時間がかかる。このとき、シールや付箋を活用するとそれが改善されるので、内容を分類する目的で活用する。ただし、この手のものは貼りすぎると混乱することもあるため、3〜4種類ほどをアクセントとして使うのが良いだろう。

たとえば、おおまかに仕事とプライベートに分け、手帳やメモ、ファイルなどに貼っていくと見分けやすい。シールをウェブカレンダーの色とそろえれば、すぐに「この週は仕事の予定が多い」と視覚的にもわかりやすい。

マステは月が変わるページの上に貼ってインデックス代わりにしたり、日をまたぐ予定（月末月初の作業や泊まりがけの出張など）に幅の細いマステを貼っておく、という使い方ができる。付箋やマステは貼り直せるから仮の予定のときは付箋やテープに書いて、本決まりになったら付箋を取って用紙に書く、という使い方もできる。何度かやりとりが必要な用事は付箋に書いておくと、先方の返事待ちの際に分けておけば自分のタスクと区別が付きやすい。

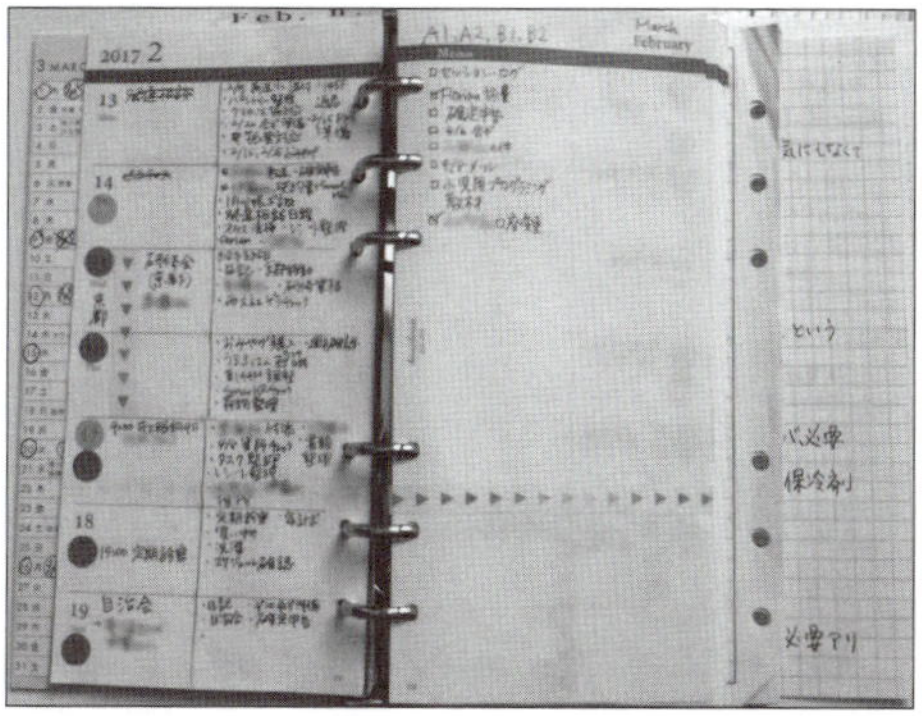

解決法 「やることとセット」を作る

働いているのなら、休日には普段ではできない家事や休養を優先させたほうが翌週以降ストレスなく仕事や日常生活を送れるので、そのことを前提にして計画を立てたほうが良い。

たとえば、

- 2日間休みならどちらかの日に外出する予定をまとめる
- 外出時刻までにできる家事を区切りのいい段階までやる
- 観たいテレビ番組は録画しておいて夜に時間があるときに観る

というルールを定めよう。

事例の場合、映画といった上映時間や場所が決まっている予定を考えているため、まず観たい映画をやっている映画館の場所と上映時間を調べ、それに合わせて休日の予定を組む必要があった。そして、カフェなどでも行える友人との連絡や、録画して夜にゆっくり観ればいいテレビなどは優先順位を下げる。

起きたら着替えて洗濯機を回す↓その間に朝食を摂り、そのあと片付けを済ませる↓洗濯物を干す↓洗濯に使った道具の片付けや水回りの掃除↓買い物リストを作る↓映画の上映時間を調べ、その時間に合わせて身支度して外出という**段取りを1つのセットにまとめる**。

洗濯を先にするのは機械がやってくれるので、その間に他のことができるからだ。このように機械に任せられることは便利なのでどんどん活用しよう。洗濯機を回す間に食事と後片付けにしたのは、食後にテレビやネットを見ることなくすぐに動くための段取りである。こうやって無意識にじっとする時間を減らすことで次の行動に移りやすくなる。

「やめること」を見付ける

発達障害の人は何かが気になったり夢中になったりすると、そのことに注意が向きがちである。しかし、自由に使える時間が限られている以上、**日常生活を送る上で優先度が低いこと、やりたくても続けることが難しいことは減らす、もしくはやめることも検討する**必要がある。

ADHD傾向が強い人は、やりたいことが次々と拡散して「あれもこれも!」となり、空いている時間いっぱいに詰め込んでしまい、家事などの日々コツコツと積み上げる作業を後回しにしてしまう。

ASD傾向が強い人は、何か気になること、やりたいことがあると自分が納得がいくまでやり遂げたい、家事も完璧なレベルまで

テレビやネットを見るときのルールを定める

時間や区切りを決める

「やるべきことをやったあとの
ご褒美」にする

テレビやネットを見る時間帯を決める

疲れているときは睡眠や
食事を優先する

やろうと頑張ってしまいがちだ。たとえば、調べものでもある程度わかったらそこでやめてもいいはずなのにネットの関連記事を全部読まないと気が済まない、掃除も普段は気にならないのにやり始めたら徹底的にやりたくなるという具合だ。

いずれも通常の時間軸とは違う感覚に陥りがちなので日常生活では落とし穴になりやすい。

1日は24時間と考えると長く感じるが、睡眠、食事、仕事や家事など生活に必要な時間を差し引いてみると、自由に使える時間は驚くほど少ない。

もちろん、これはすべての人に当てはまるわけではないし、ADHDやASDの人にのみ見られる傾向とは限らないが、一般的にADHDの人に多いのは、

- ついネットサーフィンをしてしまう
- 見たかったテレビ番組が終わったあともつい次の番組を見てしまう
- 食事が終わったらすぐに片付けようと思ったが、立ち上がるのが億劫《おっくう》になってダラダラする

ASDの人に多いのは、

- 片付けをしようと古い本などを見てつい最後まで読みふけってしまう
- ゲームなどを始めると終わりまで徹底的にやってしまう
- 玄関の掃除を始めたら徹底的にやろうとして、結局玄関の掃除だけで終わってしまった

といったことが挙げられる。これらはあっという間に時間が経過する理由になる。特にスマホからは大量の情報を入手できるため、つい長時間いじってしまいがちだが、それで当初の計画が狂うことは多いので、便利な面もあるが、接し方も考えたい。

このような「時間を忘れてついやってしまう」習慣は、現代社会では往々にして不利に働きやすい。特徴としては、

- 手軽に快楽を得られる
- 最初は少しだけと思っても長時間になりがち
- あまり動かない（掃除なども特定の場所だけに注意を向けがち）

などが挙げられる。つまり、実行するための手間に比べて得られる快楽がとても大きい。そして、それを我慢してより快適な結果を得ようとするのは先の見通しがないと困難である。

そのため、「必要なことを終えたら余った時間をネットなどに当てたほうが満足感も大きいし、やらなければいけないことをやれなかった罪悪感も少ない」と自分に言い聞かせて、これらの**時間泥棒的行為を減らすこと**が重要だ。

いきなりテレビやネットの時間をなくそうとすると、今度はそれがストレスになって反動が出るため、

「自分がやったこと」のログを取って振り返る

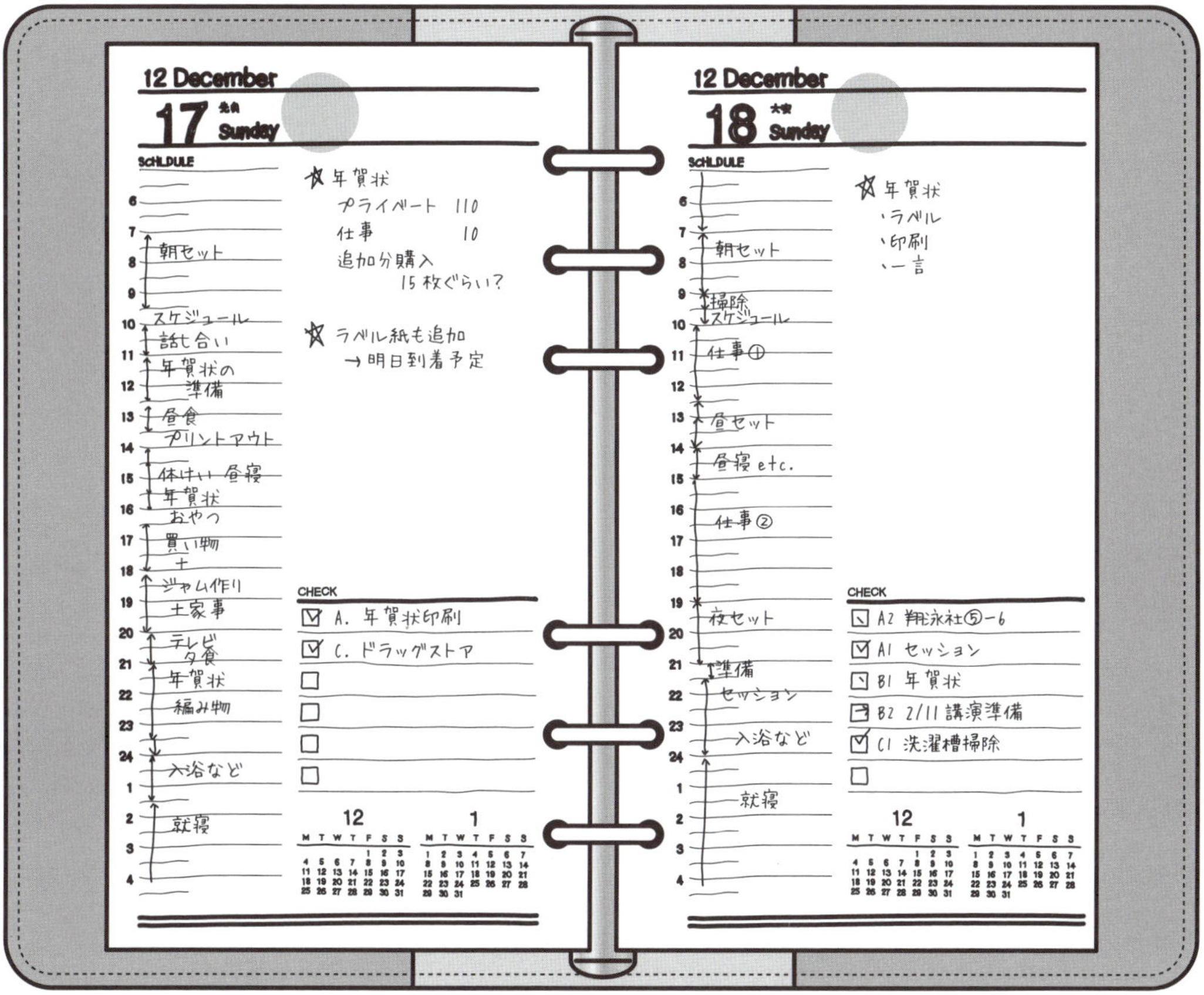

・「やるべきことをやったあとのご褒美」と位置付ける
・時間や区切りを決める（特に終了時間は重要）
・疲れているときは睡眠や食事を優先させる
・テレビやネットを見る時間帯を決める

といったルールを設けよう。

ADHDの人は時間感覚が弱い人が多いので、上図のように方眼紙や手帳などに1週間ほど**「自分がやったこと」のログを取ってみる**と良いだろう。予想以上に無意識に行動して時間が足りなくなっていることが可視化され、自分が見積もっている以上に日常生活のことに時間がかかっていることがわかるだろう（もちろんASDの人がやっても良い）。

ASDの人の場合、時間感覚は比較的しっかりしている人が多いが、「自分が気になること」にこだわるあまり、人によっては

「週末にやると決めたこと」「時間を守ること」「完璧に遂行すること」ばかりに意識が向いてしまうことがある。また、それができなかったことで一気に調子がおかしくなったり、途中までやれていたことを放り出したりすることもある。

　週末に全部やることが本当に重要なのか、多少時間がズレたり、多少完成度が低くなったりしたとしても自分や周囲の人が楽しめれば良いのではないか、といった視点を持つことが必要だろう。

　また、「このくらいならまあいいや」と基準を下げる、分散して少しずつ片付ける計画をするなど、**より現実的なプランに変更する**ことも大切である。

　そして、これは共通していえることだが、この手の自己嫌悪に陥るような行動をついしたくなるのはストレスがたまっている、疲れている、といった心身に負荷がかかっていることが多い。まずは睡眠や軽い運動（散歩やウォーキング）、栄養バランスが取れた食事をすることに時間を使おう。それが難しいなら「自分は今疲れている、ストレスがたまっている」ことを意識するようにしよう。

「自分歳時記」を作る

　やることを決める際につい忘れがちなのが少し先の予定だ。月や季節、年単位で巡ってくる行事（年末年始やお盆など）は意外と多く、地域によっては毎月のように自治会などで何らかの共同作業が入っていることがある。

　そこまでではなくても、季節ごとの家事や年中行事もあるはずだ。暑くなれば扇風機などを出し、布団や洋服を夏用のものに取り替えるし、寒くなれば扇風機をしまってストーブやヒーターなどの暖房器具を出し、厚手の布団や洋服をそろえる。

　お盆や正月の帰省や年賀状といった家族や親戚との付き合いも学生時代のように親任せではなく、次第に関わりが深くなってくる。「自分は関係ない」と思うかもしれないが、親から「帰省したら実家の掃除を手伝ってほしい」「今度○○（親や兄弟）の誕生日だから集まろう」といった話もゼロではないだろう。

「映画を観たい！」と思っても翌週以降の予定との兼ね合いを考えると「映画を観るなら来週のほうがいいかも」「今週は家で夏支度をしておいたほうが来週楽しめる」となるかもしれない。

　発達障害の人たちと接していると「季節の移ろいを肌で感じる」ことが苦手なケースが多い。たとえば、「暑くなってきたからそろそろ夏服を出そう」といった大半の人にとっては当たり前の気温や

歳時記の具体例

月	衣・住	年中行事	仕　事
1月	手紙、書類整理	父親誕生日	仕事始め
2月	本の整理、浴室掃除		
3月	カーテン洗濯、押し入れ点検	お彼岸	
4月	靴磨き、バザー準備	母親誕生日	
5月	エアコン、換気扇周り掃除		
6月	衣替え、クリーニング		社員旅行
7月	窓掃除		
8月	外壁掃除	お盆	夏休み
9月	リビング掃除		
10月	ガレージ掃除	夫誕生日	健康診断
11月	衣替え、暖房器具準備	年賀状準備	
12月	玄関周り掃除	年賀状、クリスマス、正月準備	年末調整、仕事納め

季節に自然に対応することが難しいのだ。

背景にはいくつか理由があるが、筆者の場合は「気温が高い」「暑い」という事象と、「夏服を出して着る」「扇風機やエアコンを掃除して夏に備える」といった具体的な行動の因果関係を理解していないことだった。

筆者もこの手の季節の移り変わりに適応するのがもともとは非常に苦手だったので、日々の予定に流されないように、**自分で日々のスケジュールとは別に、上図のようにおおまかな歳時記を作っている**。別の言い方をすれば、学校などで配布される年間予定表の自分版である。

事前に忙しくなる時期や、すぐではないが大切な予定（健康診断や帰省など）を把握するきっかけにもなるため、できれば紙のカレンダーや表に書いておくと良い（カレンダーの使い方については次節参照）。

手帳やスケジュールアプリの使い方がわからない

対策

○メインとして使用するスケジュール管理ツールを決める

事例　手帳やアプリを使うと良いというけれど……

会社の予定は会社指定のウェブカレンダーに記入しているが、プライベートの予定はプライベート用ウェブカレンダーに書いたり、紙の手帳に書いたりと方針が定まらず、気が付いたら途中で記入をやめてしまっている。

そのためか、家族や友人知人から誘われても即答できず、うろ覚えで「ここならいいよ」と答えたらダブルブッキングで予定変更が大変だったこともしばしば。

そもそも手帳やスケジュールアプリってどう使ったらいいかわからない。本やネットで活用術を披露している人がいて何度か真似してみたけれど結局挫折してしまった。自分に合った方法ってどうすれば見付かるのだろう。

原因　手帳やスケジュールアプリを使う目的が不明確

手帳を使えないという悩みを裏返すと、手帳を使うメリットをよく理解できていないことが考えられる。では、なぜ人は手帳やスケジュールアプリを使うのだろう。大半の人は「予定やタスクを忘れないため」と答えるだろう。

確かにそうなのだが、実は手帳やスケジュールを利用する最大のメリットは、**「時間の使い方を可視化できる」「時間を意識的に考え、過去を振り返ったり、未来に思いを馳せられたりする」**ことだ。

時間は一定方向に流れるベルトコンベアーのようなものだと想像してみよう。原則自分一人が使え

るのは1本だけ（＝時間軸）で、かつ載せられる荷物（＝予定やタスク）も1つだけだ。

　他人に頼んだり、機械を使ったりすると複数のベルトコンベアーを使えるが、反対に用事を頼まれれば1つしか載せられない自分のベルトコンベアーに他人の荷物を載せるので、その間は自分の用事はできない。また、他人や機械の手を借りるには事前の段取り（つまり他人の時間ベルトコンベアーに荷物を載せる準備）やフォローアップ（お金を払ったり、修理などをしたりする）が必要で、実際は前後に自分の時間をある程度割いているのだ。

　つまり、手帳やスケジュールアプリは時間ベルトコンベアーを可視化し、「この時間に載せる荷物はこれです」「この時間までに荷物を載せ終えてください」といった割り振りをするための道具なのである。

　そのため、**まずは期間によってスケジュールの性質が変化することを意識し、自分がどの種類の予定を把握したいのかを確認しよう**。これは一例だが、次のような基準で考えるとわかりやすいので参考にしてほしい。

- 超長期スケジュール（1〜10年くらい先）→ライフステージの変化などをイメージするためのもので、詳細は未定なことが多い
- 長期スケジュール（半年〜1年先）→大きなイベントなど、その前の段取りが必要なものが多い
- 中期スケジュール（1カ月〜半年先）→長期スケジュールからの段取りや、イベントの準備段階などが混在している
- 短期スケジュール→（1週間〜1カ月先）→ルーチンワークと、段取りから分割された具体的なタスクが混在している
- 超短期スケジュール→（当日〜1週間先）→日々の業務や突発事項への対応など、具体的な予定やタスクに分けやすい

解決法 メインのスケジュール管理ツールを決める

今は処理する情報量が多い時代なので、メインのスケジュール管理ツールとして使用するのはウェブカレンダーか紙どちらか1つといわれたら**ウェブカレンダー**をおすすめする。ウェブカレンダーやスケジュールアプリのメリットは、

- 繰り返しの予定が簡単に入れられる
- 予定変更が簡単にできる
- アラート機能を使えるので、タスク管理と組み合わせやすい
- アプリ同士で連携できる
- 複数の端末で記入・同期できるため、紛失しても対応可能
- 携帯端末を使えば移動中でもすぐに入力できる
- 過去の予定を検索しやすい

・記入する道具を常に携帯している確率が高い

といったことが挙げられる。特に書字が苦手な人は手帳に書くこと自体が苦痛になるため、ウェブカレンダーを利用するメリットは大きい。使うアプリを決めたらスマホのホーム画面に表示させ、「とにかく予定を入れる」習慣をまず徹底させることが第一歩である。仮の予定や移動時間なども入れておこう。

　併用する場合は、まず優先的に予定を記入＋具体的な予定確認はウェブカレンダー、サブでおおまかなスケジュールや段取りを組むのは紙という使い方が良いだろう。

細かい予定はウェブカレンダー、長期の見通しは紙に

紙の手帳のメリットは、

・一覧性が高く確認しやすい
・中期以上の予定確認に最適
・電源を入れなくてもすぐに見ることができる
・種類が豊富で、使い方について情報を探しやすい

などが挙げられる。特に中期から長期のスケジュールを把握しづらい人は紙の手帳も併用したほうが良いだろう。「だいたいこの時期が忙しいな」「このあたりで◯◯の準備を始めると良さそう」といったおおまかなスケジュールを把握する目安がわかることで見通しを立てられる。この見通しが付くと、具体的なタスクに分ける、他人や機械に振り分けるといった段取りを組みやすくなる。

　筆者がすすめるのは**蛇腹式スケジュール**で、このタイプは『「超」整理手帳』や日本ビジネスプランの蛇腹タイプ、システム手帳の年間予定表などいくつか市販されている。蛇腹式をすすめる理由は、広げると時間の長さや予定の密度を実感しやすく、かつページの寸断が少ないことである。まずは紙の手帳は蛇腹式スケジュール帳だけ使って常に月単位先の予定を視覚化し、時間感覚を養うことを目的にしよう。

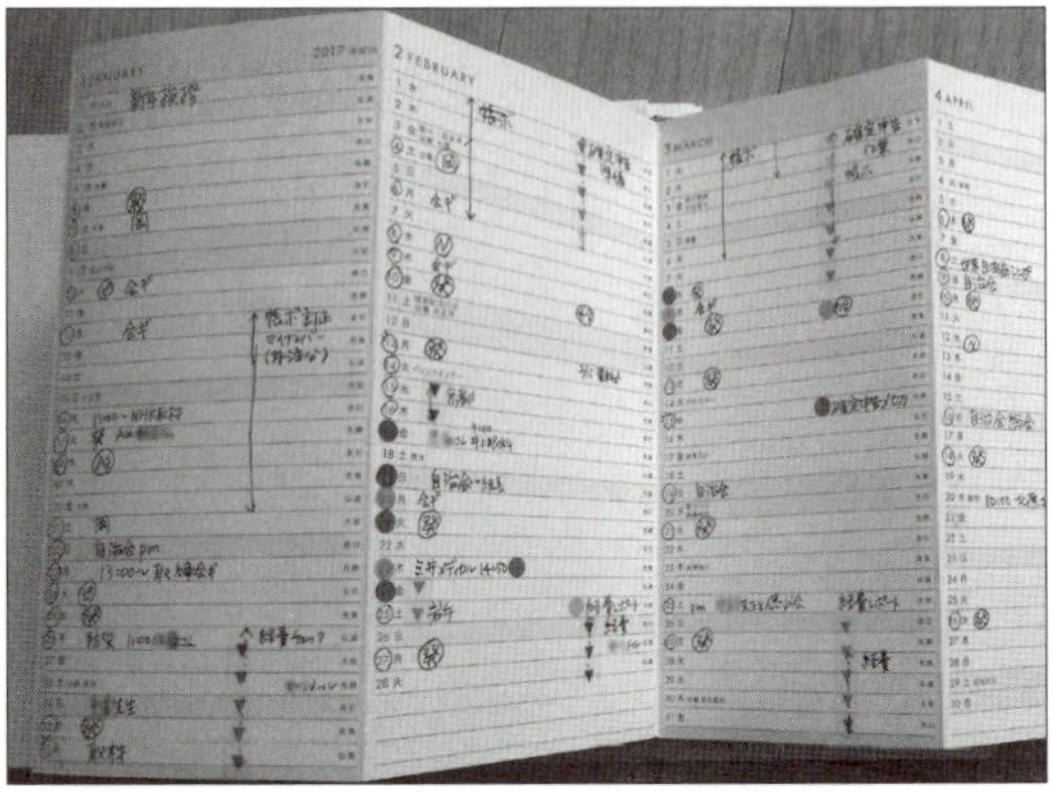

「蛇腹式スケジュール」なら、俯瞰で予定を確認できる。

手帳やアプリは持ち運びできる秘書兼マネージャー

　記入に慣れてきた、あるいは「もう少しここができたら……」と具体的な要望が出てきたら、自

分のニーズに合わせて手帳やアプリを活用していこう。

手帳やアプリはスケジュールやタスク以外にも、

- 体調管理（体重、血圧、基礎体温、生理、便通、歩数など）
- 気分の変調（シールやマークを付ける）
- 家事の記録（レシピ、掃除、衣替え、年賀状など）
- 趣味の記録（読書、映画、美術館、旅行など）

といった使い方もできる。

筆者は学生時代に体調を崩したことをきっかけに、手帳に基礎体温と生理周期を記録し、体調管理に活用していた。このような記録があることで通院時の医師との会話もスムーズになり、「そろそろ生理だから体調に気を付けよう」と事前に体調のリズムを把握しやすくなった。今でも体重や便通、生理、頭痛の記録を付けていて内科や婦人科などの診察の際にそのデータを医師に示して助言をもらっている。

　実用的な内容ばかりだと仕事のようで抵抗を感じる人は、楽しかった、これができたと感じたことを記入してみると良い。タスクなどを書いているとできなかったことばかりが目について嫌になってやめてしまうことがあるが、今日できたことを書いていくと「今日は頑張れた」と自己肯定感を育てるきっかけにもなる。特に自分の欠点ばかりが気になってしまう人は試してほしい。

手帳やアプリのスケジュール以外の使い方

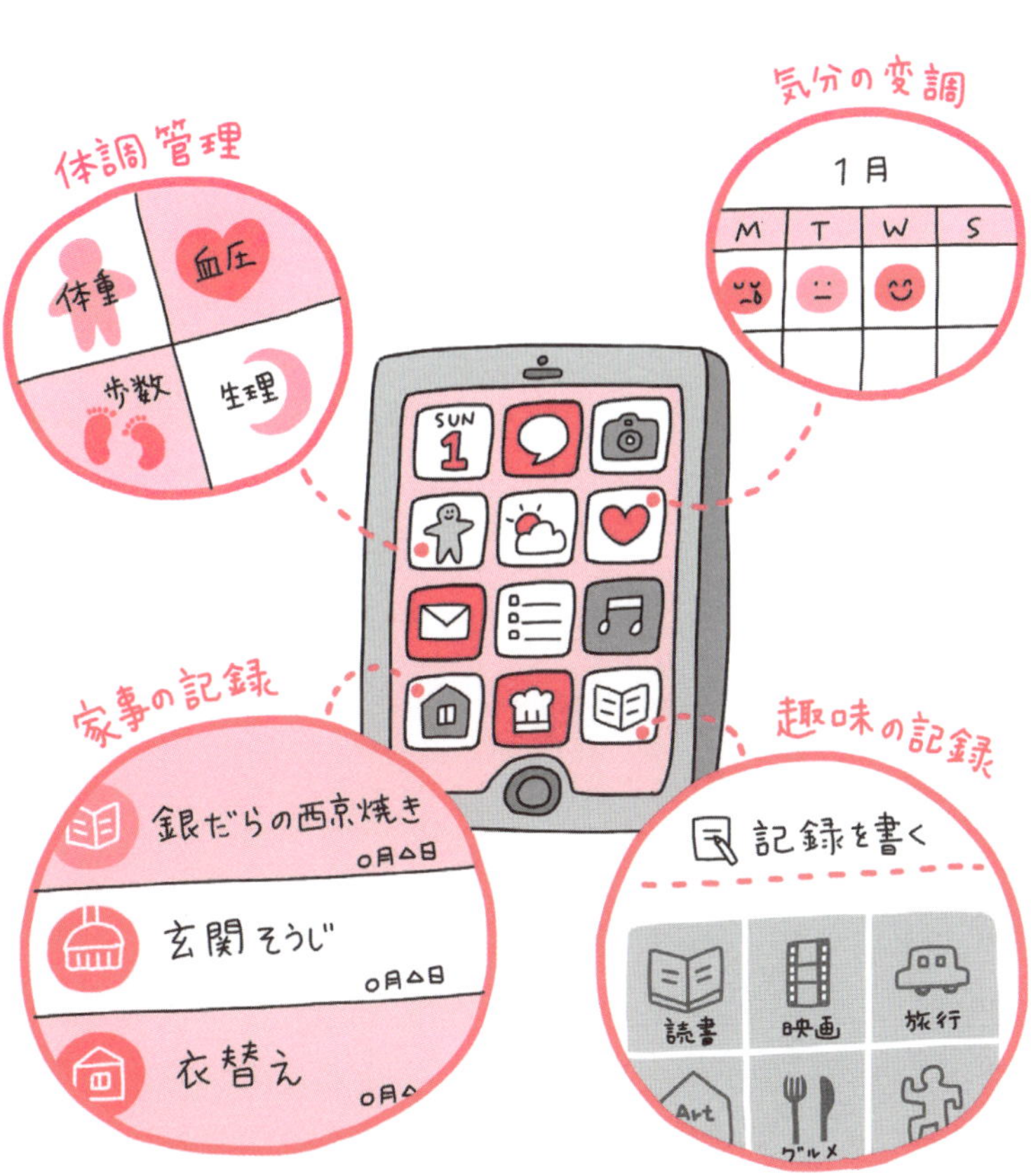

身支度に時間がかかる

対策

- 服装のパターンを作る
- 前日のうちに身支度をしておく

事例　似合う服でおしゃれして出掛けてみたいが……

　同じ年頃の人がおしゃれをしてあちこち出掛けているのを見かけるが、正直自分にはどんな服が似合うのかよくわからない。

　家にいるときはラクなのでTシャツやジーンズで済ませてしまうからか、休日に友人らと外出する予定があっても何を着たらいいかわからない。親しい友人は、「もっとはっきりした色を着ると似合いそう」「こんな格好が似合うんじゃない？」と言ってくれるが、なかなか勇気が出なくて結局いつも同じような服装で外出してしまう。

　そういう状況を変えたくて新しい服を買ってきても、既に似たような服がクローゼットにかかっていたり、手持ちの服との組み合わせが難しかったりして、結局タンスの肥やしになっているものがいくつもある。

　靴もおしゃれな編み上げの靴を通販で見かけて買ったけれど、手先が不器用でひもを結ぶのが面倒になり、数えるほどしか履いていない。アクセサリーも出掛ける直前まで服装が決まっていないからうっかり着け忘れて外出してしまう。

原因　自分の長所・短所を客観視できていないことと、ラクをする工夫が不十分

　おしゃれは流行を取り入れながら、なおかつ自分の長所を強調し、短所を目立たせないようにすることがポイントになる。たとえ

ば、体型を気にするあまり全身をゆったりとした服で隠すよりも、上半身を大きめな柄の服やアクセサリーでボリュームを持たせて、下半身をレギンスなどにしたほうが体型のメリハリが利いてスッキリ見える。

　しかし、発達障害の人の場合は、このような**全体的なものの見方よりも細部へ視点が向きがちなこと、他人の目よりも自分の好みや気にしていることを優先させがちな傾向が強いこと**があってか、おしゃれに対して苦手意識を持っていることが多い。また、似合う・似合わないは感覚的なものなので暗黙のルール理解や直感的な比較が苦手な人にとってはかなり判断が難しい。

　職場は制服やドレスコードがあるから決まったパターンで過ごせるが、仕事着よりもカジュアルで部屋着よりもおしゃれな服の着まわしは、「ほどほどにラク、か

手持ちの服の上手な組み合わせ方

手持ちの服を仕分けする

着るパターンを決める

セットをまとめて
ハンガーにかける

つ、ほどほどにおしゃれ」が求められるからこそセンスが問われる。

まず白いシャツ、黒タートルネックセーター、デニムジーンズやスリムなパンツあたりで自分に似合う＋ラクに着られるものを探ってみると良いだろう。

解決法 服装のパターンを作る→まずは3場面×2パターンを四季分

先ほど述べたように、働くようになると部屋着、仕事着（スーツやそれに準じた服装）、その中間服（少しおしゃれなカジュアルウェア）が必要になる。

まずは手持ちの服がどれに当てはまるのか分けてみよう。中には、「これ、部屋着だけど中間服にもなるかも」「中間服だけど、仕事にも着ていけそう」といった兼用できるものがあるかもしれない。それらは着る場面が多いほうへ置くようにする。

次にパターンを決めるのだが、原則は**「上半身ボリューム＋下半身スリム」**か**「上半身コンパクト＋下半身ボリューム」**の2つだ。

これが季節ごとに部屋着、仕事着、中間着で2、3セットずつあれば、適宜流行や体型の変化に合わせて入れ替えていくことで対応できる。

このセットをまとめてハンガーにかけるか、セットの写真をクローゼットに貼っておけば急いでいるときにもサッと着れて時間の節約にもなる。

「同じような服装ばかりだと……」と思うかもしれないが、よほどおしゃれに興味があるか、細かく観察する人でない限り他人の服装を事細かに覚えていることはほとんどないので、2つのパターンを選択したとき、交互に入れ替えて着るようにしていれば大半の人は気にならないはずだ。

靴に伸びるひもを通しておく→着脱の時間短縮

「おしゃれは我慢」という人もいるが、やはり続きにくい我慢をするよりはラクなほうが良い。幸い最近はラクにおしゃれをするのが認められてきたから便利な道具も豊富で、それらをうまく活用したい。特に発達性協調運動障害の傾向がある場合、意識するとかなり負担が軽減される。

筆者はひも靴を脱ぎ履きしやすいよう、100円ショップで購入した**伸びる靴ひも**を愛用している。このひもはゴムが編み込んであり、靴べらを使えばひもを結んだまま着脱できる。見た目は普通の靴ひもなので革靴にも違和感なく使える。

手先が器用でも指先に力が入れにくい場合、

- 小さなボタンやスナップ
- ベルトのバックル
- 靴ひも
- リボン（女物の場合、服や靴以外にも髪飾りやかばんなどに付いていることがある）
- レース（ベルトやかばんの金具などが絡みやすい）

は身支度をする際に時間がかかりやすく、面倒に感じやすい。自分が身支度をするときに何が支障になっているのかをリストアップし、解決できそうな商品やデザインを探してみると良いだろう。

メイクを省略する→ポイントメイクは眉、チーク、リップで

男性はあまりピンとこないかもしれないが、女性は身支度をする際、メイクに意外と時間がかかる。やりたくなければしなくても良いのだが、年齢とともにメイク

身支度する際に支障になりそうなもの

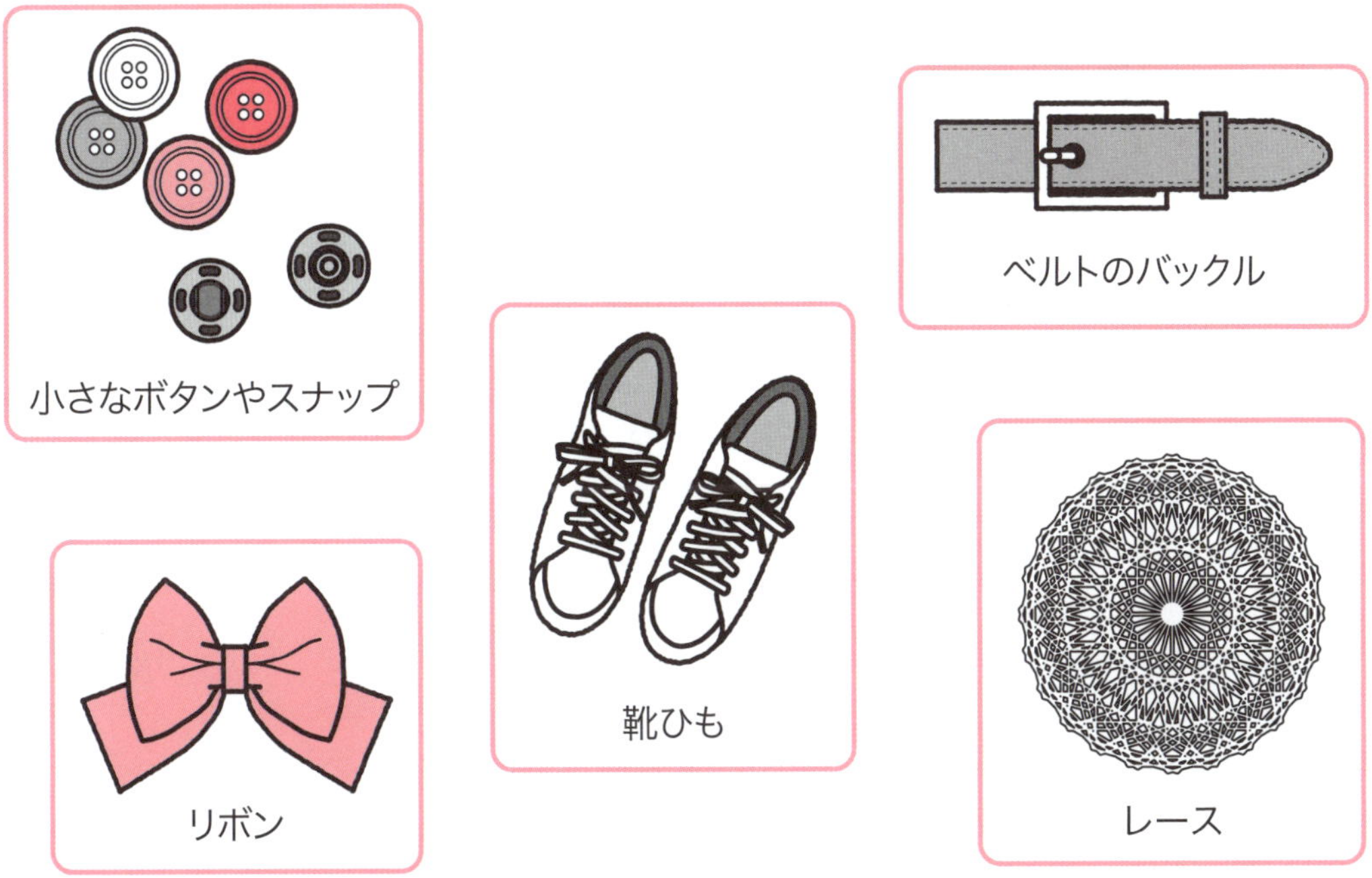

身支度の支障になっているものをリストアップし、解決できる商品やデザインのものを探そう

をしたほうがいい状況が増えるのでラクにできるコツを知っておくと時間短縮になる。

以前テレビの仕事でメイクをしてもらった際に担当者にコツを聞いたら、**「眉の形と肌のツヤ、頬の血色がポイント」**とアドバイスされた。逆にいえば、それさえ押さえればさほど違和感なく見える。

ベースメイクは、最近は日焼け止めや乳液と兼用できる便利なものが売られているから、それを薄めに塗る（伸ばしにくい場合は乳液や日焼け止めを少し混ぜる）だけでカバーできる。テカリが気になるならその上からルースパウダーをブラシで付ける。

眉の形は眉山の付け方で印象が変わる。眉山をなだらかにすると自然な印象に、反対に角度を付けるとメイクを強調する印象になる。長いスパンでは眉の太さや色の流行が変化するが、大半の人は眉山の描き方で十分対応できる。

眉山の目安は鼻の横のでっぱりと黒目の外側を一直線に結んだライン上で、そこから目頭側を薄い色、目尻側を濃い色で描くと自然な感じに見える（次ページ図を参照）。眉毛を描くのが面倒なら時間があるときに顔用のカミソリや眉毛用ハサミで眉毛をあらかじめ整えておくだけでもごまかせる（このときメイクをしないなら長めにカットする）。

プライベートでは口紅も塗らないと顔色が悪く見える人以外はリップクリームにしてもそれほど違和感はない。筆者は、口紅は唇が荒れてしまうためリップクリームか色付きリップにしているが、もともと唇の色が濃いこともあってか、むしろ口紅を塗っているときのほうが顔色が悪く見えていたようで「大丈夫？」と聞かれがちだった。

チークは、頬の血色が良い人は省略しても良いが、顔色が悪く見えがちなら使ったほうが良いだろう。

ドラッグストアへ行くとリップにも使えるクリームタイプのチークが売られていて、それを頬骨に沿って近付かないと見えないほどの濃さで入れてからなじませると自然な血色になる。色で悩む場合は、次に述べる似合う色の系統を見付けてから購入しよう。

似合う色の系統を見付ける→基本のベーシック色＋差し色

同じデザインの服でも色によって印象が変わる。基本は黒系が似合う人と茶系が似合う人に分かれるので、迷ったら黒やグレーの服と茶色やベージュ系の色を着てみて、どちらが顔色がきれいに見えるか比較してみよう。迷ったらカラー診断のサイトなどでチェックできるし、プロのカラー診断を受

メイクがラクにできるコツ

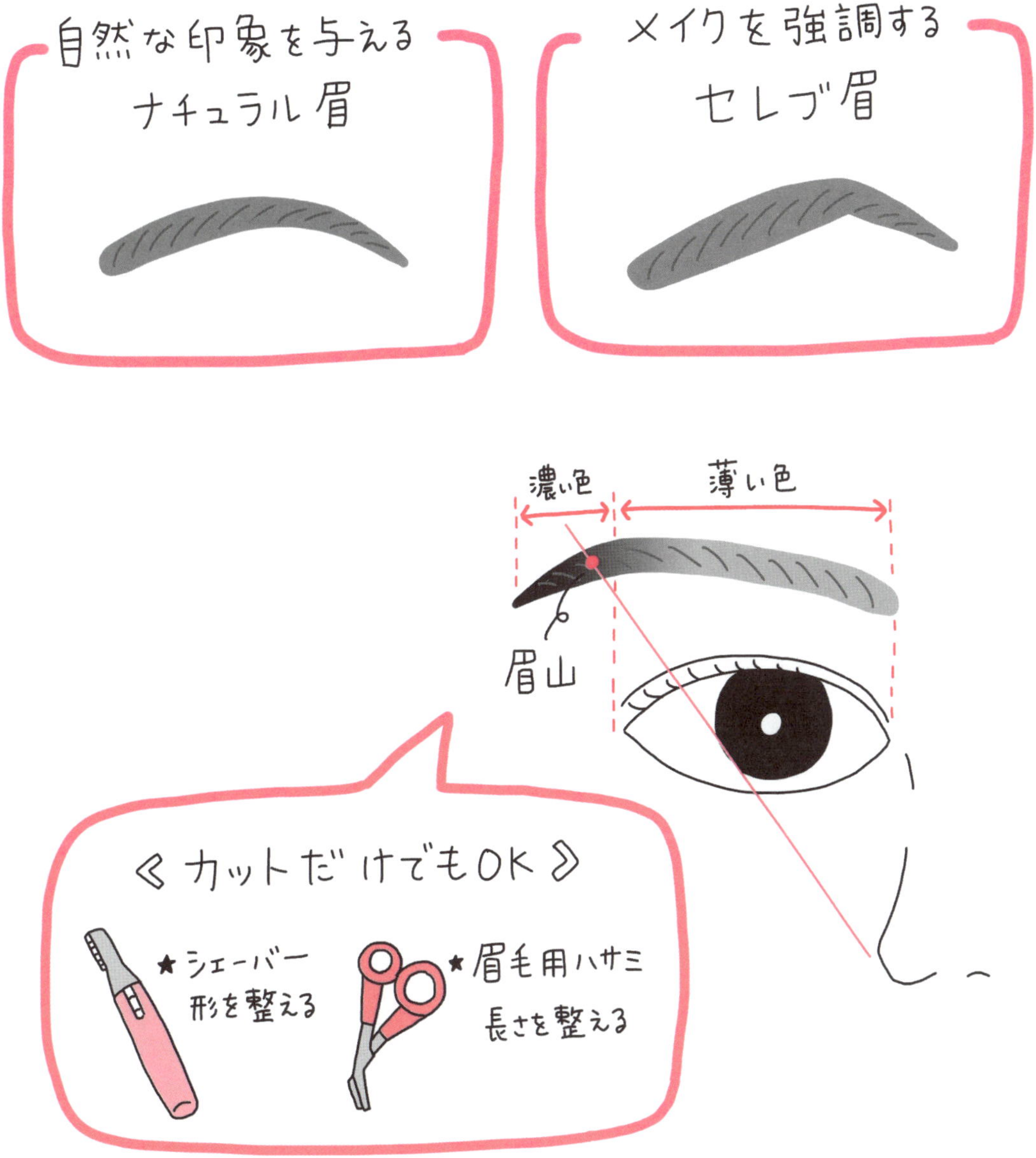

けてみるのもおすすめだ。

筆者は黒系かつビビッドカラーが似合うタイプなので、基本色はモノトーンや紺色でそろえ、差し色として鮮やかな色の服やストールや小物を購入している。基本色ばかりだと印象がぼやけてしまうため、似合う差し色を使ってメリハリを付けるようにしている。

差し色は慣れないと「派手かも」と躊躇《ちゅうちょ》してしまうので、最初は帽子、靴、かばん、ストールなどの小物から取り入れてみると良いだろう。

前夜に持ち物と着る物を準備する

服を決めるのに時間がかかる人の場合、持ち物もどれを持っていったらいいか悩んでしまい、どんどん外出する時間が遅くなりがちだ。外出直前に慌てないためにも、時間があるうちに準備すると忘れ物は減る。とはいえ、当日準備したほうが良いもの（飲み物や冷蔵品など）もあるので、まず**前日までに用意するものと、当日準備するものをリストアップしてみよう。**

紙に書くのも良いが、メモ帳などのパソコンやスマホのノートアプリに記録しておけば繰り返し使えるし、あとで編集も可能だ。

例として、次ページのようなものが挙げられる。こうしてみると当日にしか準備できないのは充電が必要なものや腐敗などのリスクがあるものくらいなことがわかる。

そこで、前日までに用意できるものはかばんや袋などにまとめておく。それも忘れそうならいつも持ち歩くバッグとまとめて持ち手用カバー（検索するといろいろなものが出てくる）で巻いて一緒に持ち歩けるように準備しておこう。

貴重品はバッグインバッグやポシェットにまとめておく。仕事用とプライベート用のかばんを分けておくやり方も有効だ。自分が外出時にどのようなかばんを使うといいのか（リュック＋ポシェットにする、ショルダーバッグだけにする）検討してみると良いだろう。

筆者は、電車に乗る日は原則リュック＋ポシェット、車移動の日はポシェットとA4サイズの書類が入るショルダーバッグか手提げバッグにしている。ポシェットに必要最低限のものを入れてあるので、それは常に持ち歩き、大きなかばんを状況に応じて使い分けている。このようにパターンを決めておくと、迷わない分、身支度の時間を短縮できる。

前日までに準備するもの

当日準備するもの

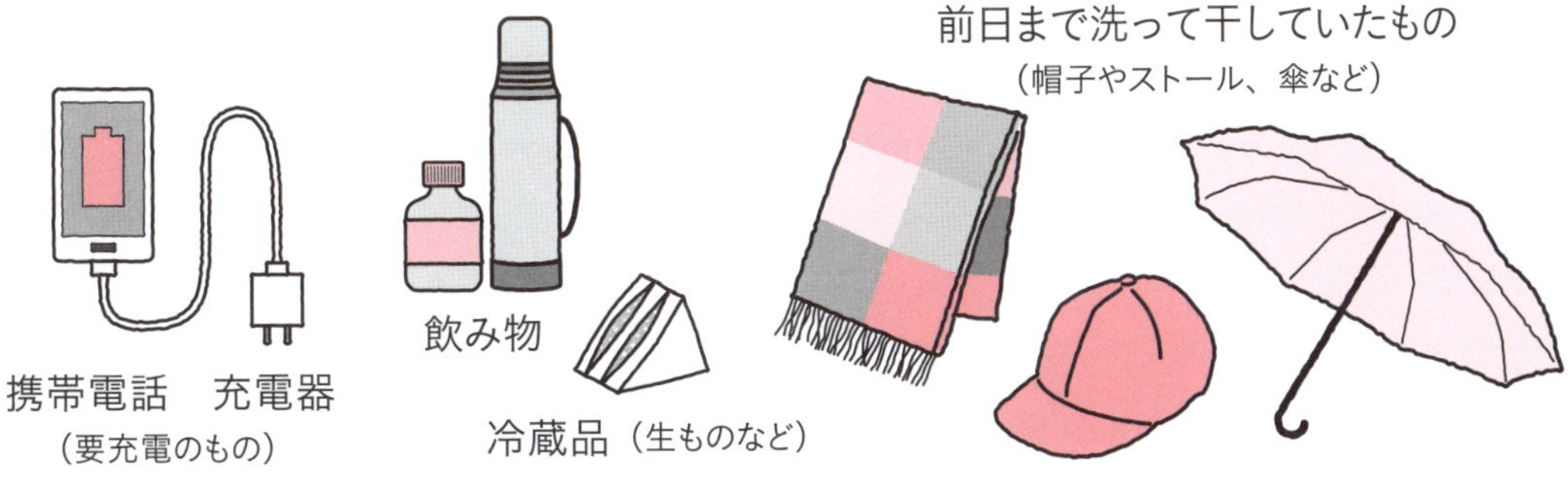

毎週のごみ出しを忘れてしまう

対策

- スマホに通知してもらう
- 前夜までにごみをまとめ、玄関先に置いておく

事例　朝の慌ただしさで気が付くとごみ収集車が来ている物音が……

朝の支度をしている最中、ごみ収集車の音を聞いて「あ！　今日燃えるごみの日だった!!」と慌ててごみ袋をつかんで外に駆け出すが、収集車は既に去ったあとだった。

これが度重なれば家の中にごみがたまって置き場所にも困るし、生ごみならば腐敗して臭いの原因になってしまう。

とにかく朝はやることに追われてうっかり忘れてしまう。何とかしたいと思うが、日によって捨てるものが違うこともあいまってなかなかうまくできない。

原因　限られた時間内に複数の作業をこなすことに加え、曜日によって捨てるごみが違うという二層構造の状況

朝はやることが多く、さらに出社時間に間に合うよう一度に複数のことを考えながら作業しなければならない。実は発達障害やその傾向がある人にとって、これはとても大変なことだ。

曜日によって捨てるものが違う、いつもならごみ出しを先にやっているのに、たまたま忘れた日は先に食事をしてしまった、目の前の洗濯物が気になって片付けていたら出勤時間になってごみ出しを忘れた、曜日は一緒でも奇数の週と偶数の週で捨てるものが異なっていて間違えてしまい、間に合わなかった、といったちょっとしたことが忘れてしまう理由になる。

不要なごみを捨てて快適に暮らしたいという気持ちがあっても、起床時に空腹ならまず食事をしたいと思うし、ごみ捨てで外に出るなら着替えなければと思えば、ついつい後回しになってしまう。また、他に気がかりなことがあれば、そちらに関心を奪われてしまう。

人間が一度に複数のことをこなす際に使う記憶は、ワーキングメモリー（作業記憶）と呼ばれている。この能力には個人差があり、数を復唱する検査などでは7±2が1つの目安とされることが多い。

しかし、日常生活の作業ではもっと複雑なため一度に覚えていられる項目は少なくなり、4つ以上になると多くの人は困難を覚える。うっかりミスが増えるのもワーキングメモリーに負荷がかかっている状況で、まずそのことを認識するのが重要だ。

また、発達障害の場合、**何か1つ気がかりなことがあるとずっとそれにこだわってしまう**（ASD傾向）、もしくは**目の前にあることに次々注意が移ってしまう**（ADHD傾向）、第○△曜日には燃えないごみといった**数字が絡む情報の処理が難しい**（数字のLD）という特性がある。たかがごみ出しと思っても、実はさまざまなハードルが隠れていることをうかがい知ることができる。

解決法

アプリなどを活用し、代わりに機械に覚えてもらう

ごみの捨て方アプリやアラームを使ってごみ出しを思い出す

最近は自治体や建設業者などが**ごみ捨てガイドのアプリ**を配布している。インターネットで「住んでいる自治体＋ごみ＋アプリ」といったキーワードで検索すると見付けられる。これをまずスマホやタブレットにインストールしよう。

アプリに住所を入れたり、GPSで位置情報データを通知したりすると、住んでいる地域のごみ収集日が出てくる。さらにアラート設定すると前日と当日に捨てるごみについて知らせてくれる。年末年始などごみ収集が休みの日も通知してくれるので、筆者も活用している。

「住んでいる自治体に対応したアプリがない」ときには、**ウェブカレンダーかToDoリストにごみ捨ての予定を入れておく**。通知設定をしておけば、専用アプリと同様に前日と当日に知らせてくれる。

どちらも最初の設定は少し面倒だが、一度設定すれば自動的に知らせてくれるため、「忘れてしまうのでは？」という不安も軽減される。機械に代わりに覚えてもら

多くの自治体などがごみの捨て方アプリを配布している

東京都港区ごみ分別アプリ

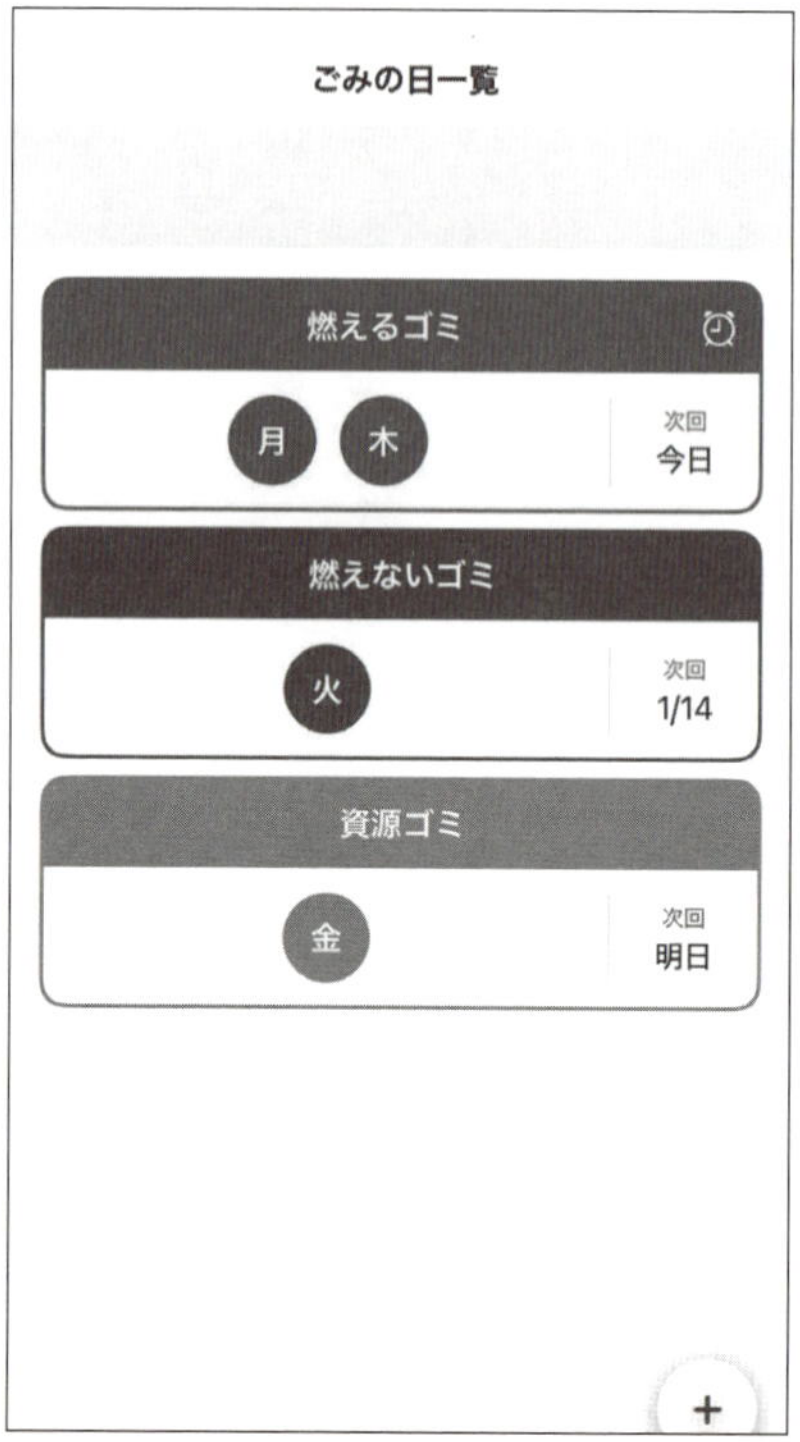

ごみの日アラーム

えばいいや、という気持ちで設定してみよう。

前もってごみをまとめておくのも手

また、できれば前夜までに**ごみをまとめておき玄関先に置いておく**、もしくは**玄関のドアノブにかけておき、すぐに捨てられる状態にしておこう**。筆者は、生ごみ以外は少し時間があるときに種類ごとにまとめ、玄関脇のスペースまで運んで「あとは捨てるだけ」という状態にしている。そうしておくと当日になって、「ハサミやひも、袋を出してごみをまとめる時間がない！　作業が面倒くさい！→ごみ出しに間に合わない！」といった悪循環を断つことが容易になる。「朝は捨てるだけ」と思えると精神的な負担はかなり軽減されるはずだ。

第14章

「片付けられない」のを何とかしたい

片付けは空間と時間、モノ、行動を結び付ける作業

発達障害の特性で「片付けが苦手」がよく挙げられる。これは、三次元空間のルールを見破って自分にとって適した物の配置法がわかりにくいことを意味している。快適で暮らしやすい空間について考えてみよう。

物をどこに置いたかわからない

対策

- 使い終わる場所の近くに収納する場所を作る
- 一緒に使うもの同士でまとめる
- 扉を外して中に入っているものが見えるようにしておく

事例

家の中にあるのはわかっているんだけど……

友人から「とてもいい海外旅行のプランを見付けたから一緒に行かないか？」と誘われたので、早速日程を合わせて申し込むことにした。「じゃあ、申込書を準備するね。パスポートの番号と有効期限が必要だから調べておいて」と言われたが、そのときになって「あれ？　パスポート、どこにしまったっけ？」と困惑してしまった。

引き出しの中を開けてみたが、書類がグチャグチャに入っていてどこに何があるのかさっぱりわからない。「もしかしたら本棚にあるファイルの中かも」と思って出そうとしたら、本と書類が雪崩を打って床に崩れ落ちてしまった。

以前にも、海外旅行に行く際にパスポートが見付からず、結局旅行に使ったかばんの底からクシャクシャになって出てきたことがあったので、それに懲りて「大事なものだから」とかばんから出して別のところへしまったのだが、そのことがかえって裏目に出てしまった。

子どもの頃から片付けは大の苦手で、よく失くし物をしていたが、今回ばかりはさすがにイライラして、「ああ、もう！」と思わず自分に向かって怒鳴りたくなってしまった。

原因

置き場所を決めていない、決めてもしまう習慣がない

こんなことを書くと「当たり前じゃないか」と言われそうだが、

物は、基本的には自分からは動かない。裏を返せば、物は最後に使った人が使い終えた場所に置いてあるはずだ。しかし、日常生活を送る中で多くの情報に接していると、使ったものの場所をその都度覚えておくのは難しい。だからこそ、**「置き場所を決める」「使い終わったら決めた場所へ戻す」**というルールが必要になる。

　大半の人は、そのことを感覚的に理解して自然に物を片付ける習慣を身に付けるが、発達障害の傾向が強い人は、この原則を体得するのがとても困難だ。それは、空間や物への捉え方が感覚的に大半の人と異なることも理由にある。

　ADHD傾向が強い人は、**興味・関心、特に新しい刺激に惹かれやすいことに加えて、一度に覚えておける記憶の容量が非常に少ない**。すると、興味深い事柄が目の前に現れると、今まで手に持っていたものや使っていたものの存在が頭の中から消えてしまい、無意識のうちに意図しない場所に物を置いてしまう。あるいは気を付けて決められた場所にしまったとしても、その場所を覚えていられず、どこへしまったのか忘れてしまう。

　ASD傾向が強い人で片付けが苦手な場合は、**そもそも片付けの意味や必要性を認識していない**。このタイプは、多少散らかっていても、物がどこにあるか覚えていられる。そのため、たとえ散らかっていても本人はそれが困ったことだと感じられない、あるいは本人が散らかっている状況に耐えきれなくなるまで散らかしてしまう。

　また、片付けができたとしても、それは「どこに何があるかを覚える」「決めた場所へ戻す」という1対1パターン行動なので、引越しなどで収納場所が変わってしまうと、混乱して片付けられなくなる場合もある。つまり、取っている行動は片付けでも、片付けの意味や理由を抽出して他の場面に応用できないのだ。

　片付けを習慣付けるには、**日常生活で行う動作と結び付いた場所に物をどう配置するか**にかかっている。それには自分が普段どんな行動をしているのか、その行動はどこでしているのか、そして限られた空間に何を優先させて物を置くのか、といった観点から物を配置することが必要だ。つまり、

くつろぐスペースに一時置きの箱を設置する

席を外すときに元の場所に持っていく

ルール1 一時置きの箱は1つの場所に1つだけ
ルール2 あくまでも「一時的」な収納場所と考え、定期的に箱の中を空にする

物、空間、動作を関係付けるということだ。

解決法 使い終わる場所の近くに収納する場所を作る

ADHD傾向が強い人は、使うときに多少離れた場所に置いてあっても、そのものに必要性があるのでわざわざ遠くから物を取ってくるが、使い終わった途端にそのものは頭の中から消え去ってしまうことが多い。

この特性に抵抗するには、**使い終わる場所の近くに収納場所を作る**のが適切だといえる。逆に考えれば、散らかるのは物の住所が適切ではないということだ。

実際、散らかっている人の部屋は、座っている場所から手の届く範囲に物が半円状に散らかっていることがよくある。だとしたら、そこがその人にとっての「適切な収納場所」と考え、そこにごみ箱と収納棚もしくは箱などを置いて、そこに片付けるという習慣から始めてみよう。

実は、ソファやこたつといったくつろいで座るスペースの近くに物は集まりやすい。人は、くつろぐことでそれまで張り詰めていた意識をゆるめる。すると、それまでやっていたことから休むほうへと意識が移ってしまい、無意識のうちにその場所に物を置いてしまう。結果、それが繰り返されることで周辺に物が散乱してしまう。また、座って何か作業をしたあとでは、片付けるためにわざわざ立ち上がるという動作はとても億劫に感じる。

そこで、**くつろぐ場所の近くに収納スペースを作る**、もしくは**一時置きの箱を置いてそこに片付け、席を外すときに持っていく、あるいは掃除や洗濯をする際に中身を点検する**というルールを設定しておけば、物は定位置に収まってくる。

手を放すことすら意識していない場合でも、「ここに入れる」と片付ける場所が決まることで、少しずつ箱へ入れる習慣が付いていく。すると、「どこへしまったかな？」と思ったらその箱を見ればいいだけになる。

ここで注意したいのが、一時置きの箱は必ずその場所に1つ（もしくは一人1つ）だけにするのを厳守することだ。よく片付けの本などにも「一時置きのかごを作りましょう」と書いてあるが、片付けが苦手な人はこれを言葉通り受け取って次々と一時置きのかごを増やしてしまい、結局どこに何があるのかわからなくなってしまう。また、一時置きのかごや箱はあくまでも「一時的」な場所なので、定期的に中を空にしないと意味がない。特にASD傾向が強い人にとっては箱の「ルール（意味）」を理解していないと、何でもしまっておける場所があるのはかえって混乱を招くことになる。導入する場合は、この2つのルールを徹底させることが重要だ。

一緒に使うもの同士でまとめる

発達障害の人は、準備しているときに物を探してあちこち動き回ることで、作業が終わるまでにさらに時間がかかる。これは、ADHDの人は、移動中に他のことに気を取られる、ASDの人は、準備することが目的化して、「あれも、これも……」とありとあらゆるものを用意しようと不安になる、ことが関係している。

そのため、あらかじめ**「一緒に使うもの同士でまとめる」**ことが大切だ。たとえば、パスポートや預金通帳、年金手帳といった大事なものは、まとめて同じ場所に保管している人は多いだろう。それで管理できる人なら、それは「大事なもの」というくくりでカテゴライズされているので問題ない。しかし、このやり方で身付からなくなる場合は、その人にとって「大事なもの同士」と考えてペアにした組み合わせが不適切だったといえるだろう。

　海外旅行へ出掛けるときは必ずパスポートを使う。そう考えると、人によっては海外旅行のときに必ず使うかばんの中にパスポートを入れておくのが一番適切な収納場所になる。実際、この事例でも、前回はかばんの中から出てきたので、むしろ「海外旅行セット」として一緒にまとめておけば、すぐに探し出せた可能性が高い。ノートや手帳と一緒に持ち歩けるペンケースやペンホルダーが最近よく文具店に置いてあるのも、「筆記具と手帳やノートは一緒に使うから」という同様の発想だからだし、種類が増えているのはおそらくニーズがあるからだろう。

　使うもの同士という発想がピンとこないときには、**具体的な状況を想像してみる**と良いだろう。筆者は、親戚の看取りを手伝った際、夫に「もしものときはこの引き出しのものを持ってきて！」と依頼できるよう葬儀用に引き出しを作り、

- フォーマルバッグ
- 袱紗《ふくさ》
- 数珠《じゅず》
- 白いハンカチ
- 装飾品（黒い腕時計や財布、扇子やストール、傘、髪どめ、真珠のネックレス）
- 香典袋と現金書留封筒（葬儀に参加できないときに香典袋を送る）

をまとめた。

　必要に迫られて作ったものだったが、急な不幸という突然の状況では忘れ物をしがちなので、「取りあえずこの引き出しを開ければいい」というパターンを作っておくことでかなり負担が軽減した。家族と暮らす際にも何かを持ってきてもらう、物を貸し借りするときに「ここから持ってきて」と言えば事足りるため、まずは自分がよく使うものから少しずつ導入するといいだろう。

見えやすいかごや透明な袋に入れる

　片付けができる人には想像も付かないかもしれないが、片付けが苦手な人にとっては、わざわざふたや袋を開けたりしないと中身が見えないものは鬼門だ。引き出しも高さや奥行きがあるとかなり大変で、どんどん中身が地層のように堆積していく。

　そうなると中に何が入っているかわからなくなる→結果として物が死蔵され、さらにかごの上や引

収納は一緒に使うもの同士で

お酒とつまみ

袱紗や数珠などの葬儀用品

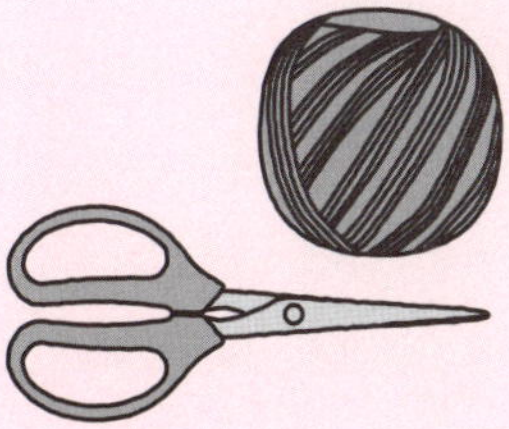

ハサミとひも

スーツケースとパスポート

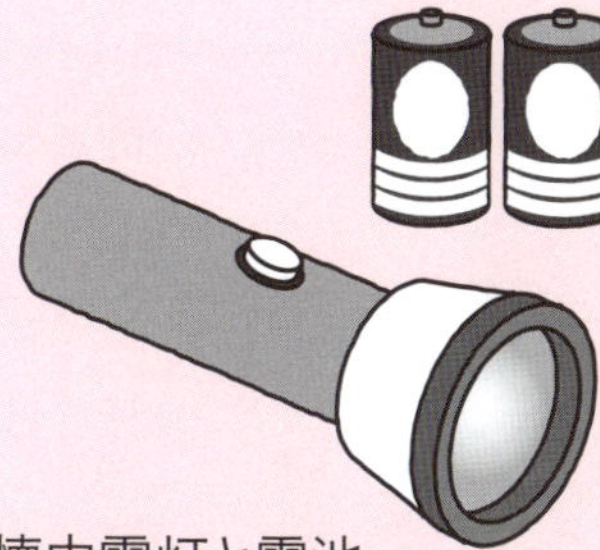

懐中電灯と電池

き出しの周辺に物が堆積される。

防止策としては、**中が見えやすい透明（半透明でも透けて見えれば可）なかごや袋に入れる**ことだ。中に物がある気配を外から見るだけで察知できるし、何が入っているかおおよその見当を付けられるため、物を出し入れする動作を減らすこともできる。

一時置きのかごもインテリア雑誌などではふた付きのかごがよく用いられているが、このような理由からあえてふたのないかごを使用したほうが片付くこともある。

この方法は、主にASD傾向が強い人に向いているが、ADHD傾向が強い人は一時置きのかごをふたのないかごにし、あえて普段使わないもの（季節外のものなど）をふた付きや引き出しに入れてラベルを貼っておき、必要以上に注意を向けないようにするというメリハリを付けるとさらに効果が上がる。

取り外し可能な扉は外してしまう

ふたと同様、収納場所に扉があると途端に片付けのハードルが上がる。引き戸タイプだと互い違いになっている場所付近のものが取り出しづらくなるし、ドアタイプだとドアを開けるためのスペースが必要だ。

「そのくらいのことで」と思われるかもしれないが、扉の前に物が山積みになっているのは、大半が扉の開閉動作が億劫になっていることが理由だ。そして扉を開けないことで、ますます中に何が入っているかわからなくなる、という悪循環に陥りやすい。

収納棚などの前に物が山積みになっている場合は、**扉を外す**とそのスペースが格段に使いやすくなることが多い。筆者の自宅にもカウンター下収納があるが、引き戸があったときは活用できていなかった。あるとき、「扉がないほうが良いかもしれない」と気付いて扉を外したところ、途端に書類や出張で使う機材やカートなどを入れるスペースとして使えるようになった。

また、扉があると扉を閉めれば片付いて見えるため、「取りあえずここへしまっておけば」と、次々と物を詰め込んで扉の中が乱雑になり、どこに何が入っているのか把握されていないことも多い。そのため、「ここに入っているはず」と思っていても、いざ必要なときに扉の中を大捜索する羽目になる。

ペットを飼っている、家族と暮らしている、といった扉を簡単に外せない事情もあるだろうから万能ではないが、引き戸やふすまなど取り外し可能な収納なら検討してみてもいいだろう。

収納はメリハリを付けると効果大！

中が見えやすいかごや
袋に入れる

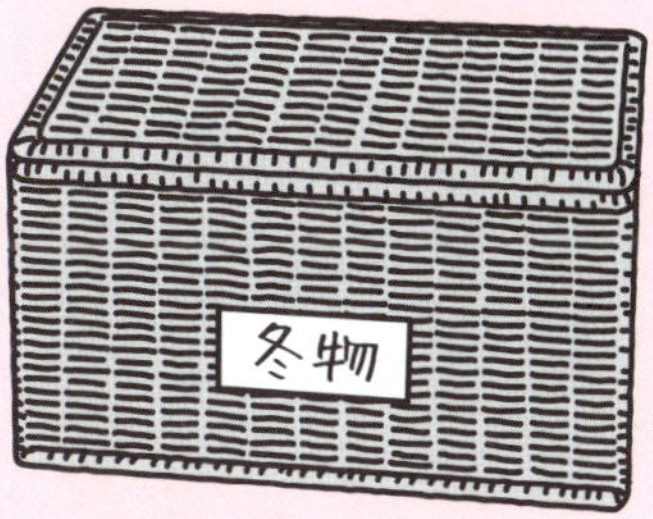

普段使わないものは
ラベルを付けて
ふた付きのかごの中に

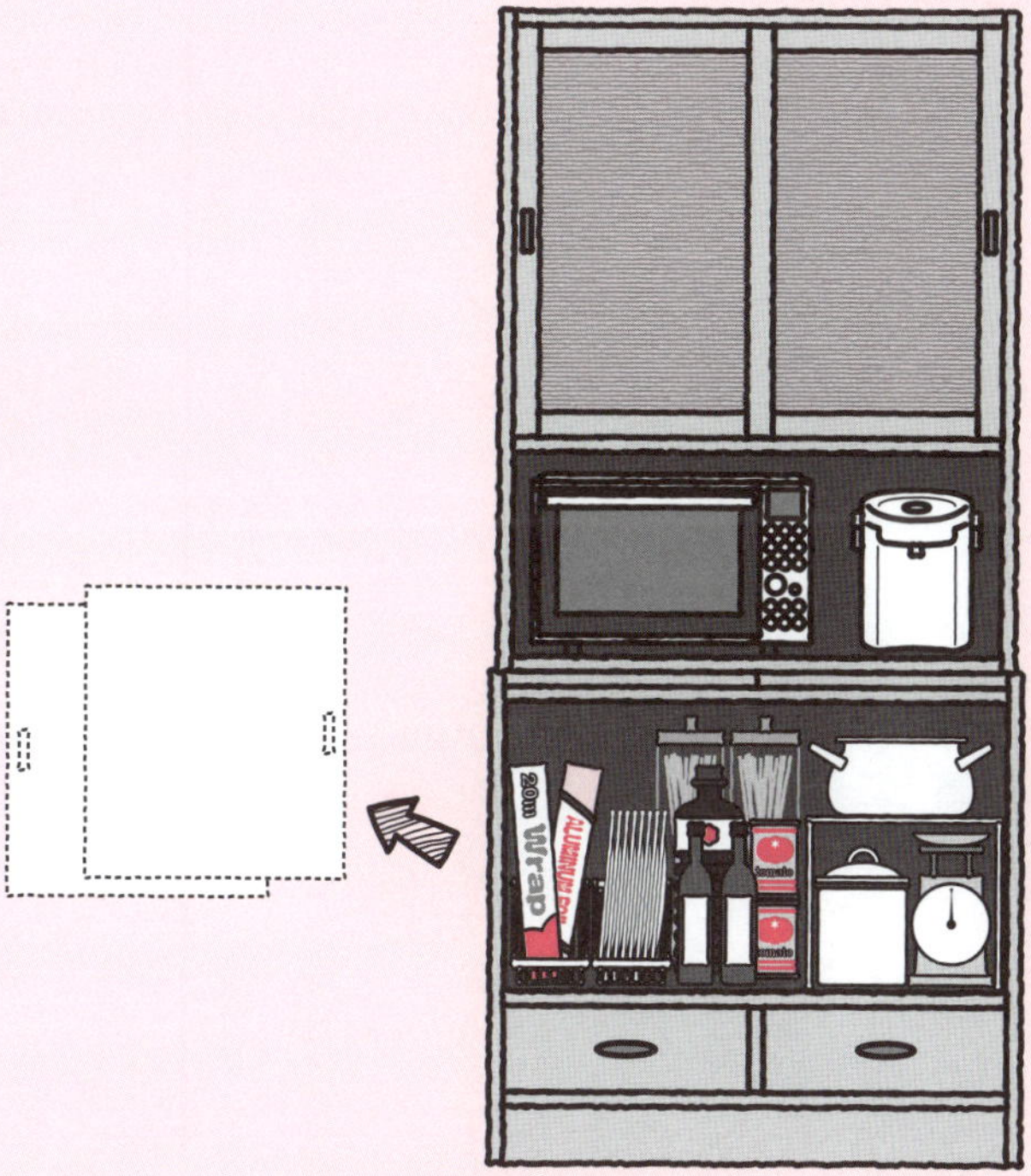

収納棚の扉を外す

物をどこに置けばいいかわからない

対策

- 使用頻度で決める
- 小さなものも適切な収納場所を決める
- 一時置きを作り、定期的に点検する

事例

「使いやすいように置けばいい」と言われるけれど……

「今日こそ片付けよう！」と一念発起。頑張って少しずつ不要品をまとめてごみ袋へ入れ、だいぶ物を減らすことができた。以前はぎゅうぎゅうに詰め込んでいた棚もかなりスペースが空いて、「これなら余裕を持って物が置ける！」と思ったが、ふと「あれ？　でも、どうやって物を置くといいの？」と疑問に感じた。

床を見るとごみ袋の合間に物が積み重なっていて、足の踏み場もない状況になっている。インテリアの雑誌には、「必要なものを使いやすく置きましょう」と書いてあるけれど、いったいどうやったらここから必要なものを取り出し、使いやすく置けるのだろう。

原因

使いやすさの基準が不明確、使用頻度と置き場所の結び付きが曖昧

日常生活は具体的な行動の集まりであるため、悩みは個別的かつ具体的なものだ。

しかし、雑誌のような不特定多数の人を対象にした場合、どうしても多くの人に当てはまるよう曖昧かつ抽象的な表現になりがちだ。つまり、本の情報から自分の悩みに対応できるようにするためには、言葉と行動をつなげる翻訳力が必要になる。

発達障害、とりわけASD傾向が強い人はこれがとても苦手である。

ASD傾向が強い人は、**抽象的な言葉を厳密に定義し、そこで**

導き出した細かいパターンに1つひとつ当てはめていくような緻密な作業を頭の中で行う。大半の人からすれば、「そんなの適当にやればいいじゃないか」と感じてしまうことでも、当事者にとっては膨大なパターンをまず覚えるほうがラクな場合も多い。

しかし、得意なことは自力で何とかなっても、苦手なことは言葉から意味や定義をイメージできないため、つまずいてしまうのだ。

解決法 具体的な言葉に置き換えて考える

まずは、「使いやすい場所＝よく使うものを出し入れしやすい場所」「よく使う＝1週間に一度使う」と**具体的な言葉に置き換えて考えていこう。**

さらに、ADHD傾向が強い人の場合、物を置くための優先順位をうまく立てられないことが多い。

よく片付けの本には「必要なもの」と書いてあるが、他人から見ると不要なものでも、当事者にとっては「必要なもの」と脳内で翻訳されてしまうことは往々にしてある。

まずは要・不要という感情的な尺度よりも、**使う・使わないといった第三者から見ても妥当かつ計測可能な尺度**で物を分類してみよう。

使用頻度で決める

棚などで自分にとって使いやすい高さは、だいたいひざから目の高さまでが目安だ。当然これには個人差があり、また立ち仕事と座り仕事では適切な置き場所は変化する。そのため作業する場所や動作によって物と置き場所を考えていこう。

まず入れてあるスペースから出して（最初は棚2段分など細かく区切って出すほうが良い）、**使用頻度によって分けていく。**

基準としては、

- 毎日使う（普段使いの食器、歯ブラシ、タオルなど）
- 週に一度は使う（メインのバッグ、財布、キーケースなど）
- 月に数回は使う（習い事や定期的な用事などに使うもの）
- 季節ごとに使う（扇風機、ヒーター、夏物や冬物の衣類など）
- 年に1、2回使う（年賀状などの年中行事で使うもの）
- 使用頻度にかかわらず重要なもの（パスポート、預金通帳、契約書、旅行用品など）
- 思い出の品（プレゼントや手紙など）

といったものが考えられる。

すると、不要品以外にも毎日使っているのに使いにくい場所に置いてあるものが必ず出てくる。そ

使用頻度で置き場所を決める

れを入れ替えて適切な場所へ置くよう心がけよう。

たとえば、玄関先で荷物を受け取る際に押印する、玄関で封筒を開封して中身を確認するからハサミを使うといった理由があれば、玄関先に三文判やハサミの置き場所を作ったほうが合理的だろう。

収納場所に悩むのが月に数回使うものや季節ごとに使うものだろう。これらについても収納場所をある程度確保しておく必要があるが、だからといって使いやすい場所はもっと使用頻度が高いもののために確保しておきたい。

また、収納場所と使う場所双方を決めておかないと物が浮遊してしまう。特に冬だけ使用するコート、ストールや手袋、夏だけ使う帽子やサンダルなどは適当な場所に置いてしまうと、その場所がそのまま定位置になりやすい。便利ではないが不便でもない場所を探す、夏物と冬物を入れ替える場所を作る、という対応を考えてみよう。

中には、「よく使っているもの」をどう判定したらいいかわからない人もいるだろう。その場合は、**具体的な状況を思い浮かべてみる**と答えが出てきやすい。たとえば、「よく作る料理は？」「では、その料理を作るときに使う調理器具は？」「どんな食器で食べるの？」「材料はどこにしまうの？」などと自問自答してみよう。

小さなものでも適切な収納場所を決める

ヘッドホン、充電用USBケーブル、メモ、クリップ、郵便物などの小さなものは、それほど場所を取らないが、使ったあとについ無意識にポンとその辺に置いてしまい、散らかったり、どこに置いたかわからなくなったりしがちだ。

実は、筆者も片付けができない頃は、これら小さなものをよく行方不明にしてあちこち探し回っていた。

ところが、あるとき、**「小さなものにも住所が必要」**という話を聞いてからは、小さなものの収納場所を意識するようになった。たとえば、しばしば食卓の上で使用するがつい散らかしがちにしてしまうクリップ、ハンドクリーム、メジャーといった小物をひとまとめにして箱に入れ、使ったらすぐに箱の中に戻せるようにした。それ以来、食卓の上が散らかることはなくなった。

テーブルだとイメージが湧きにくい人は、まず自分の財布やかばん、化粧ポーチやペンケースといった小さなものが集まる場所の整理から始めてみると要領をつかみやすいだろう。今まで何となく必要だからと入れていたものが多かったと気付くことで、だんだん他

本来の場所とは違うところに置いておきたいものの保管場所

中身を確認していない
郵便物

洗濯する前に
もう一度着たい服

読みかけの本

取りあえず「一時置き」に保管しておく

の場所も整理したくなってくる。ただし、一度置き場所を決めても、慣れるまではなかなか物が定位置に収まらないこともあるし、もっと使い勝手がいい場所が見付かることもある。

また、歯ブラシ立てを印鑑スタンドに、クリップを充電ケーブルの保管に使用するなど、当初使おうと思っていたものを違う目的で使っても良いこともある。片付けに慣れてくると、そのような柔軟性も身に付いてくる。一度でうまくやろうと気負いすぎずに、気軽に取り組んでみよう。

一時置きを作り、定期的に点検する

「さっきまで置き場所を決めるよう書いておいて一時置き？」と思った人もいるかもしれないが、持ち物の中には必ず一時的なものがある。たとえば中身を確認してい

ない郵便物、一度袖を通したけれど洗濯するまでにもう一度着たい服、本棚から出した読みかけの本など、「今、ここ」にある、本来の場所とは違うところに置いておきたいものたちだ。

　こんなときには、前述のように、一時置きが役に立つ。一時置きはどこに置いたかがわからなくなるのを防ぐのと同時に、本来の場所とは違うものを一時的に入れておく場所としても重要な意味を持つ。

　ここで大切なのは、**一時置きはあくまでも「仮の場所」という意識を持つこと**だ。だから、郵便物は点検し終えたら捨てるか保管場所へ持っていく、本は読み終えたら元の場所へしまうというリセットを心がけることが大切になる。

　発達障害、とりわけＡＤＨＤ傾向が強い人は、思考や行動が拡散すると同時に断続的になりがちだ。すると、次々と連想したことをやろうとしてしまい、それまで使っていたものをそのままにして別のことを始めてしまう。その結果、あちこちに物が散逸しやすくなり、われに返ると「あれ？　なんでこんなに散らかっているの？」「そもそも何をしていたんだっけ？」といった事態になる。

　一時置き場が決まることで、「自分がやりかけていたことはこれ」とわかるようになり、やりかけの物事を完了させる、注意が必要以上に拡散するのを防止できる、といった効果が期待できる。

　一方、ＡＳＤ傾向が強い人はやりかけていることを中断することにストレスを感じがちだが、一時置きがあることで視覚的に「いつでも戻れる」と自分を納得させられる。日常生活ではどうしても中断することはあるので、**切り替えるための場所**として活用したい。

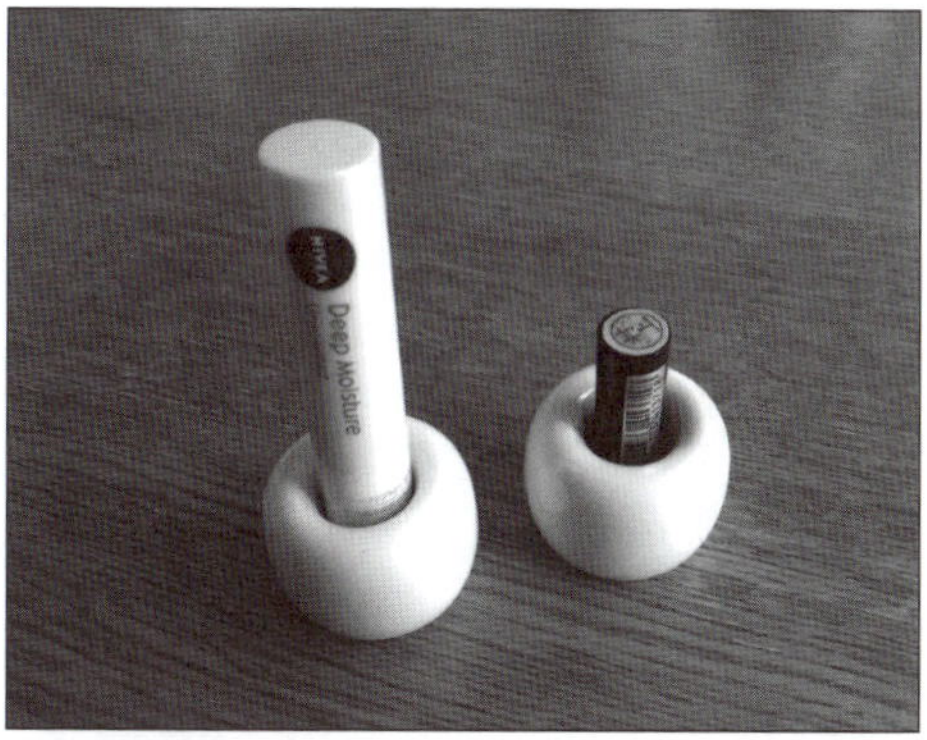

100円ショップなどで購入できる歯ブラシ立てを印鑑スタンドに活用する。

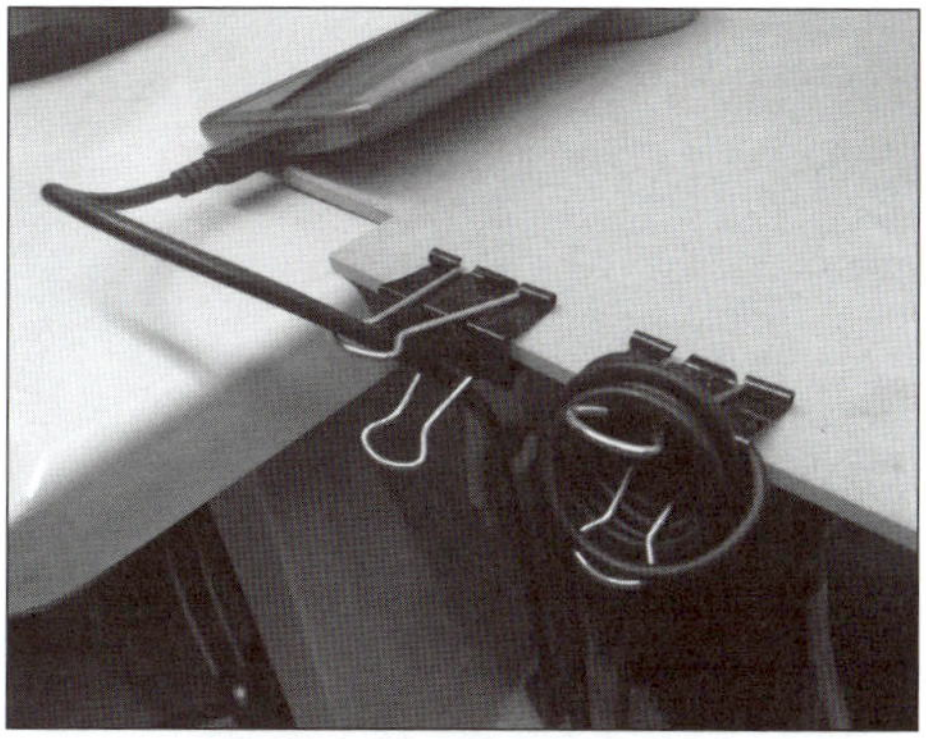
クリップを充電ケーブルの保管に活用する。

物を捨てられない

対策

- 似たもの同士でまとめる
- 使っていないものを意識して使ってみる
- リサイクルショップや寄付などを利用する

事例

物を捨てたほうが良いとわかっているけれど……

幼い頃から親に「むやみに物を捨てるのはもったいない」と言われて育ったせいか、なかなか物を捨てられない。弁当に付いてきた割りばしや、スーパーやコンビニのレジ袋もつい「そのうち使うかも」と取っておくが、どんどんたまってしまう。

洋服もずっと着ていない服や着古した服が引き出しやクローゼットの中にパンパンに入っているけれど、捨てどきがわからず、着古した服も「切って雑巾にすれば使えるかも？」と思ってしまいなかなか手放せない。

無駄なものといわれても、自分にとって何が無駄で何が無駄ではないのかもよくわからないので、どれを捨てたらいいのかも検討がつかない。

以前、物に囲まれているのが嫌になって発作的に大量に捨てたら、後日必要になって買い直したものがいくつもあったから、それも物を捨てることに抵抗を感じる理由かもしれない。

物を捨てるってどうすればうまくできるのだろう。

原因

判断基準が曖昧、物の役割を認識できていない

物をむやみに捨てるのは確かにもったいない。でも、自分が使えない、あるいは使わなくなったとしたら手放したほうが物にとっても自分にとっても良い結果になることが多い。

ADHD傾向が強い人は**好奇**

心旺盛なことが多いので、つい試供品や新製品のおまけが付いたものに手を伸ばしてしまいがちだが、試供品は試すためのものなので一定期間試して必要ないなら、それは物本来の役割をまっとうさせていない。

また、自分では買わなくても家族や親戚から「良かったら使って！」と先方の不要品が回ってくることもある。いらないからと送り返すわけにもいかないし、とりわけASD傾向が強い人は**角が立たないような言い回しをして断るのが苦手**な上に、断ることに必要以上にエネルギーを消耗する。さらに身内だと断りにくいという事情もあるだろう。

今は価値観が多様化し、個々人の好みに合ったものを入手しやすくなった。発達障害の傾向が強い場合、**自分の好みに合わないものと付き合うのがそもそも苦手という特性を認識して、ある程度試してみて不要だったとわかったら無理に使うのを諦めて処分する覚悟も必要**だろう。

解決法　似たもの同士でまとめて比較する

筆者は物が増えてくると、まず**同じものを家中から探し、集めて並べる**作業をする。集めたものを比較してみると、「このボールペン、書きやすいからこればかり使っている」「この口紅、高かったけれど、付けると唇が荒れるから使うのやめたんだった」と、物本来の目的や自分の判断基準が明確になってくる。

そこから、「これは不要」と判断したものを間引きしていくのだが、中には判断に迷うものもあるだろう。その場合はいったん保留にして、半年後ぐらいに改めて見直してみるといい。特にASD

物本来の目的や自分の判断基準を明確にするために

集めたものを比較して不要なものを間引きする

の傾向が強い人は、「選択する」こと自体が苦手で、何かを決めようとすることに苦痛を感じる人もいる。

この場合、いったん冷静になって、物本来の評価と自分の感情を整理するために、**表などにして書き出してみよう**（次ページ参照）。たとえば、ある商品について、「使いにくいけれど高かったから使わなければもったいない」と思ったとしたら、物本来の評価は「使いにくい」、自分の感情は「高かったから捨てるのはもったいない」となる。どちらが勝っているかがわかると案外すんなりと決断できる。

使いにくいが取っておくと決めたものは、保留にする場所（大きめの箱や引き出し）を作ってどんどんそこへ入れていってみよう。すると、だんだん使いやすいものと使いにくいものを分けやすくなるし、物本来の機能とは異なる自分の感情でそのものを所有していたことが明らかになる。

すると、「ああ、こんなに無駄遣いをして」「こんなに失敗ばかりしていたんだ」と負の感情が次々と出てくるかもしれないが、それこそが自分を縛っていたものである。真っ先に手放すべきはその感情だと認識しよう。

実際に試してみる

明らかに使わないとわかっているものは別として、使うかどうかわからない、あるいは「○○したら使うかも」（直したら、やせたらなど）と思って捨てないでいるものの場合、大半は**意識して使ってみようとすることで結論が出る。**

筆者は、以前知人からスライサーをもらったが、今まで使ったことがない形状だったため、しばらく使っていなかった。ところがジャムを作る際、果物の皮をむくのにそのスライサーのことを思い出して使ってみたところとても使いやすかったので、頻度は低いが使うものの場所へ入れておくことにした。

一方、使ってみたら合わずに手放したものも多く、特に財布や小物入れ、文房具などではかなり失敗している。似たようなデザインでも使い勝手が微妙に異なるし、「これ良さそう！」と思って購入してみても、実際に使ってみたら「これは違う」と気付くこともある。

また、価値があっても使えるようにするには修理などが必要なもの（和服やフィルムカメラなど）はそこまでして使いたいのかを考えると答えが出てくる。ワクワクしてくるのなら使いたいのだろうし、億劫な気持ちになるのなら本心は手放したいのだと自分の感情に素直になることが大切だ。

判断基準の具体例

アイテム	物としての評価	自分の中での感情	検討結果
黄 ノーカラー ジャケット	・最近着ていない ・袖が七分丈で思ったより活用しづらい	・春先に着るので差し色として便利だった ・他にない色なので、色は好き	処分 （他に差し色のカーディガンをもらったため）
グレー ロング カーディガン	・春先から夏にかけて着用 ・外出時、少し肌寒いと袖を通していた ・少しシワになりやすい	・もう少し丈が長いと良かった ・色は気に入っている ・合わせやすい ・デザインは気に入っている	保留 （もう少し考えてみる）
オレンジ シルク カーディガン	・シルクなのに家で洗濯可能が◎ ・（春先と）秋口によく着る ・シワになりにくい	・色が秋口以外やや着づらい ・他の服と意外と合わせやすい	活用する （秋口に特によく着ようと思う）

リサイクルショップや寄付などを利用する

捨てるにはもったいないけれど、自分では使わないものを処分するにはいろいろな方法がある。個人でオークションなどを利用するやり方もあるが、自分で出品、梱包や発送が面倒なら安くても**リサイクルショップに買い取ってもらう**ほうが無難だろう。

知り合いにバザーやフリーマーケットの品を集めている人がいるならば、その人に寄付するという手もある。筆者はバザー品を定期的に集めている人が近所にいるので、年に数回連絡して状態が良いものを渡すようにしている。

いずれの場合も基準としては、

- 食器、下着は未使用（衛生上の問題もあるため）
- 洋服はシミやほつれがないもの（洗濯、クリーニング済み）

中古品を処分したい人におすすめのサイト

サイト名	特　徴
メルカリ	• 利用者数No.1のフリマアプリ • 手数料は売上げの10% • 多彩な支払方法が可能
ヤフオク！	• 1999年から続く老舗オークションサイト • 細かなカテゴリーに分かれている • フリマ出品も可能
Amazon Seller	• 2種類の登録出品者区分がある • 商品ごとにページが存在する • 登録出品者区分によって手数料が異なる
ラクマ	• 楽天が運営するフリマサイト • 楽天スーパーポイントを利用できる • ブランド品を受け取る前に鑑定してくれる

• 日用品は破損や欠けがないもの（ホコリや汚れはできるだけ落とす）
• 家電品は購入5年以内のもの（あれば取扱説明書も付ける）

といった物に絞り、そこまで手間をかけなくても良いものは潔く捨てるようにしている。

古い着物やパソコン関係などは専門店（中古市場が充実している）への買い取り、もしくは詳しい人に声をかけると「欲しい」と連絡をくれることがある。筆者は、以前X（旧ツイッター）で父が所有していた8ミリフィルムカメラと投影機を引き取ってくれる人を募ったところ、その日のうちに映画関係者から連絡をもらった。この手のものは、数は少ないが必要としている人がいるからネットなどで情報を探すと見付かりやすい。

今は社会貢献活動の一環としてさまざまなお店で洋服や眼鏡、補聴器などの寄付を募っている。眼鏡や補聴器はリサイクルして途上国や被災地支援で使うこともあるそうなので、実家から託された眼鏡を持っていった。

やってみるとごみにするよりは手間がかかるが、より必要としている人のところで使ってもらえると考えれば気持ちがラクになるし、使っていないものがあること、使わずに捨てることがストレスだったことに気付ける。

今後は電子書籍、ダウンロードサービス、レンタルなどを活用する

「これからはできるだけ物を増やさない」と決意しても、生きていく上で必要なものは状況に応じて変わっていくので、不要品をゼロにするのはほぼ不可能だ。また、欲しいという気持ちを抑えすぎてしまうと、かえってストレスがたまってしまい、結果として衝動買いにつながり余計罪悪感を覚えてしまうことになる。

とはいえ、形あるものだと処分が大変なので、じっくり読みたいものは紙の本、情報として持っておいてサッと検索して読みたいものは電子書籍にしてみるのもいいだろう。筆者は、雑誌については記事内容をおおまかに確認したいことが多いため、雑誌の読み放題サービスを利用している。以前なら書店まで出向いて確認した上に何冊も購入する必要があったが、同じ情報を読み比べしやすくなり、記事を検索するのも簡単になった。よく読む趣味関係の雑誌も電子書籍版があるため、今後は少しずつシフトしていく予定だ。

音楽はダウンロードサービスを利用することが多く、ネットラジオも併用している。一般的なラジオだと聞ける放送局が限られているが、ネットラジオはインターネットを通じて音声番組を配信するため、ネット回線があればパソコンやスマホを通じて世界中の放送局を楽しめる。かなりコアなジャンルでも専用の放送局があって筆者も好きなジャンルの放送局を探して楽しんでいる。

めったに使わないものならレンタルも選択肢のひとつだ。筆者は海外旅行用で大きなスーツケースを利用することになった際、買わずにレンタルし、一緒に旅行用ポット（海外はホテルの部屋にポットがないことが多い）も借りた。結局、その後使う機会がないので、この選択肢で良かったと思っている。

最近のレンタル商品は、「え！これも借りられるの？」と驚くほど種類が豊富だ。探すと話題の新商品（アップルウォッチやロボット掃除機など）も扱っていて、買う前にまずは試したいという理由で借りている人も多い。今後機会があったら試してみたいものもレンタルできるなら考えてみてもいいだろう。

ごみの捨て方がわからない

対策

- ごみの捨て方アプリや自治体のウェブサイトを活用する
- ごみ収集の担当窓口に問い合わせる
- 捨てやすいものを買う

事例 とにかくルールが複雑で……

引越しをしたら、前に住んでいた自治体よりもずっとごみの捨て方が複雑で、しばしば「あれ？　これは何ごみだろう？」と悩むことが多くなっている。以前住んでいたところだとプラスチック類はすべてプラスチックごみだったが、今のところは食品用包装だけ分別し、他のものは生ごみなどと一緒に燃えるごみとして出すことになっている。

他にも空きびんの捨て方も食品用は資源ごみ、化粧品などは燃えないごみと細分化されているし、粗大ごみの基準も前の自治体では小さくすれば出せた布団類が、今のところは粗大ごみ扱いになってしまい、知らずに出そうとしたら同じアパートの人から「それは粗大ごみよ！」と注意されてしまった。

ちゃんと調べなかった自分もいけないのだが、そのことがきっかけでごみを捨てることを躊躇《ちゅうちょ》するようになり、引越しの片付けもなかなかはかどらない。使わなくなったヘアスプレーなども捨てたいのだが、捨て方がわからなくてそのまま放置している。

原因 ルール変更に柔軟に対応できないことと、ルール確認の要領がつかめない

自治体ごとに事情が違うため致し方ないとはいえ、ごみの捨て方は本当に場所によってルールが異なることに驚かされる。ずっと同じ場所に住んでいてもあるときか

らルールが変わると戸惑うが、転居すると同じ「燃えるごみ」という言葉で表記されていても捨てるものが違っている（つまり同じ言葉でも定義している意味が異なる）ため、より混乱しやすい状況だ。

大半の人は言葉の意味が多少違っていても、「こういうことかな？」と何となくでも推測する、それでもよくわからないことについては情報を検索する、といった手順を無意識のうちに踏んで問題を解決するが、発達障害の人にとってはまずこの手順が壁となってしまう。

ADHD傾向が強い人の場合、**行動を組み立てたり自分が楽しいと思わない行動を先延ばししたりすることが多い**ため、ごみ捨てはルールが細かすぎると分けているうちに注意が逸れる、もしくはごみを捨てようという気持ち自体がうせてしまいがちだ。

一方、ASD傾向が強い人は**ルールがはっきりしていることは守れるが、ルール変更に弱く、さらに同じ言葉でも意味が違うといった曖昧なことへの対応が難しい**。そのため、今までならOKだったことがダメになるとどうしたらいいかわからなくなって混乱したり、行動が止まったりしてしまう。

いずれの場合もごみの捨て方の定義と行動パターンを修正し、新しいパターン（＝ごみの捨て方ルール）に適応した環境整備が必要だ。

解決法　ごみ捨てアプリや自治体のウェブサイトを活用する

筆者が自治会の役員をしたときもごみのルールを守れていないというクレームに対応することが何度かあった。

環境への配慮でリサイクルへの取り組みが進む＝各家庭での分別作業が増加しているため、個別のものについて「これはどうやって捨てるものか」と迷うことも増えている。

391ページでも触れたが、最近はごみの捨て方アプリを出している自治体が年々増えているのも、それだけ多くの人がごみの捨て方について問い合わせるからだろう。

発達障害の人は、まずルールがわからないと行動がストップしてしまう特性がある。**基本的なごみの捨て方については、転入届を出すと必ず自治体からごみの捨て方マニュアルを渡されるので、まずはそれを確認しよう**。

また、住んでいる自治体のウェブサイトを見ると、必ずごみの捨て方について書いてある。他にも地域に関する情報が満載なので、**自治体の広報やウェブサイトはブックマークに入れておくといい**。

音声読み上げの対応をしていることが多いので、ディスレクシアの症状があり、読み書きが苦手な人は、それを活用しよう。

ごみ収集の担当窓口に問い合わせる

ごみの捨て方アプリなどで調べてもわからないことがある場合、担当窓口へ問い合わせてみよう。アプリや自治体のウェブサイトを確認すると、電話やＦＡＸの番号や問い合わせフォームがあるので、そちらから問い合わせることができる。スマホアプリだとそのまま電話をかけられることが多いので、かけ間違いのリスクも少ない。

筆者は以前購入してその後使わなくなった香水びんやマニキュアの捨て方がわからず、窓口へ電話をかけたところ、とても丁寧に捨て方を教えてもらえた。電話が苦手ならウェブサイトから**問い合わせフォーム**を使ってみよう。

捨てやすいものを買う

ドラッグストアやホームセンターへ行くと、スプレータイプの製品がかなり多いことに気付く。スプレーでも、ガスを使っていなければ使いかけでも捨てるのはそれほど大変ではないが、ガスを使うタイプ（防水スプレーやヘアスプレーなど）だと回収時に爆発や発火するリスクがあるため、使い切ってからでないと回収してくれないことがある。**捨てる場合は必ず自治体のルールを確認してから**にしよう。

筆者はガス入りのスプレー製品はできるだけ買わないことにしており、買う場合も代替品がなく、かつ必ず使い切れる靴や傘、かばんに使う防水スプレーと冬場に使う静電気防止スプレーといった物に限定している。

また、住んでいる自治体は一辺が90センチを超えるもの（小さく畳めるものは対象外）は粗大ごみ扱いになってしまうので、家具や家電なども必ずサイズを確認し、それを超える場合はリサイクルや廃棄に出せるか、もしくは自分である程度サイズを小さく切って捨てられるかを考慮してから買うようにしている。

「そこまでして」と思われるかもしれないが、今の時代は物を買うのに比べて処分するのにはかなり手間と労力がいる。

使う楽しさもあるから捨てることばかり考えたら何もできないが、**物を選ぶ際には、「処分しやすさ」も選択肢に加えるとより自分に合ったものを選びやすくなる**だろう。

上手なごみの捨て方

1 ごみの捨て方アプリや自治体のウェブサイトを活用する

- 多くの自治体がごみの捨て方アプリを出している
- 自治体のサイトは音声読み上げの対応をしていることが多い
- 転入時にもらったマニュアルも確認する

2 ごみ収集の窓口に問い合わせる

- ウェブサイトなどでわからないことは担当窓口に問い合わせる
- 問い合わせフォームを活用することもできる
- アプリでは、電話番号をタップすればそのまま電話をかけられる

3 捨てやすいものを買う

- 捨てる際は必ず自治体のルールを確認する
- 購入時にはサイズを確認する
- 捨てる際に小さく切ることができるものを買う

趣味のものがたまってしまう

対策

- 収納場所を決め、定期的に見返す
- リフォームやリメイク、中古市場という手も
- 買う目的を考える

事例　好きなものだからこそ持っていたい

とにかく本が好きで、好きな作家の新作が出たと聞くとすぐに買ってしまう。本を読んでいる間は幸せな気分になれるし、まるで仮想空間を旅しているようだからワクワクしてしまう。

しかし、本に囲まれた生活に憧れて大きな本棚を買ったのはいいが、ふと気が付けば本がぎゅうぎゅうに詰め込まれているし、棚に入りきらない本があちこちに散乱している。

それを見て、「大事な本のはずなのに、これでいいのだろうか？」と自分の行動に疑問が湧いてきた。頭では読み終えた本を手放せばいいとわかってはいる。しかし、それは自分の体の一部を失うかのような気持ちになるし、以前思い切って手放したところ、とてつもなく後悔してしまい、その気持ちや空間を埋めるように書店へ行って新しい本を買ってしまった。どうしたら罪悪感を持たずに憧れていたような本に囲まれた生活を送れるのだろう。

原因　欲しいという感情と収納量との折り合いが付いていない

好きなものに囲まれた生活はとても楽しいし、趣味があることで生活にもメリハリが出てくる。趣味のものを買いたいからと仕事への意欲も湧いてくる。そうはいっても、コレクションするタイプの趣味はどうしても場所を取るし、保管や管理について考える必要がある。

スキルを身に付ける趣味でも道具や教材などをそろえるなど、ある程度趣味に関するスペースは必要だ。レベルが上がるにつれ、もっと高機能な道具が欲しくなる場合もある。

　管理しきれない、あるいは自分のレベルでは十分なものを持っていても、もっと他のものが欲しくなる場合、**本当に欲しいものは何かを立ち止まって考える**必要がある。たとえば、多くの人は「お金が欲しい」と思っているだろうが、本当はお金そのものが欲しいのではなく、お金を持っていることで得られる快適さや、欲しいものを手に入れられる快楽が欲しいのだ。

　これと同じで、趣味を持つことで得られることの大半は物を持っていることではなく、物を使うことを通して体験する感覚や感情が欲しいのであり、物を持ったりそれを眺めたりすること＝その感情を思い起こすきっかけだから手放せない。手放すことは、その感情がなくなることと無意識に判断していることが支障になっているのをまず理解しよう。

　発達障害の傾向がある人は、往々にして**コレクター気質の人が多い**。しかし、よく観察すると

Column

100円ショップを活用しよう

以前は安かろう悪かろうのイメージを抱きがちだった100円ショップだが、最近はかなり質が上がってきたし、中には「これは他店のものよりいいかも⁉」と思ってしまうような商品がちらほら出てくるようになってきた。

大型店舗の100円ショップはさながらホームセンターのようで、生鮮食料品以外はほぼそろえられるほどバラエティ豊富な品ぞろえだ。ただし、必要ないものを買ってしまっては、いくら100円ショップといえども元も子もない。最近はテスト誌やネットでも比較結果のデータが出ているので、今不満に感じているものやこういうものが欲しいと思ったら参考にしてみよう。

お店で一通り探して欲しい商品を見付けたら、レジに並ぶ前にかごの中を確認し、「これは今度でいいや」「待てよ？　これは買っても使わないかも」とよく検討する。置きたい場所や一緒に使いたいもののサイズが不明なら、今回はヤメにして帰宅後サイズをメモしておき、次回確認してから購入しよう。

筆者が100円ショップで購入するものの基準は、

- 質がある程度価格とバランスが取れているか（安くてもふたが開けづらいといったデメリットがあれば買わない）
- 他のお店のものだと使い切る前に使用期限がきそうなもの（住居用洗剤、製菓材料）
- 消耗品（使い捨て手袋やマスク、メラミンスポンジ）
- 使い勝手を試してみたいもの（マスキングテープ用カッターや足首に巻くダンベルなど）

それでも衝動買いや失敗はあるが、物との付き合い方を学ぶ上での授業料だと考えている。自分にとっての「いいもの」とは何かを考えるためにも上手に活用したい。

ADHD傾向が強い人は新しいものに対してより興味を惹かれるため、次々刺激を求めて買い集め、既に持っているものはどんどん興味が減ってしまう（たまに持っているものを探して新たな刺激となることはあるが、持ち続けるよりも新しいものを求めがちだ）。

一方、ASD傾向が強い人は完璧主義の傾向があるせいか、あれも、これもと関連するものを全部集める、あるいは他の人からすれば些細《ささい》な違いにこだわって比較・分析したがる側面がある。

集めることにこだわりがあるのなら、自分が何に興味があるのかを見極め、精査する必要があるだろう。

解決法 収納場所を決め、定期的に見返す

コレクションしているものがあっても、収納スペースに収まる範囲の量で、金銭面でも生活に支障のない範囲で収まっているのなら特に問題はないし、趣味を満喫できているだろう。

また、のめり込むほど趣味に夢中になっている人もいるが、個人的には心の底から楽しめているのならそれはそれでいいのではないかと思っている。

もちろん周囲の人が負担に感じる、それがきっかけでケンカが絶えないようなら妥協案を考えないといけないが、たいていのケンカの理由は趣味にかかる時間、物、金銭の問題だ。

だとしたら、場所の問題については**保管場所の範囲やルールを決める**必要がある。

たとえば、文房具は引き出し2つに入る分だけ、映画のパンフレットは本棚のこの棚だけと決める。そして、リビングや廊下といった他の人との共有スペースには置かないようにし、もしもそこへ置いたときには捨てられても文句を言わないと話し合って決める、といった具合だ。

その上で、**定期的に見返し**、自分の手元に置くよりも他の人に使ってもらったほうが良いと感じたものは処分するようにしよう。

リフォームやリメイク、中古市場という手も

往々にして趣味のものは手がかかるから、手入れも趣味のうちと思えるかどうかがポイントになる。筆者は、和服や筆記具（ボールペンや万年筆など）を愛用しているが、使い続けるためには自分でもある程度管理し、必要に応じて専門家に修理などを依頼する必要がある。

また、親戚などからもらった着物は丈などを直したり他のものに作り直したりして使う必要がある

し、万年筆はペン先やインクの調整を専門家に依頼して自分の手に合わせてもらうことが欠かせない。

それでも「自分に合ったものを持つ」という今の製品にはない魅力を楽しむことができる。

「そこまでして」と思う場合はほどほどに楽しみ、よく使うものを中心に手元に置いて**残りは中古市場で処分する**ことも検討しよう。412ページに挙げたサイトも活用したい。

買う目的を考える

先にも述べたが、好きなものを必要以上に欲しがる場合は物を通して得る「何か」を欲していることが多い。そのため、手に入れるまではあれほど欲しいと思っていたものなのに、いざ手に入ってしまうとスーッと気持ちが冷めてしまうことがある。

その場合は、物を買う前の選んだり考えたりする感情や、買うと決めてお金を払った瞬間に抱く高揚感が欲しかったのかもしれない。また、人によっては物がある（自分で持っている）ことが目的で、入手したことで安心してしまい、物を適切な形で使うという物本来の機能とは違う目的になっていたのかもしれない。

当然これらの目的は状況によっても変化するが、このケースの場合、読書を楽しむのが目的だったはずなのに読み終えた本まで手放せなくなっているのは、おそらくそれらを手放すと読むことで得られた幸せな気持ちもなくなるのではという不安からきているのだろう。

また、大切な本であるならばホコリが被らないよう保管し、時折読み返すといった自分の中にある「大切」という言葉に即した対応が必要だ。自分が思っている（感じている）ことと実物の取扱いに距離があればあるほど、自分のイメージと実際の行動が一致していない。それは自分への信頼感を損なう行為だからこそ、ストレスになってますますチグハグな行動になってしまう。

このケースの場合、**自分が「本に囲まれた生活」を通して得たいことや、本を買うことで得たいものは何かを整理する**。先に述べた方法で読んでいる頻度やジャンルで分けてみると気付くことがあるかもしれない。

楽しいことや好きなことをして日常生活のストレスを発散させることが趣味の大きな役割だからこそ、それで必要以上のストレスを増やさないことはとても大切だ。まず自分が欲しい感情、好きなこと、やりたいこと、趣味を通してなりたい状況といったことを書き出して整理してみよう。

必要なものがすぐに取り出せない

対策

- 必要以上に物を詰め込みすぎない
- 原則、物は立てて収納する
- ラベルを貼って中のものがわかるようにしておく

事例　絶対この中にあるはずなんだけど

今日は久々に休みを取って展覧会へ行くことにした。

せっかくだからと新しく買った洋服を着ていこうとクローゼットを開けたのはいいが、ハンガーバーにぎっちり洋服がぶら下がっていて、探そうと手を入れたらかかっている洋服がドサッと落ちてきて元に戻すのに手間がかかってしまった。

「もしかして引き出しに入れたのかな？」と思って引き出しを開けてみたが、こちらも洋服が折り重なって入っている上に、引き出しに貼ってあるラベルとまったく違うものが入っていて当てにならない。

これ以上探したら夕方までかかりそうなので、諦めて昨日着ていた洋服に袖を通して外出したが、新しく買った洋服で出掛けられなかったことがずっと心に引っかかってしまって今ひとつ楽しめなかった。

原因　衝動的にラベルを無視して詰め込んでしまう

収納というと物をたくさん入れることをイメージしがちだが、実はそのスペースにぎっちり物を入れるのは適正量を超えている。物を入れられるのはだいたいスペースの7割から8割が限界だと思ったほうが良いだろう。

たとえば駐車場に車を入れるにしても、車を出し入れしたり人が乗り降りしたりするスペースが必要だから、その土地全部に車を停めるのは事実上不可能だ。物をスムーズに出し入れするのもこれと同じで、引き出しや棚に手を入れても支障がない、他のものにぶつけずに動かせることが必要になる。

　また、隙間があるからと**ラベルに貼ってあるものと違うものを入れるのは厳禁**だ。特にADHD傾向が強い人は、衝動的に「あ、ここ空いている！」とやってしまいがちだが、後日どこに入れたのか忘れて探し回ることになる可能性が高い。ラベルを貼る意味はルールを決めるのと同時に、たとえルールを忘れても思い出せるという側面もある。そのため、ラベルを無視するという行為は、自分が決めたルールを破っていることに等しい。ルールを変えるのなら、その場でラベルを貼り直すくらいの気持ちでやったほうが良い。

　入れ方についても、高さや奥行

収納を買い足す際の事前計画の例

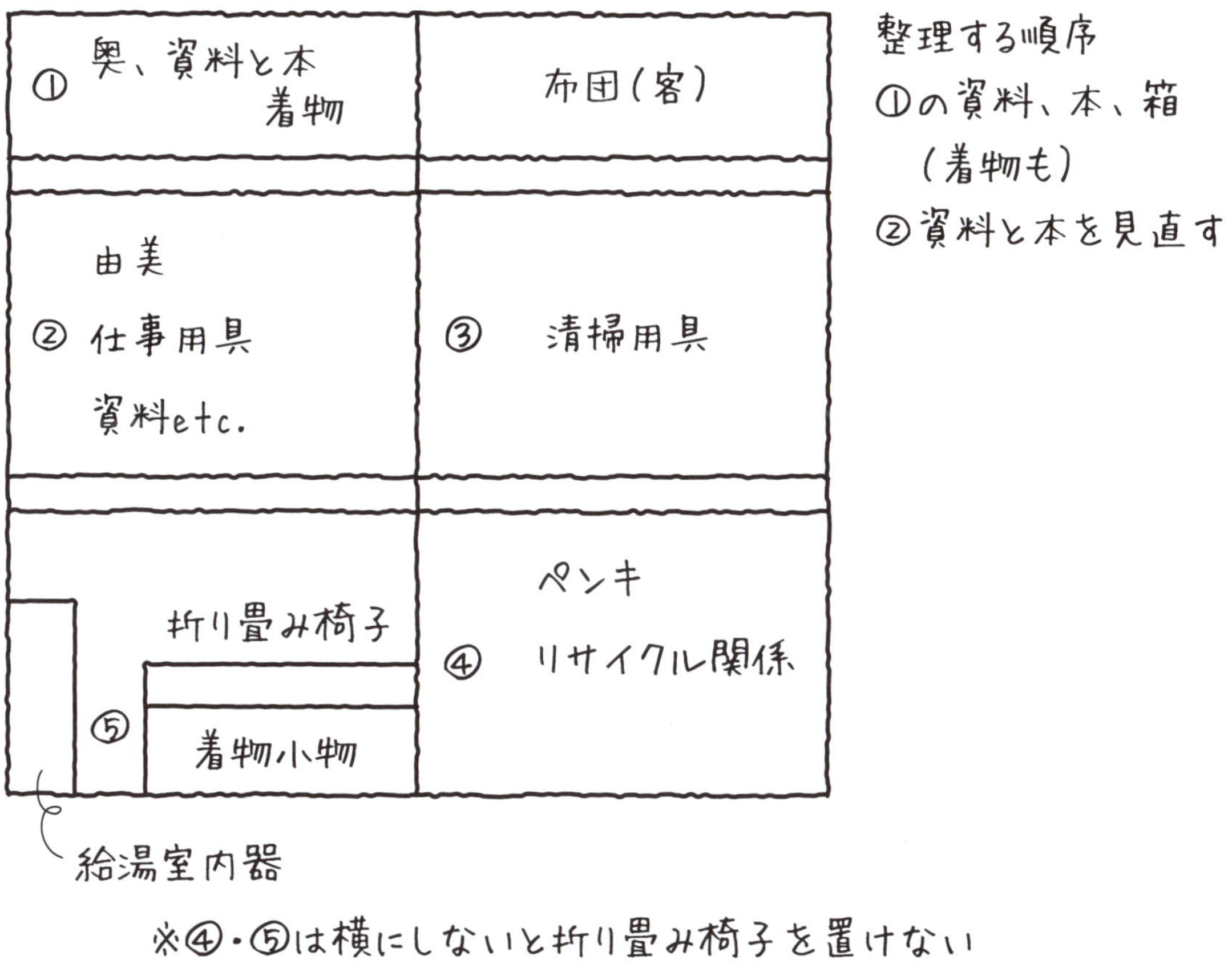

きがある引き出しにどんどん物を入れていくと地層のように物が重なっていくため、どんなにきれいに畳んでも取り出す際にクチャクチャになってしまう。発達障害の傾向がある人は全般的に洋服をきれいに畳むといった作業が得意ではないが、特に手先が不器用な人は要注意だ。

解決法　詰め込みすぎは厳禁

先に述べたように、たくさん入ることとは出し入れしやすいことではない。物は使うためにあるから、出し入れのしやすさは収納において大事なポイントだとまず認識しよう。

　今の収納がキチキチで物を出し入れするのに支障が出ているのなら、「物を捨てられない」で述べたような基準で、まずは今ある持ち物を減らしてみることから始めよう。ただし、日本の賃貸住宅は収納が少ないため、相当努力して物を減らしても、一人暮らし向けの物件では収納を買い足す必要がある。その場合でも、まず何をどこに収納するのか図に描く、ドアの開閉や家事の動作をシミュレーションしてサイズを計測する（数字だと把握しづらい場合はチラシなどを切って床に置いてみる）といった**具体的な事前計画を立ててから購入する**ことが大切だ（前ページ参照）。

また、購入するときは、できたら将来的に組み替えたり転居後にも使えたりする汎用性が高いものを買うようにしよう。

原則物は立てて置く↓箱、ケース、かご、フックの活用

引き出しや棚に入れる際、**物を立てて収納する**ことで物が見やすくかつ簡単に取り出しやすくなる。そのためには空き箱やケース、かごなどでおおまかに仕切って立てて入れておくと、物を出し入れする際に倒れない。特に紙や洋服といった薄いものは、一時的に置く場所以外は立てて入れることで層になるのを防止できる。

　筆者の自宅を訪れる人たちからは、「全部仕切ってある！」「野菜まで立たせちゃうなんて！」と驚かれるが、片付けが苦手だからこそ物を簡単に出し入れするための対策だ。

　そのままでは立てるのが難しいものは、フックやハンガーで吊す、ピンチで挟む、ポーチや袋などに入れるという方法もある。畳んで箱に入れても崩れてしまうシフォンのスカーフや薄手のストールなどは100円ショップのビニールポーチやファスナー付きのビニール袋に入れて空気を抜いてしっかり閉じておけば、立てて収納できる上に虫にも食われない。

　どうしても並べて収納したいも

のがあるときには、浅い引き出し収納を選ぶ、棚板を増やす（ホームセンターなどで棚のサイズに板を切ってもらう）という対応をして重ならないようにしまおう。

ラベルを貼って中のものがわかるようにしておく

インテリア雑誌を見ると、必ずといっていいほど引き出しなどにラベルが貼ってある。片付けられなかった頃は、「なぜあそこまでするんだろう？」と疑問だったが、自分でやるようになると「なぜ今までやらなかったのだろう？」と思うようになった。

改めて理由を考えてみると、わざわざ中を開けなくても中身がわかる、他の人にもわかりやすい、ということがまず思い浮かぶ。実際、わが家もすぐに忘れる十物を探すのが苦手な夫のために、あちこちにラベルを貼っている。

ラベルを貼っていなかった頃には、どこに何が入っているのかを細かく覚えていなければならず、当然すべてを覚えていることは不可能だったので、あちこち引き出しなどを開けて探すという悪循環になっていた。

ラベルは、**「そこに物があると知らせるため」「ここに入っていますよと自分や他の人に安心してもらうため」**に貼るので、「そこが空いているから」という理由で他のものを入れたりするのは本来の意味と反するためルール違反なのだ。ラベルを貼っているのにそれと違うものが入っていたら、「本当に入っているの？」と疑心暗鬼になってしまい、ラベルの信頼度を下げてしまう。

中身を変えるときにはラベルに追加記入する、もしくは貼り直す必要があるし、それが面倒ならそ

ラベルを貼って中のものがわかるようにしておく

Point

1. 空いているからといって他のものを入れない
2. 中身を変えるときには、ラベルに追加記入する、もしくは貼り直す

こに入れないというルールを意識することが必要だ。

ラクに出し入れできるケースやかばんなどを使う

外出時に必要なものをすぐに出したいのになかなか出てこなくて困惑することは誰しもあるだろう。たとえば、

- バスや電車に乗るとき（ICカードや現金）
- 会計時（現金、クレジットカード、クーポンやポイントカード）
- 病院などの受付時（保険証や診察券、お薬手帳）
- 電話やメールが来たとき（携帯電話）
- 音楽を聴きたいとき（イヤホンやヘッドホン）
- 雨が降ってきたとき（折り畳み傘）

になかなか物が出てこないと焦ってしまう。自分の都合だけならいいのだが、後ろに人を待たせていたりすると申し訳ない気持ちになってしまうだろう。

筆者は関節や靭帯の問題もあるため指先に力が入りにくい、手首の固定力が弱くて不安定な状況で物の出し入れをする（立っている状態でかばんから財布などを出す）ことがとても苦手なので、できるだけラクに物を出し入れできるようなケースやかばんを利用している。

財布やかばんに求める条件は人や状況によって異なるが、出し入れのしやすさという観点から考えると、

- 小物が入るポケットや鍵などを吊り下げられるフックがあるか（なければ複数持ちといった対策が必要）
- 大きなものは立てて入れられるか（ファイルやノートなど）
- 持ち歩くものの形状に合っているか
- 中身がグチャグチャにならないか

といったことなどが考えられる。

筆者は細長いショルダーバッグに薄い長財布やA4用紙を三つ折りにして持ち歩けるチケットホルダー、角型がま口のカード入れ、イヤホン用のポーチを入れて散歩や近所への買い物はこれにエコバッグだけ持って出掛けている。

ケースやかばんについては2つから3つほどのパターンがないと難しく、おおまかなスタイルは見えてきたが、まだまだ試行錯誤の最中だ。

この数年で金銭の支払方法なども現金決済が減少し、ポイントカードなどもアプリで事足りることが増えてきたので、今後手荷物にも変化が訪れるかもしれない。**自分にとって使いやすいものとは何か、必要なものをどう管理するか**、と考えることが重要になりそうだ。

第15章

コミュニケーションの問題を解決したい

人間関係は究極の調整作業

発達障害（特にASD）はコミュニケーションの障害と定義されている。苦手とする「暗黙の了解」を尊重しながら、他人に自分の状況をどう伝えるといいのかを整理しながら適切な調整方法を探っていこう。

連絡を忘れる

対策

- スケジュールにタスクとやる時間を記入する
- メールやチャットツール、SNSを活用する

事例 やらないといけないとわかってはいるのだけど……

昼休みに食事を終えて少しのんびりしていたら、スマホにメッセージが届いた。

「何だろう？」とメッセージを見てみると、「今度のオフ会、会場の件はどうなっているんだ？」と趣味のサークル責任者からの連絡だった。

「あ、いつもの会場が予約でいっぱいで、別の場所に変更したことを連絡し忘れていた！」と慌てたが、そろそろ休憩時間が終わるため、すぐには詳細なメッセージを送れそうにもない。おまけにスケジュールを確認したら、今日は夜に会社関係の会合が入っていて、帰宅するのは遅い時間になるだろう。

おそらく、その時間まで連絡しなければ絶対先方から怒られるし、だからといって仕事の合間にサボって詳細なメッセージを送るわけにもいかない。どうしたらいいのかわからなくなって、思わず頭を抱えてしまった。

原因 連絡の必要性と手順をはっきり把握していなかった

人間関係は楽しい反面わずらわしいことも多い。特にコミュニケーションは、その代表的なものだろう。

ところが、発達障害、特にASDの傾向が強い人は**コミュニケーションの問題を抱えやすい**。これには自分の都合と周りの都合とを秤にかけたときに自分の都合を優先させがちなのと、「相手にとっ

て共有しないといけない情報は何か？」という見極めが感覚的に困難なことが関係している。また、自分が知っているから相手も知っている（はず）と誤認識しがちな特性も併せ持つため、「現状がどうなっているかを報告する」のを忘れがちだ。

一方、ADHDの傾向が強い人は連絡する必要性は理解しているが、仕事などの他の用事が入ると思い出せない、必要な情報を探す前につい他のことをして忘れてしまう、といった注意の問題があるため、連絡すること自体を忘れがちなことと、連絡するための行動手順を組み立てることが苦手で、**連絡することを先延ばししてしまう**側面がある。

いずれにしても、自分のこういった特性を認識して、何か連絡などを担当する際には状況を確認してもらうといった配慮や協力を求めることがとても大切だ。

Column

主婦向け雑誌は情報の宝庫

主婦向け雑誌は男性にはあまりなじみがないかもしれないが、実は昔から発行されていて知らないうちに浸透している。たとえば、書店で赤と白の表紙の家計簿を見た記憶は多くの人があるだろう。

それは婦人之友社が出している家計簿でロングセラーだ。フォーマットはかなり細かく決められており、協力団体などからの集計データがあるので、予算の目安や見直しなどをするのに参考になる。母体である雑誌『婦人之友』も100年以上の歴史がある。

他にも創刊から20年以上の歴史がある雑誌が何冊もあり、それぞれに根強いファンがいる。

これらの雑誌には家事に関するスキルはもちろんのこと、他にも収納、家計管理といった生活スキルに関わるあらゆる情報が網羅されているため、一人暮らしを始めた男性にも参考になる。

よく考えれば大半の人は一人暮らしをする前は、家事はほぼ初心者なのに、家庭科の授業などで学ぶ家事スキルはほんの一部にすぎない。また、家庭科の成績と家事スキルは必ずしも比例しない。生活は人の数だけあるからすべて応用問題で、それは教科書だけでは学べないからだ。

当然雑誌に載っている情報もすべて鵜呑みにする必要もなく、自分にとって必要なものを取り入れればいい。最初のうちは書店や図書館、雑誌の読み放題サービスなどで比較して、「これは読んでみたい」と思う情報や雑誌を選んでみよう。

たとえば、事前に「うっかりミスをしやすいので、連絡がなかったら確認してもらえるとありがたい」「対応すると、それでホッとして変更点を伝え忘れてしまいがちなので、何か変更点があったかと適宜聞いてください」といった一言があるかどうかでもだいぶ印象が変わってくる。

それでも言葉以外では詳細な会話ができない以上、相手に連絡して現状を報告・説明できるのは自分だけだ。だとしたら、**ある程度報告の手順を作っておき、状況に応じて対応できるよう準備しておくこと**が望ましいだろう。

解決法　手順を確認する

仕事でもそうだが、いきなり作業を開始するよりは、**まずやることを確認すること**、そして**情報を整理すること**が大切だ。特に相手に連絡する際は、

- 誰が（誰と）
- いつ（いつまでに）
- どこで
- どのように
- 何をするのか
- いくらかかるのか
- 何が変わったのか（変更なしなら必要に応じて「変更なし」と伝える）

といった情報は最優先で伝える必要があることを頭に入れておこう。ノートやパソコンに注意書きを貼っておいてもいいかもしれないし、送信する前にこれらの情報が入っているかを確認しても良い。

うっかり忘れた際には、ついできなかった事情を説明したくなるが、それは相手に事情を聞かれるまでは、「仕事が立て込んでいて」「体調が悪くて」といった最小限の情報にとどめ、とにかく「必要な情報を伝えられていない」ことに関して謝罪しよう。その上で変更点あるいは解決案などをセットで伝えたほうが相手にとっては役に立つ。

また、今回のようにすぐに詳しい事情を返信できない場合、トイレへ行く前後や会合の前などに取り急ぎ、

- 日程は同じ（いつ）
- 会場はいつもの場所はダメだった（どこで）
- 他の場所を押さえた（変更点）
- 追加費用の有無（いくらかかるのか）

をまず返信しよう。そして、「今夜は帰宅が遅くなるので、それ以降に詳細を送る」と連絡すれ

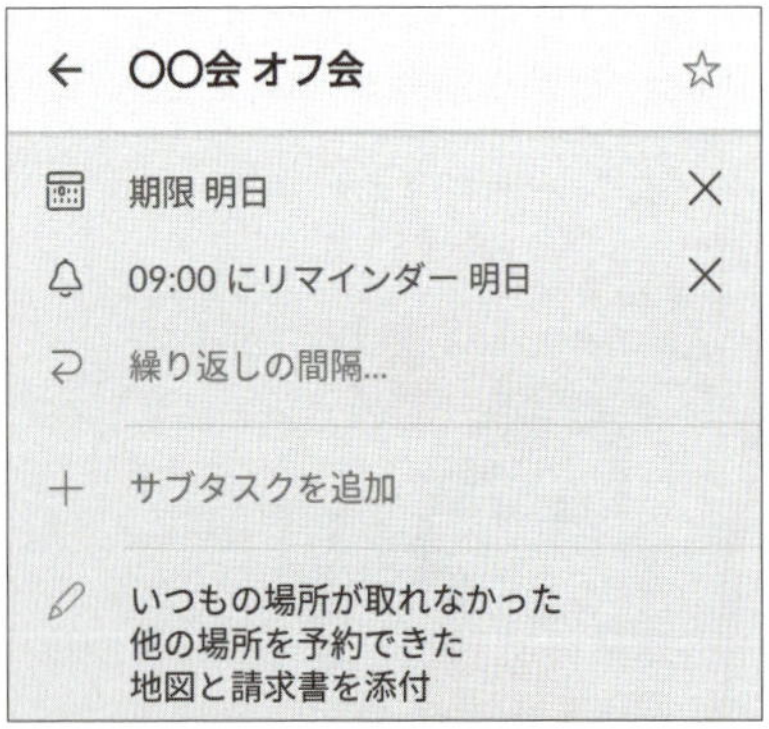

スマホのタスクリストに連絡しなければいけないことを記入し、リマインダー設定しておく。

応急措置として送るメールの具体例

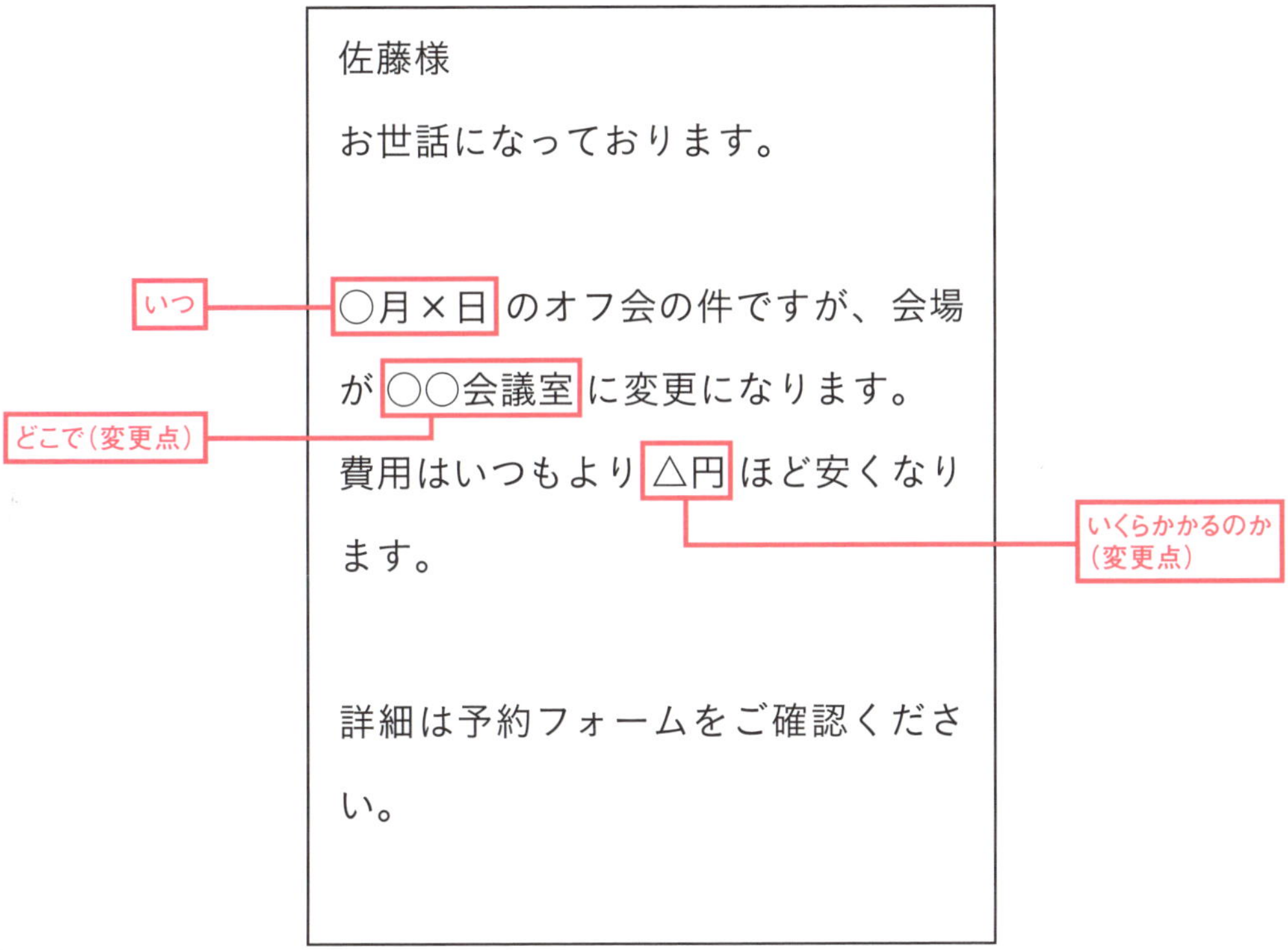

ば、先方は取りあえず場所を押さえたという状況を知ることができる。これ以上亀裂を作らないよう、**まず応急処置をする**、という発想も時には必要だ。

スケジュールにタスクとやる時間を記入する

会場変更などの連絡はすぐにするのが望ましいが、都合によってはどうしてもすぐにはできないこともあるだろう。その場合は、**スマホのスケジュールもしくはタスクリストにいつ頃（あるいはいつまでに）やるのかを記入し、リマインダー設定しよう**。タスクリスト自体をメンバー間で共有化しておく方法もある。

　コミュニケーションを円滑に進めるためには時間、物、金銭関係でトラブルを起こさないことがとても重要だ。言葉が人と人をつなげるツールだとすると、これらはそれを下支えする尺度だからだ。言葉そのものはとても恣意的で、時に不確実なものであるため、言葉や行動に信用を持たせる、あるいは確実に行動してもらうために締切りや金額、場所や実物を設定しているのだ。

だから連絡を怠ったり、約束があやふやになったりすると言動の裏付けが弱くなり、自分の信用力が落ちる。信用はこの世界で生きていく上で見えない財産なので、それを少しずつ増やすつもりで導入・設定してみよう。

メールやチャットツール、SNSを活用する

発達障害の人は、音声言語のやりとりが苦手な人が多い。そのため、**文字のツールを活用するとコミュニケーションがうまくいくことが多い**。これは、声の勢いや大きさといった他の要因に気を取られず、内容に集中できるからだ。メモを取るのが苦手な場合でも、最初から文字ならば負担も少なくなる。

日時や場所といった情報の場合、文字のほうがより確実だし、メールならやり方を知っていればコピーや転送機能を使うこともできる。

筆者は、夫が音声言語でのやりとりだと内容を覚えていられないこと、声をかけられたことに気付きにくいこと、音声だと会話の内容を理解しづらいという特性があるため、20年近く家の中でもメールやメッセージツールで連絡をしている。音声でやりとりをするのは文字入力が難しい買い物時（家での在庫を確認してもらうため）や緊急時（どちらかが忘れ物をしていて、どう対応するかなど）くらいで、プライベートの会話でもメモ帳が欠かせない。

最近はメール以外にもグループ用に**SNS**や**チャットツール**を使うことも増えてきた。実際、こちらのほうがメッセージなどを送るのも気おくれせずにできるし、一度に複数の人に連絡するのにも手間がかからない。

年配の人が多いサークルだとパソコンやスマホに慣れていない人が多くて難しいかもしれないが、いざというときは音声通話もできることもあってか、最近はちょっとした連絡には、メールよりもSNSのメッセージアプリのほうが活用されている。

トラブルになるリスクを懸念する人もいるかもしれないが、アプリ設定で制限を設ける、最初は幹事などの特定メンバーだけ利用するといった段階的な導入を考えたり、あえてビジネス向けのツール（タスク管理などもこちらのほうがやりやすいのと、公私の連絡を分けられる）を導入するといった対策を検討してみるといいだろう。

おすすめのチャットツール

ツール	特徴
LINE	• チャットも通話も無料で利用できる • 豊富なスタンプを利用して会話ができる • 画像や動画も共有できる
Messenger	• Facebookの友達ユーザーとメッセージの送受信、電話が可能 • Facebookでしかつながりのない人とも会話ができる
Microsoft Teams	• Microsoft Teamsのスマホアプリ版。パソコンと同様にチャットも通話も利用できる（無料版のグループ会議利用は1回60分まで） • ファイル共有やドキュメントの共有・編集が可能 • Microsoft 365と連携可能な有料版もある
チャットワーク	• 通話、ファイル共有、タスク依頼などの機能がある • ビジネスでの利用に適している
Slack	• チーム内のメンバーやグループとのメッセージや通話ができる • 会話をトピックやプロジェクトごとに分類・整理できる • Slack上でドキュメントの共有・編集が可能

つい余計なことを言ってしまう

対策

- まず相手のリクエストや話を聞く
- 「自分の意見を言ってもいいか」許可を取ってから発言する
- 相手が知りたくない、聞きたくないことは極力言わない

事例

悩みを聞いたつもりだったのだが……

久しぶりに実家へ帰省して家族と食事をしていたら、就活を控えた弟が「いろいろ不安」と言ってきたので、「ちゃんとエントリーシートは書けたのか?」などとアドバイスをしたところ、「別に意見は求めていない」とムッとした顔をされてしまった。

せっかく経験者としてアドバイスしてあげようと思ったのに……とイライラしたが、少し冷静になってみると、自分も就活時に同じようなことを親しい人にしてしまったことを思い出し、申し訳ない気持ちになった。

振り返ってみると、相手が悩んでいるようだから参考になればと自分の意見を伝えても相手があまりうれしそうではなく、それ以降距離を置かれたことが過去にも何度かあった。

そのときには、「余計なことを言ったな」と反省したが、どうも話しているときはそれに気付くことができない。無意識だから自分でも何が理由かピンときていないのも困ってしまう。他の人はどうやっているのだろう。

原因

相手が何を求めているのか察知できない

食事などで会話をしているときに、誰かがついフッと悩みごとや愚痴《ぐち》を打ち明けることがある。そのときに相手が求めているのは、たいていは「そうなんだ」「大変だね」といった共感であることが多い。

そのようなときに現実的なアドバイスや意見を言うのは相手が求めていない限り場違いだし、時間も限られている以上、通り一編なことしか言えないから、相手の悩みに沿った解答ができる可能性は低い。

発達障害とりわけASDの傾向が強い人は、知識が豊富なこともあってか、つい自分が詳しいと思う話題に関しては説明したり教えたくなったりする傾向がある。しかし、**相手が聞き入れる態勢にあるかどうかをほとんど考えずに話してしまい、結果として相手に不快な思いをさせてしまいがち**だ。

また、ADHD傾向が強い人の場合、相手の感情を害する可能性があることはわかっていても、**思い付いたことをその場の状況を無視して口に出してしまう**ことがままある。

会話は流動的なため、その場の雰囲気を感覚的につかむことが苦手な場合、まず相手は自分から意見を聞きたいのか、それともちょっと愚痴を言って気分転換したいのかを観察してから発言するようにしよう。

解決法 まず相手のリクエストや話を聞く

言語リハビリや療育支援の仕事をしている際、ご家族から「せめておしゃべりでもできるようになれば」と要望されることが何度もある。

しかし、雑談をするためには高度な情報をやりとりするスキル、特に非言語のコミュニケーション情報を操作するスキルが必要だ。雑談やおしゃべりは日々何気なくしているから、簡単で誰でもできると思われがちだが、会話は突然、主語や時系列、話題が変わるため、文脈から状況を推測する力が必要となり、発達障害の人にとって難しいことが多い。

とはいえ、難しいからといって何も話さないわけにはいかないから、まず非言語のコミュニケーション情報の存在を認識する（あるいはしてもらう）ことから始めてみよう。

先にも述べたが、**まず相手がこの会話で何を重視しているのか**（ちょっとした愚痴を吐き出したいだけなのか、アドバイスを求めているのか）を考えることが必要だ。しかし、大半の会話の場合、双方が混じっていることが多く、中にはアドバイスを求めているように見えて実は単なる愚痴であることもめずらしくない。

こういわれると混乱するかもしれないが、

①食事や作業の合間、もしくは他の人がいる場面

②それほど親しい間柄ではない

③相手から具体的な話が出てこない（固有名詞や具体的な数字など）

④本人の努力だけではどうにもならない話題

といったことが1つでも当てはまるなら、まず愚痴や本人の感情整理だと思ったほうが良い。そうでない場合でも、まず愚痴や感情を整理してからでないと、人は具体的な悩みを打ち明けたり、他人のアドバイスを聞いたりする状態になれないことが多い。

つい自分の話ばかりしがちなタイプなら、**まず相手の話を黙って聞く**練習から始めてみよう。すると、今まで見えてこなかった相手の感情や悩みが見えてくるかもしれない。

また、一度に複数の情報を処理するのが苦手なタイプなら、**「相手が伝えたい（求めている）ことは何か？」**にまず焦点を絞って話を聞いてみよう。

「自分の意見を言ってもいいか」許可を取ってから発言する

相手が話しているうちに表情がホッとする、もしくは「まあ、仕方ないんだけどね」「ぼちぼち頑張るよ」といった、**話に区切りを付けるような言葉が出てきたら、自分の意見を言ってもいいタイミング**だ。

「さっき話していたこの分野の情報なら少し知っているけれど、もし良かったら話してもいい？」とか、「そのあたりはたまに行くから、今度調べておこうか？」といった、相手にとって有益かつ知らない情報なら、相手も「話を聞かせてほしい」となるだろう。

ただし、ちょっとした休憩時間など時間に余裕がないときに長々と自分の意見や情報を話すことは、一般にはマナー違反とみなされる。また、第三者がいる前でネガティブな内容や厳しい意見を言うのも好ましい態度ではないので、よほど親しい間柄でない限り避けたほうが無難だ。

相手が知りたくない、聞きたくないことは極力言わない

たとえ「相手の意見が正しくない」と思ったとしても、相手に自分の話を聞いてもらうためには、**話をしたい欲求を少し抑える**必要がある。

人間関係の難しいところは、たとえ正論だったとしても、必ずしも相手がその意見を受け入れてはくれないことだ。また、場合によっては正論を主張することによって関係が悪化することにもなる。

その発言をしないと大きな問題になる場合は別だが、**相手が知りたくない、聞きたくないことは極力言わないことを心がけよう**。

相談を受けたときの上手な対応方法

Point 1 相手がこの会話で何を重視しているのかを考える

- 単なる愚痴なのか、アドバイスを求めているのか見極める
- 愚痴とアドバイスの両方が混じっていることもあるので注意が必要

Point 2 相手の話を黙って聞いてみる

- 今まで見えてこなかった相手の悩みや感情が見えてくることがある
- 自分の話ばかりしがちなタイプの人に最適な方法

Point 3 「相手が伝えたいことは何か？」に焦点を絞って話を聞く

- 一度に複数の情報を処理するのが苦手なタイプの人に最適な方法

Point 4 話に区切りを付けるような言葉が出てきてから自分の意見を言う

- 時間に余裕がないときは長々と話さない
- 第三者がいる前ではネガティブな内容や厳しい意見を言わない

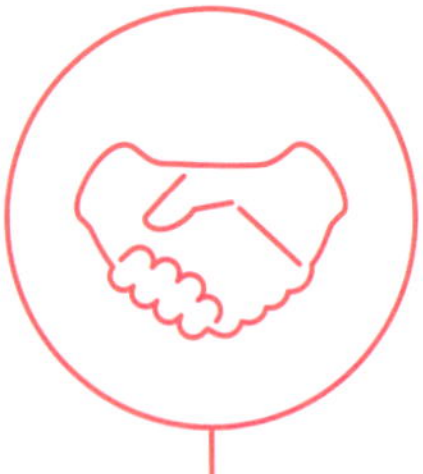

話し合いがうまくできない

対策

- 問題解決だけに走らない
- 相手が考えていることを文字や図表にする
- 相手への感謝を具体的な行動で示す

事例

話し合いっていったい何をするの?

母から「今後のことを話し合いたい」と連絡が来たので、「何を話し合うのか」と不安を覚えながら帰省したら、両親から、「この家もそろそろ古くなってきたが、今後戻ってくる予定はあるのか?」と聞かれた。

「まだわからない」と正直に答えると、「リフォームや建て替えを考えるにしても、戻ってくるなら二世帯住宅も視野に入れるし、予定がないのなら売却も検討しないと」と言われてしまい、「え?売却?」と驚いてしまった。

一方、母からは「あなたの考えを聞いてから決めようと思っているのよ」「ずっと住んでいる場所だから愛着もあるしね」とまた違うことを言われてしまった。

これではいつまで経っても埒《らち》が明かないと思ったので、「お父さんとお母さんでも意見が違うみたいだから、まず2人で話してよ。こっちも転職や結婚などで状況が変わるだろうけど、引っ越すなら何かあったときにすぐに駆けつけられるところがいいな」と要望を伝えたら、「あなたの状況でこっちも変わるから聞いているんでしょ!」と母に叱られてしまった。

「いったい何のために帰省したんだよ!」と思ったが、そもそも母の言う「話し合い」ってどういうことを指していっているのだと疑問に感じてしまった。

そういえば、両親と話し合うときは結局どちらかが感情的になってしまう。自分が意見を伝えてもまともに聞いてもらえず、親の話も一向に要領を得ないから早く終わらせたくて、要点を絞ろうとして怒られることが多かった。

「話し合い」とは、問題を解決するために必要最低限の時間で議論して、あとは行動に移すためにすることだと思うし、少なくとも会社ではそうなのだが、何が違うのだろう。

原因 家族としての当事者意識の低さと話し合いになる前の下準備への認識の違い

会社での会議などが必要最低限の議論と時間で終わるのは、会議の目的や内容が明確だからだ。加えて会社の場合、「物を作ったり、顧客へ何らかのサービスをしたりして会社を維持・発展させるための利益を得る」というわかりやすい前提がある。

しかし、家族や地域社会の場合、この前提条件が曖昧なため、複数の人が協力して何かをする、話し合いをして何かを決めるのには成立する前のお膳立てが必要だ。おそらく、事例で両親が「話し合い」と言ってきたのは、本格的な議論に入る前の事前調査であり、お互いの状況を確認し合いながらすり合わせをしていこうという思惑だったのだろう。

よく考えれば、会社では定期的な打ち合わせやスケジュール確認といった会議をするお膳立ての仕組みが組み込まれている。お膳立てが度を越せば必要以上の束縛（退社後の飲みなど）になるかもしれないが、これがゼロでも円滑なコ

Column

おすすめはラジオ体操と「ながら筋トレ」

わが家では毎朝ラジオ体操（第一、第二）をするのを日課にしている。番組が放送される時刻に合わせて行うのは難しいため、タブレット端末にラジオ体操の音楽を入れて再生スピードを少し遅くして負荷をかけながら行っている。ラジオ体操は曲げる、伸ばす、ひねる動きが満遍なく入っており、真剣に行うと最初のうちは息が切れるほどだ。

ラジオ体操は、学校などで教わった経験がある人が大半だからおすすめだ。基本的な動きを覚えているし、忘れていてもネット動画で確認しやすいという手軽さもありがたい。集合住宅なら状況に応じてジャンプの動きは省略する、深夜や早朝を避けて行うといいだろう。

一人だと続けられないかも、というのならネットで探すとラジオ体操を自主的に公園などで行っている場所の情報が掲載されているため、都合がつくようなら試しに参加する手もある。

ラジオ体操が大変なら、食後に歯磨きをしながらスクワットする、食事の間や仕事の合間にペットボトルをひざの間に挟む、家の中にいるときは足首にダンベルを巻いて過ごす、といった何かしている間にさり気なく筋トレできる「ながら筋トレ」もおすすめだ。

ただし、関節などに痛みがある、医師から運動制限がかかっている場合はいきなりトレーニングを始めるとかえって悪化するため、医師や理学療法士といった詳しい人と相談しながら進めていこう。

ミュニケーションは望めない。このように「何かを一緒にする」ことで組織や社会への帰属意識を強め、個人単位では難しい課題解決の推進力を育てていくのだ。

ところが、発達障害とりわけASD傾向が強い人だと、このような**曖昧かつ非言語のコミュニケーションが非常に苦手なことが多いこと**に加えて、**集団行動にもストレスを感じやすい**。またADHD傾向が強い人も、どこに焦点を絞ったらいいかわかりづらいため、コミュニケーションに行き違いが生じやすくなるし、**ルールに即した手続きを踏むことが苦手**な人も多い。

この手のことは感情面の整理と手続きの煩雑《はんざつ》さといった要素が絡むだけに、まずお互いの意向を確認したいという両親の意向は理解した上で、こちらも家族として何ができるのかを一緒に考えるという姿勢を示す必要があるだろう。

解決法 問題解決だけに走らない

面倒なことは早く終わらせたいし、さっさと行動して問題が解決できれば合理的で良いと考えがちだが、残念ながら人はそれほど合理的な生き物ではない。特に感情の整理＋手続きが重なることについては、まず感情の整理を手伝ってからのほうが、結局全員が納得のいく結果になる。逆にいえば、この感情の整理や事前のお膳立ての段階がない、あるいは意見を反映してもらった実感がないと、あとで「あのときは……」といった摩擦が生じやすい。

もちろん問題解決するための行動は大切だが、そこで「支援を求めればいいんじゃないの」と問題解決策だけを提案してばかりでは、反発を受けるのは必至だ。奮闘している人たちにとっては、そう言ってくる人は「当事者意識のない、他人事ばかりの理想を言う人」と感じるので、「これだけエネルギーを注いで大変な思いをしているのに、簡単に片付けられては困る」という心境になってしまう。まず、**そう思った理由を聞いてみる**ことから始めてみよう。

事例の場合、両親は自分たちの友人知人、あるいはその家族が病気などで倒れて入院し、本人や家族が大変そうにしているのを見たのかもしれない。それで、「自分たちが同様のことになっても子どもにできるだけ迷惑をかけたくない」「このままだと介護が必要なときに困るからそれに備えておきたい」と思ったのかもしれない。

このときには、家族としての場やそう思った動機を共有することと、そして自分のことで精一杯で、そこまで考える余裕がなかったことを伝えることが、一見遠回りのようで問題解決への近道だろう。

相手の考えを図示してみる

	両親	自分
今後戻る予定は？ ↓ 戻る気がないなら、子どもをあてにしない生活に変えよう	・今まで住んでいるから愛着がある ・荷物の処分や引越しは大変そう…… ・子ども（たち）はどう思っているのか	そんなこと言われても、結局決めるのは親だし、自分は仕事で忙しいから…… ↓ ① 当事者意識が弱い
	・子どもの意向を探ろう ・老後の生活を考えて実行しよう （・近所のAさんもご主人が倒れて大変そうだった） 子どもに負担をかけたくない	・何だ、結局何も決めてないんじゃないか！ →じゃあ決まってから動けばいいや ↓ ② 両親の状況や気持ちを軽視

↓

母が①・②の感情を察知して

「こっちの気もしらないで！」と叱った

自分の感情を図示して整理する

日時	誰に対して	どんな状況	どんな気持ち
昨日	夫に対して	夕飯の時間を過ぎてもリビングに来なかった	約束したことを守ってもらえず、嫌な気持ち ・2人で決めたのに…。 ・アラームも鳴ったはずなのに…。

理由：おそらく仕事の区切りが悪く、そちらを優先させた

→ 仕方ないかもしれないが、

①これをデフォルトにされると約束の意味がなくなる（約束のディスカウント）

②こちらも仕事を抱えているけれど、約束を守ろうと努力しているのにそれを軽視している（妻の事情のディスカウント）

☆ルールを守るか、変える必要あり
→ 夫に気持ちを伝える

相手が考えていることを文字や図表にする

相手の話を音声だけで聞いていると、だんだん混乱してくることは誰にでもあるだろう。そんなときには、**相手の考えを図示**してみたり（441ページ参照）、**こちらが伝えたいことを文字や図表にして示してあげる**（前ページ参照）と理解しやすくなる。筆者の夫は音声言語だと聞き忘れや聞き間違いが多いので、最近はちょっとしたことでもメモやノートに記入してこちらが伝えたい意図や要点を書いている。すると彼がこちらの意図とは全然違うところに着目していたことが判明し、通じなかった理由もわかりやすくなる。

中にはメモや図表を「会議とか仕事みたいで嫌」と感じる人がいるかもしれないが、さすがに場の共有や気持ちの共感だけでは先へ進めないので、論点を明確にすることも必要だ。

文字や図表にすることで、相手も「自分が言いたいことはこれだったな」とか、「ここはちょっと違う」という反応を示してくる。実は、これも一種の場の共有であり、お互いの状況や情報を把握するにはとても有効な方法である。

ただし、時には相手にとって触れてほしくない事柄も隠れている。それについては、相手が言わない限り深追いしないことが賢明だ。

「自分のためにエネルギーを使ってくれた」ことへの感謝を行動で示す

話し合いで自分が想像した内容より良い結果が出なかった、あるいは相手とうまく折り合いが付かなかったとしても、**自分のために時間とエネルギーを使ってくれたことには感謝するようにしよう。**「でも、それって相手も同じなのでは？」と思ったかもしれないが、実はコミュニケーションにおいて、相手の能力やエネルギーを自分の労力と差し引きする行為はトラブルを引き起こしやすい。自分は自分、相手は相手と分けて考え、相手が自分にしてくれたことへはお礼を言おう。その上で相手の態度を見て判断すればいい。

自分の言動を正当化したくなる、理不尽な感情を処理したいと思ったとき、筆者は「そう思った理由は何だろう？」と図に描いたり、相手と自分とのやりとりを思い返して書き出したりしている。すると行動と感情のタイムラグと、自分の言動をディスカウントされたと感じる出来事が必ず見付かる。直接相手に整理した結果を伝えられると良いが、それが難しい場合は、嫌だと思った自分の感情を大切にしながら、どうしたら良いかを考えてみよう。

セールスなどの勧誘によく声をかけられる

対策

- 理由を告げずに断る
- 約束した以外の人物が現れたら席を立っても構わない

事例

久しぶりに連絡が来たと思ったのに……

　ある日中学時代の同級生から、「今度近くまで行く予定があるから、久しぶりに会いたい」と連絡があり、会う約束をした。すると、同級生は「ぜひ引き合わせたいと思って」と年配の女性を連れてやって来た。

「なぜ、この場にそんな人を連れてくるんだ？」と不審に思っていると、同級生が「今度独立して事業を立ち上げようと考えていて、この人はそのビジネスのアドバイスをしてくれているんだ」と紹介した。その女性は、「はじめまして」と名刺を渡してきた。

「それで、同級生のよしみでこの商品を買ってほしいんだ」といろいろな商品を出してきたが、「力になれなくて悪いけど、必要ないから」と断ったところ、「何だよ！　友達が困っているのに助けてくれないのか」と怒鳴られてしまい、いたたまれない雰囲気をどうにかしたくて一番安いものを購入してしまった。

原因

この場をどうにかしたいという気持ちを利用される

　発達障害というとコミュニケーションの問題ばかりが注目されるが、意外と見落とされがちなのが、「勧誘に声をかけられて、そのまま断りきれずに、気が付いたらセールスや新興宗教の世界にハマっていた」「半ば詐欺のような人間関係に陥っているが、抜けられなくなった」といったケースだ。

　発達障害関係でも、社会性向上

のためにＳＳＴ（Social Skill Training）というコミュニケーション支援をすることがある。しかし、世の中はより多彩かつ複雑で、このトレーニングで対応できることだけでは到底追い着かない。代表例が訪問販売や宗教の勧誘だ。「では、断り方も教えれば」と言う人もいるが、当然相手も勧誘のプロなので、断られても対応するためのさまざまなマニュアルやトレーニングがあるし、年々巧妙化している。小手先の技術ではとても太刀打ちできないことをまず理解しよう。

　発達障害、特にＡＤＨＤ傾向がある人は、**社交的で人当たりがいい人が多い**。そのため楽しそうな勧誘に乗せられてそのまま入ってしまうことがある。また、ＡＳＤ傾向がある人は宗教といったわかりやすく、かつ絶対的なルール（戒律）がある世界は日常生活よりわかりやすくて、いったん入信す

Column

情報の取捨選択

「必要な情報を見極めて」といわれるが、「それができたら苦労しない！」と思った人もいるだろう。しかし、自分に合ったものかどうかは当人にしかわからないのも事実だ。一方で過日話題になった医療情報のまとめサイトのような話もあり、治療について切実な情報を求めている人に正確な情報が届くよう、書き手だけでなく読み手側の姿勢も問われてきている。

情報は、大きく次のものに分けられる。

①期限付きの情報（今日の天気予報など、多くの人にとってそれが過ぎたら不要になるもの）
②生活を送る上で前提となるもの（政治・社会・経済・医療・教育・福祉・宗教に関すること）
③ライフスタイルや習慣、マナーなど（必要だが、ライフスタイルによって何を重視するかは千差万別）
④趣味や娯楽に関するもの（必要かどうかは人それぞれ）

中でも①は情報のスピードが求められ、②に関することは正確な情報であることが求められる。そのため、できたら詳しい人が情報提供者かどうかを確認することが重要だ。ネット情報だとスピードは速いが、正確さの検証に問題が出ることが多い。そのため、読み手も「どのような人が書いているのか？」「どのような根拠に基づいているのか？」を意識する必要がある。

③については流行の変化や地域によって適切な行動が変化する。相手を尊重した行為のつもりが思わぬ誤解を招く場合もあり、情報発信者の立場や時期などを考慮する姿勢は大切だ。

④についても情報が古いと店舗の移転や廃業、サービスの変更などがあるとせっかく出掛けても空振りになる場合がある。スポーツでもルール変更は頻繁にあるから要注意だ。

新聞社や出版社には内容の正確さや文章の読みやすさなどを確認する校閲部門があり、報道や出版する前はもちろんだが、報道や出版したあとも検証している。

しかし、最近このような検証作業がされないものが一般の記事の体裁で出てくるようになったことに加えて、SNSなどでも見たくない内容の広告が表示されることも増えた。受け手である読者からも倫理的、道義的責任について指摘する、特定の企業や団体の利益誘導になっていないか監視する、公正な報道をする人を支援することも必要だ。

どんな情報でも報道する側の主観は免れないし、こちらのニーズも主観的になるのは避けられない。しかし、今までのような報道する側や文章を書く側からの一方通行な情報提供や情報検証ばかりではなく、今後は相互的、相補的に情報の質を高め、検証していく姿勢が問われるだろう。

メモの一例

> 私○○は△△様が販売する商品を買う気はありません。
>
> ○○年△月×日
> ○○屋××店にて

るとのめり込みやすい側面もある。

この手の勧誘は正体を隠して近付いてくるので、よほど勘が鋭い人、もしくはその手のことに心底興味がない人以外は、まず相手の土俵に乗ってしまう。それ以外の人は仕組みを理解して、相手が付け入る隙を与えないようにするしか対策がないし、大切な人がそこに深く巻き込まれた場合は、抜け出すには原則専門家の手が必要だ。

さらに、事を難しくするのが、彼らが目的を隠して近寄ってくるため、本当に親切な人や支援してくれる人と区別が付かず、結果として本質的な解決を遠ざけてしまう側面を持っていることだ。自分を守るためにも、「残念ながら世の中には相手の好意を利用してでも利益を得たいと思う人はいるし、大半の人は簡単にだまされる。仕組みを知っておくことはとても大切だ」と頭に入れておこう。

解決法 理由を告げずに断る

人はつい相手を傷つけないように、「申し訳ないけど」「家族が反対するから」と断る際に理由を付けたくなる。これは、実は自分も傷つかないためなのだが、勧誘をしてくる人は理由を告げる＝悪いと思っている感情をうまく利用する。なので、**感情や理由を交えずに「私はいらない」と言ったほうが良い**。このケースでも、同級生が怒鳴ったのは（これも実は先方の作戦なのだが）、「力になれなくて悪いけど」という理由付けがあったからだ。

しつこく食い下がってくる場合もあるが、訪問販売では断る意志を明確にしている相手に対して、さらにセールスするのを法律で禁止している。そのため、「こちらは断っていますよね」と明言する、上図のようにメモでもいいから断る意志を書いて（できたら日付と場所も書く）こちらが作りたい場のルールを明示し、相手が巻き込もうとする場のルールをあえて壊すという対策をすることが重要だ。

突然の連絡には要注意

ビジネスや宗教の勧誘の特徴として、「長年疎遠にしていた人から突然連絡がきた」という場合が多い。もちろん損得勘定抜きで、単に会いたくて連絡をくれるケースもあるから突然の連絡すべてが勧誘ではない（だからこそ区別が難しい）が、勧誘以外の場合は具体的な内容（どんな話をしたいか）や近況（職業や勤務先）を相手から明示してくることが多い。

　勧誘かどうか区別するのが難しい、あるいは一人で会うのに気が進まないのなら、「せっかくだから他の同級生にも声をかけて一緒に会おうよ」と答える。「疑いたくはないけれど、以前他の人から久しぶりに連絡がきて、会ったら勧誘されてとても嫌だった。その手の勧誘をするなら行かない」と**あらかじめこちらの意向を伝えてみよう**。勧誘の場合、自分のペースで事を運びたいため、勧誘する人は原則一人ずつにするし、キッパリ断ってくる相手は勧誘に応じてもらえないからターゲットの対象外になる確率が高くなる。

理由なく約束した以外の人物が現れたら席を立っても構わない

無断で先輩格の人を連れてきて一緒に誘う、友人知人が泣きついたり怒ったりしてこちらの感情をかき乱してきたあとに、その人がなだめ役に回って「何とかなりませんか？」といった情に訴えるのは、この手の勧誘ではよくあるパターンだ。

　実は、筆者も大学生の頃、小学校時代に親しくしていた同級生から誘いがあり久しぶりに会ったところ宗教の勧誘だったことがある。このときも同級生は先輩格の人を断わりなく連れてきたが、後日宗教の勧誘に関する注意喚起のパンフレットを読んだら、複数で勧誘したほうが次のステップ（セミナーや勉強会の参加）につながりやすく、少し年上の人を連れてくることで怪しげな印象を減らそうという意図もあることを知った。そもそも久しぶりに会う場面で第三者を連れてくるのなら、事前に知らせて相手の許可を得るのが常識だろう。

　実際、こちらは友人との久々の再会を懐かしんでいろいろ話したいと思っていたところに断わりなく知らない人を連れて来られ、おまけにまったく興味のない勧誘をされてかなり気分を害されたし、それほど大切に思われていなかったのか……という気持ちになった。

　こうしたときには、**話の途中でも席を立って自分の分だけの勘定を支払って出ていって構わない**（自分の飲み物代を支払うのは、レシートをもらっておけば、いざというときに会った証拠になるため）。日本では「場の雰囲気を悪くしない」ことを強調されがちだが、それを悪用してくる相手に対しては身を守る術を身に付けることも重要だろう。

セールス対応でのポイント

理由を告げずに断る
NO!

突然の連絡に注意

理由なく約束した以外の人物が現れる

「呪い」の言葉を言う
災難に遭いますよ…

「呪い」の言葉を言う相手には要警戒

「これが売れないととても困ってしまうんですよ！」「今買わないと損ですよ！」「この宗教に入らないと大変な災難に遭います」――すべて筆者がこの手の勧誘の際言われたことだ。このようなことを言われると大半の人は冷静になれず、「どうしよう？」と感情を揺さぶられ、あたふたする。

筆者は、言葉や観念で「これをしないと不幸な結果を招く」と相手を精神的に追い詰めて自分の思い通りに他人を動かそうとするのは、**一種の「呪い」のようなもの**だと考えている。

自分の中のもやもやした感情や、どこか居心地の悪いような感覚があるとしたら、それは相手が「呪い」をかけようとしている、と思ったほうが良いだろう。ただ、難しいのは、自分の中にも「呪い」があり、相手が正しいことを言っても自分が引き受けられる心境ではないときは同様の感覚に陥ることだ。特に自責の念を強く感じやすい人ほど、相手が悪くても自分のせいだと思ってしまいがちな傾向があるし、反対に他責の念を強く感じやすい人ほど自分が悪くても相手が悪いと思いがちなので、整理してみることが重要だ。

このようなことを言われたら、**心の中で言い換えるか言い返してみる**と冷静になれる。たとえば、

- 「これが売れないととても困ってしまうんです」↓もちろん大変だとは思うが、久しぶりに会った人にそう言われてもこっちも困る
- 「今買わないと損ですよ！」↓どんなに良いものでも自分にとって必要なものではないから買わないのが一番の節約
- 「この宗教に入らないと大変な災難に遭います」↓災難が起こらないに越したことはないが、そんなに大変な災難ならより多くの人を救えるよう、私よりももっと力のある人を勧誘したほうが良いのでは？

という感じだ。その場では切り返せなくても、何度か繰り返して練習していくうちに「呪い」の正体が見えてくるようになる。それは思い込みや理想、常識といったものや、そこからかけ離れた自分への劣等感や罪悪感だ。

なので、苦しくなったり冷静さを欠きそうになったりしたら、「ちょっと待て」とまず思考が混乱しかけているのをストップさせ、本来の感覚を取り戻すことが大切だ。そして、その作業を応援してくれる人が本当の意味での友達だと筆者は考えている。

上手に相談ができない

対策

- まず悩みを書き出し、優先順位を決める
- 自分で解決法を調べられることは自分で調べてみる

事例

「困ったらいつでも相談して」と言っていたのに……

「同い年のいとこの結婚式が決まったからぜひ出席してね」と連絡がきたが、まず何をすればいいのか全然わからない。

よく考えれば、今までは学生でお祝いなどを出したこともなかったし、まだ友人で結婚式を挙げた人もいない。

母にも聞いてみたが、「レストラン・ウエディングだからあまりおおげさにしないでって言われたわよ。まだ独身だからご祝儀はいいんじゃない？」という返事で一向に要領を得ない。

そこで、就職時に「困ったらいつでも相談してね」と言ってくれた年上のいとこのことを思い出して電話をかけてみた。

最初のうちは熱心に聞いてくれていろいろアドバイスしてくれたが、途中から「確かに『いつでも相談してね』と言ったかもしれないけれど、こんな夜遅くに電話しないで。こっちだって忙しいんだから」と怒られてしまった。

結局、聞きたいこともわからないままになってしまったし、他に相談できる人も思い付かない。そういえば、今までも相談していると次第に相手がイライラしてきて先方が怒ったりムスッと黙り込んだりしてしまうか、こちらがその雰囲気に耐えられなくなって、「もういいです」と言って終わりにするという状況が多かった気がする。

相談のとき、聞きたいことをうまく聞き出して必要な情報を教えてもらうには、どうすればいいのだろう。

原因　相談する前の準備不足と相談相手に負担のない情報選択ができない

　以前、発達障害関係の掲示板を運営していた際、定期的に「相談のための相談」が書き込まれていた。「え？　相談するための相談？」と混乱する人もいるかもしれないが、公的機関や専門家に相談するには、「いつ」「どこで」「誰に」「何を」「どのように」相談すると良いかを事前に整理しないと、必要な支援までたどり着けないし、たどり着けたとしても時間やお金、エネルギーが余計にかかってしまう。

　これは相談全般にいえることで、実は誰かに相談するには自己観察力（自分を客観視する力）と相談能力が問われる。自己観察力は自分の状況を観察して相談項目を選定する、いわば自己とコミュニケーションする能力で、相談能力＝適切な他者に相談することをまとめて話す、いわば他者とコミュニケーションする能力と考えるといいだろう。

　ＡＳＤはそもそもコミュニケーションの障害なので、この**相談するのに必要な情報を洗い出すことが苦手**だし、ＡＤＨＤの場合、相談するのが必要だとわかっていても、情報を整理する、優先順位を付けるという**相談するための準備段階でつまずきやすい**傾向がある。

　事例の場合、相談相手の年上のいところに甘えすぎて、何から何まで聞こうとして事前の相談準備が不足した可能性が高い。また、相手は仕事や家庭で多忙になり、いつでも電話に対応できるわけではなくなったといった状況の変化を頭では理解していても、どうしたらいいかまでは考え付かなかったのかもしれない。

　また、相談は相手から現状に即したアドバイスはもらえても、「相談すれば自分の悩みをすべて理解してもらえる」「相手の言う通りにしたら必ず自分の思い通りの結果になる」保証はどこにもない。その前提を理解した上で、「現時点でわかる範囲で他人の手を借りてベストな答えを探す」という切替えが必要だろう。

　特に冠婚葬祭は、家庭や地域、時代の事情を加味する必要があるため、相談して回答を得たとしても、それがベストな答えとは限らない。相手もよくわからないことをあれこれしつこく聞かれて困ってしまい、結局「そんなことわかるわけないでしょ！」と怒り出したのかもしれない。

　相談するには準備が必要という前提を頭に入れ、具体的な作業に取り組んでみることから始めてみよう。

解決法 まず悩みを書き出し、優先順位を決める

相談するにはまず、**何について悩んでいるのか、どうしたいのかを書き出して考えてみよう**（次ページ参照）。たとえば、事例では「いとこの結婚式に何を準備したらいいかわからない」というテーマだから、一番上にそれを書き出す。

次に、過去に結婚式に出たとき、親や周囲の大人たちが何をしていたかを思い出してみよう。「そういえば母は着物をレンタルしていたっけ」「父は白いネクタイをしていたな」「母たちは髪のセットと着付けで美容院へ行ったかも」「『ご祝儀はいくらにしようか？』と話していたな」「前日に親戚のところへ泊まったっけ」とキーワードが出てくる。

- ネクタイ、着物、美容院↓服装（服装、靴、持ち物、髪型）
- お金↓お祝い（ご祝儀を用意する？代わりに何か渡す？）
- 式の前後のこと↓スケジュール関係（式の前後に親戚で集まるのか？）

と書いていこう。

ここから自分で、ネットなどで調べたらある程度わかること、親や親戚に聞いたほうがいいことを分けてみよう。

ネットなどでわかることは自分で調べてみる

次に、**ネットなどで調べたらわかりそうなことを自分で調べてみよう**。事例の場合、キーワードは「レストラン・ウエディング」に「独身親族」という立場で出席する状況だ。このキーワードだけで調べても大量の情報が出てくる。

どこを見たらいいか迷ってしまいそうだが、先に書き出した、服装や持ち物、お祝いからまずチェックしよう。するとレストラン・ウエディングの場合、ホテルでの挙式よりはカジュアルな雰囲気だが、だからといって普段着では失礼なことがわかってくる。当日着ていく服や靴などで買い足したり借りたりしたほうがいいものは、自分である程度決められるから、予算と期限を決めて準備できる。

このように**自分で調べて行動できることと、他人に確認したほうがいいことを区別**しよう。

お祝いは原則として独身親族は親が出すので不要だが、特にその家族と親しい付き合いがある場合は、個人でプレゼントなどを準備することもある、という情報も調べたら出てくるだろう。

ここまで調べてみてから、「自分でも調べたら独身親族はご祝儀はいらないらしいけれど、仲がいいから個人的にプレゼントを贈ったほうがいいかな？」「休暇を取る必要があるけれど、式の前後に

悩みを書き出してみる

何を準備するといい？

親たちがしていたこと	カテゴリー	調べ方
・着物を用意（母） ・式服を用意（父） ・美容院予約 〈着付け、ヘアセット（母）〉 ・よそいきの服（自分）	服装 （レストラン・ウエディング向け）	ネットで調べてみる ↓ 買うものやレンタルするものをリストアップ ※予算も考える
お金を用意してご祝儀袋に包んでいた	お祝い ・ご祝儀？ ・プレゼント？	ネットで相場を調べる →親に相談
前日他の親族たちと温泉に泊まった	スケジュール （親戚で集まる？）	親に確認 （休暇を取ることも考える）

親戚で集まる予定が入りそう？」といった相談を親や親戚に持ちかけてみると、具体的な回答を得やすくなる。

相談業務でも、まず何がわからないのか、どこまで知っているのかを担当者が探るのと、ある程度相手が準備して聞きたいことをまとめておいてくれた場合とでは、適切な話がしやすいのは圧倒的に後者だ。さらに、予算などの判断基準があれば、より伝えられる情報の精度が増す。つまり、アドバイスしてくれる相手に聞かれてある程度答えられる情報をこちらも持っているかどうかが大きなポイントになるといえよう。

相談相手にふさわしい人、ふさわしくない人

今まで述べてきたように、相談内容によって相手を選ぶ必要がある。相手も人の子なので残念ながら不得意分野がある。知らない、あるいは詳しくないことを聞かれても、「それは知らない」「わからない」という答えが出るのは当然だ。

ただ、気を付けるべきなのは相談内容もさることながら、相談相手が必要もないのにこちらのプライバシーを他人に伝えたり、相談状況や情報を悪用したりしないかだ。最初は親切に相談に乗るような体裁でも、こちらの弱みに付け入るような人なら、その人は相談相手としてふさわしくないだろう。

では、どういう人が相談相手に適しているのかといえば、次ページに挙げるような人だと筆者は考えている。

距離を置くというと冷たいイメージを持たれるかもしれないが、心的距離が近すぎても相談はうまく機能しない。付かず離れず、かつお互い率直に情報交換ができる関係か（特に自分の本質的な悩みを話す相手であればあるほどそれが求められる）が大事だが、距離感は感覚的なものだけに、発達障害とりわけＡＳＤ傾向が強い人はこれをつかみにくい。そのため、近付きすぎたり距離を置きすぎたりしてしまう。ＡＤＨＤ傾向が強い人だと、この距離感のコントロールが難しく、注意が続かなくなってしまう。

距離感のコントロールの練習はサポートしてくれる人がいたほうが良いため、**最初は相談内容と相談相手のマッチングができること**を優先させよう。

思った通りの結果にならなくても相手の労に感謝する

先にも述べたが、相談すれば悩みがすべて解決するわけではない。いわれれば誰しも理解するが、相談に慣れていない人ほど相談への期待度が高く、思い通りの

結果にならないことへの不満を強く感じやすい傾向がある。

しかし、逆に自分が詳しい分野のことを相談されたとしたら、相手が簡単に感じていることでも「そんなに簡単じゃないよ」と言いたくなることもあるだろうし、ネットで調べてもわからないことなら1回で解決することはほとんどないはずだ。

相談相手に適している人

- こちらの話をうまく要約し、時により伝わりやすい形で言い換えてくれる
- わからないことはわからないと正直に言ってくれる
- 情報を知っている人や場所のヒントをくれる
- 違う視点でより本質的な問題解決に近いポイントを伝えてくれる
- 相談してくる人と適切な距離を置ける

これは相手の態度についてのみならず、自分の言動でも「いつも親切にしているからこのくらい助けてくれるだろう」「これだけ努力しているから、良い結果になるはず」といった差し引き計算はトラブルにつながりやすい。つい人は自身については過大評価して、無意識のうちに「自分だけは例外」となりがちだが、こと対人関係においては、**「それはそれ、これはこれ」と独立したもの**として考えたほうがあとを引きずらない。もちろん許せない気持ちになったら「許せない」と思うのは大事だが、「だからこちらも」という発想だとお互い非難合戦に終始する結果になる。

「今までもやっていたよ」と思った人もいるかもしれないが、それならそう思っていることを実際の行動にどうつなげるとより良くなるかを考えるといいだろう。

恋人ができない

対策

- まずは、なぜ恋人が欲しいのかを考えてみる
- 人とやりとりする機会を多く作る
- 性について正しい知識を得ておく

事例

恋人との付き合いに憧れているけれど……

友人知人に少しずつ恋人ができたり、中には結婚する人も出てきたりして、以前ほど集まる機会がなくなってきた。

普段は仕事が忙しいこともあってほとんど気にならないが、年末年始や夏休みなど仕事がない時期に「久しぶりに会わない？」と声をかけても、「ごめん、恋人と出掛ける」「家族でゆっくりしようと思って」と断られてしまい、一人であることを実感すると「恋人がいれば……」と寂しくなる。

今までは恋愛や結婚に対して正直面倒という気持ちにしかなれず、働き続けられれば独身のほうが気楽でいいと思っていたが、「このままでいいのか？」「病気などで動けなくなったとき、誰に頼ればいいんだろう？」と不安に思うようになってきた。

これまでも心惹かれて告白しようかな、と思った人はいたが、「何て話したらいいのだろう？」「断られたらどうしよう？」と二の足を踏んでしまい、恋愛はおろか、用件以外の会話もほとんどできなかった。そもそも雑談が苦手だし、友人知人も趣味を通して知り合ったこともあってか、自分同様マイペースで、そこから恋愛関係が広がっていく気配はない。仕事関係もほぼ全員既婚者かパートナーがいて、そこでの出会いの機会は難しい。

今の生活ペースをほとんど変えないで付き合える恋人がいればもっと楽しくなるのに……と感じてしまうが、虫のいい話だろうか。

原因　恋愛への憧れや不安と現実との折り合いが付いていない

発達障害関係の掲示板やネット情報を見ると、定期的に恋愛や結婚に関する話題が登場する。それだけ多くの人が関心を持っているテーマであり、恋愛や結婚を機に発達障害ならではの特性が顕在化するので、本人も周囲の人も悩んだり戸惑ったりするのだろう。

もちろん発達障害の傾向や特性があっても、幸せな恋愛や結婚をしている人はたくさんいる。では、「うまくいく秘訣は何か？」と問われたら、恋愛や結婚に対して過度の期待を持たないこと、恋愛や結婚には当然デメリットもあることを認識しつつ、それを上回るメリットを相手と共有できるよう努力・実行しているかどうかだと筆者はさまざまなカップルに出会った経験から感じている。

ASD傾向が強い人の場合、一人で過ごす時間が減ることが苦痛なことがあり、結婚していても個室にこもったり趣味に没頭したりする時間やお金がある程度必要なケースが多い。そのため、**パートナーや家族に対して必要最低限の関わりで済ませようとする**ので相手が悩んだり不満を持ったりするが、本人はそれで困っていない、あるいは余裕がないため改善に取り組むのに支援が必要な場合がある。

ADHD傾向が強い人の場合は、恋人と過ごす時間を作ったりお互いのスケジュールを調整したりすることや、同居後は住まいを片付ける、お金を管理するといった、ここまで述べてきたような時間、物、お金の管理といった**パートナーとともに過ごすための環境を整えることが苦手**なケースが多い。

恋愛や結婚は自分の視野を広げたり、新しい関係を通して自分を高めたりできるチャンスでもある。だからこそ、相手との関係を丁寧に築くよう自分の言動を把握する努力も必要だといえる。

解決法　なぜ恋人が欲しいのかを考えてみる

筆者が以前管理していた発達障害関係の掲示板では、なぜか恋愛や結婚について悩みを書く人は男性が圧倒的に多かった。おそらく「恋人がいて、できたら結婚してこそ社会的に信用できる（より責任ある仕事を任せられる）」という暗黙の了解が社会にあり、特に男性に対してそのプレッシャーが強いからだろう。

一方、女性が恋人や結婚相手に求めるのは、感情的なつながりを前提にした上での経済的な問題や老後の生活を支え合う相手といった、よりリアリティのある問題で、失礼な表現かもしれないが社会的インフラに近い感覚なのかもしれない。

だが、それは大半の人が当然と考えている価値観を、そのまま自分の感覚として何の疑問も持たずに受け入れているだけなのかもしれない。確かにカップルで行動したほうがより楽しい時間を過ごせたり、より幅広い人間関係を作れたりする可能性は高い。一方で恋人と過ごすため、個人としての時間やお金はある程度削らざるを得ない。今まで自分の都合だけ考えていれば良かったことも相手とやりとりする必要が出てくるだろう。

こうして考えてみると、恋人や結婚後家族としてパートナーと過ごすには付き合う相手との相性も大きく左右されることがわかるし、自分の言動が相手にどう映るかについても考慮が必要なことも見えてくる。

また、それと同時に、**なぜ恋人が欲しいと思うのか、掘り下げてみる**ことも必要だろう。たとえば、「一人でいるのがつらい」という理由ならば、

・どんなときにそう感じるのか？
↓街でカップルを見かけたとき
・つらくなる理由は？↓自分に恋人がいないことでみじめな気持ちになるから
・恋人がいない人は皆みじめなのか？↓一人でも楽しめていればいいと思う
・では、一人でも楽しめる何かがあれば恋人ではなくてもいい？
↓もしかしたらそうなのかもしれない

と考えを整理してみると、実は自分が求めているのは「恋人がいないことによるネガティブな感情の解消」だったことに気付く。これは、「セールスなどの勧誘によく声をかけられる」の項でも触れた「呪い」の一種で、実は社会の価値観や常識も見方が変わると「呪い」に変化する可能性があることを示唆している。

よく考えれば、私たちは明らかにそれとわかる広告以外にも、「今話題のおいしいものですよ！」「この場所で恋人と過ごすってこんなに素敵ですよ！」という口コミや、「○○するのが常識」「これはマナー違反」といった情報にさらされて日常を送っている。

ASD傾向が強い人は曖昧な状況が苦手で、特にルールやマナーについて「○○じゃないのはダメ」と極端になりがちだが、この手の情報は「それに越したことはない」「自分に合わなかったときはスルーしてもいい」と考えを書き換えることが大切だ。

自分にかかっていた思い込みや「呪い」が解けてくると、それをきっかけに物事が進むこともある

ので、一度考えを整理してみるといいだろう。

人とやりとりする機会を多く作ろう

「恋人が欲しい」という悩みや相談をされたとき、筆者は「普段、人とどんなやりとりをしているの?」「どんな人と付き合いたいの?」と質問することにしている。

すると、会社(学校)と家の往復だけで、用事以外の会話をほとんどしていない人が意外と多い。できたら人と関わるような機会(趣味の集まりなど)を作るといいだろうが、中には仕事などに精一杯でそんな余裕がない人もいるだろう。

その場合、今の生活の中でできる範囲で、会話の際「ありがとう」「お願いします」といった**相手の言動に正のフィードバックをするような言葉をかけること**から始めてみよう。「言っているよ」と思ったかもしれないが、それならより意識的に相手に伝わるような態度で(意外とこれが重要で、たとえばパソコン画面を見た状態でお礼を言っているとしたら、相手のほうに体を向けるようにする)といったことをしてみよう。

「面倒くさい」と思う人もいるかもしれないが、恋人と付き合っていくにはこの手の正のフィードバックをするといったマメさが欠かせない。「ありがとうと思っていることは黙っていてもわかるだろうから、そのくらい察してくれ」では残念ながら相手には意図が伝わらない可能性もある。

心理療法のひとつである交流分析では、このようなあいさつやお礼といった儀礼的なやりとりは最低限のコミュニケーションであり、相手の存在を認めるという意味があるとされている。つまり、他人とコミュニケーションの入口になるものであり、これをおろそかにしている場合、「あなたは私にとって取るに足らない人です」という非言語メッセージを送っている可能性がある。

よく見ているとモテる人はこの手の反応をとても自然にしているし、人と関わることを純粋に楽しんでいる。モテる人の域に達するのは無理だとしても、**人に正のフィードバックを送ることは案外心地いいと思える程度になる**ことを目指そう。

ネットやSNSの長所と短所

実は、筆者と夫もインターネット(彼が作ったホームページ)がきっかけで出会って結婚に至った。ネットのメリットは、それまでの社会なら出会うことはなかったであろう人同士を結び付けたこと、今までとは比較にならないほどの質と量の情報が瞬時にやりとりできるようになったことだろう。実際、ネットなしでは筆者も生活が成り立たないほどだし、発達障害者にとってネットはぜひ活用したいツールだ。

一方でネットならではのトラブルもつきもので、それまでならある程度相手の素性や背景を知った上で時間をかけてやりとりできていたことが、匿名で思い立ったらすぐネットに書き込めるようになったため、感情的な応酬や誤った情報もあっという間に広がることにもなった。

筆者が管理していた発達障害関係の掲示板でも、ルールを守らずトラブルを起こした人は残念ながらいて、書き込み禁止の対応を取ったことがある。時には外部機関や関係者とメールだけでなく電話や対面で対処したこともあった。

そのような経験から実感しているのは、「ネット上ではいくらでも嘘がつけるし、経歴も簡単に詐称できる」「人は無意識に自分にとって不利な情報は隠す」「簡単にコミュニケーションできるし、対面では話せないようなことも話せるから親しい気分になるが、深いコミュニケーションを取るのは難しい」ということだ。バーチャルで感じるものと肉体を通して感じる物事にはギャップがあるが、そのギャップを認識し、コントロールするには学習が必要だ。

もちろん大半の人は前提となるルールを守っているが、悪気のあるなしにかかわらず、その盲点を突いてくる人もいることは用心しておく必要がある。また、**ネットに書き込む＝全世界に向けて話しているのと一緒**だという認識も持ったほうがいい。ＳＮＳやグループチャット（掲示板もだが）だと、つい仲間内でワイワイやりとりしている感覚に陥りがちだが、デジタルコピーは簡単にできる。それを誰かが保管してメールで第三者に伝え、さらにその人が公開の場所へ貼り付けることもあり得る。

対面で会おうという話になったら慎重さも必要だ。より親しくなるチャンスであるが、

- 最初は外で（お店やイベントなど、必ず第三者がいる場所で）
- 鉄道やバスなどの公共交通機関が動いている時間帯にする
- 複数人で会うようにする
- セキュリティ対策（スマホや財布などは肌身離さずに。飲食物もできるだけ店員から直接受け取り、トイレは食事の前後に）

くらいは意識しておきたい。

「セールスなどの勧誘によく声をかけられる」の項も参考にしてほしい。

性について知っておいたほうがいいこと

性の話題はなかなか普段話しづ

らいが、ネットなどではかつてないほど性の情報が氾濫している。そして、女性の立場から見ると男性側の都合で書かれているものばかりで、「女性の心や体のことをもう少しわかってほしい」と思うことが多い。

一方で男性側からすると、いわゆるアダルトビデオのものや「いかに女性を口説くか」といった内容以外の情報は途端に少なくなるし、そもそも自分の体の仕組みについて知らないことが多い。最近はセクハラ被害の話題も多いから、うっかり相手を傷つけたらどうしようと思って何もできないのが正直なところだろう。

性の話は個人的な面が大きいため、許容範囲もさまざまだ。読者の中にはセクシャル・マイノリティの人もいるだろうし、組み合わせを考え始めたらそれこそ無限大になる。性は恋愛や結婚では切り離せない問題だし、お互いの性指向やどんな関係を作りたいかについてパートナー同士でオープンに話せるかどうかは、今後とても重要になってくると筆者は考えている。

それでもあえていうなら、**性については専門家（性に詳しい医療や福祉関係者）が書いてある情報や本にまず目を通してほしい**。アダルトビデオのような恋愛や性は実生活ではまずあり得ないし、実行したらトラブルに発展する可能性が高いことは認識してほしい。

また、**性行為は、生殖行為の側面もある**ことを忘れないでほしい。避妊しなければ望まない妊娠をする可能性が高いことはもっと知られてもいいと筆者は考えている。今は低用量ピルやIUSなど避妊効果99％以上の手段も出てきているが、これらは医師の処方が必要で、女性が婦人科を受診してはじめて利用できるものだ。つまり、より良い性生活を送るにはお互いの健康面に関心を持てるかも大切なポイントになる。

そして、**性行為をする＝性感染症の可能性がある**ことも当たり前なのだが意外と認識されていない。性感染症も、ここ数年感染症専門家が危惧するほど件数が増えているため、基本的な予防策（手を洗う、コンドームを付けるなど）を知っておくことも重要だ。

その場になるとどうしても雰囲気で流されてしまうかもしれないが、今まで述べたような点を大切にするパートナーか、お互い指摘したり、話し合えたりする相手かどうかは大きな指標になるだろう。

このような話題に対して戸惑ったり面倒だと感じたりしたら、恋愛や結婚に対してリスクを引き受ける覚悟がないのかもしれないし、相手の不安に気付いていない可能性もある。

第4部 お金編

第16章

発達障害と金銭の関係

お金の特徴と役割を知る

発達障害の特徴のひとつとして「金銭管理が苦手」なことがよく挙げられる。本章では、お金の特徴と人間社会に果たす役割を確認し、発達障害の特性とミスマッチになりがちな理由を考えていこう。

お金の特徴と発達障害の人との関係性

　私たちの生活にはお金は必要不可欠なものだが、存在するのが当たり前なので、いざ「お金ってどんなもの？」と問われると即答できない人が大半だろう。

　中には「どんなもの？」と聞かれて材質を答える人もいるかもしれない。けれども、紙を出して「これは紙幣と同じ素材でできているので、紙幣と同じ価値があります」と主張する人がいたら、失笑され、相手にしてもらえない。

　つまり、お金は「このようなものがお金です」「欲しいものと交換できます」「労働の対価として得ています」といった暗黙の了解が存在していることが前提なのだ。発達障害の人が金銭管理が苦手なのも、このような**暗黙の了解を捉えにくい**という特性が関係している（特にASD傾向が強い人に多い）。

　暗黙の了解で決まっているのは値段や給料も同様だ。何となくこのくらいの値段という相場はあっても絶対ではない。季節や地域、時代などによっても変化するし、適切な割合も明確には決まっていない。したがって、**曖昧な条件を考慮しながら金額を割り振っていかないといけない**が、これも発達障害の人にとってはわかりづらい（ASDや計算LDの人に苦手な人が多い）。一般的なお金の本では触れられていないことだが、お金が機能するための前提条件である。

　次に、私たちがどんな場面でお金を使っているかを考えてみよう。真っ先に挙げられるのは「買い物をするとき」だろう。物を買うとき、そこでは必ずお金のやりとりをしている。

　もしもお金がなかったら、必要なものは自分で作らなければならないし、場合によっては物々交換をする必要があるので、今よりも相当大変になるだろう。野菜を作るために農作業をし、肉や卵、乳製品を食べるために家畜を飼い、魚を捕るために海や川へ出掛けなければならない。そうした暮らしは不可能ではないが、大変なことは間違いない。そう考えると、お金があることでものを得るまでの手間やコミュニケーションをかなり省略できているといえる。

　お金の特性として次に挙げられるのは、使わない分を取っておけ

お金が持つ3つの特徴

給料
Get!
暗黙の了解が存在している
商品を交換する手助けとなる
使わない分を取っておける

ることだ。生鮮食品だとたくさんあっても腐らせてしまうし、他のものでも保管場所を必要とする。

加えて、お金なら欲しいものが高価でも少しずつ貯金して買うことができる。生活必需品ではなくても、「これが楽しみ！」というものや、「いつかは手に入れたい……」と憧れているものは誰にでもあるだろう。それを目標にお金を貯め、欲しいものを買えたときの喜びはひとしおだ。

また、老後や不慮の事態などに備えることもできる。困ったときに支えてくれるお金の存在はとてもありがたい。

しかし、この特徴をうまく活用できないと、**「衝動買いをする」「貯金ができない」**（ＡＤＨＤの特性が強いとなりやすい）となり、いざというときに困ってしまう。

お金についての特徴がわかってきたところで、さらにお金を理解するための話へ進んでみよう。

生活とお金の関係

現代社会ではお金なしでは暮らせない。衣食住はもちろん、電気、ガス、水道などの公共料金、公共交通機関や車などの交通費、趣味や娯楽、交際費、医療費など、何かしようと思ったら必ずそれにかかる費用を考える必要がある。

実家で暮らしていたときは気付かなかったが、一人暮らしを始めて自分の財布から日用品を買ったり公共料金などを支払ったりするようになると身に染みるのが、「生きていくのにはお金がかかる」ということだ。

だからこそ、ちまたには「節約」「お得」「備え」といった言葉や情報があふれているのだろう。人々がお金について考えたり、さまざまな手続きをしたりする時間をあわせたら相当な長さになるに違いない。

私たちが働いているのも賃金を得ることが大きな理由だし、「お金のため」「会社に不利益が出たらまずい」と思って下げたくもない頭を下げたり、ネガティブな感情をグッとこらえたりした経験は誰しもがあることだろう。

そのため、つい「お金についてそんなにエネルギーを費やすなんてバカバカしい！」「お金なんかなくなればいいのに！」「お金よりも大事なものがあるだろう！」と**極端な考えになる**かもしれない（特にASD傾向が強い人に多い）が、お金がなかったら私たちの生活はもっと大変になる。

日々の暮らしでもお金で解決できることはいろいろある。たとえば、筆者は裁縫が苦手だから、お店で手頃な価格で服が買えるのはとてもありがたい。昔のように女性は家族全員分の服を縫えるくらいでないとダメ、という環境だったら、とても今のように暮らすことはできなかっただろう。

お金があることで効率良く生活ができるようになり、厳しい労働からも少しずつ解放されたのは、まさに自由への第一歩だった。それによってこれまでは働けなかった立場の人が外で働けるようになったのはお金が果たす大きな役割だったといえる。そしてお金によって私たちの生活は豊かになり、さまざまな生活スタイルで暮らせ

お金が持つメリットとデメリット

メリット
苦手なことを人に任せることができる
厳しい労働から解放された
デメリット
¥
貧富の格差が広がった
長時間労働を招く
¥
成長
経験
NO
物事の価値をお金で測るようになった

るようになってきた。

　一方で資本主義経済が広がったことによる弊害もたくさんある。貧富の格差は深刻で、国際問題にまで発展している。身の回りで考えても、収入が伸び悩み、その結果、長時間労働や精神的なストレスなどが労働者の健康面にも影響を及ぼしている。

　また、物事の善し悪しの基準がお金の価値で決められるようになってきていることも問題だろう。「割に合わないから」と生活に欠かせない仕事の担い手が減ってしまえば、社会全体の損失にもつながってしまう。

「では、どうしたらいいの？」と悩むかもしれないが、大切なのは**お金が果たしている役割を理解した上で、お金の限界やお金以外のさまざまな評価基準を知り、自分に合った判断能力を養うこと**だ。

発達障害の人が金銭管理で悩む理由

発達障害の人の特徴として「衝動買いが多い」「好きなものばかりを買って生活必需品を買うお金がない」「貯金ができない」「残高不足で引き落としができなかった」といった金銭管理が苦手なことがよく挙げられる。

　これは、発達障害の人の多くが**プランニング**（未来を見通して計画すること）**や遂行能力**（計画したことを段取り良く実行する能力）**が著しく苦手なこと**が理由として考えられる。

　金銭管理の場合、プランニングとは過去の家計簿データを参照する、現実的な予算を決めるといった作業、遂行能力は決めた予算を目安に生活した結果を記録し、定期的に結果を見直すといった作業になる。要は「現状から未来を予測し、それをどう自分が望む形に変えていくか」を考える力だ。

　発達障害の支援現場では周囲の人に「具体的な声かけを」「見通しが立つよう指示を出して」といったことを依頼するが、これは、

- 視覚化されていない情報を捉えづらい（ASD傾向の人に多い）
- 未来のメリットのために今の欲求への抑制が難しい（ADHD傾向の人に多い）

　といった特性が関係している。

　こうなると「金銭管理に難しい特性があるのなら上手なお金の使い方を習得するのは無理なのでは？」と悲観的な気持ちになった人がいるかもしれないが、**お金の性質を理解した上で自分に合ったルールの作り方を学び直せば今からでもまったく遅くない**。

　視覚化されていない情報が苦手なら未来を可視化する方法を考えればいいし、未来のメリットや優先順位を見通せずに我慢ができないのなら、それらを比較できるような仕組みを作ればいいのだ。

「そうはいっても簡単ではないだろう」と思う人もいるだろう。確かに激しく変化する社会情勢を正確に予想するのは不可能だし、予想が外れてしまうこともある。発達障害（特にASD傾向の人）当事者は、正確な予想以外は無意味と思いがちだが、ここで大切なのは1ミリもズレていないような正確性

よりも、**「だいたいこんな感じ」という流れをつかむこと**だ。正確性にこだわるとお金を使う絶好のタイミングを逃してしまうし、「無駄遣いしたら大変！」と節約しすぎて人付き合いや健康面など日常生活に支障が出ることもある。

キャッシュフローやライフプランの表を作るのは長い期間でのお金の流れを可視化して「こんな感じ」をつかむためにあるし、時折見直して資産状況を確認するためでもある。手持ちの資産が予想以上に増えていればもっと活用するための方法を考えるし、反対に減っていれば支出を見直して仕切り直す。

だからこそ正確性にこだわる人は「あくまでも目安」という感覚、お金を使いすぎてしまう人は「キャッシュフローの形を上向きに変えればあとがラクになる！」という**自分なりの物差しを作ること**が解決策だろう。

発達障害の人のお金に関する悩み

衝動買いが多い

好きなものばかりを買って
生活必需品を買うお金がない

貯金ができない

残高不足で引落しができなかった

お金との付き合い方を考える

読者の方の中には、ここまで読んできて「お金とどのように付き合うといいのだろう?」「お金って実は難しいものなのかも……」と思ったのかもしれない。中には「理屈はわかったからさっさと具体的なお金の管理の仕方について述べてほしい」と思った人もいるだろう。

未来を想像したり見積もりを立てたりするのが頭の中の世界だとしたら、それを現実の世界で実践するスキルを知りたい、と思うのは当然の流れだ。しかし、現実の世界で実践するスキルについて述べる前に、少しそのスキルの特徴を整理する必要がある。

第12章でも触れたが、発達障害は生活障害ともいえ、就労においても仕事そのものに関するスキルは身に付けられるが、仕事を続けるためのスキル、そして仕事を下支えする生活スキルが身に付きづらい特性がある。

このことはお金についてもいえる。お金を使うこと(ハードスキル)自体は比較的できるが、お金を使うための環境設定スキル(ソフトスキル)やお金を用いて生活や仕事をしていくスキル(生活スキル)と構造的に考えてみると発達障害の人が悩む問題の背景が見えてくる。

お金とうまく付き合うには**全体像をイメージし、さらにこのお金が流通している人間社会の前提条件の仕組みを知った上で対策を練ることが必要だ**。いくら表面的なスキルを覚えたとしても、その土台がもろければスキルを使い続けるのは困難だろう。そして、466ページでも述べたが、この手のことは大半の人が「何となくでもわかっていること」を前提に行動しているため、「お金を使えているのに!?」となかなか理解してもらいにくい。

そのため、「お金に関するソフトスキルと生活スキルについて整理し、発達障害の人が失敗しがちな出来事の原因と解決策を知ろう!」というのかがまさに本編の狙いだ。

日本では物事を続けられないことに対して「努力が足りないから」「意志が弱いから」という話になりがちだが、実は逆で、続か

お金のソフトスキルと生活スキル

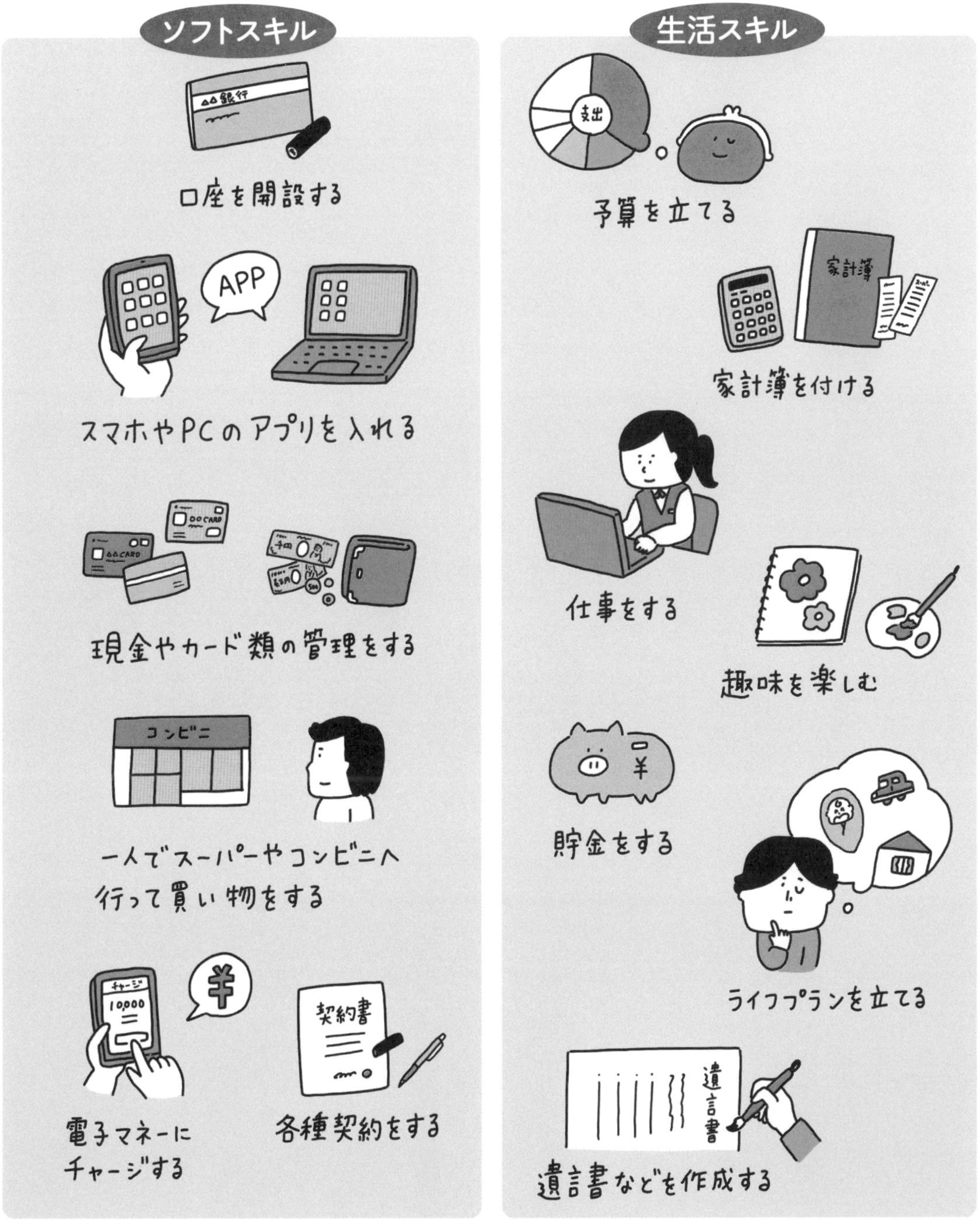
ソフトスキル
△△銀行
口座を開設する
APP
スマホやPCのアプリを入れる
○○CARD
△△CARD
現金やカード類の管理をする
コンビニ
一人でスーパーやコンビニへ行って買い物をする
チャージ
10,000
¥
電子マネーにチャージする
契約書
各種契約をする
生活スキル
支出
予算を立てる
家計簿
家計簿を付ける
仕事をする
趣味を楽しむ
¥
貯金をする
ライフプランを立てる
遺言書
遺言書などを作成する

ないのは続けるための土台ができていないからだ。もちろん「お金を使う楽しさを知るためにまずお金を使ってみよう！」という発想は導入としては大切だが、生活の中で定着させる段階へ進むにはそれ相応の学びや経験が必要だ。

お金に関するソフトスキルと生活スキルを整理してみると、ソフトスキルは具体的で比較的短期間のものが中心なのに対し、生活スキルは抽象的かつ長期間にわたるものが多い。人によっては「ソフトスキルに書いてあることが苦手かも」「生活スキルに関することって考えたことがないかも」と自分が苦手なことが見えてくるだろう（どちらかといえばADHDや計算LDの人はソフトスキルが、ASDの人は生活スキルに関する項目が苦手になりがちだ）。

さらによく考えてみると、これらのスキルは生活の中で単独で用いられることはなく、必ず一連の流れの中で使われる。たとえば「就職した↓会社が指定した銀行口座の開設手続きをしてオフィスと同じ沿線の物件を契約した」「趣味を始めた↓費用を確保するため、出費を見直そうと家計簿アプリをスマホに入れた」となり、ソフトスキルと生活スキルは互いに影響し合う。

そして、ソフトスキルや生活スキルが円滑に機能するためには、前述のように人間社会が成り立つための前提条件（ルール）の存在が不可欠だ。470ページで述べた未来への見通しの話と同様、この社会の前提条件も大半の人は「おおよそこんな感じ」で捉えている。これこそが発達障害の人たちを悩ませる「普通」や「常識」という曖昧な基準にあるものだ。

お金に対して「どこまで使ってもいいのか？」「これは適正なお金の使い方なのか？」と、どこか不安や後ろめたさ、そして胡散臭さを感じる理由も、まさに今まで繰り返し述べてきた話とつながっている。

お金とうまく付き合うために一番大切なのは、「お金は人間社会とは切っても切れないものなので、曖昧なのは当たり前」「お金は数字で表現するからはっきりしていると思いがちだけど、実は状況によってかなり変わる」といった**お金への少し冷めた視線を持つこと**だ。「私には見えていないけど何かトリックがある！」くらいの気持ちで考えるほうがわかりやすいかもしれない。

マジシャンからいきなり手品を見せられたら魔法のように感じるかもしれないが、タネや仕掛けがわかると「何だ、そういうこと」「これなら自分でもできるかも！」「ちょっとやってみよう！」となるだろう。それと同じことがお金の使い方についても起こるようになると良いだろう。

第17章

稼ぐときの「困った」を解決したい

労働とお金の関係を考える

お金を使うにはまず収入が必要だ。本章では働く上で利用できるさまざまな制度や法律はもちろん、就職後給与から引かれる税金や社会保険についても知っていこう。

お金を稼ぐ手段がわからない

対策

- ジョブ・カードに記入する
- 就労支援や職業訓練サービスを利用する
- 自分が得意なこと、好きなことを始めてみる

事例　今の仕事は向いていないとよく言われるが……

今の仕事が向いていないと自分でも何となくわかっていて、日曜日の夜は「ああ、明日からまた仕事か」と憂鬱《ゆううつ》な気分になる。

上司からは「ミスが多い」「手際が悪い」と指摘されるし、同僚からもそれとなく「もっと向いている仕事を探してみたら」と言われたことがある。

そうはいっても自分にはどんな仕事が向いているかわからないし、どんなところへ相談に行ったらいいかも情報がないから見当もつかない。

転職サイトなどをたまにのぞいてみても、今の職種以外のイメージが湧かないため、すぐに見るのをやめてしまう。

たまにネットなどで「得意なことを活かして転職した」という話題を目にすると、「そういう人もいるんだな」とは思うが、そもそも何が得意なのかわからないし、会社勤めが自分に合っているのかもわからない。

原因　仕事や職場のミスマッチ

発達障害の人が仕事を辞める理由で多いのが「**仕事とのミスマッチ**」だ。たとえば、忘れっぽいというADHDならではの特性が強い人が細部に注意を払う必要がある仕事に就いたら大変なことは目に見えているし、こだわりが強いというASDならではの特性が強い人が協調性や自分の意に沿わぬルールに従うことを常に強いられる仕事に就いたら続かない場合が

多いだろう。

合わない作業が続けば当然ミスや手際の悪さが目立ち、周囲から指摘を受けることも増える。その結果、だんだん自信をなくしてさらにミスが増える……という悪循環にも陥りやすい。

上司や同僚たちはよかれと思って声をかけたのかもしれないが、日本社会は往々にして減点主義で他者を評価しがちなので、不得意なことを指摘されがちだ。そして、「だったらどうしたらいいのでしょうか?」と尋ねても、「そんなことは自分で考えろ」と言われるだけで、次第に「他人に助けを求めても仕方ない」という気持ちになってしまう。

自分に合う仕事を考えるには、**まず自分はどんなことが得意（あるいは好き）で、どんなことが苦手（あるいは嫌い）なのかを整理すること**が大切だ。一人ではうまくできない場合はサポートしてくれる機関もあるので、積極的に活用してみよう。

解決法　自分のことをまとめてみる

厚生労働省では自分の興味・関心や能力を客観視し、キャリアプランを作成するツールとして**ジョブ・カード**という制度を導入している（https://www.job-card.mhlw.go.jp/）。このようなフォーマットを最初に作ることで自分の経歴や職歴の棚卸しになるし、転職や教育訓練給付制度などを利用する際にも活用できる。

経歴や職歴をどうまとめたらいいのかわからない人（ASD傾向が強い人に多い）は、まずここから着手するといいだろう。LINEで情報を入手することも可能なので、概要を知りたい人は友だち申請してチェックしてみよう。

作成に当たっては手書きでもいいし、書字が苦手な人（ディスレクシアの人に多い）はエクセルやウェブ、アプリを使えばスマホやタブレットでも作成が可能だ。

一度に作れないときは保存して後日続きを作成することもできるから、作業量が多いと集中力が続かない人（ADHD傾向が強い人に多い）は「今日はここまで」と少しずつタスクリストに締切りを入れながら取り組むといいだろう。

ただ、中には「キャリアも大事だけど、そもそも自分は何が得意（苦手）なのかもピンとこない」人もいるかもしれない（特にASD傾向が強い人に多い）。その場合は、**「できたこと／頑張ったこと／難しかったこと／できなかったこと」を自己理解の表としてまとめてみよう**（479ページ参照）。紙に書き出してもいいし、ワードやエクセルなどを使って自作してもいい。

最初のうちは「難しかったこと／できなかったこと」ばかりが

埋まってしまい、「できたこと／頑張ったこと」が空欄になるかもしれない。そのようなときは「朝起きられた」「ご飯を食べられた」「毎食後歯磨きをする」「仕事へ行く」といった些細なことでもいいので、とにかく書いてみよう。この作業は1週間から2週間おきに書いていくと、「難しかったこと／できなかったこと」に書いていた項目がだんだん「できたこと／頑張ったこと」へスライドしていくことに気付くはずだ。

何度かやって「できたこと／頑張ったこと」に書くことが増えてきたら他の言葉に言い換えてみよう。たとえば、「朝起きられた」「仕事へ行けた」なら「約束を守れる」、「ご飯を食べられた」「毎食後に歯磨きをした」なら「健康に気を配っている」となる。

一方、「できなかったこと」にずっと残っている項目があったら、それもどんなことかまとめてみよう。たとえば、「ごみの日を忘れた」「忘れ物が多い」なら「ケアレスミスをしやすい」（ADHD傾向が強い人に多い）、「電話での応対がうまくできなかった」「曖昧な指示がわからなかった」なら「柔軟な対応が苦手」（ASD特性が強い人に多い）となるだろう。

このように書き出してみて自分の特徴がわかったら、『ちょっとしたことでうまくいく』シリーズの既刊本などを参考に具体的な対応をしてみたり、「もっと他の人の意見を聞いてみたい」となったら職業支援のサービスなどを利用してもいいだろう。

就労支援や職業訓練サービスを利用する

読者の方の中には「キャリアコンサルティングを受けたい」「就労支援をしてくれる場所を探したい」人や「ジョブ・カードを書いてみたけれど、ちゃんと書けているか自信がない」（ASD特性が強い人に多い）人もいるだろう。

そのような場合は**就労支援や職業訓練サービスを利用してみる**といいだろう。このようなサービスは都道府県やハローワークといった公共機関だけでなく、NPO法人や株式会社などの民間機関でも実施されている。

ハローワークでは発達障害の専門援助部門を設置し、カウンセリングや就職に向けた準備プログラムを実施するとともに、事業主に対しても相談援助の業務事業を実施している。発達障害の診断を受けていない人も対象になるから検討してみよう。

ハローワーク以外にも「自分が住んでいる（あるいは勤務先）地域＋職業訓練（就労支援）」と入力すると情報が出てくるし、もう少し自分の事情に特化した支援を利用したい場合は「若者」「女性」と

自己理解の表（例）

できたこと	頑張ったこと	難しかったこと	できなかったこと
・ご飯を食べた	・朝起きる ・仕事へ行く	・毎食後歯磨きをする ・忘れ物を減らす	ごみの日を忘れて捨てられなかった ・電話での応対 ・曖昧な指示の確認

これを
繰り返していくと……

3週間後

できたこと	頑張ったこと	難しかったこと	できなかったこと
・朝起きられた ・ご飯を食べられた	・毎食後歯磨きをする ・仕事へ行く	・前日までにごみをまとめる ・タスクを確認する	・曖昧な指示の確認 ・電話での応対

次第に
①できたことが見えてくる ◯
②行動が具体化する
③苦手なことや支援が必要なことが可視化される

まとめてみる

得意なところ
○健康に気を配る（食事、歯磨き）
○約束を守る努力をする（仕事へ行く）

苦手なところ
●柔軟な対応
●ケアレスミスをしやすい
↓
他人にも相談しやすい

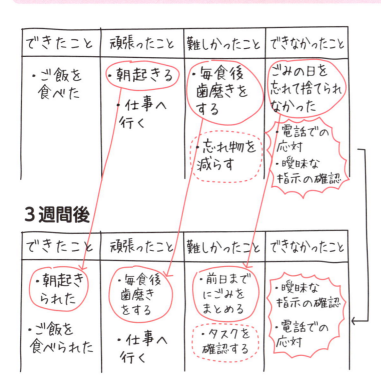

いったキーワードを追加してみよう。49歳までの人で就労していない場合は**地域若者サポートステーション**なども利用できる。

相談にいくときは、先ほどまとめたジョブ・カードや表を持っていくと先方も情報を整理しやすいし、より具体的な話につながりやすい。うまく書けなかったら「ここが難しかった」と正直に伝えるとサポートも受けやすいだろう。

ただ、この手のサービスは相性がとても大切だ。継続的な相談以外にも単発のセミナーや相談会などを開催している事業所も多いので、まずそのようなイベントに申し込んで自分に合うか様子を見てから始めてみてもいいだろう。

就労支援事業では就職に向けたトレーニングの他にも、生活スキルやビジネスマナー講座、グループワークやソーシャルクラブといった余暇活動を取り入れているところもあるので、「コミュニケーションの練習をしたい」（ASD特性が強い人に多い）「ソフトスキルの悩みも相談したい」（ADHD特性が強い人に多い）という要望も伝えてみるといいだろう。

自分が得意なこと、好きなことを始めてみる

「今のところ転職する気はないけれど、自分が作ったものや文章などをホームページなどで公開したい」「趣味で作ったものを販売したり、ノウハウを他の人たちと共有したりしたい」人もいるだろう。そのような場合は少しずつ本業に支障のない範囲で始めるのもひとつの選択肢だ。筆者の夫（ASD＋ADHDの特性に加えてLDの傾向もある）は、かつては情報機器関連の会社で働いていたが、自分が作りたいソフトウェアを作れないことや会社のルールに合わせて行動することが次第にストレスになり、あるとき、「自分が作りたいソフトを作ろう」と思い立ち、空いている時間を使ってフリーの文章成型ソフトを作ってネットで公開したところ、あちこちで紹介された。それがきっかけとなり、今は転職して組版関係のソフトウェアを開発する仕事をしている。これなどまさに好きを仕事にしたケースだろう。

他にも本業の傍らハンドメイドの小物を作ってホームページやフリマアプリで販売する人、同人誌を作ってネットやイベントで販売する人、SNSで情報を発信し続けたことがきっかけで本を出した人が筆者の周囲にはいる。

いきなり会社を辞めて独立しても生活に必要な収入は得られないだろうから、主な収入源としては非現実的だろう。しかし、「働く＝会社で仕事する」以外の選択肢を持っているのは今後必ず強みになる。そして、会社では下がりが

主な就労支援・職業訓練サービス

すぐにでも就職したい・具体的な就職先を紹介してほしい人

- ハローワークにおける職業相談・職業紹介
- 障害者トライアル雇用事業

じっくり相談に乗ってほしい・少しずつ就職に向けた準備を進めていきたい人

- 発達障害者雇用トータルサポーター
- 地域障害者職業センターにおける職業リハビリテーション

職場定着のための支援をしてほしい・就職後も相談に乗ってほしい人

- ジョブコーチ支援
- 障害者就業・生活支援センター

49歳までで就労していない人

- 地域若者サポートステーション

参考

- 厚生労働省HP「発達障害者の就労支援」
  https://www.mhlw.go.jp/stf/seisakunitsuite/bunya/koyou_roudou/koyou/shougaishakoyou/06d.html
- 地域若者サポートステーション
  https://saposute-net.mhlw.go.jp/

ちな自己評価を「ダメな面ばかりではない」と回復させる意味でも重要だ。

特に極端に物事を捉えがちなASD特性が強い人の場合、行動を注意される↓そんな行動をする自分はダメだ↓もう全部ダメだ、となりやすいから、複数の視点で状況を捉える機会にもなる。会社での仕事も「仕事自体は好きだけれど、会社の文化やルールが自分に合っていないのかも」と上司や同僚からの指摘も今までとは違う見方ができるかもしれない。

得意なことや好きなことを通して他人とつながるのは、コミュニケーションの機会を増やすことにもつながる。会社以外でつながった縁で自分に合った会社へ転職する、今まで考えもしなかった仕事の声がかかる、という第三、第四の選択肢が浮かんでくることもあるだろう。

経費精算の締切りを守れない

対策

- 経費精算アプリを利用する
- スケジュールアプリやタスクリストのアプリと連動させる
- 領収書を保管する場所を決めておく

事例　経費精算を先延ばしした結果忘れてしまう

経理から「先月分の経費精算の締切りが過ぎていますが、今回はなしでいいですか？」というメールが届いていた。慌てて書類の山をひっくり返して領収書を探し出したが、よく見ると数カ月前の日付のものも出てきた。

経費精算のエクセルファイルに入力すればいいことはわかっているのだが、それが面倒でつい先送りしてしまうし、いざ入力しようとすると「あれ？　これって何費？」と混乱してしまう。友人は「会社の経費精算システムが変わってスマホアプリで入力できるようになったからラクになった」というが、それを待つしかないのだろうか。

原因　すぐに経費を記録→領収書を保管する流れができていない

472ページで触れたように、仕事をしていく中で必要なスキルは3種類ある。ひとつはハードスキル（学歴や職歴、資格といった職務遂行に必要なスキル）、もうひとつはソフトスキル（職場で働き続けるために必要なスキル）、そしてそれらを下支えするのが生活スキルだ。

事例では**お金に関するソフトスキルが機能していないこと**が原因になっている。できる人にとっては、「すぐに入力して、領収書も決まったところに保管するだけでは」と思うかもしれない。しかし、経費精算レポートを出すには、

- 領収書をもらう（もしくは経路を記録する）
- 領収書を経費の費目ごとに分類する（交通費、会議費など）
- パソコンを立ち上げる
- エクセルなどのソフトを開いて費目別に入力する
- 締切日までに担当者へ送る

　というステップが必要だ。そして内容にミスがあったら、

- 経理担当から内容について確認がくる
- 修正して送り直す

　という作業も追加される。できる人はこのステップを軽やかに通過できるが、苦手な人にとっては、このステップを1つずつクリアすることが大変なのだ（特にADHD特性が強い人に多い）。

　したがって、このステップのハードルを下げてスムーズに作業を進めやすくする工夫が必要だ。最近はICカードに記録された経路と交通費を読み取ったり、経路を入れると料金を算出し、経費精算用にCSVデータを出力できるアプリもある。手入力よりもミスが減るし、すぐに入力すれば忘れることもない。よく入力する費目はだいたい決まっていることが多いから、あらかじめよく入力する費目だけアプリを利用するのも良いだろう。

　そして、領収書をもらうのをうっかり忘れやすい人（特にADHD特性が強い人に多い）は、取引先との打ち合わせなどで領収書を受け取ることを思い出すような対策も必要だろう。**「面倒」という気持ちに正直になってみること**がとにかく大切だ。

解決法　経費精算アプリを利用する

　会社によっては既に導入しているところもあるかもしれないが、最近はスマホやパソコンから経費を入力して送信すると上司や経理担当者へ経費申請が簡単にできる**経費精算システム**が利用できる（筆者も以前経理を担当していた会社で利用していた）。申請データをそのまま会計ソフトに読み込める機能があるので、経理担当者の負担も軽減される。もしもこのような経費精算システムを利用できそうなら、上司や経理担当者へ掛け合っ

てみてもいいだろう。

　そのような経費精算システムを会社が導入しておらず、エクセルファイルなどの申請フォームに記入するしかない場合でも個人で利用できるアプリがいくつかあるから検討してみよう。CSVデータやメールで出力できるものを選べば入力の手間がかなり省ける。入力ミスが多くなりがちなADHDやLD特性が強い人にはうってつけだ。

　申請するのがほとんど近郊交通費の場合、手入力の手間を省くには、

- **モバイルSuicaやモバイルICOCAなどインターネットと連動しているICカードを利用する**
- **NFC対応機器（スマホやタブレット）を活用する**

といった方法がある。前者はインターネットサイトから利用履歴を見れるため、履歴をコピーしてエクセルに貼り付けることができる。

　しかし、定期券などの関係でこれらを利用できない場合は後者を選ぶことになる。もしも手元にあってすぐに使えるなら利用価値が大きい。端末にICカードをかざすと履歴を読み取ってくれるから、CSV出力してくれるICカードリーダーなどのアプリからエクスポートしたデータをエクセルで開いてコピー&ペーストすれば経路入力の手間を大幅に削減できる。

　NFC（近距離無線通信技術）対応機種を持っていない場合はPaSoRiというNFCカードリーダー（ネットで4千円前後で購入できる）を使えばパソコン（もしくはiPhone）とつなげてSFCard Viewer 2というアプリ経由でCSV出力もできる。

「カードリーダーを買うほど頻繁には交通費を申請しない」人は乗換案内アプリから経路と料金を算出し、メールやカレンダーに出力すればいいし、「メールを検索するのが大変」（ディスレクシア特性が強い人に多い）ならば、Suica Reader、交通費MEMOなどの乗換案内アプリと連動してCSVデータ出力ができるものを利用しよう。

　車移動が主という人は、交通費・宿泊費記録アプリなどの駐車場代やガソリン代を記録できるものがおすすめだ。距離で割り出しているが、ついメーターの確認を忘れがちならグーグルマップやYahoo!カーナビで経路を確認すると距離が出てくる。

　会社外での打ち合わせに利用した費用の領収書を管理する必要もある人は、レシート読み取り機能が充実しているアプリを使えば、スマホのカメラでレシートを撮影すると金額を読み取ってくれる。繰り返し使うにつれて学習機能が

代表的な経費精算に利用できるアプリ

アプリ	特　徴
モバイルSuica	• トップメニューですぐに購入内容を確認できる • いつでもどこでもチャージできる
モバイルICOCA	• パソコンやスマホで利用履歴が確認できる • 現金なしで簡単にチャージができる
Suica Reader	• 交通系ICカードリーダーで読み込んだ乗車履歴を表示する • Edy、nanacoも読み込むことができる
交通費MEMO	• よく使う経路をお気に入り登録できる • Yahoo!路線情報を利用して運賃を簡単に調べられる
交通費 記録 交通費管理とグラフを表示するアプリ	• 交通費と宿泊費の年間の表とグラフを表示できる • CSVデータとしてファイルを出力できる
ICカードリーダー by マネーフォワード	• SuicaやPASMOなどの交通系電子マネー／ICカードを読み取れる • 「マネーフォワード ME」や「マネーフォワード クラウド経費」へのデータ送信が可能で、自動で家計簿や経費明細へ反映される

向上し、過去の履歴を参考に費目の候補を挙げてくれるものもある。個人で使えるものはいくつかあるが、MailMate（https://mailmate.jp/ja/expense）の領収書管理サービスでは、アイフォーンやアイパッドならアプリ内でレシートを撮影すれば領収書を管理・整理できる（アンドロイドの場合jpegやPDFファイルアップロードや専用メールアドレスへの送信で対応可能）。読み取ったデータをウェブブラウザ経由で利用することも可能だ。

とにかく入力時のミスが多い（ADHDや計算LD傾向が強い人に多い）、経路を思い出せない（ADHD傾向が強い人に多い）、経路を正確に入れたい（ASD傾向が強い人に多い）、明細や費目に悩む（ASD傾向が強い人に多い）場合にはこのようなアプリを活用して入力の手間を減らそう。

Googleマップとカレンダーを連携させる方法

1 目的地を入力する。

2 選択した経路をタップする。

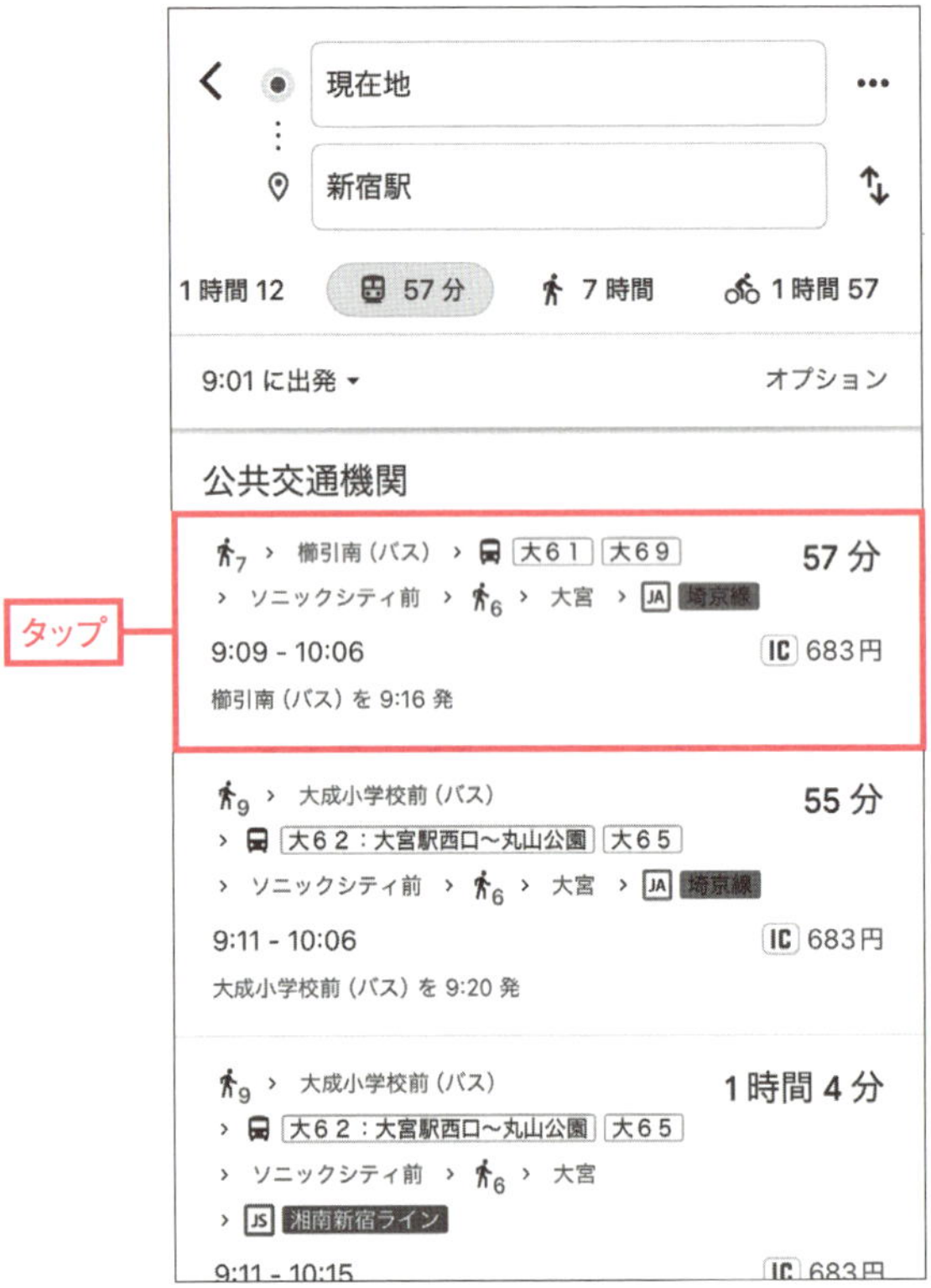

3 「カレンダーに追加」をタップする。

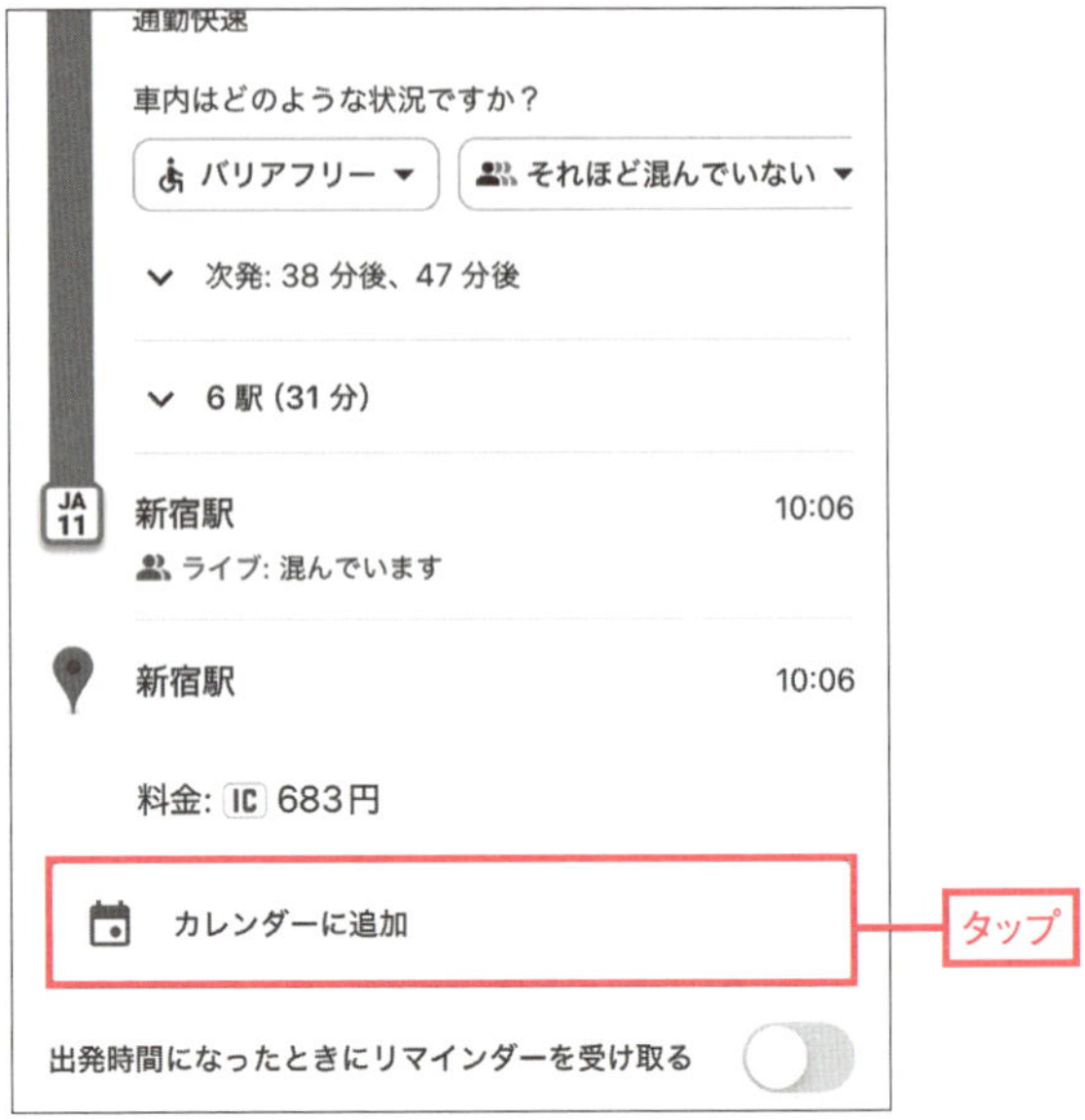

アラームやタスクリストを活用する

経費精算の入力はできても領収書自体をもらい忘れたり紛失したりすることが多い（特にADHD特性が強い人に多い）場合は、当然他の対策が必要だ。このような場合は、

- 領収書をもらう必要性を認識していない（無意識に「面倒」といった気持ちが勝っている）
- 頭で理解していても、その場になると他のことに気を取られてもらい忘れてしまう
- 領収書をもらっても適当な場所に突っ込んであとで探し回ってしまう
- 時間感覚が弱いため、月が変わる→「経費精算レポートを出す」という事項が結び付いていない

ということが考えられる。そのような場合は**スケジュールアプリとタスクリストのアプリを連携させ**、領収書をもらったり、経費精算レポートを提出したりしたあとにタスクを完了させる仕組みを作ろう。

どうしてもアプリだけだと自信がない場合は、同僚や上司に「自分でも気を付けているが、それでもついうっかりレポートを提出し忘れるので声をかけてほしい」と正直に事情を話してもいい。同行者がいたらその人に領収書を頼んでもいいだろう。

実は筆者の夫もこの手の経費関係の管理がとても苦手で、家計簿アプリやICカードリーダーの読み取りアプリ、スケジュール共有アプリを入れてようやく最低限の内容を記入できるようになった。それでも帳簿付けや領収書の管理などは筆者が担当し、適宜「経費入れた？」「領収書は？」と声をかけている。

当然だが、フォローしてもらったらお礼を言う。相手が苦手な業務をフォローすることは他の業務に支障が出ない範囲でいいので意識しよう。

領収書の保管場所を徹底する

領収書をしまった場所を忘れてしまう場合、**「ここに必ず入れておく」という場所を決め、とにかくそこへ保管する習慣を身に付けよう**。

適切な保管場所は財布か手帳だが、A5やA4サイズといった大きなサイズで財布や手帳に挟みづらいものが多いのなら、チケットホルダーなどを利用するといい（最近は100円ショップにも置いてある）。

筆者はレシートを受け取ったら持ち歩いているチケットホルダーに入れ、帰宅後、家計簿や帳簿に記載する際に分類している。会社で保管したいときは財布↓チケットホルダーもしくは会社で使っている手帳などのポケットに入れる行動を習慣付けることが紛失防止につながる。

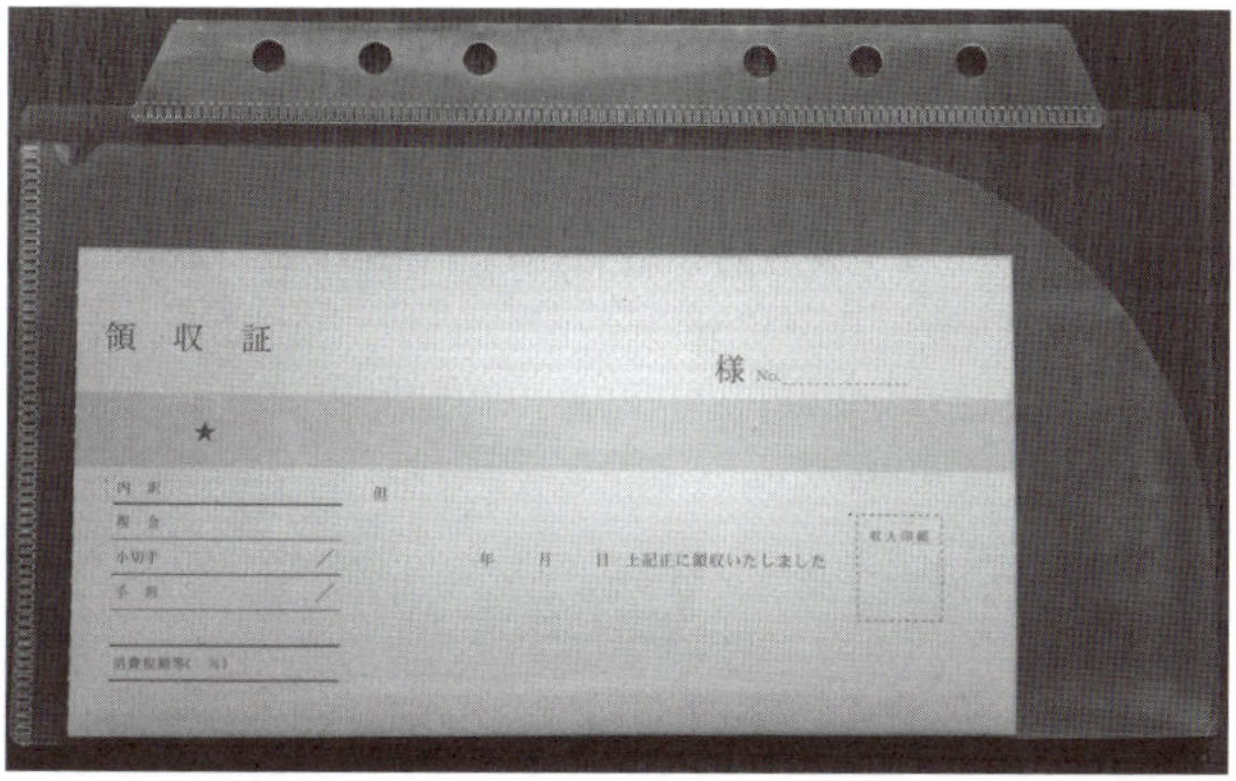

領収書の保管はチケットホルダーや手帳用ポケットが便利

親睦会の集金で計算ミスが多い

対策

- ネット振込みや送金アプリを利用する
- 事前に会費を集める
- お釣りのパターンを用意する
- 得意な人に代わってもらう

事例　「みんなやったから」と言われるが……

人付き合いが苦手なので、できれば職場の親睦会などの行事は参加したくない。ところが今の職場では、「顔を覚えてもらういい機会なので、親睦会の会費集めは新人がやる仕事」とされていて、年に数回ある親睦会の当日に受付に待機して会費を集めなければならないのがとにかく苦痛だ。

もともと計算ミスが多いことから、他の人なら暗算でできるような計算もスマホの電卓やエクセルでやっているのに、当日会場での集金だとお釣りの計算が大変だし、間違えないように丁寧にやっていると「早くしてよ！」と急かされるので、ますます計算ミスをしてしまう。

迷惑をかけるからと同僚や上司にそれとなく相談してみたが、「みんなやったから」「気を付ければいいことでしょ」とにべもない返答で、こちらの窮状を理解してもらえない。

できたらやりたくないのだが、それはわがままでやはり新しい人が入ってくるまでは我慢するしかないのだろうか。

原因　職場のルールや文化と自分のスキルとのミスマッチ

計算LDがある人にとって**素早く、かつ正確に計算することを求められるお金のやりとりは、実はかなり負担が大きい**。このような場合、できることなら他の人に交代してもらうか、作業を分担してもらえるといいが、事例のようになかなか状況を理解してもらえないこともあるだろう。

計算LDではなくても、ADHD特性が強い人にとってもこのような場面は**並行作業が多いためにケアレスミスが生じやすい**し、ASD特性が強い人にとっても**自分のペースで作業ができない上に苦手な人付き合いを強要されるのはかなりストレスになる**。

就職活動をしていても、その間に主にやりとりするのは学歴や職歴、資格などのハードスキルに関する情報なので、この手の職場内での暗黙のルールや企業内文化といったソフトスキルに関する情報はあまり公にされていないことが多い。しかし、472ページでも触れたが、発達障害の人が働き続けるにはソフトスキルに関する項目が自分に合っているかが実は重要だ。

会社は仕事をして利益を上げることが本来の目的だから、業務を進めるために今までのようにアプリなどを使って計算が苦手なことを自分なりに工夫してみてもいいし、素早い対応が必要な親睦会の会計がどうしても難しいのなら得意な人に代わってもらう方法を考えたほうがいいだろう。

解決法　ネット振込みや送金アプリを利用する

当日集金すると間違いが多い上に受付も渋滞して待たされるから、できればスムーズに済ませたいのは他の人も同様だろう。いきなり全員には難しいかもしれないが、まずは同じ部署の人やよく話す機会がある人に対して**ネット振込みや集金アプリなどによる支払いにできないか交渉してみよう**。

このところスマホでの買い物が普及しつつあるので、応じてくれる人もいる可能性が高い。銀行振込みも最近はスマホでもできるから、抵抗ない人から徐々に切り替えていけばいい。

個人間の送金アプリは**PayPay**や**PayPal**、**楽天ペイ**、**au PAY**、**d払い**などが便利だ。

筆者は夫との間でもネットでの口座振込みを利用している。ADHD特性も強い夫はお金のやりとりをうっかり忘れてしまうことがよくあったが、その場で送金してもらえるようになったことで、かなりお互いの精神的な負担を減らすことができた。

クレジットカードやコンビニなどからチャージした分だけ送金や買い物にも利用できるので、会費が余った際の返金などもスムーズにできる。また、アプリで送金状況を確認できるから誰が払ったかが明確になり、もらい忘れや二重取りといったケアレスミスも防ぎやすい。

現金だと心配な紛失や盗難への

代表的な送金アプリ

アプリ	特徴
PayPay	・QRコード決済で最大規模のユーザーを持つアプリ ・クレカ、現金、銀行などどれでもチャージ可能かつ、細かな送金のやりとりがスムーズ
PayPal	・事前にカードや銀行口座を登録しておけば、IDとパスワードを入力するだけでオンラインショッピングの決済が可能 ・銀行口座や口座振替設定をすれば、友達や家族とお金のやりとりが手軽にできる
楽天ペイ	・楽天ポイントが使える、貯められる ・利用履歴をアプリ上ですぐ確認でき、使いすぎを防止できる
d払い	・決済が完了するとレシートメールが届く ・利用履歴をスマホからいつでも確認できる ・ドコモの回線契約がある人はスマホ料金と一緒の支払いができるため、クレジットカード登録が必須ではない ※同様なものにau PAYもある

気遣いも減らせるし、1円単位でも小銭でのやりとりがないので計算ミスをしやすい特性がある計算LDやADHD傾向の人にとっては利用価値が高いだろう。

事前に会費を集める、お釣りのパターンを用意する

ネット振込みや集金アプリでの集金が困難な場合、事前に会える人からは**できるだけ前もって会費を集めておけば当日慌てることもない。お釣りも事前にいくつかのパターンを予測**しておけば、慌てずに渡せる。特に一度に複数の情報を処理することが苦手な人（ADHD特性が強い人に多い）は、たとえば会費が3500円の場合、ぴったり渡してくれる場合以外は、

・4000円でお釣り500円
・5000円でお釣り1500円
・5500円でお釣り2000円

LINEのトークルームからPayPay残高を送る方法

1 PayPay残高を送りたい友だちとのトークを選択し、メッセージ欄の左にある「＋」メニュー＞「送る・受け取る」をタップする。

2 「送るリンクを作成」をタップする。

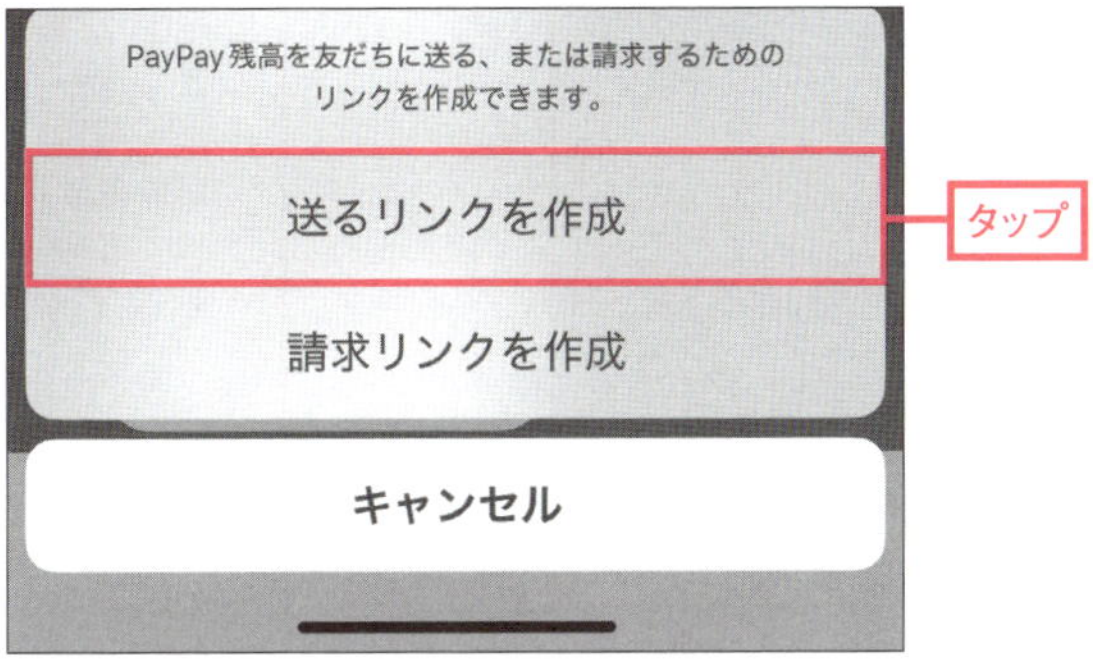

3 PayPayアプリに遷移するので、送りたい金額を入力して「次へ」をタップする。

4 PayPayアプリで「○○円のリンクを作成する」をタップする。

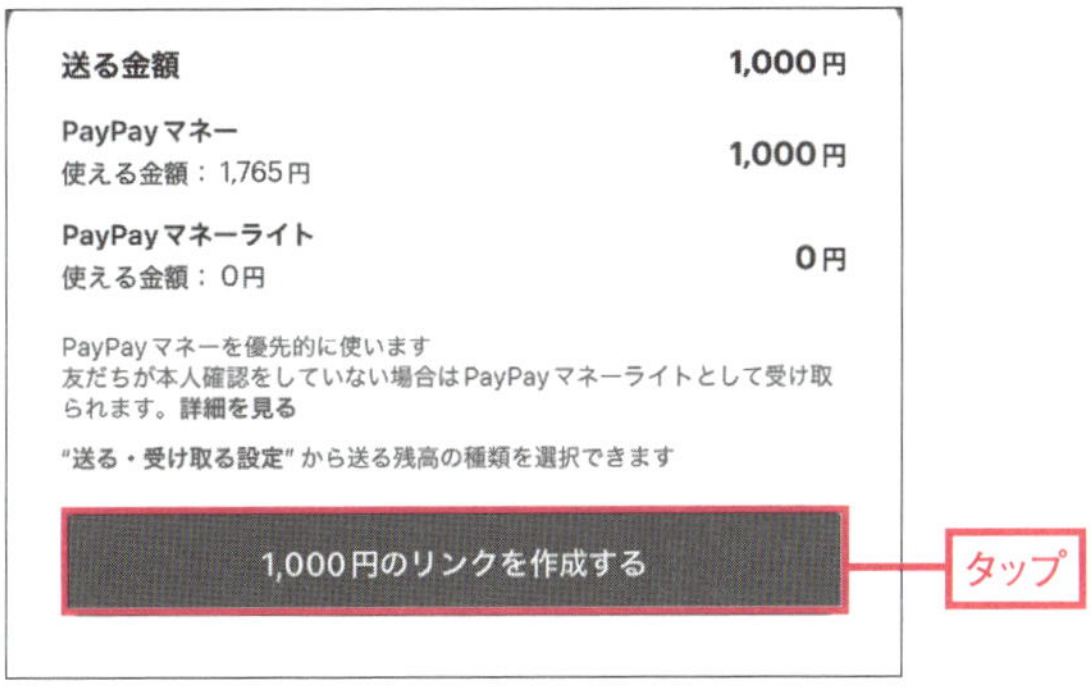

5 トークルーム上で「シェア」をタップしてPayPay残高を送るリンクを送信する。

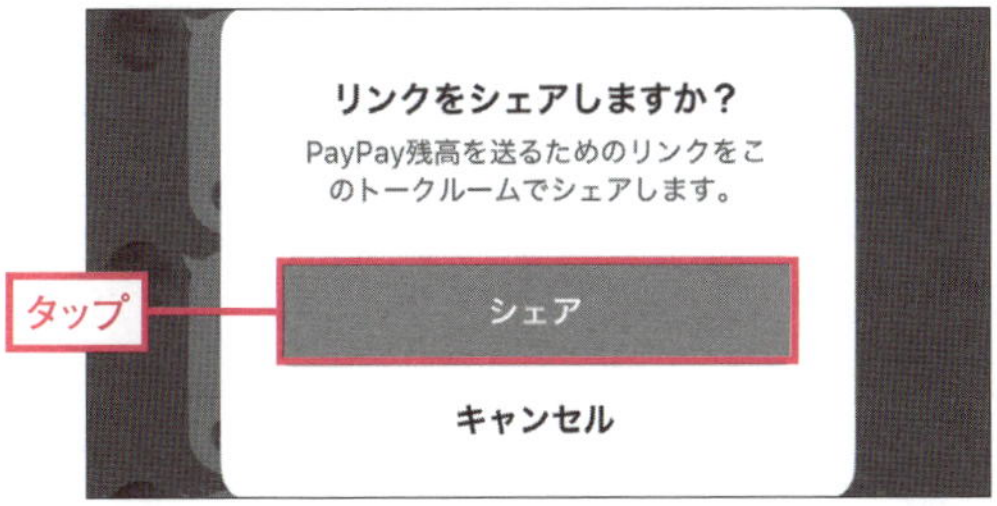

6 トークルームにPayPay残高を送るリンクが送信される。

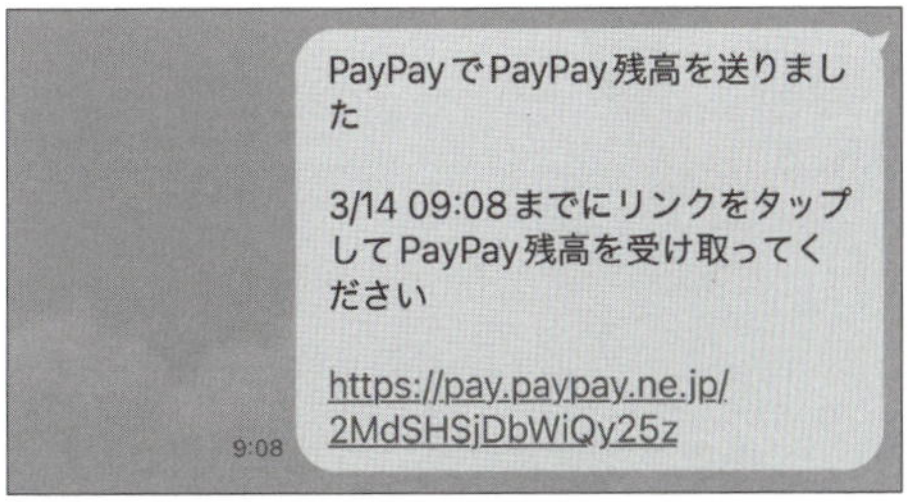

・1万円でお釣り6500円
・1万500円でお釣り7000円

というように想定されるお釣りをシミュレーションしておこう。筆者も以前会費を集める係をしていたときはミスを減らすためにお釣りのパターンを書いておき、千円札と500円玉を多めに用意していた。

数字だとピンとこない人（計算LD特性が強い人に多い）は、次ページのように**絵で描いておく**とミスを減らすことができる。

得意な人に代わってもらう

奥の手かもしれないが、信頼できる人に事情を伝えて「出欠確認や受付はするので会計をお願いできないか」と依頼するのもいいだろう。事例のように会計は苦手な人もいるが、その反対に得意な人もいる。

筆者はもともとASD特性が強いこともあり、社会性を問われる親睦会などのときに気の利いた振る舞いをするのは頑張ればできるが、非常に疲れてしまう。一方で会計作業は苦にならないので、苦手な人から「交代してほしい」と言われたら喜んで協力する。

お金の集計や計算などをしていれば多少気が利かなくても「忙しいのね」と見逃してもらえるし、お酒を飲みたくないときも「ミスするといけないから」と角を立てずに断れる。得意な人同士で助け合えれば一石二鳥だ。

何か言ってくる人もいるかもしれないが、「手が回らなくて」とだけ伝えればいいだろう。大半の人は今までより受付が渋滞せずに会計がスムーズにいくようになればお互いにとって好ましいので、それ以上は何も言わないことがほとんどだ。

そもそも新人が親睦会の集金をするルールはかつて新入社員が多かった時代にできたもので、以前なら得意なことを分担し合えた可能性が高い。それが新人が減って一人で全部やらざるを得ない状況になっても見直されないから負担になっている可能性もある。

この手のルールは状況が変化しても何となくそのままになっていることが多く、大変だと思っても自分の番が終わってしまうと改善しようという気が薄れてしまう。それならこちらが困らないよう合理的な方法に変えていくことも検討しよう。

お釣りの渡し方の例

会費が3,500円の場合

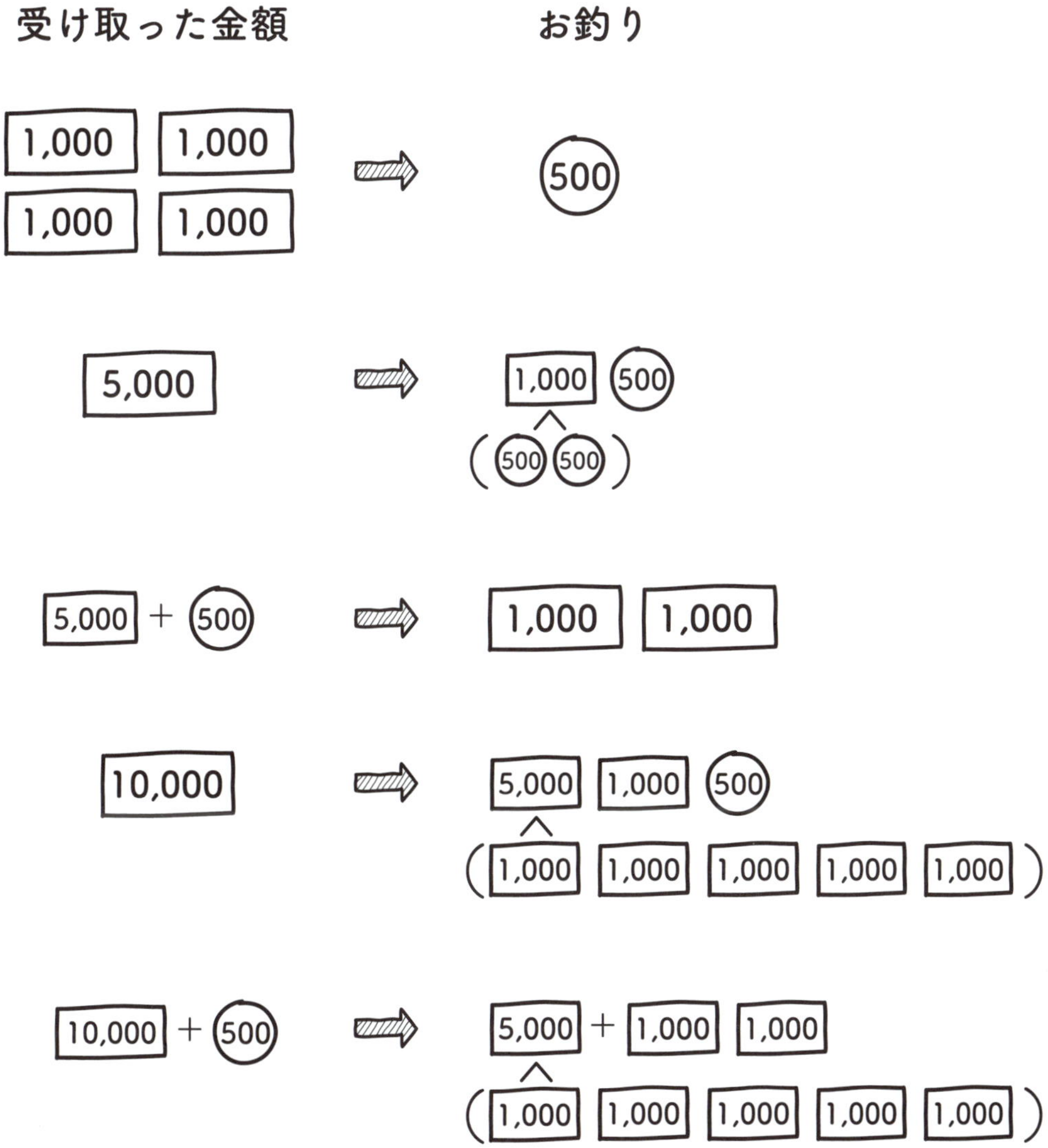

数字だとピンとこない人は絵で描いておくとミスを減らせる

本来もらえる金額よりも給料が少ない気がする

対策

- 明細書のルールに沿って内容を確認する
- 不明な引き落としがないか確認する

事例 給与明細書を見るといろいろ引かれている

昨年までは給料日に明細書を渡されてもざっと目を通す程度だったが、新年度になってよく確認したところ、今までよりも引かれている額が増えており、「おや？」となった。

同僚に聞いても「年金や健康保険の保険料が変わったからじゃない？」「住民税が上がったからじゃないの？」と曖昧な答えばかりだし、明細書を見ても難しい用語がたくさん並んでいて、それぞれがどれを指しているのかがよくわからない。

学生時代、アルバイト先の飲食店でお釣りをミスしたときにその分の金額をアルバイト代から引かれたり、制服のクリーニング代といわれて給料から天引きされていた。ところが後日、それは法律違反だとわかり、他のスタッフや親たちと一緒に話し合いに出掛けて返してもらったことがあった。本当はどうなのか確認したいが、まずどうしたらいいのだろうか。

原因 給与から引かれる項目をよく知らない

会社員として働いていると、大半の場合、給与から税金や社会保険料などが引かれているし、さらに通勤手当（会社によっては住宅手当なども）が付いた額がまとめて支払われる（いわゆる手取り額）。そのため、普段はあまり意識していないかもしれないが、給与明細をよく見てみると、税金（所得税、住民税）や社会保険（年金や健康保険、雇用保険など）が10〜20％近く給与から引かれている。

　ところが、このような税や社会保険の制度については、この種の法律について勉強している人や事務経験者（総務や経理など）以外はよく理解していないことが多い。そのため、いったん気になると「法律違反なんて言語道断！」とルールにこだわる（ASD特性が強い人に多い）、「どういうことだ！」と感情的になる（ADHD特性が強い人に多い）といったことがあるだろう。

　保険料は標準報酬月額から算出するが、利率や算出方法が定期的に見直される。同じ給与額なのに変更がある場合は見直しによるものが多い。大幅な変更だとニュースでも取り上げられるし、変更の通知は明細書などに記載されているはずだ。

　同様に税金や制度も毎年のように変わっている。この種の変更は

会社員が加入する社会保険

給与明細書と控除の例

○×株式会社	
令和7年4月分	給与明細書
翔泳　太郎	殿

部門名	経理
社員No.	2

令和7年4月分

給与明細書

部門名	経理	社員NO	2	氏名	翔泳　太郎　殿

勤怠				
	労働日数	出勤日数	有給休暇日数	慶弔休暇日数
	20		1	
	欠勤日数	遅刻回数	早退回数	超勤時間
			1	7

差引支給額
262,094

支給							
	基本給	役職手当	資格手当	家族手当	時間外手当	通勤手当	
	240,000	10,000	30,000	5,000	17,000	16,800	
						不就労控除	総支給額
							318,800

控除							
	健康保険(介護)	健康保険(健保)	厚生年金	雇用保険	社会保険料合計	所得税	住民税
	1,185	7,470	13,371	5,000	27,026	5,780	3,900
					積立金	返済	控除計
					20,000		56,706

備考

- 時間外手当：いわゆる残業代
- 健康保険(介護)：40歳以上が対象
- 厚生年金：会社と個人で半額ずつ支払っている
- 雇用保険：失業時などに給付を受けるために支払う
- 積立金：労組などとの合意が本来必要
- 所得税：前年度の総収入で支払う額が決まる
- 住民税：2年目から控除される

4月1日もしくは10月1日から施行されることが多いから、この日のニュース記事をチェックすると情報が得やすい。

一方で本来なら雇用主が支払うべき費用を給与から差し引かれている場合もあるかもしれない。労働者は雇われる立場だから、不利益が生じないようさまざまな法律で守られている。しかし、疑問に感じて調べないとわからないことが多いし、雇用主が法律をよく知らない場合もあるだろう。

まずは**給与明細書の確認方法と自分が払っている税金や社会保険について状況をチェックすることから始めてみよう。**

解決法 給与明細を確認する

毎月もらっている給与明細は、「今回の振込金額はこの条件で決まりました」という会社からの確

所得税と住民税の計算方法

●所得税の計算方法

課税所得×税率－税額控除額＝所得税

●所得税の税率

課税所得金額	税　率	控除額
1,000円から194万9,000円まで	5%	0円
195万円から329万9,000円まで	10%	9万7,500円
330万円から694万9,000円まで	20%	42万7,500円
695万円から899万9,000円まで	23%	63万6,000円
900万円から1,799万9,000円まで	33%	153万6,000円
1,800万円から3,999万9,000円まで	40%	279万6,000円
4,000万円以上	45%	479万6,000円

※2024年から所得税には3万円、住民税には1万円の免税が付く

●住民税の計算方法

（所得金額－所得控除額）×所得割10％＋均等割5,000円＝住民税

認書のようなものだ。通帳に振り込まれた金額と合っていればそれ以上チェックしないかもしれないが、よく見るとさまざまな内容が記されている。

正社員の場合、必ず控除されているのが税金（所得税や住民税）と社会保険料（厚生年金、健康保険、雇用保険）だが、所得税は今年の所得、住民税は前年の所得をもとに算出される。

働き始めた年の住民税はその会社の所得がないから給与から控除されない（他の所得がある場合は退職後などに住民票がある自治体から払込票が送付され、原則自分で直接支払う）。そのため2年目になって住民税がかかるようになると、「急に振込額が減っている！」と慌ててしまう（特にASD特性が強い人に多い）が、まずは落ち着いて**明細書のルールに沿って内容を確認しよう**。

社会保険料は標準報酬月額（基本給に諸手当なども加えた額）によって31の等級に分かれている。毎年9月に4月から6月の報酬月額をもとに標準報酬月額の改定が行われるが、報酬月額に大幅な変動（標準報酬月額の2等級以上）があった場合には適宜改定が行われる。変更になった場合は明細書からもわかるが、どの等級かわからないときは総務や経理の人に問い合わせれば教えてくれる。

住民税は毎年5月から6月頃に算出された通知が届くので内容を確認しよう。住民税の目安額を算出してくれるサイトもあるので、計算が苦手な人（計算LD特性が強い人に多い）はこちらを利用してもいい。

他にも新たに財形貯蓄を開始したことをうっかり忘れ、給与から引かれていた（ADHD特性が強い人に多い）といった給与から支払われる契約を見落としていないかを点検しよう。

労働者を守る法律

法　律	内　容
労働基準法	労働条件に関する最低基準を定めた法律で、労働契約関係について規定する最も基本的な法律
労働組合法	「労働者」と「使用者」の関係を定めた法律。労働組合の結成、団体交渉権などについて規定している
労働関係調整法	労働争議を解決するために、労働委員会が労使の間に立って調整の役割を果たすことを定めた法律
労働安全衛生法	労働災害を防止するために、労働者の安全と衛生についての基準を定めた法律
労働契約法	「労働者」と「使用者」とが結ぶ雇用契約の基本ルールを定めた法律

不明な引き落としがないか確認する

労働者を守る法律は多数あるが、労働者の権利を具体的に定めたものが**労働三法**（労働基準法、労働組合法、労働関係調整法）だ。その他に職場における労働者の安全と健康を守り、労働災害を防止することを目的とした**労働安全衛生法**、労働者と使用主（雇用主）との基本的な事項を定めた**労働契約法**がある。「法律なんて面倒だ（ADHD特性が強い人に多い）！」となりがちだが、働く上での最低条件として認識しておこう。

事例でも過去に釣り銭のミスや制服のクリーニング代を給与から引かれていたのが法律違反で返金してもらった、となったのもこれらの法律が根拠になっている。

労働基準法では給与から控除できる税金や社会保険料以外は労使協定が必要と定められている。福利厚生などで内容が明白なものであっても書面での協定なしというのは問題だし、釣り銭のミスや制服のクリーニング代を天引きしていたことも問題になる。

法律では釣り銭のミスが生じないような体制を整える（たとえば高額紙幣が入ったときは複数人で確認する、釣り銭のミスをしやすい人をレジから外す）、職場衛生を管理する（たとえば飲食店なら制服を貸与・管理する）のは使用主の役割とされているし、法律に違反した場合は刑罰が科せられることもある。

もし身に覚えがない天引きなどがあった場合は、まず使用主と話し合って解決するのが望ましいが、話の進め方などがわからない（ASD傾向が強い人に多い）、話し合いの最中にカッとなりやすい（ADHD傾向が強い人に多い）場合は、職場に労働組合があるのならまずはそちらへ相談し、ない場合は人事や総務へ話してみよう。就職支援や職業支援サービスを利用していた人はそちらの関係者に相談してもいい。

会社の人に話しても埒《らち》が明かず、相談相手がすぐに思い浮かばない場合は厚生労働省の総合労働相談コーナー（https://www.mhlw.go.jp/general/seido/chihou/kaiketu/soudan.html）を利用してみよう。労働基準監督署や裁判所、法テラスなども連携しているから必要に応じてそれらの機関につないでもらえる。秘密厳守なので会社の人に話すこと自体悩んでいる場合も相談してみるといいだろう。

職場で「確定申告するの?」と聞かれたが、よくわからない

対策

- まずは医療費を集計してみる
- 所管の税務署に行って相談する

事例　確定申告って聞いたことはあるけれど……

　昨年はうっかり転んで骨折してしまい、かなり医療費がかかってしまった。年末調整の時期になった頃、事務長から「そういえばケガでしばらく通院していたよね。医療費が10万円以上かかっているだろうから、来年は確定申告するの?」と聞かれた。

　確定申告ってニュースでは聞いたことがあるけれど、税務署まで行って手続きをしないといけないことが面倒だし、領収書の計算というだけで大変そうだ。それに平日に税務署へ行くとなると仕事に差し障りが出そうだ。わざわざ会社を休んでまでやらないとダメなのだろうか。

原因　確定申告の制度をよく理解していない

　所得税はその年の1月から12月までの収入をもとに算出されるが、概算で見積もられるため、多くの人は多めに税金を納めている。そのため会社員の場合、大半の人は年末調整をして正規の額を確定し、足りない分を納めたり払いすぎた分を返してもらったりする。正社員だと11月下旬頃に生命保険や個人年金、扶養家族について用紙が配布され、記載して事務へ提出しているはずだが、それが**年末調整の手続き**だ。

　自営業者は会社で年末調整をしないから、収支やそれに伴う税額もはっきりしない。だから自分で収入やそれを得るためにかかった費用（経費）を計算し、税務署へ

収支報告して税金を支払う（あるいは払いすぎた分を還付してもらう）ことになっている。この一連の作業が確定申告だ。

会社員でも、下記のような場合には確定申告が必要になる。

事例でも、保険金を差し引いても医療費が年間10万円以上かかっていたら確定申告で医療費控除をすると払いすぎた税金が戻ってくる。また、住民税はこの確定申告をもとに算出されるから住民税が軽減される。

「年末調整でも書類を記入するのが面倒なのに、確定申告までやらないといけないの？」と一気にやる気がなくなる（ADHD特性が強い人に多い）、「よくわからないことをやるなんて無理！」と躊躇《ちゅうちょ》してしまう（ASD特性が強い人に多い）かもしれないが、確定申告の期限を過ぎていても医療費控除などはさかのぼって申告できる。条件に当てはまったらまず国税庁のホームページで確認するか、所管の税務署へ問い合わせよう。

解決法 医療費を計算してみる

医療費の集計は国税庁の確定申告書等作成コーナーのホームページからダウンロードできる**医療費集計フォーム**（エクセルファイル）を利用すると便利だ。

ファイルを開くと氏名、かかった病院や薬局の名前、医療費の区分（診察、医薬品、介護保険サービス、その他）、支払った医療費、そのうち保険で補塡される金額を記入する欄がある。該当する欄を記入または選択すると合計金額が自動的に計算される。よく行く医療機関は一度入力してしまえばコピー＆ペーストができる。記入ミスをしやすい人（ADHDの特性が強い人に多い）や計算が苦手な人（計算LDの特性が強い人に多い）で該当するならぜひ利用しよう。

「そんなに利用していないかも」と思っても医療機関へ通う際にかかった交通費や、ドラッグストアで購入した市販薬（医薬品と記載されているもの）、医療機関から購入するよう指示された包帯代や松葉杖のレンタル代なども対象になるからトータルで計算すると実はか

会社員でも確定申告が必要になるケース

- 2カ所以上から給与を受け取っている
- 医療費を年間10万円以上払った
- 副業などの収入が20万円以上あった
- 住宅ローン控除をはじめて受ける
- 寄付金控除が認められている団体に寄付をした
- 災害や盗難で家や家財道具に被害を受けた
- 6カ所以上にふるさと納税をした
- 給与収入が2,000万円を超えている

医療費集計フォームの記載例

入力した合計金額		
	支払った医療費の金額	131,147円
	上のうち、補塡される金額	25,000円

No.	医療を受けた人（全角10文字以内）	病院・薬局などの名称（全角20文字以内）	医療費の区分　※複数選択可				支払った医療費の金額（半角数字9桁以内）	左のうち、補塡される金額（半角数字9桁以内）
			診療・治療	医薬品購入	介護保険サービス	その他の医療費		
1	新宿太郎	おかやま整形外科	該当する			該当する	8,300	25,000
2	新宿太郎	おかやま整形外科				該当する	5,000	
3	新宿太郎	ヤマグチ薬局		該当する			2,480	
4	新宿太郎	新宿ドラッグ		該当する			580	
5	新宿太郎	おかやま整形外科	該当する				1,250	
6	新宿太郎	おかやま整形外科				該当する	1,500	
7	新宿太郎	新宿内科	該当する				2,000	
8	新宿太郎	ヤマグチ薬局		該当する			2,480	
9	新宿太郎	新宿ドラッグ		該当する			580	
10	新宿太郎	おかやま整形外科	該当する			該当する	2,689	
11	新宿太郎	新宿内科	該当する			該当する	1,880	
12	新宿太郎	おかやま整形外科				該当する	2,560	
13	新宿太郎	おかやま整形外科				該当する	2,000	
14	新宿太郎	ヤマグチ薬局		該当する			2,890	
15	新宿太郎	新宿ドラッグ		該当する			880	
16	新宿太郎	おかやま整形外科	該当する			該当する	5,800	
17	新宿太郎	おかやま整形外科				該当する	1,200	
18	新宿太郎	ヤマグチ薬局		該当する			2,480	
19	新宿太郎	新宿ドラッグ		該当する			580	
20	新宿太郎	おかやま整形外科	該当する			該当する	1,250	
21	新宿太郎	おかやま整形外科				該当する	1,500	
22	新宿太郎	新宿内科	該当する			該当する	2,000	

なりの額になる。そのため通院記録や薬のレシートは封筒やクリアファイル（A5サイズが便利）に入れて必ず保管しておこう。

確定申告書を作成する

条件に該当する場合は**確定申告書を作成**し、所管の税務署へ提出する。税務署へ行かなくても国税庁のホームページで作成したものをプリントアウトして郵送することも可能だ。

確定申告書を作成する際に会社から配布された源泉徴収票は原本が必要なので用意しよう。もし紛失していたら事務の人に事情を話せば再発行してもらえる。また、マイナンバーカード（もしくは通知カード＋身分証明書）のコピーおよび税務署へ送る封筒（切手の貼付が不要で追跡サービス付きのレターパックライトがおすすめ）を準備しよう。控えを返送してほしい場合は返送用封筒（切手を貼って自宅住所と氏名を記入）も用意する。

国税庁の確定申告書等作成コーナーのホームページを開き、ご利用ガイド→ご利用方法と進むと具体的な手順が出てくるので、手順を確認して作業を進めていける。

医療費控除の場合、トップページの作成開始→提出形式の選択→所得税→給与・年金の方→給与額の記入→医療費控除の「入力する」をクリック→医療費控除を選択→集計フォームの読み込み→住所氏名など必要事項の記入と進んでいくが、慣れないと時間がかかるので適宜データを保存しておけば、時間ができたときに続きから始められる。

「こんなに面倒なの!?」とうんざりしてしまうかもしれない（ADHD特性が強い人）が、事前に医療費集計フォームを作成し、源泉徴収票などの必要書類や封筒を用意しておけば、あとは該当欄に記入していくと書類が完成する。宛先も印字してくれるからプリントアウトして貼り付ければいい。

郵送が面倒ならe-Taxという方法もある。マイナンバーカードとNFC対応のスマホがあればすぐに利用できる。マイナンバーカード発行時に設定した電子証明書のパスワードを入力する必要があるのと、その入力を3回失敗するとロックがかかるので注意が必要だが、ネット上だけで完結できる。

空いているときに所管の税務署へ行く

いざというときは領収書やレシートおよび交通費のメモ、そしてマイナンバーがわかるものを持って**所管の税務署へ行って相談すれば税務署職員に教えてもらいながら書類を記入・提出できる**。書類の記入ミスが多い（ADHDやディスレクシア特性が強い人に多い）、手順を追うのが苦手（ADHD特性が強い人に多い）な人で、「確定申告書を作ろうとしたけれど、途中で挫折した」場合は確定申告の時期を避けて相談に行こう。

「会社を休まないといけないのか」と面倒に感じる（ADHD特性が強い人に多い）、「仕事があるのに」（ASD特性が強い人に多い）と罪悪感を覚えるかもしれないが、医療費控除などは1月から受け付けているから早めに相談に行けばスムーズに終わる。どうしても年明けから3月15日頃までは忙しくて税務署へ行く時間が取れなければさかのぼって申告してもいいだろう。

確定申告は自分の収入やそれにかかる税金の仕組みがわかる機会なので、「こんな制度があるのか」「税額ってこうやって決まっていくのか」と視点を変えると、面倒な気持ちが軽減されるだろう。

「確定申告書等作成コーナー」での確定申告の手順

1 まずは国税庁HPへアクセスする。
URL:https://www.nta.go.jp/

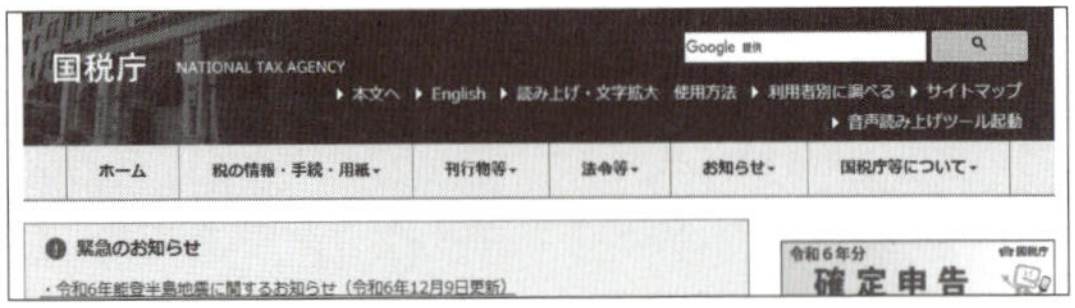

2 「確定申告書等作成コーナー」をクリックし、「作成コーナー（トップ画面）」にアクセスして「作成開始」をクリックする。

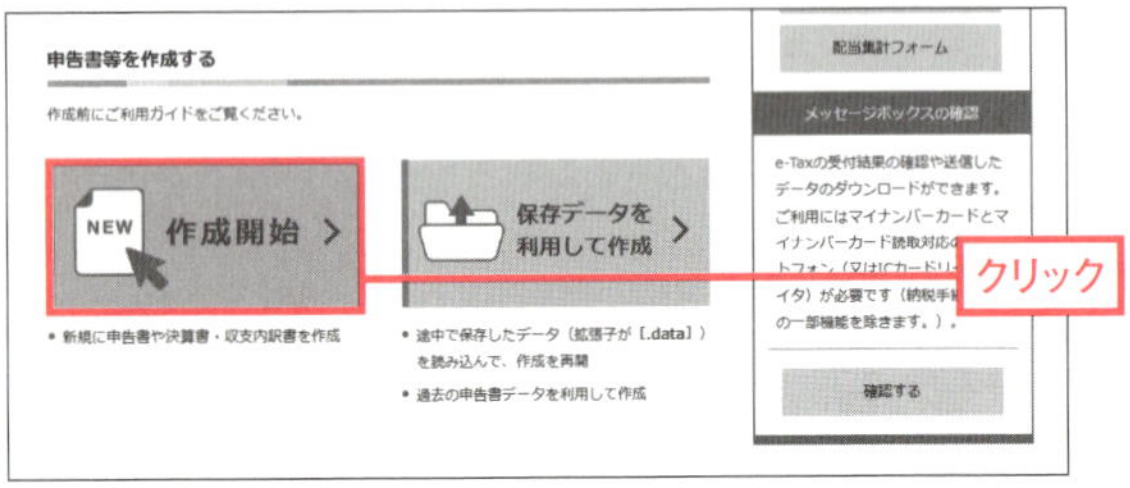

3 e-Taxを利用するか書面提出かを選択する（ここでは「e-Tax」を選択）。

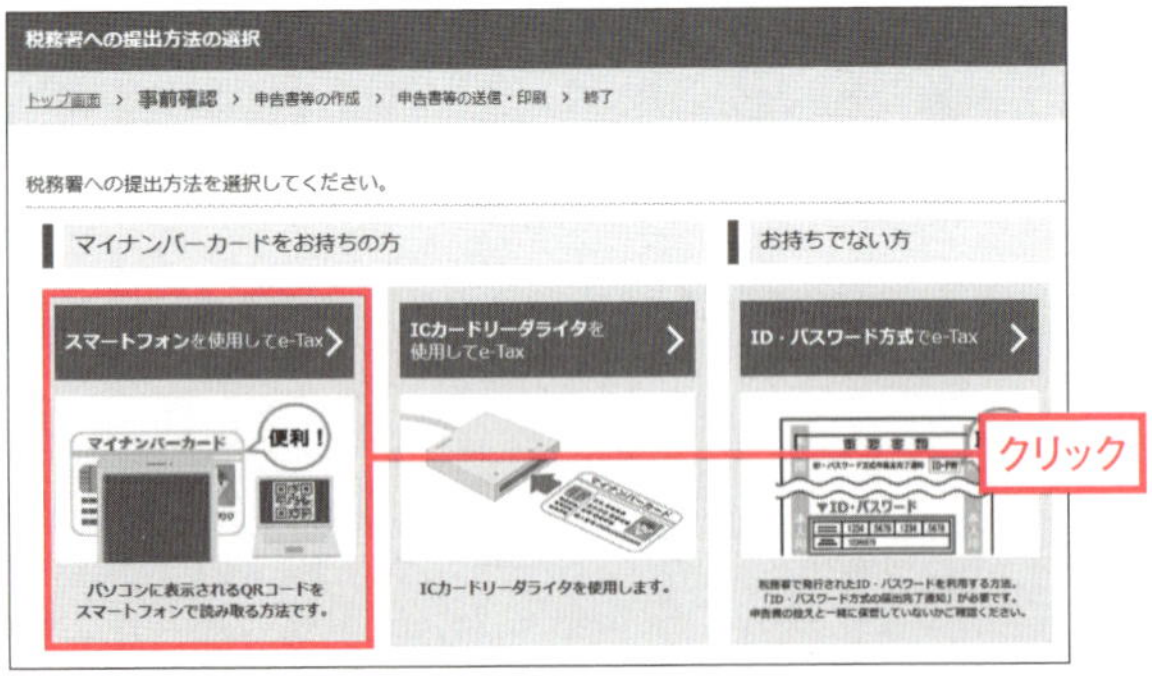

4 作成する申告書を選択する（ここでは「所得税」を選択）。

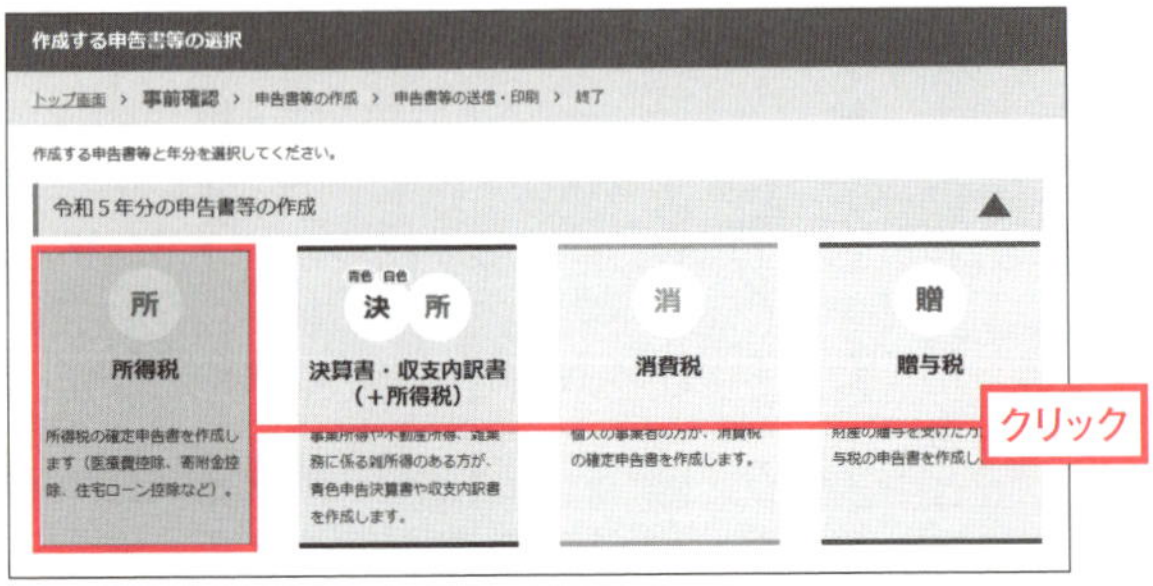

5 給与所得金額などを入力する。

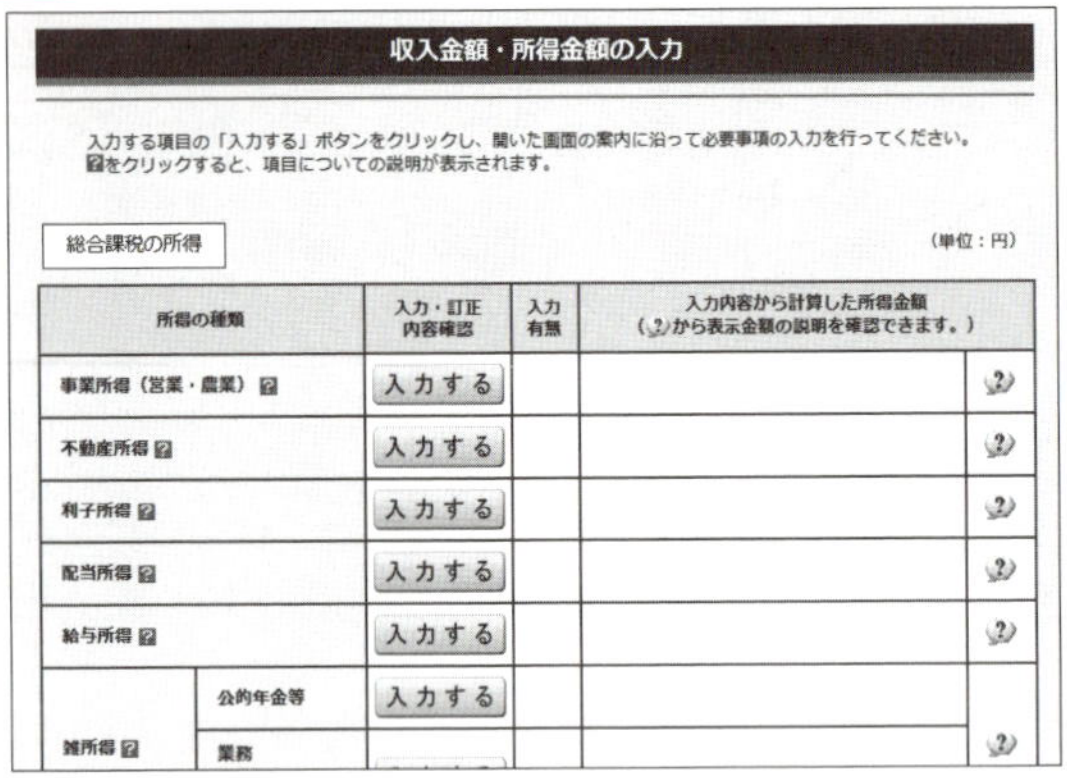

6 医療費の金額などを入力する。

7 「医療費控除を適用する」をクリックする。

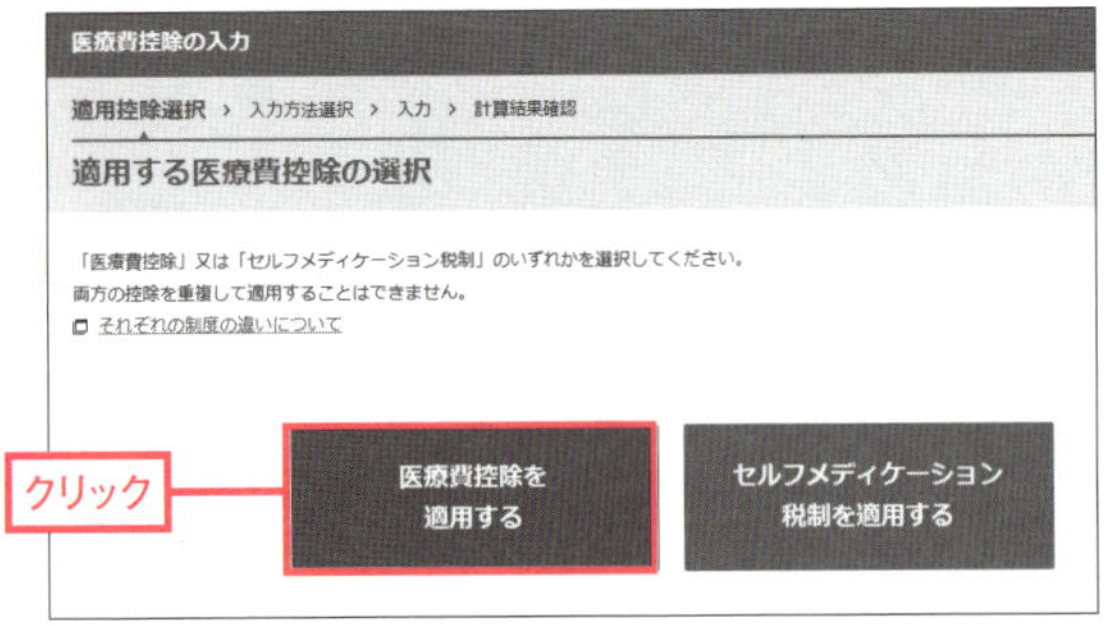

8 医療費控除の入力方法を選択する（ここでは「医療費通知（お知らせ）や領収書から入力して、明細書を作成する」を選択）。

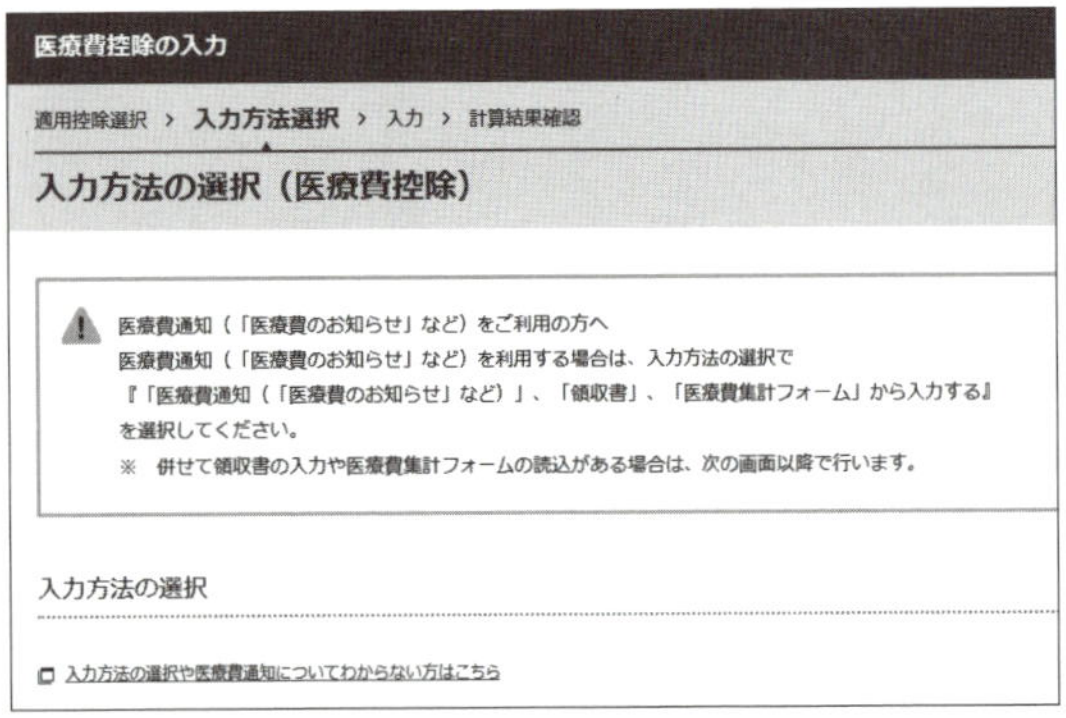

9 還付される金額を確認する。

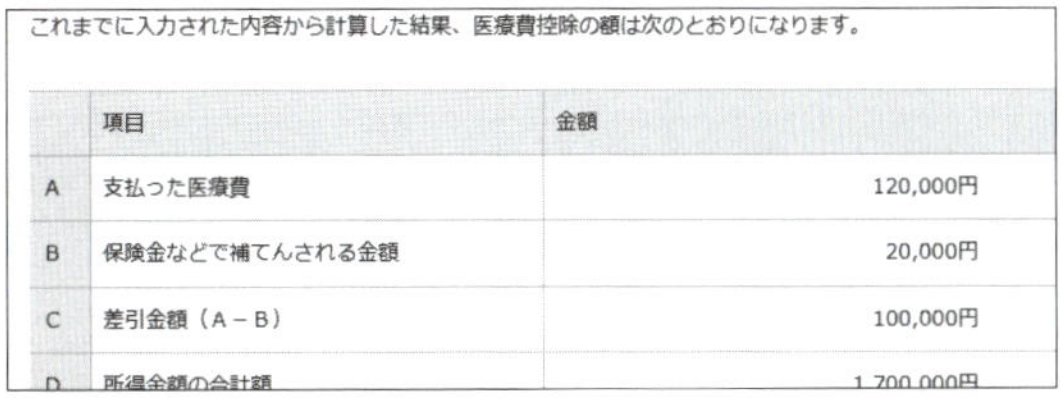

10 計算結果を確認し、「次へ」をクリックする。控除全体の確認画面に戻るので、還付される金額などを確認して「入力終了（次へ）」をクリックする。

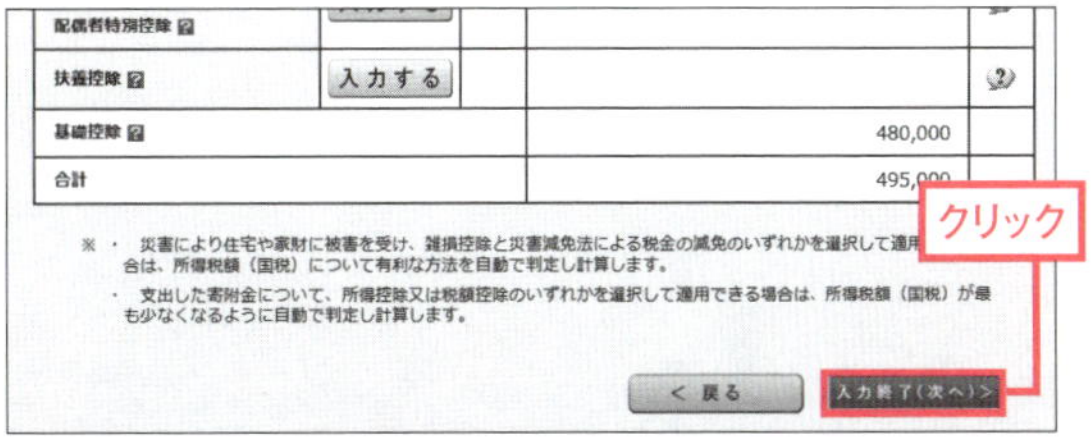

11 住民税等を入力する。

12 住所・氏名などを入力する。

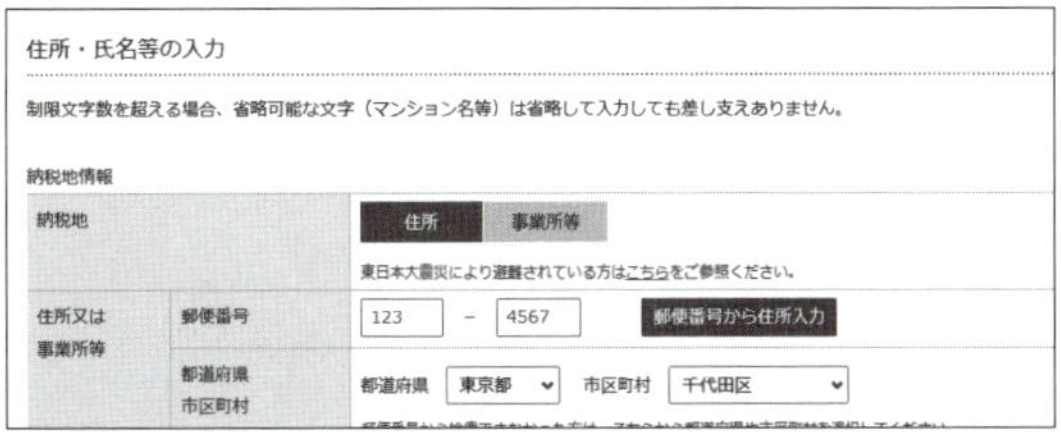

13 マイナンバーを入力する。

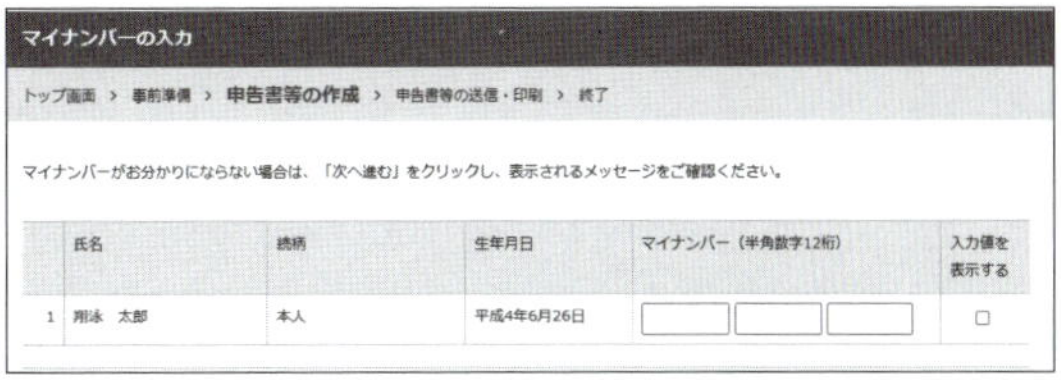

14 申告書を印刷する。

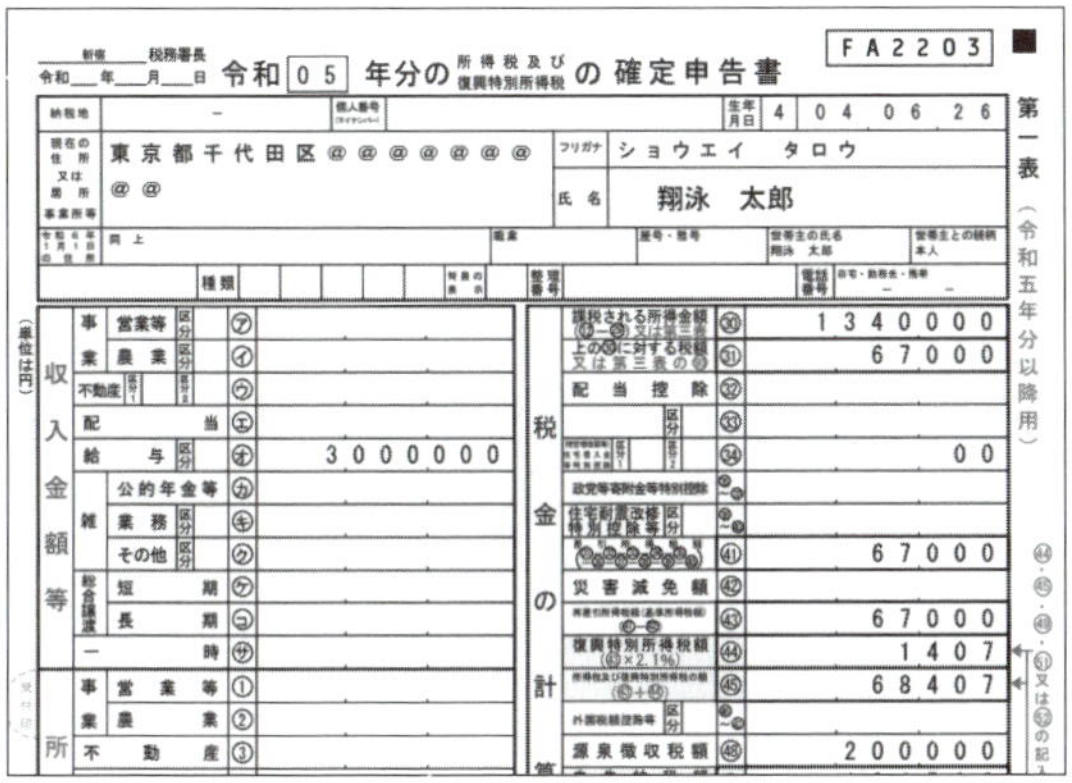

PDFを開いたあと、印刷する

申告書がプリントアウトされる

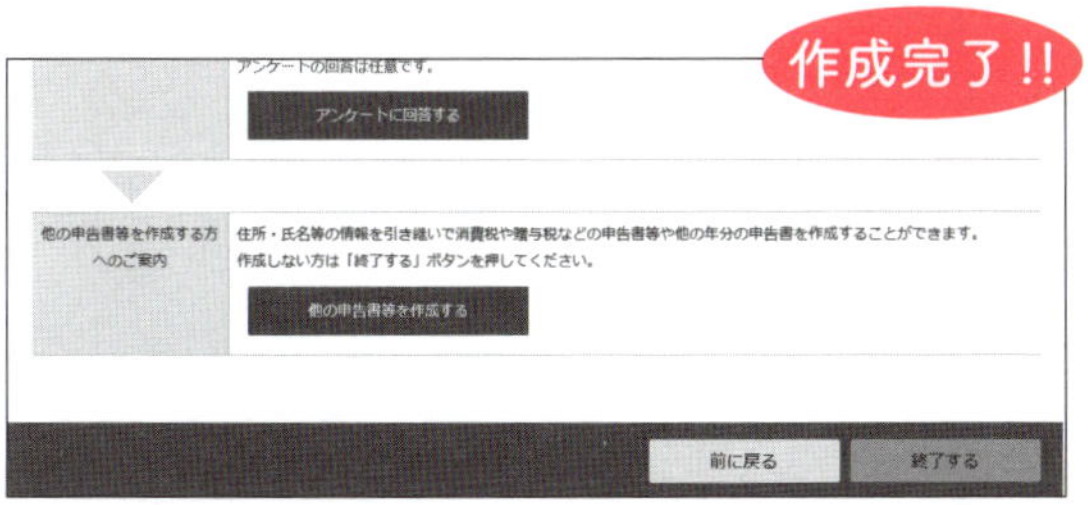

※掲載の画面は2025年1月時点のもので、実際の画面とは異なることがあります。
申告書を作成する際は、実際の画面の指示に従ってください。

収入増のためにも、スキルをもっと身に付けたい

対策

- 会社での研修や支援制度を利用する
- 雇用保険の教育訓練給付制度を利用する

事例　上級資格を取って手当を増やしたいけれど……

先日上司と面談した際、「今簿記の2級の資格を持っているよね？　せっかくだから思い切って1級に挑戦してみたら？　資格手当も出るし今後のためにも役立つよ」とアドバイスされた。

上級資格を取れば手当が増えるし、収入などのことを考えても今のうちに勉強したほうがいいとは頭ではわかってはいるのだが、いろいろ考え始めると決断ができず、ついため息ばかり出てしまう。他の人はどうやって情報を集めたり、講座を決めたりしているのだろうか。

原因　スキルアップの目的と優先順位が不明確

最初の数年は仕事を覚えることに精一杯だが、仕事に慣れてくるにつれてもっとスキルアップしたいという欲が出てくるのは当然のことだ。中には**資格を取って自信をつけたい**（ASD特性が強い人に多い）、**新しい自分の可能性を見付けたい**（ADHD特性が強い人に多い）といった理由で勉強したいと考える人もいるだろう。

また、後輩指導などが増えるにつれ、他人とコミュニケーションをうまく取るスキルを伸ばしたい、人前でプレゼンするためのスキルを身に付けたい（ASD特性が強い人に多い）、といったソフトスキルについての学びを考えている可能性もあるだろう。

スキルをもっと確実なものにしたいと考えたり、昇給や転職に有

利な資格を取ったり勉強をしたりすることで収入増への見通しも出てくるから学びへの意欲も湧く。

事例では上司から提案されたので、まだ自分の中での動機が不明確なようだが、仕事をずっと続けるにも情報や技術、そして法律や制度などもどんどん変わるから自己研鑽は不可欠という前提をまず認識することが必要だ。

また、仕事をしながら資格を取るための勉強をする負担と資格取得のメリットが自分の中で釣り合わないと無意識に感じていると行動に移せないこともある（ADHD特性が強い人に多い）。

今の負担や努力が未来のメリットにどうつながるかを整理することも必要になるだろう。

高度なスキルを持つ人材は広い目で見れば社会にも大きな利益をもたらす。そのため国や自治体などでもさまざまな支援制度を実施している。調べてみると「こんな講座もあるの!?」と驚くほど種類が豊富だ。条件が合えばぜひ活用してスキルアップを図ろう。

スキルアップのための講座・支援制度

- 各自治体の職業訓練センターでの在職者向け技能講習会
  例：TOKYOはたらくネット
- 在職者向けハロートレーニング
- 自治体独自のスキルアップ研修
- 教育訓練給付制度

解決法　会社での研修や支援制度を利用する

筆者が以前勤務していたところでも学会発表や研修会については費用の一部（参加費や交通費など）を社員教育の一環として会社が負担し、研修や学会発表をした人は報告会をして部署内で情報共有することで職場にも還元していた。

会社にとっても一刻も早く戦力になってもらいたいことから、スキルアップに関する費用については積極的に出してくれるところも多い。受けたい講座がはっきりしているのなら、パンフレットなどを上司や事務の人に見せて**費用の一部だけでも負担してもらえないか**お願いしてみよう。

過去に似たような例があればそれをもとに支給額の目安を教えてもらえることが多いが、はじめてのケースなら「受講することで会社にどのようなメリットがあるか」「今の業務とどう関係があるのか」についてあらかじめ文章を作っておこう。特に口頭だとうまく説明できない人（ASD特性が強い人に多い）や話しているうちに要点がわからなくなる人（ADHD特性が強い人に多い）は「相手が知りたいのは何か？」を考える練習にもなるので、よりスムーズにやりとりできる。

職能団体や同じ職種の業界でもスキルアップのための勉強会などを実施していることがある。「このような研修を受けたい」と上司に仕事のスキルをもっと身に付けたいことを示すのも大切だろう。

自治体の在職者向け講座を受講する

都道府県などの自治体でも職業訓練センターなどで**在職者向け技能講習会**を開催している。「在住（あるいは在勤）の都道府県＋職業訓練＋在職者」で検索すると出てくる。募集人数が少ない（定員を上回った場合は抽選になることが多い）、申込日が限定されている、受講料の支払いが振込みのみといった条件のため煩雑な手続きが苦手な人（特にADHD傾向が強い人）にはハードルが高いのだが、受講料が格安（高くても1講座当たり7千円前後）なので、希望する講座があったら受講する価値はある。

たとえば、東京都のはたらくネットではさまざまな分野でのキャリアアップ講習会を開催している。他にも**在職者向けのハロートレーニング**が各都道府県で実施されている。自治体でも独自のスキルアップ研修を実施しているところもあるから、広報（市報など）も確認してみよう。自治体の広報はデジタル版があるので、そこから検索してみよう（特にディスレクシア傾向が強い人におすすめ）。

公的機関や自治体の講座は民間企業の講座に比べて積極的にPRをしていないため、自分から探さないと情報が出てこないが、これらは職業能力開発促進法に基づいた公共職業訓練の一環で開催されている。実務に役立つ短期の技能講習が多いので、長期間の講座だと見通しが立たず不安になりやすい人（ASD傾向が強い人に多い）にも利用しやすくなっている。

雇用保険の教育訓練給付制度を利用する

雇用保険と聞くと失業給付金を真っ先にイメージする人が多いかもしれないが、実は他にも傷病手当金や育児休業給付、介護休業給付など就労が困難なときの支援制度、そして**教育訓練給付**など仕事に関するスキルアップを支援する制度という雇用に関する総合的機能を果たしている。

教育訓練給付制度は一般教育訓練給付金なら雇用保険に加入して原則3年以上の人（初回の場合は当面1年以上）が対象で、ハローワークで手続きを行う。対象になる講座は幅広いので、「受講したい講座や資格名（簿記、英会話など）＋教育訓練給付制度」で検索すると対象講座が出てくる。大手の通信教育講座も対象のことが多いから、「自宅で学べる通信講座なら何とか続けられるかも」（ASD特性が強い人に多い）という場合にも心強い。

一般教育訓練給付金の場合、教育訓練施設に支払った教育訓練経費の20％に相当する額が給付額となる。ただし、その額が10万円を超える場合は10万円とし、4000円を超えない場合は支給されない（例：5万円の講座なら1万円支給となる）。

準備する書類が多い上にハローワークへ直接出向く必要があるなど手続きが煩雑なので万人向けではないが、条件が合えば検討の価値があるだろう。

気持ちの整理の例

負	正
続けられるか… ⇒	まず3日やってみよう！
資格を取っても… ⇒	自分にとってOkならいい
上司に言われたけれど… ⇒	決めるのは自分。本当にやりたいかどうかが大切

スキルアップの必要性を考える

これまで挙げてきた具体例が今ひとつピンとこない場合は、頭ではスキルアップが必要だと理解していても、感情がついていかないことが理由だ。なかなかモチベーションが上がらないときは、今取り組もうとしている勉強に対して明るい未来を感じられないことが多い。つまり、「勉強への負担」（負）のほうが「勉強で得られる成果」（正）よりも大きいと感じているのだ。そうだとしたら「勉強への負担」（負）よりも「勉強で得られる成果」（正）のほうが大きくなるような整理をしよう。

「勉強を続けられるか自信がない」「資格を取っても何も変わらなそう」「上司に言われたけれど、面倒」という負の感情があるときは、「未来の苦労を過剰に見積もっている」（ADHD特性が強い人に多い）「他人の評価に対して過剰に受け身になっている」（ASD特性が強い人に多い）場合が多い。前者なら少し目標を下げてみる、後者なら自分にとってどうなのかを問いかける必要がある。

特に何かとダメ出しをしがちな人（ASD特性が強い人に多い）は、完璧を求めるあまり**自分で自分の可能性をつぶしていないかを点検してみよう**。

Column

働くための法律を知ろう

この章では法律や制度について触れていることが多いが、中にははじめて知ったものもあったかもしれない。人によっては、「こんなに労働者が守られるための法律や制度があるのに、なぜこんなに大切なことが知られていないの？」と疑問に感じた人（ASD特性が強い人に多い）もいるだろう。

確かに日本では法律があっても実際には法律通りに運用しきれていないこともあってか、結果として労働者が泣き寝入りしているのをしばしば見聞きする。これには私たちが法律や契約についてきちんと学ぶ経験が少なかったことや、「お上の言うことは正しい」「目上の立場の人を尊重するように」という慣習的な不文律（いわゆる暗黙の了解）が幅を利かせる社会で暮らしていることが理由として考えられる。

そのため、「法律を守ってください！」と訴えるとかえって「自己主張が激しい面倒な人」となり、黙って去るのが潔いという結果になりがちだ。特に字義通りに話を進めがちな人（ASD特性が強い人に多い）はこれで敬遠されてしまう。相談機関などを活用しながら段階を踏んで法律に基づいた待遇改善を要求する、あるいは退職時に本来払われるべき諸費用を請求する、といった法律に基づいた行動を取ろう。

働くための法律で最初に知っておくべきなのは労働基準法だ。これは労働者が働くための最低基準を定めた法律であり、この基準に達していない労働契約は効力がないとされている。さらに労働契約については労働契約法も大切な法律だ。

難解な法律用語が多いから長い文章を読むのが苦手（ディスレクシア特性が強い人に多い）、文章の細かいところまで丁寧に読み込むのが苦手（ADHD特性が強い人に多い）だと原文のまま読むのは負担が大きいから、まずは最新版の入門書や中高生向けの参考書を買って読んでみるといい。

労働関係の法律は改定も多いから厚生労働省および新聞やテレビのニュースサイト、そして専門家の紹介記事を定期的にチェックすることも大切だ。インターネットで検索するとさまざまな情報が出てくるが、中には正確とは言い難いものもある。信頼性の高い情報から確認するよう心がけよう。

ニュースなどで取り上げられた際にも「自分にどんな関係があるのか？」と当事者意識を持って法律や制度を眺めてみると、今までとはニュースの捉え方が変わってくるはずだ。

そして、普段からやっておくといいのは、ノートや手帳などに仕事内容や勤務時間（出社と退社の時刻）の記録を取ることだ。紙での記録が苦手ならToggl Trackというタイムスタンプがあるアプリを利用しよう。法律や制度を利用する際には客観的な事実や証拠を重視するから時間の使い方を確認するためにも活用するといい。感覚的な情報を適切に伝えるのが苦手なので、その場での会話だけだと冷静な説明ができずに感情的になる（ADHD特性が強い人に多い）、もしくは必要以上に感情を抑えすぎて状況がうまく伝わらない（ASD特性が強い人に多い）、といった事態を避ける上でも記録しておくことは役に立つ。

また、法律や制度を利用するばかりでなく、法律の不備を改正するよう努力する人および法律や制度をサポートしている人たちを応援することも重要だ。先に述べたような「理不尽なことをされたら黙って去るのが大人の振る舞い」という価値観や不文律を、「安心して働けるために声を上げて法律や制度を改正しよう」としていくことも法律や制度が定着するためには必要だ。

第18章

使うときの「困った」を解決したい

お金の現実的な配分を決定する

本章では日常生活で起こりがちなお金の問題について取り上げる。発達障害の特性があるとミスを生じやすい内容だが、スマホアプリなど便利な道具を活用しよう。

無駄遣いをしてしまう

対策

- 家計簿アプリの活用で生活費を把握する
- おおまかで構わないので予算を立ててみる
- 買い物リスト（持ち物リスト）を作る

事例　気が付くと財布のお金を使ってしまっている

仕事帰りにスーパーで買い物をし、レジでお金を払おうとしたらお金が足りなくてビックリ！

慌てていくつかの品物を棚に戻すことで何とか支払えたが、冷や汗をかいてしまった。ここでは以前にも同じことをしたことがあるから、店員さんの「またですか？」という冷たい視線にいたたまれない気持ちになった。

先週も友人たちと飲みに行って、お勘定のときに「割り勘ねー」と言われたときもお金がなくて立て替えてもらい、あとでコンビニのＡＴＭで下ろして支払ったばかりだ。

楽しい気分で終わりにしたいのに、こういうことが続くと精神的に落ち込んでしまう。

本当にいつの間にこんなにお金を使っているのか全然わからないし、どうしてすぐお金がなくなってしまうのだろう。

原因　収支の流れを把握していない

家計の基本は収入＞支出にして収入に見合った暮らしをする、高額なものが欲しいときは貯金をして買う、というのはおそらく誰もが納得する話だろう。家計に関する本などを読んでも必ず似たような話が書いてある。

このことは確かに正しいのだが、実行するのが難しいと思っている人は多いし、だからこそさま

ざまな家計簿が書店に並び、多くの人が手に取って購入するのだろう。そして、なかなか続けられずに挫折するという話をよく聞く。

家計簿は使途不明金を減らし、無意識のうちに使っているお金を把握したいときに威力を発揮する。ただし、これは自分が無駄遣いしている現実も突きつけられるため、まずその事実を現状として受け止めることが大切だ。

ADHD傾向が強い人は家計簿を付けることを忘れやすいことに加えて、出費の数字を見るうちに**「楽しいことを我慢しないといけないのか?」というプレッシャーや、「自由にお金が使えなくなる!」というストレス**で家計簿を付けるモチベーションが低下してやめてしまいがちだ。

ASD傾向が強い人は、「費目をどう立てたらいいか?」「どの程度まで付けたらいいか?」「財布の中身と家計簿の数字が違う! どうしよう?」と**細かい内容を気にする**ようになり、そのことがだんだんストレスになってやめてしまうことが多い。また、**「自分が無駄遣いしている=失敗している!」**と極端な思考になって現実を受け止めきれず、挫折してしまうこともある。

ここを乗り越えられると家計簿は次第に本領を発揮し始める。収支の流れがわかるためには、どうしても数カ月(できたら半年)のデータが必要だからだ。反対に家計簿はそのくらい継続しないと本当のメリットが得られないことを理解していないと、最初のデメリットで嫌になってしまうのだ。

解決法　お金の流れを可視化する

家計簿アプリを使って生活費を把握する

筆者は、家計簿を付ける一番のメリットは**「罪悪感を持たずにお金を使える」**ことだと思っている。「今月はまだ予算が残っているから」と思いながら使うのと、「お金、足りるかな?」と不安に思いながら使うのでは、同じ財布を開けてお金を払う行動でも気分が全然違う。

また、定期的にデータを見直して「来年は車検があるから、その分を前もって準備しよう」といった見通しが立てられる。12等分して積立方式で予算を立てておけば慌てずにお金を用意できる。

とはいえ、紙の家計簿に出費を

おすすめの家計簿アプリ

アプリ	特徴
Zaim	• 1,000万人以上が節約・貯金に役立てている日本最大級の無料オンライン家計簿 • 費目をカスタマイズしやすい • スマホカメラのレシート入力が優秀
マネーフォワードME	• 銀行やカードで使ったお金は食費や光熱費など自動で分類 • 連携している口座が多く、複数の口座残高や利用明細を一括管理できる • 有料版には残高不足を通知してくれるお知らせ機能がある • 似た状況の人の実績を参考にしやすい
Moneytree	• 銀行、クレカ、電子マネー、ポイント、証券を一元管理できる • 画面がシンプルで見やすい • 基本機能は無料で使える

逐一記入するのはかなり面倒な作業だ。そこで、スマホでも付けられる**家計簿アプリ**を使うことをおすすめしたい。いくつか種類があるが、上表に掲げたものがはじめて家計簿を使う人でも使いやすいだろう。

3つとも銀行口座やクレジットカード決済の利用履歴も連動して取り込んでくれるし、パソコンからも入力可能だ。

Zaimは費目をカスタマイズしやすい、マネーフォワードMEは連携している口座が多い、Moneytreeは画面がシンプルで見やすいといった特徴がある。

ICカードでの乗車記録が多い人はスマホのNFC（近距離無線通信）機能を使って、スマホにICカードを載せるだけで利用履歴を読み取ってくれるZaimやマネーフォワードMEあたりが使いやすいだろう。

銀行口座やクレジットカードと

連携させるにはインターネットバンキングなどの登録情報が必要だ。中には抵抗がある人もいるかもしれないが、セキュリティ対策はかなりしっかりしているので、まずメインで利用しているアプリだけでも登録すると自動取り込みの便利さに手放せなくなる。

現金の収支は原則手入力だが、紹介した家計簿アプリはレシート読み取り機能が付いている。以前はかなりエラーが多かったが、だいぶ改善されてきた。家計簿で大切なのはすぐに記録することなので、スマホやパソコンから入力できるのはかなり手間を減らせる。

1カ月ほど経過するとおおよその収支がわかってくるので集計してみよう。すると、「思ったよりもカフェに行っているな」「ついネットショッピングで買い物している」といった状況が見えてくる。中には後悔するような出費もあるかもしれないが、「今わかって良かった。今後に活かして予算を組んでいけばいい」と気持ちを切り替えて予算を組んでみよう。

予算を組んでみる

家計簿アプリでお金の流れが見えてきたら、次は予算を組んでみよう。予算の組み方にもさまざまなやり方があるが、きっちりと組んだほうが向いている場合と、ざっくりと組んだほうが良い場合がある。

最初はおおまかな項目→慣れてきたら細かくというのが原則だが、印象としては、ADHD傾向が強い人は費目が多いと面倒になるので、**ざっくりと「食べる、暮らす、遊ぶ」、もしくは「消費、投資、浪費」の項目で集計する**と続きやすい。具体的には、次のように分けると良いだろう。

「食べる、暮らす、遊ぶ」の場合

- 食べる→食費
- 暮らす→水道光熱費、家賃、日用品、衣服費、医療費など食費以外の暮らしに必要な費用
- 遊ぶ→習い事や趣味、レジャー、交際費など

「消費、投資、浪費」の場合

- 消費→日々の暮らしに必要な費用（先の「食べる、暮らす」に当たるもの）
- 投資→将来のキャリアアップや知識を深めたり、生活を楽しんだりするための費用（習い事など）
- 浪費→買ったけれど使っていないもの（最初は消費や投資だと思ってもあとで浪費だったと気付くこともある）

いずれの場合も「遊ぶ」「浪費」の項目から見直すが、ゼロにするとストレスがたまり、リバウンドして結局失敗してしまう。ローン

などで生活が切羽詰まっている場合は極力減らさないといけないが、そうでなければ一定額を確保したい。

ＡＳＤ傾向が強い人はきちんと分けたほうが曖昧さがなくなるので、**細かい費目**で（代表例は婦人之友の家計簿）予算を組んで集計するほうが続きやすい。

家計簿アプリの費目も細かい費目に分かれているので参考にしてもいいが、将来他のアプリに乗り換えることも考えると次のような費目で分けるとわかりやすいし、簿記の知識がある人は帳簿の仕訳費目を参考にすると良いだろう。例としては、

- 食費
- 外食費（飲み会や食事会などは交際費）
- 水道光熱費
- 住居・家具（大型家電も）
- 日用品（小型家電も）
- 通信費
- 衣服費（クリーニング代も）
- 健康、医療
- 職業費（仕事をする上でかかった費用全般）
- 交際費（冠婚葬祭やプレゼント、帰省費用など）
- 教養・娯楽（習い事や趣味、旅行など）
- 交通費（それぞれの費目に振り分けてもいい）
- 税金（天引き分や消費税以外のもの）
- 保険
- 公共費（寄付金など）

などで分けておくとあとで比較しやすい。比較できるよう曖昧なもの（たとえば家電や化粧品、美容院代）は最初に「ここ」と決め、予算を見直すとき以外は変えないように気を付けよう。もちろん自分の状況に合わせて増減しても良い。

筆者は数年前から婦人之友の家計簿のルールを少しアレンジして付けている。予算の組み方や費目分けにかなり細かいルール（たとえば食費は栄養バランスと物価のデータから割り出す）があるが、予算が現実的な数字になって何にどのくらい使っているかがよくわかるので、その後はほぼこの形式で記録している。

それまでも家計簿は付けていても結局収支の記録になってしまっていたが、この方式にしたら途端に預金残高が増えて予算の重要性を実感した。その後、夫も使えるよう家計簿アプリにしたら少し曖昧になってしまい、反省して夫と話し合ってルールと予算を見直した。

月単位だとつい気が大きくなる人は、週単位か10日単位のほうが感覚をつかみやすい。家計簿アプリでも月単位の集計はしてくれるが、できたら表計算ソフトか紙に集計結果を記録し、累計や差引額を折に触れて確認しよう。519ペー

ざっくりと集計項目を分けた例

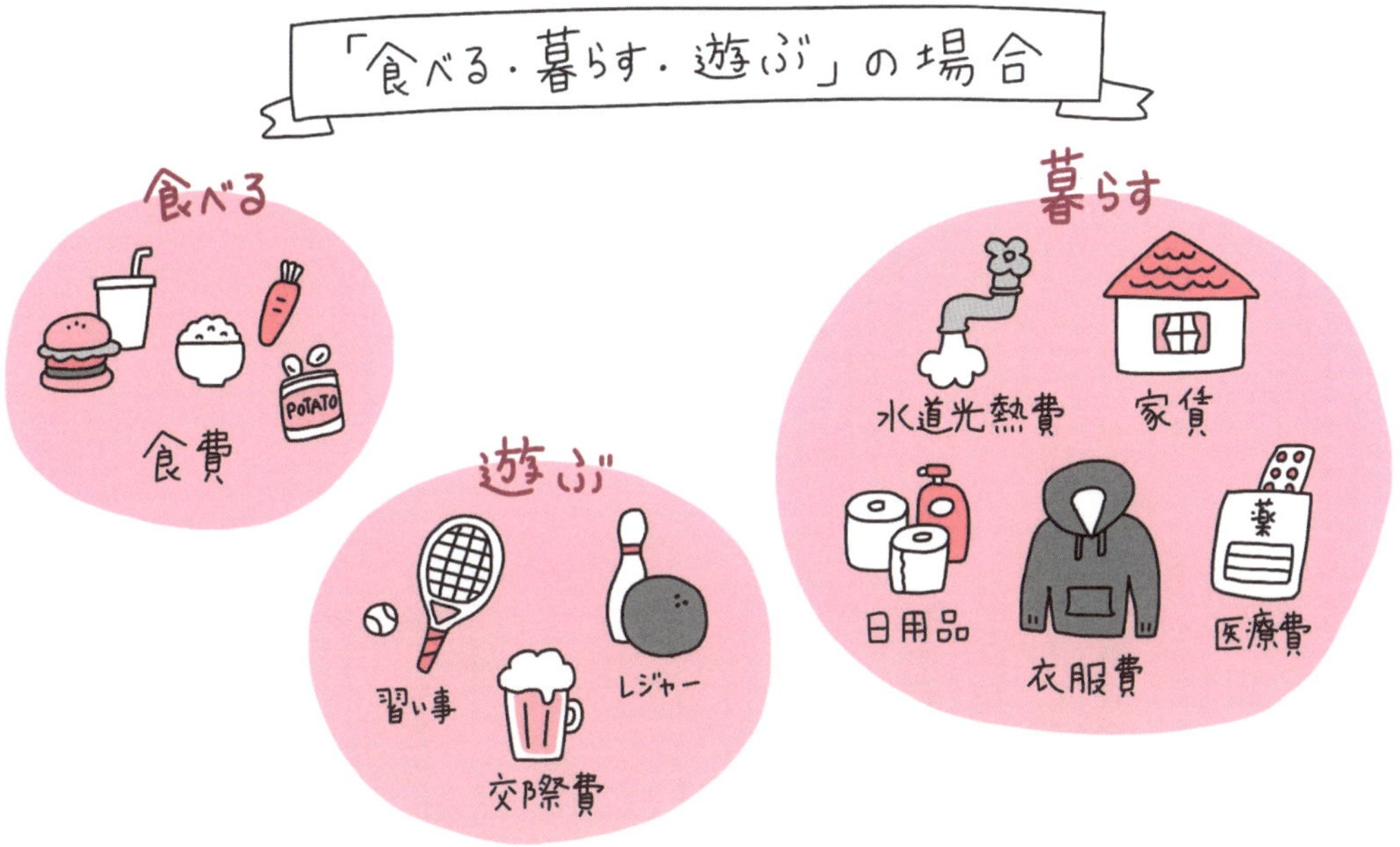

ジに集計結果の例を掲載しているので参考にしてほしい。

月単位だとつい給料日直後に使いすぎてしまい、給料日前はギリギリになりがちな場合は、1週間（4等分）や10日単位（3等分）で集計したほうが良い。前後に余ってしまう日は繰越分で調整する。

計算が苦手な人、集計作業が苦痛になる人は事前に銀行引き落とし分を差し引いた額を等分して決まった日に引き出し、そのお金だけで暮らす。クレジットカード決済をした場合は、その額を後日銀行に預け入れ、再び事前に決めた額を引き出す。

やりくりに慣れるまで、できるだけ買い物はクレジットカードを使わず、現金で決済したほうが「これだけ使った」という感覚をつかみやすい。ICカードも目安がわかるまでは現金でチャージしたほうがお金を使っているという実感が湧く。

買い物リスト（持ち物リスト）を作る

買い物に行くと本来買うつもりではなかったものを買ってきて、必要だったものを買い忘れた経験は誰しもあるだろう。1回の買い物ではたいした額ではなくても、それが積み重なっていけばそれなりの額になる。

ADHDの傾向が強い人はスーパーなどで「新商品」「限定品」という広告を見ると買いたくなる。**買う前に「本当に欲しいのか？」と自問自答してみる、まず買い物リストにあるものを買ってみて、それでも欲しいなら浪費用予算から出す**、といったルールを設けよう。

一方でASD傾向が強い人は物へのこだわりが強いことが多いため、日常生活は節制して過ごしていても、自分が好きなものへは際限なくお金を使ってしまいがちな面がある。

そのため、「自分が好きなものを買う計画表」や「持ち物リスト」を作って金額を記入する、「△△としては安くてお得かもしれないが、○円は××費1カ月分」と**日常生活の予算に置き換えてみる**。すると「似たようなものを持っているから、もう少し様子を見よう」「来月にしようかな」といった長期計画で考えられるようになる。

筆者の家はよく食べるもののマグネットを作り、冷蔵庫の横に貼ってある。なくなりそうになると気付いた人が冷蔵庫の前に移しておき、買い物に行く人がそれを買い物リストのアプリに記入する。さらに買い物に行く前と生協に注文する前に家中のストックを確認して買いだめをしないようにしている。

集計結果の例

	予算	8月	9月	10月	11月	12月	累計	累計残高
税金	45,000	40,761	30,151				70,912	19,088
社会保険	79,000	63,361	55,022				118,383	39,617
副食物費	32,000	26,203	22,593				48,796	15,204
主食費	10,000	8,107	11,732				19,839	161
調味料費	8,000	3,494	7,285				10,779	5,221
水道光熱費	26,000	26,768	21,524				48,292	3,708
住居・家具費	145,000	135,779	146,579				282,358	7,642
衣服・美容費	7,000	3,717	11,713				15,430	−1,430
交際費(親族を含む)	10,000	4,100	11,707				15,807	4,193
教養費	6,000	4,726	1,412				6,138	5,862
娯楽費	30,000	0	50,463				50,463	9,537
保健・衛生費	20,000	17,654	15,495				33,149	6,851
職業費	120,000	96,638	83,406				180,044	59,956
特別費	9,000	4,179	9,711				13,890	4,110
公共費	2,000	0	0				0	4,000
純生活費	425,000	331,365	393,620				724,985	125,015

効率的な買い物リストの作り方

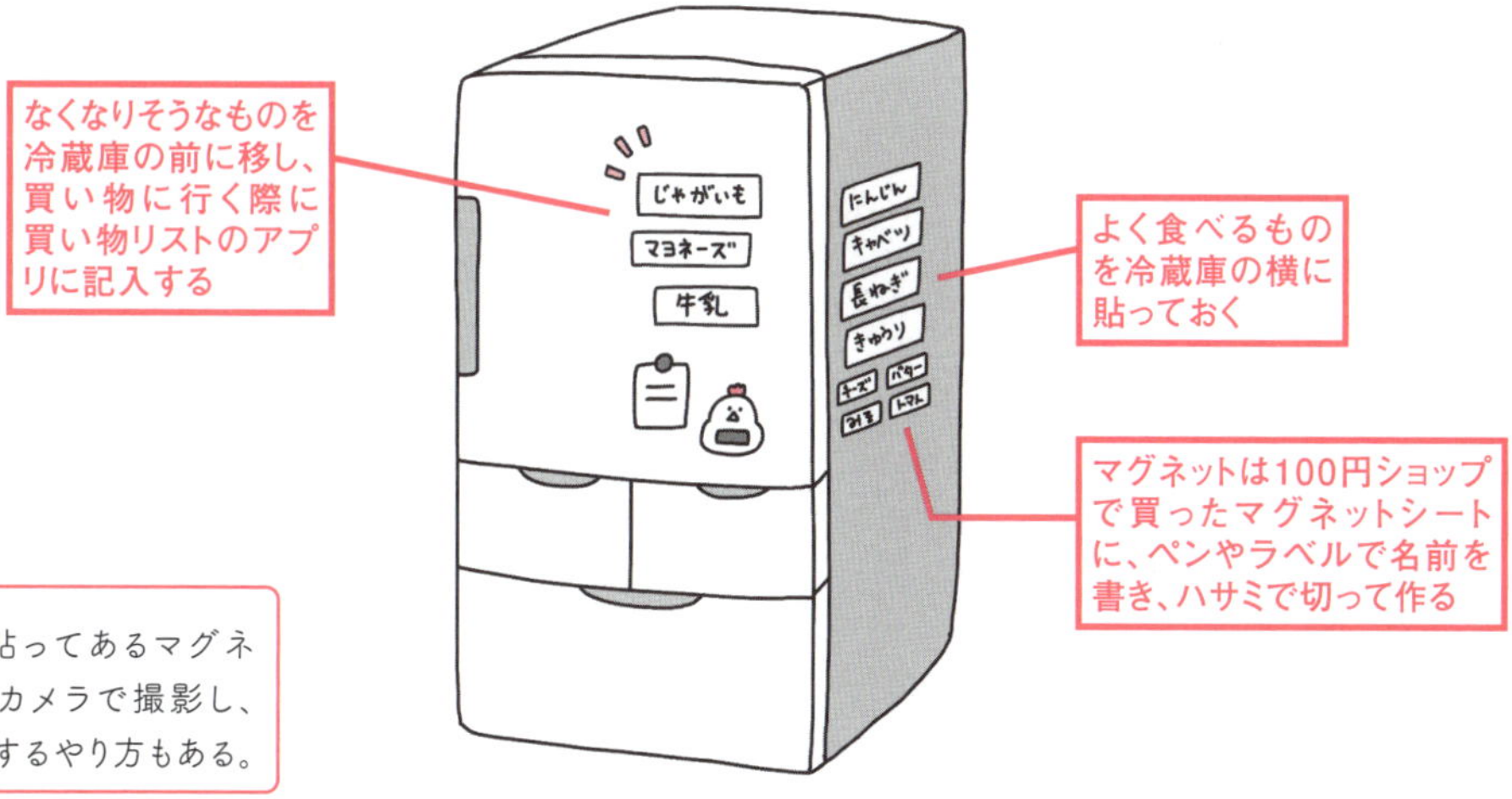
なくなりそうなものを冷蔵庫の前に移し、買い物に行く際に買い物リストのアプリに記入する
じゃがいも
マヨネーズ
牛乳
にんじん
キャベツ
長ねぎ
きゅうり
チーズ
バター
みそ
トマト
よく食べるものを冷蔵庫の横に貼っておく
マグネットは100円ショップで買ったマグネットシートに、ペンやラベルで名前を書き、ハサミで切って作る

memo

冷蔵庫の前に貼ってあるマグネットをスマホのカメラで撮影し、買い物リストにするやり方もある。

急な出費に慌てる

対策

- 年間スケジュールを見て出費が多い予定などを把握する
- 予定額を準備金として少しずつ貯蓄口座に貯める

事例

すっかり忘れていた車検！急な出費に大慌て

ある日郵便ポストを見るとディーラーから車検の案内が届いていた。それを見て思わず「あ……」と声が出てしまった。というのも車検のことをすっかり忘れていたのだ。

前もってわかっていることなのに案内が届くまで思い出せず、いつもはがきが届いてから「今回はいったいいくらぐらい費用がかかるのだろう？」と不安になってしまう。

おまけに先週には遠方に住んでいる祖父が倒れて入院したので急遽見舞いに行かなければならず、仕方がないこととはいえ出費がかさむ状況になってしまった。幸い元気になって近日中に退院できそうだが、本格的に介護が始まるとなると度々様子を見に行くことを考えなければならないかもしれない。

突然お金が必要になることがあると、そのときは「貯金しなくちゃ」と思うが、事が済むとすっかり忘れてしまう。将来何かあったときのためにもっとお金を準備しておきたいと思うがどうしたら良いのだろうか。

原因

予定を前もって確認し、必要なお金を準備する習慣がない

お金を貯められる人と貯められない人の差は、**「お金と時間という異なる概念を結び付けることができるかできないか」**だろう。

前もって予定を把握し、それに

向けて費用を見積もって少しずつお金を貯めることが自然にできる人はストレスなくお金を貯められる。

一方、予定があることは理解していても、それに向けて必要なお金を準備するという発想がなければ、突然お金が必要となる場面が来て慌ててしまう。

発達障害の人でお金に関する悩みが多いのも、このような異なる事柄を結び付けて考えることが苦手なことが一因にある。

お金自体は金額以外はっきりした尺度がなく、漠然と使っているとなくなってしまう性質がある。そのため、自分たちで必要に応じて金銭を振り分けておくことが重要だ。

予算を決めるのは将来必要とされる出費を見積もることだし、家計簿はその根拠となるデータを正確に知るための記録と思えば良いだろう。

解決法 年間スケジュールを見て出費が多い予定などを把握する

377ページでは前もって予定を把握しておけば忙しそうな時期が把握できるメリットを述べたが、実は事前のスケジュール把握は金銭面でも大きな効果がある。前もって大きな出費がわかればそれに応じて資金を少しずつ貯められる

Column

便利なスマホアプリ

本書でもさまざまなスマホ用アプリを紹介しているが、アプリの利点はある機能やサービスを強化していることに尽きる。また、クラウドサービスを使う際、いちいちログイン画面からアカウントやパスワードを打ち込む手間も省いてくれる。

既存のサービスをより使いやすくするタイプのものもあり、「こういうことができるといいな」と思って調べてみるといろいろと見付けられる。また、改善点について「この機能も付けてほしい」と要望を出すと取り入れてもらえることもある。

スマホを購入するとあらかじめインストールされているものもあるが、筆者が入れておいたほうがいいと思うアプリは、

- メール
- スケジュール
- タスクリスト
- 乗換案内
- ごみの捨て方アプリ
- 家計簿
- パスワード管理
- SNS
- よく行くお店のポイントカード

タブレット端末に入れておくと便利なのは、

- 電子書籍リーダー
- ワープロ、表計算ソフト
- PDF閲覧

あたりだ。他にも体調管理や家電の取扱説明書、電子マネーなどを事情に合わせて導入するといいだろう。

筆者はあくまでもスマホを道具と考えているため、アプリを入れる場合、①面倒な操作や設定がないか(覚えることが多いと導入した意味がない)、②それを入れることで今よりも快適になるか、③出費と利益のバランスは取れているか、を判断材料にしていて、年に1、2回見直しを行っている。一方で夫が新しい操作を覚えるのが苦手なため、彼と共有しているアプリはできるだけ入れ替えない。

スマホを自分の中の自由空間と考えている人もいるだろうし、通信できるゲーム機と考えている人もいると思う。まず自分は何のためにスマホを持っているのかを考えてみるといいのかもしれない。

し、「大きな出費があるから少し節約しよう」といった無駄な出費を抑えることもできる。

ADHD傾向が強い人の場合、時間感覚が弱いことに加えて衝動性の強さが支障になりやすい。そのため、あらかじめ必要なお金を事前に分けておく仕組みを導入しよう。先に述べた積立貯金や貯蓄口座として別にしておけば、年単位の出費や臨時出費はそこから捻出することもできる。

筆者は予算を立てる際、車検や親戚との交際費など**前もってわかっている予定は、次ページのように毎年最初におおまかな費用を見積もって予算に組み込んでいる。**予算に組み込んでいるから貯蓄用の預金を引き出したり解約したりしなくても済むメリットがあるし、できるだけ全体の生活費を変えずに無駄な出費を減らそうという確認の意味合いも含めている。

ASD傾向が強い人の場合は突然の出費にパニックになり、それまで頑張っていた貯金を取り崩し、さらにそれがストレスになって……という悪循環に陥りやすい。もしくはお金を使うことに罪悪感を抱き、必要な出費を抑えてしまうことで本人や周囲が不満を感じてしまう結果に終わることもある。お金は必要なときに使ってこそ効果があるが、いつが使いどきなのか判断が難しいため余計不安になりやすい。まずは1回分の帰省や冠婚葬祭の費用を別に取っておくことから始めてみよう。はっきりしない場合は5万円や10万円といったきりのいい額から始めると良い。

それでも不安な人は**ライフプランを作ってみる**とお金がかかる時期が見えてくる。ネットなどで無料で作ることもできるし、ファイナンシャルプランナーに相談するとより詳細に作ってくれる。ただし、詳細な出費がわからないと正確なものはできないので、きちんと知りたいなら家計簿を付けることが必須だ。

予定額を半年から1年かけて準備金として少しずつ貯蓄口座に貯める

年間にかかる費用を見積もるとかなりの金額になって、「え？こんなに貯めるの無理！」と思った人もいるかもしれない。しかし、年に10万円貯めるなら月だと8300円前後で1日当たりは約300円となる。つまり毎日カフェでコーヒーや飲み物を買う習慣があるなら、無意識のうちに年に10万円近く使っていることになるし、回数を減らして少しでも貯金に回せれば毎年10万円貯金は決して非現実な額ではない。

積立貯金が少額でも威力を発揮するのは時間という尺度を上手に利用しているからで、逆に見れば少額の出費でも塵も積もればそれなりの額になるのも同じ理由だ。だとしたら時間とお金をうまく組み合わせて有効に活用しよう。

筆者は**毎年最初に見積もった大きな出費をさらに月割りにしている**。これは準備金として積立貯金をしているのと同じことなので、他の月は油断せずできるだけ出費を抑え、大きな出費のあとは引き締めながら多少マイナスでも年末に黒字になればOKという作戦だ。これだと全体的な支出の見直しや予算を立ててみたい場合におおいに力を発揮する。

前もってわかっている予定は あらかじめ予算に組み込んでおく

例）車検（12月）

予算約18万円（過去データを参照して算出する）

↓ 12分割

毎月 **¥15,000** ずつ上乗せする

↓

例年の月平均予算に加算

（自動車費15,000＋15,000）

車検代

↓

毎月予算 **¥30,000** と算出

↓

12月まで出費を抑えて 車検に備える

　生活費に組み込むとつい使ってしまう人や、家計簿で予算管理する習慣に慣れていない人は積立貯金作戦がやはり現実的だろう。以前、あるADHD当事者も『準備金として資金を積み立てるといい』とファイナンシャルプランナーにアドバイスされてから、この手の貯金ができるようになった」と教えてくれた。

　どちらが良いかは、今はまずお金を貯める習慣を身に付けたいのか、今後家計簿を付けたり家計を見直したりしたいのかといった目的に沿って決めてみよう。もちろん貯金する習慣を身に付けたら家計の見直しをするための方法に切り替えるといった段階的なステップを踏むのも良いだろう。

外食費がかさむ

対策

- 外食の予算や回数を決める
- すぐに食べられる食材を活用する
- すぐに作れるレシピを数品マスターする

事例 ラクだからと外食が続いたら……

最近仕事が忙しくて朝ギリギリまで寝ていることが増えた。起きたら身支度するのに精一杯で食事も摂らずに出勤し、朝礼前のデスクでおにぎりを食べ、昼食は近くの定食屋かラーメン屋などでササッと済ませ、夜も開いているスーパーやコンビニで買ってきた惣菜を自宅で食べるという生活になっている。

先日、同じく一人暮らしの同僚の食費が自分の額の半分と聞いたので、思わず「どうやって節約しているの？」と聞いたら、休日にまとめ買いして作り置きしたおかずを使いまわしていると教えてくれた。

「そんなに難しくないよ」とその人は言うが、もともと料理が得意ではなく真似できる気がしない。とはいえ外食費がかなりかかっているし、栄養バランス面でももう少し改善したい。何か良い方法はないのだろうか。

原因 料理を生活に取り入れるポイントに気付きにくい

日常生活を送りながら毎日食事の支度をするには、①一度に複数のことをする（例：レンジでご飯を温めながら材料を切って鍋に入れる）、②調理手順の手を抜くところと手を抜けないところを見極める、③予算、栄養バランス、入手可能な材料、好き嫌いといった調理手順以外の項目も考えて適宜組み合わせる、といったいくつものステップを経てようやく軌道に乗せられる。しかし、発達障害の人にとって、これはかなりハードルが高い。

①はADHDや発達性協調運動障害、②はASD、③はすべてのタイプの発達障害の人にとって支障になりやすい項目といえる。

そのため毎日の生活に追われていると食事に時間をかける余裕がなくなってしまい、だんだん外食やコンビニなどの惣菜に頼りがちになる。最近は安くて待たずに食べられる店も増えているから、

「今日は疲れているから」「いつも頑張っているし」と何らかの理由を付けて利用したくなる。

とはいえ毎食外食にすると、どんなに節約しても1食500円前後はかかるので、3食外食すると最低でも1日当たり1500円、1カ月だと45000円とかなり出費がかさむ。特にADHD傾向が強い人は、**つい目の前の「ラク」に流されやすい**ので要注意だ。

一方で、すべて自炊で賄うのも現代の生活では必ずしも合理的ではない。特にASD傾向が強い人は「弁当も一から作って節約せねば!」と**高い目標を掲げがち**だが、食事の支度にエネルギーを注ぎすぎて仕事などに支障を来したら元も子もない。

今は一人暮らし世帯や共働き世帯が増えたこともあってか、スーパーやコンビニへ行くと手軽に食べられる惣菜類や冷凍の半調理品がかなり充実している。家で食事する機会が少ない一人暮らしなら食材を無駄にしなくて済む、あれこれ調理道具をそろえなくても良い、といったメリットもあるのでうまく利用したいところだ。

解決法 外食の予算や回数を決める→朝晩はできるだけ自宅で

働きに出ていると、昼食は外食という人が多いだろう。社員食堂があって安く利用できるならぜひ活用したい。社食がなくてもオフィス街には栄養バランスが取れた定食をランチに出してくれるお店があちこちにあるので、気分転換に利用したい。

節約したい人はコンビニやスーパーを味方に付けよう。今は弁当類も栄養バランスを意識したメニューや、デスクワークでほとんどカロリーを消費しない人向けに少

量にしてあるものなど、豊富なメニューがそろっている。惣菜類も充実しているから1食500円前後でも栄養バランスが取れたものを食べられる。

気を付けたいのは、

- 糖質や脂質および塩分の取りすぎに注意（カップ麺やおにぎり、菓子パンだけというのは避ける）
- ビタミン、鉄分、カルシウム（青菜や乳製品、大豆製品、海藻、ナッツ類に多い）や食物繊維を意識する
- カロリーは適切に（デスクワークの男性は1日当たり2200キロカロリー、女性は1800キロカロリー前後が目安）

ということだ。

もちろんこれは目安なので、健康上の理由などで食事管理が必要なければ**数日単位でバランスが取れるように調整**すれば大きな問題にはならない。たとえば、飲み会が入ったら前後数日で飲み会の際に不足しがちなもの（野菜や食物繊維など）を多めに食べるようにし、多くなりがちなもの（糖質、脂質、塩分）は少し減らす（ご飯などを小盛りにし、間食や甘い飲食物を控えるなど）というおおらかなもので対応しよう。

朝は何とか自宅で摂れそうだが、帰宅時間が遅くなって外食になりがちな場合は18～19時前後にまずおにぎりやバナナなどの糖質を摂り、帰宅後は具だくさんの汁物（味噌汁やスープなど）を食べる、もしくは春雨スープや牛乳寒天といった食物繊維が豊富で低カロリーなものを職場で食べて空腹をしのぎ、帰宅後に夕飯を食べると良いだろう。

すぐに食べられる食材を活用する

筆者は、以前職場にシリアルや野菜ジュース、フリーズドライの野菜スープを買い置きしてヨーグルトだけ当日に購入し、昼食時にシリアルにヨーグルトをかけて食べ、仕事の合間に野菜ジュースや野菜スープ、時折みかんやバナナといったすぐに食べられる果物を摂っていた。

シリアルはすぐに食べられるから朝食にも良いだろう。日本の食生活では摂取過多になりやすい塩分を抑えられる上に、不足しがちな食物繊維やカルシウムを補うことができる。

また、包丁やまな板を使わずに調理できる半調理品や冷凍食品もいくつかあると料理が億劫にならない。乾燥わかめやきざみ昆布に春雨、ツナやミックスビーンズ、ひじきの缶詰、冷凍のシーフードミックス、ほうれん草、アボカド、きざみ油揚げやカット済豆腐は筆者も愛用している。他にも日持ちがするパックのごぼうサラダや白和え、アジの南蛮漬け、サン

外食の際に気を付けたい3つのこと

トンコツ ラーメン
こんぶ
○○円
MILK
ワカメ
糖質や脂質、塩分の摂りすぎに注意
ビタミン、鉄分、カルシウム、食物繊維を意識する
カロリーは適切に

マの蒲焼き缶などを用意してある。他には牛乳やヨーグルトに卵や納豆、マヨネーズやめんつゆが冷蔵庫にあれば便利だし、一人暮らしならカット野菜も活用したい。

ASD傾向が強い人は味覚過敏があって混ざった味付け（筆者も子どもの頃は和食特有の甘辛い味付けが苦手だった）やミックス食材が苦手なことがあるので、その場合は単品のカット野菜や冷凍食材から活用すると良い。

疲れて帰って料理する気が起きなくても、市販のわかめスープに春雨やレンジで解凍した冷凍豆腐を少し入れればそのままよりも栄養バランスが向上する。**料理する気分になること**が第一歩だから、高いハードルを作らず、「おかずの入ったパックを開けて食べる」「電子レンジでご飯を温める」に少し手を加えることから始めよう。

すぐに作れるレシピを数品マスターする

料理の基本ステップは、

- 材料と料理器具を用意する
- 洗う
- 切る
- 加熱する
- 混ぜる（食材もしくは調味料）
- 盛り付ける
- 食べる
- 食器を洗ってしまう

の組み合わせになる。この中で「切る」「加熱する」「混ぜる」「食器を洗ってしまう」はできるだけ簡単にしたい。そこで半調理品や冷凍食品、マヨネーズやめんつゆといった食材を活用すれば味付けの手間が省けるし、包丁やまな板を使わずに料理できれば洗い物も減らせる。

たとえば、買い置きの例に挙げたミックスビーンズ、レンジ解凍したアボカドとツナ缶にドレッシングかマヨネーズをあえればおかずになり、あとはご飯かパンがあれば1食賄える。

ドレッシングやマヨネーズは加熱料理の調味料としても使える。カット野菜やシーフードミックスと炒めてもいいし、切った肉や魚をつけ置きして冷凍すれば、帰宅後に必要分だけ出して焼くだけでもおかずの一品になる。

ASD傾向が強い人はラクをすることに罪悪感を覚えたり、最初に覚えたレシピから味付けや材料を変えたりすることに抵抗があるかもしれない。しかし、**家事（特に料理）は基本「絶対これ！」がない世界**なので、もっとラクにできないか、他の食材や調味料で代用できないか、という発想の転換も大切だ。「意外と大丈夫だった」という経験が世界を広げるきっかけになるのでいろいろ試してみよう。

外食を減らすための工夫

すぐに食べられるものを常備しておく

シリアル

野菜ジュース

みかん

市販のものに加えられる食材を活用する

乾燥わかめ

きざみ昆布

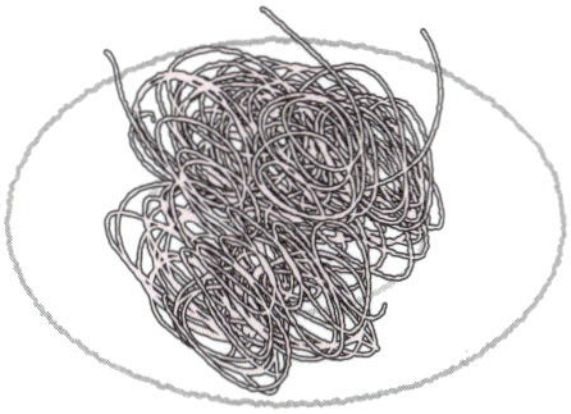

春雨

そのままおかずになるものを活用する

ツナの缶詰

冷凍のシーフードミックス

カット野菜

カードを使いすぎてしまう

対策

- クレジットカードや電子マネーの使用は極力控える
- 所有するクレジットカードの枚数を減らす
- クレジットカードの限度額を下げる

事例　カード引き落とし予定額を見てビックリ！

家計簿アプリから「引き落とし額が口座残高よりも多いため注意」という通知が来たのでアプリを開いて確認すると、いつもより3倍近い額になっていていて一瞬我が目を疑ってしまった。

「いつの間にそんなに使ったのだろう？」とカード会社のサイトを開いて利用明細を確認すると、先日買った洋服代と旅行代、そして年払いにしている生命保険料の支払いが重なって普段より多くなっていた。その他にも電子マネーへのチャージ額も多くなっていて、すべて自分が利用したとはいえ、このままやみくもに使い続けていたらさすがにまずいぞと不安になってきた。

カード払いは便利だし記録に残るからとついつい使っているが、現金だと「小銭を出すのが面倒だからやめようかな」と思うようなときでも、カードや電子マネーだとすぐに払える分、気軽に買い物をしている気がする。それに交通系電子マネーは改札で止められないよう、オートチャージにしているから無頓着になっていたかもしれない。

かといってすべて現金払いにするとストレスがたまってリバウンドしかねない。どうしたらストレスなくカード利用をコントロールできるのだろう。

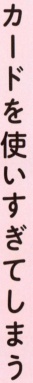

原因　実感を伴わない無意識な出費が続いた結果、総額が膨らんでしまった

ここ10年ほどでクレジットカードや電子マネー決済ができる店舗が大幅に増えた。利用者からすれば現金を持ち歩かなくていいし、店舗側も現金を扱わなくて済むため急速に普及している。

一方で手持ちの現金が足りなくても欲しいものが買えることで不要なものを買ってしまう頻度が増えてしまうデメリットもある。また、現金だと実際にお金を手に取るため、「今いくら払った」と金額を意識できるが、クレジットカードや電子マネーは数字を確認するだけなので数字を量として実感しづらい。

実は、金銭管理に必要なのは数字（金額）を操作する能力もさることながら、**出費が実生活の中でどのくらいの割合を占めるのかを感覚で理解すること**である。「今月は出費がかさんでいるな」と感覚的に察知していれば自然と出費を抑えられるが、クレジットカードや電子マネーではその機能が働きづらい。

さらに、最近はネット通販などで買い物へのハードルが下がっていることに加えて、ネットの有料サービスやゲーム課金といった「無意識な出費」がとても多い。

現代社会は便利さと引き換えに実感を伴わない出費が増加しがちなことをまず意識しよう。

特に発達障害の人は特性として**実感を伴わないことを認識しづらい**面がある。

ADHD傾向が強い人は、「欲しい！」という感情が先に立つ上に、買い物へのハードルが低ければどんどん買い物をしてしまう。

一方、ASD傾向が強い人はADHDの人と出費項目は似ているが、趣味や好きなものへ投資する、もしくは「持っていると便利かも」「ないと不安」といった見通しが立たないことから生じる出費がかさみがちだ。

だからといって現代社会でクレジットカードや電子マネーを使わない生活は不便極まりないし、割引サービスやポイント還元といったメリットもある。上手に活用する方法を探って自分に合った使い方を見付けよう。

解決法　しばらくの間は固定費のみをクレジット払いにする

本当に節約したい場合、最もシンプルなのはクレジットカードや電子マネーを使わずに現金決済と口座引き落としで暮らすことだ。スーパーで安売りしているとつい不要なものも買ってしまうし、ク

カードを使いすぎない4つの方法

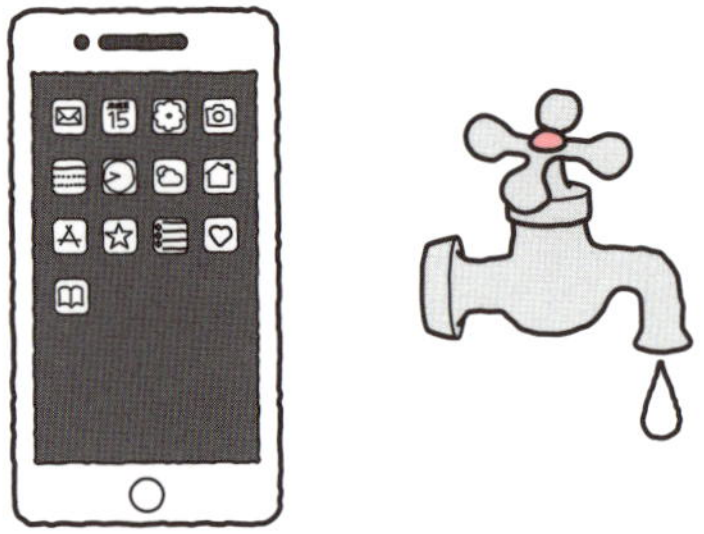

定期的な支払いにのみ利用する

カードは2枚のみにする

デビットカードや
プリペイドタイプの
カードに切り替える

一括払いのみにする

レジットカードや電子マネー用端末へのインフラ整備にお金をかけていない分、実際は現金決済のみのお店のほうが価格が安いことも多い。家計管理も現金と預金口座の出入りだけ確認すれば良く、ずっと簡単になる。

しかし、クレジットカードなしだと現代社会ではかなり不便だ。それに携帯電話を格安SIMで利用する場合、大半はクレジットカード払いが条件になっているし、光熱費や税金、交通費といった日々の暮らしで必要な支払いでポイントが貯まるならそれをうまく活用したい。

そこで、使い方の傾向をつかむまでクレジットカードは携帯電話などの**定期的な支払いのみに利用**し、外出時には現金で支払ってみよう。

すると、次第にどんなときにカードを使っていたのか、どの店をよく使うのかといった今まで無意識だったお金の利用状況が見えてくる。

電子マネーも当面の間は交通費や税金の支払いといった現金でも絶対支払うものだけにして、飲食物などは現金で払ってみよう。すると、「カードが使えるお店へ行こう」「電子マネーを持っているからあのコンビニ」という発想から、「あのお店のほうが安い」「財布を出すのが面倒だからお昼まで我慢しよう」へと視点が変わってくる。

家計簿への記入が面倒かもしれないが、経費など細かい金額が必要なもの以外は使途不明金が出ないよう数日分まとめて項目別に記載し、合わない分は残高調整すれば問題ない。それで使い方の傾向が見えてきたら、その習慣はできるだけ変えないようにして少しずつカードや電子マネーへ切り替えていこう。

クレジットカードは2枚にして限度額も下げておく

クレジットカードは使いすぎを防ぐためにも、できれば1枚ですべてを賄いたいが、カードごとに一長一短があるため、1つのカードには絞り込めないことが多い。だからといって、あれもこれもと所有するのも無駄遣いにつながってしまうことから避けておきたい。

そこで、まずは**メインで使用するカードを決め、そのメインのカードでは不足している面を補うサブのカードの2枚（どうしても難しいなら3枚）に絞るようにしよう。**

たとえば、

- メインとして使用するのは一番よく行くお店で割引が受けられるカード、サブは交通系（交通系ICカードへチャージできる、ガソリンが安くなる）カード
- メインはポイント還元率が高いカード、サブはよく行くお店で割引が受けられるカード

という視点で選んでみると、どのカードにすれば良いか決めることができるだろう。この機会にほとんど利用していないのに年会費だけかかっているカードがあったら解約しよう。

利用額が多いとつい気が大きくなって使いすぎてしまう場合は**利用限度額を下げる**のも効果的だ。クレジットカード利用歴が長いと更新時に利用限度額が増額していることがあるが、カード会社へ申請すると限度額を下げてくれる。盗難の際のリスク軽減にもなるので、同時にキャッシングの限度額も最低限にしておこう。きちんと利用額を支払えていれば急な出費の際は連絡すると一時的に限度額を上げてくれる。

経費の支払いにもクレジットカードを利用している人の場合は、

経費用のカードを決めて、それ以外のカードの利用額を下げる、家計簿アプリで利用額のアラートを設定し、その額を超えたら警告してもらうといった予防をしてみよう。

デビットカードやプリペイドタイプのカードに切り替え、予算額以上使えなくする

しかし、中にはこれだけだと対策が不十分な人もいるだろう。特に自分がいくら使ったか把握していない人の場合、たとえ所有するクレジットカードの枚数を制限しても、それでもついつい使いすぎてしまう。

そんな人は、どうしてもクレジットカードでなければ支払えないもの以外は、しばらくの間は**デビットカードやプリペイドタイプのカード**で支払ってみよう。

デビットカードやプリペイドタイプのカードは、日本では最近普及し始めたものなので、はじめて耳にした人もいるかもしれない。デビットカードは、利用後すぐに銀行口座から引き落とされる（そのため銀行が発行していることが多い）カードで、銀行の預金残高以上には利用できない。口座に金額と残高が反映されるので、家計簿アプリと連動させるとより効果を発揮する。1日の限度額も設定できるので、普段は低めに設定しておくとさらに使いすぎを防止できる。

プリペイドタイプはチャージするとその分だけ利用できるもので、こちらも最近ポイント還元率が高いものが出てきたこともあって節約志向が高い人の間で話題になっている。ただし、**利用する上限を決めて入金する**といったルールを設けることが重要だ。

電子マネーも「残金がなくなったから」と漫然とチャージしていると、際限なくチャージしてしまうので要注意だ。オートチャージは確かに便利で筆者も愛用しているが、毎月必ず金額を確認するようにしている。主に利用するのは交通費や税金といった必要な支出を中心にし、自販機の飲み物や売店での買い物といった浪費につながりやすい出費はオートチャージにしていないサブの電子マネーを利用している。

中には「面倒だな」と感じた人もいるかもしれないが、残念ながら今の消費社会は面倒くささを省き、簡単に支払う方向へ誘導するきらいがある。実際、たまに家計簿を見直すと「お試し期間中だけと契約したけれど利用していない有料サービス」や「改定で当初の見込みより利用できなくなった優待」が必ず見付かる。解約が面倒だと思うのなら契約時によく検討したほうがいい。特に最初は無料もしくは割引で利用できるサービスでも、途中から有料もしくは値

上がりするタイプのものは要注意だ。

分割払いやリボ払いにせず、一括払いのみにする

カード会社から時折リボ払いへの切替案内が届くので内容を確認すると、ポイント・キャンペーンといった一見メリットが大きそうなことが書いてある。しかし、分割やリボ払いは**借金の先送り**であり、金利がかなり高い点が意外と見落とされがちだ。

この手の返済（住宅や自動車などのローンも含む）は複利計算なので、金利だけ見ているとつい低いと思っても実際は相当の金利（手数料）を支払っている。

金利の目安を知るために「72の法則」というものがある。72を金利で割ると返済額が2倍になる年数がわかるというもので、たとえば年利15%（リボ払いの平均的金利）というとピンとこないが、計算すると約5年で返済した場合、総額は借りた額の2倍になることがわかる。現在リボ払いをしている人は明細などを確認し、返せるのなら繰り上げ返済をするようにしよう。

中にはリボ払いの仕組みをうまく活用してポイントを稼いでいる人もいるが、支払日に合わせて支払額や引き落とし額などを設定するといったこまめにチェックして対応するスキルが必要だ。

分割払いやリボ払いは借金する心理的なハードルを下げる。借金に慣れるとそれを当てにして支出が増加し、それを補うためにまた借金という悪循環に陥りやすい。返済できるから大丈夫と思いがちだが、生活レベルを上げるのは簡単でも下げるのは難しい。お金とうまく付き合うためにも、お金に振り回されない状況を作ることが必要だ。

72の法則とは？

たとえば、年利15%の場合

$$72 \div 15 = 4.8$$

つまり、元金を返さないままだと約5年で返済額が借りた額の倍になる

引き落としや払込みを忘れる

対策

- ○ペイジー決済やクレジットカード払いを利用する
- ○生活費の動きをチェックしやすい体制にしておく

事例 払わないといけないのだが、行動に結び付かない

昼休みに昼食を終えて自分の席に戻ったら、ふと机の上に置いてある払込用紙が目にとまった。「あ、自動車税を払わないといけないんだった。そういえばこれ、いつまでに払うんだっけ？」と締切日を見たら今日まで！

「そうだ……。お昼を食べに外へ行くついでに郵便局へ寄って払おうと思って机の上に出したのに……」と思わず頭を抱えてしまった。

昼休みはもう終わってしまうし、今日は夕方から仕事関係の予定が入っているから払いに行く時間がない。

事情を知った同僚が「今日までならコンビニでも払えるよ」と教えてくれたが、忘れずに払える自信がない。

以前も同じようなことがあったし、クレジットカードの引き落としも残高不足で引き落とせず、後日気付いて慌ててカード会社へ連絡して送金したことがあった。

気付くとハッとするし、「支払わないと！」と頭では思うのだが、なかなか行動に結び付かない。大半の人が難なくこなしていることが、どうして自分にはできないのだろう。

原因 払込みの行動計画が不正確

ADHDの傾向が強い人には**忘れっぽい**という特性があり、冷静になれば「どうしてそこで忘れるの？」というときでもうっかりミスをしてしまいがちだ。忘れないよう目立つところへ払込用紙を置いておいても他のことに気を取られていると見落としやすいので、もう一歩踏み込んだ対策が必要だ。

　また、**時間の感覚が弱い**ため、日付や時間を見て「あと○日（○時間）」と残り時間を見積もることができず、余裕があるうちに対応せずについ先延ばしにしがちな特性もある。

　一方ASDの傾向が強いと、普段やっていることなら大丈夫だが、自動車税のように1年に一度といった**頻度が少ない払込みだとパターンが違うため忘れてしまうこと**がある。

　また、落ち着いていればコンビニでも払込みができるから慌てなくてもいいとわかっていても、普段食料品しか買ったことがない店だとそのことに気付かず、「郵便局へ行く時間がない！」と焦ってしまうこともある。最近は銀行や郵便局の窓口以外にも支払いができる方法が増えているから、自分が使いやすい方法を検討して試してみてもいいだろう。

解決法　ペイジー決済やクレジットカード払いを利用する

　外出ついでに郵便局や銀行、コンビニで支払うのもいいが、そうなると、

- 払込用紙を準備する
- 財布やかばんの中に忘れずにしまう
- 支払場所へ忘れずに行く
- お金を準備する（電子マネーにチャージする）

　といったやらなければならないことが多くなる。項目が多くなるほどうっかりミスをする可能性が増えるから、習慣付けられる自信がなければ確実に払えるやり方を選択しよう。

　自動車税はネットバンキングやクレジットカードでも支払可能なことが多いので落ち着いてできる状況（自宅など）で払うほうがミスを減らせるし、わざわざお金を準備する手間も省ける。店員や他の客に急かされることもないから自分のペースで行動できる。

　払込用紙が**ペイジー決済**（https://www.pay-easy.jp/howto/index.html）に

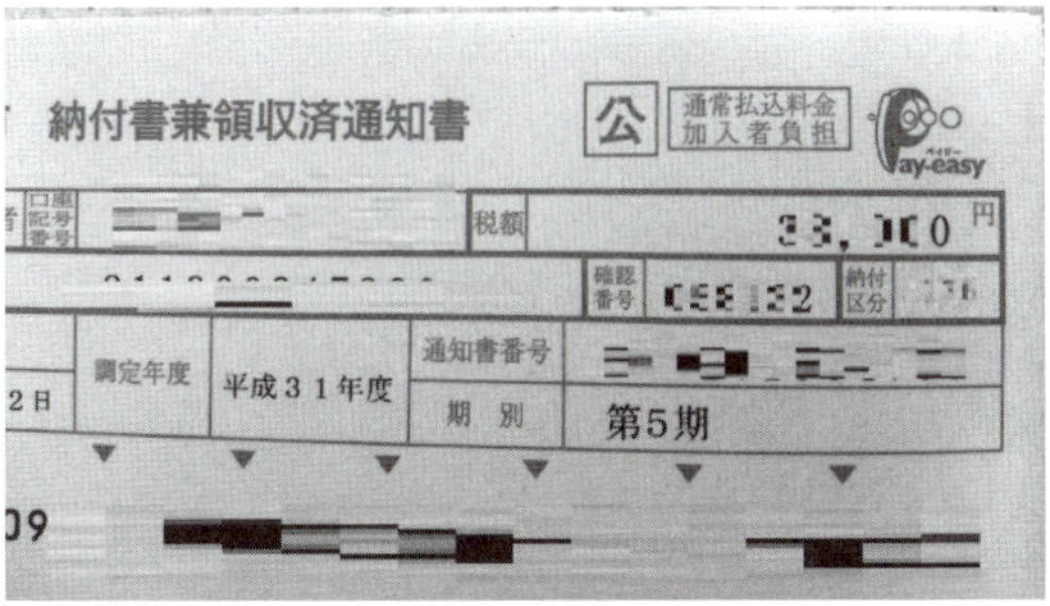

ペイジー対応払込票

対応しているなら払込用紙に書いてある番号を入れれば代金なども自動で表示され、手数料も無料だ。対応している地方自治体が徐々に増えてきているので、自分が住んでいる自治体が対応していたら検討してもいいだろう。

「ポイント還元率が高いクレジットカードを使っているから多少手数料がかかってもクレジットカード決済で払いたい」という人は**PayPay支払い**（https://paypay.ne.jp/guide/bill-payment/）などを検討しよう。こちらも対応している自治体が増加している。

国税は国税クレジットカードお支払サイト（https://www.f-regi.com/koukin/）や地方税お支払サイト（https://www.payment.eltax.lta.go.jp/pbuser）からも支払える。

自分が住んでいる自治体が対応しているか不明なら、払込用紙を確認するか、「住んでいる自治体名＋税金＋ペイジー」「住んでいる自治体名＋税金＋クレジットカード」で検索してみよう。

できるだけ負担を減らす方法に変更する

残念ながらペイジー決済やPayPay支払いなどを利用できない地域に住んでいる場合や、車検などで支払った日時入りの払込証明書が必要な場合にはネット経由で支払うのは難しい。そうはいっても平日働いている場合、昼休みに銀行や郵便局の窓口へ並ぶのも面倒だ。

実は銀行もしくは郵便局の窓口しか受け付けてもらえない払込みは意外と少なく、大半の場合は郵便局の払込用紙対応のATMもしくは収納代行サービス対応の店舗（コンビニなど）でも支払える。払込用紙が3連式のものなら郵便局のATMもしくは収納代行サービスを活用しよう。

コンビニにはあまり行かない人は、スーパーやドラッグストアでも収納代行サービスを行っている店舗が増えているのでそちらを利用するといい。買い物のついでに公共料金を支払えるし、最近はスーパーにも銀行ATMが設置されていることが多いから手持ちの現金が足りなくてもすぐに引き出して支払えるのは便利だ。

それも面倒ならこれを機会にできるだけ口座振替や自動引き落としに切り替える手続きをするといいだろう。

とにかく税金や社会保険料といった優先順位が高い支払いや固定費（家賃、電気、水道、ガス、電話代）などはできるだけ口座振替もしくはクレジットカードへ支払い方法をまとめ、**生活費の動きをチェックしやすい体制**にしておけば家計を見直す際にも手間が省けて便利だ。

支払い方法にはさまざまな種類がある

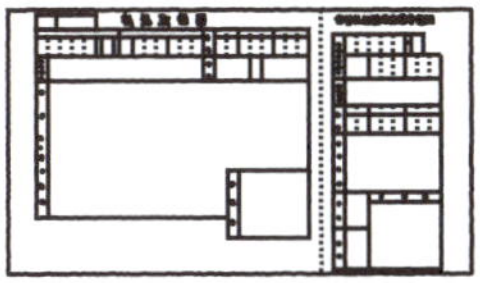

ペイジー決済

PayPay支払い

国税クレジットカード
お支払サイト

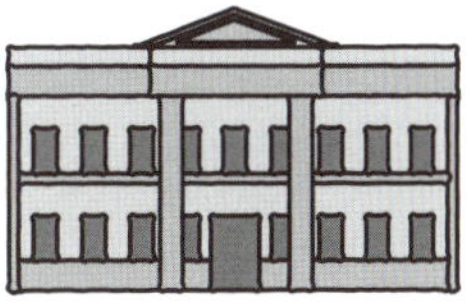

銀行や郵便局の窓口

コンビニ支払い

払込用紙対応のATM

スーパーやドラッグストア
での支払い

クレジットカード

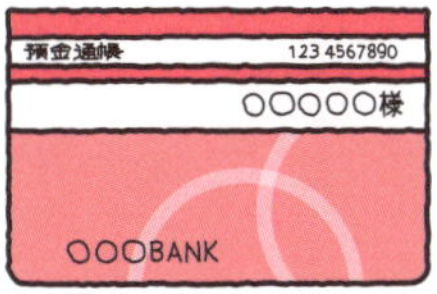

口座引き落とし

生活費が赤字になってしまう

対策

- 大雑把で良いので出費の枠を決める
- 使用額と残金を視覚化する
- 自分の買い物の傾向を把握する

事例　そんなに使っているつもりはないのだが……

「そろそろ財布の中の現金が少なくなってきたから、引き出さないと」とATMへ行ってお金を引き出し、明細を見たところ給料日前だからか、残高が数千円しかない。

「ええ？　いつの間にこんなに減っているの!?」と思わず二度見してしまったが、確かに間違いない。帰宅後ネットバンキングにログインして履歴を調べたら、以前よりも支出が増えてここ1年ほどは毎月赤字で、ボーナスで補填して何とかなっている状況だった。

以前は「いざというときのために」とボーナス分を定期預金に回せていたのに、「貯金があるから大丈夫」とつい気が大きくなっていたのを反省したが、そんなに使っているつもりがなかったから赤字なのに気付いていなかった。

予算を組んで生活すればいいのだろうが、以前無理な予算を組んで挫折したこともあり、うまく予算を組める自信がない。何かいい方法はないだろうか。

原因　現実的な支出の目安と予算が組めていない

働き始めた頃は「ちゃんと貯金するぞ」「計画的に予算を立てて暮らすぞ」と思っていても、日々の暮らしの中で少しずつ「このくらいならいいかな」と計画外のプチ贅沢をしてしまうことは誰にでもあるだろう。しかし、1回の出費は少額でも積み重なればそれなりの額になる。

「そんなに使っているつもりでは

ないのに……」と思う人は、まずこの手の**無意識の出費を見付けること**が大切だ。特にADHD傾向が強い人は**お金を使うことに快楽を覚えやすい特性**があるため、この手の出費が多くなりがちだ。

　また、計算LD傾向が強い人は、**金額だけだとどのくらい使っている（残っている）のかイメージが付きづらく**、事例のように残高が数千円となってようやく事の深刻さに気付くこともある。自分にとってイメージしやすい予算（たとえば食費は外食費込みで1週間に1万円など）を決める、できるだけ現金で支払うといった対策をしていこう。

解決法　大雑把に予算を決める

　予算を決めるにもいくつか方法があるが、貯金は収入の10～20％前後、家賃や住宅ローンは収入の30％以下が目安といわれている。それらを差し引いた残りで暮らしていくのだが、収入が少ない、あるいは家計が赤字の場合はまず**家計の黒字化**を目標にしよう。

　ADHD傾向が強い人や計算LDの傾向が強い人は**大雑把な項目に分けて考える**ほうが向いていることが多い。たとえば、「食べる、暮らす、遊ぶ」「消費、投資、浪費」といったもので考えていこう。分け方は次のように考えるといい。

- 「食べる、暮らす、遊ぶ」→食べる（食費）、暮らす（食費以外の暮らしに必要な費用）、遊ぶ（習い事や趣味、交際費）
- 「消費、投資、浪費」→消費（日々の暮らしに必要なもので、先の食べる、暮らすに当たるもの）、投資（キャリアアップや生活を楽しむもの）、浪費（買ったけれど使っていない、買わなくても良かったと後悔したもの）

　割合は「食べる、暮らす、遊ぶ」ならそれぞれ25％、50％、25％、「消費、投資、浪費」の場合70％、20％、10％を目安に考えていこう。慣れてきたら貯蓄へ回す分を「遊ぶ」「浪費」で減らせそうな支出から回せればしめたものだ。

　ASD傾向が強い人は曖昧さがないほうが続けやすいので、婦人之友社の家計簿や家計簿アプリの費目を参考に項目を立てるといいだろう。簿記の知識があって会社で使っているような費目と同じほ

ざっくりと集計項目を分けた例（再掲）

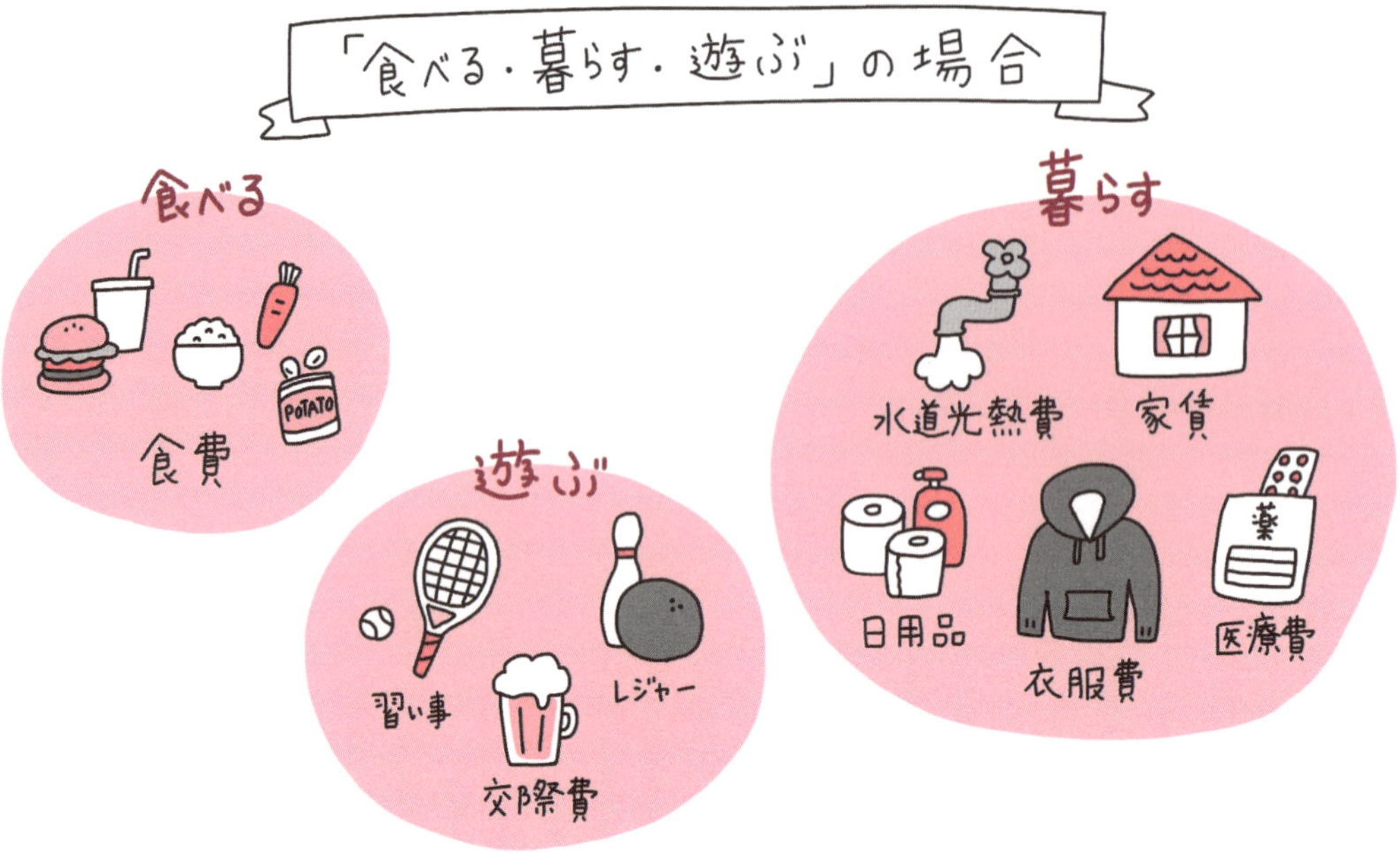

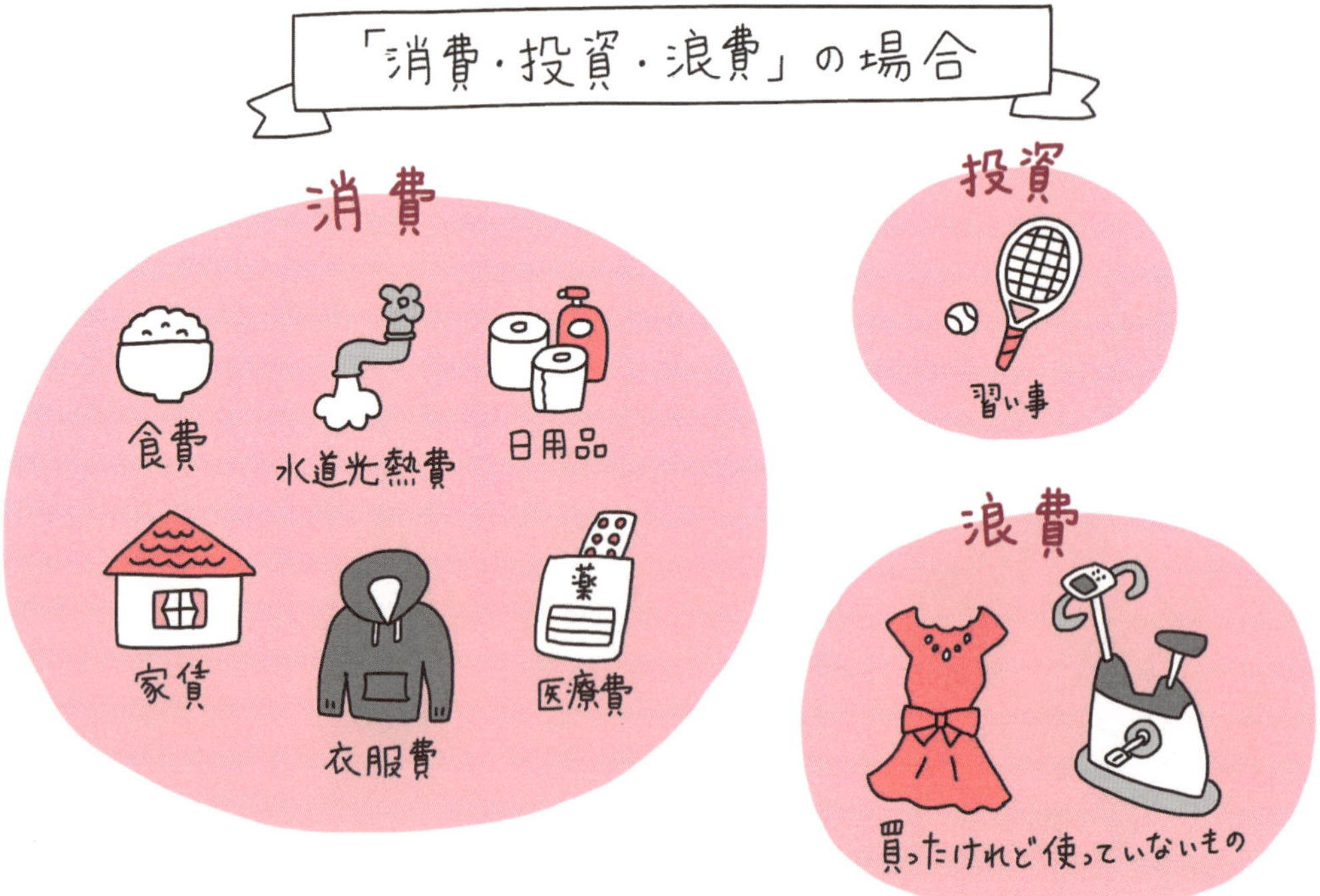

手取り18万円の予算の例

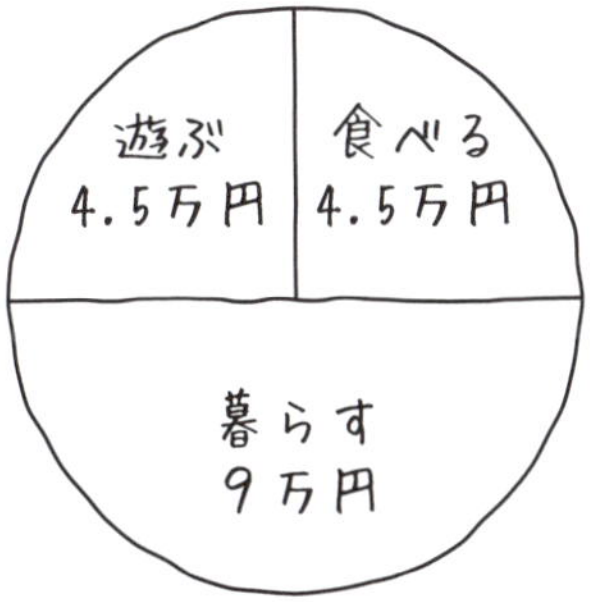

食べる、暮らす、遊ぶの場合

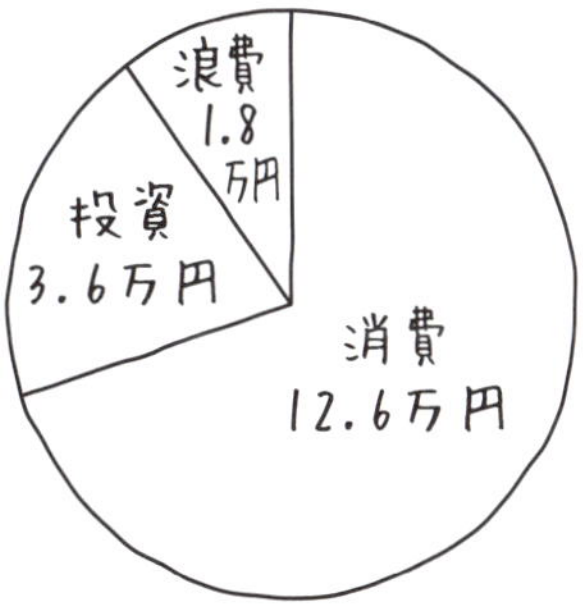

消費、投資、浪費の場合

うがわかりやすい人はそれを利用してもいい。

筆者は費目が細かいほうが見直すときにわかりやすいので、10年ほど前から婦人之友社の家計簿の基本費目を参考にして予算を組み、前年の実績をもとに毎年1月に予算を見直している。

それまでの家計簿では単なる収支の記録にとどまっていて「もう少し貯金できるはずなのに……」と悩んでいたが、予算を組んで集計するようになったことで一気に毎月の貯金額が増えるようになった。お金を使う際の目安や見通しが立ったことで漠然とお金を使うことが減り、本当に欲しいものへと支出を集中させたことでむしろ満足感は上がった。

最初のうちは「思うように買い物ができないなんて！」とストレスがたまるかもしれないが、漠然とした使途不明金を減らすためにも、まず出費の枠を決めよう。

使用額と残金を視覚化する

家計管理の本を見ると、**いくつかの封筒などに小分けする方法**がよく紹介されているが、これは「あといくら残っているか」を視覚化できるので計算LDやADHDの傾向が強い人に向いている。今は１００円ショップやスーパー、無印良品などでも使い勝手のいいファスナー式のものが販売されているので、探してみるといいだろう。月の予算別だと金額がまとまっているため、つい気が大きくなって最初に使いがちな人は、週ごとといった区切りのいい期間で分けておこう。

「クレジットカードや電子マネーで支払うことが多い」場合、お金を支払っている感覚が低下しがちで、予算オーバーになりやすい。予算枠の目安がわかるまでは公共料金などの固定費や交通費以外はできるだけ現金で支払うようにしよう。ネットでの買い物が多い人はネット用予算をあらかじめプリペイドタイプのカードにチャージし、その分現金の予算から差し引いておけばいいだろう。

「このお店はカードで払うとポイントが付くし、クーポンが利用できるからお得なんだけど……」と思うかもしれないが、お得だからと先に述べたようなプチ贅沢に走る原因になり、結局予算オーバーになっていることが多い。利用する場合でもお得なのは気分だけになっていないか、クーポンがなくても買うのか、とかごに入れる前に自問自答してみよう。

袋分けは予想以上にお金が減っているのを実感することで利用額を意識する、財布やカードの残金を確認する習慣を身に付けることが目的なので、家計簿の数字で見たほうがいい人（ASD傾向が強い人に多い）は本書の読者特典として提供している**家計簿集計シート**のように毎月の利用状況を確認しよう。

漠然とした出費が発生する理由を考える

家計簿集計シートを見ると、「意外と『遊ぶ』や『浪費』の予算が多いな」と感じた人もいるだろう。ところが、実際に予算を組んでお金を使ってみると、最初は「投資」のつもりで始めた習い事でもなかなか通えなくて「浪費」になっていたり、何となくブランドやネットの口コミなどに惹かれて購入したものの、自分には合わなかったものが出てくる。お金を使う前にわかればいいが、買ってみないとわからないのもまた事実だ。

そのような出費をたどっていくと浮かび上がってくるのは「**自分の買い物傾向をよく理解していないこと**」だ。この手の出費が増えるのはたいていの場合、

- 疲れているとき
- ストレスがたまっているとき
- 人間関係にトラブルが生じているとき
- 自分の能力を過信して失敗したとき

といった「自分の思い通りにならない出来事」に対して不平不満を感じているときだ。「そんなの誰にでもあることじゃないか」と思うかもしれないが、発達障害の人の場合、交渉や妥協といった周囲との調整が苦手という特性からか、思い通りにならないことへのストレスを人一倍強く感じやすい。「まあ、これじゃなくてもいいか」「また今度ね」といった他へ注意を移す、うまく見切りを付けて諦める、といった切り替えが

難しいこともあり、いつまでも負の感情が自分の中でくすぶってしまう。

そのため、「思い通りにしたい！」というこだわり（ASD傾向が強い人に多い）や「今すぐやりたい！」（ADHD傾向が強い人に多い）という衝動を抑制されることに対してストレスがたまると、それを解消する方法として買い物という手段に出るのだ。

よほどの買い物嫌いなら別だが、買い物をしているとき、大半の人はワクワクしてそのときは嫌な気持ちを忘れられる。おまけに「頑張っている自分」にご褒美を与えることになる。しかし、それが重なれば当然出費がかさみ、お金がないことが新たなストレスになってしまう。

だからといって、ストレス解消のための出費をゼロにすると、人によっては反動で浪費につながってしまうこともあるので、収入の5～10％前後を目安に収まるように心がけよう。そして、家計の見直しと同時に自分が思い通りにならないときの負の感情との折り合いの付け方や満足する計画の立て方を学ぶことも必要だ。

家計簿集計の例

合計 / 金額（円）	集　計		
月	1	2	総　計
収入	205,000	205,000	410,000
食べる	-26,709	-23,022	-49,731
暮らす	-115,938	-102,286	-218,224
遊ぶ	-21,062	-21,866	-42,928
総計	41,291	57,826	99,117

予算	食べる	35,000
	暮らす	105,000
	遊ぶ	30,000
	貯金	35,000
	合計	205,000

※できるだけ毎月の収入内で暮らす
※ボーナスはなるべく定期預金へ

合計 / 金額（円）	集　計		
月	1	2	総　計
収入	205,000	205,000	410,000
消費	-140,485	-119,346	-259,831
投資	-17,444	-17,266	-34,710
浪費	-5,780	-10,562	-16,342
総計	41,291	57,826	99,117

予算	消費	140,000
	投資	20,000
	浪費	10,000
	貯金	35,000
	合計	205,000

※ボーナスはできるだけ定期貯金に回す。緊急用資金はB銀行に貯める

家計簿が続かない

対策

- 家計簿アプリを利用する
- エクセルで家計簿を作成・集計する
- 貯金簿で状況を把握する

事例　付けたほうがいいとは思うのだが……

久しぶりに会った友人と食事をしていたら、友人が「少し前から家計簿を付けるようにしたら、余計な買い物をしていたことがわかり、その分の費用を節約できるようになったよ。今では家計簿を付けるのも楽しくなってきたの」と言われた。

確かに続けられるといいと思うし、実は何度か試しに書店で家計簿を買ったり家計簿アプリをインストールしたりしたこともあったが、結局続けられずに挫折している。

友人は「アプリだとスマホからパパッと入力できていいよ」と言うが、それでもうっかり忘れてしまうことが多く、結局何にいくら使ったかわからなくなり、そのままになってしまっていた。

現状把握に家計簿がいいとは頭ではわかるが、とにかく続けられない。虫がいいかもしれないが家計簿を付けなくても家計を把握するいい方法はないだろうか。

原因　自分に合う家計管理法がわからない

家計簿を付ける理由は、状況把握には詳細な記録があるのが理想だからだ。調査結果などでもデータの集め方で正確性への疑問を指摘されるケースがあるが、収支についても一定期間の詳細な記録があれば正確な状況がわかり、今後の対策を立てやすくなる。

しかし、レシートを保管したり、ずっと記録を付け続けたりするのは面倒と思うのが正直なところだろう。家計簿アプリが登場したことで、紙でするよりもかなりハードルが下がったが、**効果が出てくるまでには数カ月間かかり、その期間を我慢して続けられないこと**が発達障害の人の場合には多いだろう（特にADHD傾向が強い人や計算LDの傾向が強い人）。

どうしても家計簿アプリでの記録が難しい人は、541ページでも紹介したように、普段はできるだけ支出を視覚化して減っている状況を把握しやすくしておき、毎月末日にいくら残っているかを記録する、といったより続けやすい方法を試すことも考えてみよう。

解決法 家計簿アプリを利用する

スマホの家計簿アプリはかなり便利だ。銀行やクレジットカードと連携すれば履歴が自動的に記入

Column

価格の不思議

現代社会は物やサービスを無理やり価格という1つの尺度に置き換えて物事を捉えようとする側面があるが、人の感覚は価格と同時に価値や需要などにも左右される。

日常生活ではつい価格に目がいきがちだが、同じ1万円でも、たとえばスマホの価格なら安いと感じるし、ノートの値段なら高いと感じるのが一般的だろう。よほどの事情がなければ物の価格には大まかな相場があり、それより安ければお得に感じるし、他に代替品がなければ高いと感じても購入することもあるだろう。

筆者は着物が趣味でリサイクルショップにも足を運ぶが、新品で買ったら確実に10万円以上するものが中古品だと1万円以下で販売されていることもめずらしくない。中には今ではもう作れる人がいない技術で作られているものや手間の問題で作られなくなったものも見かけるが、たとえ元値が高くても色や柄、サイズが現代の需要と合わない、汚れやシミがあってすぐには着られないといった事情で格安で販売されている。

つまり、仮に同じ着物が2枚あったとしても、その着物を取り巻く条件によって価格は全然違ってしまうのだ。そうなると好奇心が湧いてきて、価格の仕組みについていろいろ考えるようになった。

一方で価格という尺度が入ることで手間ヒマがかかる作業＝面倒なこととされるようになった面もある。着物がきっかけで伝統産業に関心を持って催事などに出向くようになったが、どこも後継者不足で「この技術ができる職人さんは引退したからもう作れない」と言われることも多い。

職人の技は人だからこそできるものも多く、人間の繊細な能力を改めて認識することがある。手を動かすのは人類が進化した要因なだけに、価値あるものが価格の問題で消えてしまうのは残念なことだ。

されるし、カード型の電子マネーも履歴を読み込めるものもある。初心者でも利用しやすいのは**Zaim、Moneytree、マネーフォワードME**あたりだろう。

カード型など交通系ICカードのSuicaやPASMOをよく利用している人はスマホやタブレットからNFCを使って利用履歴を読み取ってくれるZaimやマネーフォワードMEが便利だ。

現金の収支だけは自分で記入しないといけないが、レシート読み込み機能を使えばかなり記入の手間が省けるから試しに使ってみるといいだろう。

自信がない人はまず1週間を目標に続けてみよう。家計簿アプリは次に述べる貯金簿を利用するのにも便利なので、集計のために利用したい人は無料でも口座数の制限がないZaimやMoneytreeを使うといいだろう。

項目の設定は550ページを参考にするといいだろう。デフォルトの項目を削除するのは不可能なことが多いが、非表示にする（Zaim）、中項目へ追加する（マネーフォワードME）、サブカテゴリーへ追加する（Moneytree）といった対応でカバーできる。

エクセルで家計簿を作成・集計する

そこそこエクセルを使いこなせる、CSVでのインポート／エクスポート機能でのデータのやりとりに慣れている、といった人は**エクセルでシンプルな家計簿を作ってもいいだろう**。

検索すると自作のエクセル家計簿を公開している人も多く、中には「家計簿アプリは合わなかったけれど、エクセル家計簿なら続いている」人もいる。筆者は夫にも入力しやすい環境を作るためもあって家計簿アプリを利用しているが、集計だけはデータをCSVエクスポートしてエクセルを利用している。

エクセル家計簿のメリットは費目を自分でカスタマイズできるから、費目設定に悩む（ASD傾向が強い人に多い）心配がないこと、エクセルの関数機能を使えば数字を入れるだけで勝手に集計してくれること、ピボットテーブル機能で自分好みの集計表を作れることが挙げられる。「どうせエクセルで集計するのなら、最初から慣れているエクセルに入力したほうが合理的」と思うのなら検討してもいいだろう。

銀行やクレジットカードの利用履歴もホームページからCSVデータでダウンロードできるため、エクセルで開いて履歴をコピーして貼り付けていけば、いちいち数字を入れる必要もないし、現金や交通費などICカードの利用履歴だけスマホアプリ（メモ帳などでも

エクセル家計簿の例

日付	月	日	内容	金額(円)	口座	項目
2025/1/1	1	1	新聞	-980	Bカード	暮らす
2025/1/1	1	1	賽銭	-100	財布	遊ぶ
2025/1/1	1	1	お年玉（姪と甥）	-5,000	財布	暮らす
2025/1/1	1	1	交通費	1,200	Suica	暮らす
2025/1/2	1	2	スーパー	-1,896	Bカード	食べる
2025/1/2	1	2	雑誌	-880	Bカード	遊ぶ
2025/1/4	1	4	Z生命	-2,177	Bカード	暮らす
2025/1/4	1	4	コンビニ（昼食）	-450	Suica	食べる
2025/1/4	1	4	定期	-13,470	Cカード	暮らす
2025/1/6	1	6	Dショップ	-432	財布	暮らす
2025/1/6	1	6	スーパー	-2,716	Bカード	暮らす
2025/1/6	1	6	八百屋	-552	財布	食べる
2025/1/7	1	7	昼食	-850	Bカード	食べる
2025/1/8	1	8	カフェ	-350	Suica	遊ぶ
2025/1/8	1	8	交通費	-432	Suica	遊ぶ
2025/1/9	1	9	コンビニ（昼食）	-470	Suica	食べる
2025/1/10	1	10	昼食	-700	Bカード	食べる
2025/1/11	1	11	コンビニ（昼食）	-420	Suica	食べる
2025/1/11	1	11	ドラッグストア	-1,048	プリペイド	暮らす
2025/1/13	1	13	○店通販	-3,800	Bカード	遊ぶ
2025/1/14	1	14	スーパー	-4,935	Bカード	食べる
2025/1/14	1	14	スーパー	-1,425	Bカード	暮らす
2025/1/15	1	15	給与	205,000	A銀行	収入
2025/1/15	1	15	昼食	-750	Bカード	食べる
2025/1/16	1	16	コンビニ（昼食）	-470	Suica	食べる
2025/1/16	1	16	ジム会費	-7,500	Bカード	遊ぶ
2025/1/17	1	17	コンビニ（昼食）	-530	Suica	食べる
2025/1/18	1	18	Eデパート（洋服）	-13,000	Bカード	暮らす
2025/1/18	1	18	昼食	-750	Bカード	食べる
2025/1/18	1	18	友人と飲み会	-5,000	財布	遊ぶ
2025/1/19	1	19	病院	-1,390	財布	暮らす
2025/1/19	1	19	薬局	-1,600	Bカード	暮らす
2025/1/20	1	20	スーパー	-3,735	Bカード	食べる
2025/1/20	1	20	八百屋	-358	財布	食べる

貯金簿（残高推移表）の例

項　目	合計 / 1月	合計 / 2月
現金	23,552	22,512
電子マネー	4,331	4,525
預金	708,223	709,514
ポイント	1,290	1,725
固定資本	800,000	800,000
負債	-143,252	-145,062
純資産	1,394,144	1,393,214

可）で入力し、メールやCSVエクスポート機能などを利用してまとめて転記すれば付け忘れも防止できる。

貯金簿で状況を把握する

家計簿がどうしても続かない人（ADHDや計算LDの傾向が強い人に多い）の場合、数字を記入するのが困難なことに加え、「自由にお金が使えない」ストレス（ADHD傾向が強い人に多い）や、「こんなに無駄遣いしている」というプレッシャー（ASD傾向が強い人に多い）に耐えられずにやめてしまうことがある。

このような場合は細かいお金の動きに一喜一憂してしまうため、本来の目的である「今月残高が減っているから、年末の車検に向けて引き締めていこう」といったお金の状況や今後の見通しを立てられなくなっているのだ。

そんな人は家計簿の代わりに**貯金簿**でお金の動きを把握しよう。月1回決まった日（筆者は毎月末日の夜と決めている）に現金、電子マネー、預金（普通預金などすぐに引き出せるもの）、固定資本（貯蓄タイプの保険など満期が1年以上先のもの）、負債（ローンやクレジットカード利用額など）の合計額を記入する。その際にできたらポイントも入れておくと、貯まったポイントを使う気にもなりやすい。

現金以外は家計簿アプリの口座にある数字をどんどん入れていけば（もしくは数字をコピペすれば）いいので、毎日家計簿アプリを入力するよりは負担が少なくなるはずだ。

忘れてしまいがちな人（特にADHD傾向が強い人）はタスクリストやスケジュールのアプリに予定として入れておき、アラームが鳴るよう設定しておこう。

実は、この貯金簿は家計簿を付けている人にもメリットが大きい。家計簿を漠然と付けているだけだと予算や利用状況に注意が向きがちで、全体の資産状況を把握しづらい。家計簿を付けている人は2、3カ月に1回でもいいので、順調に残高が増えているかを貯金簿で確認しよう。

Column

電子マネーや暗号資産

このところニュースで電子マネーや暗号資産について話題に取り上げられることが増えた。関心がない人や利用していない人も多いかもしれないが、最近はクレジットカードなどのポイントを電子マネーにチャージしたり暗号資産に交換できたりするサービスも登場してきたから、以前よりも利用するハードルが下がり、不安視する人も減ってきた印象がある。

大半の人にとって一番身近なものは交通系ICカード（SuicaやPASMO、ICOCAなど）だろう。首都圏では交通系ICカードで電車やバスに乗ると1円単位で運賃が引かれ、多くの場合現金払いよりも安くなる。

交通機関以外でも自動販売機やコンビニなどでの少額決済でもわざわざ財布から小銭を出さなくて済むので、この手の話題にはほとんど関心を示さない筆者の夫も「アプリを使えば履歴を簡単に記録できるし便利」とSuicaを愛用している。

電子マネーを使いこなしている人たちの間では、税金を払えたりギフトカードを買えたりするタイプのものが人気だ。クレジットカードからチャージした電子マネーで支払うとクレジットカードのポイントが付く場合は現金や口座引き落としよりもお得になるため、熱心に情報を集める人も多い。

特定のお店で買い物をすると優待サービスが利用できるので、よく行くお店で利用できる電子マネーは持っていてもいいだろう。ただし、電子マネーを利用する際にはいくつか注意点がある。

一番の注意点は現金を実際に触らず金額だけで確認するため、「これだけ支払った」という実感を伴いづらいことだ。気軽に買い物ができる分、不要品も買いやすい。慣れるまでは現金でチャージする、適宜履歴や残高を確認する（NFC対応スマホやタブレットがあればアプリへの記録も可能）、家計簿にこまめに記入する、交通費や税金、割引日の支出など必ず支払うものや必要分だけ利用するといった対策が必要だ。

一方、暗号資産はかつては仮想通貨といわれ、現金やポイントなどと交換（取引）して入手する。「仮想」といわれるだけあって現金のような実体はなく、その意味では電子マネーに似ている。取引はブロックチェーンという暗号技術を用いた仕組みで記録・管理され、簡単に偽造されたり盗まれたりしないよう対策が施されている。

異なるのは、電子マネーは円など一般的な通貨を基準にし、特定のお店や交通機関で消費するのが目的だが、仮想通貨は独自の通貨として成立し、その価値の上げ下げが投機の対象になっていることだ。

おそらく多くの人が暗号資産を知ったのは2014年のマウントゴックス社のビットコイン流出と倒産、そして2018年1月のコインチェック社からのNEM流出事件だろう。億単位という流出額の大きさにも驚いたはずだ。

暗号資産は各国の中央銀行が発行しているものではないからこそ、海外との取引にも手数料や面倒な手続きなく国をまたいでお金をやりとりできる。また、多くの人が暗号資産に魅力を感じて購入すればその価値が短期間で高騰する。うまく利用すれば株式や為替取引よりもはるかに多額の利益を得ることが可能だ。

しかし、多額の利益は裏を返せば多額の損失を招く場合もある。お金を使うために大切なことは利便性とその通貨への信頼だ。

価値が乱高下するのは、できたばかりでまだ制度や暗号資産への信頼が不安定（流動性が大きい）だからだ。筆者はその仕組みや利便性などについては今後どうなるか興味があるが、自分自身が仮想通貨を利用するにはもっと信頼できるような状態になってからでも遅くない、と考えている。

衝動買いをしてしまう

対策

- 趣味の場所、時間、予算の上限を決める
- 改めて何のための趣味なのか目的を考えてみる

事例 ほどほどにとは思っているのだが……

趣味のサークルは友人たちとお互い買い集めたコレクションを持ち寄り、心ゆくまで語り合える楽しい場所だ。

趣味のことを普段なかなか話せないから、これからも交流を続けたいが、そこで新商品や限定品の情報を聞くと、つい「負けていられない！」「絶対買わねば！」と熱くなって買ってしまう。

寝室は布団を敷くスペース以外はほぼ買ったもので埋まっているし、将来のことを考えると「もっと貯金しないと」と思うのだが、買ったものを見せてお互い「すごい！」「素晴らしいね！」と褒め合ったり、友人たちの情報やセンスに感心したりするといった心地よさが減ってしまうと思うと人生の楽しみの大半がなくなるような気持ちになる。

サークルの人たちは「お金ないよー」と言いながらも工夫しているようなので、折を見て話を聞いているが、「普段は節約して暮らしているんだよー」と漠然とした答えばかりで要領を得ない。どうやったら貯金しながら趣味を楽しめるのだろうか。

原因 生活費と趣味費のバランスが崩れている

趣味があることは生活に潤いを与えてくれるし、人生の楽しみにもつながる。何より「好きなものを買うために頑張る！」という労働意欲にもなる。好きなことが仕事につながるケースもあるから、

「好きなことがある」のはとても幸せなことだと筆者も思う。

好きなものに囲まれて生活したい、持っているお金で好きなものを思い切り買いたい、という願望を抱いたことがある人も多いだろう。

そうはいっても三次元空間での暮らしにはさまざまな制約があるのも事実だ。私たちが肉体を持って生きている以上、衣食住に一定の費用をかける必要がある。

大半のケースでは好きなことにお金を使いながらも「これ以上のめり込むと生活が危ない」というラインを感覚的に察知しており、それ以上踏み込まないようリミッター（制御装置）のようなものが働く。ところが、発達障害の人の場合、このリミッターを持っていない、あるいは持っていても適切に働きにくいケースが多く、頭ではまずいと思いながらなかなか止められない状況に陥りがちだ。

ADHD傾向が強い人は好きなものに対してはとことん集中してしまい、つい食事や入浴、洗濯といった**日々の暮らしに必要な行動を忘れたり、「好きなことのためなら」と犠牲にしたりしがち**だ。

また、ASD傾向が強い人の場合、他人の目を気にしない特性や状況を捉えにくい特性もあってか、もともと**整容（身だしなみを整える、健康維持（衛生を保つ、バランスの取れた食事をする、疲れたら眠る））の感覚が育ちにくい**面がある。

いずれの場合もそれで体調を崩したら元も子もないから、感覚でわかりにくい面をカバーするため、環境でまず制限をかけていく必要がある。

自然には抑えるのが難しいのだから、目に見える形で「このままだとまずい！」という目安を作って歯止めをかける、衝動買いしてしまう理由を探って改善策を講じる、といった対策をしていこう。

解決法　趣味の場所、時間、予算の上限を決める

個人的には生活が維持できているのなら、先に述べたような予算割合が多少崩れていても構わないと思うが、「趣味のものが棚からあふれてきた」「趣味にお金を回したいから食事や洗濯、入浴の回数を減らし始めた」「趣味に使いすぎて家賃や電気代を滞納してしまった」といった状況になってきたなら要注意だ。

事例でも布団を敷くスペースにまで物があふれそうになっているようだから、「場所が限界」という要注意サインが出てきている。これ以上買う前に手元にあるものを整理して場所を確保する、友人に譲る、趣味の時間を決める（ネットサーフィンを控える、サークルへ行く回数を少し減らすなど）、限定品で

行動・習慣の要注意チェックリスト

	最近の状況	場所	金銭	健康	清潔	ルール・マナー
片付けをしない		☐			☐	☐
掃除の回数が減る		☐			☐	
ごみ捨てを忘れる		☐			☐	☐
物が棚や床にあふれる	✓	☑	☑		☑	
寝るスペースが減った	✓	☑		☑	☑	
季節に合う服を用意しない			☐	☐		☐
洗濯の回数が減った				☐	☐	☐
体を毎日洗わない				☐	☐	☐
歯を毎日磨かない				☐	☐	☐
洗顔、洗髪の頻度が減った				☐	☐	☐
食生活が偏る				☐		
睡眠時間が減る				☐		☐
夜更かしをしてしまう	✓			☑		☑
運動習慣がない				☐		
生活費が赤字になる	✓		☑	☑		☑
電気代などを滞納する			☐	☐	☐	☐
必需品にお金を使うのが惜しい			☐	☐	☐	☐
「今買わねば！」と焦る	✓		☑	☑		☑
合計		2	3	4	2	3
割合（%）		40%	50%	29%	18%	23%

※各項目の中でチェックが付いた数が該当項目の３分の１を超えている場合は要注意。上表の場合、「場所」と「金銭」の項目が該当し、そろそろ「健康」にも影響が及びそうなので、今のうちに対策を立てたいところ

も予算オーバーなら見送る、といった見直しが必要だろう（上記「行動・習慣の要注意チェックリスト」参照）。

予算の決め方もつい好きなものだと、前節で紹介したざっくりと分ける方法では「浪費」や「遊ぶ」に当たるものでも「消費」「投資」もしくは「暮らす」の枠に紛れ込ませてしまいがちだ。多額の費用を使いがちな趣味がある場合は、他のものはざっくりでもいいので、**「趣味費」といった専用の枠を設けたほうがいくら使ったか明確になる**。

使うときも543ページでも述べたようにクレジットカードはやめ、予算枠を袋分けやプリペイドカードにチャージしてそこだけで収めるようにしよう。

趣味の目的を整理する

楽しむために始めたはずの趣味

や人付き合いがいつの間にか重荷になっていたり、「こんなはずじゃなかったのに……」と感じてしまったりすることは多かれ少なかれ誰にでもあるだろう。

事例でも新商品や限定品の情報を聞くと半ば義務感のように買ってしまっているが、もしかしたら最初は単に欲しいからと買っていたものが趣味のサークルで仲間と話すため、あるいは買い集めていることを仲間から「すごい！」と言われるためへと目的が変化したのかもしれないし、新商品や限定品を買うこと自体が目的になっている可能性もある。

発達障害の人は物へのこだわりが強いことが多く、気になったものを全部集めて比較・分析したい（ASD傾向が強い人に多い）、とにかく関心があるものを目にしたら手当たり次第自分の手が届くところに置いておきたい（ADHD傾向が強い人に多い）、といったことになりやすい。

人付き合いについても、発達障害の人は感情のやりとりは苦手だが事実や情報のやりとりは得意なので（特にASD傾向が強い人）、趣味の集まりについても「自分が好きなことに関する知識や情報をやりとりできる場が欲しい」となりがちだ。

だから知識や情報を常に仕入れていないと他者と付き合えない感覚に陥り、「何か伝えられるものがないとダメ」（ASD傾向が強い人に多い）といった極端な思考になりがちだ。また、「みんなに負けたくない！」「みんなの役に立ちたい！」（ADHD傾向が強い人に多い）という感情も抱きやすい。

発達障害当事者の多くは幼い頃から特性によるトラブルや失敗を経験してきたせいか、自己肯定感が低くなりがちだ。そのため、極端にマイペースな面と極端に他者の役に立とうとする面が混在し、何とか他者とつながろうと独特なルールや使命感を自分の中で作っていることがある。

「このままではまずい」と感じるのは自分の価値観やルールに行き詰まりや息苦しさを感じてきた証拠だろう。「本当に全部楽しめるのか？」「何のために自分はこれらを買い集めたのか？」「これは本当に自分がやりたいことなのか？」と**立ち止まって考える**時期にきたのかもしれない。

趣味の集まりでもさまざまな人がいるはずだから、「今後どのように趣味を楽しみながら年を取りたいのか？」と長く趣味を続けるための秘訣を探るつもりで少し年配の人を観察してみるといい。そんな人がいないようならサークルや趣味を変える、あえて一人になる時間を作るのも選択肢として視野に入れよう。

節約のポイントがわからない

対策

- 固定費の支出状況を確認・見直しをする
- 保険料などを一括で支払う
- プライベートブランドを活用する

事例

「節約しなくては」とは思うのだが……

最近愛用しているクラウドサービスが規約改正で自分が使っている状況だと有料になってしまった。便利なので使い続けたいと思うが、ちょうど他のアプリの有料サービスも値上がりした直後だったから、通知を読んだとき思わずため息が出た。

会社でも昼食で一緒になった同僚たちが「最近調味料やお菓子は値段が一緒なのにサイズが小さくなっている」「野菜も意外と高いのよね」「地味に家計に響く」「やっぱり節約しなくちゃ」という話題になり、思わずうなずきながら話を聞いてしまった。

今後税金や社会保険料も上がるだろうし、だからといって収入が急に増えるあてもない。もともと質素な暮らしをしているためか、自分なりに無駄なものを買わないようにしているし、そんなに贅沢しているとは思わない。

ネットやテレビではさまざまな節約術を紹介しているが、果たして自分に当てはまるか今ひとつわからなくて悩んでいる。他の人たちはいったいどうやって節約しているのだろうか。

原因

見直すべき固定費を確認していない

多くの人は「節約」というと「食費を削らなくちゃ！」「無駄なものを買わないようにしなくちゃ！」となるが、実はこの手の支出は節約効果に比べて「我慢しているのに……」とストレスを感じやすく、我慢の限界を超えると衝動買いなどへ向かって逆効果になる可能性がある。特にADHD傾向が強い人は特性上、我慢するのが苦手なので要注意だ。

「では、どうすればいいの？」と思ったかもしれないが、このような場合、まず見直すのは、光熱費や通信費、各種保険やクレジットカード年会費などの**固定費**だ。「何気なく払っているお金」にこそ無駄がないか確認し、自分の暮らしに合うものへ変更したほうが満足感はあるし、節約効果も期待できる。「無理せず節約する」ことをまず念頭に置こう。

クレジットカードの規約を読んだり、保険の証書を確認したりする必要があるため、ADHDの人やディスレクシア、そして計算LDの人には少々負担かもしれないが、最初に手間をかけた分以上にその後の効果が大きいので挑戦してみよう。

解決法 固定費の支出状況を確認・見直しをする

電気代やガス代はこのところ自由化が進んでさまざまなセット割引のキャンペーンも盛んだ。まずは支出状況を確認し、**比較サイト**（例：価格.comの（電気料金）比較ページ：https://kakaku.com/energy/simulation/）などでお得になるかを確認することから始めよう。

このとき大切なのはキャンペーンや勧誘サイトでの「お得です」をそのまま信用しないことだ。この手の料金プランは正確な使用量もしくは利用料金で比較すると、サイトで挙げられているのとは違う結果になることがままあるので、電力会社やガス会社から届く使用量のお知らせを必ずチェックしよう。

お知らせを保管していなくてもクレジットカードの明細や銀行の通帳などからおおまかな目安は把握できるし、保管していなくてもインターネットの会員登録をすれば過去のデータを調べられるから、そこから1年分を割り出そう（例：TEPCO：https://www.kenshin.tepco.co.jp/）。サイトによっては過去の利用量がグラフで表示されるので、計算LDなど数字だとピンとこない人は、まずグラフで状況を把握するといいだろう。

調べるときは「住んでいる地域

使用量グラフの例

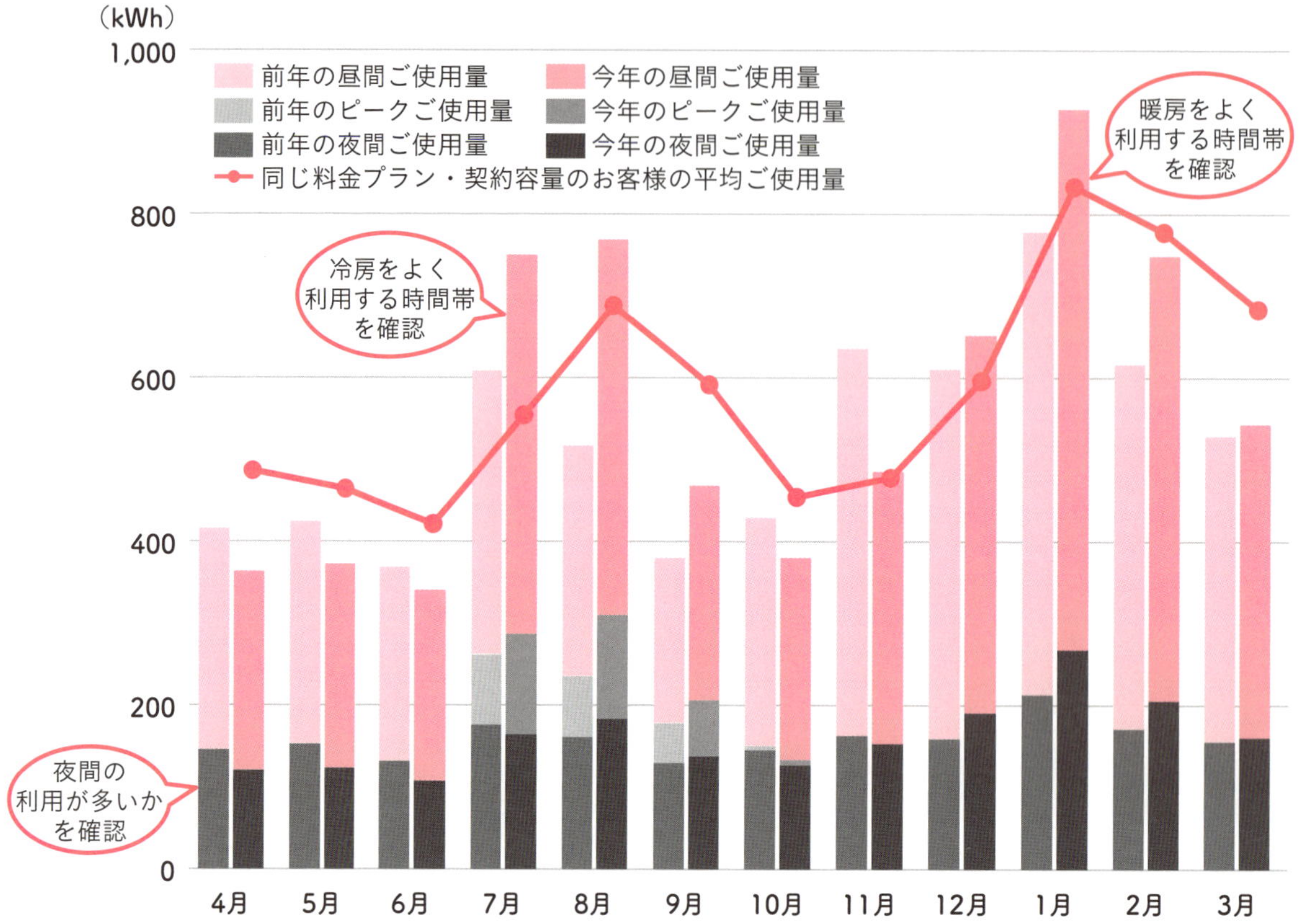

＋電気料金プラン」などで検索すると出てくる。

比較する際には、**できるだけ自分の生活に合う料金プランを選ぶこと**だ。

たとえば昼間は仕事で不在がちだから電気を使うのは夜間が多い、ペットを飼っているから24時間エアコンを使う、といった状況をイメージするとわかりやすい。目安として夜間の使用量が全体の3分の1を超えていれば夜間が安くなるプランも検討しよう。

筆者の家も以前、電気料金を見直して生活状況に合うプランに変えたところ、今までと同じように暮らしているにもかかわらず一気に電気料金を節約できた。他にも携帯電話やインターネット、そして各種保険（自動車保険や医療保険など）の料金などの内容を確認し、暮らし方に合うプランへと変更して固定費を抑えた。

また、利用していないけれど

「もしかしたら使うかも」と漠然と会費を払っているクレジットカードやサービスがあるのなら、検討して他のもので代替できそうなら解約しよう。

保険料などを一括で支払う

自動車保険や医療保険は**年払いにすると割引になることが多い**。

いきなり年払いは厳しい人は少しずつお金を貯め、余裕が出てきたら徐々に半年払いや年払いへと変更するといいだろう。その際支払い時期が重なると大変なので、支払う時期を少しずつズラすようにするのがポイントだ。

わが家は夫婦とも国民年金加入者なので国民年金保険料を2年前納にして、毎年どちらかの分を2年分払うよう設定している。以前は毎年2人分を前納していたので、結果として同じような支払いペースで負担を減らせた。国民年金は半年前納や早割といった制度もあるので、1年前納や2年前納が難しい人はこちらから始めるといいだろう。

また、支払い方も現金で払うよりも口座振替割引（電力会社などで実施している）やポイントが貯まるクレジットカード払いなど、ちょっとしたことで節約できるサービスを上手に活用しよう。

プライベートブランドを活用する

さまざまな見直しをしてみてようやく最後に検討するといいのが食費や日用品だ。節約の本でよく紹介されているのが、あちこちのお店での底値買い（値段が一番安いときを把握して買うこと）だが、手間を考えるとかなり大変だし、いちいち価格を覚えるのも正直面倒だ。それならよく行くお店で価格と味のバランスがいいものを探すほうが効率的だろう。

筆者がすすめたいのはスーパーなどから出ている**プライベートブランド**だ。スーパーやドラッグストアへ行くとお店のロゴなどが入ったシンプルなパッケージの商品が並んでいるのを見たことがあると思うが、それらが販売店で企画や開発をしているプライベートブランドだ。

最近は種類が豊富になって食品は味や品質も向上しているし、日用品は包装がシンプルかつ機能的なこともあってか、インテリア好きな人たちなど多くの人に支持されている。

価格帯もさまざまで価格を抑えたものから高級志向のものまでそろっているが、いずれも同ランクのメーカー品よりも手頃な価格で販売されているので、気になるものがあれば試してみるといいだろう。

Column

FP相談などを活用しよう

節約情報サイトや節約がテーマのテレビ番組でFP（ファイナンシャルプランナー）が「こんな制度があります」「ここは見直したほうがいいです」とアドバイスしているのを見かけるようになった。しかし、名前を聞いたことはあっても「お金に詳しそうな人」のイメージでとまっている人が多いだろう。

FPには国家資格である「FP技能士（1～3級）」と民間資格である「AFP、CFP」があり、いずれも試験を受けて合格しないと取得できない。民間資格というと疑う人がいるかもしれないが、AFPはFP技能士2級相当の知識が必要だし、さらにCFP資格は世界標準資格だから高い知識やスキルを持っている必要がある。

扱う分野も幅広いが、日本だと住宅ローンや生命保険、家計の節約相談の分野が中心で､FPの資格のみ、というよりは会社員として働く、フリーランスでも他の有資格者と一緒に働く、他の資格（税理士や保険募集人など）を持っていることが多いようだ。

それでも最近は独立して事務所を構えているFPも増えており、日本FP協会のホームページからも検索できる（https://www.jafp.or.jp/confer/search/cfp/）。わが家も2年ほど前、住宅ローンと保険全般を見直すため、近くにあるFP技能士1級かつCFPの資格を持つ人の事務所へ夫婦で訪れたことがある。

独立開業しているFPのほうが中立的な立場から意見を聞けるだろう、と考えて選んだが、大切なのは自分が聞きたい分野（保険、家計相談など）に強い人を探すことだ（日本FP協会のホームページでも分野を選んで探すことができる）。

家計簿をもとにライフプランを作成してもらいながら検討した結果、「住宅ローンは借り換えるとこれから払う利息よりむしろ借換手数料のほうが高い」「会社員と違って傷病手当金制度がないから、病気の備えを」とアドバイスされた。結局医療保険を変更し、老後の備えは住宅ローン完済まで国民年金を付加年金にして様子を見ることにした。

相談に出掛けたときは漠然とした不安があったが、ライフプランや資産状況を専門家と確認したことで「何とかやっていけそう」とホッとしたことを今でも覚えている。

もちろん状況が変化すればライフプランも変わるため人生の節目ごとに見直す必要はあるが、「こういう視点から考えるといいのか！」と参考になった。「行ってみたいけれど、有料だと厳しい……」という人は全国各地で開催される無料体験相談（https://www.jafp.or.jp/confer/kurashi_fp/taimen/）で相談するといいだろう。

自治体の中には行政相談の一環としてFPの相談日を設けているところもある（東京都目黒区の例：https://www.city.meguro.tokyo.jp/kuminnokoe/kurashi/soudan/lifeplan.html）。住んでいる自治体で実施していて条件が合えば、活用してみよう。

第19章

貯めるときの「困った」を解決したい

未来に向けてお金を貯める

節約ばかり考えると苦しくなるが、貯金はお金だからこそできる未来の自分へのプレゼントだ。今の生活を楽しみながら、今後の人生に向けて少しずつ蓄えを増やしていこう。

銀行の選び方がわからない

対策

- ○利用頻度などを考えながら優先順位を付ける
- ○今持っている口座と違うタイプの口座を選ぶ

事例

銀行に違いはあるのだろうか

先日昼休みに同僚たちと食事中に先輩が「他行への振込手数料が○回無料になるからネット銀行に口座を開いた」と言い出し、それを皮切りに他の人たちも「○○銀行は金利がいいよね」「△△銀行で住宅ローンを組むと系列スーパーの買い物が安くなるんでしょ？」と話し始めた。どれもはじめて聞く話ばかりで圧倒されてしまった。

帰宅後、通帳を見ると確かにATM時間外手数料が引き落とされている。よく考えると毎月のように「あ！　財布に現金がない」と慌ててコンビニで引き出しているからどうやらATM手数料無料の口座を持ったほうが良さそうだ。

そこでネットで調べると「口座開設キャンペーン！」「手数料無料！」という文字はたくさん出てくるが、比較しようと文字を読んでいるうちにどれがいいのかかえってわからなくなり、すぐにサイトを閉じてしまった。いったい他の人はどうやって口座開設する銀行を決めているのだろう。

原因

銀行を利用する目的が不明確

大半の人は、学生時代から働き始めの頃の銀行口座は、

- 仕送りなどの振込み
- 保険金などの振込み
- 給与振込み
- 各種料金の引き落とし
- 普通預金の預入れと引き出し

・定期預金への預入れ

といった目的で利用することがほとんどだろう。しかし、今後は生活の変化に伴い、

・住宅ローンや自動車ローンなどの借入れ
・iDeCoなど老後資金運用
・年金の受け取り
・つみたてNISAなどの取引

などが加わる可能性が高い。最近ではキャッシュレス決済にも銀行が参入し始めているから、今の給与用口座に加えて、**自分にとって利用しやすいサービスが充実した口座**があるといいだろう。

事例の場合はATMの利用回数が多いようだから、急な現金引き出しに備えて時間外やコンビニでのATM利用手数料が無料になるサービスは必須条件になる。

最近はネット銀行や流通系の銀行が登場して競争が激化していることもあり、各種キャンペーンが盛んだ。**キャンペーンの説明を読むだけでも疲れてしまう**（特にASD傾向が強い人やディスレクシアの傾向が強い人に多い）かもしれないが、「ここだけは譲れない！」という条件に絞って口座を作る銀行を決めていこう。

解決法　利用したいサービスの優先順位を決める

自分がどんな状況で銀行のサービスを利用するのか具体的に思い付かない人（ASD傾向が強い人に多い）は、**利用頻度などを考えつつ優先順位を付けてみよう**。

まず、サービスが使える時間帯とその手数料を確認しよう。特にATM利用料と他行への振込手数料は利用する機会が多いから要注意だ。銀行によっては給与振込口

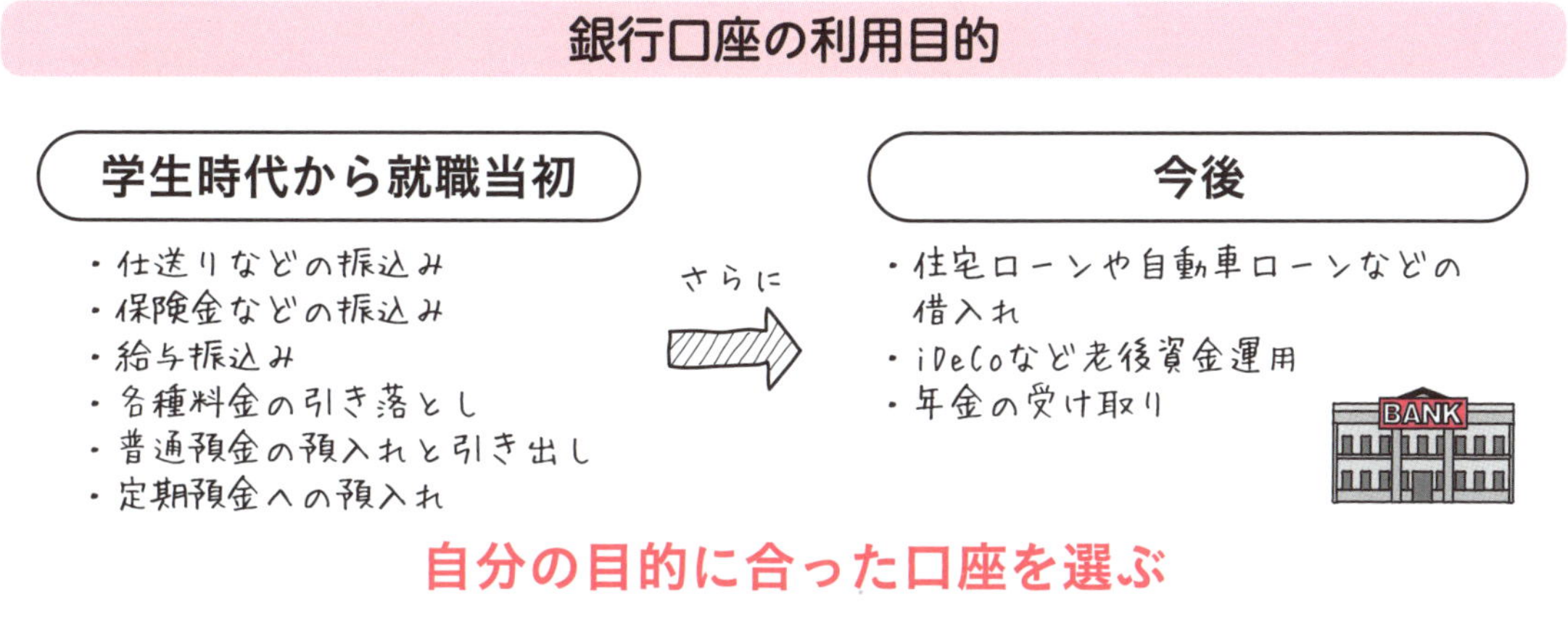

銀行口座の利用目的
学生時代から就職当初
・仕送りなどの振込み
・保険金などの振込み
・給与振込み
・各種料金の引き落とし
・普通預金の預入れと引き出し
・定期預金への預入れ
さらに
今後
・住宅ローンや自動車ローンなどの借入れ
・iDeCoなど老後資金運用
・年金の受け取り
BANK
自分の目的に合った口座を選ぶ

座に指定する、残高が一定額以上ある、といった条件でステージの段階が上がると優待サービスが付くことが多い。給与振込みも「10万円以上」「摘要欄に『給与』と明記されている」といった条件があるからよく読んでから検討しよう。

次に、自分が現金をどこで引き出すことが多いのか考えてみよう。大半の人は効率化を図るため仕事帰りや昼休みに外出したついでといった何かの用事とあわせて行うことが多いため、使いやすい場所にATMがあることも条件のひとつだ。

筆者の場合、自宅や最寄り駅付近にある郵便局やコンビニのATMから毎月1、2回ほど現金を出入金しており、大半は平日の日中なので、ゆうちょ銀行(郵便局)やよく行くコンビニでのATM手数料が無料になる口座を利用している。他行へのインターネット経由での振込みも毎月2回程度するため、そちらの手数料も無料もしくは割引になる条件がある口座を選択した。

他にも金利が高い、よく行くスーパーでコンビニと同じ系列である、ポイントやマイルが貯まる、出張や旅行先でATMを利用しやすい、海外ATMから現金を引き出せるといった条件も選択肢として挙げられるだろう。

そして、キャッシュカードを何度も破損・紛失したことがある人(ADHD傾向が強い人に多い)は窓口の営業時間が長い銀行(例:りそな銀行グループ)やゆうちょ銀行を候補に入れるといいだろう。

今持っている口座と違うタイプの口座を選ぶ

「口座が増えると管理が大変だから、新しい口座にまとめて、今持っている口座は思い切って解約しよう!」と考えた人がいるかもしれないが(ADHD特性が強い人に多い)、ネット銀行や流通系銀行にも注意点がある。

実は、これらの銀行は確定申告の際の還付金振込口座や公共料金および税金の引落口座には指定できないことが多い。**互いの口座の欠点を補い合ってより便利に使えるよう**、先に挙げた条件も交えて選んでいこう。

たとえば、

- 今までの口座+貯蓄用のネット銀行口座
- 今までの口座+よく行くスーパーと同じ系列の流通系銀行口座

利用口座を選ぶ際に検討すべきこと

- 今までの口座＋出張や旅行に便利な口座

といった、自分の生活に合う組み合わせが無難だろう。

筆者は主に仕事関係（給与や謝金など）は通帳でも出入金履歴を確認できるよう都市銀行の口座を利用し、生活用口座や貯蓄用口座にはサービスが充実しているネット銀行を利用して互いの欠点を補うようにしている。

普段はこれで十分なのだが、仕事で全国各地への出張も多いため、緊急用にゆうちょ銀行の口座も利用している。ASDならではの見通しが立たないときに不安になりやすい特性への対策だが、以前出張先で現金が足りなくなったときにゆうちょ銀行のカードで事なきを得た。ゆうちょ銀行は全国に窓口やATMがあるので、転勤する可能性が高い人も候補に入れておくといいだろう。

積立貯金が続かない

対策

- 貯金の効果を思い切り実感することから始めてみる
- すぐに引き出せない口座に積み立てる
- 財形貯蓄制度を利用する

事例 必要だとわかっているのだが……

以前テレビやネットで「積立貯金をするといい」という情報を知ったときは「始めてみよう」と思ったのだが、いざ定期預金を申し込んで積立貯金を始めてみると、貯金をした分、生活費が足りなくなって、結局家計が成り立たずに解約というパターンに陥ったことがあった。

今の部屋に少しずつ不満が出てきているからいい物件が出たときにパッと引っ越せるように準備しておきたいのだが、なかなか思うように貯金ができない。貯金が続く人はいったいどうやっているのだろう。

原因 無理な額の積立貯金を立てている

積立貯金を始める動機の多くが「老後のため」「将来に備えて」といったかなり先の未来への準備だ。昨今は「老後資産に必要な額は〇千万円！」「1億円貯めよう！」といったタイトルで貯蓄や資産運用を促す情報を多く目にするが、いきなりその額を目標にするのは、初心者が何も準備しないままエベレストに登頂するのに近い無謀な計画だ。特に勢いで積立貯金を契約すると、ついつい**無理な目標額を立てがち**（特にADHD傾向が強い人）なので、はじめは無理のない計画を立てることが大切だ。

貯金が習慣付いている人の場合、「何はなくとも貯金が趣味」「仕事が忙しすぎてお金を使う暇がないから勝手に貯まっていく」ことが多く、そもそもの行動パターンが異なるので、このような人たちと同じ方法ではうまくいかないのは当然だ。

　そうはいっても積立貯金ができたら、事例にもあるようにいい物件が出たらすぐに契約して引っ越せるし、家や車などを買う際に組むローンの頭金にもなる。いきなり1千万円単位の貯金は無理でも、10万円、100万円といった**スモールステップでお金を貯めるスキルを育てていく**ことが必要だろう。

解決法　使いたいことに向けて積み立てる

　老後などの遠い未来の話は、時間軸の感覚が弱い発達障害当事者（特にADHD傾向が強い人）には理屈ではわかっていても感覚的にピンとこないことが多い。そのため、「未来の保証よりも今の楽しみ」となりがちで、結果貯金することが続かなくなってしまう。

　そんな人でも「大好きなアイドル歌手のライブの遠征費を貯める」「憧れていたバッグを買うために貯める」と具体的な楽しい使い道があると途端に貯められることが多い。

　まずは「お金を貯めたらいいことがあった！」と**貯金の効果を思い切り実感する**ことから始めよう。具体的な日程が決まっていたら予算を等分して準備金として貯めていき、決まっていなければ「○年後」といった日付を決めて積み立てていこう。

　もしもそのような具体的な目的が思い付かないなら、お金が貯まる快感を知るために500円玉貯金をしてみよう。

　500円玉だと貯まるスピードが適切なのに加えて（筆者の経験だと1年で4万円ほど貯まる）、貯金箱を持ったときずっしりと重いので、「これだけ貯めた！」と実感も湧きやすい。貯まったら貯蓄用口座に預けてもいいし、「最近頑張ったからちょっと贅沢しようかな」といったご褒美資金としてもいい。「ちょっとした楽しみに使ってもいいお金がある」こと自体が精神的な安心感につながって無駄遣いの歯止めにもなる（特にASD傾向が強い人）し、「貯金は我慢ばかりではない」と納得することで「今回は買うのをやめておこうかな」と行動のコントロールへつながり

やすくなる（特にＡＤＨＤ傾向が強い人）。特に楽しいことにお金を使うことにどこか後ろめたさを感じる人（ＡＳＤ特性が強い人に多い）は、ここから始めてみよう。

すぐに引き出せない口座に積み立てる

「楽しみのための貯金はできるが、将来に備えて、となるとなかなか続かない」人の場合は、生活費の見直しや貯蓄額の検討と同時に、**すぐに引き出せない仕組みを作ること**も必須だろう。

もしも勤務先に**財形貯蓄制度**があればぜひ活用するといい。これは厚生労働省所管の「勤労者財産形成促進法」に基づいて導入された制度だ。給与からあらかじめ申請した額を会社側で天引きし、それをまとめて金融機関へ預け入れる。会社によって手続きが異なるから事務担当者に確認してみよう。

財形貯蓄には一般、住宅、年金と3種類あり、最初は目的を問わずに利用できる一般から始めるといいだろう。3年以上継続が条件となるものの、1年以上経過すれば積立金を引き出せる。

ただし、引き出すには会社に書類を提出する必要があるから、今回のような条件にはまさにうってつけだ。

財形貯蓄を利用できない場合は積立定期を申し込むか、ネット銀行など金利が高めの銀行を貯蓄用口座に決めて積み立てていこう。

その際、「積み立てるからには○万円で！」とつい金額を高くしがちだが、最初は数千円単位にして徐々に金額を増やす、月末に予算が余ったらその分も貯蓄用口座に預金するのが妥当だ。

特にＡＤＨＤ傾向が強い人は、このような段階を踏むのを嫌う傾向があるが、ここでの目標は「着実に預金残高が増える口座を作る」ことなので、極端な話「少しでも増えていけばＯＫ」とあえて基準を低くしよう。筋トレと同じで、少しずつ負荷を増やすのが貯蓄体質への近道だ。

また、せっかく貯金しても引き出しやすい環境だと「あとで振り込めばいいから」とつい気が大きくなり、せっかくの積立貯金を引き出してしまいがちな人（ＡＤＨＤ特性が強い人に多い）の場合、簡単に引き出せない工夫がさらに必要だ。

たとえば貯蓄用口座は自宅や職場付近に支店やＡＴＭがない銀行を選んで給与口座から自動振込みにする、財布に貯蓄用口座のキャッシュカードを入れない、ＡＴＭで使えないように貯蓄用口座はキャッシュカードを作らずに通帳だけで管理する、といったあえて使いにくい銀行口座にしておく対策を立てよう。

強制的に貯金ができる3つのやり方

① 500円玉貯金をする

- お釣りで500円玉をもらったら貯金箱に入れる
- 1年ほどで貯金箱が一杯になるので、銀行窓口へ持っていき預金する
- 1年で4万円前後が貯まり、達成感を得やすい

② 給与天引きの積立貯金をする

- 計画的に貯金をしたいなら、給与が振り込まれた直後に積み立てる方式にする
- 会社に財形貯蓄制度があるのなら、積極的に利用する

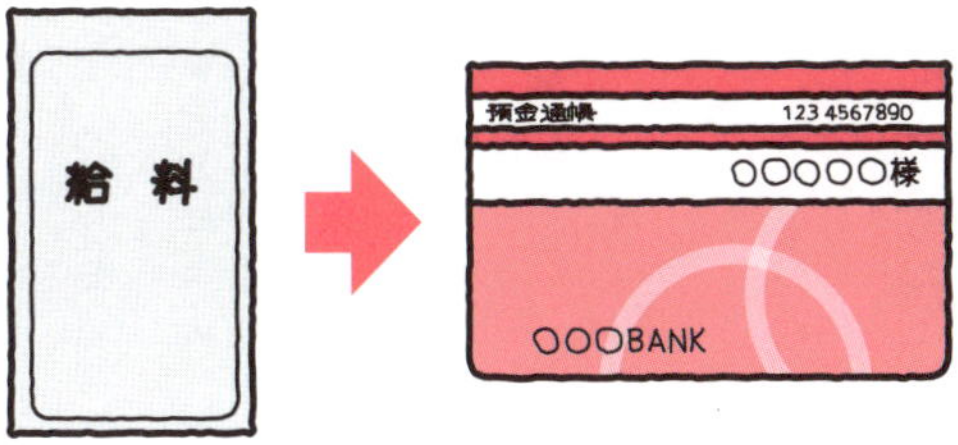

③ 生活口座と貯蓄口座を分ける

- 普段使わない分は簡単には引き出せない銀行の口座に移す
- 財布に貯蓄用の口座のキャッシュカードを入れない
- ATMで使えないよう、あえてキャッシュカードを作らない

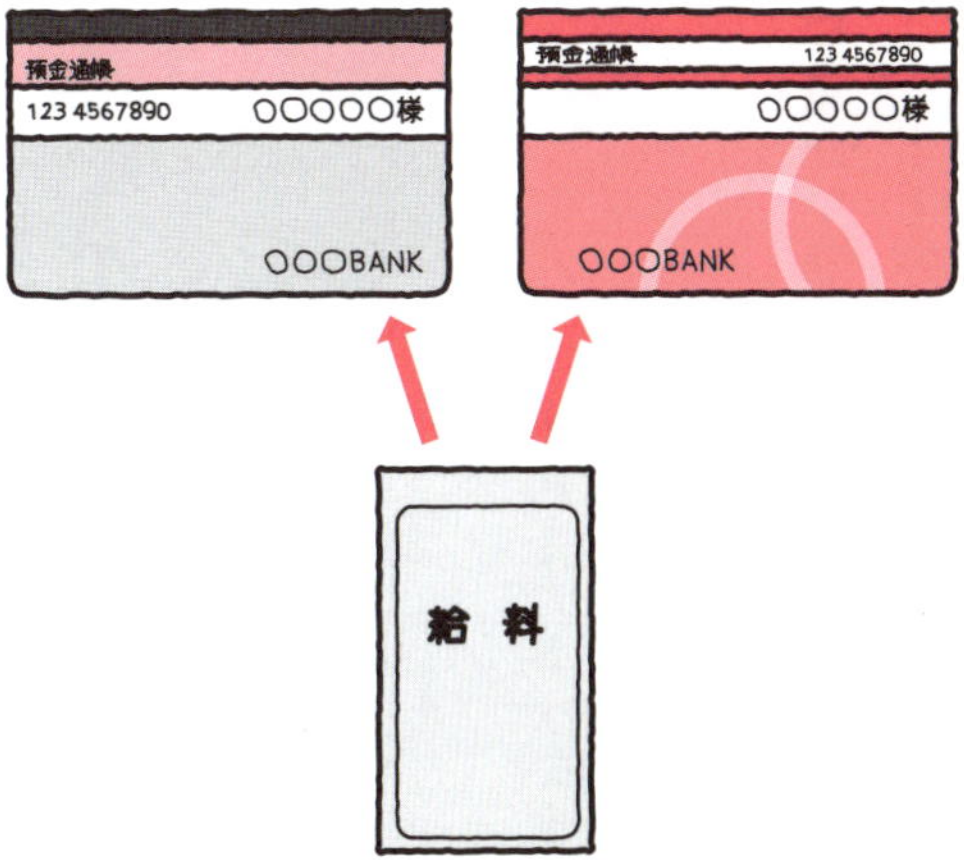

新生活にかかる費用の目安がわからない

対策

- ○ライフプラン表を作る
- ○収支のグラフを作る
- ○補助金や支援制度を調べる

事例

同僚からの話に我に返るが……

同僚が結婚することになり、「思ったよりお金がかかるのにビックリ」と話していた。

よく考えたら結婚する同僚と年齢は変わらない。近い将来自分にも起こり得ることなのか……と思うと、「じゃあ、いくらくらいかかるの?」と気になり、帰宅後相場を調べてみたら「300～400万円」とあって、思わず「え……」と声が出てしまった。

この手のことにまったく興味がなくて気にしていなかったが、結婚や介護など、人生の節目ごとに多額の出費があることに気が付いた。これからは計画的に貯金したほうがいいとは思うが、どのようにしたらいいのか見当が付かない。何かいい方法はないだろうか。

原因

ライフイベントへの実感が弱い

進学、就職、転居……と振り返ると「あれは人生の節目だったな」と感じることは今までもあっただろう。

このようなときには必ずといっていいほど多額の出費が発生する。今までは保護者が出していたことが多かったから意識していなかったかもしれないが、裏では数十万円から百万円単位のお金がかかっていたのだ。

多くの人は自然とこのようなライフイベントを意識している。しかし、発達障害の人の場合、**時間感覚がつかみづらい**、**そのときになるまで考えることを先延ばしす**

る（ADHD傾向が強い人に多い）、**人間関係に興味を持ちづらい、やりたいことに多額の費用がかかることに想像が付きにくい**（ASD傾向が強い人に多い）といった特性があるケースが多い。

だから、そのときになってはじめて「え？ お金どうしよう!?」と焦ったり、「仕方ないやー」「何とかなる！」と見切り発車になりがちだ。

「そんなお金、いきなり言われても用意できないよー」と不安に感じるのも無理はないし、マスコミなどで取り上げられている金額はあくまでも目安だから、全員がこの額を支払っているとは限らない。不要な項目を減らす、支援制度を活用する、周囲の人と協力し合うといった方法で乗り切っているのだ。

「人生なんていつどうなるかわからないじゃないか」と言われたら確かにその通りだが、おおまかな目安はあるので、そこにどうお金を振り分けるかを少しずつ意識していこう。

解決法 ライフプラン表を作ってみる

まずは**ここ20年くらいについて考えてみる**といいだろう。中には「ずっと今まで通りじゃないかな」と考えた人もいるかもしれないが（特にASD特性が強い人に多い）、20代から30代は転職や結婚といった人生の転機になり得る出来事が生じる可能性が高い。そして、これからは家族の状況とも関係してくるため、家族の年齢や状況などもわかる範囲で記入してみよう。

恋人がいる場合は恋人についても考えてみるといいだろうし、いない場合でも不確定要素として色を変えて記入してみると、「こんな人生もあるかもしれない」「突然こういうことが起きたら意外とお金がかかるな」といった見通しが立つ。

計画を立てることが苦手な人（ADHD特性が強い人に多い）はなかなか思い浮かばないかもしれないが、573ページの記入例を参考におおまかでいいので書いてみよう。

費用の目安の欄は予算、備考欄は出費がありそうな項目（この例の場合は両親の退職祝いや弟の就職祝いなど）を記入していくといいだろう。すると、「ここ数年は出費がかさみそう」「車の買替えはもう少し待ってみようか」「結婚や転職するかもしれないけれど、まだはっきりしないから引越しは今の職場や仕事優先で考えよう」といったイメージがつかめてくる。

いくらくらいかかるか見当が付かない場合は、サイトなどで目安や相場を調べて参考にしよう（例：日本FP協会埼玉支部：https://www.jafp.or.jp/shibu/saitama/seikatsu/life/cost/）。

収支のグラフを作ってみる

おおまかなイメージができたところで、次は**ライフイベントに沿って収支のグラフを作ってみよう**。結婚や出産はまだはっきりしないので、今のままの場合と結婚や出産があるプランで作るといいだろう（575ページグラフ例参照）。

グラフからもわかるように、ずっと独身でいる場合と結婚や出産をした場合でもかなり状況が変わってくるが、さらに、

- 転職
- 趣味の出費
- 車や住宅の購入
- 子どもの進路
- 家族の介護
- 社会情勢

などでもグラフの形は細かく変化する。

ここで注意すべきは、「結婚・出産すると出費が増えて貯金できないし、面倒だから独身のままがいいかな」といった**極端な発想に走らないこと**だ（特にASD傾向が強い人に多い）。

大切なのは、「今後の人生では100万円単位での大きな出費が何度かある」「通常の生活とは別に少しずつ貯金する習慣を付ける」「大きな出費についてイメージする（例：移動に必須だから車は持つけれど、維持費節約のため軽自動車にする）」などと、今まで考え付かなかったお金の流れをグラフから想像することだ。

特に計算LDの場合、数字だけではイメージが付きづらいからこそ、「子どもが生まれる前後は産休、育休で収入がないからガクッと貯金が減るんだな」「車の買替えをしたから山型になっているのか！」とグラフの形の意味を考えることが大切だ。

ASDの場合、「想像力の欠如」が特性のひとつとして挙げられるだけに、それを知識でカバーすることが必要だし、ADHDの場合、計画を立てることに苦手な特性があるから、「こういう計画の立て方がある」とまず知ることから始めてみるといいだろう。

補助金や支援制度を調べてみる

「多額のお金がかかるから積立貯金をしないといけないのはわかったけれど、今は毎日の生活に精一杯で……」とプレッシャーを感じた人もいるだろう（ASD特性が強い人に多い）。実際、マスコミで報道されているような額を貯められていない人もたくさんいる。それでもやっていけているのは、さまざまな形で他人の支援を受けたり、**補助金**などの制度を利用した

ライフプラン表の例

西暦	自分の年齢	家族の年齢					ライフイベント	費用の目安	備　考
		父	母	弟	パートナー	第一子			
2025	25	59	58	21			車の買替え	150万円	頭金＋ローン
2026	26	60	59	22			父再雇用		
2027	27	61	60	23			引越し検討、母再雇用、弟就職	50万円 （引越し）	就職祝い
2028	28	62	61	24			車検	8万円	
2029	29	63	62	25					
2030	30	64	63	26	30		車検 車ローン完済 結婚関係の出費	10万円 200万円（自己負担分）	この頃結婚？
2031	31	65	64	27	31		父退職		退職祝い
2032	32	66	65	28	32		母退職、車検	8万円（車検）	退職祝い
2033	33	67	66	29	33	0	第一子出産	30万円（出産費用）	
2034	34	68	67	30	34	1	車検 第一子保育所入園	10万円 50万円（保育料）	
2035	35	69	68	31	35	2		50万円（保育料）	
2036	36	70	69	32	36	3	車検	8万円（車検） 20万円（保育料）	
2037	37	71	70	33	37	4		20万円（保育料）	
2038	38	72	71	34	38	5	車の買替え	20万円（保育料）	買替えなら150万円
2039	39	73	72	35	39	6	第一子小学校入学	30万円 （学童、習い事）	
2040	40	74	73	36	40	7		30万円 （学童、習い事）	
2041	41	75	74	37	41	8	車検	8万円（車検） 30万円（学童、習い事）	
2042	42	76	75	38	42	9		30万円 （学童、習い事）	介護？
2043	43	77	76	39	43	10	車検	10万円（車検） 30万円（学童、習い事）	
2044	44	78	77	40	44	11		30万円 （学童、習い事）	
2045	45	79	78	41	45	12	車検 第一子中学校入学	8万円（車検） 30万円（学童、習い事）	

独身の場合のシミュレーション

西暦	自分の年齢	収　入	支　出	貯蓄額	ローン残高	ライフイベント	備　考
2025	25	350万円	300万円	150万円	100万円	車の買替え	
2026	26	350万円	250万円	250万円	80万円	父再雇用	
2027	27	350万円	300万円	300万円	60万円	引越し検討、母再雇用、弟就職	
2028	28	370万円	250万円	420万円	40万円	車検	
2029	29	370万円	270万円	520万円	20万円		
2030	30	370万円	280万円	610万円	0円	車検 車ローン完済	
2031	31	380万円	280万円	710万円		父退職	
2032	32	380万円	330万円	760万円		母退職、車検	
2033	33	400万円	280万円	880万円			
2034	34	400万円	330万円	950万円		車検	
2035	35	400万円	280万円	1,070万円			
2036	36	400万円	330万円	1,140万円		車検	
2037	37	420万円	280万円	1,280万円			
2038	38	420万円	430万円	1,270万円		車検 （買替えかも？）	買替え（200万円）で計算
2039	39	420万円	280万円	1,410万円			
2040	40	420万円	280万円	1,550万円			
2041	41	450万円	330万円	1,670万円		車検	
2042	42	450万円	280万円	1,840万円			
2043	43	450万円	330万円	1,960万円		車検	
2044	44	450万円	280万円	2,130万円			
2045	45	450万円	330万円	2,250万円		車検	

※正社員で働いている場合を想定
※賃貸住宅での一人暮らしを想定

独身の場合の貯蓄額

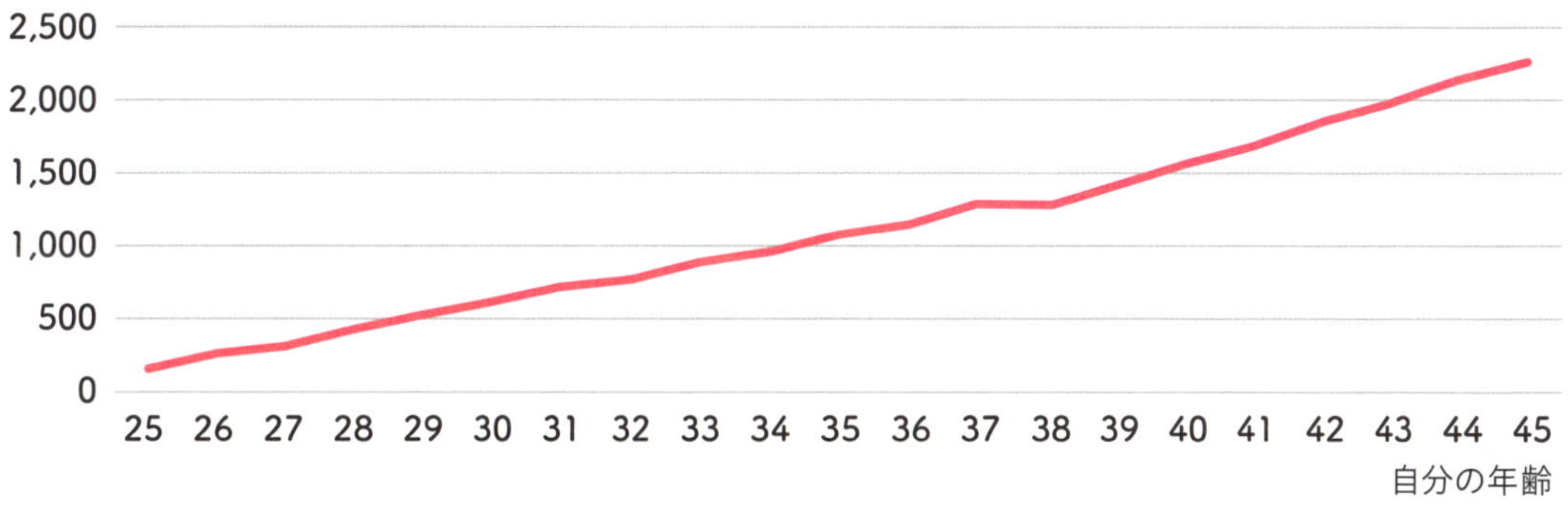

結婚・出産した場合の貯蓄額

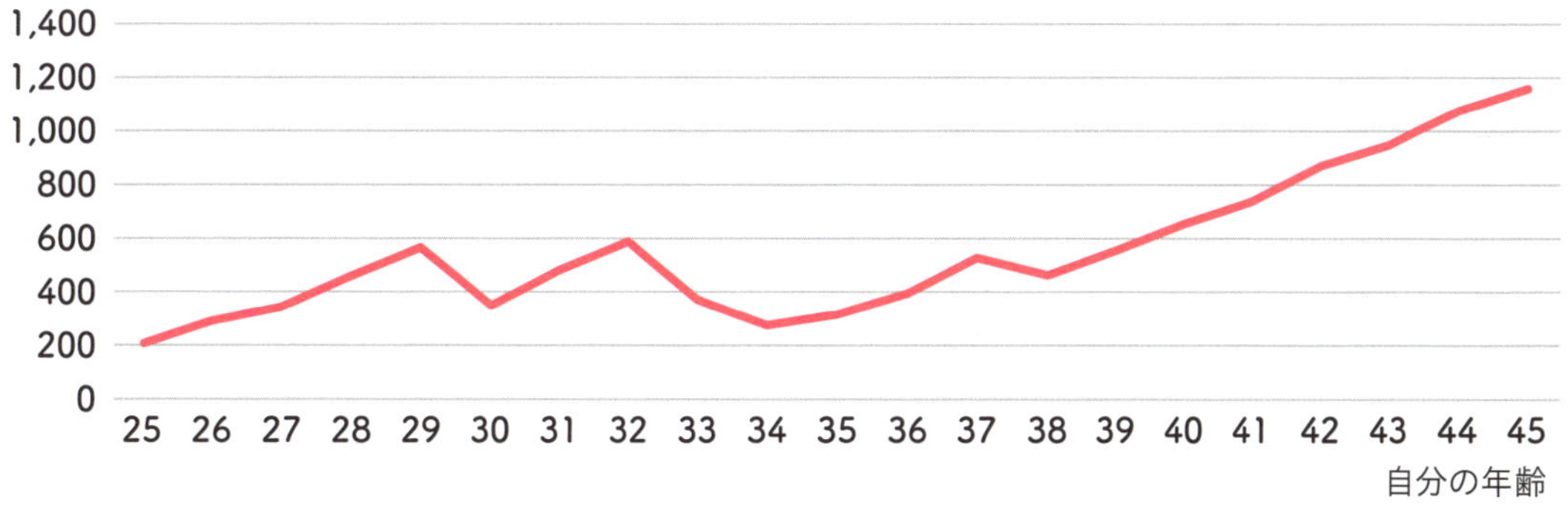

りしているからだ。

結婚式の費用もご祝儀は親戚や友人間での互助的な資金援助という考え方もできる。また、親戚付き合いが減っている地域では結婚披露宴を行わず両親や兄弟だけの食事会と前撮り写真で済ませる場合も増えている。

早めに把握しておけば事前に話し合う、利用できる制度を申請するといった対応ができるから出費を抑えられる。考えるのが面倒だからとつい先延ばししがち（特にADHD傾向が強い人に多い）だが、「こういうときに利用できる制度があるかもしれない！」と思うのと、「こんな状態では無理かも……」と思うのでは同じ状況でも捉え方が変化する。

貯蓄額のグラフをできるだけ右肩上がりにしつつ、ライフイベントをうまく乗り切るためにはどうしたらいいのか、少しずつでもいいので考えてみるといいだろう。

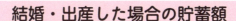

結婚・出産した場合のシミュレーション

西暦	自分の年齢	パートナー	第一子	収入	支出	貯蓄額	ローン残高	ライフイベント	備　考
2025	25			350万円	300万円	200万円	100万円	車の買替え	
2026	26			350万円	250万円	300万円	80万円	父再雇用	
2027	27			350万円	300万円	350万円	60万円	引越し検討、母再雇用、弟就職	
2028	28			370万円	250万円	470万円	40万円	車検	
2029	29			370万円	270万円	570万円	20万円		
2030	30	30		370万円	600万円	340万円	0円	車検　車ローン完済 結婚関係の出費	ここから世帯
2031	31	31		650万円	500万円	490万円		父退職	
2032	32	32		650万円	550万円	590万円		母退職、車検	
2033	33	33	0	400万円	630万円	360万円		第一子出産	産休・育休
2034	34	34	1	550万円	640万円	270万円		車検 第一子保育所入園	
2035	35	35	2	600万円	550万円	320万円			
2036	36	36	3	650万円	570万円	400万円		車検	
2037	37	37	4	650万円	520万円	530万円			
2038	38	38	5	650万円	720万円	460万円		車検 (買替えかも?)	買替え (200万円)で計算
2039	39	39	6	650万円	550万円	560万円		第一子小学校入学	学童と習い事を考慮
2040	40	40	7	650万円	550万円	660万円			
2041	41	41	8	680万円	600万円	740万円		車検	
2042	42	42	9	680万円	550万円	870万円			
2043	43	43	10	680万円	600万円	950万円		車検	
2044	44	44	11	680万円	550万円	1,080万円			
2045	45	45	12	680万円	600万円	1,160万円		車検 第一子中学校入学	公立校で計算し、塾と習い事を考慮

※夫婦正社員での共働きで産休・育休→1歳から保育園という計算
※小中学校は公立で、小1から学童や習い事に通う計算
※賃貸住宅を想定

Column

制度の調べ方

本書ではさまざまな支援制度を紹介しているが、改めて「困ったときに使える制度にはいろいろなものがあるな」と思っただろう。実は筆者も本書を書くにあたって調べることで、はじめて詳細を知る制度もあった。

読者の中には「ひょっとしたら自分も該当者かも？」「でも、なんで病院や会社では教えてくれなかったの？」と思った人がいるかもしれない（ASD特性が強い人に多い）が、実は専門家も自分の専門外の制度については詳しくないことが多い。たとえばリストラなどによる国民健康保険の減免制度も会社の健康保険とは違う仕組みなので、会社の担当者も知らない可能性がある。また、時限的な制度や自治体独自の制度も要注意だ。

法律や制度は定期的に見直しが行われているため、新しい法律ができたり改正で変更になっていたりすることがよくある。最新の情報かを確認する、窓口などで自分は該当者かを問い合わせる、必要に応じて弁護士や司法書士、社会福祉士や精神保健福祉士など、法律や福祉の専門家へ相談することも検討しよう。

しかし、法律や制度があることすら知らなければ探しようがない。公的な支援制度などの情報は新聞やウェブサイト、そしてSNSで貧困問題に詳しい専門家が定期的に発信している。法律や制度の改正などがあると、「こんな法律（制度）です」「ここが変わりました」と解説してくれているから、その人が運営しているウェブサイトおよび署名記事や著書を探して読むといい。その際、著者がどんな資格を持っているか、支援経験が豊富な人かといったプロフィールも必ず確認するように心がけよう。

制度を探すときはいくつかコツがある。たとえばウェブサイトを探すときはキーワード検索をするが、キーワードは2つくらいに絞る、自治体もしくは制度の名前を必ず入れる、言葉を入れ替えて何度か検索すると少しずつ異なる情報が出てくる。

ウェブサイトの検索結果も上位に出てくるものよりも記事がアップされた日や更新日を確認し、できるだけ最近の情報を探すことが鉄則だ。

また、本を探すときはあらかじめネットで候補の本を絞ってから大きな書店や図書館で読み比べたほうがより適した情報を探しやすい。書籍についても発行日が新しいものや改訂版がないかを確認しよう。大きな書店だと売場担当者、図書館だとレファレンスサービスで「こんな情報を探している」と伝えると探してくれる手助けをしてくれるから活用するといい。

つい「人に尋ねるのは面倒だからネットで済ませよう」となりがちだが（ADHD特性が強い人に多い）、人間は機械だと苦手な「確か以前こんな感じの話があった」といった曖昧な情報からでも探し出せる長所がある。ネット検索と人の情報収集力のいいところをうまく活用して自分が利用できるサービスを見付けよう。

借金やローンを早く返済したい

対策

- ○リボ払い設定かを確認する
- ○繰り上げ返済や毎月の返済増額を検討する
- ○日本クレジットカウンセリング協会や法テラスへ相談する

事例

何気なく利用していたリボ払いで大変なことに……

学生時代に作ったクレジットカードで、以前「ポイントキャンペーン！」というメールが届き、「これは大量ポイントをもらえるチャンス！」と思ったので、早速条件となるリボ払いに切り替えてキャンペーンのポイントも無事もらうことができた。

その後、「そんなに利用していないから」と放置していたのだが、ある日お店でカードを利用しようとしたところ、店員から「このカードは利用できません」と返されてしまった。

そのときは現金で支払ったが、帰宅後カード会社のホームページで確認したら、リボ払いがしばらく続いてどんどん利息が付いた結果、利用限度額まで達してしまったらしい。

それにしてもいったいいつの間にこんなに返済額が増えてしまったのだろうか。

原因

リボ払いや金利の仕組みを知らなかった

カード会社は定期的にキャンペーンを行っており、中にはリボ払いを設定することを条件にしていることがある。「いっぱいポイントがもらえるならお得かも！」と思うかもしれないが、下のほうに小さな文字で書かれている注意事項をよく読むことが大切だ。これを読んでみると、「この条件ではメリットが少ないから応募しないな」と見送ることがほとんどだ。

　ところが、注意点を読まずにメリットだけ考えて応募する（ADHD傾向が強い人に多い）、注意事項を読むのに時間がかかったり読んでもすぐに意味がわからないけれど、お得らしいから取りあえず応募する（ディスレクシア傾向が強い人に多い）、金利のイメージが付きづらいけれど何とか払えそうと応募する（計算LD傾向が強い人に多い）といった場合、ポイントよりも**その後支払う手数料や金利が大きくなることに気付いていない**可能性が高い。

　もちろん、中には内容をよく理解して「リボ払いの支払いを限度額いっぱいに上げる」「キャンペーン期間が終わったらすぐにリボ払いから通常の支払いに変更する」人もいるが、このような人は頻繁にホームページをチェックして面倒な登録情報変更などの作業をいとわない。半ばゲームのように頭を使ってポイントを貯めている。「そこまでできない」と思ったら、この手のキャンペーンは基本無視するくらいでちょうどいいだろう。

解決法　リボ払い設定かを確認する

　最近はリボ払いについては「支払い方法をうまくすればお得」「年会費も安くなる」「リボ払いだとポイントが上乗せされる」というメリットが強調される一方で、「金利が高い」「リボ払いは避けよう」という情報も目にする。「両極端な話が多くてどれが本当なの？」と戸惑う（ASD特性が強い人に多い）かもしれないが、結論をいえばどれも本当の話だ。

　ただ、メリットを受けるためにはホームページにアクセスして支払い条件などをこまめに変更する、利用明細書などを毎月確認す

リボ払いの仕組み

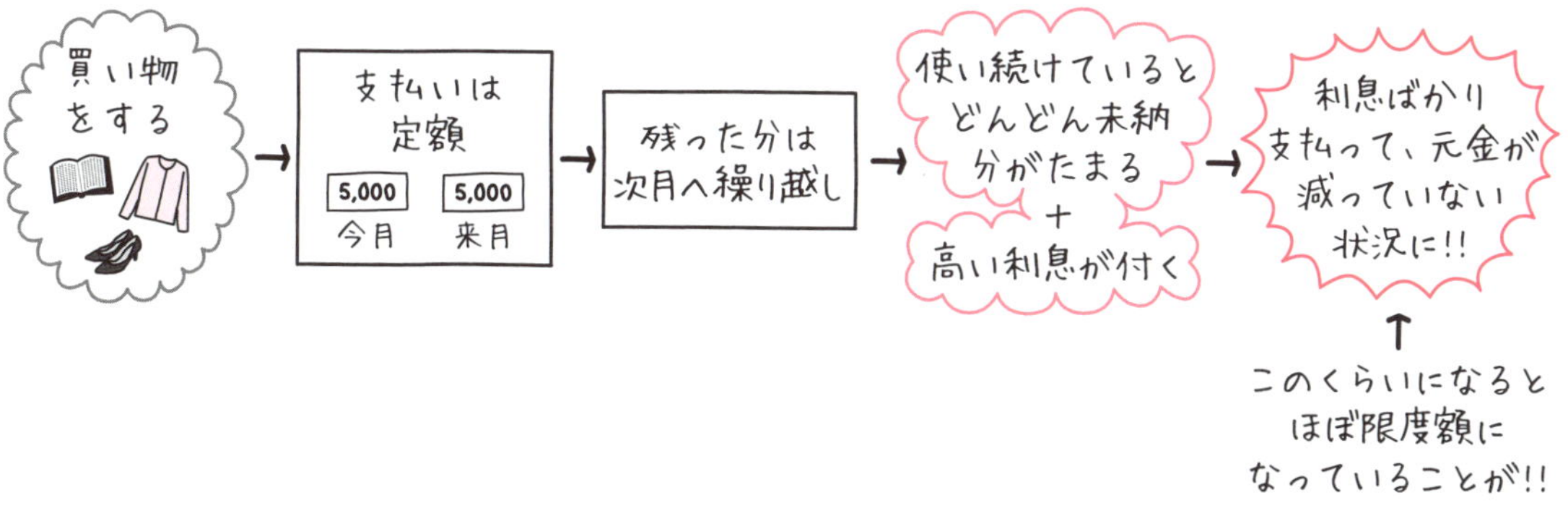
買い物をする
支払いは定額
5,000
今月
5,000
来月
残った分は次月へ繰り越し
使い続けているとどんどん未納分がたまる
＋
高い利息が付く
利息ばかり支払って、元金が減っていない状況に!!
このくらいになるとほぼ限度額になっていることが!!

50万円をリボ払いにした場合

毎月の返済額	支払回数	手数料
1万円	50回	153,306円
3万円	17回	49,165円
5万円	10回	28,288円

参照：CASIOのkeisanサイトより
https://keisan.casio.jp/exec/user/1351517634

る、といった対応が必要だ。うっかり忘れたり油断したりすると事例のような状況に陥る可能性もある。

「そうはいってもちゃんと支払えていれば大丈夫なのでは？」と楽観的に考えるかもしれないが（ADHD特性が強い人に多い）、リボ払いの平均的な金利は年利約15〜18％（複利）なので、**住宅ローンや自動車ローンの金利よりもずっと高い**。複利計算だと利子にも利息が付くので、返済が滞るとどんどん借金が膨らんでしまう。

金利の目安を知るのに、535ページでも紹介した「72の法則」というものがある。72を金利で割ると返済額が2倍になる年数の目安がわかるものだが、この計算式で考えると、リボ払いの場合、18％だと約4〜5年で返済額が元金の2倍になってしまう。

クレジットカードの中には、初期設定がリボ払いのものや、海外での利用（買い物やキャッシング）がリボ払いのものもある。これ以上借金を増やさないためにも、そうしたことがないかをまず確認しておこう。もしリボ払いになっていたらカード会社へ連絡すれば一括払いへ変更できる。会社によって方法が違うので、「○○カード　リボ払い　解除」といったキーワードで検索して確認しよう。

繰り上げ返済や毎月の返済増額を検討する

限度額いっぱいまでリボ払いが膨らんでしまうと、50万〜100万円とかなり高額になる。貯金から全額返せればもちろんいいのだが、すぐに全額返済は厳しいだろう。そのようなときは一部だけでも繰り上げ返済することを考えよう。これだけでも支払額と支払期間を減らすことができる。

繰り上げ返済はカード会社のカウンター、銀行やコンビニのATM、指定された口座への振込みなどから行える。やり方や利用手数料などはカード会社によって異なるから問い合わせてみよう。面倒に感じて先延ばししたくなるかもしれない（ADHD特性が強い人に多い）が、返済日が延びるほど返済額が増えてしまうから早めに手続きを進めていこう。

そして、**毎月の返済も少しでもいいから今の額よりも増やしていく**といい。現段階では利息を払っている状況なので、元金を減らすには返済額を増やして利息を減らすことが大切だ。

また、もしも職場がろうきん（労働金庫）に加入していたら担当者に現状を話してみてもいいだろう。労働金庫とは労働組合や生活協同組合（生協）の会員が、お互いを助け合うために資金を出し合って設立された協同組織の金融機関で、非営利のためローンなども同じ条件なら他の金融機関より低金利のことが多い。「職場にバレるのでは……」とためらうかもしれないが、担当者には守秘義務があるし、これ以上状況が悪化するのを防ぐためにもまず相談してみよう。

ろうきんに加盟している会社の職員もしくはろうきんと提携している生協の組合員なら、審査を通れば優待金利で借りられ、返済についても相談に乗ってくれる。

日本クレジットカウンセリング協会や法テラスへ相談する

「できるだけ返済したいけれど、今まで挙げられた方法だと難しいかも……」という人は**日本クレジットカウンセリング協会**（http://www.jcco.or.jp/）や**法テラス**（https://www.houterasu.or.jp/）へ相談しよう。

「会社を休まないとダメ？」（ASD特性が強い人に多い）、「そんなに面倒な話なの!?」（ADHD特性が強い人に多い）と思ったかもしれないが、暮らしを安定させるためにもこの段階で対策を講じることが大切だ。

「ちょっとした文章を読み落としたことでこんなに大変な目に遭うなんて……」と自責の念に駆られたり、「こんな方法が認められているなんて間違っている！」と怒りを感じたりした人もいるかもしれないが、そういう人ならなおのこと自分の悩みや不安を話したほうが気持ちも落ち着く。

どちらも債務関係に詳しい弁護士や司法書士が相談に乗ってくれるし、費用についても日本クレジットカウンセリング協会は無料だし、法テラスでは無料相談を案内したり、費用がかかった場合は立て替えてあとから分割で支払う制度もある。

金融関係は新しいビジネスや取引方法が次々出てくることもあってか、残念ながら法制度が後追いになりがちだ。そのため、「まさかそんなことが!?」という手法で多額の被害や借金が判明することがある。

自分の手ではとても負えないと思ったら一人で抱え込まずに詳しい人に助けを求めよう。

500 住宅や自動車ローンを組むときの注意点がわからない

対策

- 一定額の頭金や諸費用を見越してシミュレーションする
- 実際に払う額を冷静に計算する

事例 頭金なしでもローンが組めるって本当なの？

休日買い物へ出掛けようと街を歩いていたら新築住宅の内覧会をしていて、販売員に「良かったら見ていきませんか？」と声をかけられた。

「いや、結構です。貯金もほとんどありませんし」とぶっきらぼうに返事をすると、「今は金利も安いですし、頭金なしでも審査に通ればローンを組めますよ」と言われ、断られると思ったのに予想外の返答をされて内心慌ててしまった。

「今のところ家を建てることはまったく考えていないので」と逃げるようにその場を走り去ったが、冷静になって考えてみると、そもそもローンを組む＝多額の借金をするというイメージしかなかったので、何に気を付ければいいのかすらわかっていないことに気が付いた。

もし将来ローンを利用するとしたら、どんなことに注意するといいのだろう。

原因 ローンに対する認識が曖昧

運転免許取得などの目的でローンを組んだ経験がある人もいるだろうが、おそらく大半の人は車や家を買う際にはじめてローンについて考えるだろう。特に働き始めた頃は貯金が少ないので、「少しの負担であなたのものに」などと言われたら心惹かれるのも無理はない。低金利だと「実質分割払いになるからいいかな」という気持ちにもなるだろう。

店の側がローンをすすめるのは高額な商品を買ってもらいたいからだし、信販会社や銀行といった融資をする会社にとってはローンを組んでもらえることで金利が収入となり、ひいては融資の実績につながるからだ。つまり相互補助的な関係がある。

このような**社会の仕組みに対して興味関心が低い**（ASD特性が強い人に多い）もしくは**返済不能になったときのリスクを考えることが苦手**（ADHD特性が強い人に多い）な場合、「いきなり多額の借金を背負わされる！」「欲しいものがすぐに手に入るならいいな！」とローンに対して極端な思考になりがちだ。

「借金なんて金輪際ごめんだ。それなら生活を切り詰めて貯金に励めばいい！」と考える人（ASD特性が強い人に多い）もいるかもしれないが、予備の貯金をすべて使い果たしたら、それはそれで緊急事態に対応できない可能性もある。やみくもに怖がるのではなく、ローンの注意点を理解した上で必要なときに対応できる準備をしていこう。

解決法　一定額の頭金や諸費用を見越してシミュレーションする

最近マンションや車の広告に「頭金0円でも！」と提携ローンを組んだ場合の返済プランが紹介されている。

しかし、車や家を購入する際、必ず諸経費（登録費や税金、手数料など）がかかる。車の場合は車両価格の10％、住宅の場合も引越し費用や家具家財の購入費などを含めると5～10％前後を見越しておく必要がある。見積もりが苦手な人（ADHD特性が強い人に多い）や計算に苦手意識を持っている人（計算LD特性が強い人に多い）はつい避けて通ろうとしがちだが、いざ購入となったときに諸費用を入れていなかったために資金不足で諦めざるを得なくなってしまっては元も子もない。

まずは「**最低限でも諸経費分だけは絶対貯金から賄う！**」と決めて、積立貯金で資金を準備しよう。

さらに頭金を2割から3割前後

CASIOの「keisan」を利用すれば、ローン計算が簡単に行える
https://keisan.casio.jp/exec/system/1256183644

準備できれば返済期間や返済額を減らすことができる。

このように考えると予想以上に事前準備が大切なことに気が付くだろう。

「具体的な返済イメージを持ちたい」人はローン計算のサイトで計算できるし、エクセル関数に詳しい人ならエクセルで自作することも可能だ。

金利および利息分の支払額を確認する

「今は低金利の時代」と言われてもピンとこないかもしれない（計算LDの傾向が強い人やASD傾向が強い人に多い）が、サイトやエクセルでローン計算をしてみると、金利の違いで支払総額がガラッと変わることがよくわかる。

たとえば100万円をローンで借りる際、年利2％なら利息分は5万1666円（月々の支払いは1万7528円）となるが、年利4％なら利息分は10万4991円（月々の支払いは1万8417円）となる。

「あれ？　金利2％なら利息分は2万円じゃないの？」「年利が2倍なら単純に2倍になるんじゃないの？」と思った人もいるかもしれない（ASD特性が強い人に多い）が、ローンの場合、複利法を用いるため利息分も含めた計算になる。つまり金利が高い、もしくは返済期間が長いほど支払総額が一気に増える。

特に住宅ローンなど数千万円単位の借入れだと1％の差でも一気に返済総額が変化してしまう。返済シミュレーションで金利を変えてみると「こんなに変わるの!?」とその違いに驚くだろう。特に計算が苦手な人（計算LDの特性が強い人に多い）や実感を伴うと事情を認識しやすい人（ADHD特性が強い人に多い）は**何通りか試してみて数値の変化を確認しよう。**

また、ついローンを組むとき「100万円借りた」と元金ばかりに注意が向きがちだが、返済計画では**実際に支払う額を冷静に計算するほうが現実的だ。**

一方で、「この利息分を上乗せすれば高価なものを早めに入手して長く楽しめる」「生活費を見直してやりくりできれば無駄遣いを減らせる。結果として利子を支払うけれど、その商品を買うために貯金をしたのと同じだ」「格段に生活の質が上がり、仕事の幅も広がる」といった**金額を上回るメリットをはっきり感じているか**も大切だ。

いずれにせよ20代から30代にかけては転職や転居、もしくは結婚や出産によって、生活が大きく変化する可能性が高い。まずは家計の黒字化と積立貯金を重視したほうがいいだろう。

自動車ローンの計算例

年利が	4.00%	で月複利のとき	1,000,000	円を借り入れて
	5	年間で完済するには	18,417	円を毎月返済する

返済元本と利息合計

利　率	期間（月）	借入額
4.00%	60	1,000,000円

回　数	元　本	利息分	支払総額
1	15,083円	3,333円	18,417円
10	153,115円	31,051円	184,165円
20	311,410円	56,920円	368,330円
30	475,062円	77,433円	552,496円
40	644,252円	92,409円	736,661円
50	819,167円	101,659円	920,826円
60	1,000,000円	104,991円	1,104,991円

支払総額を確認する

元本分と利息分の支払額
※元利均等返済の場合

最初は支払う利息が多い

回　数	元　本	利息分	返済額
1	15,083円	3,333円	18,417円
2	15,133円	3,283円	18,417円
3	15,184円	3,233円	18,417円
4	15,235円	3,182円	18,417円
5	15,285円	3,131円	18,417円
6	15,336円	3,080円	18,417円
7	15,387円	3,029円	18,417円
8	15,439円	2,978円	18,417円
9	15,490円	2,926円	18,417円
10	15,542円	2,875円	18,417円
30	16,611円	1,805円	18,417円
40	17,173円	1,243円	18,417円
50	17,755円	662円	18,417円
60	18,355円	61円	18,417円

住宅ローンの計算例

年利が	1.55%	で月複利のとき	35,000,000	円を借り入れて
	35	年間で完済するには	108,024	円を毎月返済する

返済元本と利息合計

利　率	期間（月）	借入額
1.55%	420	35,000,000円

回　数	元　本	利息分	支払総額
1	62,816円	45,208円	108,024円
60	3,916,196円	2,565,235円	6,481,431円
120	8,147,756円	4,815,105円	12,962,862円
180	12,720,076円	6,724,216円	19,444,292円
240	17,660,597円	8,265,126円	25,925,723円
360	28,767,231円	10,121,354円	38,888,585円
420	35,000,000円	10,370,015円	45,370,015円

1%代の利率でも利息が多額に

元本分と利息分の支払額
※元利均等返済の場合

回　数	元　本	利息分	返済額
1	62,816円	45,208円	108,024円
12	63,714円	44,310円	108,024円
24	64,708円	43,315円	108,024円
36	65,719円	42,305円	108,024円
48	66,744円	41,279円	108,024円
60	67,786円	40,237円	108,024円
72	68,845円	39,179円	108,024円
96	71,011円	37,013円	108,024円
120	73,245円	34,779円	108,024円
180	79,143円	28,880円	108,024円
240	85,517円	22,507円	108,024円
300	92,403円	15,621円	108,024円
360	99,844円	8,180円	108,024円
420	107,884円	139円	108,024円

ほとんどが利息なので繰り上げ返済をするのが大切

第20章

備えるときの「困った」を解決したい

ピンチを乗り切る術を学ぶ

人生はいつでも順風満帆とは限らない。思いがけないピンチに直面したときにできるだけ冷静に事に当たれるよう、利用できる制度や法律を知り、自分でもできる備えを始めよう。

年金や健康保険の支払いが負担

対策

- 必要な書類を持って自治体の窓口へ行く
- ハローワークへ行って雇用保険受給資格者証を作成する

事例

払わないといけないのはわかっているが……

今まで働いていた営業所の閉鎖が急遽決まり、他の支店への転勤も打診されたが通勤時間などの条件が合わず、悩んだ末、結局断ってしまった。

退職後は貯金と失業保険で暮らさないといけないし、事務の人から「離職票が届いたらそれを持ってハローワークへ行って手続きしてくださいね。それから厚生年金と健康保険は使えなくなりますから、役所で国民年金と国民健康保険に入る手続きもお願いします」と言われ、「え？　いつ失業手当が入るかわからないのに、あれこれ保険料を支払うのは大変だぞ……」と心細くなってしまった。

同僚から「確かこういう場合には年金や健康保険料は減免制度があるはずだよ。離職票を持って役所の窓口で相談するといいよ」と教えてもらったが、はじめて聞いた上にいろいろ手続きが必要な話ばかりでゲンナリしてしまった。

減免してもらえるのはありがたいが、何を準備してどこへ行くといいのだろうか。

原因

減免などの救済制度についてよく知らなかった

日本ではすべての人が何らかの健康保険に加入することが義務付けられている。自営業や無職の人は原則住んでいる市町村の国民健康保険に加入するが、保険料の額は前年の所得に応じて決まる。

年金についても日本に住んでいる人は20歳になった時点で加入手

続きをして、会社員は厚生年金（第2号）、その他の人は国民年金（第1号、第3号）に加入しなければならない。

しかし、さまざまな事情で保険料を支払うのが困難な場合もあるため、制度を維持・利用できるようにするために保険料を減額や免除したり（減免）、納付を猶予して金銭に余裕ができたときにあとから支払う（追納）といったさまざまな救済制度がある。

生活が苦しいからと未納のままにしていると、年金を受給する年齢になったときに、加入期間が足りないことがあるし、病気やケガをした場合、窓口の支払いが高額になる上にさかのぼって未納分の健康保険料と滞納金を支払わなければならない。

手続きが面倒だからと先延ばししたくなる（ADHD特性が強い人に多い）し、**書類が多くて大変**（ディスレクシアの傾向が強い人に多い）、**はっきりしないことが多くてどうしたらいいかわからない**（ASD特性が強い人に多い）かもしれないが、面倒がらずに手続きをすることが大切だ。

解決法　自治体の窓口へ行く

仕事を辞めたら失業保険の手続きをすることは多くの人がすぐに思い付くが、年金と健康保険は意外と後回しになりがちだ。失業保険→ハローワーク、年金と健康保険→市町村もしくは任意継続の窓口と違う場所になることや、「めったに病院へは行かないから」と必要性を感じないことを後回しにしてしまうのが理由だろう。

また、会社へ入社するときは事務の人が手続きを代行してくれることがほとんどのため、自分でやるとなると書類を記入する手間が負担になるかもしれない（ディスレクシア傾向が強い人に多い）が、日本ではほとんどの制度が申請してはじめて利用できるものなので、**とにかく必要な書類を持って窓口へ行くこと**が重要だ。

特に健康保険は退職後14日以内に手続きしないといけないので、離職票もしくは後述の雇用保険受給資格証を持参して国民年金と国民健康保険の加入手続きをする際、「保険料を軽減する制度を利用したい」と相談しよう。

健康保険には任意継続という方法もあるが、事例では事業所閉鎖というやむを得ない理由のため、国民年金・国民健康保険のいずれも減免制度を受けられる可能性が高い。適用されると大半の場合、任意継続よりも保険料が安くなる。これは、「失業等による特例免除」によるものだ。離職票または雇用保険受給資格証の他には、次ページの図にあるものを持っていけば手続きがスムーズにいく。

退職後に年金、健康保険、失業保険の申請時に持参すべきもの

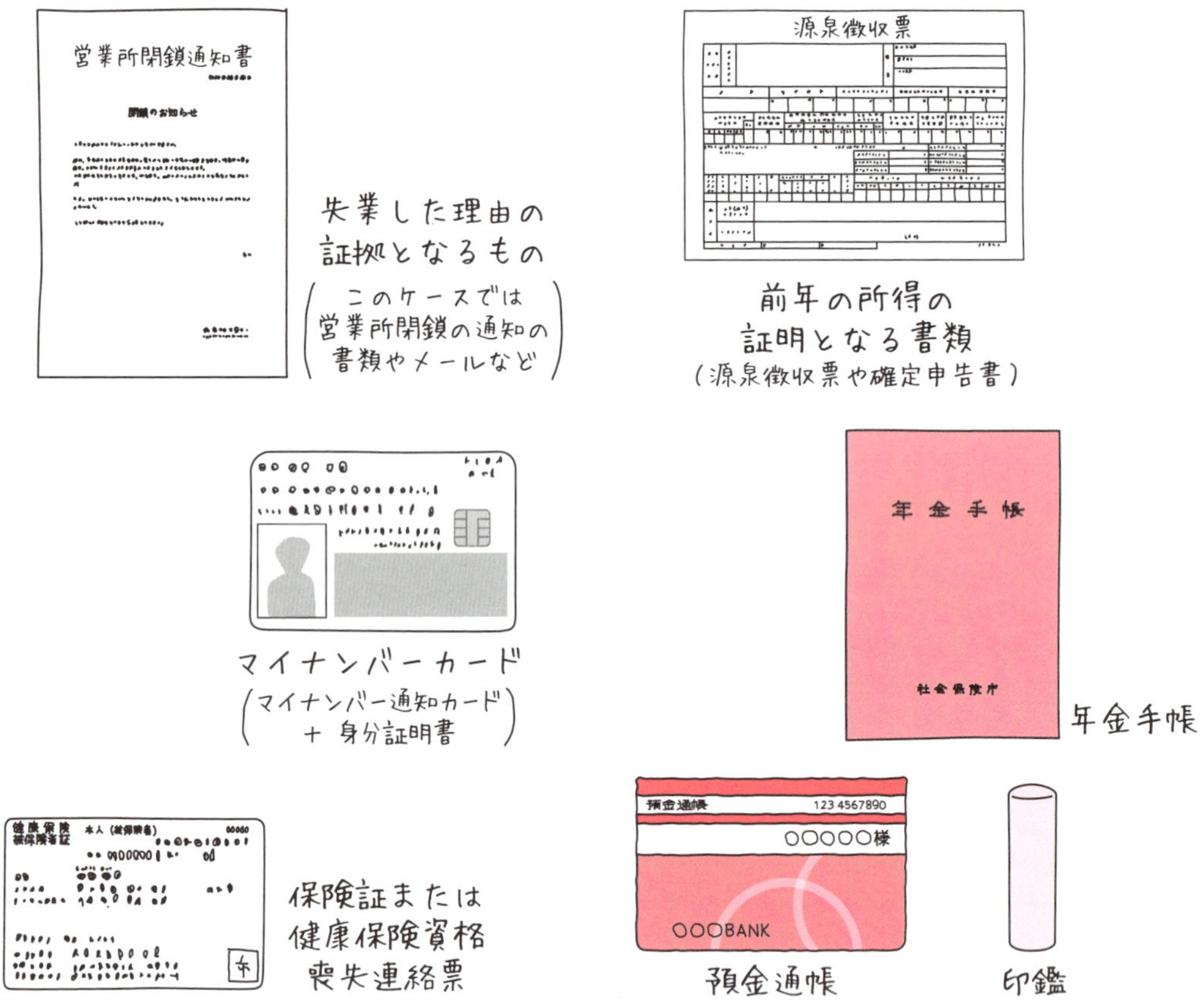

ハローワークへ行って雇用保険受給資格者証を作成する

離職票が発行されたら**ハローワーク**へ行って手続きを行い、**雇用保険受給資格者証**を作ろう。このとき、ハローワークの人に事情を話して離職コードが自分の状況に合っているかを確認してもらおう。

事例の場合、書類上は自己都合退職になっているかもしれないが、やむを得ない理由として事実上、会社都合退職と同じ条件で失業保険を給付される可能性が高い。自己都合退職よりも会社都合退職のほうが失業保険を給付される条件が良いため、「営業所閉鎖が退職のきっかけで、転勤を打診されたが通勤時間などの条件が合わなかった」と証拠を見せながら伝えよう。

Column

人間関係も実は見えない資産

言語聴覚士という仕事柄もあってこれまで多くの方に会ってきたが、その中で感じているのが「人間関係が良好だと回り回って人生が豊かになる」ということだ。

これは必ずしも家族や親戚付き合いを大切にすべき、という意味ではない。確かに家族で暮らすと生活費は節約できるかもしれないが、それで多大なストレスを感じたり誰かがずっと犠牲を払ったりする状況では、結局後にトラブルが生じる。

筆者が言語聴覚士の仕事を通して出会うのは、病気や障害に直面したことで今まで思い描いていたのとは違う人生を歩むことになる（あるいはなった）人たちだ。それもあってか、良くも悪くもそれまでの人間関係が浮かび上がってくることはよくあることだ。

そのような状況を観察していると、良好な人間関係を作れる人は自分でできるだけのことはしながらも、限界がくる前に他者からの支援や公共のサービスなどを上手に取り入れ、さらに趣味などの自分の時間も充実させていることがわかる。また、他人からの期待や信頼にも誠実な対応をするが、時には「仕方ないよね」とそれまでのことは感謝しつつ、状況に応じて付き合い方を変えることもいとわない人だった。

こうした態度は日本の社会ではマイペースでわがままに見えるかもしれないが、不思議とこのような人の周りにはゆるやかなつながりが存在する。そして、いろいろ大変なことはあっても、「それはそれ」と本人も家族も暮らしを楽しむ様子を見るにつけ、「あ、これでいいのか！」と腑に落ち、それまで抱いていた人生への不安が少し軽減された。

自分や夫の経験からも発達障害の特性が強い人ほど、この「適度に他者とつながる力」と同時に、「適度に他者から離れる力」もないと行き詰まることは目に見えている。発達障害の当事者は生きるために必要最低限の社会参加をしつつも、より充実した暮らしを送るためには社会の常識にとらわれないことが必要だと筆者は感じている。

実は、筆者も夫も一般的な人付き合いは得意ではない。生活ペースも大半の人たちとは異なるため、近所の人たちからは不思議な夫婦と思われているかもしれない。それでも何とか暮らせているのは、不器用ながらも自分たちなりの形で人間関係を模索してきたからで、仕事の依頼などは人づてでくることが多い。

突き詰めれば、「自分の居場所を自分で作る」「お互いの世界を大切にできる範囲で付き合う」「ただし、社会に著しい不利益をもたらす行為を放置しない」といった一見当たり前のことを地道にできる人が豊かに暮らせる人なのかもしれない。その上で、お金はあくまでも生活を豊かにする手段のひとつにすぎない、と肝に銘じておこう。

病気になったときのことが不安になる

対策

- 保険加入の必要性を検討する
- 目的に合った保険を選んで加入する

事例　「保険に入ったら」と言われたけど……

先日実家へ帰省したら、母から「そういえばあなたの保険、どうしようか？」と突然話を振られ、「え？　そんなの入っていたの？」と面食らってしまった。

「いざというときのために掛け捨ての共済に入っていたのよ。でも、無事就職したので、解約するか、あなたに保険料の支払いを引き継いでもらおうと思って」と言われた。

正直保険料がもったいないと思うし、先日「会社員は健康保険だけで十分」という記事を読んだばかりなので必要ないとも思ったが、考えてみると貯金もほとんどないし、万が一のことが起きたときに保険に入っていないのはまずいかも、と思い始めてきた。

今まで病気になったときのことなんて想像したこともなかったけれど、若くして大病を患うこともあるのか……と考え始めたらだんだん不安になってきた。他の人はどうやって備えているのだろう。

原因　社会保険制度の知識が足りない

テレビでも民間の医療保険やがん保険のコマーシャルなどが流れており、「病気になるとこんなに負担が増えるのか……」「やっぱり民間の保険にも入らないと！」と思ってしまうだろう。

不安になればなるほど「あれもこれも……」と入りたくなるし（特にＡＳＤ特性が強い人）、周囲の人（特に親の世代）からは「貯金の代わ

りになるから」と言われるかもしれない。

　しかし、保険は本来起こる確率は非常に低いものの、とても自分の貯金からは賄えない事態（例：多額の賠償金を支払う）や突然収入が途絶える事態（例：急な病気やケガなどで長期間働けなくなった）といった「起こったら困る事態への備え」だ。

　「そんなめったに起こらないこと、いちいち気にしていられないよ」（ADHD特性が強い人に多い）と思うかもしれないが、確率がゼロではない以上、対応策を知っておけば、いざというときに冷静に対処できる。**まず自分が利用できる制度を確認して必要かどうかを検討しよう。**

健康保険の種類

	対象者
組合保険	主に大企業や同業者組合に所属している人向け
協会けんぽ	主に中小企業の職員向け
国民健康保険	それ以外の人

解決法　自分が加入している健康保険を確認する

　最初にすべきは、**自分が持っている保険証を出して健康保険の種類を確認すること**だ。「え？　保険証に種類ってあるの？」と戸惑ったかもしれないが、健康保険は大きく、上の表にある3つに分けられる。それによって制度が変わるのでまず確認しよう。

　どの健康保険でも利用できるのが、

- 高額療養費制度
- 自立支援医療制度（精神科通院で指定医療機関のみ対象）
- 医療費控除（501ページ参照）

の制度だ。

　高額療養費制度は1カ月の間に一定額以上の医療費がかかると返金される制度だ。限度額は所得に応じて決まっており、4カ月目からはさらに限度額が下がる仕組みになっている（多数該当）。預金が少ない人は、高額療養費制度を利用しそうなときに「限度額認定証」をもらえば（マイナ保険証で設定済みなら手続き不要）窓口負担も軽減される。

　自立支援医療制度は長期かつ高額になりがちな精神科の通院に適用され、申請すると指定医療機関では窓口負担が1割に軽減され、さらに所得による上限額を超えた医療費は公費で負担される。

　「そうはいっても働けなくなった

高額療養費制度の仕組み

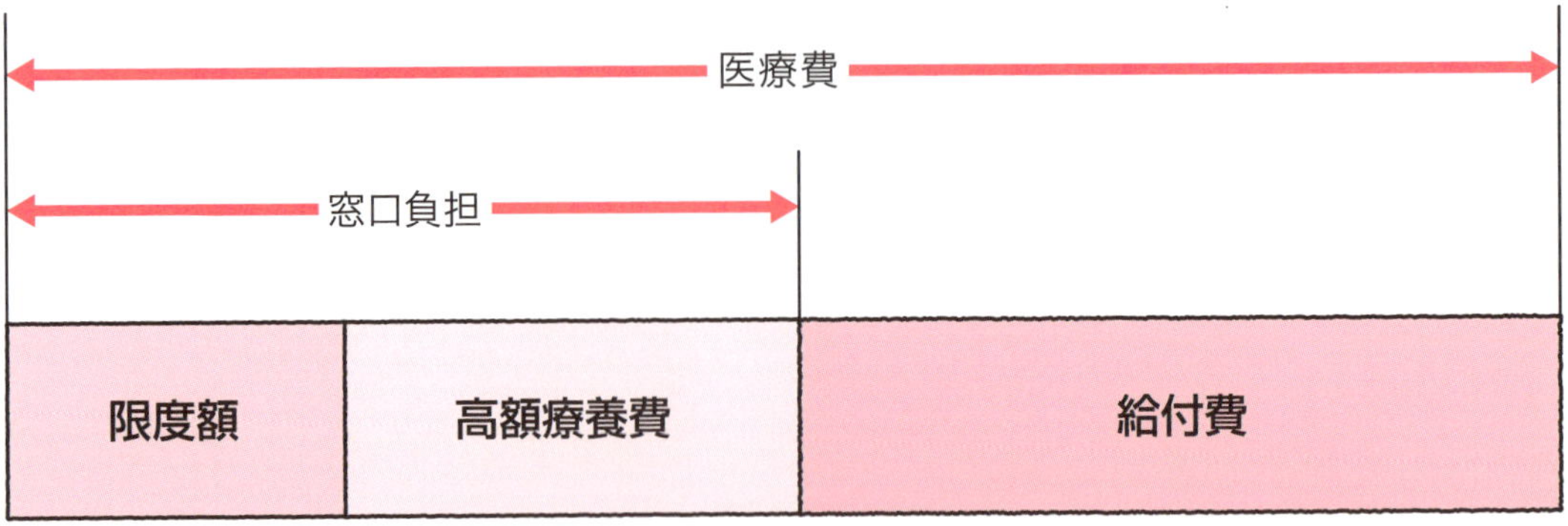

	自己負担限度額	多数該当
標準報酬月額83万円以上の人	252,600円＋（総医療費－842,000円）×1％	140,100円
標準報酬月額53万～79万円の人	167,400円＋（総医療費－558,000円）×1％	93,000円
標準報酬月額28万～50万円の人	80,100円＋（総医療費－267,000円）×1％	44,400円
標準報酬月額26万円以下の人	57,600円	44,400円
低所得者（市区町村民税の非課税者など）	35,400円	24,600円

（70歳未満の給与所得者の場合）

自立支援医療制度の負担額

所得区分	世帯所得状況	月額負担上限	「重度かつ継続」の場合の上限額
生活保護	生活保護を受給している世帯	0円	0円
低所得1	市町村民税非課税であり、本人の所得が80万円以下	2,500円	2,500円
低所得2	市町村民税非課税であり、本人の所得が80万円より上（80万1円以上）	5,000円	5,000円
中間所得1	市町村民税の納税額が3万3,000円未満	「高額療養費制度」の限度額が上限	5,000円
中間所得2	市町村民税の納税額が3万3,000～23万5,000円未満		10,000円
一定所得以上	市町村民税の納税額が23万5,000円以上	対象外	20,000円

ら……」と不安に思うかもしれないが、会社員なら有給休暇を利用できるし、組合保険もしくは協会けんぽに入っていれば傷病手当金という制度を利用すれば通算1年半、標準報酬月額の3分の2が支給される。

他にも会社によっては福利厚生制度の一環で収入保険制度などを設けているところもある。事務の人に確認すると教えてくれるから、自分がどのような制度を使えるかをあらかじめ把握することが大切だ。

このような公的な社会保険制度を利用すれば、かなり負担が減らせる。実は筆者も以前、傷病手当金を利用したことがあり、書類提出は少々面倒だったが毎月最低限の収入が保証されたのでかなり助かった。

申請には医師の診断書や各種書類が必要で、役所や年金事務所へ出向いて書類をやりとりする手間が発生するため、「また書類か……」（ADHD特性やディスレクシア特性が強い人に多い）とうんざりするかもしれないが、得られるメリットは大きい。一人でできなければ、家族や会社のスタッフ、役所の人たちに助けを求めよう。

保険加入の必要性を検討する

本やネットなどで調べると、FPや医師の中にも「最低限でいいから医療保険やがん保険に入るべき」と主張する人がいる一方で、「民間の医療保険はいらない」「あれは損するだけ」と述べる人もいて、「どうすればいいの？」と混乱するかもしれない（特にASD特性が強い人）が、それは**保険をどう捉えているかの違い**だ。

筆者の親族の中に50代で病死した人がいるが、民間の保険に入っていたおかげで医療費の心配をせずに治療に専念できたし、看病した親族のさまざまな負担の一部を保険金で補塡できたので、この人に限れば保険のメリットは確かにあった。

しかし、大半の人はほとんど保険を利用しないまま保険料だけを払い続けることになる。基本的に民間の保険は、大半の人にとって受給額よりも支払額のほうが高くなる。これは相互補助的な保険の仕組み上、仕方ないのだが、できれば保険料を必要最低限の額にしたいところだ。

計算しないといけないとなると苦痛に感じるかもしれないが（特に計算LD特性が強い人）、572ページで触れたライフプラン表や貯蓄残高の見通しから必要な額はある程度推測できる。

たとえば健康保険の適用範囲での治療を1年間受けた場合の医療関係の費用は、高額療養費制度を利用すれば20代の人に多い所得層

主な民間の医療保険の種類

●終身医療保険

- 保障が一生涯続き、保険料も変わらない
- 保険料の支払いには終身払いと一定の年齢で支払いを終える短期払いがある

●定期医療保険

契約時に定めた一定の期間で契約が更新され、決められた期間（定期）に保険契約が終わる

●貯蓄型医療保険

一定の期間給付金の支払いがなかった場合、祝い金や健康還付金を支払うタイプ

●女性保険

通常発売している医療保険に女性固有の病気（乳がん、子宮がんなど）について保障を上乗せしている医療保険

		保険期間	保険料	満期
終身医療保険		一生涯	一定	なし
定期医療保険		一定期間	更新するまで一定	あり
貯蓄型医療保険	終身	一生涯	一定	なし
	定期	一定	更新するまで一定	あり
女性保険	終身	一生涯	一定	なし
	定期	一定	更新するまで一定	あり

（年収370万円以下）の場合、1カ月当たり5万7600円で、多数該当になると1カ月当たり4万4400円となる。付加給付など会社独自の支援制度がある場合なら自己負担額はさらに減少する。厚生労働省が発表している医療給付実態調査によれば、1件当たりの診療費で最高額は約80万円となっている。患者負担は3割なので約27万円となるし、高額療養費制度などを使えればさらに負担は軽くなる。

高額療養費制度の対象外となる入院時の食事代や諸経費（看病に来る家族の交通費など）はかかるかもしれないので、それらの費用を考えて50万円前後を当面の目安額と見積もればいいだろう。つまり、病気になってもそのくらいのお金をすぐに出せるかが若い独身者が保険に加入する分岐点だといえる。

事例では、「病気になるのは不安だけど、今は50万円を準備する

のは難しい」「出せない額ではないけれど、そのまま仕事を辞めた場合に困るかも」となれば、親が加入してくれた共済を継続し、貯金が増えたときに解約すればいいだろう。そして転職した、結婚した、子どもが生まれた、家を購入した、といった人生の変化が起きるたびに保険を見直していけばいい。

目的に合った保険を選んで加入する

国民健康保険加入者は傷病手当金制度を利用できないし、個人事業主（自営業や自由業）には有給休暇もない。働けなくなれば収入が途絶えるから、貯金や保険などで生活費も備える必要がある。

ただ、50歳前後までは病気やケガのリスクは相当低い。たとえば協会けんぽの傷病手当金受給者は平均で1000人当たり6・5人（2023年のデータ）で、50歳以下の平均はそれをさらに下回る（https://www.kyoukaikenpo.or.jp/g7/cat740/sb7200/sb7206/20240906/）。計算が面倒なら、家計を見直して保険料分を払ったつもりで積立貯金をするのもいいだろう。

「ちゃんと正確に計算したい！」（ASD特性が強い人に多い）ならライフプラン表を使って必要保障額を検討する。算出方法は年間収支と貯蓄額をキャッシュフロー表から割り出し、現時点、15年後（さらに詳細に見るなら30年後）に万が一のことが起こったとき、収入が途絶えたときの保障を考える。

574ページでのライフイベントの例で考えるなら、独身の場合は車のローンを返済している間は万が一のことが起こったとき返済が滞ってはいけないので保険に加入し、返済が終わったら解約しても貯金から賄える可能性が高い。

しかし、結婚して子どもが生まれた場合は万が一のことが起こったとき、子どもが成人するまでの教育費や生活費の備えが必要だ。ライフプラン表をもとにおおまかに計算してみると、子どもが3歳のとき収入が多い親（多くの場合は父親）が死亡したら子どもが大学を卒業するまでの必要保障額は約3500万円、18歳のときなら約1700万円となる（遺族厚生年金を受給し、中学校まで公立とした場合）。

必要保障額が貯金よりも多ければ、その間の備えとして収入保障保険など何らかの手だてを考えなければ遺族が路頭に迷うし、パートナーの老後資金も心もとない。

保険については共済（都道府県民共済や全労済、コープ共済など）や勤務先で加入できる団体加入保険あたりが保険料と内容のバランスが取れているし、不要になったときに解約しやすい。「みんなが入っているから」と決めるのではなく、**自分に必要なもの**を検討しよう。

緊急時にいくらぐらい必要かわからない

対策

- 失業保険が出るまでの生活費を確保する
- 制度の内容や仕組みを理解する

事例 人それぞれだとは思うけど……

親の介護をしている友人から、「いろいろな制度を使えるけれど、それでも、案外費用がかかるよ」という話を聞いて「計画的に貯金しなければ」と思うようになった。

漠然と貯めるよりもいざというときの目安を調べて目標額を決めたほうがやる気も出るだろうと思い、ネットなどで調べてみたが、本当はいくらぐらいが妥当なのかわからない。

働き方や暮らし方、家族の人数などで違うのは当然だが、取りあえずの目標額はどう決めたらいいのだろう。

原因 生活費や支援制度を把握しきれていない

家計管理の本には必ずといっていいほど「緊急時に対応できるよう、ある程度の額を貯金しましょう」と書いてある。しかし、595ページでも触れたように、個々の事情によって保険の必要性や保障額が変わるように、緊急時用の費用も当然変化する。

そして目安額も本によってバラバラだから、「**いくら必要かわからない**」（ASD特性が強い人に多い）となるし、あまり多額になると「**万が一のことばかり考えていられない**」（ADHD特性が強い人に多い）となってしまう。

万が一のときとは、

- 病気になったとき
- 産休や育休を取得したとき

・失業したとき
・災害などで会社が操業停止したとき
・家族の介護をしたとき

といった何らかの事情で収入が減る事態だ。このような事態に対してはさまざまな公的支援制度が存在する。しかし、それらの制度では賄いきれない費用が生じれば、当然蓄えを取り崩す必要がある。まずは自分にとって一番可能性が高い状況を想定し、それに備えた準備をしていくことから始めよう。

解決法　必要額を想定する

おそらく万が一のときを想定した際、一番当座の費用が必要なのは、**自己都合退職した場合**だろう。「失業手当が出るのでは？」と思ったかもしれないが、失業手

万が一のときとして考えられるケース

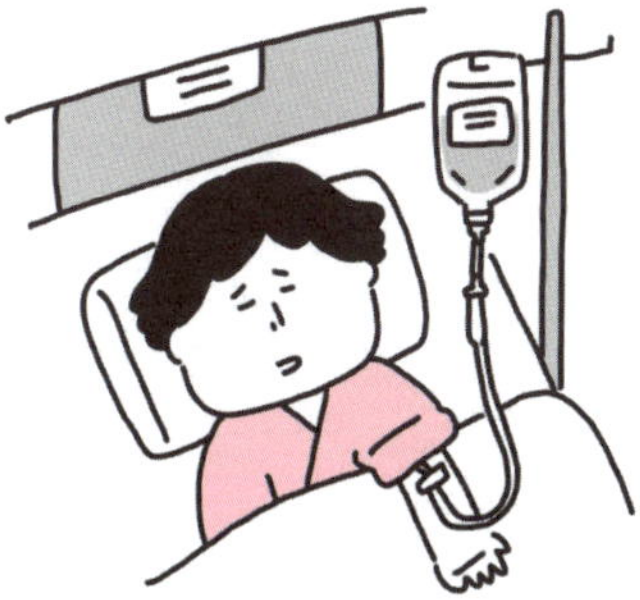

病気になったとき

産休や育休を取得したとき

失業したとき

災害などで会社が操業停止したとき

家族の介護をしたとき

失業給付金（基本手当）の給付日数

●会社都合（倒産、解雇など）により退職した場合

<table>
<tr><th>年齢／被保険者期間</th><th>1年未満</th><th>1年以上
5年未満</th><th>5年以上
10年未満</th><th>10年以上
20年未満</th><th>20年以上</th></tr>
<tr><td>30歳未満</td><td rowspan="5">90日</td><td>90日</td><td>120日</td><td>180日</td><td>—</td></tr>
<tr><td>30歳以上35歳未満</td><td>120※日</td><td rowspan="2">180日</td><td>210日</td><td>240日</td></tr>
<tr><td>35歳以上45歳未満</td><td>150※日</td><td>240日</td><td>270日</td></tr>
<tr><td>45歳以上60歳未満</td><td>180日</td><td>240日</td><td>270日</td><td>330日</td></tr>
<tr><td>60歳以上65歳未満</td><td>150日</td><td>180日</td><td>210日</td><td>240日</td></tr>
</table>

※受給資格に関わる離職日が平成29年3月31日以前の場合は90日

●自己都合により退職した場合

年齢／被保険者期間	10年未満	10年以上 20年未満	20年以上
全年齢共通（65歳未満）	90日	120日	150日

産休と育休の仕組み

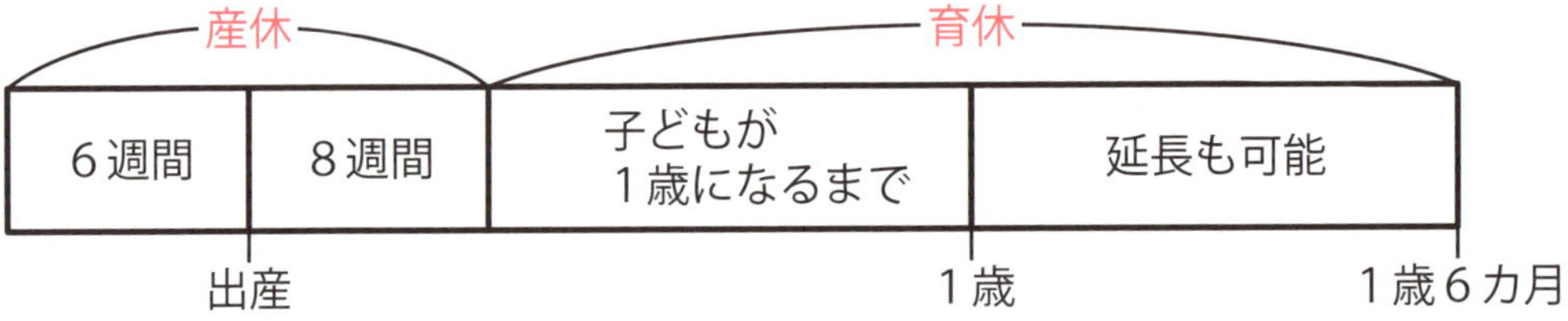

※次に該当する人は育休を取得できない
- 雇用された期間が1年未満
- 1年以内に雇用関係が終了する
- 週の所定労働日数が2日以下

失業（退職）したときの手続きフローチャート

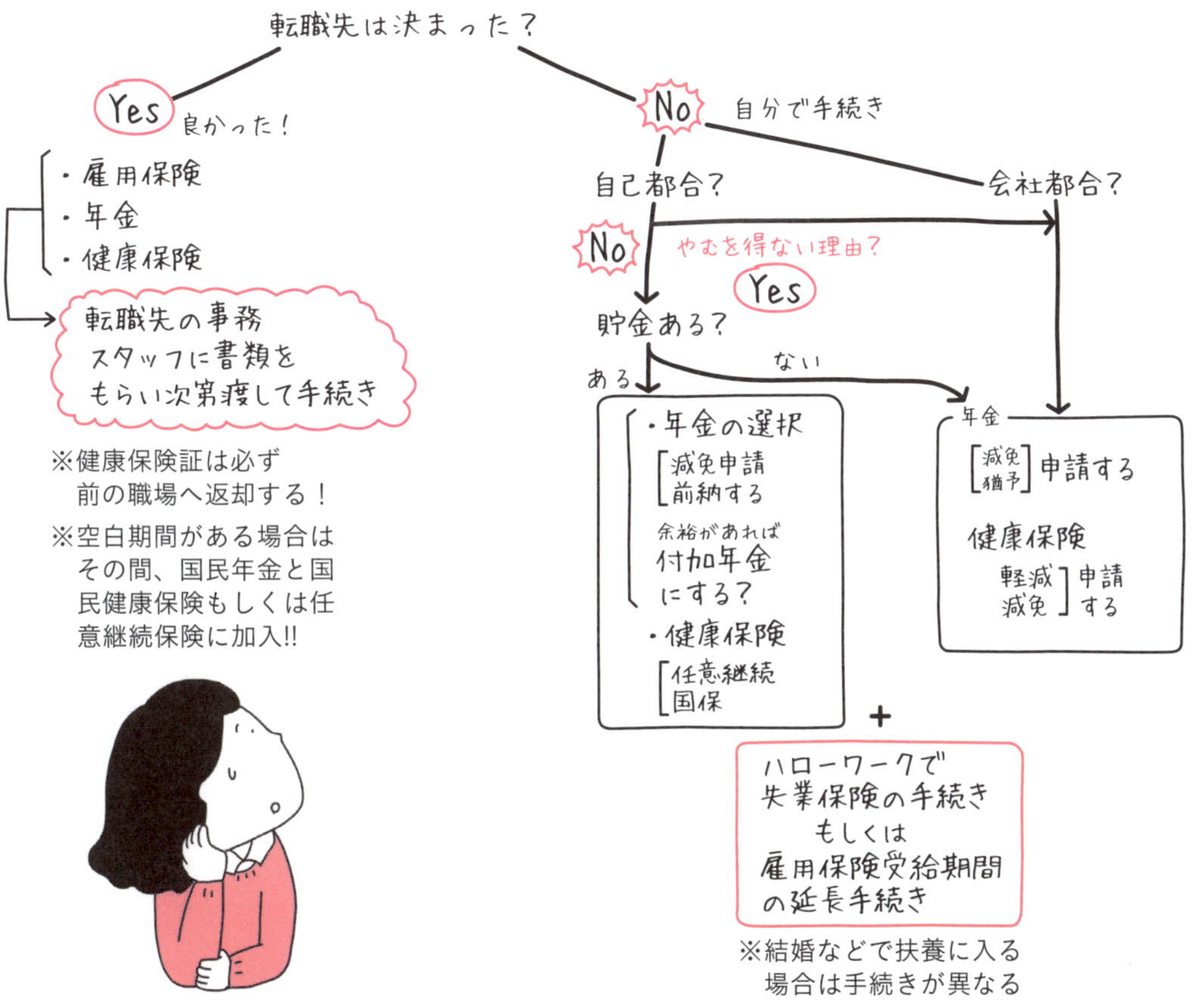

当は自己都合退職の場合には、求職申込み後7日間の待機期間＋2カ月の給付制限期間中は受け取れない。特に待機期間の7日間は働けない決まりになっている（給付制限期間中のアルバイトはあらかじめ届け出る必要がある）。

そうだとすれば、まず**失業手当が出るまでの約3カ月分の生活費を確保すること**が最優先だ。そうすることで失業手当受給までの不安が減少され、再出発への準備に集中できる。会社の社宅や寮にいる場合は退職したら住まいも引き払わないといけないから、これにプラスして転居費（引越し費用や新たに部屋を借りる場合は転居先の家賃、敷金礼金など）も準備する必要がある。

「いきなりそんな大金を準備できるかな？」（ASD特性が強い人に多い）と不安に感じたかもしれないが、退職金が出るならばもう少し貯金額を減らせるし、会社都合退職ならもっと早く失業手当が給付されるから、この想定よりもラクになる。あくまでも「まずはこのくらい貯めるに越したことはない」目安として考え、足りない場合は目標額として貯金していくようにしよう。

制度の内容や仕組みを理解する

599ページでも述べたが、失業や病気・ケガ以外では20代から40代の人は結婚や育児、30代から50代にかけては親や家族の介護が「この時期に起きる可能性はあるけれど、いつ始まるかわからない待ったなしの事態」といえる。

いずれにせよ制度などを利用できても収入が減って支出が増えるから、自助努力として一番現実的なのは**働き続けるための健康管理と貯金**だ。見通しが立たないことが不安要因になりやすい人（ASD特性が強い人に多い）にとってはこの上ないストレスなのだが、「大変かもしれないけれど、何とかなりそう」と少しずつ備えていくことをまず考えよう。

支援や制度についておおまかに分けると、

- 自助（健康維持や貯金、自力での対応・申請など）
- 共助（親戚や友人知人、近所の人や職場の人たちと助け合うこと）
- 公助（職場や自治体、国の制度や援助を受けること）

の3つになる。日本では公助は申請などの手続きが多いため、緊急の際は自助や共助にどうしても頼らざるを得ない面がある。事例の場合は、

- 自助→倒れた直後の母親の介護を担う、貯金を取り崩す
- 共助→家族で助け合う（両親や兄弟からの費用負担や申請手続き、介護の付き添いや交代など）
- 公助→会社の休職制度や健康保険・介護保険制度を利用する

といったことが考えられる。

この流れからもわかるように、待ったなしの事態が始まった場合、最初は自助の割合が大きいが、長期的かつ安定した支援を得るためには家族以外の共助や公助を取り入れ、**少しずつ自助の割合を減らしていくこと**が大切だ。

発達障害の人の場合、特性上コミュニケーションに支障が出る場合が多いため（特にASD特性が強い人）、家族以外の共助や公助を利用することが苦手になりがちだが、自助だけでは限界がある。

自助に当たる部分（貯金や知識、健康管理）を備えつつ、職場や地域で利用できる共助や公助のサービスを少しずつ調べ、いざというときに相談するための目星を付けて

おくといい。

職場については基本的な法律（産休や育休、介護休暇や介護休業など）を調べておき、必要になったとき、「他に利用できる制度を知りたい」と上司や事務の人に相談するのが一番現実的だ。

また、育児や健康について困ったことがあれば自治体の家庭児童相談室・こども家庭センターや保健センター、介護については地域包括支援センターといった相談拠点がある。「緊急事態が重なって途方に暮れてしまった」場合は**民生委員**、「お金も底を尽きそう」となった場合は**生活困窮者自立支援制度**なども利用できる。

「いざというときは意外と利用できる制度があるのだな」「貯金があれば有料サービスも使えるからさらに選択肢が増えるぞ」と安心しつつ、平常時は自助でできる健康管理や貯金を優先させよう。

生活困窮者自立支援制度の支援項目

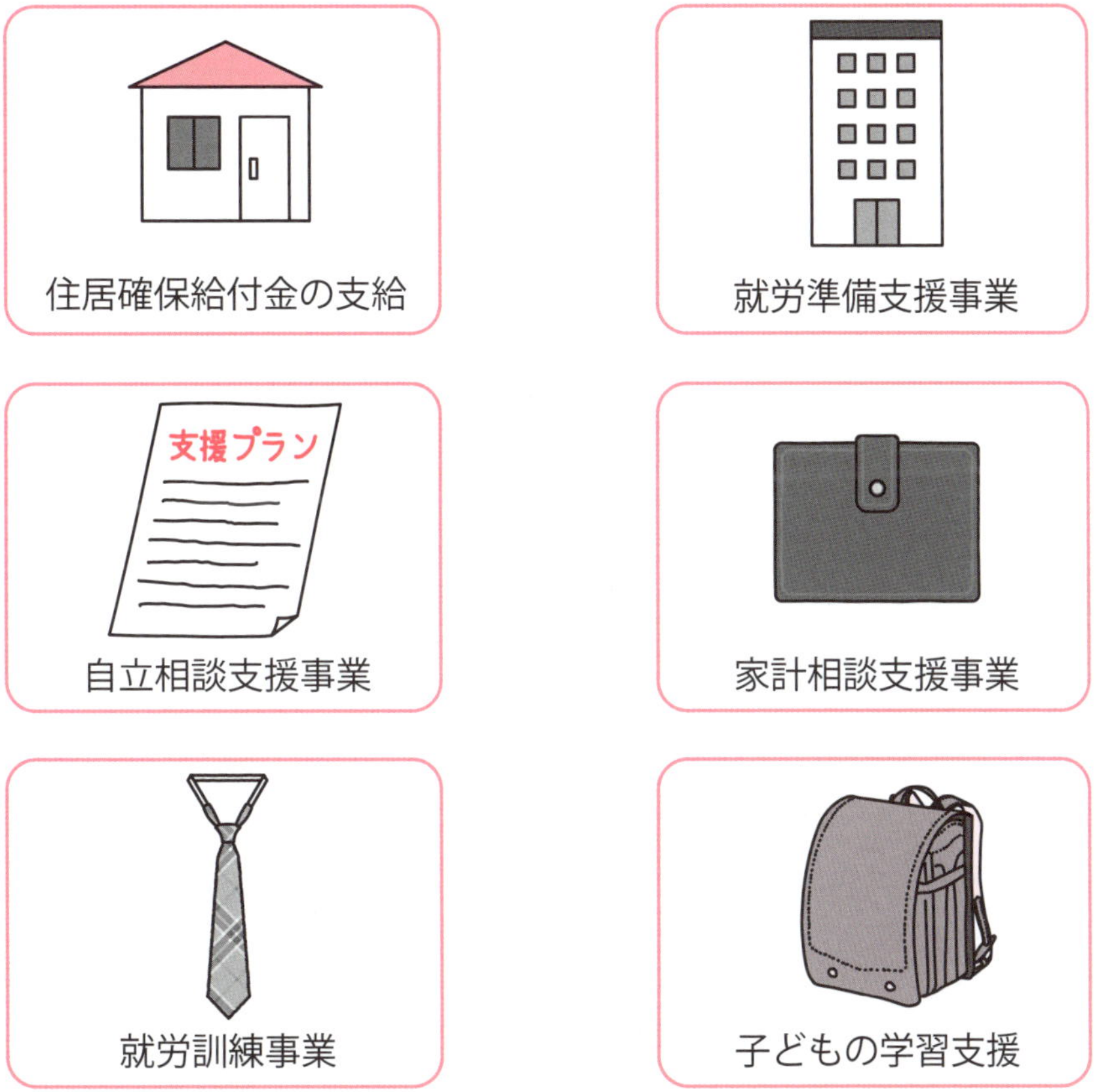

災害への備えがよくわからない

対策

- 自分でできる災害のための備蓄と予算を確認・準備する
- 災害時の行動をシミュレーションしてみる

事例

防災の準備は必要だとは思うけど……

　ある日総務から「災害時帰宅困難になった場合の状況確認」という書類が届き、「災害などで公共交通機関が動かないときでも帰宅を希望する事情がありますか?」「徒歩で帰宅する場合の時間とルートを記入してください」「オフィスにとどまる場合、すぐに安否確認が必要な人はいますか?」「オフィスで宿泊する際、支障になることはありますか?」といった欄があり、同僚たちも「ええ?」とやや当惑気味だった。

　配布した上司によると「東日本大震災で帰宅困難者が多数出たことを教訓に、災害が起きたときにどのくらい準備が必要なのかを事前に把握するため」らしいが、今まで徒歩で帰ったことがないし、オフィスに宿泊することなんて想像したこともなかったから、聞かれてもすぐには答えられない。

　少し前にも台風や大雪などで通勤が困難になる場合はリモートワークで働けるよう徐々に整備する、という話も出ていたし、会社も本腰を入れて災害対策を考えている様子が伝わってきた。

　自宅や通勤時でも被災することがあるだろうな、とふと思ったら今までまったく防災について意識していなかったと気付き不安になった。取りあえず書類を記入しないといけないが、それ以外に何をしたらいいのだろう。

原因 災害時のシミュレーションが不十分

東日本大震災を契機に九都県市（東京、埼玉、千葉、神奈川および政令指定都市）では連携して帰宅困難者を支援する取り組みが始まり、東京都では努力義務として企業に災害時の備えをするよう条例を定めている。

その一環として企業には、「施設の安全を確認した上で、従業員を事業所内にとどまらせること」「十分な量の3日分の水や食料などの備蓄」が求められている。

一方で要介護者や小児が家族にいる人は連絡手段を複数確保して安否確認を速やかに行い、必要に応じて施設や学校などに迎えに行く（もしくは避難所に合流する）手段を支援するといった対策が必要だ。そのため社内での状況を把握するための書類が届いたのだが、今まで災害時について考えていなかったため戸惑ってしまったのだ。

災害時は**感覚過敏でパニックを起こす**（ASD特性が強い人に多い）、**必要な情報に注意を向けにくい**（ADHD特性が強い人に多い）、**周囲の人にうまく助けを求められない**（ASD特性が強い人に多い）、といった発達障害の特性が出やすい場面でもある。普段と違う場面でもスムーズに行動し、少しでも日常生活に近い状況で暮らせるよう、徐々に準備を進めていこう。

解決法 自分でできる災害のための備蓄と予算を確認・準備する

「防災準備と言われても何から手を着けたらいいのかわからない」人は**東京都防災アプリ**（https://www.bousai.metro.tokyo.lg.jp/1028747/index.html）をまずスマホやタブレットにインストールしよう。防災に関する情報はもちろんだが、チェックリストやクイズなどもあり、防災について実践的な内容をわかりやすく理解できる。

まずはこのアプリの中の情報をもとに職場と自宅を点検し、できる備えを始めていこう。いきなり全部をそろえるのは費用もかかるので、毎月500〜1000円前後の予算を目安に少しずつそろえていくといい。

会社の備蓄については簡易テントといった他の人にも役に立つ道具は購入してもらえるかもしれないので、上司や防災担当者にも「着替えや用を足すときにも使えるから」と相談してみよう。

感覚過敏がある場合、一般的な非常用セットに加えてデジタル耳栓やイヤーマフ（聴覚過敏対策）、サングラスや簡易テント（視覚過敏対策）、筆記具とメモ帳（文字でのやりとりのほうが理解しやすい人が多いため）を準備し、食べ慣れている食品（味覚過敏対策）、歯ブラシやタオル（触覚過敏対策）を切らさないようにするといい。

自治体からも発達障害の特性がある人向けに災害時の対応についてハンドブックなどを配布しているから参考にしよう（例：とくしま発達障がい総合サイト：https://www.pref.tokushima.lg.jp/hattatsu/ 5012229/5016347/）。

次に**ハザードマップ**（東京都以外はハザードマップポータルサイトhttps://disaportal.gsi.go.jp/index.html）で自宅周辺の地震や液状化現象、そして水害時の危険度もチェックしよう。賃貸住宅の人は今後物件を借りる際の参考にするといいが、「ハザードマップでは危険な場所だったけれど、すぐには引っ越せない」事情もあるだろう。

そのような場合は近くの避難所や逃げられそうな高台を確認する（古い神社仏閣は高台に立てられていることが多く、水害で水が到達した場所に石碑などが置かれていることがある）、玄関先などに取りあえず持って逃げる分の非常用セット（両手が自由になるリュックがおすすめ）を準備しておこう。

また、火災保険（賃貸住宅なら家財保険）を見直して災害時の保険が適切かを検討するといい。高台に住んでいる、あるいは高層階に住んでいる場合は風害や地震などの保障を手厚くする、といった対策を立てれば無駄がない。不安になるといろいろ保障を付けたくなるが（ASD特性が強い人に多い）、住んでいる地域や住居の形態（一戸建てかマンションか）で優先項目を絞り込もう。

災害時の行動をシミュレーションしてみる

勤務中に地震で被災した場合は、家族に要支援者や小児がいなければ急いで帰る必要性は低く、むしろ慣れたオフィスで状況が落ち着くまで待機するほうが交通機関の混乱などに巻き込まれずに済む。

「東日本大震災でも何とか帰れたからきっと大丈夫」（ADHD特性が強い人に多い）と思うかもしれないが、地震に関しては自宅までの経路の交通規制や安全確認が終わるまでは待機するのが原則だ。

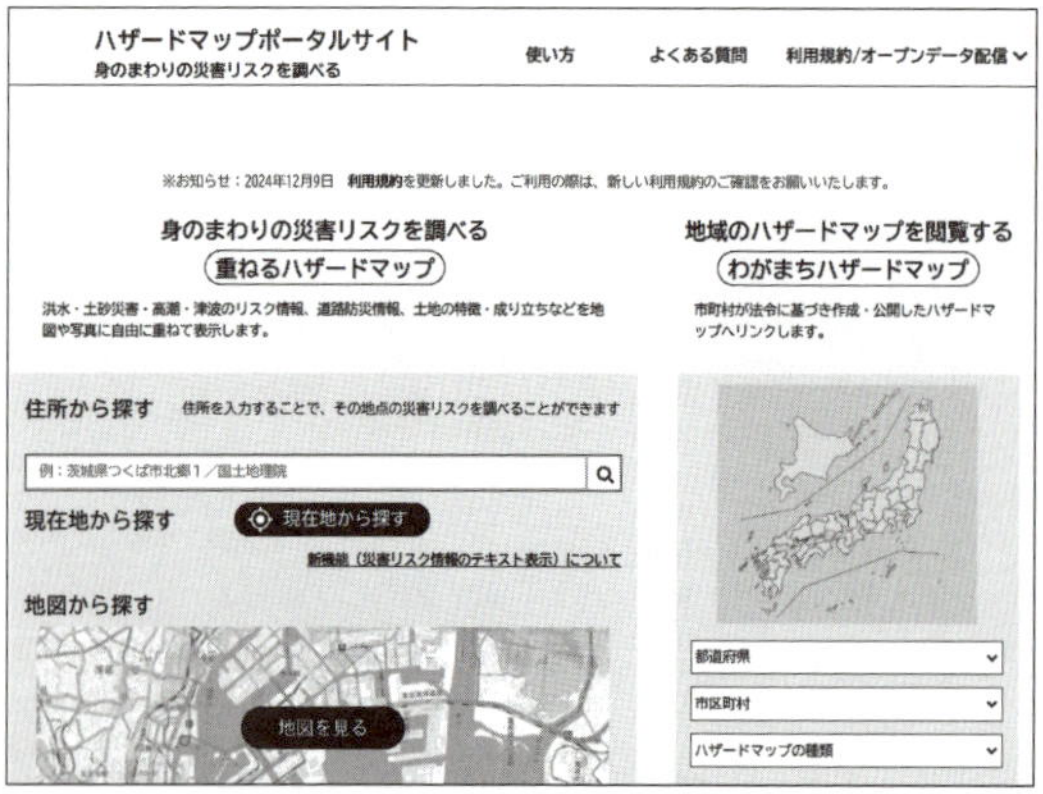

「ハザードマップポータルサイト」の画面

災害時に備えて用意しておくと良いもの

先に紹介した東京都防災アプリでもさまざまな状況におけるシミュレーションができるので、最初にやってみると自分の知識を確認できる。意外と思い違いをしていることもあるので、**さまざまな状況をチェックしてみる**といいだろう。

中には「体力には自信がある！」と徒歩による帰宅を考えている人もいるかもしれない（ADHD特性が強い人に多い）が、道路や橋が寸断され、倒壊された建物の破片や割れたガラスなどが道路をふさいで歩行困難なことは十分あり得る。何らかの事情があってオフィスにとどまれなかったら、躊躇せず帰宅支援ステーションやホテルなどの利用も検討しよう。

災害時に見落とされがちなのが停電時の買い物だ。オンライン決済が使えず現金のみの利用になることが想定できる。また、公衆電話も通話料は無料になるが、かける際は小銭（10円もしくは100円硬貨）が必要だ。そのため、災害用に小銭や千円札（店舗で釣り銭が不足するため、5千円札や1万円札は断られることがある）を準備しておこう。将来的には停電時でもキャッシュレス決済ができるようになるかもしれないが、当面は帰宅するまでの交通費とそれまでの飲食代（数千円程度）分の現金を準備しておいたほうが無難だ。

また、大雨や大雪などで交通機関の混乱が事前に予測される場合は、変更できる用事は他の日に変えてもらい、交通機関が動いている間に帰宅する、制度が整っていれば出勤を控えてリモートワークに切り替える、といった対応も考えよう。

災害が長期化すると手持ちの現金が不足してくる。口座を持っている金融機関窓口では身分証明書（運転免許証やパスポートなど）があれば通帳やキャッシュカードなどがなくても10万円（ゆうちょ銀行は20万円）まで引き出すことができる。ネット銀行では、コールセンターへの電話で本人確認ができれば一定額まで他の銀行へ振り込んでくれることになっている。

住まいや家財が災害で被害を受けた場合は、自治体の窓口で罹災証明書や被災証明書の発行手続きをする。これは被災者支援を受けるための証明書で、火災保険や義援金の手続き、確定申告で雑損控除を申告する際にも必要になる。つい忘れがちな手続きだが（ADHD特性が強い人に多い）、罹災証明書の申請は手続きの期限（早い場合は1カ月以内）があるため早めに行おう。

助け合う準備をする

602ページでも述べたが、自助としてある程度備えをしていても、被災したら自力だけでは解決しないこともある。当然そのときは周囲の人たちと助け合う必要がある（共助）。

東京都防災アプリでも身近な人に安否確認を知らせたり調べたりするための設定ができるので、あらかじめ設定しておこう。また、電子機器が電池切れや故障しても連絡が取れるよう、財布や定期入れ、よく使う手帳といった持ち歩くものの中に緊急連絡先のリストを入れておくといい。

普段は携帯電話やSNSで直接家族や取引先の担当者などと連絡するため、家族の職場や取引先の総合受付（総務や人事など）をよく知らず、緊急時に本人たちへつながらないときにどこへ連絡すればいいかわからず困ることがある。慌てていると電話番号などを思い出せない（ADHDやLD特性が強い人に多い）、慣れない相手へ電話をかけるのが苦手（ASD特性が強い人に多い）といった人は事前に連絡先を調べてスマホへ登録し、家族にも自分の職場の連絡先などを伝えておこう。

「災害時自力ではうまく助けを求められないかも」と不安な人（ASD特性が強い人に多い）はヘルプマークを用意し、ヘルプカード（サポートカード）をあらかじめ記入してかばんの中に入れておこう。

ヘルプマークとヘルプカード

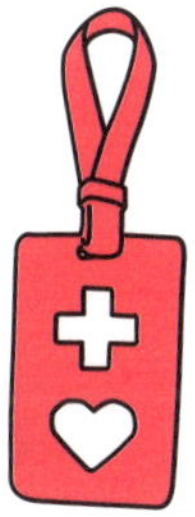

ヘルプマーク

ヘルプカード

ヘルプマークは外見からはわからないが援助や配慮を必要としている人たちが、周囲の方に配慮を必要としていることを知らせて援助を得やすくなるように作成されたマークで、交通機関の事務所や自治体などで配布されている。

ヘルプカード（サポートカード）は障害がある人たちが災害時や日常生活の中で困ったときに、周囲に自己の障害への理解や支援を求めるためのもので、「普段は問題ないけれど、いざというときは不安」という人はこちらを用意しておくといいだろう。

自治体によってカードの様式や名称が少しずつ異なっており、本人の状況に合わせて防災手帳や緊急用のカードをホームページからダウンロードできるようにもなっている。自分が取り入れやすいものから試してみよう。

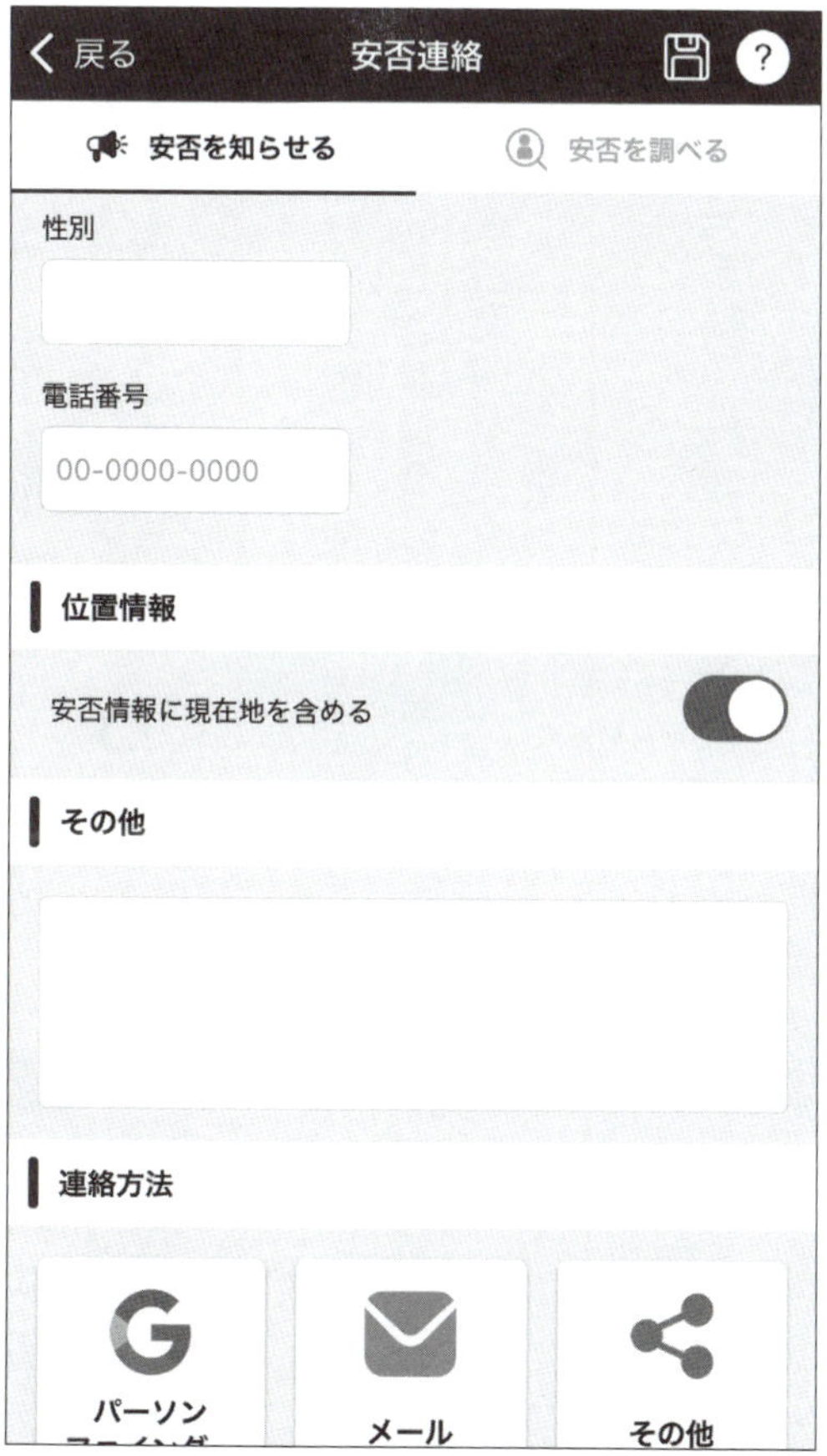

東京都防災アプリでは、身近な人に安否を知らせたり、調べたりできる。

家族の介護や相続のことをどうすればいいかわからない

対策

- 介護休暇や介護休業制度などを利用する
- 家族で話し合う機会を持ち、家族の状況や希望を聞き出す
- 親との信頼関係を作る

事例 いつかは来ることなのだろうけど……

年末年始に実家へ帰省して久しぶりに両親と兄弟で新年を迎えられた。あれこれ話をしていたら、両親から「そろそろ私たちも終活を考えていて、エンディングノートを書き始めたの。それと遺言書もちゃんと作成する予定」と言われ、さすがに驚いて兄弟と「ええ？　遺言書!?」と思わず同時に声を上げてしまった。

親はできるだけ自分たちで準備してくれるようだが、いざとなったらどうすればいいのだろう。

原因 介護や相続についてよくわかっていない

598ページでも触れたが、親の介護や相続は年を追うごとに現実味を帯びてくるし、同世代の友人知人からもそうした話題が出てくる。しかし、働き始めた頃だと自分のことに精一杯で、仕事などで接する機会がなければ、なかなか介護や相続のことまで想像が及ばないのが現実だろう（特にASD特性が強い人に多い）。

「いつかは自分にも」と思っていても、そのときになるまで実感が湧かないし、両親たちとも話しづらい話題だ。ただ、最近は事例のように両親が積極的に動いてくれるケースも増えたし、そこまではなくても、「自分たちにもしものことがあったら……」と心配している高齢者は多い。

「今考えてもわからないから、そのときに考えればいいんじゃない？」（ADHD特性が強い人に多い）

と思ったかもしれないが、あらかじめ親の希望を聞いて話し合うほうが後々安心だ。また、突然亡くなった場合は故人の遺志がわからず、遺族が途方に暮れることもある。

正面切って聞くのが難しい話題でもあるが、**折を見て「介護についてどう考えているのか?」あたりから少しずつ聞いてみる**といいだろう。

解決法 介護休暇や介護休業制度などを利用する

雇用保険に加入している場合、家族の介護については必要なときに取得できる**介護休暇**や**介護休業制度**がある。

介護休業制度は雇用保険に加入していれば原則1年に5日まで利用できる。同制度は「育児・介護休業法」によって定められており、時間単位または1日単位での休暇取得が可能だ。内容は直接介護（食事・排泄介助）以外の買い物や書類手続きなどの間接作業にも適用される。

雇用保険に1年以上加入していれば利用できる介護休業制度は、2週間以上の期間に常時介護が必要な対象家族を介護するための休業を指す。介護休暇と同様に育児・介護休業法により定められ、93日に達するまでに3回を上限に分割して取得することも可能だ。

ただ、こちらの場合は労務担当者が中心となって、介護休業開始日と介護終了開始日を決定し、会社への報告・手続きが必要となる。介護休業給付金制度（休業開始時の賃金日額×支給日数×67%）を利用するためには、事業主が所轄のハローワークに「雇用保険被保険者休業開始時賃金月額証明書」および「介護休業給付金支給申請書」を提出することが条件だ。「面倒だな……」と思ったかもしれないが（ADHD特性が強い人に多い）、介護休業中は基本的に無給扱いになるからぜひ活用しよう。

そして、介護休業の間にできるだけ介護保険などのサービスを利用する体制を作り、親族たちと協力することが介護離職を防ぐためにも重要だ。

家族で話し合い、家族の状況や希望を聞き出す

介護や相続で一番の懸念材料はお金の話だ。親に対して面と向かって「貯金いくらあるの?」と尋ねるのをあまり気にしない人（ASD特性が強い人に多い）もいるが、大半の人にとっては聞きづらい話題だろう。

しかし、介護が始まればそれなりの出費がかかる。公益財団法人生命保険文化センターが行った調査によれば、平均介護年数は5年

介護休暇と介護休業の違い

	介護休暇	介護休業
取得可能日数	対象家族1人当たり1年で5日まで ※2人超でも最大10日	対象家族1人当たり通算93日まで ※3回まで分割取得も可
賃金・介護休業給付金	・賃金：会社の規定による ・介護休業給付金：対象外	・賃金：休業中は無給 ・介護休業給付金：支給される
申請方法	会社によって規定が異なる	休業開始予定日と終了予定日を明確にし、開始日の2週間前までに書面などで手続きする

1カ月、毎月の平均費用は8・3万円となっている（https://www.jili.or.jp/lifeplan/lifesecurity/1116.html）。つまり平均での負担額は1人当たり約500万円になる。あまり両親とこの手の話題をしたことがなければ、テレビなどで介護の話題が出たときに「そういえば……」とさり気なく話を切り出してみる、「こんな本を買った」と参考になりそうな本を渡す、といったことから始めているといいだろう。

事例のように両親が積極的な場合はエンディングノートを作ってもらい、そこで判明した預金残高や保険金などの情報をもとに介護が始まった場合のキャッシュフローを一緒に作ってみるとわかりやすくなる（614ページ図参照）。

両親に十分な蓄えがあれば金銭面についての不安を減らせるが、貯金が少なければいずれ家族が負担することになるし、在宅介護が困難で高齢者向けの施設などへ移ればさらに費用がかかる。

他にも付き添いなど身の回りのことについても誰か一人にばかり負担がかかれば相続の際にもめる理由にもなる。少しずつ親の考えや方針を聞き出し、整理していくことが大切だ。

できれば現時点での資産（預貯金や不動産など）をおおまかに把握した上で、

- 介護認定の手続きや調整を誰が担当するのか
- 在宅での介護や延命処置をどこまで希望するか
- 銀行口座や保険、サービスなど（公共料金やプロバイダーなど）
- 親戚および友人知人たちへの連絡
- 葬儀やお墓について
- 相続について（遺言書など）

あたりは**機会があれば確認しておきたい**事柄だ。両親が記入してくれた場合はそれを確認しながら話し合い、親の希望を聞いていこう。また、遺言書などについては公正証書で作ってもらうと紛失の心配がないし、家庭裁判所での検認手続きも不要なので相続の際に遺族の負担を減らすことができる。

親との信頼関係を作る

残念ながら両親が「自分たちはまだ元気だから大丈夫！」「そんな話をするなんて縁起でもない！」といった反応をするようなら、まだこの手の話題に対して必要性を感じていない、もしくは「そうなったらどうしよう……」と恐れるあまり指摘されても素直に話したくない心境である可能性が高い。

お金の話や万が一の話は**信頼し合える関係を築けているか**が大切になるが、親にすると自分たちがかつて世話をしていた子どもたちに頼るという状況の変化を受け入れ難い人もいる。

その場合は機会があれば墓参りなど両親がしている年中行事に付き添う、高いところの掃除や不要品の片付けなどをする、といった少しずつ両親たちが負担に感じてきたことから協力するといい。まどろっこしいように感じるかもしれないが（ADHD特性が強い人に多い）、親たちも子どもに何をどう頼ればいいのかわからない場合も多い。ついやってしまいがちな自分が知りたいことばかりを聞く（ASD特性が強い人に多い）のではなく、**相手が何を望むのかを聞く姿勢を養う**練習のつもりで取り組んでみよう。

家の中の様子が少しずつわかることで、どこに何があるか、誰と親しく交流しているか、何に困っているかが徐々に整理されていく。それをわかる範囲で記録し、足りない情報を徐々に両親と確認することで次第に話してくれる可能性が高い。

同時に少しずつ自分の緊急連絡先や銀行口座（銀行名と支店）などについてリストをまとめておき、折を見て「万が一のリストは作ってあるから」と伝え、「子どもがしているのなら自分たちも」とその気になってもらうことも必要だ。

介護・相続キャッシュフローの例

（単位：万円）

西暦	父	母				支出						年間収支	貯蓄残高
			父年金	母年金	合計	税金（自払）	社会保険	生活費	住居家具	介護	合計		
2025	70	65	240	60	300	12	5	200	60		277	23	2,500
2026	71	66	240	60	300	12	5	200	100		317	-17	2,483
2027	72	67	240	60	300	12	5	200	30		247	53	2,536
2028	73	68	240	60	300	12	5	200	30		247	53	2,589
2029	74	69	240	60	300	12	5	200	30		247	53	2,642
2030	75	70	240	60	300	12	5	200	30		247	53	2,695
2031	76	71	240	60	300	12	5	200	30		247	53	2,748
2032	77	72	240	60	300	12	5	200	120	94	431	-131	2,617
2033	78	73	240	60	300	12	5	200	30	94	341	-41	2,576
2034	79	74	240	60	300	12	5	200	30	94	341	-41	2,535
2035	80	75	240	60	300	12	5	200	150	94	461	-161	2,374
2036	81	76	240	60	300	12	5	200	30	94	341	-41	2,333
2037		77		180	180	10	3	150	30		193	-13	2,320
2038		78		180	180	10	3	150	30		193	-13	2,307
2039		79		180	180	10	3	150	30		193	-13	2,294
2040		80		180	180	10	3	150	30		193	-13	2,281
2041		81		180	180	10	3	150	30		193	-13	2,268
2042		82		180	180	10	3	150	30		193	-13	2,255
2043		83		180	180	10	3	150	120	94	377	-197	2,058
2044		84		180	180	10	3	150	30	94	287	-107	1,951
2045		85		180	180	10	3	150	30	94	287	-107	1,844
2046		86		180	180	10	3	150	30	94	287	-107	1,737
2047		87		180	180	10	3	150	30	94	287	-107	1,630

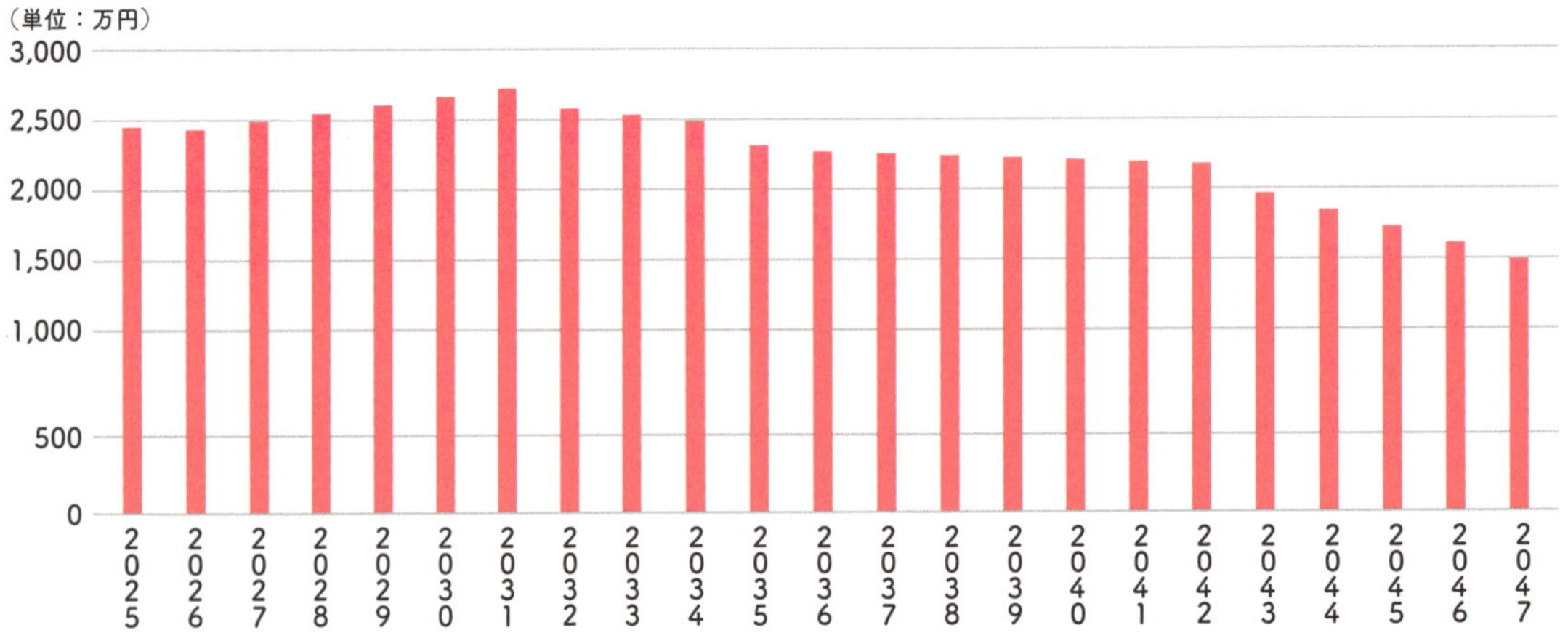

第21章

増やすときの「困った」を解決したい

資本主義のメリットを活用する

新しい優遇制度が始まったことで投資への関心が高まっているが、投資にまつわるトラブルも増えている。投資の長所と短所を知った上で投資先を検討しよう。

株価や長期金利のことがよくわからない

対策

- 景気についてイメージしてみる
- 株の仕組みを理解する
- 長期金利について理解しておく

事例

昔は株価や金利が高かったと言うけれど……

実家へ帰省していたある日、古い通帳を見付けた。「これ、今の○○銀行かな?」と何気なくページをめくっていたら、定期預金の金利が4・5%と書いてあり、目を疑ってしまった。

両親や祖父母たちは当然のような顔をして「昔はそれが普通だったのよ」「あなたが生まれる前の話だから知らなくて当然だよね。昔は株価が3万円以上だったこともあって、景気も良かったんだよ」「バブル景気の頃よね。その後に株価が暴落して、長期金利もどんどん下がっちゃって」と低金利時代しか知らない自分にとっては耳を疑うような話を聞かせてくれた。

話を聞きながら株価や長期金利、そして景気の話はニュースでは聞いていても意味をよくわかっていないから何となく聞き流していたことにいまさらながら気が付いた。

株価や長期金利について改めて他人に聞くのも恥ずかしいが、そもそもどんなもので、どのように生活に関わっているのだろう。

原因

生活と株価や長期金利の関係に実感を持てない

ニュースで株価や長期金利について触れていても、大半の場合、「そういえば公民や現代社会の授業で聞いたことがあるな」と思う程度で、いざ「説明してくれ」と言われると戸惑ってしまう。

そもそも株価や長期金利がニュ

ースに取り上げられるのは、それが経済や景気といったお金の流れや人々の消費行動（買い物など）と連動しているからだ。しかし、金融関係の仕事をしている、株を持っている、といった特段の事情がなければ、大半の場合、「別に関係ないよな」と右から左に話が抜けていってしまうだろう。特に**回りくどい話や込み入った数字の話が苦手な人**（ADHD特性や計算LD特性が強い人に多い）、あるいは**「お金は汚いもの」といった思い込みがある人**（ASD特性が強い人に多い）だとなかなか頭に入りづらい。

　しかし、長期金利については預金金利はもちろんのこと、住宅ローンのような銀行から長期にお金を借りる際の利息の指標にもなるため、生活と密接に関わっている。このところ投資に関するニュースが多いのも、預金金利がかつてないほど低いため「それなら今すぐ使わないお金の一部を投資に

景気がいいときのお金の流れ

消費（支出）の増加により、お金がスムーズかつ適切なスピードで循環している状況

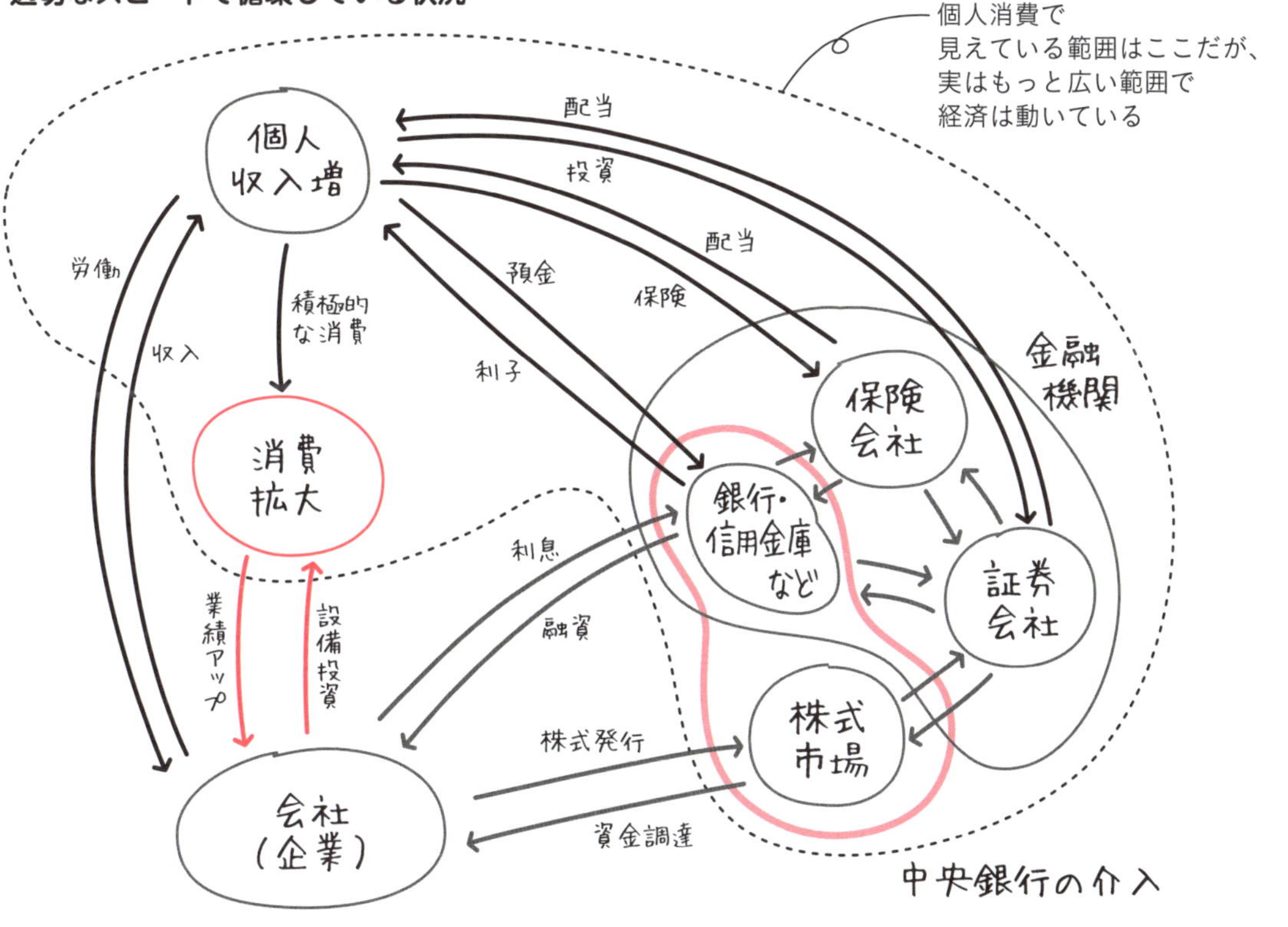

回して少しでも増やそう」と考えている人が増えているからだ。

　経済の仕組みをきちんと理解しようとすると統計などの数学的な感覚や知識が必要になるが、概要を理解するだけなら実感を持ちやすい話題から考えたほうがいい。事例でも祖父の古い通帳がきっかけで株価や金利の変化と景気の関係などに気が付いた。

　他人の話を聞くにしても概念的な話ばかりだと興味が持てないのなら、「祖父母が自分の年齢ぐらいのときの給料はいくらだったのか？」「時代によって景気がいい業界がどう変化しているか？」といった**具体的な話に置き換えてみる**といいだろう。

解決法　景気についてイメージしてみる

「日本は近年ずっと景気が悪い」と言われているが、30歳以下の世代からすれば、「そもそも『景気がいい』時期を知らないから比べようがない」と思うだろう。だから**景気がいいとどんなことが起きるのかを考える**必要がある。

　景気がいいときはお金がスムーズに流れ、企業も売上増を見越して設備投資や社員への給与にも資金を投入する。それによって製品やサービスが向上すれば企業の業績が上がり、銀行からも融資の申し出がくる。会社の規模が大きくなれば事業拡大のために株を追加発行し、さらに上場すれば銀行や証券会社、そして個人投資家たちが株や外貨を購入する。

　銀行、証券会社、そして保険会社や年金基金はこのような仕組みを利用して顧客から預かったお金や保険料を投資でも増やしているから、景気がいいと好条件の商品（金利が高い定期預金や満期の保証が充実した生命保険など）を販売する。当然株価も上昇するので企業にも資金が流れ、それも業績へとつながっていく。

　景気がいいと物価が上昇するが、それを追い越すペースで収入も増える。以前筆者の父（１９３３年生まれ）の給料の変化を聞いたら、上京して働き始めた頃と比べて退職時の給料が10倍以上になっており、「そんなに給料がどんどん上がっていたの!?」と驚いたのを今でも覚えている。だから「何とかなる」とどこか明るく前向きな気分で過ごせていたのだ。

　ところが物価上昇が人々の購買力を上回ると、「欲しくても物が買えない」いわゆるインフレといわれる状態になってしまう。逆に人々が物を買わなくなるとお金の流れが止まり、今度はデフレとなる。そうなると社会が混乱してしまうので、適切なスピードで世の中にお金が流れるよう、政府が中央銀行（日本の場合は日本銀行）を通して長期金利や為替（外貨と日本円の取引）、そして株価をコントロールしている（市場介入という）。

しかし、理論的には説明できても、適切なタイミングや規模で市場介入することはとても難しい。今の日本はバブル景気終焉後、いろいろなことを改善しようと多くの人が努力したが、世の中がかつてないほどのスピードで変化していることもあり、30年近く経っても対応しきれずにいる状況だ。

このようにお金の流れを考えると、これまでの章で触れてきたのは個人での視点という狭い枠組みだったことがわかり、暮らしと経済がより大規模につながっていることが見えてくる。そうはいっても社会は個人の集まりでもあるから、まずは自分が適度に貯金をしつつ消費や暮らしを楽しめる状態を作って経済に参加できるかを考えることが現実的だろう。

株取引のイメージ（上場企業）

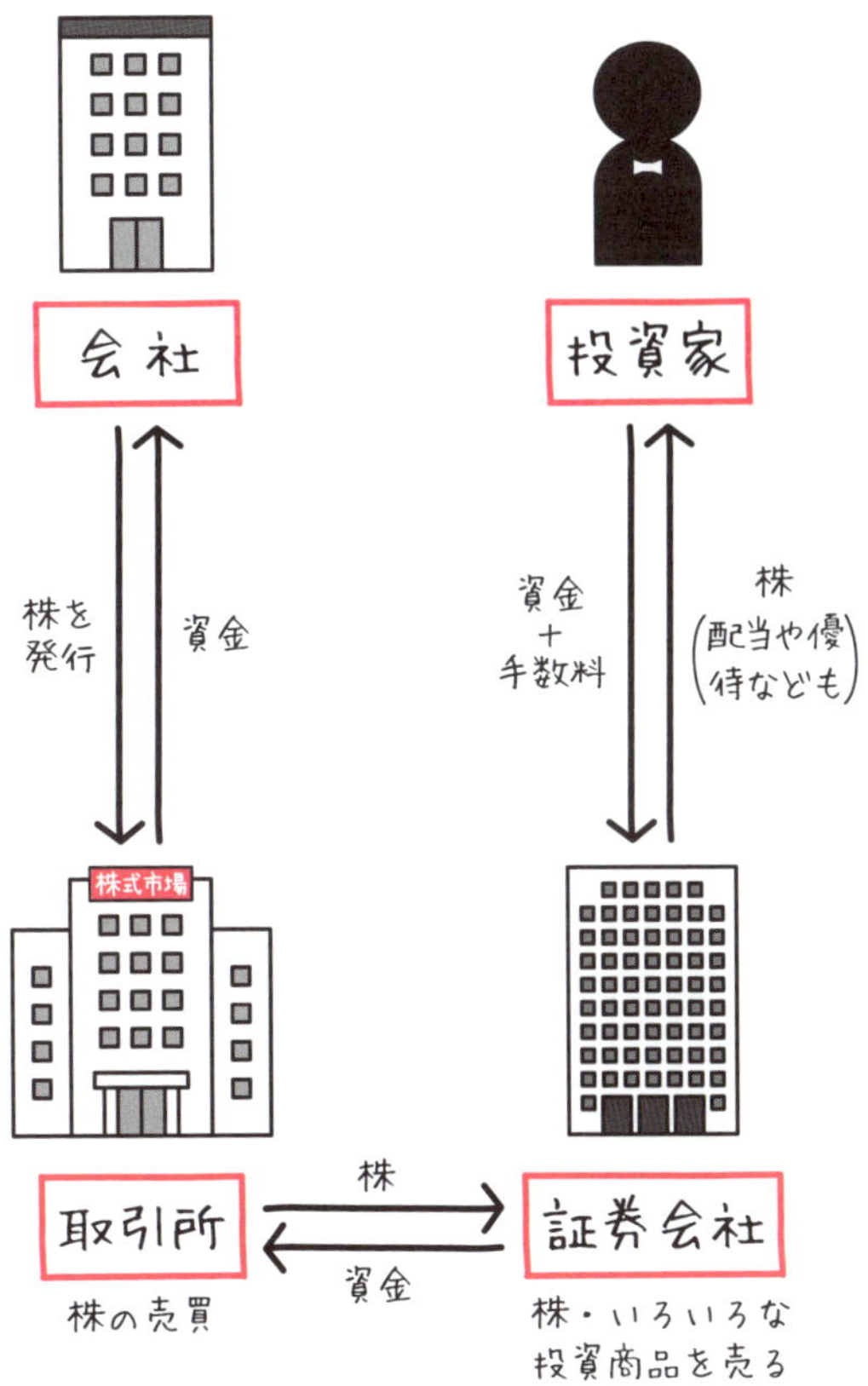

株の仕組みを理解する

会社員として働いている人たちの多くは株式会社に勤務しているだろう。株式会社といっても株式市場に上場している大企業から一人で起業してすべての株を社長が所有している会社までさまざまだが、基本的な仕組みは同じだ。

そもそも株は会社設立時や事業拡大時などに足りない資金を集めるために発行するもので、その会社に将来性を感じた人たちが株を購入して株主になり、会社は彼らから調達した資金で事業を行う。

会社の役員は株主から経営を委託される形になり、株主総会で毎年必ず経営状態について株主へ説明して承認を得たり、議事録を作成・保管したりする必要がある。一定割合以上の株主から経営陣の交代を求められたら役員はそれに従わなければならないし、株の譲渡による買収も起こり得る。

簡単にいえば、株を購入する＝お金を出してその会社を支援することなので、利益が出たら株主は配当をもらえるが、会社の事業がうまくいかず株価が下がったり、最悪倒産などすれば投資した資金は回収できずに損失となる。つまり、元本割れのリスクもあるのが銀行預金（円建てのもの）との違いだ。つい利回りや配当へ注意が向いてしまうが（ADHD特性が強い人に多い）、**リスクを考えながら投資計画を立てること**が必要だ。

一方で「元本割れするかもしれないから株はダメ！」（ASD特性が強い人に多い）と極端な考えになるかもしれないが、投資という仕組みがあるからこそ経済や産業が急速に発展したともいえる。

ITの普及によってネットで株取引ができるようになったことやiDeCo（個人型確定拠出年金）や新NISAの登場などで個人でも投資をしやすい環境になってきているから、やみくもに否定せず、勉強して自分が納得できる形の投資が見付かったら始めてみよう。

長期金利について知る

私たちの生活の中で長期金利で一番影響されるものといえば、普通預金の金利と住宅や車などのローン金利だ。このところの金利政策の影響で、大手銀行の金利が100万円預けても1年で10円前後しか付かないため、条件がそろえば同じ金額でも年利が千円ほどになるネット銀行へ預け替えをする人が増えている。住宅ローンも銀行が盛んに借り換えキャンペーンを実施しており、手数料を払っても借り換えたほうが総額が安くなる、と目ざとい人は借り換えを実行している。

長期金利は厳密には1年以上の満期の債権金利（日本の場合10年もの国債の金利）のことで、物価変動によって金利が上下する。

政府は中央銀行（日本の場合は日本銀行）を介して世の中に適度なお金の流れを作るべく金利政策などを実施しており、2024年3月まで日本銀行から一般の銀行への貸出金利はマイナスになっていた（つまり銀行側が日本銀行へ利息を払っている）。これは、銀行が自分の手元にお金を置くよりも個人や企業へ融資をして世の中にお金が回るようにしよう、というテコ入れ策だ。

企業は資金調達のために株を発行すると述べたが、実際は株や売上げといった返済義務のない資金（自己資本）よりも、銀行などからの借入金の割合のほうが高いことが圧倒的に多い。

ちなみに倒産しづらいといわれている自己資本比率の目安は40

株式投資で得られる利益

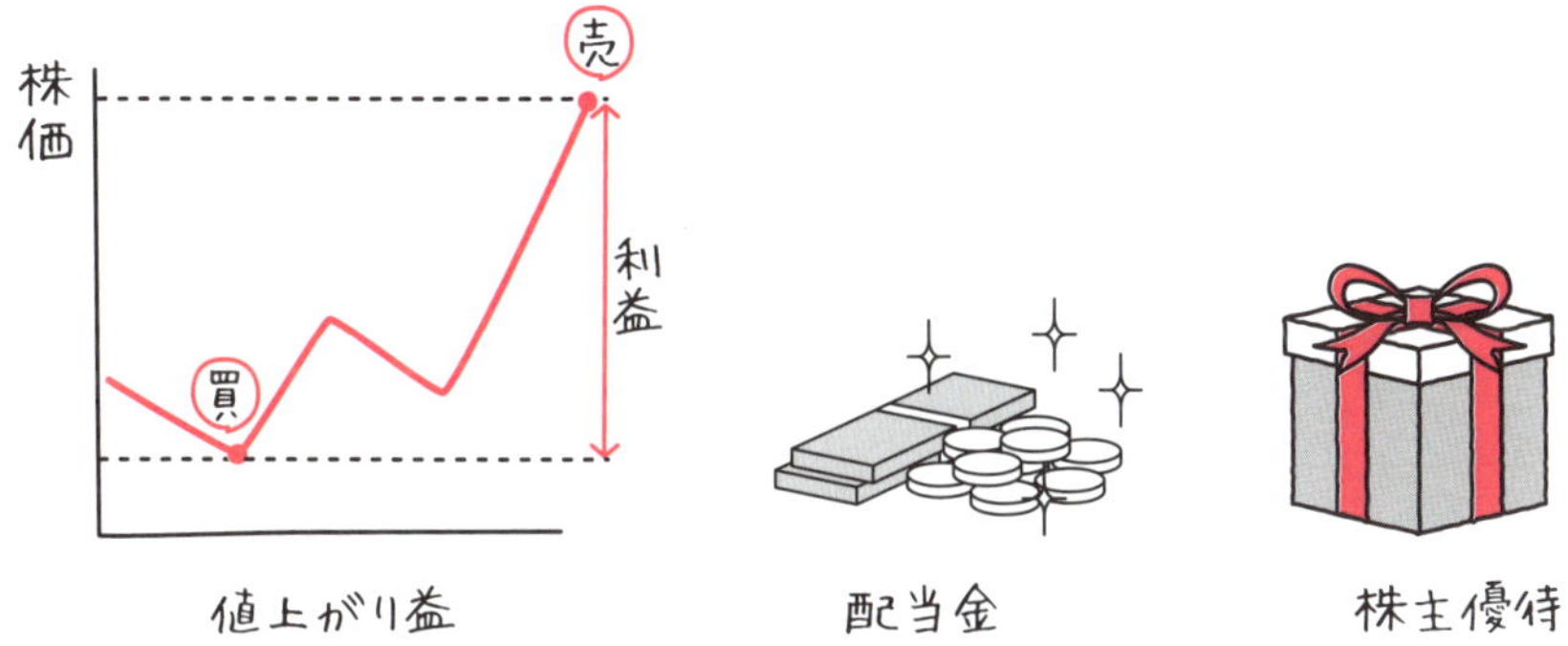

金利と株価の関係

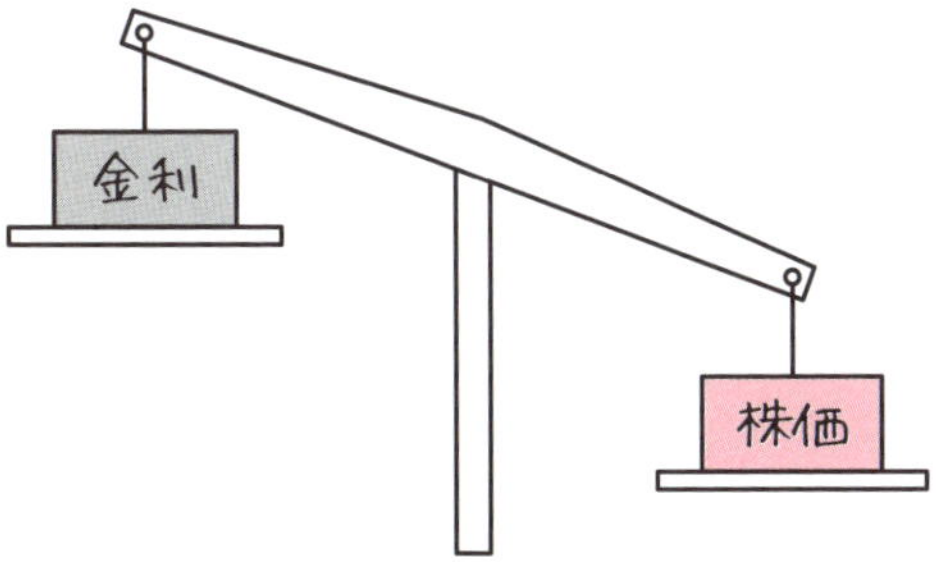

原則として金利が上がると株価は下がる

%、危険信号は10%以下なので、家計の感覚で考えたらビックリするかもしれないが、それだけ会社経営には金融機関からの融資（広い意味では投資）が必須なのだ。

「こんなに低い金利だと銀行に預けてもちっとも増えない……」とつい不満に感じてしまうが、政策を考える立場からすれば銀行から企業への融資をスムーズにすることで結果として企業の経済活動を活発にし、利益の一部が従業員の賃金や雇用へと回れば自然に消費も拡大されていくから次第に長期金利も改善されるはず、という見通しで行っている。ところが、景気が悪いためか思惑通りになっていないのが実情だろう。

その性質が一番顕著に出ているのが景気や株価、そして長期金利に伴う資本主義経済の仕組みだ。特に投資は社会状況も含む未来の話だから**見通しが立ちにくい話**であることは意識しておこう。

投資資金ってどうやって準備するの？

対策

○投資開始までの計画を立てる
○ポイントで投資体験をしてみる

事例 投資の話題は気になるが……

仕事の休憩時間に控室のテレビでニュースを見ていたら、「老後資金は年金以外にも準備する必要がある」という話題を取り上げていて、一緒に見ていた他のスタッフも「あんなに給与からいろいろ引かれているのにね」「どうやって用意しろというのかしら?」と盛り上がっていた。

「やっぱり投資とかしないといけないね」「えー? そんな余裕ないよ」「そうよね。でも、スーパーの株主優待とかちょっと気になっているの」と話は続いていたが、自分の休憩時間が終わったので「お先に」と声をかけて仕事に戻った。

帰りに立ち寄った本屋で「老後資金準備」「投資入門」といった投資に関する本が平積みになっているのを見かけ、関心が高い話題なのだな、と改めて認識したがどうもピンとこない。

ネット記事にも「投資は余裕資金でやること」と書いてあったから当面は無理だが、確かにこの低金利では積立貯金だけだとやや心もとない。どのくらいまで貯まったら投資を考えればいいのだろうか。

原因 投資の前提ルールが曖昧

年金は退職後の生活にとっては大切な資金源だが、年金だけでは老後の暮らしが厳しいといった報道がされるたびに「じゃあ、いったいどうしたら?」と不安になるし、これについては経済評論家や

FPがさまざまな見解を述べている。しかし、**人によって意見がかなり異なっているため、ますます混乱する**人もいるだろう（ASD特性が強い人に多い）。

実は、今後のことは専門家であっても過去のデータをもとに自分なりに予測した見通しを伝えているだけだ。当然何も知らない人よりは根拠がある予測だが、それがどこまで適切かは神のみぞ知る世界なので、どの程度その意見を取り入れるかは自分で決め、結果も自分自身で引き受けなければならない。

こと投資については、いつ利益や損失を確定させるかも自己決定の世界だ。投資に必要不可欠な**キッパリとした決断をする作業が面倒で先延ばしする**（ADHD特性が強い人に多い）、反対に「もしかしたらもっと利益が出るかも……」と**判断材料を考えすぎて決断できない**（ASD特性が強い人に多い）と利益幅が減ったり損失額が増えたりしてしまう。

「予想が当たればいいのだから投資で確実に儲けられればいいのでは？」（ADHD特性が強い人に多い）と思ったかもしれないが、プロでも必ず一度は失敗するのが投資の世界だ。まずは日々の稼ぎと緊急時の貯蓄を最優先にする、借金があれば返済する、といった生活への備えに見通しが立ってから投資について考えよう。

解決法 投資開始までの計画を立てる

事例でも「当面は無理」と判断していたが、いきなり投資を始めるのではなく、まずは家計の状況と緊急時の貯金額、そしてローンやクレジットカード利用額など**借金や負債がどのくらいあるかを確認しよう**。実は老後で重要なのは貯金もさることながら、**負債がないこと**だ。

初心者向けの投資本や節約本に書いてあるのは、「稼ぎが第一」「生活を見直して貯金を増やす」「借金はしない」「保険は最小限に」といったことだ。どれもこれまでの章で触れてきたことだが、実はこれこそが投資を開始するための必須項目だといえる。

「貯金がないからしばらくは投資は無理か……」と落胆するかもしれない（ADHD特性が強い人に多い）が、投資をする場合、資産価値が一気に下がることがままある。たとえば2024年の日経平均株価は3万8千円前後を推移しているが、リーマンショックの頃は一時7千円台まで下落した。だから下がったときを乗り切って再び資産価値が上昇に転じるまで持ちこたえるためにも、予備の貯金はとても重要だ。未来の利益にばかり目を向けて足元の生活が崩れてしまっては本末転倒だ。

そのため投資を始める場合は、601ページで述べた目安となる生活費の3カ月分よりもさらに多額の予備費を準備する必要がある。生活費の半年分を目標に貯金を積み立て、できるだけ投資した株を保有して、将来利益を出しやすい環境を整えよう。

投資の種類を知る

投資というと株取引ばかりに目がいきがちだが、他にも国債や政府保証債、地方債、社債といった**債券**や**貯蓄型保険**、**為替取引**（外貨預金やFXなど）、**不動産投資**、**先物取引**、**暗号資産**などがあり、銀行預金も利子を期待しての投資ともいえる。

この中でも元本保証されているものといえば銀行預金と個人向け国債で、元本保証に近いものが地方債だろう（ただし、定期預金や債券は満期以前に解約すると元本割れすることがある）。

そのため、リスクがない投資として真っ先に挙げられるのは銀行預金と変動タイプの個人向け国債のことが多い。

他のものはすべて元本割れのリスクがあるが、その中でも株は選択肢が豊富なことや比較的現金化しやすいこと、そして取引手数料などを引いた利益が預金より大きいことで、リスクがある投資の対象として筆頭に挙げられる。

個人投資の場合、銀行預金、国債、株（投資信託なども含む）といったものを組み合わせて少額ずつ長期にわたって積み立てることで、インフレや元本割れのリスクを減らすことが原則だ。そこに多少リスクがあってもいい（ADHD特性が強い人に多い）、リスクはできるだけ避けたい（ASD特性が強い人に多い）といった自分の特性を加味して割合を変えていくことで自分に合った投資を組み立てていく。

株の購入は証券会社に口座を開設することから始まる。今はネットでできる個人向けの証券会社がたくさんあるので、手数料や優待条件などを比較し、投資を始める時期になったら自分が利用しやすい証券会社に口座開設を申し込もう。証券会社の口座ができて銀行口座からお金を振り込んだときから株を買うことができる。

「どの証券会社に口座を作ればいいの？」と思ったら（ASD特性が強い人に多い）、将来iDeCoや新NISAを開始したいと思う会社の口座を選ぶといいだろう（参考：iDeCoナビ：https://www.dcnenkin.jp/）。

「それでも自分は株式投資には抵抗がある！」（ASD特性が強い人に多い）人は、リスク資産なしの生活設計を提案している人が書いた本やウェブサイトなどを参考にするといいだろう。

ポイントで投資体験をしてみる

「毎月ギリギリの生活ですぐには投資資金を捻出できないが、興味があるから始めてみたい」人（ADHD特性が強い人に多い）や、「元本割れする可能性があるからいきなりは怖い」人（ASD特性が強い人に多い）は、利用しているクレジットカードやポイントカードの**ポイントで投資体験ができないか調べてみよう。**

このところ「少しずつ投資を試してみたい」人向けにポイントで投資できるサービスがいろいろ登場している。今は積立型の投資信託タイプが中心だが、サービスによっては特定の銘柄を購入できるものもある。「期限が切れそうだけど、今のところこれといった使い道がない」というポイントを利用するにはまさにうってつけだ。「ポイント投資＋比較」といったキーワードで検索するとサービスの説明が出てくるので確認しよう。

筆者ももものは試しと少し前からポイント投資を始めた。筆者の場合、100ポイント単位で始められる上に手数料が無料でかつ以前から検討していたETF（上場投資信託）に近いコースがあったことが始めた理由だ。

サービスによっては利用料が有料だったり手数料分のポイントを引かれたりすることもある。内容を比較して「これなら」と思うサービスを選ぼう。

投資体験をしてみると今まで以上にニュース記事や株価、為替の変化に注意が向くようになり、「この影響で株価が下がるかも」「円高になったからガソリンの価格も変わるかな」と実感を持ってわかるようになる。

一方で投資を始めてみると予想以上に株価が変動していることがわかるし、その数字に一喜一憂する（ASD特性が強い人に多い）こともあるだろう。その場合、株価の変化＝自分の価値評価の反映と捉えてしまい、必要以上に状況に感情移入していることが多い。

他の場面でもこのような感覚に陥りがちなら、「数字や成績はひとつの切り口にすぎないし、それで自分の価値は決まらない。もっと人間は複雑だ」と言い聞かせ、現状に対して淡々と判断を下して対応する練習だと思って取り組めば日常生活にも活用できる。投資を通して自分がどんなことを身に付けられそうかも考えて検討するといいだろう。

主なポイント投資サービス

- dポイント
- Vポイント
- 楽天ポイント
- Pontaポイント
- PayPayポイント

投資で年金を増やせると聞いたけど？

対策

- iDeCoについて調べてみる
- 新NISAの利用を検討する

事例

父たちは熱心にすすめてきたが……

先日実家へ帰省して両親や兄弟たちと近況を話していたら、父が「そういえば、最近はサラリーマンでも投資で年金を増やせるんだってな？」と兄に話しかけ、金融関係の仕事をしている兄が「あぁ、iDeCoのこと？　いろいろ条件がいいから話題だね。ただ、手続きが面倒で、開始まで時間がかかるけど」と返事をしていた。

「iDeCoってニュースでは聞いたことがあるけれど、会社でもやっている人はいるのかな？」と思いながら話を聞いていると、父から「投資の勉強のつもりで今からやってみたらどうだ？」と言われた。

その後、兄がいろいろ教えてくれたが、はじめて聞く話ばかりで今ひとつ腑《ふ》に落ちない。最後は兄も「まだ引越しや車の買替えといった緊急時の貯金が少ないようだから、まずはそれを増やしてからだな。１００万円くらい貯金ができたらまた相談してくれ」と半ば諦め顔でさじを投げてしまった。

親切に教えてくれた兄には申し訳なかったが、そもそも年金や投資について今まで興味関心がなかったから、面倒な手続きをしてまでiDeCoを始める必要性が正直よくわからない。なぜ父や兄はそんなに熱心にすすめてきたのだろう。

原因

年金制度をよく知らなかった

このところニュース記事で年金の話題が多く、２０１７年から第２号被保険者であるサラリーマンや公務員も利用可能になった**iDeCo**（個人型確定拠出年金）についても主婦向けの雑誌の節約特集などで少しずつ取り上げられるようになった。

　この制度が注目されている理由は、

- 掛け金が全額所得から控除される（つまり翌年の住民税や所得税が安くなる）
- 運用益が非課税になる（通常は20%課税される）
- 受取時にも年金や退職金の場合と同様、控除対象になる

ことだ。そのため「老後資金の準備ができる上に家計への負担軽減にもなる！」と話題になり、金融関係や生活向けの雑誌などでもiDeCoの特集が定期的に組まれている。

「それじゃあ、限度額まで加入するといいよね！」（ADHD特性が強い人に多い）となるかもしれないが、掛け金は60歳まで引き出せないため、急に大金が必要になったときに「あのお金がすぐに使えたら……」ということになったら元も子もない。また、条件によってはせっかくの優遇措置も効果が発揮されない。

「だとすると元本保証じゃないから損をする場合もあるし、あまりメリットはないんじゃない？」（ASD特性が強い人に多い）と思うかもしれないが、この制度のメリットは他にもある。

　今までの公的年金制度では転職や退職などで加入している年金の種類が変わると原則基礎年金（国民年金）の部分しか継続できなかったが、iDeCoなら積立てを続けられる。つまり今後起こり得る生活の変化にも対応しやすい。

　また、若いうちから始めることで投資の損失リスクも回避しやすくなる。iDeCoは「投資を始めようかな」というときの有力な選択肢になるので、どんなものか概略を知っておくといいだろう。

解決法　iDeCoについて調べてみる

　第1号被保険者や第2号被保険者の場合、自分や会社で上乗せしている年金（629ページの図のグレーの網掛け部分）があると加入条件が変化するので、まずは**iDeCoナビ**で自分の状況を確認しよう。掛け金の上限や加入手続き、諸費用（手数料など）について詳しい説明が掲載されている。

　中には「手続きが面倒」（ADHD特性が強い人に多い）、「一度始めたらいろいろ手数料がかかることに抵抗がある」（ASD特性が強い人に多い）と思った人もいるだろう。

　口座開設時の手数料（2829円）と毎月かかる手数料（最低171円、積立て休止時は最低66円）は最低でも

かかる。「最初の年は、3000円以上かかるし、その後休止することになっても毎年800円前後は手数料を取られるの!?」と投資をしていない人は驚くだろう。

確かにiDeCoは一般的な株取引に比べれば手数料は安く、信託報酬（利益が出たときに払う手数料）も低く抑えられている金融商品が多いが、優遇があるといっても無視できない金額だ。そのため、原則口座管理手数料が無料の金融機関を選ぶのが基本だ。

iDeCoナビのサイトでもどのくらい優遇されるかを計算できるので、「最低額の年間6万円で考えても所得控除のメリットはなさそう」となればiDeCo以外の選択肢を考えればいいし、「案外メリットがあるぞ！」となれば、623ページで述べたような投資開始までの計画を立てる、投資の種類を知る、といった準備を始めていこう。

他の優遇制度を検討する

実は税制上の優遇措置があるのはiDeCoだけではない。第2号被保険者と第3号被保険者は**新NISA**という少額投資非課税制度を利用できるので、「60歳まで解約できないのは何かあったとき不安」（ASD特性が強い人に多い）な人は先にこちらを検討してもいいだろう。

毎年の限度額はつみたて投資枠が年間120万円、成長投資枠が年間240万円で、取引時の手数料もかなり安く抑えられており、利益にかかる税金が無期限で非課税になる。

新NISAはつみたて投資と成長投資の併用は可能だが、投資初心者向けの商品が厳選されているのはつみたて投資枠なので、まずは新NISAナビ（https://www.tsumitatenisa.jp/）を参考に金融機関や手数料、商品などの条件を検討してみよう。

両者は併用できるので、余裕が出てきたら老後資金はiDeCo、必要なときに解約する分は新NISAといった使い分けをするといい。

第1号被保険者だとさらに選択肢が広がり、付加年金、国民年金基金、小規模企業共済といった制度も利用できる。わが家は夫婦とも第1号被保険者なので、現在付加年金と小規模企業共済に加入している。

いずれもiDeCo同様、掛け金を全額所得控除されるため、「国民年金だけでは老後が不安だけど、iDeCoは抵抗がある」（ASD特性が強い人に多い）、「小規模企業共済だと万が一のとき、掛け金に応じて好条件で融資してもらえるのはいいな」（ADHD特性が強い人に多い）と考える第1号被保険者はこちらを検討しよう。

iDeCoのメリット

付加年金や国民年金基金、小規模企業共済

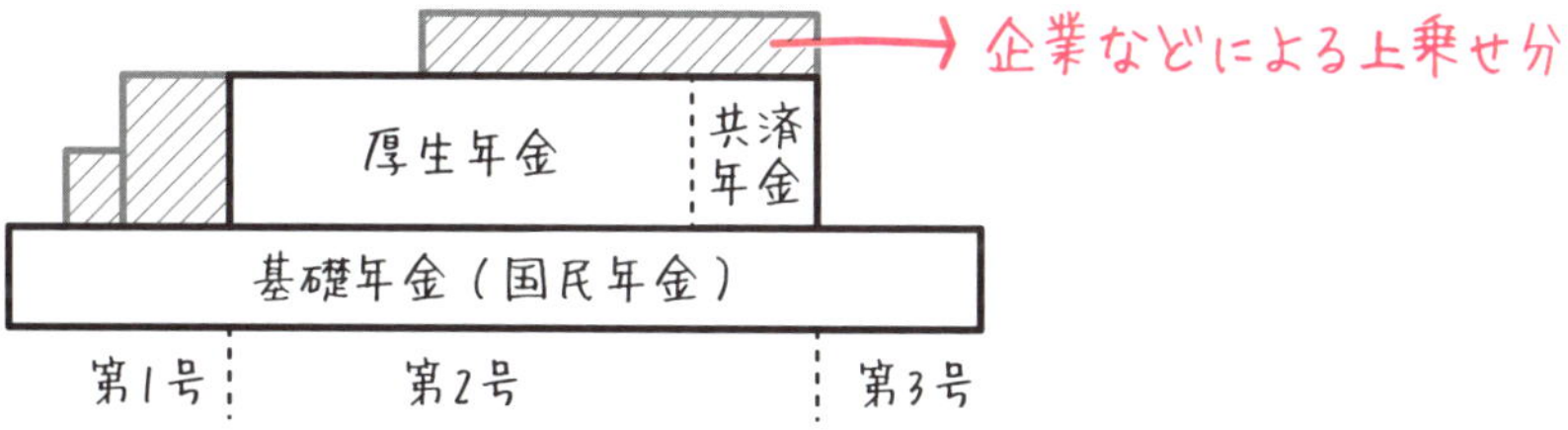

今までは退職や転職で年金の種類が変わると
▨部分が原則継続できなくなっていた

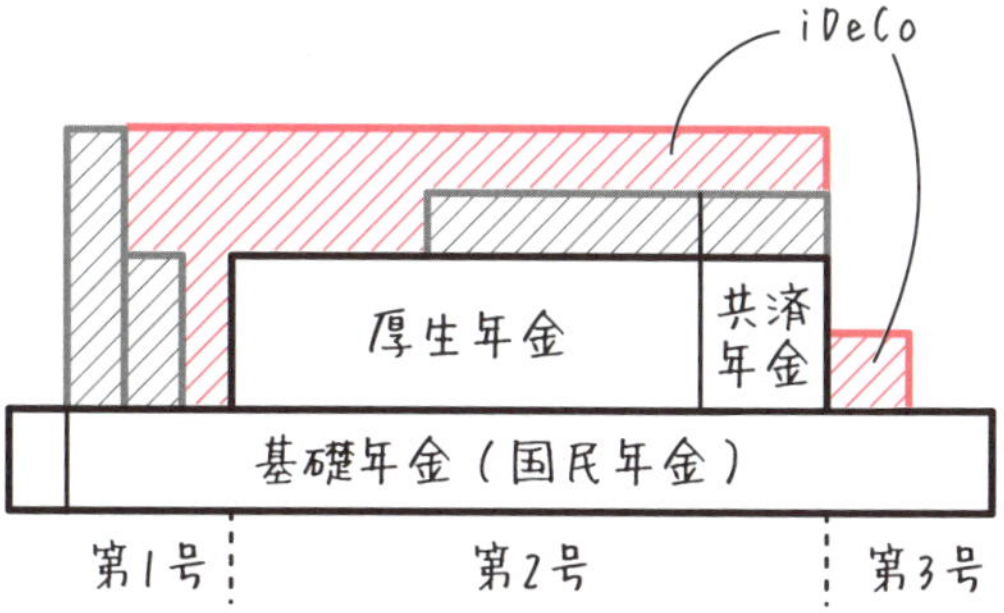

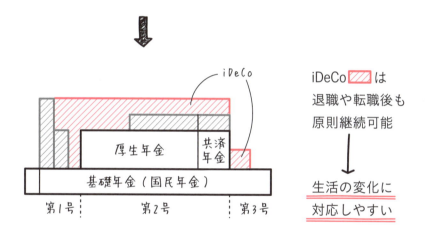

iDeCo▨は
退職や転職後も
原則継続可能
↓
生活の変化に
対応しやすい

若いうちからiDeCoを始めるメリット

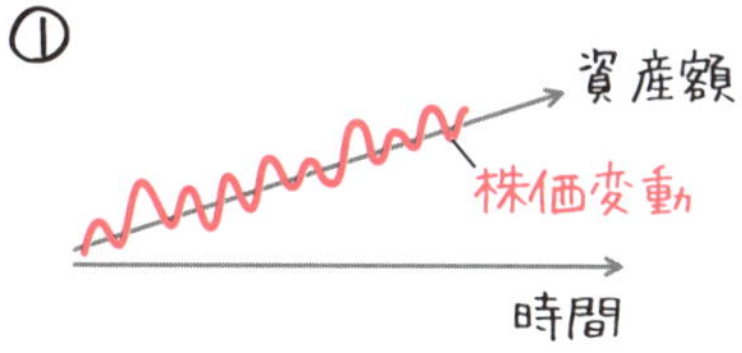

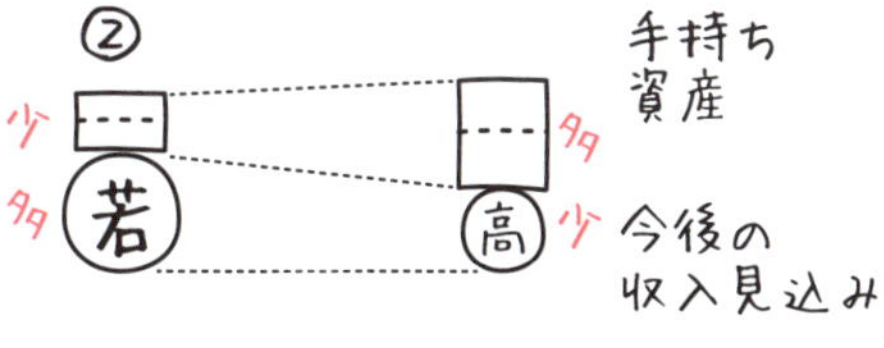

少額でも時間を味方に、
価格変動リスクを減らせる

手持ちの資産は少なくても、
今後の収入は高齢者より多い
→失敗しても回復しやすい

iDeCoの手数料

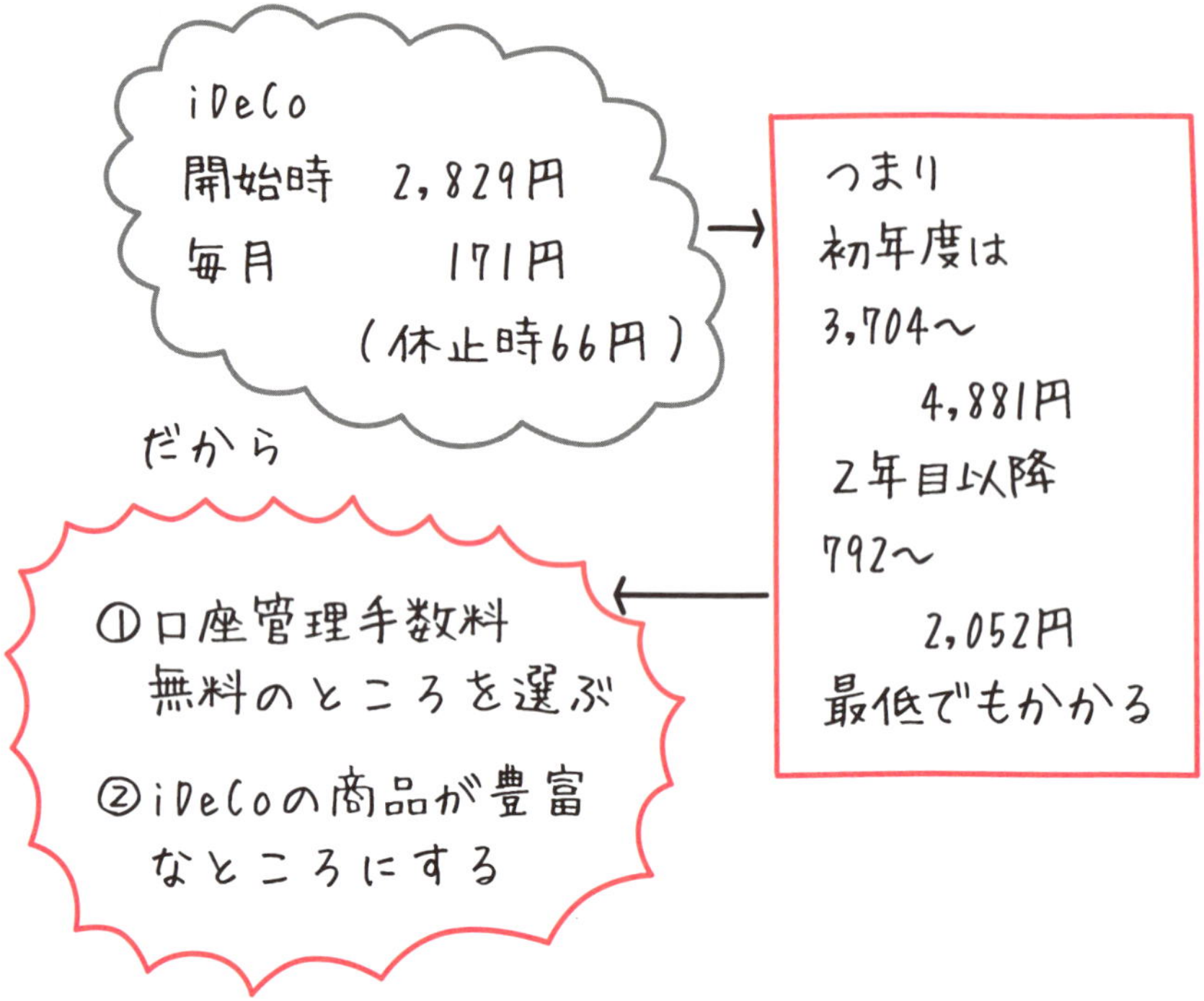

iDeCo以外の優遇制度

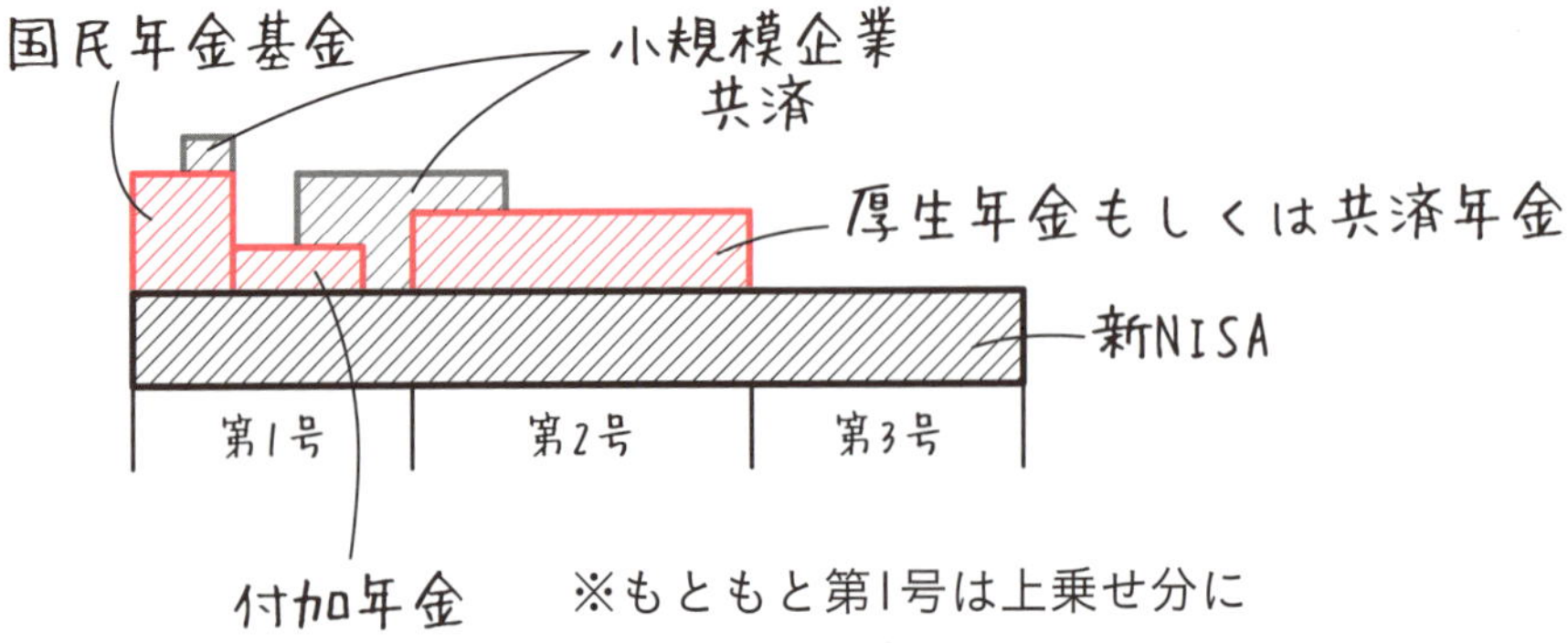

※もともと第1号は上乗せ分に
当たる厚生年金がないため、
自分で上乗せするための制度
として選択肢が多い

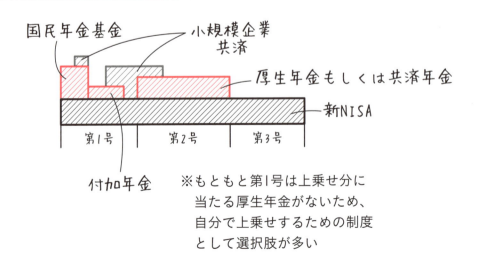

この中でも特におすすめは**付加年金制度**だ。これは毎月400円を国民年金保険料に上乗せすると、年金受給時に毎月200円×納付月数分が上乗せ支給される。2年以上受け取れれば支払った分は回収できる有利な制度だ。自治体の国民年金窓口で申し込めば申し込んだ月から加入できる。

ただし、これらの制度はiDeCoとは異なり第2号被保険者や第3号被保険者になると原則継続できない（小規模企業共済は第2号被保険者でも条件が合えば継続可能）。それまでの掛け金の分は保証されるが、満期分よりは受け取れる金額が減ってしまうため、転職などの可能性が高い場合はiDeCoのほうが長期間続けられる分だけ有利だといえる。自分に向いている制度をうまく活用していこう。

新NISAの仕組み

①購入した株式・投資信託などの値上がり後に売却した場合

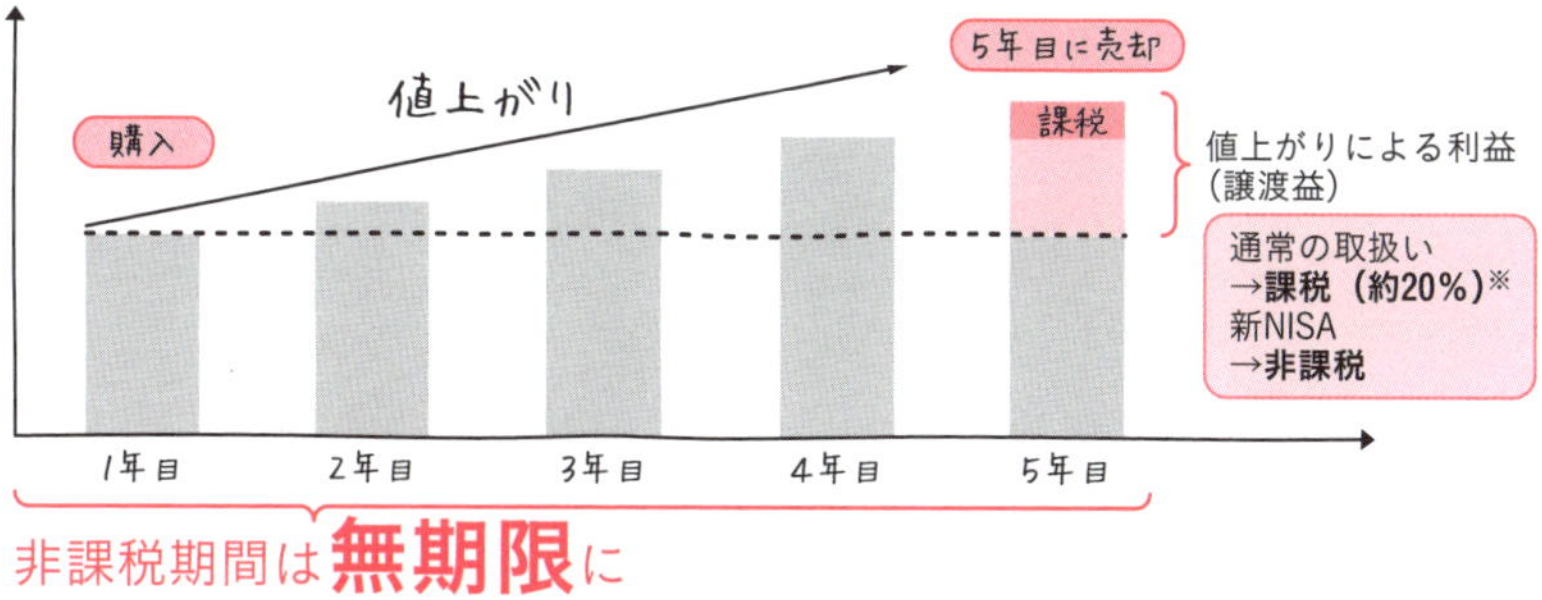

（値上がり後に売却したことによる利益が非課税に）　※復興特別所得税を含めると、20.315%になる

②購入した株式・投資信託などを保有している間に配当金などを受け取った場合

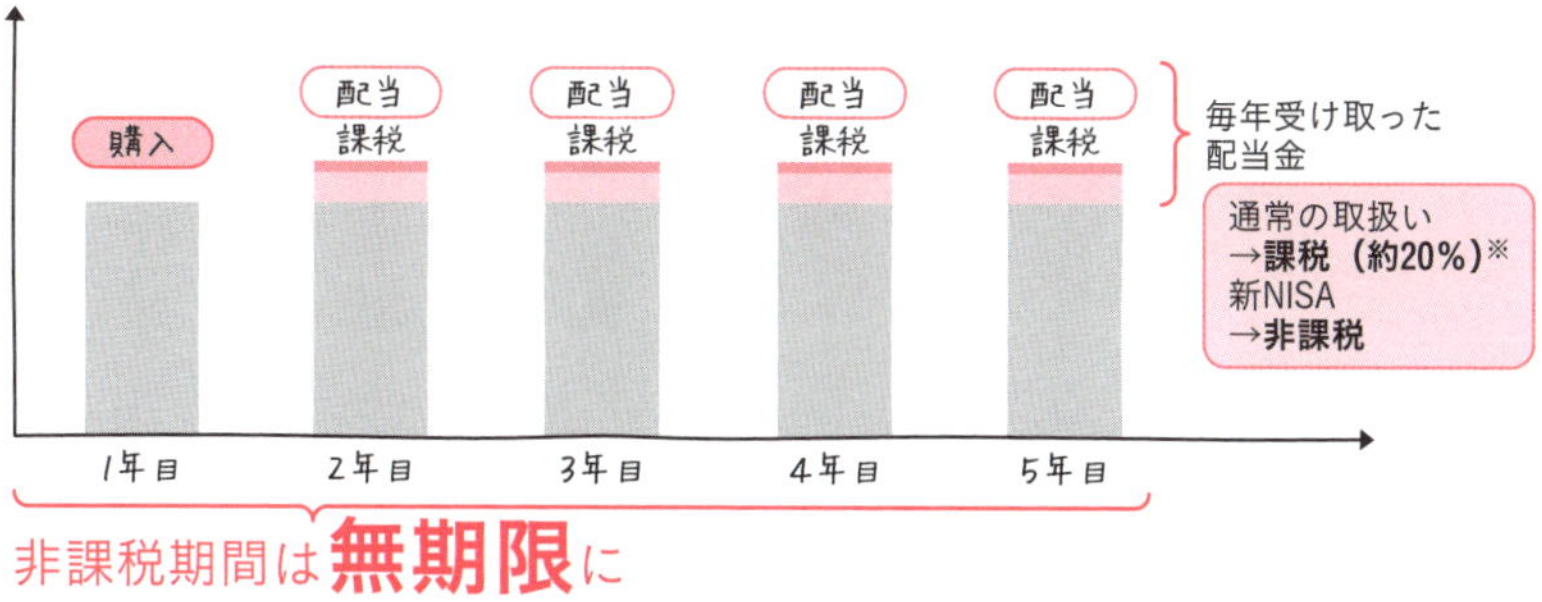

（期間終了後、新たな非課税投資枠への移管（ロールオーバー）による継続保有が可能）
（5年の間に受け取った配当金などが非課税に）　※復興特別所得税を含めると、20.315%になる

出典：金融庁HP

投資話でだまされないか不安になる

対策

- 怪しいと思ったらたとえ口頭でも「ＯＫ」と言わない
- 投資は利害関係であることを意識する
- 相談や報告できる人間関係を作る

事例　「夢がない！」と非難されたけど……

ある日久しぶりに高校時代の同級生から「ちょっと話を聞いてほしい」と連絡があった。待ち合わせ場所に指定されたレストランに行き、雑談しながら食事をしていたら、「一緒にビジネスを始めないか？　それがダメなら少しうちの会社に投資してくれ。投資してもらった分は必ず返す。約束する！」と言われた。

久しぶりに会いたがった理由はこれか……と冷めた気持ちになり、「だったら帰るよ！」と伝票をパッと取り、会計をしてそのまま帰宅してきた。

ぐったりした気分になって共通の友人に連絡すると「それは大変だったね！」と驚かれ、「でも適切な対応だったよ。他の同期にも伝えるね」と慰めてもらった。

今回は何とかなったが、友人の変貌ぶりにかなり嫌な気分になったし、「まただまされるのでは？」と不安にもなってしまった。もっと巧妙な手口だとだまされても不思議ではないし、いったい何に気を付けたらいいのだろう。

原因　投資に関する制度や法律をよく知らなかった

今までも述べたように、投資は未来を現状から予測して「これなら見込みがありそう！」と思ったものに出資するため、将来どうなるかは誰にもわからない。実際、成功話などでも最初は大半の人が失敗すると思った投資が急成長を遂げることも起こり得る。

この状況につけ込んでくるのがいわゆる「怪しい投資話」だ。中には既存制度の裏をかくような話もあり、「うまくやれば一獲千金かも?」と**スリルに魅力を感じやすい人**（ADHD特性が強い人に多い）はつけ込まれやすい。

一方で**話の裏などを読むのが苦手な人**（ASD特性が強い人に多い）や、「投資分は保証します!」「絶対安心です!」といった**口約束だけを信用して契約書にサインしてしまう人**（ディスレクシアの特性が強い人に多い）の場合、「大丈夫かな?」と不安に感じても逆にその不安を相手に利用されやすい。さらに法律を知らないことで不利な立場に追い込まれても、他人へ助けを求めるタイミングを逃しがちだ。

投資に関する法律には金融商品取引法（金商法）や出資法などがあり、その中には無許可で出資の勧誘などをすることや、銀行など正規に認可を受けた金融機関以外で元本保証をすることが禁止されている。また、認可を受けた金融機関でも虚偽に基づいた勧誘をした場合は当然法律違反だし、処罰の対象にもなる。

まずは「この手の話をしてくる人」のおかしな点に気付く根拠や法律を知り、対応策を講じていこう。

解決法　出資話のからくりを理解する

怪しい詐欺まがいの商売や投資の共通点は、

- 今までの関係や立場を利用する
- こちらがよく知らない内容について勧誘をする
- 勧誘者にとって不都合な情報を隠す
- こちらを動揺させることでお金を出す約束を取り付けようとする

ということだ。事例でも高校時代の同級生というそれまでの関係性を利用しており、同級生はどん

金融商品取引法の対象となる商品

- 国債
- 地方債
- 社債
- 株式
- 投資信託
- 多様なデリバティブ取引

など

な事業をしているかきちんと話さないまま「投資してくれ」と話を持ちかけている。

　そもそも起業しても継続できず、数年で資金不足になって倒産や廃業する会社は多い。会社ならば90％生存率を超えるのは開業後3年以上経過してからだ。

　だから、投資しても元手を回収できない可能性があることを正直に説明しない人は信用できないし、自分の大切なお金を預けるには不適切な相手だ。当然投資したお金が回収できない場合があることは説明するよう法律でも定められている。

　しかし、法律違反の行為でも契約書にサインして投資として一定期間を経過してしまうと、返金してもらうまでにかなり手間がかかってしまう。その間に相手がお金を使い果たしたり送金などで移動させてしまえば取り戻すのは相当難しくなる。

「相手が悪いのにひどいじゃないか！」と思ったかもしれないが（ASD特性が強い人に多い）、契約書にサインした以上、「そのようなひどい内容でも同意しました」と解釈される可能性が高い。

　そのため、**怪しいと思ったら、たとえ口頭でも「OK」と言わないことがまず鉄則だ**。そして、相手がしていることが違法行為の可能性が高いこと、お金のやりとりで必要な約束事を破壊する行為であることを認識し、かつて存在していた相手との信頼関係はもはや存在しないことを理解しよう。

　448ページにも掲げたが、改めて次ページに投資話やセールス対応での注意点をまとめたので、参考にしてほしい。

投資は利害関係であることを意識する

　一方で「あれ？　でも大企業の社長とかが創業間もない無名な会社に資金援助していることがあるよね？」「クラウドファンディングとかも最近はいろいろあるし」と思った人（ADHD特性が強い人に多い）がいるだろう。もちろんそのような出資話もゼロではないが、大企業の社長たちは人と会うのも仕事のひとつだし、ビジネスについての知識や情報も私たちとは桁違いだ。出資する場合も相手にさまざまな条件を要求するし、状況によっては経営に介入したり、援助した資金を引き上げたりするくらいの厳しい態度で臨む。

　出資が決まればさまざまな取り決めを書面で交わし、株主総会議事録などにも記録される。そして弁護士や司法書士といった専門家が法的な問題がないかをチェックしてから履歴事項全部証明書（いわゆる登記簿謄本）に記載される。クラウドファンディングも法律などでさまざまな規制が設けられ、

投資話やセールス対応での注意点（再掲）

理由を告げずに断ろう
NO!

突然の連絡に注意

理由なく約束した以外の人物が現れる
?

「呪い」の言葉を言ってくる
信じていたのに…

資金調達の目的や活動内容についてホームページなどで公開し、経過を報告することが求められる。

それだけ投資は法律で厳しいルールが定められており、適切な取引だった証拠を徹底的に残すものだ。ドラマなどで描かれるような「夢に賭けました！」といった感動話とはおおよそ無縁で、むしろ**厳しい利害関係が絡むもの**だと心得よう。

相談や報告できる人間関係を作る

詐欺に近いビジネスや投資話を聞いたあとは、自分のことではなくても何とも後味の悪い気分になるものだ（ASD特性が強い人に多い）。実は筆者の祖母もかつてこのような投資話で多額の損失を出し、それにより親族間で大騒ぎになったことがある。そのことを知ったのが思春期だったこともあってか、今でも金銭に対して底知れぬ恐ろしさを感じることがある。

この経験からもわかるように、他者を巻き込むお金のトラブルは終わったあとでも人の心に傷を残すし、それまで互いを信頼し合って築いてきたセーフティネットを壊してしまう。お金で解決できない損害は目に見えないからつい見過ごしてしまうが、後々まで禍根を残す分、面倒でやっかいな面がある。

資本主義社会は一見利己主義のようだが、お金をやりとりすることで、「お金が巡り巡って利益として返ってくることで皆が得をする」という大きな視点での利他主義的な考えが前提だ。だから制度を維持するには利益を独占する、半ばだますようにして他人のお金を搾取する行為は淘汰され、「損失のほうが大きくてやるだけ無駄」と思わせるような仕組みを社会が作る必要がある。

ところが法律や制度で禁止されても怪しい投資話やビジネスは繰り返し出てくる。だから**困ったときに相談や報告をして状況を知らせる関係作り**が大切だ。この事例でも共通の友人に連絡したことで感謝され、これ以上被害が出ないよう他の同期にも伝えると言ってくれた。

発達障害の特性上、集団行動が負担や苦痛（ASD特性が強い人に多い）だったり、細く長い人間関係を続けることが苦手（ADHD特性が強い人に多い）といった面はあるが、それでも何人かは「あの人となら疲れることなく付き合える」と思う人はいるだろう。

世間一般でいう篤い友情ではないかもしれないが、お互い節度を持って疲れない範囲で付き合える（つまり、それによって搾取されない）関係を保つことは大きな目で見れば信頼を生み出す。それが結局自分も相手を守るセーフティネットになることは頭に入れておこう。

相談相手にふさわしい人、ふさわしくない人

　今まで述べてきたように、相談内容によって相手を選ぶ必要がある。相手も人の子なので残念ながら不得意分野がある。知らない、あるいは詳しくないことを聞かれても、「それは知らない」「わからない」という答えが出るのは当然だ。

　ただ、気を付けるべきなのは相談内容もさることながら、相談相手が必要もないのにこちらのプライバシーを他人に伝えたり、相談状況や情報を悪用したりしないかだ。最初は親切に相談に乗るような体裁でも、こちらの弱みに付け入るような人なら、その人は相談相手としてふさわしくないだろう。

　では、どういう人が相談相手に適しているのかといえば、左のような人だと筆者は考えている。

　距離を置くというと冷たいイメージを持たれるかもしれないが、心的距離が近すぎても相談はうまく機能しない。付かず離れず、かつお互い率直に情報交換ができる関係ができるか（特に自分の本質的な悩みを話す相手であればあるほどそれが求められる）が大事だが、距離感は感覚的なものだけに、発達障害とりわけASD傾向が強い人はこれをつかみにくいため、近付きすぎたり、反対に距離を置きすぎたりしてしまう。ADHD傾向が強い人だと、この距離感のコントロールが難しく、注意が続かなくなってしまう。

　距離感のコントロールの練習はサポートしてくれる人がいたほうが良いため、**最初は相談内容と相談相手のマッチングができること**を優先させよう。

相談相手に適している人

- こちらの話をうまく要約し、時により伝わりやすい形で言い換えてくれる
- わからないことはわからないと正直に言ってくれる
- 情報を知っている人や場所のヒントをくれる
- 違う視点でより本質的な問題解決に近いポイントを伝えてくれる
- 相談してくる人と適切な距離を置ける

おわりに

発達障害という言葉が世の中に浸透してきた反面、何となく発達障害＝困った人というイメージになっているのはとても残念なことだと思っています。確かに私とはまったく異なる発達障害の特性を持つ夫と暮らしていると彼の言動に困ることもありましたが、夫自身も無意識なだけに自分の立ち居振る舞いの問題点を自発的に気付くのは難しいのです。

そのまま私が「仕方がない」と諦めて黙っていれば、夫は私が喜んで賛同していると自分に都合よく解釈し、後日思い切って私が不満を伝えると「そのとき言えばいいのに」とさらに火に油を注ぐ事態を招き、最終的に私の堪忍袋の緒が切れることもありました。

発達障害当事者の場合、普段は論理的な人でも自分の感情や利益がからむと、途端に「相手も自分と同じように思っているはず」と非論理的になり、合意形成に必要な話し合いといったプロセスを省略しがちです。また、相手側も我慢を重ねることで知らぬ間に不満を募らせます。

私たち夫婦の場合も、つい「妻は夫の意向を尊重すべき」というまだ社会の中で根強い価値観に流されそうになるし、私自身いちいち事を荒立てるのも面倒だという気持ちが先になりがちですが、たとえ夫婦であっても助け合って暮らすには合意形成が欠かせません。

夫との暮らしを築くにはお互いの特性を理解した上で譲れないところを守りつつ、時には交渉・妥協し、我慢できないときは「不快だ」「合意できない」と主張する強さも必要でした。彼と27年暮らしてみて痛感するのは、「幸せな暮らしを手に入れるには具体的なスキルが欠かせない」ということです。これがまさに本書の中で述べてきた対策を講じ、試行錯誤してきた私なりの結論です。

そして、合意した内容を守るために必要なのが働いて収入を得ることであり、その下支えとして時間、物、お金の管理といった生活スキルを向上させることでした。崇高な理想を掲げても日々の暮らしを支える生活スキルが足りなければどこかで行き詰まります。もちろん理想は大切ですが、同じくらい日々の暮らしを続けるスキルも重要と認識していただけたらと思います。

本書は発達障害の人の特性に合わせて世の中の枠

組みを捉え直し、仕事と暮らしに欠かせない枠組みをより快適にカスタマイズしよう、というのが狙いです。幸い現在は便利なツールがありますし、発達障害者向けの支援も広まってきています。ぜひ活用できる方法から取り入れてみてください。

読者の中には「こうやればいいのか！」と前向きになれた人もいれば、「こんなにやることだらけだと束縛されているようで嫌」と反発を覚えた人もいるかもしれません。確かにリストを作ったり記録を取ったりするのは慣れるまでは面倒くさいし、うまくいかないときもあるでしょう。

しかし、発達障害の人が生活の中で迷走しないためには自分の感覚だけではなく、客観的な視点が欠かせません。案外一番必要なのは、理想とははるかにかけ離れたダメな自分を許容することなのかもしれません。ダメだからと投げやりになるのではなく、ダメだからこそ地道な取り組みを、という発想の転換だと感じています。

また、保護者の立場の中にはお読みになっていて「果たしてわが子は大丈夫なのだろうか？」と心配になった方もいるでしょう。同居している間はつい親に任せがちな身の回りのことも、親元を離れたらある程度自分でこなす必要があります。おそらく私の両親も娘が就職のために家を出るのを不安を抱きつつ見送ったと思います。

ついわが子かわいさに口や手を出したくなるかもしれませんが、できたらこの本をもとにお子さんの得意な点と苦手な点を冷静に観察してください。その上で必要に応じて他人に助けを求める方法を支援し、だんだん親は手を引く練習をしていただくのがお子さんの自立につながります。

そして、将来自分たちに介護が必要になったとき、子どもたちが慌てずにいられるよう、時間、物、お金を整理してもらえるといいかと思います。「私も苦手なのに……」という方はぜひこの本を参考に整理を進めてみてください。

この度合冊本を出す機会をいただき、翔泳社の長谷川和俊さんには改めて感謝申し上げます。以前書いた文章を読み返し、内容の重要性や普遍性を再認識することができました。

また、いつも本を書くのを応援してくれる夫村上真雄、私が仕事と介護を両立できるよう、長年住み慣れた自宅からわが家の近くに転居してくれた母にもお礼を述べたいと思います。

最後にこの本が皆様の仕事や暮らしをより充実したものになる手助けができれば幸いです。

2025年4月　村上由美

ま行

や行

ら行

わ行

た行

な行

は行

さ行

索　引

数字・記号

あ行

か行

■ 会員特典データのご案内 ■

本書の読者特典として、本書掲載の各種シートをご提供いたします。

会員特典データは、以下のサイトからダウンロードして入手いただけます。

https://www.shoeisha.co.jp/book/present/9784798188553

※会員特典データのファイルは圧縮されています。ダウンロードしたファイルをダブルクリックすると、ファイルが解凍され、利用いただけます。

●注意

※会員特典データのダウンロードには、SHOEISHA iD（翔泳社が運営する無料の会員制度）への会員登録が必要です。詳しくは、Webサイトをご覧ください。

※会員特典データに関する権利は著者および株式会社翔泳社が所有しています。許可なく配布したり、Webサイトに転載することはできません。

※会員特典データの提供は予告なく終了することがあります。あらかじめご了承ください。

※図書館利用者の方もダウンロード可能です。

●免責事項

※会員特典データの記載内容は、2025年3月現在の情報等に基づいています。

※会員特典データの提供にあたっては正確な記述につとめましたが、著者や出版社などのいずれも、その内容に対してなんらかの保証をするものではなく、内容やサンプルに基づくいかなる運用結果に関してもいっさいの責任を負いません。

※会員特典データに記載されている会社名、製品名はそれぞれ各社の商標および登録商標です。

本書内容に関するお問い合わせについて

このたびは翔泳社の書籍をお買い上げいただき、誠にありがとうございます。弊社では、読者の皆様からのお問い合わせに適切に対応させていただくため、以下のガイドラインへのご協力をお願いしております。下記項目をお読みいただき、手順に従ってお問い合わせください。

●お問い合わせされる前に

弊社 Web サイトの「正誤表」をご参照ください。これまでに判明した正誤や追加情報を掲載しています。

正誤表　https://www.shoeisha.co.jp/book/errata/

●お問い合わせ方法

弊社 Web サイトの「書籍に関するお問い合わせ」をご利用ください。

書籍に関するお問い合わせ　https://www.shoeisha.co.jp/book/qa/

インターネットをご利用でない場合は、FAX または郵便にて、下記“(株)翔泳社 愛読者サービスセンター”までお問い合わせください。
電話でのお問い合わせは、お受けしておりません。

●郵便物送付先および FAX 番号

送付先住所　〒160-0006　東京都新宿区舟町 5
FAX 番号　03-5362-3818
宛先　(株)翔泳社 愛読者サービスセンター

●回答について

回答は、お問い合わせいただいた手段によってご返事申し上げます。お問い合わせの内容によっては、回答に数日ないしはそれ以上の期間を要する場合があります。

●お問い合わせに際してのご注意

本書の対象を超えるもの、記述個所を特定されないもの、また読者固有の環境に起因するお問い合わせ等にはお答えできませんので、予めご了承ください。

※本書に記載されている情報は、2025 年 3 月 1 日執筆時点のものです。
※本書に記載された商品やサービスの内容や価格、URL 等は変更される場合があります。
※本書の出版にあたっては正確な記述につとめていますが、著者および株式会社翔泳社のいずれも、本書の内容に対してなんらかの保証をするものではなく、内容やサンプルに基づくいかなる運用結果に関してもいっさいの責任を負いません。
※本書では ™、®、©は割愛させていただいています。

[著者プロフィール]

對馬陽一郎（つしま よういちろう）

就労移行支援事業所さら就労塾＠ぽれぽれ下北沢事業所サービス管理責任者。

2009年5月、特定非営利活動法人さらプロジェクト入職。発達障害のほか、精神・知的・身体などさまざまな障害の人へ向けて職業訓練を行っている「さら就労塾＠ぽれぽれ」にて、パソコンや事務作業を中心とした職業訓練を担当する。

著書に『ちょっとしたことでうまくいく 発達障害の人が上手に働くための本』『ちょっとしたことでうまくいく 発達障害の人が会社の人間関係で困らないための本』（共著）（以上、翔泳社）がある。

本書の第1部・第2部を執筆

安尾真美（やすお まさみ）

特定非営利活動法人さらプロジェクト副理事長。

2012年9月、特定非営利活動法人さらプロジェクト入職。2019年4月より現職。入職後は就労移行支援事業所「さら就労塾＠ぽれぽれ」で職業指導および就労支援を行う。また、就労に困難を抱える大学生や若者の支援活動も行っている。著者に『ちょっとしたことでうまくいく 発達障害の人が会社の人間関係で困らないための本』（共著）（翔泳社）がある。

本書の第2部を執筆

さら就労塾＠ぽれぽれ　https://sarapore.jp/

村上 由美（むらかみ ゆみ）

上智大学文学部心理学科、国立身体障害者リハビリテーションセンター（現・国立障害者リハビリテーションセンター）学院　聴能言語専門職員養成課程卒業。

重症心身障害児施設や自治体などで発達障害児、肢体不自由児の言語聴覚療法や発達相談業務に従事。現在は、自治体の発育・発達相談業務のほか、音訳研修や発達障害関係の原稿執筆、講演などを行う。

著書に『ちょっとしたことでうまくいく 発達障害の人が上手に暮らすための本』『ちょっとしたことでうまくいく 発達障害の人が上手にお金と付き合うための本』『ちょっとしたことでうまくいく 発達障害の人が上手に親の介護をするための本』（以上、翔泳社）、『声と話し方のトレーニング』（平凡社新書）、『アスペルガーの館』（講談社）、『ことばの発達が気になる子どもの相談室』（明石書店）、『発達障害の人の「片づけスキル」を伸ばす本』（講談社）、『発達障害の女性のための人づきあいの「困った！」を解消できる本』（PHP研究所）がある。

本書の第3部・第4部を執筆

[監修協力]

林寧哲（はやし やすあき）

精神科医。日本精神神経学会認定精神科専門医。日本成人期発達障害臨床医学会理事。ランディック日本橋クリニック院長。

1993年9月北里大学医学部卒。北里大学耳鼻咽喉科頭頚部外科、国立相模原病院耳鼻科、国立療養所晴嵐荘病院循環器科などを経て、2003年9月福島県立医科大学医学部神経精神医学講座に入局、同大学院研究生。2004年5月東京・日本橋にランディック日本橋クリニックを開業。大人の発達障害の診断や治療を中心に活躍。休診日には、東京都内の保健センターや教育相談センターなどで相談員、スーパーバイザーとして心の悩み相談を受けるほか、発達障害についての理解を深める講演会の講師を務めている。

著書に『発達障害かもしれない大人たち』（PHP研究所）がある。

本書の第1部・第2部を監修

装　丁・本文デザイン　小口翔平＋畑中茜（tobufune）
イラスト　高村あゆみ
本文DTP・図版　一企画

ちょっとしたことでうまくいく
発達障害の人のための完全ガイド
［仕事］［人間関係］［生活］［お金］の悩みがすべて解決！

2025年4月11日　初版第1刷発行
著　者　對馬《つしま》 陽一郎《よういちろう》・安尾《やすお》 真美《まさみ》・村上《むらかみ》 由美《ゆみ》
発行人　臼井 かおる
発行所　株式会社 翔泳社（https://www.shoeisha.co.jp）
印刷・製本　株式会社 加藤文明社

本書へのお問い合わせについては、646ページに記載の内容をお読みください。

造本には細心の注意を払っておりますが、万一、乱丁（ページの順序違い）や落丁（ページの抜け）がございましたら、お取り替え致します。03-5362-3705までご連絡ください。

ISBN978-4-7981-8855-3　Printed in Japan